U0541460

中国哲学社会科学学科年鉴
CHINESE ACADEMIC ALMANAC

CHINA
FINANCIAL RESEARCH
ALMANAC

张晓晶 主编　程 炼 周莉萍 副主编

中国金融学年鉴

2022

中国社会科学出版社

图书在版编目(CIP)数据

中国金融学年鉴. 2022 / 张晓晶主编. — 北京：中国社会科学出版社，2022.10
ISBN 978-7-5227-0367-1

Ⅰ.①中… Ⅱ.①张… Ⅲ.①金融学－中国－2022－年鉴
Ⅳ.①F832-54

中国版本图书馆CIP数据核字（2022）第242958号

出 版 人	赵剑英
责任编辑	姜阿平
责任校对	李　惠
责任印制	张雪娇
出　　版	中国社会科学出版社
社　　址	北京鼓楼西大街甲158号
邮　　编	100720
网　　址	http://www.csspw.cn
发 行 部	010-84083685
门 市 部	010-84029450
经　　销	新华书店及其他书店
印刷装订	北京君升印刷有限公司
版　　次	2022年10月第1版
印　　次	2022年10月第1次印刷
开　　本	787×1092　1/16
印　　张	34.5
插　　页	2
字　　数	725千字
定　　价	298.00元

凡购买中国社会科学出版社图书，如有质量问题请与本社营销中心联系调换
电话：010-84083683
版权所有　侵权必究

《中国金融学年鉴 2022》编纂委员会

顾　问：李　扬
主　任：张晓晶
委　员：（以姓氏笔画为序）

　　　　王广谦　王向楠　尹振涛　史　丹　白重恩　朱　玲
　　　　李　平　李　实　李广子　吴卫星　吴振宇　吴晓灵
　　　　何　平　何德旭　余永定　张永生　张成思　张宇燕
　　　　张　明　张晓山　张跃文　张　斌　陈雨露　金　碚
　　　　周诚君　周莉萍　郑联盛　胡　滨　胡志浩　洪银兴
　　　　费兆奇　姚　洋　贺力平　贾　康　夏　斌　高培勇
　　　　黄益平　黄群慧　盛松成　程　炼　蔡　昉　裴长洪
　　　　谭小芬　潘家华　魏后凯

编辑说明

《中国金融学年鉴》旨在记录中国金融学发展的基本历程、艰辛探索和主要成就，展示金融学者如何围绕中国金融改革与发展的时代主题讲好中国故事、推动建构中国自主的金融学知识体系。年鉴作为一种学术体例，能够更好地发挥记录历史、辉映时代的关键作用。

"入鉴即评价"，突出学术评价是本年鉴的一大特色。年鉴对于过去五年来中国金融学领域的发展成就作了较为全面的评述，既着眼于总体，又涵盖各专门领域。作为述评对象的金融学文献，主要是国内学者近五年来的研究成果，不仅包括中文文献和海外发表的英文文献，而且涉猎部分国外学者讨论中国金融问题的文献，以及作为背景资料的金融学经典文献（不受时间限制）。此外，我们在论文、专著、学术会议等方面的遴选也本着突出学术质量、反映时代主题这样一个基本原则，一般都经过初选、集中讨论及终选等多个程序；同时，为了提高年鉴内容的广泛性与代表性，我们在学术成果的选取上还充分考虑了刊物的代表性、作者的代表性以及文章（或专著）主题的代表性。年鉴中大部分的学科述评都是由中国社会科学院金融研究所的同仁来完成，同时我们也邀请院（中国社会科学院）外的金融领域知名专家和青年学者提供稿件（后续这样的定向约稿还会增加），努力做到更加客观和更具代表性。

2022年卷共设八个栏目，分别介绍如下。

"特载"栏目选刊的《新时代中国金融学的创新和发展》一文，从历史视角和制度演化的逻辑出发，回顾了中国金融学的发展历程及其中国特色，继而引出当前新时代的金融命题，为金融学研究提出重点和指明方向。"学科述评"栏目既收录了着眼于学科总体评述的《学术视角下的新时代金融主题》一文，也收录了分支领域或分支学科的研究述评，具体包括：货币理论与货币政策、宏观金融、微观银行学、资本市场与公司治理、保险学、社会保险学、国际金融学、金融风险与金融监管、微观金融与资产定价、金融科技、支付清算、金融计量学。"论文精粹摘编"栏目对遴选出的优秀学术论文进行了摘编，共有5篇外文论文和111篇中文论文入选。"重要著作推介"栏目对推选出的23部重要著作进行了简介。"研究课题"栏目主要介绍了过去五年来国家社会科学基金、国家自然科学基金批准立项的金融学相关课题。"学界动态"栏目包括著名金融学家介绍、金融类学术会议综述、海外视角下的中国金融和获奖动态等信息。"机构介绍"栏目对智库类的金融研究院所和最新一轮"双一流"高校金融院系进行了简介。"附录"栏目对常见的金融学学科词汇（中英对照）进行了整理并做了索引。

《中国金融学年鉴》的编纂工作主要依托《金融评论》编辑部以及中国社会科学院金融研究所的其他七个专业研究室共同完成，可以说是集全所之力。作为国内首部《中国金融学年鉴》，尽管我们如履薄冰、尽心尽力，但仍感觉有诸多不完善之处，恳请读者批评指正。

目　录

序言　为中国特色哲学社会科学事业立传 ……………………………………… 高培勇（1）

特　　载

新时代中国金融学的创新和发展 ………………………………………………… 张晓晶（3）

学科述评

学术视角下的新时代金融主题 ………………………… 程　炼　周莉萍　张　策（15）
货币理论与货币政策 …………………………………………………… 费兆奇　曾　艺（45）
宏观金融 ……………………………………………………………………………… 曹　婧（78）
微观银行学 ………………………………………………………………………… 张　珩（99）
资本市场与公司治理 ………………………………………………… 徐　枫　吕　纤（121）
保险学 ………………………………………… 王向楠　郭金龙　曾佳宁　张子棋（147）
社会保险学 …………………………………… 郭金龙　王向楠　刘　菲　李红梅（171）
国际金融学 …………………………………………… 胡志浩　林　楠　江振龙（192）
金融风险与金融监管 ……………………………………………… 郑联盛　刘贤达（218）
微观金融与资产定价 ……………………………………………………………… 李俊成（236）
金融科技 …………………………………………………………… 尹振涛　汪　勇（258）
支付清算 ……………………………………………………………………………… 董　昀（281）
金融计量学 …………………………………… 陈海强　李木易　吴吉林　童　晨（299）

论文精粹摘编

外文论文 …………………………………………………………………………………（321）
中文论文 …………………………………………………………………………………（323）

重要著作推介

……………………………………………………………………………………………（361）

研究课题

……………………………………………………………………………………………（369）

学界动态

著名金融学家介绍……………………………………………………………………（429）
  财金泰斗王传纶……………………………………………李　扬　瞿　强（429）
  黄达传略……………………………………………………………宋　科（442）
金融类学术会议综述……………………………………………………………………（456）
海外视角下的中国金融…………………………………………………………………（480）
获奖动态：省部级以上金融学奖项……………………………………………………（504）

机构介绍

……………………………………………………………………………………………（511）

附　　录

金融学学科词汇（中英对照）索引……………………………………………………（525）

Contents

Preface: Establishing a Biography for the Cause of Philosophy and Social Sciences with
    Chinese Characteristics ··· Gao Peiyong (1)

Special Report

Innovation and Development of China's Finance Research in the New Era
    ··· Zhang Xiaojing (3)

Review the Discipline of Financial Studies in China

China's Financial Reform and Development in Research Spotlight
    ··· Cheng Lian, Zhou Liping and Zhang Ce (15)
Monetary Theory and Monetary Policy ································· Fei Zhaoqi and Zengyi (45)
Macrofinance ··· Cao Jing (78)
Microeconomics of Banking ·· Zhang Heng (99)
Capital Market and Corporate Governance ····························· Xu Feng and Lv Qian (121)
Insurance ·············· Wang Xiangnan, Guo Jinlong, Zeng Jianing and Zhang Ziqi (147)
Social Insurance ················ Guo Jinlong, Wang Xiangnan, Liu Fei and Li Hongmei (171)
International Finance ································ Hu Zhihao, Lin Nan and Jiang Zhenlong (192)
Financial Risk and Financial Regulation ················ Zheng Liansheng and Liu Xianda (218)
Microfinance and Asset Pricing ·· Li Juncheng (236)
Fintech ·· Yin Zhentao and Wang Yong (258)
Payments and Clearing ··· Dong Yun (281)
Financial Econometrics ················ Chen Haiqiang, Li Muyi, Wu Jilin and Tong Chen (299)

Summaries of Selected Articles

Articles in English ··· (321)
Articles in Chinese ·· (323)

Recommended Books

·· (361)

Studies Supported by National Foundations

·· (369)

Events and Awards

Eminent Financial Economists ·· (429)
    Wang Chuanlun ·· Li Yang and Qu Qiang (429)
    Huang Da ··· Song Ke (442)
Meetings and Conferences ·· (456)
China' Finance from an Overseas Perspective ·· (480)
Awards ·· (504)

Research Institutions

·· (511)

Appendix

Glossary (Chinese-English) ·· (525)

序 言

为中国特色哲学社会科学事业立传

——写在《中国哲学社会科学学科年鉴》系列出版之际

（一）

2016年5月17日，习近平总书记《在哲学社会科学工作座谈会上的讲话》中正式作出了加快构建中国特色哲学社会科学的重大战略部署。自此，中国特色哲学社会科学学科体系、学术体系、话语体系的构建进入攻坚期。

2022年4月25日，习近平总书记在中国人民大学考察时强调指出，"加快构建中国特色哲学社会科学，归根结底是建构中国自主的知识体系"。这为我们加快构建中国特色哲学社会科学进一步指明了方向。

2022年4月，中共中央办公厅正式印发《国家哲学社会科学"十四五"规划》。作为第一部国家层面的哲学社会科学发展规划，其中的一项重要内容，就是以加快中国特色哲学社会科学为主题，将"中国哲学社会科学学科年鉴编纂"定位为"哲学社会科学学科基础建设"，从而赋予了哲学社会科学学科年鉴编纂工作新的内涵、新的要求。

从加快构建中国特色哲学社会科学到归根结底是建构中国自主的知识体系，再到制定第一部国家层面的哲学社会科学发展规划，至少向我们清晰揭示了这样一个基本事实：中国特色社会主义事业离不开中国特色哲学社会科学的支撑，必须加快构建中国特色哲学社会科学、建构中国自主的知识体系。加快构建中国特色哲学社会科学、建构中国自主的知识体系是一个长期的历史任务，必须持之以恒，实打实地把一件件事情办好。

作为其间的一项十分重要且异常关键的基础建设，就是编纂好哲学社会科学学科年鉴，将中国特色哲学社会科学事业的发展动态、变化历程记录下来，呈现出来。以接续奋斗的精神，年复一年，一茬接着一茬干，一棒接着一棒跑。就此而论，编纂哲学社会科学学科年鉴，其最基本、最核心、最重要的意义，就在于为中国特色哲学社会科学事业立传。

呈现在读者面前的这一《中国哲学社会科学学科年鉴》系列，就是在这样的背景之下，由中国社会科学院集全院之力、组织精锐力量编纂而成的。

（二）

作为年鉴的一个重要类型，学科年鉴是以全面、系统、准确地记述上一年度特定学科或学科分支发展变化为主要内容的资料性工具书。编纂学科年鉴，是哲学社会科学发展到一定阶段的产物。

追溯起来，我国最早的哲学社会科学年鉴——《中国文艺年鉴》，诞生于上个世纪30年代。党的十一届三中全会之后，伴随着改革开放的进程，我国哲学社会科学年鉴不断发展壮大。40多年来，哲学社会科学年鉴在展示研究成果、积累学术资料、加强学科建设、开展学术评价、凝聚学术共同体等方面，发挥着不可替代的作用，为繁荣发展中国特色哲学社会科学作出了重要贡献。

1. 为学科和学者立传的重要载体

学科年鉴汇集某一学科领域的专业学科信息，是服务于学术研究的资料性工具书。不论是学科建设、学术研究，还是学术评价、对外交流等，都离不开学科知识的积累、学术方向的辨析、学术共同体的凝聚。

要回答学术往何处去的问题，首先要了解学术从哪里来，以及学科领域的现状，这就离不开学科年鉴提供的信息。学科年鉴记录与反映年度内哲学社会科学某个学科领域的研究进展、学术成果、重大事件等，既为学科和学者立传，也为学术共同体的研究提供知识基础和方向指引，为学术创新、学派形成、学科巩固创造条件、奠定基础。学科年鉴编纂的历史越悠久，学术积淀就越厚重，其学术价值就越突出。

通过编纂学科年鉴，将中国哲学社会科学界推进学科体系、学术体系、话语体系建设以及建构中国自主知识体系的历史进程准确、生动地记录下来，并且，立此存照，是一件非常有意义的事情。可以说，学科年鉴如同学术研究的白皮书，承载着记录、反映学术研究进程的历史任务。

2. 掌握学术评价权的有力抓手

为学界提供一个学科领域的专业信息、权威信息，这是学科年鉴的基本功能。一个学科领域年度的信息十分庞杂，浩如烟海，不可能全部收入学科年鉴。学科年鉴所收录的，只能是重要的、有价值的学术信息。这就要经历一个提炼和总结的过程。学科年鉴的栏目，如重要文献（特载）、学科述评、学术成果、学术动态、统计资料与数据、人物、大事记等，所收录的信息和资料都是进行筛选和加工的基础上形成的。

进一步说，什么样的学术信息是重要的、有价值的，是由学科年鉴的编纂机构来决定。这就赋予了学科年鉴学术评价的功能，所谓"入鉴即评价"，指的就是这个逻辑。特别是学科综述，要对年度研究进展、重要成果、学术观点等作出评析，是学科年鉴学术评价功能的集中体现。

学科年鉴蕴含的学术评价权,既是一种权力,更是一种责任。只有将学科、学术的评价权用好,把有代表性的优秀成果和学术观点评选出来,分析各学科发展面临的形势和任务、成绩和短板、重点和难点,才能更好引导中国特色哲学社会科学的健康发展。

3. 提升学术影响力的交流平台

学科年鉴按照学科领域编纂,既是该领域所有学者共同的精神家园,也是该学科领域最权威的交流平台。目前公认的世界上首部学术年鉴,是由吕西安·费弗尔和马克·布洛赫在1929年初创办的《经济社会史年鉴》。由一群有着共同学术信仰和学术观点的历史学家主持编纂的这部年鉴,把年鉴作为宣传新理念和新方法的学术阵地,在年鉴中刊发多篇重要的理论成果,催发了史学研究范式的演化,形成了法国"年鉴学派",对整个西方现代史学的创新发展产生了深远影响。

随着学科年鉴的发展和演化,其功能也在不断深化。除了记载学术共同体的研究进展,还提供了学术研究的基本参考、学术成果发表的重要渠道,充当了链接学术网络的重要载体。特别是学科年鉴刊载的综述性、评论性和展望性的文章,除了为同一范式下的学者提供知识积累或索引外,还能够对学科发展趋势动向作出总结,乃至为学科未来发展指明方向。

4. 中国学术走向世界的重要舞台

在世界范围内,学科年鉴都是作为权威学术出版物而被广泛接受的。高质量的学科年鉴,不仅能够成为国内学界重要的学术资源、引领学术方向的标识,而且也会产生十分显著的国际影响。

中国每年产出的哲学社会科学研究成果数量极其庞大,如何向国际学术界系统介绍中国哲学社会科学研究成果,做到既全面准确,又重点突出?这几乎是不可能完成的任务。学科年鉴的出现,则使不可能变成了可能。高质量的学科年鉴,汇总一个学科全年最重要、最有代表性的研究成果、资料和信息,既是展示中国哲学社会科学研究成果与现状的最佳舞台,也为中外学术交流搭建了最好平台。

事实上,国内编纂的学科年鉴一直受到国外学术机构的重视,也是各类学术图书馆收藏的重点。如果能够站在通观学术界全貌之高度,编纂好哲学社会科学各学科年鉴,以学科年鉴为载体向世界讲好中国学术故事,当然有助于让世界知道"学术中的中国"、"理论中的中国"、"哲学社会科学中的中国",也就能够相应提升中国哲学社会科学的国际影响力和话语权。

(三)

作为中国哲学社会科学研究的"国家队",早在上世纪70年代末,中国社会科学院就启动了学科年鉴编纂工作。诸如《世界经济年鉴》《中国历史学年鉴》《中国哲学年鉴》《中国文学年鉴》等读者广为传阅的学科年鉴，迄今已有40多年的历史。

2013年，以国家哲学社会科学创新工程为依托，中国社会科学院实施了"中国社会科学年鉴工程"，学科年鉴编纂工作由此驶入快车道。至2021下半年，全院组织编纂的学科年鉴达到26部。

进入2022年以来，在加快构建中国特色哲学社会科学、贯彻落实《国家哲学社会科学"十四五"规划》的背景下，立足于更高站位、更广视野、更大格局，中国社会科学院进一步加大了学科年鉴编纂的工作力度，学科年鉴编纂工作迈上了一个大台阶，呈现出一幅全新的学科年鉴事业发展格局。

1. 哲学社会科学学科年鉴群

截至2023年5月，中国社会科学院组织编纂的哲学社会科学学科年鉴系列已有36部之多，覆盖了15个一级学科、13个二三级学科以及4个有重要影响力的学术领域，形成了国内规模最大、覆盖学科最多、也是唯一成体系的哲学社会科学学科年鉴群。

其中，《中国语言学年鉴》《中国金融学年鉴》《当代中国史研究年鉴》等10部，系2022年新启动编纂。目前还有将近10部学科年鉴在编纂或酝酿之中。到"十四五"末期，中国社会科学院组织编纂的学科年鉴总规模，有望超越50部。

2. 学科年鉴的高质量编纂

从总体上看，在坚持正确的政治方向、学术导向和价值取向方面，各部学科年鉴都有明显提高，体现了立场坚定、内容客观、思想厚重的导向作用。围绕学科建设、话语权建设等设置栏目，各部学科年鉴都较好地反映了本学科领域的发展建设情况，发挥了学术存史、服务科研的独特作用。文字质量较好，文风端正，装帧精美，体现了学科年鉴的严肃性和权威性。

与此同时，为提高年鉴编纂质量，围绕学科年鉴编纂的规范性，印发了《中国哲学社会科学学科年鉴编纂出版规定》，专门举办了年鉴编纂人员培训班。

3. 学科年鉴品牌

经过多年努力，无论在学术界还是年鉴出版界，中国社会科学院组织编纂的哲学社会科学学科年鉴系列得到了广泛认可，学术年鉴品牌已经形成。不仅成功主办了学术年鉴主编论坛和多场年鉴出版发布会，许多年鉴也在各类评奖中获得重要奖项。在数字化方面，学科年鉴数据库已经建成并投入使用，目前试用单位二百多家，学科年鉴编纂平台在继续推进中。

4. 学科年鉴工作机制

中国社会科学院科研局负责学科年鉴管理，制定发展规划，提供经费资助；院属研究单位负责年鉴编纂；中国社会科学出版社负责出版。通过调整创新工程科研评价考核指标体系，赋予年鉴编纂及优秀学科综述相应的分值，调动院属单位参与年鉴编纂的积极性。

学科年鉴是哲学社会科学界的学术公共产品。作为哲学社会科学研究的"国家队",编纂、提供学科年鉴这一学术公共产品,无疑是中国社会科学院的职责所在、使命所系。中国社会科学院具备编纂好学科年鉴的有利条件:一是学科较为齐全;二是研究力量较为雄厚;三是具有"国家队"的权威性;四是与学界联系广泛,主管120家全国学会,便于组织全国学界力量共同参与年鉴编纂。

(四)

当然,在肯定成绩的同时,还要看到,当前哲学社会科学学科年鉴编纂工作仍有较大的提升空间,我们还有很长的路要走。

1. 逐步扩大学科年鉴编纂规模

经过40多年的发展,特别是"中国社会科学年鉴工程"实施10年来的努力,哲学社会科学系列学科年鉴已经形成了一定的规模,覆盖了90%的一级学科和部分重点的二三级学科。但是,也不容忽视,目前还存在一些学科年鉴空白之地。如法学、政治学、国际政治、区域国别研究等重要的一级学科,目前还没有学科年鉴。

中国自主知识体系的基础是学科体系,完整的学科年鉴体系有助于完善的学科体系和知识体系的形成。尽快启动相关领域的学科年鉴编纂,抓紧填补相关领域的学科年鉴空白,使哲学社会科学年鉴覆盖所有一级学科以及重要的二三级学科,显然是当下哲学社会科学界应当着力推进的一项重要工作。

2. 持续提高学科年鉴编纂质量

在扩张规模、填补空白的同时,还应当以加快构建中国特色哲学社会科学、建构中国自主的知识体系为目标,下大力气提高学科年鉴编纂质量,实现高质量发展。

一是统一学科年鉴的体例规范。学科年鉴必须是成体系的,而不是凌乱的;是规范的,而不是随意的。大型丛书的编纂靠的是组织严密,条例清楚,文字谨严。学科年鉴的体例要更加侧重于存史内容的发掘,对关乎学术成果、学术人物、重要数据、学术机构评价的内容,要通过体例加以强调和规范。哲学社会科学所有学科年鉴,应当做到"四个基本统一":名称基本统一,体例基本统一,篇幅基本统一,出版时间、发布时间基本统一。

二是增强学科年鉴的权威性。年鉴的权威性,说到底取决于内容的权威性。学科年鉴是在对大量原始信息、文献进行筛选、整理、分析、加工的基础上,以高密度的方式将各类学术信息、情报传递给读者的权威工具书。权威的内容需要权威的机构来编纂,来撰写,来审定。学科综述是学科年鉴的灵魂,也是年鉴学术评价功能的集中体现,必须由权威学者来撰写学科综述。

三是要提高学科年鉴的时效性。学科年鉴虽然有存史功能,但更多学者希望将其作为学术工具书，从中获取对当下研究有价值的资料。这就需要增强年鉴的时效性，前一年的年鉴内容，第二年上半年要完成编纂，下半年完成出版。除了加快编纂和出版进度，年鉴的时效性还体现在编写的频度上。一级学科的年鉴，原则上都应当一年一鉴。

3. **不断扩大学科年鉴影响力**

学科年鉴的价值在于应用，应用的前提是具有影响力。要通过各种途径，让学界了解学科年鉴，接受学科年鉴，使用学科年鉴，使学科年鉴真正成为学术研究的好帮手。

一是加强对学科年鉴的宣传。"酒香也怕巷子深"。每部学科年鉴出版之后，要及时举行发布会，正式向学界介绍和推出，提高学科年鉴的知名度。编纂单位也要加大对学科年鉴的宣传，结合学会年会、学术会议、年度优秀成果评选等活动，既加强对学科年鉴的宣传，又发挥学科年鉴的学术评价作用。

二要在使用中提高学科年鉴的影响力。要让学界使用学科年鉴，必须让学科年鉴贴近学界的需求，真正做到有用、能用、管用。因此，不能关起门来编学科年鉴，而是要根据学界的需求来编纂，为他们了解学术动态、掌握学科前沿、开展学术研究提供便利。要确保学科年鉴内容的原创性、独特性，提供其他渠道提供不了的学术信息。实现这个目标，就需要在学科年鉴内容创新上下功夫，不仅是筛选和转载，更多的内容需要用心策划、加工和提炼。实际上，编纂学科年鉴不仅是整理、汇编资料，更是一项学术研究工作。

三是提高学科年鉴使用的便捷性。当今网络时代，要让学科年鉴走进千万学者中间，必须重视学科年鉴的网络传播，提高学科年鉴阅读与获取的便捷性。出版社要重视学科年鉴数据库产品的开发。同时，要注重同知识资源平台的合作，利用一切途径扩大学科年鉴的传播力、影响力。在做好国内出版的同时，还要做好学科年鉴的海外发行，向国际学术界推广我国的学科年鉴。

4. **注重完善学科年鉴编纂工作机制**

实现学科年鉴的高质量发展，是一项系统工程，需要哲学社会科学界的集思广益，共同努力，形成推动学科年鉴工作高质量发展的工作机制。哲学社会科学学科年鉴编纂，中国社会科学院当然要当主力军，但并不能包打天下，应当充分调动哲学社会科学界的力量，开展协调创新，与广大同仁一道，共同编纂好学科年鉴。

学科年鉴管理部门和编纂单位不仅要逐渐加大对学科年鉴的经费投入，而且要创新学科年鉴出版形式，探索纸本与网络相结合的新型出版模式，适当压缩纸本内容，增加网络传播内容。这样做，一方面可提高经费使用效益，另一方面，也有利于提升学科年鉴的传播力，进一步调动相关单位、科研人员参与学科年鉴编纂的积极性。

随着学科年鉴规模的扩大和质量的提升，可适时启动优秀学科年鉴的评奖活动，加强对优秀年鉴和优秀年鉴编辑人员的激励，形成学科年鉴工作良性发展的机制。要加强年鉴工作机制和编辑队伍建设，有条件的要成立专门的学科年鉴编辑部，或者由相对固定人员负责学科年鉴编纂，确保学科年鉴工作的连续性和编纂质量。

出版社要做好学科年鉴出版的服务工作，协调好学科年鉴编纂中的技术问题，提高学科年鉴质量和工作效率。除此之外，还要下大力气做好学科年鉴的市场推广和数字产品发行。

说到这里，可将本文的结论做如下归结：学科年鉴在加快构建中国特色哲学社会科学、建构中国自主知识体系中的地位和作用既十分重要，又异常关键，我们必须高度重视学科年鉴的编纂出版工作，奋力谱写哲学社会科学学科年鉴编纂工作新篇章。

特　载

新时代中国金融学的创新和发展

张晓晶*

坚持理论创新是中国共产党百年奋斗的重要历史经验。理论的生命力在于不断创新。新时代中国金融学的发展，需要着眼金融实践，坚持理论创新，在汲取传统滋养、诠释发展迷思、把握中国特色、回答时代之题和人民之问中取得新的更大进步。

一 汲取传统滋养

中华民族有着深厚文化传统，形成了富有特色的思想体系，体现了中国人几千年来积累的知识智慧和理性思辨。传统的经济金融思想是中国金融学汲取营养的宝库。

一直以来，人们困惑于中国古代丰富的货币金融实践却未能产生影响深远的货币金融理论。熊彼特在《经济分析史》第一卷中写道，由一再发生的通货膨胀所引起的现象，无疑曾经受到文化修养远比我们高的人的注意和讨论。但是没有留传下来对严格的经济课题进行推理的著作，没有可以称得上我们所谓"科学"著作的[①]。我们权且称之为"熊彼特之问"。循着"熊彼特之问"，可以对我国传统经济金融思想在系统化、理论化方面的不足进行反思，但这丝毫不能掩盖传统思想闪耀的智慧光芒。

马克思在《资本论》中提及的唯一中国人是王茂荫。马克思是在研究"货币或商品流通"讲"直接从金属流通中产生出来的强制流通的国家纸币"的时候，在注释中提到王茂荫的[②]。他这样写道："户部右侍郎王茂荫向天子上了一个奏折，主张暗将官票、宝钞改为可兑换的钞票。在1854年4月的大臣审议报告中，他受到了严厉的申斥。他是否因此受到笞刑，不得而知……"王茂荫是清朝的货币理论专家。他于19世纪中叶提出发行可兑换的钞币以缓解财政危机，对此马克思是赞同的。他在《1857—1858年经济学手稿》中就这样说过："如果纸币以金银命名，这就说明它应该能换成它所代表的金银的数量，不管它在法律上是否可

---

* 张晓晶：中国社会科学院金融研究所所长。
① ［美］约瑟夫·熊彼特：《经济分析史》第一卷，商务印书馆1996年版，第86页。
② ［德］马克思：《资本论》第1卷，人民出版社2004年版，第149—150页下脚注。

以兑现。一旦纸币不再是这样，它就会贬值。"①

凯恩斯在 1912 年为陈焕章《孔门理财学》所作的书评中曾花了约三分之一的篇幅来转述中国的货币制度和思想，并指出"中国学者很早就懂得格雷欣法则（即劣币驱逐良币）和货币数量理论"②。西汉贾谊在《铸钱》中称"奸钱日繁，正钱日亡"。即在多种货币并存，没有正常规制保证良币合规供给和流通的情况下，出现了"奸钱"（即劣币）排斥"正钱"（良币）的现象。《管子》的"轻重论"，明确提出了世界上最古老最朴素的货币数量论。所谓"国币之九在上，一在下，币重而万物轻。敛万物，应之以币。币在下，万物皆在上，万物重十倍"意思是说，若有十成货币，九成在上即由国家掌握，仅一成投入流通，便会出现物价下跌和货币购买力相应上升的情况。若国家将自身掌握的九成货币也投入流通，用来收购万物，就会出现"万物重十倍"，物价陡然上涨，货币变"轻"购买力相应地降低了。这是典型的货币数量论的表述。

著名货币史专家彭信威也指出，汉代法家的国定说（作为早期的货币理论），以为货币本身是没有价值的东西，其所以能流通，是因为帝王或政府所倡导或制定。③ 这种说法和近代克纳普等的学说很接近。如果进一步延伸，它甚至可以看作当前非常时髦的现代货币理论（MMT）的鼻祖。

此外，西汉贾谊的《谏除盗铸钱令》或许是世界货币理论史上有关国家统一货币发行权的最早讨论，而此后桓宽的《盐铁论·错币》则在很大程度上开了铸币权论争的先河；北宋的沈括最早提出了货币流通速度观点；元代许衡已经认识到纸币和通货膨胀是政府对民众的负债；等等。

值得指出的是，传统金融思想只是对于货币现象及其规律有较多总结，但对于融资、信用等问题较少涉及。因此，这方面的金融思想尽管较为丰富，但所涉领域是较窄的，这也和当时的金融实践有关。以上这些真知灼见源于中国传统社会的实践，是中国金融学重要的思想来源。

二 诠释发展迷思

从国际比较视野看中国金融发展，工业革命（甚至更早）以来的中西大分流，以及改革开放以来中国增长奇迹，都有着谜一样的色彩，也都需要在理论上予以认真回应。

---

① ［德］马克思：《1857—1858 年经济学手稿》，见《马克思恩格斯全集》第 46 卷下册，人民出版社 1980 年版，第 415 页。
② J. M. Keynes, "Book Review: The Economic Principles of Confucius and His School," *The Economic Journal*, Dec., 1912, Vol. 22, No. 88 (Dec., 1912), pp. 584–588.
③ 彭信威：《中国货币史》，上海人民出版社 2015 年版，第 14 页。

首先，关于中西金融大分流。这方面的讨论一直是在中西大分流的语境下展开，试图从金融视角为大分流给出新的解释。

一种观点倾向于从契约关系和金融市场自身发展角度解释金融大分流。典型的代表是陈志武。他认为，中西金融大分流可以追溯到轴心时代。从那时起，中国和西方在实现人际合作的方式上就作出了根本不同的选择：中国人选择靠血缘家秩序，西方则选择更多靠社会化合作，使无血缘关系的人也能互助。① 由于中西方在轴心时代的不同选择，西欧国家在工业革命之前就推演出增强陌生人间跨期信用的制度体系，通过不同金融工具实现大范围内的资源互助合作。陌生人之间通过金融交易实现人际合作的需要，不断刺激欧洲社会改善相应的制度，包括契约法则、商业规序等市场制度及法治体系，以保证社会化风险分摊和资源合作的顺利进行。而中国精英太聚焦于完善礼制，忽视超血缘合作制度的发展，所以在融资规模和风险分散能力上都局限于宗族内部，容量有限，金融发展所需的相关制度建设也付诸阙如，进而在海上丝路竞争中先让位于阿拉伯穆斯林商人，后来也难跟新教荷兰人和英国人竞争，也造就了18世纪后期工业革命以来的中西大分流。

另一种观点则从国家（政府）信用角度讨论了金融大分流。李晓、李黎明认为，18世纪中西经济大分流的重要根源之一，在于此前发生的中西金融大分流。13世纪，当面临相同的财政压力时，无论是南宋政府超发的"会子"，还是威尼斯政府发行的债券，理论上都是国家向社会发行的信用凭证，本质上均是国家信用的资本化。以国家信用的逻辑而言，南宋纸币体系极易崩溃的根源是国家信用不足，而威尼斯公债体制的稳定运行得益于国家信用之完善。两者之间国家信用的差异更是影响了后来的中西金融大分流，其主要的历史表现就是，英国在国家信用确立并强化的同时率先完成了金融革命，而明清时期的中国在国家信用依然严重不足的情况下注定无法内生出金融革命。由此可见，公债体制或纸币体系只是通往金融革命的不同路径，根本驱动国家实现金融革命与崛起的是保障公债体制或纸币体系稳定运行的国家信用。②

事实上，无论从市场（民间）角度或是国家（政府）角度，最终指向是颇为一致的，即值得信任的制度是根本的，无论是对于非人格化交易的一个保障，还是对于政府行为的一个制约，都需要值得信赖的制度安排的出现。而这个制度本身并非是外生的，而是多种力量（包括价值体系、发展目标等）共同作用的结果。这也是为什么，有观点认为，传统中国的金融发展是自足的，即相对于当时的现实需要而言已经足够了。至少在工业革命之前，金融结构对于经济发展的重要性是有限的。金融通常是经济发展的结果，而不是经济发展的原因。③

---

① 陈志武：《文明的逻辑：人类与风险的博弈》（上、下），中信出版集团2022年版，第44页。
② 李晓、李黎明：《中西金融大分流的国家信用逻辑》，《吉林大学社会科学学报》2021年第2期。
③ ［美］王国斌、罗森塔尔：《大分流之外：中国和欧洲经济变迁的政治》，周琳译，江苏人民出版社2018年版，第178页。

在此，他们否定了大分流的出现是因为金融发展问题。金融大分流的谜团显然还有待进一步揭示。

其次，关于"两大奇迹"中的金融。欧洲和北美的学者，通常以他们的一孔之见，去评判世界上其他所有的制度。在他们看来，因为欧洲最早完成了近代经济转型，其就一定拥有世界上最优越的制度。他们循着这样一条思路问下去，所有其他的制度自然就变成了"落后"和"低级"。① 以西方成熟市场经济体为参照，中国金融发展无疑是"落后的"、低效的，但却一方面通过服务于储蓄—投资的转化、促进了经济增长，另一方面保持了长期的金融稳定、从未发生过金融危机。这恰恰意味着"落后的"金融为创造"两大奇迹"——世所罕见的经济快速发展奇迹和社会长期稳定奇迹——作出了卓越的贡献。这是中国金融发展的迷思，也是中国金融学理论创新的基本动力和使命担当。

一方面，中国金融促进了中国经济的赶超发展。改革开放40年，从1978年到2018年，中国经济保持了年均9.5%的增长率。"二战"以后，只有13个经济体实现了持续较快的增长；相较而言，中国是持续时间最长、平均增速最快的国家，将之称为中国增长奇迹毫不为过。中国增长的成功来自多方面，金融无疑发挥了十分重要的作用。发展型政府主导下的金融体系，以高储蓄—高投资模式，快速动员了资源，有力支撑了中国经济的赶超发展。一般而言，发展型政府该做的不仅仅是产权保护、合约执行等方面，还需要强化其在动员储蓄、调配信贷方面的协调功能，比如建立公共的开发银行以及长期的工业化融资机构等。发展型政府撬动市场的最大杠杆就是其配置信贷的能力。正是在这个意义上，可以说改革开放40余年来中国金融体系最大的功劳是从根本上冲破了"双缺口"，有效动员了储蓄，加快了资本形成，进而有力支撑了中国经济长期的高增长。

另一方面，中国没有发生过金融危机。自改革开放以来，从国际上看，先后发生了20世纪80年代的拉美债务危机、20世纪90年代末的亚洲金融危机、2000年初的互联网泡沫，特别是2008年爆发了国际金融危机。危机与发展相伴，几乎是难以逃脱的宿命。也因为如此，中国危机论、中国崩溃论不绝于耳。但迄今为止，中国并未发生过金融危机。这也是令外界大惑不解的一大迷思。我们认为，至少有以下三个因素令中国置身危机之外。其一，中国经济的快速增长消化了金融系统压力。中国善于在发展中解决问题，而不是"坐下来、停下来"解决问题。中国经济的赶超发展模式，特别是初期粗放式发展，不可避免地会积累大量金融风险。但较快的增长往往会消解问题。比如20世纪90年代末，我国的银行体系面临技术性破产，但随着一方面政府果断剥离坏账，另一方面经济恢复强劲增长，银行体系危机问题迎

---

① ［美］王国斌、罗森塔尔：《大分流之外：中国和欧洲经济变迁的政治》，周琳译，江苏人民出版社2018年出版，第254页。

刃而解。其二，中国政府拥有强健的资产负债表，这成为金融稳定的压舱石。来自中国社会科学院国家资产负债表中心的数据显示，2019年，中国政府净资产占全社会净资产的比重接近四分之一，远远高于主要发达经济体。相较而言，英、美政府净资产是负值，日本、法国和加拿大政府持有净资产虽为正值，但占比均不超过5%；德国政府持有资产的比例略高，但也只有6%。其三，渐进开放与底线思维守住了不发生系统性金融风险的底线。相对于产业、贸易的开放，中国金融业的开放是渐进而审慎的，必要的资本管制是维护金融稳定和安全的"防火墙"。底线思维强化了风险意识。这包括加强和完善监管、提升金融韧性，以及维持较高的外汇储备以防不时之需。

三　把握中国特色

中国金融发展的逻辑是由中国经济发展的大逻辑决定的。经济赶超是逻辑起点。实现赶超要完成转型与发展的双重任务。一系列中国特色的金融制度安排与政策措施，以及由此形成的中国特色金融发展道路，置于"双重任务"的框架中才能得到合理解释。以下侧重从三个方面进行概括。

首先，金融压抑与金融赶超并存。

"金融压抑"主要是指政府对利率、汇率、资金配置、大型金融机构和跨境资本流动等有着不同形式的干预。从新古典经济学的角度看，金融压抑是一种扭曲，会使资源配置偏离最优状态。比如会扭曲风险定价，降低金融资源配置效率，遏制金融发展，从而不利于经济增长与金融稳定。不过，如果将金融压抑置于中国经济赶超的大背景下，就会获得新的认识。我们的经验研究表明，在金融市场还不成熟、工业化资金需求十分旺盛的早期发展阶段，适度的金融压抑在有效动员资源、加快经济增长方面发挥了重要作用，因而称得上是一种"良性扭曲"。不过，随着中国逐步迈入高收入经济体，逐步取消金融压抑、纠正金融扭曲是金融供给侧结构性改革的重要任务。

金融赶超是指金融业规模的扩大以及金融科技的发展。一般来说，金融压抑会制约金融赶超，但在中国，正是金融压抑"催生"了金融赶超。理解这一悖论的关键在于：金融压抑导致金融发展的单一化、政府主导，形成正规体系与非正规体系的"二元"；而金融创新特别是借助金融科技带来的创新，能够打破这样的二元格局，促进非正规体系（如影子银行）发展，同时推进新金融业态（如大科技公司进入金融业）发展。金融赶超可以看作对于金融压抑的突破，这一赶超借助了两股力量：一个是金融科技的发展，另一个是监管的包容。这是观察中国金融发展的新视角。

其次，债务攀升与资产积累同步。

在工业化主导时期，企业部门债务攀升较为明显；随着城市化推进和房地产发展，居民部门债务与政府部门债务（主要是地方政府隐性债务）有了较快增长。数据显示，我国社会总负债由2000年的54.7万亿元上升到2019年的980.1万亿元，后者是前者的17.9倍。但与此同时，我国社会总资产也有了快速的积累，由2000年的93.6万亿元上升到2019年的1655.6万亿元，后者是前者的17.7倍。由此可见，中国债务攀升与资产积累可以说是"同步的"，连步幅也都差不多。也因为如此，中国净财富（即社会总资产减去社会总负债）的复合年均增速达到16.2%，超过了同期名义GDP复合年均增速（12.8%）。值得指出的是，中国的债务与资产同步积累的过程，与主要发达经济体是有较大区别的。这里的关键差异在于：发达经济体的政府负债更多的是用于社保、转移支付、补贴低收入群体，因此未能形成相应的资产，而中国地方政府负债（包括大量融资平台）主要是用于投资、基础设施建设，从而债务增长与资产形成是同步的。这显然是中国金融服务于经济赶超的一个重要特色。

最后，政府与市场之间：开发性金融。

对发展中国家而言，为发展融资是刻不容缓的要务。尽管先发国家提供了自工业革命以来的丰富经验，但市场这只"看不见的手"似乎无力独自解决中长期资金的筹措问题，发展中国家的中长期融资困局一直未能得到较好的破解。这是因为，基础设施等领域的投资规模大、建设周期长、见效慢、资金回收慢，很多项目甚至未必能够直接产生现金流，但是能够为其他生产生活提供服务，具有正的外部性。考虑到这些特点，基础设施等领域投资往往需要稳定的长期融资手段来支撑。

中国的开发性金融正是在这样的背景下诞生的。以服务国家发展战略为宗旨，以国家信用为依托，以资金运用保本微利为原则，以市场化为基本运作模式，中国特色开发性金融在政府与市场之间闯出了一条新路，支持了中国的赶超发展，创造了开发性金融的奇迹。诺贝尔经济学奖获得者斯蒂格利茨与他的合作者曾在欧洲顶级经济学杂志上发文对中国的开放性金融给予了高度评价，并强调：尽管其享有独特的结构性优势（比如政府信用和特许权），但是，它能够以一种严谨和复杂的项目审批制度达成可持续性的贷款模式且坏账率比一般商业银行还低，确实是值得复制和推广的。[①]

四 回答时代之题和人民之问

理论创新需要坚持问题导向。问题是创新的起点，也是创新的动力源。中国金融学的理论创新，就是要直面经济社会发展中重大而紧迫的问题，回答时代之问、人民之问，从而真正把握住历史脉络、找到发展规律。

---

① Arezki, Rabah, Patrick Bolton, Sanjay Peters, Frédéric Samama, and Joseph Stiglitz, "From Global Savings Glut to Financing Infrastructure," *Economic Policy*, Volume 32, Issue 90, 1 April 2017, pp. 221–261.

首先，促进经济金融共生共荣。习近平总书记指出，金融是国家重要的核心竞争力，金融安全是国家安全的重要组成部分，金融制度是经济社会发展中重要的基础性制度。这些论述明确了新时代金融的定位。针对我国金融业的市场结构、经营理念、创新能力、服务水平还不适应经济高质量发展的要求，特别是金融与实体经济发展失衡，出现"脱实向虚"，金融支持创新不足，金融风险不断积累的局面，习近平总书记强调："金融要为实体经济服务，满足经济社会发展和人民群众需要。金融活，经济活；金融稳，经济稳。经济兴，金融兴；经济强，金融强。经济是肌体，金融是血脉，两者共生共荣。"① 因此，要深化金融供给侧结构性改革，加强治理结构改革，提高金融体系服务实体经济的能力和水平，促进实体经济与金融协调发展，实现"科技—产业—金融"的高水平循环，推动金融、房地产同实体经济均衡发展。不能"就金融谈金融"，搞金融的自我循环；要始终把金融服务实体经济发展放在第一位，抓住完善金融服务、防范金融风险这个重点，推动金融业高质量发展。

其次，统筹金融发展与金融安全。统筹发展与安全是构建新发展格局的必然要求。统筹金融发展与金融安全也将成为优化金融体系结构、塑造中国金融成长的新维度。金融安全是金融发展的底线，维护金融安全是关系我国经济社会发展全局的一件带有战略性、根本性的大事。近期的俄乌冲突、"金融武器化"进一步凸显了金融安全的重要性。统筹金融发展和金融安全应着力于发展和安全两方面。金融发展方面，通过提升金融体系效率与金融治理能力，增强金融国际竞争力。金融发展不简单是指金融规模的扩大，过度的金融扩张甚至会走向金融发展的反面。金融发展主要是指通过金融体系结构的优化，提升金融服务实体经济的效能，尤其是充分发挥金融在风险优化配置方面的功能，推动金融支持科技创新，强化金融监管，增强金融体系韧性，守住不发生系统性风险的底线，以金融高质量发展促进金融安全。金融安全是金融发展的底线。金融安全是国家安全的重要组成部分，维护金融安全，是关系到我国经济社会发展全局和现代化国家建设的战略性考量。金融安全是在国家主权基础上货币资金融通的安全和整个金融体系的稳定，以保障资金顺畅融通、市场平稳运行和风险有效配置的动态均衡。金融安全涉及金融政策主权、国家货币稳定、金融基础设施、市场体系稳定、金融数据安全以及全球金融治理等领域。金融安全方面，核心是补齐短板。加强金融基础设施建设，完善支付清算体系，面对潜在的金融制裁风险，以人民币国际化与数字货币为抓手，加快推进支付结算手段的多元化。加快数据基础制度建设。数据是未来金融体系最核心资产，也是金融国际竞争力的关键要素。数据基础制度建设事关国家发展和安全大局，要维护国家数据安全，保护个人信息和商业秘密，促进数据高效流通使用、赋能实体经济，统筹推进数

---

① 《习近平在中共中央政治局第十三次集体学习时强调 深化金融供给侧结构性改革 增强金融服务实体经济能力》，《人民日报》2019年2月24日第1版。

据产权、流通交易、收益分配、安全治理,加快构建数据基础制度体系。

最后,坚持以人民为中心的金融发展观。以人民为中心的发展思想是新发展理念的灵魂。回答人民之问,就是要回应社会主要矛盾变化和人民群众的新诉求。一是发展普惠金融促进共同富裕。党的十八大以来,我国普惠金融取得了实质性进展。从"普"的角度看,我国普惠群体在金融服务可得性方面取得明显进展。特别是,数字普惠金融近年来快速发展。从"惠"的角度看,我国普惠群体获取金融服务的成本有所降低但仍有下降空间,其中个人消费者面临的高融资成本问题仍较为突出。从"商业可持续"角度看,现阶段金融机构经营绩效总体呈下滑势头,其中中小金融机构绩效下滑尤为明显。未来看,发展普惠金融,一方面是着力解决普而不惠的问题;另一方面,规范金融科技发展,使新技术的私人收益与社会收益一致起来,促进科技向善,更好地服务于社会。二是发展绿色金融建设美丽中国。要建立和完善以绿色金融标准、环境信息披露、激励约束机制、产品服务创新、国际合作协调为支柱的绿色金融体系,对金融支持绿色低碳发展和应对气候变化做出系统性安排,更好推进实现"双碳目标"。同时,要注重转型金融发展,关注经济、社会、产业在向绿色低碳转型过程中所产生的各类"转型风险",提升金融体系在应对转型风险过程中的韧性。三是践行ESG投资理念。ESG(即环境Environmental、社会Social和治理Governance)是近年来全球兴起的企业管理和金融投资的新理念。该理念认为,企业活动和金融投资不应仅着眼于经济指标,还应关注环境保护、社会责任和治理成效等诸多方面,推进可持续发展。在环境方面,ESG关注企业的污染治理、可再生能源利用、温室气体排放等因素,契合人民对美好生态、美丽中国的诉求;在社会方面,ESG关注企业的工作环境、供应链标准、慈善活动、社区关系、员工福利等因素,契合人民对协调、共享发展的诉求。在治理方面,ESG关注企业的商业道德、反竞争行为、股东权益保护等因素,契合人民对公平竞争、自身权益保护的诉求。四是促进各类资本良性发展。资本具有逐利本性,资本扩张有其自身的逻辑。资本扩张一方面会带来经济增长;另一方面也可能造成资本与劳动之间的紧张,甚至产生"极化效应",扩大贫富差距。资本是社会主义市场经济的重要生产要素,促进资本良性发展,是发展社会主义市场经济题中应有之义。正确处理资本和利益分配问题,注重经济发展的普惠性和初次分配的公平性,既注重保障资本参与社会分配获得增值和发展,更注重维护按劳分配的主体地位。深入推进实施公平竞争政策,使各类资本机会平等、公平进入、有序竞争。规范和引导资本发展,为资本设置"红绿灯",依法加强对资本的有效监管,加强反垄断和反不正当竞争监管执法,全面提升资本治理效能。

结　语

党的十八大以来,以习近平同志为核心的党中央坚持以人民为中心的金融发展观,强调要把服务实体经济作为金融工作的出发点和落脚点,作出了"经济金融共生共荣"这一重要理论判断,实施了"深化金融供给侧结构性改革"这一重大战略,确立了健全具有高度适应性、竞争力、普惠性的现代金融体系这一战略目标,加入了统筹金融发展和金融安全这一新维度。上述新思想、新理念集中体现了中国共产党人探索金融发展道路的最新成果,既是习近平经济思想不可或缺的重要组成部分,也是推动新时代中国金融学创新发展的指导思想。

面向新时代,金融学理论工作者要坚持以习近平经济思想为指引,坚持问题导向,彰显中国特色,直面中国金融改革发展中的重要现象,回应金融领域的时代之题,以中国视角、中国逻辑和中国框架展开中国金融叙事,加快推进金融学的中国化。在这一进程中,要坚持马克思主义的指导地位,提炼中国共产党百年金融思想精髓,从中华优秀传统金融思想资源中汲取营养,同时吸收借鉴现代西方经济金融理论的有益成分、破除西方主流金融学教条,不断结合新时代的金融发展实践,将中国经验升华为中国理论,提炼出一系列具有原创性、标识性的新范畴、新范式,推动新时代金融理论的创新,建构中国自主的金融学知识体系。

学科述评

学术视角下的新时代金融主题*

程 炼　周莉萍　张 策**

习近平总书记在党的二十大报告中指出，在新中国成立特别是改革开放以来长期探索和实践基础上，经过党的十八大以来在理论和实践上的创新突破，我们党成功推进和拓展了中国式现代化。这一判断不仅精确地概括了我国的经济社会发展阶段，也为我国的金融发展指明了方向。党的十八大以来，特别是第五次全国金融工作会议之后，在以习近平同志为核心的党中央坚强领导下，我国金融事业获得了全面发展，金融服务实体经济和抵御风险的能力大幅提升，表现在：货币政策调控框架实现转型，金融监管改革稳步推进，多元化金融组织机构体系初步成型，普惠金融发展迈上新台阶，金融基础设施不断完善，金融科技创新呈现新亮点，金融市场双向开放达到新高度。

在金融发展的时代背景下，我国的金融学术研究也呈现出空前的繁荣局面。金融学论文不仅刊登在《金融研究》《国际金融研究》《金融评论》这样的金融专业领域期刊上，而且在《经济研究》《管理世界》这样的经济综合类期刊中也占据了大量版面。经过多年的学习和积累，中国的金融学界无论是在金融理论还是在实证技术上都得到了巨大的提高，中国学者不仅在用最新的理论和方法探讨重大金融政策议题，也能够熟练地以金融学的通行范式在国际学术期刊上讲述"中国故事"，而中国飞速的金融改革发展过程和丰富多彩的金融实践也给金融研究提供了大量的主题和素材。观察近五年来的金融学研究，我们可以看到三种主要的类型：第一，以规范的金融学方法对中国金融改革与发展中的重要问题进行分析；第二，基于中国的金融实践与数据对经济与金融学中的经典命题进行检验；第三，创造新的金融理论与方法对中国乃至国际的最新金融现象进行解释。同时我们也欣喜地发现，近年来上述第一种和第三种类型的高水平研究正在不断增加，这不仅体现了中国金融学的成熟与自信，也反映了"把论文写在祖国大地上"的观念正深入人心。在本文当中，我们将以我国金融改革与发展的几个重要问题作为线索，对相关研究作一个极为简略的梳理。

---

* 原文刊载于《金融评论》2022年第4期。
** 程炼，中国社会科学院金融研究所，研究员；周莉萍，中国社会科学院金融研究所，副研究员；张策，中国社会科学院金融研究所，助理研究员。

一 货币政策转型与创新

2008年国际金融危机后,主要发达国家的中央银行开始调整货币政策目标和框架,不再单纯考虑价格稳定,也高度重视金融稳定,宏观经济理论模型也开始将金融因素纳入其中。与此相应,中国的货币政策转型与发展既沿袭并拓展了原有的利率市场化转型路径,也融入了危机后以宏观审慎政策为代表的金融稳定职责;在利率市场化的进程中,没有放弃对数量调控的完善,并创新了多种借贷便利等结构性货币政策工具;在防范系统性风险过程中,更加注重与财政政策、金融监管政策的协调。

(一)货币政策转型

在二十余年的利率市场化改革进程中,国内学者对如何完善利率体系贡献了海量研究,涉及利率体系的方方面面。第一,一个关键问题是,央行需要选择合适的政策目标利率。徐忠、李宏瑾(2019)根据利率期限结构理论和国际实践经验分析认为,应将隔夜货币市场利率作为货币价格调控模式下新的政策目标利率,以顺利实现货币调控方式转型。第二,利率市场化改革的宏观经济影响,如放开信贷资源价格对经济的影响。谭语嫣等(2017)认为信贷干预改革非常关键,如果保持信贷干预仅取消价格管制的改革反而会显著降低全要素生产率。沿着这条研究脉络,学者们利用利率市场化渐进式改革提供的准自然实验机会,研究了信贷资源配置改革对企业贷款可得性、贷款成本等影响(陈胜蓝、马慧,2018;张伟华等,2018;申创等,2020)。第三,货币政策框架转型并不意味着完全放弃数量型调控,而是二者的配合使用。针对不同的领域,两种调控方式被国内学术界证明各有优势。例如,陈创练、戴明晓(2018)认为数量型货币政策在管控房价和杠杆率方面更为有效,利率在两类调控目标的政策效果上均只有短期效应,原因在于利率通过资金成本影响房价的传导渠道并未畅通。当然,目前国内央行的数量型调控自身也有改进空间。从中央银行资产结构的视角出发,货币供给机制转变模式要从赶超期的"又快又好"转向新常态下的"稳中求进",根本上要逐步建立以公债为基础的央行资产,形成新常态下的货币、财政和统一监管的宏观稳定化政策和管理框架,推动经济走向成熟(张平,2017)。

货币政策框架转型关系到政府部门以及诸多市场主体投融资行为的调整,因此,财政政策与货币政策需要协同发力。从财政政策与货币政策配合的视角出发,发挥国债的金融功能以完善利率体系是重要的切入点。徐忠(2018)指出中国过去的数量型货币政策实践始终面临着政府过度关注经济增长和预算软约束部门、金融监管体制不健全、金融市场深度不够等制约因素,需要以完善利率体系为切入点,深化发展金融市场微观基础、制度保障和产品功能等金融市场体系,缓解各项约束条件。李扬(2021)认为国债在客观上兼具财政和金融的功能,建立统一、协调的国债管理政策是货币政策与财政政策协调配合的关键。也有学者从财政视角提出协调的关键，如卞志村等（2019）研究认为随着货币政策框架转型，宏观调控框架需要高效协同，财政工具选择应更加重视结构性减税与投资补贴等。因为货币政策转型会影响财政冲击对私人资本的挤出效应强度，进而影响财政乘数。

（二）宏观审慎与货币政策"双支柱"调控框架

2008年国际金融危机之后，防范系统性风险，维持金融稳定被多国央行高度重视，成为独立的宏观经济政策目标。这一观点在我国也得到了充分的学术讨论，并在实践中与货币政策共同形成了"双支柱"调控框架。

宏观审慎政策的执行主体无论是中央银行还是其他机构，都面临与货币政策协调的重要挑战（李斌、吴恒宇，2019）。马勇等（2017）认为货币政策需要将金融稳定因素纳入框架范围，以实现实体经济和金融的"双稳定"，即以货币政策为主来统筹宏观审慎政策。周莉萍（2018）指出，中央银行是维护金融稳定的主导机构之一，但货币政策不是维护金融稳定的最佳选择。建议货币政策宽松时期避免力度较大的强宏观审慎政策，宏观审慎政策的重点应在系统重要性金融机构的日常监管和破产清算以及金融机构之间的内在关联性等。郑联盛（2018）认为应该通过拓展宏观审慎政策框架来缓释单一政策的多重目标均衡，同时发挥货币政策与宏观审慎政策的互补性。因此，构建货币政策与宏观审慎监管的协调机制是提高政策效率的关键。马骏、何晓贝（2019）提出最主要的协调配置机制包括从法律上明确中央银行的金融稳定职责；建立在同一框架内分析货币政策与宏观审慎政策的方法和工具；将金融监管部门的主要宏观审慎政策决策权集中至中央银行；建立货币政策与宏观审慎政策的协调流程与机制。

金融不稳定的重要来源是资产价格波动引发的金融周期变化。资产价格波动是货币政策和宏观审慎监管协调配合的重点之一。罗娜、程方楠（2017）认为，从协调机制来看，宏观审慎政策与货币政策应当分别以房价稳定与物价稳定为目标，均采用标准的泰勒规则，而非其他更为复杂的多目标规则。马勇、谭艺浓（2019）提出构建"基于金融状态转换的货币政策规则"，即对于正常情况下较小的金融资产价格波动，货币政策没有必要做出直接反应；但当金融资产价格大幅偏离其均衡状态时，货币政策应该对金融资产价格的波动做出直接反应。

（三）货币政策发展与创新

在多目标制和危机管理背景下，货币政策工具创新成为货币理论与实践的重要主题。结构性货币政策是近年来国内主要货币政策创新之一，早期主要体现为"定向降准"、定向再贷款等，常被称为数量导向型结构性货币政策；近期主要体现为常备借贷便利（SLF）、中期借贷便利（MLF）、抵押补充贷款（PSL）等具有"定向降息"性质的流动性管理创新工具，常被称为利率导向型结构性货币政策（成学真等，2018）。这一分类大致合理，但流动性管理工具显然兼具数量和价格两种性质,后者产生的深刻背景是,国际资本流动新变化导致中国的基础货币投放渠道发生了根本性变化,并引发货币市场流动性波动(徐忠,2017)。

沿用这一概念分类,国内学者着重分析了利率导向型结构性货币政策的效果。有研究发现中期便利等利率导向型结构性货币政策对商业银行贷款数量和贷款利率具有显著影响,其政策效果明显优于短期政策利率(孙国峰、段志明,2016)。刘澜飚等(2017)认为,国内利率型结构性货币政策公告通过信号渠道改变市场预期、降低货币与债券市场利率,从而降低社会融资成本的传导机制,因此有必要提升央行信息公开程度,以提升结构性货币政策信号渠道的有效性。潘敏、刘姗(2018)发现不同类型的结构性货币政策在引导货币市场利率走势、平抑市场利率波动上存在差异性,常备借贷便利工具较好地发挥了利率走廊功能。成学真等(2018)则认为数量导向型和利率导向型结构性货币政策对经济增长都具有正向的促进作用,利率导向型结构性货币政策效果优于数量型结构性货币政策。

自2020年初全球新冠肺炎疫情暴发以来,国内结构性货币政策被频繁使用,在缓解疫情冲击中发挥了关键作用。孔丹凤、陈志成(2021)发现,结构性货币政策通过"定向降息"降低企业融资成本,引导信贷资金流向下游民营、小微企业,达到了"降成本、调结构"的效果。但是,在信贷萎缩、金融风险升高的情况下,结构性货币政策容易引发上下游企业产出背离,反而削弱经济的内在稳定性。马理、范伟(2021)认为,在新冠肺炎疫情期间,常规货币政策容易导致资源配置扭曲,因为银行的风险偏好很容易使得资金流入财务指标良好的大企业而非中小企业。而结构性货币政策能引导资金进入急需扶持的特定行业或产业,缓解疫情对中小企业的损害。

二 系统性风险防范与金融监管

防范系统性金融风险与强化监管是新时期金融发展的重要任务。国内学者深入研究了系统性金融风险的度量方法、潜在传染路径、外部冲击对国内系统性金融风险的影响等,也对影响比较突出、有引发系统性风险隐患的地方债务风险、影子银行风险与监管予以了关注。

(一)系统性金融风险的测度与预警

目前,国内金融风险呈现出点多面广的局面,金融行业、金融市场间均存在不同程度的风险溢出,金融创新可能成为新的风险源头,但尚未达到已经形成系统性风险的程度(王朝阳、王文汇,2018)。因此,国内学者关注的重点是,如何认识系统性金融风险的诱因与传染途径,探索构建全面有效的系统性金融风险测度、评估与预警方法,以守住不发生系统性金融风险的底线。

系统性金融风险的测度与国内系统性风险源头、传染路径的探讨密切相关。何青等(2018b)采用主成分分析分位数回归法构造了系统性金融风险指数,发现系统性金融风险主要通过信贷渠道传导至实体部门，进而对宏观经济产生负面影响。杨子晖等（2019）采用预期损失指标来衡量中国金融市场及各金融部门的极端风险，发现房地产等部门是中国金融风险的重要来源，中国股市整体金融风险与经济政策不确定性之间存在双向因果关系。杨子晖等（2020）构建了"全球金融市场与经济政策不确定性"的非线性关联网络，通过对全球19个国家和地区的系统性金融风险传染机制分析发现，境外金融市场会对中国金融市场产生显著的风险传染。

近年来，中美贸易摩擦、新冠肺炎疫情等极端事件成为国内系统性金融风险的一个重要诱因。和文佳等（2019）认为中美贸易摩擦影响各金融行业系统性风险的"水平效应"显著性较弱、"趋势效应"的显著性较强，且"趋势效应"较"水平效应"更为持久。金融部门间的比较分析发现，国内银行业抵御外部冲击的能力最强，证券业次之，保险业最差。张晓晶、刘磊（2020）用金融条件和宏观金融脆弱性指数反映中国宏观金融的周期性特征，基于在险增长模型指出，稳杠杆的根本目的是防风险，提高宏观经济的风险吸收能力，即宏观经济韧性。李绍芳等（2022）通过对新冠毒株变异的不同时期的分析发现，主要是在新冠肺炎疫情暴发初期我国金融市场受全球金融市场风险传染的影响较大。

（二）地方债务风险

由于2008年全球金融危机及其应对政策的影响，国内地方债务快速攀升，成为潜在系统性风险的重要来源。在关于地方债务风险根源与动态的学术讨论中，DSGE模型是常用的工具。如张晓晶等（2019）构建了引入国企与政府补贴的BGG模型，证明国有企业的优惠政策和融资优势、地方政府的软预算约束等体制性因素是债务高企的根本原因。与之类似，梁琪、郝毅（2019）利用包含土地财政与影子银行的DSGE模型显示，经济增速放缓、地方政府资金使用成本过高、土地出让收入不确定性增加等因素影响着国内地方政府债务的可持续性。在这类分析中，如何将金融部门和地方政府行为合理地引入一般均衡模型是一个很大的挑战，因此也使得数值模拟的说服力留有很大的不确定性。

在地方债务风险的估计和预测中，相当多的研究依托于拓展后的KMV方法。如徐蕾、刘小川（2018）利用改进后的KMV模型对我国31个省（直辖市、自治区）在2017—2021年的地方政府性债务的违约风险进行预估性测度，认为以地方财政收入作为唯一的偿债资金来源不能实现所有地方政府的债务可持续。洪源、胡争荣（2018）则基于流量和存量双重维度的地方政府偿债能力用KMV修正模型对债务违约风险进行了测算。不过，由于地方财政收支的波动率很难像企业股票那样基于历史记录进行精确估计，同时地方政府的预算约束也远比企业更具弹性，几乎无法确定违约的触发条件，因此这类研究的意义更多在于风险趋势的提示而非实际风险水平的测度。

为了缓释地方债务风险，应对政策之一是地方债务置换，即用显性债务置换隐性债务。

旨在推动隐性债务显性化、隐性风险显性化。同时拉长债务久期，缓释地方政府债务的信用风险边界，降低地方政府的结构性代偿压力（许友传，2018）。显然，通过债务置换延长债务期限结构虽然可以缓解债务累积且对宏观经济风险有所缓释，但它同时会降低财政政策的有效性，使得短期内波动增加，中长期内产出下降（梁琪、郝毅，2019）。该研究还发现在实施债务置换期间，数量型货币政策有助于增加财政政策的有效性，但须防范通胀风险。

（三）影子银行的宏观经济影响与风险

影子银行也被认为是系统性风险的重要来源，并因此成为"防风险"监管的重要对象。周上尧、王胜（2021）的分析显示，随着2014年以来影子银行监管的不断加强，系统性金融风险迅速下降，并在2017年降至较低水平。国内学者重点关注了商业银行表外业务、非金融企业影子银行化等对国内金融和经济体系的影响，为货币政策和金融监管政策提供了基本的理论与实证依据。

影子银行体系弱化了货币政策效果，导致了金融脆弱性。何平等（2018）发现影子银行会降低货币乘数和单位社会融资对应的流动性比例。与此同时，高然等（2018）认为，货币政策冲击与存贷比监管冲击增强了商业银行面临的信贷约束，影子银行替代了部分传统商业银行的信贷业务，降低了货币政策有效性。与之类似，郭晔等（2018）发现，货币政策同时影响商业银行的流动性创造增速和结构，宽松的货币政策提高了银行总体流动性创造增速和非同业流动性创造增速，但是降低了同业流动性创造增速。另外，影子银行的发展也诱导了非金融企业从事影子银行业务，增加了经营风险、降低了经营绩效（李建军、韩珣，2019a）。不过，影子银行的宏观经济效应并不完全是负面的。钱雪松等（2017）发现地区金融发展水平参差不齐导致委托贷款跨区域流动。委托贷款这一影子银行机制缓解了中西部地区企业的融资约束，对金融发展水平相对落后地区的企业施加了显著的"反哺效应"，从而有利于促进区域经济的均衡发展。此时，影子银行虽削弱了货币政策有效性，但也缓解了"一刀切"的强硬政策对经济的损伤。

在影子银行监管政策的作用机理与效果方面，国内学者也进行了大量研究。李建强等（2019）发现，紧缩货币政策降低信贷规模，却推动影子银行资产扩张，引发流动性"水床效应"；刚性兑付抬高无风险利率，扭曲市场定价机制，增加金融脆弱性和金融监管难度。因此，仅有"逆风向而行"资本充足率调控还远远不够，有序打破刚性兑付的重要性，并不亚于丰富和完善宏观审慎政策工具箱。彭俞超、何山（2020）认为，"资管新规"虽然提高了经济发展质量，但"一步到位"的监管模式也产生了一定的经济成本。因此，政府应当"堵疏结合"，在限制影子银行的同时，疏通货币政策影响中小企业和民营企业的传导机制，促进经济高质量发展。因此，与单一加强监管相比，持续深入的金融改革才是彻底化解金融风险、解决影子银行问题的根本出路。

三　金融供给侧改革与银行体系发展

2019年2月22日，习近平在主持十九届中共中央政治局第十三次集体学习时强调，深化金融供给侧结构性改革。"金融供给侧结构性改革"概念的提出使得学术界关于最优金融结构的讨论再次火热，也引发了大量关于当前银行主导金融体系绩效的研究。

（一）最优金融结构与银行体系的地位

正如周莉萍（2017）所指出的，国内经济学家已经就最优金融结构问题进行过充分的探讨，并且都同意银行融资和金融市场融资之间存在互补关系，分歧仅在于何种比例构成更适合于特定阶段的经济发展，不过金融科技所带来的"去中介化"与新型金融形式则使得"金融结构"这一概念本身复杂化和模糊化了。在这一语境下，郑联盛（2019）建议金融供给侧改革从金融功能的视角出发，在补齐金融体系功能短板的同时，创造金融功能得以更好发挥的经济与政策环境。张杰（2019）基于我国金融体系的改革路径给出了当前金融结构问题的深层次原因，指出它涉及政府与市场、直接融资与间接融资、对外开放与对内开放三组基本关系，因而不应拘泥于金融结构调整本身，而是要全面引入和实施"竞争中性"和"所有制中立"原则并作为今后中国金融结构性改革的核心。

在实证层面，学者关注的核心问题仍然是，相应于特定经济发展水平和经济结构，何种比例的金融结构是最优的。在研究中支持进一步发展直接融资的占多数。易纲（2020）指出在2008年全球金融危机以来的十多年时间里，中国金融资产的风险在向银行部门集中，向债务融资集中，因此需要在稳住宏观杠杆率的同时，依靠改革开放发展直接投资，管理好金融风险。盛斌、景光正（2019）、谭小芬等（2019）分别从全球价值链和企业杠杆率的视角，认为市场主导的金融机构更优。与之不同，张一林等（2019）认为银行具有独特的比较优势，强调应进一步发挥中小银行在满足中小企业融资需求上的作用。还有众多学者认为金融结构应该与人口年龄结构、产业结构、劳动力结构、技术创新模式相匹配，从而更好地发挥直接融资、间接融资的比较优势，更好地服务于经济增长和企业创新（杨子荣、张鹏杨，2018；余静文、姚翔晨，2019；叶德珠等，2022；司秋利、张涛，2022）。

（二）市场结构对于银行行为与绩效的影响

利率市场化改革的推进与金融市场的进一步对内开放使得银行业的竞争日趋激烈，随着金融科技的应用而产生的新型金融形式更使传统银行面临新的竞争者，这给了学者们一个极好的机会观察市场结构对于银行行为与绩效的影响。刘莉亚等（2017）基于2007—2014年中国银行业微观数据指出，市场竞争的激化一方面会推动银行从传统公司商业贷款向消费零售贷款方向转移从而提高利润，另一方面也会促使银行追求信贷扩张从而加剧经营风险，并且上述"双刃剑"效应在小规模、低流动性水平、低资本充足率水平的银行上体现得更为明显。这一发现颇为完美地印证了传统微观银行理论中市场竞争对于银行行为的双重效应。在更广泛的银行业务结构上，申创、赵胜民（2017）发现，市场竞争度提升提高了银行总体样本的非利息收入水平，同时还增加了国有商业银行和股份制商业银行的手续费及佣金收入。

银行积极调整业务结构和经营方式以应对更为激烈竞争的同时，其行为会对服务实体经济的绩效产生什么样的影响，这是另一个重要的问题。张杰等（2017）发现银行结构性竞争对企业创新活动具有"先抑制后促进"的U型效应，即存在一个正相关的门槛值，其原因可能在于不同类型银行结构性差异的叠加效应。与此相反，李明辉等（2018）发现，银行市场竞争程度与流动性创造效率之间呈现"先促进后抑制"的倒U型关系，即银行业存在最优的市场结构。姜付秀等（2019）基于A股上市公司的数据分析了银行竞争对于企业融资约束的影响，则发现银行竞争显著降低了企业投资—现金流敏感性和企业债务融资成本。上述结果的差异一方面是由于样本与观察指标的差异，另一方面也提示我们，在我国纷繁复杂的金融改革过程中，简单地采用某个市场结构指标进行因果判断可能存在问题。这方面的一个证据来自蔡宏波等（2020）。该研究发现由于"服务本地"的要求，城市商业银行规模扩张会促进新的僵尸企业形成，而跨区域兼并重组的城市商业银行则有助于抑制上述倾向。这说明，如果不去考虑区域内银行的具体类型与行为动因而单纯着眼于市场结构指标的绩效影响，可能很难得到一致并且有说服力的结果。

市场竞争加剧导致银行的特许权价值下降（项后军等，2020）而生存压力上升，很容易诱使银行采取高风险的经营行为。郭晔、赵静（2017）基于2008—2015年上市银行的微观数据发现，存款竞争主要通过影子银行渠道增加银行系统风险，并且银行面临的存贷比和资本充足率监管约束越大，其通过影子银行应对竞争的行为越激进。项后军、闫玉（2017）以及李双建、田国强（2020）也得到了类似结果，即银行竞争加剧会促进银行的风险承担。申创（2018）则对于银行业集中度和竞争度作了区分，分别考察了它们与银行风险之间的关系，认为两者与银行风险都存在非线性关系，并且近年来银行业竞争度的上升提高了银行风险，但集中度的下降则降低了银行风险。

（三）中小银行的发展

中小银行发展是我国金融供给侧结构性改革的重要内容。中小银行是我国金融体系的重要组成部分，在吸收民间闲散资金、服务小微企业和"三农"、保障民生方面发挥着特殊的作用，随着金融改革的进程，我国的中小银行获得了巨大发展，但也面临缺乏核心竞争力、定位不明确、风险较高等问题。这些都在近年的金融学文献中得到了广泛讨论。

通常认为，中小银行在小微企业融资方面具有比较优势，而李华民、吴非（2017）认为，小企业向中小银行融资的"门当户对"观念实际上是一种认知偏差，并无经验证据的支持，相反，其调查数据显示，与大银行机构建立联系的小企业在融资方面的境遇更为优越。同样基于调查数据，邓超等（2017）则强调了商业银行信任对小微企业信贷的影响，并且在对短期信贷可获得性的解释上，善意—诚实信任比能力信任有更强的影响，这在一定程度上支持了中小银行区域融资优势的"软信息"理论。

农村商业银行和村镇银行由于其服务对象和业务的特殊性而在中小银行中尤为引人注目。例如，在村镇银行网点的配置方面，熊德平等（2017）从农村金融供给和主发起行跨区经营相结合的视角构建了一个解释框架，并基于865家村镇银行的数据进行了检验，表明村镇银行网点数量与所在地区农村金融供给水平呈负向关系，与主发起行跨区经营决策及其经营能力呈正向关系。还有大量文献对于农村商业银行和村镇银行的绩效及其影响因素进行了探讨。如刘丹、张兵（2018）基于2012—2015年的调查数据发现，股权结构对于农村商业银行的财务绩效与社会绩效有着重要影响。其中高管持股、员工持股和银行持股对农村商业银行的社会绩效影响不显著，但均对其财务绩效影响显著；政府性质股东对农村商业银行社会绩效影响显著，但与其财务绩效显著负相关。

四 多层次资本市场建设

在新的历史阶段，为了更好实现服务实体经济的目标，金融改革与发展的首要任务之一就是多层次资本市场体系。这一发展不仅有助于消除传统间接融资方式的弊病，优化金融资源配置效率，推动金融深化，防范和化解高杠杆带来的系统性风险，还有利于满足日益增长的社会财富管理需求，为收入分配的改善提供助力。而作为金融学的传统领域，我国资本市场的发展也一直是金融学研究的"主战场"。在对传统资本市场命题进行深入探讨的同时，学者们尤其关注了资本市场制度创新、债券市场违约和企业债务风险治理、公司违规和中国特色的公司治理模式等时代主题。

（一）资本市场制度创新

科创板突破了对发行上市公司盈利能力和公司治理方面的限制，全面采用市场化的询价定价方式，还在涨跌幅限制、投资者认定、信息披露等方面进行了创新，也成为最近几年资本市场改革研究的热点话题。大部分学者肯定了注册制和科创板的成效，例如薛爽、王禹（2022）发现科创板公开披露IPO审核问询回复函存在信息价值，其所包含的信息价值影响了机构投资者询价的意见分歧，也让市场机构更加审慎客观地评估这家上市公司的科技创新能力、核心技术水平。也有部分学者评价较为负面，认为科创板IPO的定价存在高估，二级市场投资者存在非理性投机行为（董秀良等，2020）。

作为服务于企业创新的公司治理结构，科创板放松了关于特别表决权的安排，使得双重（层）股权结构成为热议话题。在中国，一股独大、两权分离、内部人控制等治理问题尚待解决，双重股权结构的引入更是加剧了中国制度背景下公司治理问题的复杂性。传统理论认为，

"同股不同权"不仅加剧了两类代理问题,还引入了不同股权之间的利益冲突。与以往的观点相悖,李海英等(2017)通过 Facebook 收购 WhatsApp 的案例分析认为双重股权结构不一定会加剧不同股权之间的利益冲突,在双重股权结构之下,创始人的控制权得到保护,进而维护了企业文化、长期战略的稳定,管理层可以专心于业务决策,更具效率的决策机制也会提升企业价值,对中小投资者产生保护效应。郑志刚、关田田(2018)延续了这个讨论的思路,专注于如何才能使双重股权结构在中国发挥更加积极的作用。该研究通过对 Snap 的三重股权结构进行解析,认为"同股不同权"的制度安排在两个条件下可以发挥最大的作用:第一避免股东的利益割裂,将其分割为不同的阵营;第二不同类型的股权之间存在可以转换和退出的机制。在此基础上,郑志刚等(2021)认为日落条款的引入可以改善双重股权结构的公司天然缺乏外部接管治理的问题,更好地引导支持企业将重心放在经营和创新之中。

除了科创板的制度变革外,资本市场上学者关注度比较高的另外两个制度变革就是:融资融券制度和股权质押制度。融资融券给予了拥有负面信息的主体进入市场表达和传递其所拥有的信息的机会,改善公司的信息环境(顾乃康、周艳利,2017;李志生等,2017)。中国的股权质押增加了控制权转移风险、激化了代理问题,进而引发了一系列的公司治理问题,也对公司的经营风险和经营绩效产生影响(郑登津等,2020;史永东等,2021)。

(二)债务风险化解与债券市场违约

伴随着中国经济进入新常态,中国经济增长率也开始逐渐放缓,以"三去一降一补"为代表的供给侧结构性改革,需要妥善处理的首要问题就是企业的债务风险。然而,作为特殊历史阶段下的现实问题,债务处置过程中也不应"妖魔化债务",企业债务治理不仅有政府财政纪律和激励扭曲的因素,还有市场化处置方式缺位的问题。激进的债务治理或许并不能"治本",反而会引发更大的社会危机。刘晓光、刘元春(2018)提出要结合企业绩效和债务风险进行辩证分析,债务在提高股东净资产回报的同时增加了企业陷入破产或融资困境的可能,是一个权衡过程。化解债务风险要关注企业内部的杠杆结构,以债务合约的特点出发,用制度化的手段激励和引导企业减少从事短债长用行为,用股权和长期债务进行项目投资,强化杠杆率的积极作用并弱化消极影响。

与之相伴,债券市场隐性担保、定价和违约也是金融学者们关注的重要问题。在 2014 年超日债违约之前,中国债券市场一直是事实上的"刚性兑付",纪志宏、曹媛媛(2017)从常年的监管和从业经验中研究发现"刚性兑付"预期激励信用债的套利交易,成为中国金融安全的重要挑战。伴随着违约事件的出现,中国债券市场也开始出现历史性变革,大家不再期待"刚性兑付",转为寻找其他替代性因素。与预期相悖的是,市场并没有转向考虑市场化的定价因子,而是探索隐性担保在债券的发行、定价和投资中作用。较早的研究,曹婧等(2019)通过详细搜集的城投债数据库,发现财政压力和政治晋升压力导致城投债加速扩张,背后正是政府的隐性担保在默默支持。刘晓蕾等（2021）也通过实证研究证实了隐性担保提高了城投债的信用利差，并且投资者也开始渐渐将隐性担保纳入投资框架和定价体系之中。虽然违约的出现会降低隐性担保的现实作用，如王叙果等（2019）从省级维度和视角出发，发现省内债券违约会降低隐性担保在省内债券发行和定价中的作用，但整体来看中国债券市场的隐性担保并没有就此停歇，根据钟宁桦等（2021）的估计，2009 年至 2019 年城投债的隐性担保呈整体上升趋势，尤其是债务违约的时候，存在隐性担保债券的违约处置过程或许更加强化了市场的隐性担保预期。

（三）公司违规与中国特色的公司治理模式

公司治理的目标之一就是防范与纠正公司违规行为，包括经理人的腐败问题。随着党的十八大以来党和政府在违规违纪、贪污腐败上施以重拳出击，公司违规、腐败问题也受到更多关注，其对于公司绩效的显著负面影响更引起学者重视（黎文靖、池勤伟，2015；金宇超等，2016）。在关于"什么样的企业会更容易出现违规和腐败行为"的讨论中，管理层权力、进攻型公司、薪酬管制等因素被认为是重要变量（孟庆斌等，2018），从中可以看出，公司违规既可能是经理人经过深思熟虑后的理性行为，也可能是第一类代理问题下股东和经理人博弈的后果，其来源非常复杂，也使得问题的治理方式难以获得大家一致的认可。陈仕华等（2014）强调应该发挥党和政府的治理作用，党的事前监督和政治晋升激励有助于经理人更加关注违规和腐败问题治理，从公司内部制度建设和决策的根源上解决问题。周开国等（2016）、孟庆斌等（2019）强调外部治理的作用，通过媒体等其他信息方，通过公开发声、卖空约束等行为对公司违规和腐败起到威慑作用。另外，还有一派观点认为保险的监管治理在此也可以发挥作用，李从刚、许荣（2020）认为董事责任险的购买可以降低公司违规行为，它不仅能强化内部治理效应，还向外传递了积极的信号。

中国特色的管理模式和治理行为一直以来是学者们关注和讨论的重点，其中最重要的议题是如何发挥党组织（委）的治理作用。马连福等（2013）是比较早研究国有企业党组织治理作用的文章。其认为国有企业经理人会更加关心本人的政治前途，而不是当下的实际薪酬。该研究使用企业"双向进入、交叉任职"的情况来衡量党委会对企业决策的影响程度，认为党组织能够显著降低高管绝对薪酬。陈仕华、卢昌崇（2014）认为党组织参与公司治理的机制在于形成了对内部人的有效制衡。基于国有上市公司的并购数据，该研究发现党组织参与可以有效地抑制股权或资产的低价转让。柳学信等（2020）则是将"双向进入"和"交叉任职"分开讨论，认为后者的作用在实证中更加明显。上述研究主要集中于国有企业的党组织作用。而王舒扬等（2019）讨论了民营企业党组织参与治理的作用。党组织在民营企业中的作用机制主要是各基层党组织通过学习与党建活动，加深对党的精神和理念的理解，从而更好地传达和贯彻党中央的精神。该研究以企业绿色环保投资作为被解释变量，发现企业设立

— 25 —

党组织能够促进企业绿色环保投资。

中国的金融市场和公司治理的发展,从无到有,经历了一系列的发展过程。学者也在不停地评估和判断这一发展进程,及时给出相对应的政策建议,使得中国金融市场更加有效、公司治理机制更加完善。金融市场方面,胡聪慧、齐云飞(2021)评估了市盈率管制政策的影响,宋顺林、唐斯圆(2019)评估了 IPO 首日价格管制的影响,王静远等(2021)评估了商品期货市场追加保证金的影响,张光利等(2021)评估了中国资本市场价值审核制度的信息含量,均对中国金融市场的制度改革和发展有积极的推动作用。公司治理方面,中国特色的管理者行为依然穿插在各个领域,杜兴强等(2017)讨论了中国年报中董事排序的"论资排辈"现象,朱晓文、吕长江(2019)讨论了中国家族企业选择海外还是国内培养继承人的问题,这些具有中国特色的公司治理问题丰富了中国金融学的理论与实践。此外,中国绵延五千年的历史积淀孕育了一系列传统文化,从我们出生之际就一直陪伴影响着我们,研究探讨中国传统文化的治理作用是中国特色金融研究范畴的重要组成部分。目前从文献中看,学者们主要从五个方面讨论中国传统文化的作用,宗族文化(潘越等,2019)、商帮文化(修宗峰、周泽将,2018)、儒家文化(徐细雄、李万利,2019)、方言(刘毓芸等,2017)、党史文化(李嫦等,2021)。

五 普惠金融与绿色金融

作为金融服务实体经济的具体体现,普惠金融与绿色金融在近年来获得了迅速发展,其最为核心的动力当然是党和政府对于民生,尤其是扶贫工作的高度重视,同时金融科技的发展也为普惠金融与绿色金融的开展提供了强劲的助力。

(一)普惠金融发展水平的测度

对于我国区域普惠金融发展水平的测度不仅具有重要的政策价值,对于相关学术研究的意义更是不言而喻的,因此在关于惠普金融的研究中都覆盖了这一主题。例如,韩晓宇(2017)基于金融可获得性、使用情况、服务质量三个方面的指标,编制了 2006—2014 年我国各个省级行政区域的普惠金融发展指数。与此类似,尹志超等(2019)利用 2017 年中国家庭普惠金融调查数据合成了家庭普惠金融指数。蒋庆正等(2019)从电子银行使用广度、使用深度、可持续性三个维度出发,选取中国东、中、西部 15 个省市样本数据对农村地区数字普惠金融发展水平进行评价。李建军等(2020)则从包容性、特定化配比程度和商业可持续性三个维度的 13 项内容出发,选取了 20 个明细指标,测算了 2009—2016 年我国 31 个省级行政区域的普惠金融发展指数。

上述普惠金融测度方法各有特色,但都主要服务于相关文献的特定研究主题,因而在此之外的应用并不广泛。另一些研究则试图给出更为一般性的普惠金融测度指标,其中以北京大学金融研究中心和蚂蚁集团研究院合作编制的"北京大学数字普惠金融指数"最具代表性（郭峰等，2020）。这一指数从覆盖广度、使用深度和数字化程度三个一级维度测度中国数字普惠金融的发展水平，覆盖了中国 31 个省、337 个地级以上城市和约 2800 个县域，起始时间为 2011 年，目前仍在逐年更新。该指数具有时间跨度长、覆盖地域广、指标维度丰富等优势，在普惠金融的相关研究中应用最为广泛。但它也存在较为明显的缺陷，比如其基础数据仅来自一家国内大型数字金融机构（蚂蚁集团），难以充分反映我国数字普惠金融的发展全貌。因此，部分学者尝试采用其他数据源来构建更具代表性的普惠金融指数，如冯兴元等（2021）利用网商银行在全国 1884 个县的业务数据和这些县域的社会经济统计数据，从数字普惠金融服务广度、深度与质量三大维度出发，建构了中国县域数字普惠金融发展指数评价体系，测度了 2017—2019 年这些县域的各级指标得分。基于上述方法编制的"县域数字普惠金融发展指数"目前也在逐年更新。相比北京大学数字普惠金融指数，该指数对县域普惠金融的刻画更为丰富、全面，但其时间跨度过短，同时在金融交易数据的来源上也存在与前者相似的问题。

（二）普惠金融与绿色金融的社会绩效

普惠金融研究的大部分文献都围绕普惠金融活动的绩效展开，如前述提及的文献当中，韩晓宇（2017）分析了普惠金融的减贫效应，发现其边际减贫效应在中西部更高而东部较弱，并且普惠金融在减贫的诸因素中排在贫困自身惯性、对外开放程度、产业结构、财政支出之后。李建军、韩珣（2019b）发现，普惠金融发展初期能够缩小城乡收入差距，但是这种效应仅在集中连片特困区显著，银行服务包容性的提高没有反映出明显的益贫性，银行、保险等正规金融机构忽视弱势群体的资源配置结构是导致包容性金融体系无法实现减贫的根源。李建军、李俊成（2020）考察了普惠金融对创业的影响，并指出其促进机制源于对居民金融能力的提升而非家庭资金约束的缓解。

在普惠金融的绩效分析中，有相当一部分是基于北京大学数字普惠金融指数进行的，其内容覆盖了居民消费（张勋等，2020）、家庭资产配置（吴雨等，2021）、家庭经济脆弱性（张海洋、韩晓，2021）、创业与创新（谢绚丽等，2018）、经济增长（张勋等，2019）、区域经济发展质量（赵涛等，2020）、收入分配（王修华、赵亚雄，2020）、货币政策传导（段永琴、何伦志，2021）等等。这些文献一方面极大地拓展了普惠金融研究的领域，也提供了对于普惠金融绩效的许多洞见，但另一方面，正如郭峰、熊云军（2021）所指出的，某些研究不顾数字普惠金融指数自身特性的简单套用难免有"千篇一律"之嫌，并且也很容易产生数据不匹配、内生性严重等诸多弊病。这些问题的解决不仅有赖于其他普惠金融指标的产生和补充，也需要学者在研究方法上的斟酌与创新。

不同于普惠金融，在绿色金融方面并没有一般性的区域发展水平指标，因此其绩效分析通常从较为具体的视角,研究相关政策、机构、业务等的绿色效应,基于准自然实验机会的双重差分方法是其中较为典型的分析手段,这也有助于避免简单回归方法存在的内生性问题。例如,徐彦坤、祁毓(2017)利用 2003 年国务院实施的环保重点城市限期达标制度作为识别环境规制的准实验机会,用双重差分方法分析了环境规制对企业生产率的影响,发现该政策实施使得非达标城市企业平均全要素生产率(TFP)相对下降 1.96 个百分点,不过当企业所处地区的市场化程度与政府质量较高且绿色偏好较强时,环境规制的不利效应越能够得到一定抑制。郭晔、房芳(2021)以 2018 年 6 月我国央行开始接受绿色信贷资产作为 MLF 合格担保品这一事件为准自然实验,发现这一政策对于环保行业的绿色信贷企业主要通过提高融资可得性发挥作用,而对于重污染行业的绿色信贷企业则主要作用于其信贷融资成本。

(三)普惠金融与绿色金融的财务绩效及其可持续性

普惠金融与绿色金融为金融机构的经营引入了利润最大化之外的社会效益维度。它们是否会因此降低金融机构的财务绩效,进而影响其可持续性就成为人们关心的一个问题。

有一些研究发现普惠金融与绿色金融业务弱化了相关金融机构的财务绩效。如阳烨、杨胜刚(2018)基于湖南省 107 家农村商业银行 2011—2015 年的经营数据分析农商行支农的有效性,发现由于涉及"三农"的贷款项目边际成本与风险成本较高,影响了农商行在此领域的积极性。不过,更多文献认为两者之间存在着复杂的非线性关系。例如,孙光林等(2017)基于我国五大商业银行 2008—2016 年季度数据的研究表明,虽然绿色信贷对商业银行信贷风险具有显著负向影响,但它能够提高商业银行净利润和非利息收入,进而改善银行财务绩效。

上述研究的样本规模较小,并且使用的方法很容易受制于内生性问题,因此之后学者又进行了更为深入的研究。如丁宁等(2020)基于我国 73 家商业银行 2005—2017 年的面板数据采用 PSM-DID 方法发现,绿色信贷政策的实施会通过成本效应机制降低银行成本效率,但同时因其改善了银行的信贷风险管理、提升了银行的声誉,从而对银行成本效率施加正向影响,其净效应呈现为 U 型曲线关系。同样采用 PSM-DID 方法,张晖等(2021)基于国内 35 家上市商业银行 2005—2018 年的面板数据进行的研究表明,绿色信贷政策对国有银行和股份制银行财务绩效的提升具有显著促进作用,而对城商行没有明显影响。

也有学者从金融机构不同绩效之间关系的角度来考虑普惠金融与绿色金融业务的可持续性。例如夏琼等(2019)分别测算了中国商业银行经济、社会与环境效率指标,发现股份制商业银行与城市商业银行在经济效率、社会效率上表现突出,而国有商业银行在环境效率方面更有优势,并且这三种效率之间不存在相互冲突。张帅等(2022)认为应推动各方参与者披露与气候风险相关的数据,不仅有助于政府和监管机构的政策制定和监管执行,也可以帮助金融机构更好地评估气候风险,将资金合理配置到最需要的低碳部门。

六 金融科技

金融科技是我国金融发展中的一个亮点。在移动支付等领域长期居于世界前列的同时，数字人民币的研发使我国在金融科技发展上又掀起了一个新高潮。不过，与过去不同的是，我国学术界在积极发掘金融科技应用潜力以更好服务于金融和经济建设的同时，也对金融科技可能存在的问题和风险有了较为深刻的认识，并积极探讨适应时代需求的新型监管模式。

（一）金融科技应用的新模式及其对于金融体系的影响

金融科技的发展仍处于方兴未艾的阶段，在传统的网络信贷、智能投顾、移动支付、虚拟货币等类型基础上，新的金融科技应用模式不断出现，而国内学者也对其内容、功能和影响进行了较为深入的跟踪研究。例如黄益平、邱晗（2021）对于大数据风控模式进行了系统的介绍，在剖析其工作机制的同时，还强调了它在准确性、普惠性和弱周期性上的特殊优势。龚强等（2021）则对数字供应链金融进行了介绍，阐述了其理论机制、优越性和适用条件。与之类似，学者们也对金融科技的其他应用模式进行了研究和阐述，如监管沙盒（胡滨、杨楷，2017）、保险科技（许闲，2017）、开放银行（易宪容等，2019）、大科技金融（尹振涛、冯心歌，2020）、大型互联网平台（胡滨等，2021）等等。而朱太辉（2018）给出了一个关于我国金融科技发展的综合分析框架，认为金融科技没有改变金融体系在支付结算、资金融通、财富管理、风险管理等方面的功能属性，但改善了金融体系在这些方面的功能。

金融科技的广泛应用给传统金融机构的行为和绩效带来了重要影响。它不仅体现在加剧了金融机构间的业务竞争压力，也通过金融与科技的合作降低了风险、提升了绩效。邱晗等（2018）基于我国263家银行2011—2015年的年报数据和北京大学数字普惠金融指数的研究发现，金融科技的应用变相推动了利率市场化，改变了银行的负债端结构，导致银行资产端风险承担偏好上升，但是借贷利率和净息差都有所下降。张正平、刘云华（2020）基于我国165家农村商业银行2014—2018年的非平衡面板数据发现，农村商业银行电子化水平的提升有助于降低其风险承担。罗旸洋等（2020）基于我国银行业2013—2019年数据的研究显示，与第三方支付机构竞合显著提升了银行的财务绩效，但在创新绩效方面只对股份制银行表现出显著促进作用。

在企业层面上，金融科技的发展也有助于降低企业的融资约束，便利企业更有效地进行融资和周转，提高企业绩效。例如，李春涛等（2020）基于2011—2016年新三板上市公司数据，发现金融科技发展显著促进了企业创新，其机制包括两个方面：一是缓解企业的融资约束；二是提高税收返还的创新效应。宋敏等（2021）利用2011—2018年A股上市公司数据，考察了金融科技发展对企业全要素生产率的影响及其机制，发现其促进作用在小型民营企业、缺乏竞争的行业以及市场化进程缓慢的地区表现得更加明显。

（二）金融科技在金融研究方法上的贡献

对于金融研究而言，金融科技的贡献还在于它所创立的新型金融形式使得学者们能够通过新的机制对于金融学中的经典问题进行探索。这其中的一个典型例子就是互联网贷款。如叶德珠、陈霄（2017）基于网贷平台订单的研究发现，网络借贷市场中借款描述的标点和字数所起到的产生增量信息的作用。与之相应，李苍舒、沈艳（2018）对2015年12月e租宝事件和2018年6月备案延期后的"爆雷"现象进行了研究，发现信息披露程度是影响平台风险的重要因素。王正位等（2020）通过对现金贷平台的借款人数据分析发现，传统征信信息和消费行为信息提供的信息含量互不相同，不能相互替代。上述研究再次证实了信息披露在金融市场中的重要性。

除了提供新的研究素材之外，金融科技的基础技术，如机器学习等，本身也成为了金融研究的重要方法。例如，王靖一、黄益平（2018）基于逾1700万条新闻文本数据构建了2013年1月至2017年9月的金融科技情绪指数，利用网络平台的交易数据分析了媒体情绪对于市场活动的影响。该项研究中使用的主题模型和词向量模型就是典型的自然语言机器学习方法。与之类似，马黎珺等（2019）通过机器学习对2009—2015年的分析师报告进行了文本分析，以检验分析师报告的文字内容是否传递增量信息。陈强远等（2020）基于中国企业授权发明专利数据，采用机器学习和语义引用方法，测度了企业技术创新质量。

（三）金融科技的风险与监管

正如刘春航等（2017）所指出的，金融科技潜在风险分为微观和宏观两个层面：微观方面包括金融机构的信用风险、流动性风险、杠杆、期限错配风险和操作风险等；宏观方面包括传染性、顺周期性、过度波动性和系统重要性等。与之相应，国内学者对于金融科技应用可能带来的各类风险进行了更为具体的分析。如李苍舒、沈艳（2019）以网络借贷为切入点，从规模、所有制、资金净流入三个角度来刻画新金融业态的风险特征。方意等（2020）从内生风险框架出发，通过互联网借贷、人工智能技术和数字货币三个案例对于金融科技领域的系统性风险进行了分析。

金融科技风险的一个重要侧面是新型金融形式与传统监管方式的错位，导致监管效力的下降甚至监管空白。因此，大量文献对于金融科技的监管挑战以及相应的监管改革措施进行了探讨，如杨松、张永亮（2017）认为，金融科技监管应从"命令—控制型监管"转向"调适性监管"，要注重规则监管与原则监管的相机适用，同时需要加强包容性监管和监管国际协调的力度。郭雳、赵继尧（2018）分析了智能投顾在市场准入、账户全权委托、机器人严格责任、投资顾问信义义务等方面对现有监管体制的挑战。廖凡（2019）提出对于金融科技的监管应当遵循包容审慎原则，其中"包容"着眼于金融科技的创新性，"审慎"则着眼于金融科技的风险性。李文红（2020）认为应借鉴虚拟资产的国际监管思路和趋势，建立我国防范互联网金融风险的长效机制，避免重蹈网络借贷平台的覆辙。这其中，学者们对监管沙盒等新型监管形式高度关注，并对其在中国的适用性进行了深入讨论（如胡滨、杨楷，2017；张红伟、陈小辉，2018；沈艳、龚强，2021）。值得注意的是，由于金融监管当中涉及相当多的法律内容，因此关于金融科技监管的讨论也有大量的法学学者参与，相当多的文献发表在法学期刊上（如杨松、张永亮，2017；许多奇，2018；廖凡，2019），这也反映了金融科技研究所带来的学科交叉视角。

（四）数字货币创新与理论研究进展

在过去五年，数字货币领域在理论和实践中都取得了巨大进展，私人数字货币如比特币等继续深入发展，中国的央行数字货币研发也走在了全球前列，顺应了数字经济的高速发展。国内外学者们高度关注数字货币自身的性质、机制设计、宏观经济效应等，涵盖数字货币的细分领域如加密货币、加密资产、全球稳定币、央行数字货币领域等。

数字货币是否具有货币属性，是讨论其宏观经济影响的基本前提。杨东、陈哲立（2020）认为，法定数字货币受限于终端设备也难以具备法偿性，与现有的法定货币的定义不相容，而应该看作中央银行的特殊债权。刘新华、郝杰（2019）认为税收是国家货币被广泛接受的根本保障（税收驱动货币），私人数字货币无法真正地在现代经济中履行货币的本质职能。何平（2021）从货币形态演进的规律中发现每种货币都在特定职能上存在缺陷，数字货币有助于完善货币生态，但不能替代传统货币。

在法定数字货币对货币金融体系与宏观经济的影响方面，部分学者认为，央行数字货币会对货币供给机制产生影响，并减少货币政策传导中的阻塞问题（谢星、封思贤，2019），但也有可能对商业银行运营体系造成冲击，影响金融稳定和国家安全（何德旭、姚博，2019）。另有部分学者认为，央行数字货币的宏观经济影响在很大程度上取决于其机制设计。如姚前（2018）设计了不同的法定数字货币发行的触发机制，不同机制下有不同的货币调控效果。巴曙松、姚舜达（2021）研究认为央行数字货币是否计息、匿名、跨境流通，会产生不同的宏观后果。

七 金融市场进一步对外开放

新阶段金融改革与发展的另一个重要侧面是金融领域的双向开放。2015年以来，人民币成为 SDR 篮子货币，A 股被纳入 MSCI 新兴市场指数，成为中国金融对外开放的标志性事件。人民币汇率形成机制改革进一步推进，人民币对美元汇率弹性增强、汇率中间价形成机制不断完善，有效配合和推动了经济的对外开放，为人民币国际化提供了助力。"一带一路"倡议的提出不仅极大地推动了中国的国际金融合作，也让相关国家的金融状况成为中国学者的重要研究主题。

人民币汇率形成机制渐进式改革作为重要的制度背景，一直是学者们关注的重点。伴随着一轮又一轮的汇率市场化改革，中国的汇率形成机制的现实效果究竟如何。从形成机制上看，学者从参考一篮子货币、逆周期因子、离岸在岸市场定价权、外汇干预等多个角度对人民币汇率形成机制进行了细致探讨（陈学彬、李华建，2017；何青等，2018a；李政等，2017；肖立晟等，2021）。整体来看，伴随着2015年8月11日的汇率形成机制改革，人民币的定价更加趋于市场化，定价效率和汇率的市场稳定性得到了学者们的一致认可。从宏微观效应评估上看，张明志、季克佳（2018）关注汇率对出口产品质量的影响，曹伟等（2019）关注与汇率相伴相随的国际市场定价权和汇率传递，丁剑平等（2020）关注汇率与中国劳动生产率的变化，在一个全球化的时代，汇率的变动对国内经济的影响在加大。

与国际政治经济环境密切相关，学者依旧关心以美国为主要来源国的全球经济周期、货币政策和政治因素对国内的影响（谭小芬、虞梦薇，2021；陈创练等，2021）。然而，"一带一路"和"中美贸易冲突"是近些年来兴起的研究话题，区别于一般性理论的讨论，这些话题的研究更具实践和现实意义。针对"一带一路"倡议，学者们发现"一带一路"倡议显著促进了"一带一路"沿线国家所获得的绿地投资、基础设施投资，提高了金融效率（吕越等，2019；罗煜等，2017；李建军等，2022）。对中国的企业而言，"一带一路"倡议缓解了受到倡议支持企业的融资约束，提高了相关行业的全要素生产率（王桂军、卢潇潇，2019；徐思等，2019）。针对"中美贸易冲突"，学者的讨论更加重视实践层面的政策评估，如余振等（2018）认为"中美贸易冲突"的原因在于中国与美国在全球价值链的分工地位越来越接近，这是一个长期的摩擦趋势，需要保持定力继续扩大开放，提升中国在全球价值链中的地位。此外，在区域合作的其他方面也有很多学术产出，例如韩剑、许亚云（2021）关注区域全面经济伙伴关系（RCEP）和全面与进步跨太平洋伙伴关系协定（CPTPP），利用文本分析讨论不同条款的预期和实际作用。

此外，金融开放也是这些年比较热门的话题。针对金融开放的宏观建模，罗融、陆文力（2021）构建了一个包括贸易部门和非贸易部门的小型开放经济模型，认为当资本账户开放时，一国受到国外冲击的波动幅度远大于资本管制的情况；在资本账户开放后，面对不同形式的国际冲击，货币数量型规则和混合型规则均能有效熨平经济波动。马勇、王芳（2018）将金融开放因素引入动态随机一般均衡模型，发现金融波动会随着金融开放度的提高而出现明显上升，而产出波动的上升则非常微弱。针对金融开放的微观分析，大家普遍采用的是"准自然实验"的方法，利用陆港通交易制度、金融业对外开放、纳入"MSCI新兴市场指数"新兴市场指数、债券通来分析金融开放对金融市场的效率、股权资本成本和企业绩效的影响（钟覃琳、陆正飞，2018；倪骁然、顾明，2020；金则杨等，2022；张雪春等，2022）。

八 总结与展望

回顾近年来的金融学研究可以看到，在国内最新金融实践的推动下，围绕着新时代的金融发展主题已经产生了大量文献，它们不仅有着极强的创新性，而且在研讨深度上也在不断提升。以金融科技领域的研究为例，国内文献迅速跨越了"是什么"的概念阶段，转向它在金融体系中的影响及其机制的深入探讨。与此相应，学术型研究，尤其是量化分析显著增加，典型的是将金融科技指标引入主流金融研究的经典问题。如从宏观角度，研究金融科技在经济增长、扶贫、收入分配、市场发展水平等领域的作用；从微观角度，研究金融科技对于企业绩效、公司治理、经营风险、投资领域、创新行为等方面的影响。这些趋势显示，在这些最新的金融领域，国内学者的研究已经进入了"沉淀"与"深耕"的阶段，正在产生更具理论深度的成果。

同时，在近年来的金融学研究中也存在一些具有普遍性的问题。一是在许多领域仍未建立起有足够厚度的学术体系。在一些重要金融问题的研究上，许多文献是"热点追踪"的产物，其作者对于相关领域的基础状况和文献脉络缺乏足够的了解，这不仅影响了研究的深度和成果的适用性，也使得文献之间缺乏承接关系，而更多的是在数据与方法"微调"基础上的简单重复，因此很难通过纵向的边际贡献将讨论引向深入。

二是对于一些基本概念和基本关系缺乏深入的理解，尤其是实证模型缺乏严密的逻辑基础，热衷于在变量相关性的基础上"讲有趣的故事"而忽视了故事背后的真实机制。以普惠金融领域为例，许多论文着力论证金融科技可以提高金融服务对于低收入人群的可及性，以此说明它能够增加后者的收入。然而在金融服务可及性与收入增长之间还有复杂的逻辑链条，除非清楚地描述并验证其中的具体机制，否则仅仅显示金融科技发展与收入之间的相关性并没有太大说服力。

三是选题与分析视角方面缺乏对于中国实际情况的把握，这在追随主流金融问题的学术型研究中表现得更突出一些。尽管在金融研究的主题和方法上存在着跨越国别的共性，但值得注意的是，即使对于相同的研究主题，不同国家的关注点和内在机制上也存在重要的差异。以金融科技研究中非常热门的隐私问题为例，它与特定社会形态和文化观念密切相关，国内对于权利和隐私的理解和关注点也与欧洲等地区不同，在研究中不能简单套用后者的观念乃至政策作为预设前提。

四是在研究方法的选择上不够合理。例如在实证研究上，一个基本的原则是，模型的选择应该取决于问题的性质和数据特征，而不是哪种模型更为新颖或能给出更强的显著性。在当前金融科技研究中，"随大流"的模型误用是个比较严重的问题，尤其双重差分和中介效应是其中的重灾区。

五是过于依赖现有数据库和第三方提供的数据。这些数据主要是基于特定平台的商业活动而生成的，外部人员大多只能直接拿来使用，而对于其生成机制、数据口径缺乏足够的了解，这影响了相关研究的精确性和稳健性。与之类似，在研究中使用既有的各类经济或技术指数时，一定要对这些指数的编制方法和基础数据做基本的了解，否则很容易得到误导性的结果。

展望我国金融研究未来的发展，有三个方面也许是值得我们加以注意的。一是更为关注中国自己的问题，尤其是金融改革与发展中的"大问题"。如未来中国金融结构的走向是一个远未尘埃落定的争论，而金融科技能否成为其中的关键变量则值得探究。再如当前热议的城市化与产业转型问题，它们不仅是经济问题，而且有着复杂的社会因素，在其中金融因素的影响常常是基于经济、社会等多个维度展开的。浏览相关文献不难看到，在这些重要的问题上，即使海外学者有强烈的兴趣和方法上的相对优势，但由于缺乏"现场感"和系统性，其研究也常有"隔靴搔痒"之感。对这些问题持续不断地跟踪推进乃至最终解决，仍是国内学者自己的使命。

二是在真正"实事求是"的基础上提高研究的严谨性。目前的金融研究越来越注重技术上的严密性，但归根结底，研究结果的可靠性源于它是否符合现实世界的本来面目。因此除了加强理论与计量技术上的素养，金融研究中可能仍不能忽视的一点是深入实践。即使学术导向的研究，也需要跟从事具体金融业务的机构和人员保持接触，这样才能够避免模型中的机制与事实大相径庭。尤其对于案例研究而言，细节就是生命，而实践则是丰富细节的最终来源。

三是采用更为脚踏实地的方法获得研究主题和研究素材，尤其是通过实际调查获得数据。实地调查曾是我国金融和经济研究的宝贵传统，但目前却有被忽视的倾向。现阶段很多的金融研究满足于以本科学生为主体的实验和通过第三方机构进行的问卷调查，但这存在着许多问题，也给研究带来了潜在的风险。尽管细致的调研会带来相当大的时间和财务成本，在当前也受到许多客观条件的限制，但它也会给研究者带来更为丰富的学术报偿。

参考文献

巴曙松、姚舜达，2021，《央行数字货币体系构建对金融系统的影响》，《金融论坛》第4期。

卞志村、赵亮、丁慧，2019，《货币政策调控框架转型、财政乘数非线性变动与新时代财政工具选择》，《经济研究》第9期。

蔡宏波、宋研霏、马红旗，2020，《城市商业银行设立与僵尸企业的形成》，《中国工业经济》第9期。

曹婧、毛捷、薛熠，2019，《城投债为何持续增长：基于新口径的实证分析》，《财贸经济》第5期。

曹伟、万谍、钱水土、金朝辉，2019，《"一带一路"背景下人民币汇率变动的进口价格传递效应研究》，《经济研究》第6期。

陈创练、王浩楠、郑挺国，2021，《国际金融周期共振传染与全球货币政策规则识别》，《中国工业经济》第 11 期。

陈创练、戴明晓，2018，《货币政策、杠杆周期与房地产市场价格波动》，《经济研究》第 9 期。

陈强远、林思彤、张醒，2020，《中国技术创新激励政策：激励了数量还是质量》，《中国工业经济》第 4 期。

陈胜蓝、马慧，2018，《贷款可获得性与公司商业信用——中国利率市场化改革的准自然实验证据》，《管理世界》第 11 期。

陈仕华、卢昌崇，2014，《国有企业党组织的治理参与能够有效抑制并购中的"国有资产流失"吗》，《管理世界》第 5 期。

陈仕华、姜广省、李维安、王春林，2014，《国有企业纪委的治理参与能否抑制高管私有收益？》，《经济研究》第 10 期。

陈学彬、李华建，2017，《人民币参考一篮子货币汇率形成与调整机制研究》，《复旦学报（社会科学版）》第 3 期。

成学真、陈小林、吕芳，2018，《中国结构性货币政策实践与效果评价——基于数量型和利率导向型结构性货币政策的比较分析》，《金融经济学研究》第 1 期。

邓超、周峰、唐莹，2017，《商业银行信任对小微企业信贷影响的研究》，《国际金融研究》第 2 期。

丁剑平、杨洁、张冲，2020，《工资生产率背离与实际汇率——中美巴萨效应再检验》，《金融研究》第 10 期。

丁宁、任亦侬、左颖，2020，《绿色信贷政策得不偿失还是得偿所愿？——基于资源配置视角的 PSM-DID 成本效率分析》，《金融研究》第 4 期。

董秀良、刘佳宁、满媛媛，2020，《注册制下科创板首发定价合理性及高回报成因研究》，《上海财经大学学报》第 6 期。

杜兴强、殷敬伟、赖少娟，2017，《论资排辈、CEO 任期与独立董事的异议行为》，《中国工业经济》第 12 期。

段永琴、何伦志，2021，《数字金融与银行贷款利率定价市场化》，《金融经济学研究》第 2 期。

方意、王羚睿、王炜、王晏如，2020，《金融科技领域的系统性风险：内生风险视角》，《中央财经大学学报》第 2 期。

冯兴元、孙同全、董翀、燕翔，2021，《中国县域数字普惠金融发展：内涵、指数构建与测度结果分析》，《中国农村经济》第 10 期。

高然、陈忱、曾辉、龚六堂，2018，《信贷约束、影子银行与货币政策传导》，《经济研究》第

12 期。

龚强、班铭媛、张一林,2021,《区块链、企业数字化与供应链金融创新》,《管理世界》第 2 期。

顾乃康、周艳利,2017,《卖空的事前威慑、公司治理与企业融资行为——基于融资融券制度的准自然实验检验》,《管理世界》第 2 期。

郭峰、王靖一、王芳、孔涛、张勋、程志云,2020,《测度中国数字普惠金融发展:指数编制与空间特征》,《经济学(季刊)》第 4 期。

郭峰、熊云军,2021,《中国数字普惠金融的测度及其影响研究:一个文献综述》,《金融评论》第 6 期。

郭雳、赵继尧,2018,《智能投顾发展的法律挑战及其应对》,《证券市场导报》第 6 期。

郭晔、程玉伟、黄振,2018,《货币政策、同业业务与银行流动性创造》,《金融研究》第 5 期。

郭晔、房芳,2021,《新型货币政策担保品框架的绿色效应》,《金融研究》第 1 期。

郭晔、赵静,2017,《存款竞争、影子银行与银行系统风险——基于中国上市银行微观数据的实证研究》,《金融研究》第 6 期。

韩剑、许亚云,2021,《RCEP 及亚太区域贸易协定整合——基于协定文本的量化研究》,《中国工业经济》第 7 期。

韩晓宇,2017,《普惠金融的减贫效应——基于中国省级面板数据的实证分析》,《金融评论》第 2 期。

何德旭、姚博,2019,《人民币数字货币法定化的实践、影响及对策建议》,《金融评论》第 5 期。

何平、刘泽豪、方志玮,2018,《影子银行、流动性与社会融资规模》,《经济学(季刊)》第 1 期。

何平,2021,《货币形态演进的中国经验与未来走向》,《金融评论》第 1 期。

何青、甘静芸、刘舫舸、张策,2018a,《逆周期因子决定了人民币汇率走势吗》,《经济理论与经济管理》第 5 期。

何青、钱宗鑫、刘伟,2018b,《中国系统性金融风险的度量——基于实体经济的视角》,《金融研究》第 4 期。

和文佳、方意、荆中博,2019,《中美贸易摩擦对中国系统性金融风险的影响研究》,《国际金融研究》第 3 期。

洪源、胡争荣,2018,《偿债能力与地方政府债务违约风险——基于 KMV 修正模型的实证研究》,《财贸经济》第 5 期。

胡滨、杨楷，2017，《监管沙盒的应用与启示》，《中国金融》第2期。

胡滨、杨涛、程炼、郑联盛、尹振涛，2021，《大型互联网平台的特征与监管》，《金融评论》第3期。

胡聪慧、齐云飞，2021，《资本市场与企业投融资决策——来自新股定价制度调整的证据》，《经济研究》第8期。

黄益平、邱晗，2021，《大科技信贷：一个新的信用风险管理框架》，《管理世界》第2期。

纪志宏、曹媛媛，2017，《信用风险溢价还是市场流动性溢价：基于中国信用债定价的实证研究》，《金融研究》第2期。

姜付秀、蔡文婧、蔡欣妮、李行天，2019，《银行竞争的微观效应：来自融资约束的经验证据》，《经济研究》第6期。

蒋庆正、李红、刘香甜，2019，《农村数字普惠金融发展水平测度及影响因素研究》，《金融经济学研究》第4期。

金宇超、靳庆鲁、宣扬，2016，《"不作为"或"急于表现"：企业投资中的政治动机》，《经济研究》第10期。

金则杨、丁浩员、靳玉英，2022，《金融业开放与企业经济绩效》，《金融评论》第4期。

孔丹凤、陈志成，2021，《结构性货币政策缓解民营、小微企业融资约束分析——以定向中期借贷便利为例》，《中央财经大学学报》第2期。

黎文靖、池勤伟，2015，《高管职务消费对企业业绩影响机理研究——基于产权性质的视角》，《中国工业经济》第4期。

李斌、吴恒宇，2019，《对货币政策和宏观审慎政策双支柱调控框架内在逻辑的思考》，《金融研究》第12期。

李苍舒、沈艳，2018，《风险传染的信息识别——基于网络借贷市场的实证》，《金融研究》第11期。

李苍舒、沈艳，2019，《数字经济时代下新金融业态风险的识别、测度及防控》，《管理世界》第12期。

李嫱、把宇婷、薛畅，2021，《革命历史与企业社会责任履行——来自中国上市公司的经验证据》，《金融评论》第2期。

李春涛、闫续文、宋敏、杨威，2020，《金融科技与企业创新——新三板上市公司的证据》，《中国工业经济》第1期。

李从刚、许荣，2020，《保险治理与公司违规——董事高管责任保险的治理效应研究》，《金融研究》第6期。

李海英、李双海、毕晓方，2017，《双重股权结构下的中小投资者利益保护——基于Facebook

收购 WhatsApp 的案例研究》,《中国工业经济》第 1 期。

李华民、吴非,2017,《银行规模、认知偏差与小企业融资》,《财贸经济》第 5 期。

李建军、李明洲、彭俞超,2022,《"一带一路"倡议与沿线国家金融效率》,《金融评论》第 2 期。

李建军、韩珣,2019a,《非金融企业影子银行化与经营风险》,《经济研究》第 8 期。

李建军、韩珣,2019b,《普惠金融、收入分配和贫困减缓——推进效率和公平的政策框架选择》,《金融研究》第 3 期。

李建军、李俊成,2020,《普惠金融与创业:"授人以鱼"还是"授人以渔"?》,《金融研究》第 1 期。

李建军、彭俞超、马思超,2020,《普惠金融与中国经济发展:多维度内涵与实证分析》,《经济研究》第 4 期。

李建强、张淑翠、袁佳、魏磊,2019,《影子银行、刚性兑付与宏观审慎政策》,《财贸经济》第 1 期。

李明辉、黄叶苨、刘莉亚,2018,《市场竞争、银行市场势力与流动性创造效率——来自中国银行业的证据》,《财经研究》第 2 期。

李绍芳、李方圆、刘晓星,2022,《新冠肺炎疫情冲击下全球金融市场系统性风险跨市场传染研究——基于 G20 国家的经验证据》,《金融评论》第 3 期。

李双建、田国强,2020,《银行竞争与货币政策银行风险承担渠道:理论与实证》,《管理世界》第 4 期。

李文红,2020,《虚拟资产的国际监管思路及其对建立防范互联网金融风险长效机制的启示》,《金融监管研究》第 8 期。

李扬,2021,《货币政策与财政政策协调配合:一个研究提纲》,《金融评论》第 2 期。

李政、梁琪、卜林,2017,《人民币在岸离岸市场联动关系与定价权归属研究》,《世界经济》第 5 期。

李志生、李好、马伟力、林秉旋,2017,《融资融券交易的信息治理效应》,《经济研究》第 11 期。

梁琪、郝毅,2019,《地方政府债务置换与宏观经济风险缓释研究》,《经济研究》第 4 期。

廖凡,2019,《论金融科技的包容审慎监管》,《中外法学》第 3 期。

刘春航、廖媛媛、王梦熊、王广龙、史佳乐、李育峰,2017,《金融科技对金融稳定的影响及各国应关注的金融科技监管问题》,《金融监管研究》第 9 期。

刘丹、张兵,2018,《股权结构与农村商业银行二元绩效研究》,《农业经济问题》第 2 期。

刘澜飚、尹海晨、张靖佳,2017,《中国结构性货币政策信号渠道的有效性研究》,《现代财经

（天津财经大学学报）》第 3 期。

刘莉亚、余晶晶、杨金强、朱小能，2017，《竞争之于银行信贷结构调整是双刃剑吗？——中国利率市场化进程的微观证据》，《经济研究》第 5 期。

刘晓光、刘元春，2018，《杠杆率重估与债务风险再探讨》，《金融研究》第 8 期。

刘晓蕾、吕元稹、余凡，2021，《地方政府隐性债务与城投债定价》，《金融研究》第 12 期。

刘新华、郝杰，2019，《货币的债务内涵与国家属性——兼论私人数字货币的本质》，《经济社会体制比较》第 3 期。

刘毓芸、戴天仕、徐现祥，2017，《汉语方言、市场分割与资源错配》，《经济学（季刊）》第 4 期。

柳学信、孔晓旭、王凯，2020，《国有企业党组织治理与董事会异议——基于上市公司董事会决议投票的证据》，《管理世界》第 5 期。

罗娜、程方楠，2017，《房价波动的宏观审慎政策与货币政策协调效应分析——基于新凯恩斯主义的 DSGE 模型》，《国际金融研究》第 1 期。

罗融、陆文力，2021，《资本账户开放与国际金融冲击的传导——基于 DSGE 模型的分析》，《经济理论与经济管理》第 8 期。

罗旸洋、李存金、罗斌，2020，《与第三方支付机构"竞合"是否提升了银行绩效》，《金融经济学研究》第 4 期。

罗煜、王芳、陈熙，2017，《制度质量和国际金融机构如何影响 PPP 项目的成效——基于"一带一路" 46 国经验数据的研究》，《金融研究》第 4 期。

吕越、陆毅、吴嵩博、王勇，2019，《"一带一路"倡议的对外投资促进效应——基于 2005—2016 年中国企业绿地投资的双重差分检验》，《经济研究》第 9 期。

马骏、何晓贝，2019，《货币政策与宏观审慎政策的协调》，《金融研究》第 12 期。

马黎珺、伊志宏、张澈，2019，《廉价交谈还是言之有据？——分析师报告文本的信息含量研究》，《管理世界》第 7 期。

马理、范伟，2021，《应对疫情冲击的货币政策调控机制研究》，《经济科学》第 2 期。

马连福、王元芳、沈小秀，2013，《国有企业党组织治理、冗余雇员与高管薪酬契约》，《管理世界》第 5 期。

马勇、王芳，2018，《金融开放、经济波动与金融波动》，《世界经济》第 2 期。

马勇、谭艺浓，2019，《金融状态变化与货币政策反应》，《世界经济》第 3 期。

马勇、张靖岚、陈雨露，2017，《金融周期与货币政策》，《金融研究》第 3 期。

孟庆斌、李昕宇、蔡欣园，2018，《公司战略影响公司违规行为吗》，《南开管理评论》第 3 期。

孟庆斌、邹洋、侯德帅，2019，《卖空机制能抑制上市公司违规吗？》，《经济研究》第6期。

倪骁然、顾明，2020，《资本市场国际影响力提升效应研究——来自A股纳入明晟（MSCI）新兴市场指数的证据》，《金融研究》第5期。

潘敏、刘姗，2018，《中央银行借贷便利货币政策工具操作与货币市场利率》，《经济学动态》第3期。

潘越、宁博、纪翔阁、戴亦一，2019，《民营资本的宗族烙印：来自融资约束视角的证据》，《经济研究》第7期。

彭俞超、何山，2020，《资管新规、影子银行与经济高质量发展》，《世界经济》第1期。

钱雪松、谢晓芬、杜立，2017，《金融发展、影子银行区域流动和反哺效应——基于中国委托贷款下数据的经验分析》，《中国工业经济》第6期。

邱晗、黄益平、纪洋，2018，《金融科技对传统银行行为的影响——基于互联网理财的视角》，《金融研究》第11期。

申创，2018，《市场集中度、竞争度与银行风险的非线性关系研究》，《国际金融研究》第6期。

申创、赵胜民、李莹，2020，《利率市场化、非利息收入与银行净息差——兼论分类非利息收入的差异化影响路径》，《统计研究》第5期。

申创、赵胜民，2017，《市场竞争度与银行非利息收入关系研究》，《经济评论》第1期。

沈艳、龚强，2021，《中国金融科技监管沙盒机制设计研究》，《金融论坛》第1期。

盛斌、景光正，2019，《金融结构、契约环境与全球价值链地位》，《世界经济》第4期。

史永东、宋明勇、李凤羽、甄红线，2021，《控股股东股权质押与企业债权人利益保护——来自中国债券市场的证据》，《经济研究》第8期。

司秋利、张涛，2022，《金融结构、创新模式与技术创新效率》，《金融评论》第1期。

宋敏、周鹏、司海涛，2021，《金融科技与企业全要素生产率——"赋能"和信贷配给的视角》，《中国工业经济》第4期。

宋顺林、唐斯圆，2019，《首日价格管制与新股投机：抑制还是助长？》，《管理世界》第1期。

孙光林、王颖、李庆海，2017，《绿色信贷对商业银行信贷风险的影响》，《金融论坛》第10期。

孙国峰、段志明，2016，《中期政策利率传导机制研究——基于商业银行两部门决策模型的分析》，《经济学（季刊）》第1期。

谭小芬、虞梦微，2021，《全球金融周期与跨境资本流动》，《金融研究》第10期。

谭小芬、李源、王可心，2019，《金融结构与非金融企业"去杠杆"》，《中国工业经济》第2期。

谭语嫣、纪洋、黄益平，2017，《利率市场化改革对经济效率的影响》，《世界经济》第4期。

王朝阳、王文汇，2018，《中国系统性金融风险表现与防范：一个文献综述的视角》，《金融评论》第5期。

王桂军、卢潇潇，2019，《"一带一路"倡议与中国企业升级》，《中国工业经济》第3期。

王靖一、黄益平，2018，《金融科技媒体情绪的刻画与对网贷市场的影响》，《经济学（季刊）》第4期。

王静远、葛逸清、汤珂、邓雅琳，2021，《调整期货交易规则可以降低投资者杠杆吗？》，《管理科学学报》第2期。

王舒扬、吴蕊、高旭东、李晓华，2019，《民营企业党组织治理参与对企业绿色行为的影响》，《经济管理》第8期。

王修华、赵亚雄，2020，《数字金融发展是否存在马太效应？——贫困户与非贫困户的经验比较》，《金融研究》第7期。

王叙果、沈红波、钟霖佳，2019，《政府隐性担保、债券违约与国企信用债利差》，《财贸经济》第12期。

王正位、周从意、廖理、张伟强，2020，《消费行为在个人信用风险识别中的信息含量研究》，《经济研究》第1期。

吴雨、李晓、李洁、周利，2021，《数字金融发展与家庭金融资产组合有效性》，《管理世界》第7期。

夏琼、汤峰、吴华清，2019，《"三重底线"下中国商业银行经营效率及其影响因素分析》，《中国管理科学》第8期。

项后军、闫玉，2017，《理财产品发展、利率市场化与银行风险承担问题研究》，《金融研究》第10期。

项后军、张清俊、于洋，2020，《金融深化改革如何影响银行特许权价值——基于利率市场化和存款保险制度的研究》，《国际金融研究》第4期。

肖立晟、杨娇辉、李颖婷、朱昱昭，2021，《中国经济基本面、央行干预与人民币汇率预期》，《世界经济》第9期。

谢星、封思贤，2019，《法定数字货币对我国货币政策影响的理论研究》，《经济学家》第9期。

谢绚丽、沈艳、张皓星、郭峰，2018，《数字金融能促进创业吗？——来自中国的证据》，《经济学（季刊）》第4期。

熊德平、陆智强、李红玉，2017，《农村金融供给、主发起行跨区经营与村镇银行网点数量——基于中国865家村镇银行数据的实证分析》，《中国农村经济》第4期。

修宗峰、周泽将，2018，《商帮文化情境下民营上市公司业绩对慈善捐赠的影响》，《管理学报》第9期。

徐蕾、刘小川，2018，《地方政府债务违约风险测度》，《上海经济研究》第1期。

徐思、何晓怡、钟凯，2019，《"一带一路"倡议与中国企业融资约束》，《中国工业经济》第7期。

徐细雄、李万利，2019，《儒家传统与企业创新：文化的力量》，《金融研究》第9期。

徐彦坤、祁毓，2017，《环境规制对企业生产率影响再评估及机制检验》，《财贸经济》第6期。

徐忠，2017，《中国稳健货币政策的实践经验与货币政策理论的国际前沿》，《金融研究》第1期。

徐忠，2018，《经济高质量发展阶段的中国货币调控方式转型》，《金融研究》第4期。

徐忠、李宏瑾，2019，《货币价格调控模式下政策目标利率的期限选择》，《国际金融研究》第3期。

许多奇，2018，《互联网金融风险的社会特性与监管创新》，《法学研究》第5期。

许闲，2017，《区块链与保险创新：机制、前景与挑战》，《保险研究》第5期。

许友传，2018，《中国地方政府债务的结构性风险》，《统计研究》第2期。

薛爽、王禹，2022，《科创板IPO审核问询回复函与首发抑价》，《管理世界》第4期。

阳烨、杨胜刚，2018，《目标偏移视角下农村商业银行支农有效性研究——基于湖南省107家农村商业银行的数据》，《中国软科学》第2期。

杨东、陈哲立，2020，《法定数字货币的定位与性质研究》，《中国人民大学学报》第3期。

杨松、张永亮，2017，《金融科技监管的路径转换与中国选择》，《法学》第8期。

杨子晖、陈里璇、陈雨恬，2020，《经济政策不确定性与系统性金融风险的跨市场传染——基于非线性网络关联的研究》，《经济研究》第1期。

杨子晖、陈雨恬、陈里璇，2019，《极端金融风险的有效测度与非线性传染》，《经济研究》第5期。

杨子荣、张鹏杨，2018，《金融结构、产业结构与经济增长——基于新结构金融学视角的实证检验》，《经济学（季刊）》第2期。

姚前，2018，《法定数字货币对现行货币体制的优化及其发行设计》，《国际金融研究》第4期。

叶德珠、王佰芳、黄允爵，2022，《金融—劳动力的结构匹配和技术创新——来自中国省级层面的证据》，《金融评论》第2期。

叶德珠、陈霄，2017，《标点与字数会影响网络借贷吗——来自人人贷的经验证据》，《财贸经济》第 5 期。

易纲，2020，《再论中国金融资产结构及政策含义》，《经济研究》第 3 期。

易宪容、陈颖颖、周俊杰，2019，《开放银行：理论实质及其颠覆性影响》，《江海学刊》第 2 期。

尹振涛、冯心歌，2020，《大科技金融：概念、发展与挑战》，《金融评论》第 3 期。

尹志超、彭嫦燕、[美]里昂安吉拉，2019，《中国家庭普惠金融的发展及影响》，《管理世界》第 2 期。

余静文、姚翔晨，2019，《人口年龄结构与金融结构——宏观事实与微观机制》，《金融研究》第 4 期。

余振、周冰惠、谢旭斌、王梓楠，2018，《参与全球价值链重构与中美贸易摩擦》，《中国工业经济》第 7 期。

张光利、薛慧丽、高皓，2021，《企业 IPO 价值审核与股票市场表现》，《经济研究》第 10 期。

张海洋、韩晓，2021，《数字金融的减贫效应研究——基于贫困脆弱性视角》，《金融评论》第 6 期。

张红伟、陈小辉，2018，《我国对 FinTech 有必要实施沙盒监管吗？》，《证券市场导报》第 7 期。

张晖、朱婉婉、许玉韫、虞祎，2021，《绿色信贷真的会降低商业银行绩效吗》，《金融经济学研究》第 1 期。

张杰，2019，《中国金融结构性改革的逻辑起点与实施路径》，《探索与争鸣》第 7 期。

张杰、郑文平、新夫，2017，《中国的银行管制放松、结构性竞争和企业创新》，《中国工业经济》第 10 期。

张明志、季克佳，2018，《人民币汇率变动对企业出口价格的影响机制——基于垂直专业化的视角》，《厦门大学学报（哲学社会科学版）》第 6 期。

张平，2017，《货币供给机制变化与经济稳定化政策的选择》，《经济学动态》第 7 期。

张帅、陆利平、张兴敏、王晖，2022，《金融系统气候风险的评估、定价与政策应对：基于文献的评述》，《金融评论》第 1 期。

张伟华、毛新述、刘凯旋，2018，《利率市场化改革降低了上市公司债务融资成本吗？》，《金融研究》第 10 期。

张晓晶、刘磊，2020，《宏观分析新范式下的金融风险与经济增长——兼论新型冠状病毒肺炎疫情冲击与在险增长》，《经济研究》第 6 期。

张晓晶、刘学良、王佳，2019，《债务高企、风险集聚与体制变革——对发展型政府的反思与超越》，《经济研究》第 6 期。

张雪春、李宏瑾、张文婷，2022，《利率平价理论在中国的适用性——基于债券市场开放的视角》，《金融评论》第 1 期。

张勋、万广华、张佳佳、何宗樾，2019，《数字经济、普惠金融与包容性增长》，《经济研究》第 8 期。

张勋、杨桐、汪晨、万广华，2020，《数字金融发展与居民消费增长：理论与中国实践》，《管理世界》第 11 期。

张一林、林毅夫、龚强，2019，《企业规模、银行规模与最优银行业结构——基于新结构经济学的视角》，《管理世界》第 3 期。

张正平、刘云华，2020，《电子化影响农村商业银行的风险承担吗》，《财贸经济》第 6 期。

赵涛、张智、梁上坤，2020，《数字经济、创业活跃度与高质量发展——来自中国城市的经验证据》，《管理世界》第 10 期。

郑登津、袁薇、王百强，2020，《股权质押〈新规〉抑制风险了吗》，《金融评论》第 2 期。

郑联盛，2018，《货币政策与宏观审慎政策双支柱调控框架：权衡与融合》，《金融评论》第 4 期。

郑联盛，2019，《深化金融供给侧结构性改革：金融功能视角的分析框架》，《财贸经济》第 11 期。

郑志刚、关田田，2018，《"不平等投票权"的股票发行与控制权安排设计制度创新的边界——基于 Snap 公司三重股权结构的案例研究》，《金融评论》第 3 期。

郑志刚、朱光顺、李倩、黄继承，2021，《双重股权结构、日落条款与企业创新——来自美国中概股企业的证据》，《经济研究》第 12 期。

钟宁桦、陈珊珊、马慧娴、王姝晶，2021，《地方融资平台债务风险的演化——基于对"隐性担保"预期的测度》，《中国工业经济》第 4 期。

钟覃琳、陆正飞，2018，《资本市场开放能提高股价信息含量吗？——基于"沪港通"效应的实证检验》，《管理世界》第 1 期。

周开国、应千伟、钟畅，2016，《媒体监督能够起到外部治理的作用吗？——来自中国上市公司违规的证据》，《金融研究》第 6 期。

周莉萍，2018，《货币政策与宏观审慎政策研究：共识、分歧与展望》，《经济学动态》第 10 期。

周莉萍，2017，《金融结构理论：演变与述评》，《经济学家》第 3 期。

周上尧、王胜，2021，《中国影子银行的成因、结构及系统性风险》，《经济研究》第 7 期。

朱太辉，2018，《我国 Fintech 发展演进的综合分析框架》，《金融监管研究》第 1 期。

朱晓文、吕长江，2019，《家族企业代际传承：海外培养还是国内培养？》，《经济研究》第 1 期。

货币理论与货币政策

费兆奇　曾　艺[*]

党的十九大以来，国内外宏观经济既面临着 2008 年国际金融危机遗留的趋势性、结构性问题，同时也面临着各种突发事件的冲击；由此产生的"经典"问题和"新增"问题都需要货币理论与政策研究者展开深入、持续的研究。从全球形势看，主要发达经济体增长乏力，陷入了长期停滞的困局，货币当局通过各种方式稳定经济、防范通缩，零利率、负利率、量化宽松、赤字货币化等方案不断冲击人们对货币政策的认知，而在近年穿插的几次货币政策正常化努力无一长久，反倒在一松一紧之间给全球金融市场和发展中经济体带来了更多的风险挑战。中美贸易摩擦、新冠肺炎疫情以及当前的乌克兰危机等问题更是加剧了全球经济的不确定性。从国内形势看，在党中央的坚强领导和人民的不懈奋斗下，经济建设取得丰硕成果。在货币政策层面，各项改革持续推进，政策统筹显著加强，金融风险管控更加果断，如何巩固和持续推进这些成果是学界关注的重点话题。当前，坚持供给侧结构性改革、推进产业结构升级和科技进步以及防范化解系统性金融风险仍是指导我国经济平稳健康发展的纲领性要求，货币政策如何更好地服务于这些要求是当前研究的主要方向。

近年来，国内货币理论与政策的主要研究紧跟经济金融运行的"新常态"，立足于我国货币政策框架转型的大背景，突出现实问题导向，为我国经济发展和学术进步作出了应有的贡献。本研究通过文献梳理，对近年来货币理论与政策领域的学术承继与争论进行了分析，将百余篇学术论文按问题导向分为七个部分。第一部分为对货币政策规则与货币政策目标的研究综述，聚焦中国货币政策规则的构建，需要同时考虑当前我国货币政策中介目标的转换、我国潜在产出和自然利率等变量的测算以及最终目标的范围划定这些重要内容。在我国，货币政策有服务于经济增长的义务。当前我国处于供给侧结构性改革的关键阶段，货币政策如何服务于经济结构调整和产业升级是必须重视的议题，为此，中国人民银行推出了一系列结构型货币政策工具，对这些工具的研究是第二部分的主题。第三部分梳理了货币政策传导机制的研究，其中最为重要的是有关利率市场化和利率传导渠道的内容，这又与我国中介目标

---

[*] 费兆奇，中国社会科学院金融研究所，研究员；曾艺，中国社会科学院大学应用经济学院金融系，硕士研究生。

转型的实践息息相关。货币政策的有效传导需要与其他宏观调控政策协调配合，第四部分主要聚焦货币政策与财政政策协调配合的研究。2008年国际金融危机之后，越来越多的学者提议将资产价格、金融周期与杠杆率等指标纳入货币政策的考察范畴，第五部分在货币政策与宏观审慎政策协调的框架下对上述问题进行了分析和总结。在当前的国际经济金融体系下，如何理解主要发达经济体当下的货币政策实践？它们给中国经济带来什么样的影响？我们又该如何应对？梳理国内学者对这些问题的回答是第六部分的目标。最后，在本文的第七部分，我们将目光投向变革性的技术创新——数字货币，关注它对货币本质和货币政策带来的深刻改变。

一　货币政策规则与货币政策目标

货币政策的目标包含中介目标和最终目标，而在许多经济体特别是发达经济体，货币政策规则是联结二者的纽带。在我国，货币政策的中介目标正经历从数量目标转向价格目标的过程，作为最终目标的通胀本身也产生了结构分化，加上2008年国际金融危机的教训也使学者们对通胀目标制产生怀疑，这些问题都是完善我国货币政策框架亟须回应的，本部分就围绕这些问题进行文献梳理。

目前我国货币政策正从数量型调控向价格型调控转型，学界也对数量型和价格型中介目标框架的调控效果进行了实证研究。张龙、金春雨（2018）考察了货币政策对不同经济领域的调控效果，从响应程度上看，数量型货币政策可以更有效降低通货膨胀和促进公共经济发展，而产出、就业水平、私人经济发展指标以及金融市场发展指标则受价格型货币政策影响更大，但他们也发现，货币政策的有效性和目标变量波动性之间存在正向联系。尚玉皇等（2021）运用 MF-TVP-FAVAR 模型从宏观金融混频数据中提取了共同因子作为金融条件指数（FCI），发现 FCI 下降对货币政策中介变量即利率和 M2 有显著正向影响，据此判断金融状况较差时，货币当局会增加货币供应量；更主要的是，他们根据通胀指标和模型估算的潜在月度 GDP 对利率和货币供应量的脉冲响应，发现利率调整效果要优于 M2 调整。陈创练等（2018）估计了一个基于动态调整的货币政策泰勒规则和扩展的新凯恩斯菲利普斯曲线等关系的时变参数向量自回归（TVP-VAR）模型，用以研究中国通胀波动的成因，他们发现：2009年以来，成本冲击是中国通胀波动的主要驱动因素，在应对通胀方面，价格型货币政策明显优于数量型政策。

无论是数量型货币政策还是价格型货币政策框架下，许多国家央行都选择确立相应的货币政策规则以缓解时间不一致问题、维护中央银行独立性。而在确立价格型传导框架时，透明可信的政策利率规则有利于短期政策利率向中长期市场利率传导，因此构建中国的货币政策规则是近年来货币政策框架转型研究中的重要议题。现实中，中国人民银行并未真正确立其政策规则，学者们试图通过历史数据实证近似得到稳定的央行货币政策操作逻辑。张成思、党超（2017）构建和估计了一个基于通胀和产出双预期变量的前瞻性泰勒规则，他们发现：中国人民银行的前瞻性目标主要体现在通胀方面，而对产出的反应则更多是基于历史信息，并且，中国货币政策具有逆通胀周期和顺产出周期的特点。但是按照数量规则或是泰勒规则非此即彼的模式进行的讨论与中国人民银行当前数量型与价格型货币政策工具并用的政策实践有所出入。王曦等（2017b）构建了一个混合型货币政策规则，发现相较于单一数量规则和泰勒规则，它能够更好刻画中国的经济现实，福利分析也表明混合型货币政策规则能确保家庭在面对外部冲击时福利损失最小。李宏瑾、苏乃芳（2020）基于货币方程式和货币效用模型（MIU），说明了货币数量规则与泰勒规则的等价关系，从理论上推导了混合型货币政策规则。也有学者试图在货币政策规则的稳定性和相机抉择的灵活性之间求取平衡。彭洋等（2019）主张央行在经济放缓时期增加基础货币供应和宽松信贷，繁荣时期推动升值和上调准备金率，以此显著提升泰勒规则的自动稳定器作用，增加其有效性。无论是基于实证结果还是货币政策规则的福利分析，在当前，学者们很少抱着"非此即彼"的态度看待不同的货币政策框架，而是以实用的态度，将重点放在了政策目标的实现上，认为中央银行可以因不同的政策目标实施不同的调控手段，或者同时调节。不过他们对两种政策框架可能产生的冲突关注较少，此前有研究者探讨了这个问题（伍戈、李斌，2016：21），但是后续鲜有研究者跟进。

要构建中国的泰勒规则，基础性的工作就是对自然利率、产出缺口和通货膨胀进行研究测算。徐忠、贾彦东（2019a）采用三种方法估计了中国的自然利率，发现近年来中国自然利率值及其波动均呈下降趋势，他们测算得到的近年自然利率在 −4% 和 4% 之间，然而他们选取的中国政策利率的代理变量存在缺陷。Sun 和 Ress（2021）用半结构化 LW 模型，从数据选取上更加贴合中国现实，他们测算得到的中国当前自然利率在 2% 左右。苏乃芳、李宏瑾（2021）则运用一个含利率双轨制设定的 DSGE 模型，估计得到的中国自然利率在 2.5% 左右。在这些研究中，我国自然利率水平较低并呈下降趋势是共识。这之中既有产出增速下降、TFP 增长放缓和人口结构变化等长期原因，也包括投资效率下降、去杠杆等短期原因，而且短期因素占主导（徐忠、贾彦东，2019a；Sun & Ress，2021）。另外一个不可观测的重要变量是潜在产出。它一般被定义为资本和劳动等生产要素得到充分利用的条件下实体经济的均衡产出，由于实际产出偏离潜在产出时必然会引发价格变动，因此也可以理解为在不引发通胀条件下产出可以达到的水平。它不但反映经济的中长期供给能力，同时也是货币政策的核心目标之一（徐忠、贾彦东，2019b）。在实际运用中，潜在产出往往与实际产出中去除周期波动后的长期趋势部分等同。王少平、杨洋（2017）构建了一个经济增长的协整系统，并分解出了 GDP 的长期趋势，他们估算经济新常态下，中国 GDP 长期趋势的取值范围在 5.5%—7.5%。徐忠、贾彦东（2019b）对生产函数法、状态空间模型、宏观计量模型及 DSGE 模型四种方法估计出的潜在产出进行加权平均,得到1993—2029年的中国潜在产出增速和产出缺口测算及预测值,根据他们的预测,2019—2024年的潜在产出增速将降到5.5%,此后到2029年将进一步降至4.6%。单强等(2020)估算产出缺口和自然利率的方法充分考虑了金融周期因素,所得产出缺口在-5%—4%的区间波动。根据这些测算结果,我们可以发现,近年来我国产出实际增速和潜在产出增速双双下降,因而我国产出缺口维持在较低状态,从理论上说并不需要过多的货币政策调整。但陈彦斌、陈伟泽(2021)批判了这一新凯恩斯主义政策思想,认为发展中经济体潜在产出增速的波动性较大,他们定义潜在产出增速与潜在产出的合理增速的差值为潜在增速缺口,从而把当期产出分解为潜在产出合理趋势、潜在增速非有效调整以及产出缺口三部分,并进行了多国测算,建立了相应的理论模型,他们认为,当前中国可以容忍正的产出缺口以收窄负的潜在产出增速缺口。以上对中国潜在产出和自然利率的测算研究综合运用了各类前沿方法,不仅为货币政策规则制定奠定了数据基础,还有助于社会各界对我国经济增长的长期趋势及其影响因素进行科学研判,具有重要的现实意义。总之,货币政策规则确立的关键还是要明确货币政策的最终目标,在此基础上选择合适的代理变量,下文对通胀目标和资产价格的讨论就是近年来这方面研究的重点。

长期以来,货币政策应当保证物价水平稳定是各国共识,多数研究从总量角度研究货币政策对通货膨胀的影响,但是物价水平也是个结构性问题。事实上,中国通货膨胀的结构性分化是近二十年以来的长期现象(张成思、田涵晖,2020a),这对我国货币政策实施来说是一个难题,因而实践中应该钉住何种物价指标尚有讨论空间。中国CPI与PPI在2011年至2016年发生持续背离,这催化了一批关于通胀结构性分化的研究。在学者们看来,这一现象背后既有反危机财政刺激后遗症这种外生原因(刘凤良等,2017),也同我国经济中不同所有制企业的融资成本和产业链分布差异这一结构性因素有关(徐臻阳等,2019),还可以部分用产业结构升级带来的巴-萨效应解释(莫万贵等,2019)。林东杰等(2019)区分了消费品和投资品部门的通胀,他们首先通过贝叶斯估计发现,中国货币政策对投资品通胀的影响程度比消费品大得多。为了解释这一发现,他们建立了一个包含消费品和投资品生产的两部门新凯恩斯DSGE模型,在企业对投资品的需求中引入金融加速器机制,该机制可以很好地解释两部门通胀的差异。华玉飞等(2021)认为货币政策向固定资产投资价格的传导既可以通过实体经济直接进行,也能间接通过托宾Q效应,即以股价超调为中介渠道在长期产生影响。那么现实中,中国的货币政策到底如何对通胀结构做出回应?又是否存在着最优的货币政策通胀目标变量?张成思、田涵晖(2020a)发现,中国货币政策在实践中仅对核心通胀做出反应而不理会非核心类通胀,在应对消费部门通胀时仅运用价格型调控,而数量型调控在治理消费和非消费部门通胀中均有运用。侯成琪等(2018)建立了一个两阶段生产DSGE模型,发现货币政策同时钉住PPI和CPI可以显著降低通胀,同时增加较小幅度的产出波动,因此，除非产出波动的福利权重远高于物价波动，那么同时考虑 PPI 和 CPI 作为货币政策最终目标的做法显然优于只考虑 CPI。可是，该文章基于封闭经济模型探讨通胀结构，这就忽视了经济全球化的影响。为了探讨全球供应链时代的最优货币政策，Wei 和 Xie（2020）将多阶段生产的 DSGE 模型拓展到开放小国情形，研究认为：随着经济开放程度的上升、生产链条的拉长，上游生产部门通胀应在货币政策规则中占据更加重要的位置，而贸易摩擦通过降低开放程度，会削弱 PPI 的重要性。石峰等（2018）研究了进口中间品及进口消费品之间汇率传递程度的不同，并考虑了二者不同的组合情形，提出福利最大化的货币政策规则应依据二者不同的组合状况做相应调整。由此可见，通胀的结构分化其实是经济结构的反映，货币政策仅仅关注消费类通胀即 CPI 的做法被近年来的研究广泛质疑，最近的研究不仅通过福利分析证明了货币政策最终目标同时纳入 PPI 和 CPI 的优势，而且还给中央银行在二者之间相机调整关注程度提供了实证建议，有利于货币政策实施的科学化和精细化。

随着资产价格波动多次引发金融不稳定，进而将全球诸多主要经济体拖入衰退的泥淖之中，传统货币政策目标下相当有效的货币政策框架也遭到质疑，许多学者争论是否该将资产价格乃至金融周期纳入货币政策目标之中。一些研究从事实层面检验货币当局的实际做法，更多的研究则是基于理论模型讨论"应然"问题。事实层面，郑挺国等（2018）认为中国目前的货币政策对于房价的态度还是基于"间接反应观"的，即央行会对资产价格做出的反应，但只限于其中包含的预期通货膨胀率和预期产出缺口的信息（Bernanke & Gertler，2001）；王曦等（2017c）运用马尔科夫区制转换 BEKK 多元 GARCH 模型，发现我国货币政策只在资产价格波动剧烈时予以关注，其他状态下则依传统泰勒规则行事。由此可见，对将于资产价格纳入货币政策反应函数，中国人民银行的行动偏保守，对金融稳定的态度还站在"最后贷款人"的立场。一些研究从理论层面质疑了货币政策调控资产价格的有效性。李天宇等（2017）通过模拟一个含理性预期合约的 BGG-DSGE 模型，也认为中国央行将资产价格纳入货币政策规则虽然能够带来福利的小幅提升，但要以对产出缺口的强关注为前提，这不利于预期的稳定；他们的结果支持将信贷总量纳入政策规则中，当然这也会牺牲一定的物价稳定效力。袁越、胡文杰（2017）将资产价格分解为基础价格和泡沫价格两部分，其中紧缩性的货币政策可能通过影响实际利率，进而导致资产价格泡沫部分的增长，资产价格反倒上升了，他们发现中国也存在这种"价格之谜"，这就给货币政策调控金融周期的效果带来更大的不确定性。李斌、吴恒宇（2019）提出仅通过货币政策调控金融稳定这一策略的四大障碍：一是作为总量的货币政策难以捕捉和调控肇始于局部风险的金融不稳定；二是更为复杂的目标体系可能削弱货币政策规则稳定市场预期的效果；三是经济周期和金融周期可能不同步；四是即便经济和金融周期同步，二者的幅度及其所要求的调控力度也可能不同。该文章认为金融稳定问题还是要放到货币政策和宏观审慎政策协调这一框架下解决。也有研究支持金融稳定直接进入货币政策反应函数中,甚至直接讨论具体的政策应对。马勇等(2017)在一个含八方程的新凯恩斯模型中,模拟了货币政策对金融周期的不同反应所产生的效果,结果显示只要货币政策在一个合适的范围内对金融稳定做出反应,那么就能同时降低主要经济和金融变量的波动性。陈创练、戴明晓(2018)认为在调控房价方面,数量型货币政策比价格型货币政策更有效。单强等(2020)估计了含金融周期因素的自然产出和自然利率的泰勒规则,这种做法其实贯彻了货币政策应关注金融稳定的思想。相对来说,马勇、谭艺浓(2019)基于DSGE模型提出的"基于金融状态转换的货币政策规则"则是一个较为折中的策略,即金融资产波幅较小时,货币政策没有必要做出直接反应,只有当金融资产价格出现明显不稳定迹象时,货币政策才必须介入,这也符合当前中国人民银行的做法(王曦等,2017b)。宏观杠杆率也是影响金融稳定的重要机制,但目前学者较少关注货币政策对去杠杆的影响。汪勇等(2018)将金融摩擦和"资产负债表衰退"机制引入DSGE模型,探讨我国货币政策影响企业杠杆率的机制,他们发现紧缩性货币政策冲击下,国有与非国有企业的资本价值与融资溢价变动有较大差异,从而使得国有企业杠杆率倾向于下降,而非国有企业杠杆率上升,总体上非金融企业杠杆率下降;他们还发现纵向产业联结度的下降会使得国企杠杆率下降得更多、非国有企业杠杆率上升得更慢;但是通过福利分析,他们并不支持货币政策承担去杠杆职能的办法。综上,国内学术界和政策层对于将金融稳定纳入货币政策最终目标的态度是相对保守的,对资产价格和金融稳定的应对政策更多是在货币政策与宏观审慎双支柱调控框架下进行讨论,本文第五部分将对近年来这方面的成果作述评。

二 结构型货币政策工具

党的十九大报告指出我国经济已由高速增长阶段转向高质量发展阶段,正处在转变发展方式、优化经济结构、转换增长动力的攻关期,要以供给侧结构性改革为主线,这就要求货币政策更加注重精准滴灌,灵活运用结构型政策工具,坚决不搞"大水漫灌"式的强刺激。有学者用扎实的数据和理论实证说明了总量型货币政策工具的局限性,建议货币政策更加注重精准施策。杨继生、向镜洁(2020)利用交互效应面板分位数回归模型,实现了对我国货币政策影响微观企业主体的总体分布的估计,研究结果显示:贷款歧视和利率非市场化等金融摩擦因素使得我国宽松货币政策释放的货币供给主要被头部企业吸收,他们称之为流动性配置的"马太效应",而且资产市场的繁荣会加剧这一效应。殷兴山等(2020)发现总量型货币政策工具很难改善杠杆结构,需要与结构型货币政策工具协调配合。不过也有学者提出不同的看法。战明华等(2021)试图证明在转型经济背景下,即便传统的非结构型货币政策,也同样具有结构调控功能,发展中国家由于后发优势,容易在一些行业过度投资形成产能过剩,显然产能过剩行业企业的资产负债表状况与其他行业存在差异,那么货币政策就可以利用金融加速器效应在不同行业达到差异化的调控效果；他们对中国 A 股部分上市公司 2006—2017 年的数据进行实证分析，结果发现紧缩性货币政策确实令产能过剩行业融资压缩幅度更大，能够达到结构性去产能的效果，但也发现这一机制作用效果因企业所有制特征、货币政策数量型和价格型工具运用等方面不同而有所差异。

近年来，中国人民银行频繁通过再贷款、再贴现、定向降准乃至 MLF 合格担保品扩容等结构型货币政策工具引导资金流向、调整信贷结构、支持符合国家政策发展方向的行业企业，对这些政策效果的评估是近年货币政策研究的热点。欧阳志刚、薛龙（2017）运用 FAVAR 模型分别考察了价格型、数量型和结构型货币政策工具对异质性特征企业的组合效应和特质效应，为货币政策工具因行业精准施策提供了丰富的经验参照。董兵兵等（2021）通过一个含企业异质性的 DSGE 模型，提出央行在宽松货币的同时，收紧国有企业信贷抵押约束，并继续通过结构性货币政策降低民营和中小企业融资成本，能够实现稳增长和防风险的双重目标。一部分研究以央行定向政策推出作为准自然实验，运用 DID、DDD 等方法解决内生性问题，实证考察了定向货币政策对特定类型企业融资成本的影响。王曦等（2017c）以汽车金融类定向降准政策为准自然实验，基于沪深两市 A 股制造业上市公司的数据，验证该政策的消费和投资刺激效应，结果发现定向降准政策刺激了高投资机会车企和大车企的投资，但并未相应地提高消费需求，这容易引发新的产能过剩问题。该案例也提醒中央银行：定向降准政策应对受益主体进行充分考察，科学施策。王永钦、吴娴（2019）认为存在信贷约束下，部分资产由于含有抵押特征而具"抵押溢价"，溢价大小又由抵押率（杠杆率）决定，因此，货币政策可以通过对特定资产的抵押率进行干预来影响资产价格和利率；为了检验这一机制的有效性，他们以 2018 年 6 月 1 日银行间市场 MLF 合格担保品扩容为自然实验，实证确认该政策能降低二级市场中符合担保品要求债券的利差，达到支持中小企业的效果。黄振、郭晔（2021）研究了信用债券被纳入央行担保品管理框架对其一级市场发行时信用利差的影响，结果发现央行可以通过将某项资产纳入合格担保品范围达到支持经济结构调整和转型升级的目的，而且这一政策对降低民营企业融资成本作用更明显。刘冲等（2022）综合考虑了 2018 年《关于规范金融机构资产管理业务的指导意见》实施和 MLF 合格担保品扩容两大外生冲击的综合影响，结果显示：金融监管的收紧弱化了短期政策利率向相关债券利率的传导，而调节抵押率的结构性货币政策工具则起到了相反的效果。

党的十九大报告特别指出要推进绿色发展，其中一条具体要求就是发展绿色金融。郭晔、房芳（2021）分析了 2018 年 6 月中国人民银行接受绿色信贷资产作为 MLF 合格担保品对绿色信贷企业融资的影响，结果发现，该政策虽然提高了民营绿色信贷企业的融资可得性，但是并未显著降低其融资成本，后一效应主要体现在国有企业中。从行业异质性来看，央行的这一政策增加了对环保行业绿色信贷企业的借款，而降低融资成本的效果基本限于重污染行业绿色信贷企业。陈国进等（2021）则基于一个绿色金融政策和企业绿色转型机制的ESG定价模型，推导认为绿色金融政策可以降低绿色债券的信用利差，提高棕色企业（文章中以产能过剩行业企业代替）债券的信用利差，促进棕色企业的绿色创新，其实证结果支持以上推论，并且揭示了政策效果的时变特征与区域异质性。

综上，基于微观数据的实证研究普遍肯定结构型货币政策的有效性，从实证经济学的角度看成果斐然，不过，货币政策直接对特定产业进行支持的行为还可以放入更广阔的视野中去看，比如结构型货币政策与央行最终目标和货币政策规则之间的关系、结构型货币政策是否影响中央银行独立性以及结构型货币政策与产业政策的关系等议题都是这些文献没有关注到的。

三 货币政策传导机制

近年来，对货币政策传导的研究充分体现了当前我国货币政策数量型与价格型手段并用的现实，既有在传统的货币供给和需求框架内讨论货币政策传导的研究，但由于"向以利率为中介目标的货币政策框架转型"是我国既定的方针，当前研究更多的还是围绕利率市场化、利率体系形成及利率传导渠道这个方向展开的，也有越来越多的研究关注银行风险承担以及中央银行信息沟通渠道，这些非传统渠道在2008年国际金融危机后才得到学者重视。可以看到，该领域在货币理论与政策学科中成果最丰富、最受学界关注，因此本部分将分五个小节阐述。

（一）货币供给和货币需求

经典的货币主义理论认为，货币需求函数较为稳定，中央银行可以调节基础货币供应，通过货币创造机制影响全社会的货币总量，达到影响物价水平的效果，凯恩斯主义更是主张货币非中性。近年来，我国学者对货币供给与需求的研究没有中断。黄昌利、黄志刚（2018）构建了一个具有微观基础且在开放条件下实行资本流动管制的小国模型，试图推导开放条件下的货币需求函数，在模型中，开放变量主要通过改变本外币资产的相对收益，引发资产的重新配置而改变货币需求。经过中国数据进行实证检验，他们发现，短期内由于金融账户管制，国外利率对本国货币需求没有显著影响，实际汇率及汇率预期对货币需求影响为正，在长期，由于存在"资产组合调整效应"，即持续的汇率升值将导致以人民币衡量的外币资产价值减少、价格下降，与之相应，对本币资产包括货币的需求将会下降。庄子罐等（2020）认为在研究中国问题的DSGE模型中引入混合货币规则的同时还需要考虑实际货币余额的非中性，他们在DSGE模型中引入了消费和实际货币余额不可分的效用函数，此时居民风险偏好会影响货币政策效果，二者呈正相关关系。近年来，随着金融创新和金融发展水平提高，我国的货币供应量与实体经济间的关系逐渐减弱，中国人民银行在2017年第二季度的《货币政策执行报告》上承认 M2 的可测性、可控性以及与经济的相关性在下降。货币乘数的变化是加速 M2"失效"的一个重要原因。有学者发现电子货币使用率的上升会使货币乘数的可控性下降，货币供给的内生性进一步加强（周光友、张逸佳，2018）；当然更多学者认为影子银行的扩张才是货币乘数变化的最重要原因（李宏瑾、苏乃芳，2017；纪敏、李宏瑾，2018；何平等，2018）。货币供应量在中国的重要性得到进一步的重估。管涛（2018）认为 M2/GDP 指标很难进行国际比较，也不能作为判断"货币超发"的依据，那些宣称"货币超发"下，中国外汇储备消耗和资产价格下跌等原因会导致资本大量外流迫使人民币贬值的说法得不到理论和事实的支撑。

（二）利率市场化和利率传导机制

2015 年央行对商业银行和农村合作金融机构等不再设置存款利率浮动上限，标志着我国利率市场化改革基本完成，而党的十九大报告继续强调要深化利率和汇率市场化改革，2020 年 10 月 29 日中国共产党第十九届中央委员会第五次全体会议通过的《中共中央关于制定国民经济和社会发展第十四个五年规划和二〇三五年远景目标的建议》中提出要健全市场化利率形成和传导机制。也就是说，利率市场化既要"放得开"也要"形得成"，在市场化利率体系完善和收益率曲线趋于成熟的同时，要继续强化市场基准利率培育（易纲，2021）。与之相应，近年国内研究的重点也从"放开"转向"形成"。

近年来，仍有一批研究关注利率市场化改革的福利效应，肯定利率市场化改革的成果以及货币政策利率传导效率的提高。战明华、李欢（2018）发现利率市场化可以强化利率渠道的作用，但一定程度上降低了其他渠道尤其是信贷渠道的有效性。更多的研究从利率市场化影响银行和企业行为的角度展开。戴严科、林曙（2017）发现利率市场化改革能够降低利率波动，削弱其对企业存货投资的压抑。张伟华等（2018）发现利率市场化能够降低上市公司债务融资成本。蒋海等（2018）校准和模拟了一个利率市场化模型，并对中国 50 家商业银行的数据做了实证研究，结果发现中国商业银行资本缓冲水平与利率市场化呈 U 型关系，而当前中国尚处于拐点左方，因而一段时期内利率市场化程度的提高会降低商业银行风险缓冲资本，这是利差收窄的结果，但随着利率市场化持续推进，将有助于商业银行缓冲风险；值得一提的是，虽然利率市场化会弱化资本缓冲的逆周期性，但由于逆周期资本监管较严，实际上这一现象在我国利率市场化进程中并未出现。杨筝等（2017）以取消贷款利率上下限作为自然实验，运用双重差分（DID）法研究利率市场化对企业投资决策的影响，结论认为，利率市场化使得项目风险被充分定价，这有助于缓解非国有企业投资不足问题，也能抑制企业过度负债、压降无效投资、提高资本配置效率。运用类似的思路方法，陈胜蓝、马慧（2018）研究了贷款上下限放开影响贷款可获得性最终对公司商业信用融资的影响，结果发现贷款下限放开后，由于银行业竞争加剧，高风险公司贷款可获得性下降，商业信用融资替代性地上升，贷款上限放开则通过风险定价的有效性达到相反的效果，他们还发现在金融发展水平较低地区、信任程度较高地区及议价能力较高的公司组中，这种机制比较明显。郑曼妮等（2018）则以2013年LPR机制正式运行作为自然实验，研究表明：贷款利率市场化能够促使企业主动调整资本结构、降低杠杆率，且产品市场竞争加剧会强化这一效果，而预算约束软硬差异使得该效应在不同所有制企业间有异质性。以上研究对利率市场化效果的评估基本是从微观主体受益的角度展开的。他们基本是通过收集商业银行和上市公司的数据进行实证，重点在于分析利率市场化通过降低资金要素价格扭曲从而作用于企业行为模式这一渠道，其中又有企业、区域异质性分析，取得了深入且丰富的成果。

利率作为最重要的价格之一，受各种因素影响，它的影响范围也极广，可见，推进利率市场化本身是一个系统工程，既要考虑利率市场化对经济稳定可能带来的正负两方面效果，也要充分利用可能助推利率市场化改革的外部力量，落实到具体研究中，主要表现为金融改革的顺序问题。战明华等（2019）发现中国利率市场化对弱化"伯南克之谜"的作用比理论预期的要小，这说明货币政策向实体经济传导的效率还受更多其他摩擦因素影响。在许多发展中经济体，包括中国，利率管制导致信贷供不应求，于是诱导了信贷歧视的制度安排，而在信贷干预未得到约束的情况下，贸然放开利率管制会降低银行对高效率部门的资金供应，加剧资本错配进而拖累经济效率，而综合考虑信贷的数量和价格改革可以显著提升全要素生产率（谭语嫣等，2017）。在金融抑制背景下，也会诱发许多变相利率市场化的隐性契约安排。沈永健等（2018）估计了中国留存贷款的规模，实证研究了其影响因素，证明银行业市场准入管制改善、所有制歧视弱化和政企关系透明化可以营造更好的利率市场化环境。在开放条件下讨论利率市场化时，由于我国汇率尚未完全市场化，并且存在一定程度的资本管制，如何统筹推进三者改革也得到了学者的关注。陈创练等（2017）运用TVP-VAR模型发现在利率、汇率和资本流动的相互传导之中，利率对另外两者影响不显著，汇率只能引发资本流动，资本流动则对二者均有影响，且对汇率的传导尤为显著，因此在推动金融开放，维护经济内外部均衡的目标下，兼顾短期金融稳定，合意的改革次序应为利率市场化—汇率市场化—资本账户开放。陈中飞等（2017）则基于格兰杰因果检验思想，同时运用有序probit和logit模型对跨国面板数据进行实证发现：实证意义上，汇率和利率市场化相互促进，二者协调推进也能推动资本流动自由化进程；规范意义上，首先推进汇率市场化能更有效防止危机，因此他们提出最优的改革次序是"汇率先行，利率跟随，资本账户最后"。实际上，我们可以说我国的利率管制已经基本上放开，但是为什么利率市场化这个话题依然被持续热议？这是因为只要金融机构和金融市场的配套改革没有得到推进，就难以形成有效的市场利率，前述研究运用系统思维着手解决这一难题，为继续推进利率市场化改革提供了可靠的路径参考。

显然，实践和理论逻辑决定了"如何培育完备的基准利率体系、提高货币政策利率传导渠道的效率"将是未来利率问题研究的重心，近年来，大量的文献已经做了一些扎实的工作。牛慕鸿等（2017）通过两个简单的理论模型，发现有信誉的利率走廊机制可以有效稳定金融机构的流动性预期，降低短期利率波动、节约央行操作成本；利率走廊宽度的设定由常备借贷便利、公开市场操作的成本决定，目前最优的货币政策操作是利率走廊和公开市场操作的结合。市场化利率的形成还需要有效的利率市场，谭德凯、何枫（2019）发现市场利率自律定价机制可以有效降低 Shibor 的波动幅度，减少极端波动发生的频率，但是在定期淘汰压力下，一些银行出于维护声誉动机可能使报价的羊群效应更加明显。张劲帆等（2019）提出要通过国债期货市场的进一步改革以便更好发挥价格发现功能。我国金融结构决定了商业银行存贷款利率仍是最重要的金融价格之一，是货币政策影响企业投融资决策最直接的价格变量。长期以来，存贷款利率的管制限制了商业银行自主定价的能力，中国人民银行于 2013 年放开贷款利率限制，在 2015 年对商业银行和农村合作金融机构等不再设置存款利率浮动上限，这标志着存贷款利率管制全部取消。然而郭豫媚等（2018）发现在银行贷款利率定价中，贷款基准利率仍是主要影响因素，不过随着利率市场化改革的推进，政策利率对贷款利率的作用渠道逐渐畅通。她们通过剖析商业银行内部利率定价的双轨制特征寻找原因，发现资金来源结构会显著影响贷款利率定价，如更高同业负债比重的银行在贷款利率定价时考虑货币市场利率的比重更高；因此，为了形成有效的货币政策利率传导渠道，在放开存贷款利率限制之外，还要注重培育市场化的定价基准，完善利率走廊机制控制政策利率波动，鼓励商业银行提高负债的市场化程度。刘明康等（2018）构建了一个基于商业银行内部资金转移定价（FTP）的利率决定模型，并利用 1996—2015 年中国商业银行的微观数据进行实证分析，结果发现：利率市场化能够提升贷款利率在存款定价中的影响力，随着利率市场化的推进、商业银行体系二元结构的改善和影子银行监管的强化，市场利率和政策利率对银行存贷款利率决定的作用将稳步增加，而且目前存在的期限结构效应的非对称性也将得到改善。2019 年 8 月，中国人民银行推进贷款市场报价利率（LPR）改革，这是确立市场化存贷款利率基准的重要一步。陆军、黄嘉（2021）从一个含利率摩擦因素的多部门均衡模型中提取了利率市场化程度指数（IRLI），并运用 TVP-FAVAR 模型对中国 1996 年 6 月至 2019 年 9 月的季度数据进行了实证分析，测算了 IRLI，理论和实证研究均表明利率市场化程度上升能够疏通货币政策的银行利率传导渠道，IRLI 的走势表明利率市场化改革呈阶段性波动特征且还有进一步推进的空间，他们建议接下来要把推进 LPR 形成机制改革作为抓手，将 LPR 利率嵌入贷款 FTP 定价中，增强 LPR 利率与其他利率的联动性。我国货币政策利率调控框架遵循的是短期利率向货币市场利率、中期政策利率向信贷市场利率、二者又同时作用于债券市场利率的传导思路，近年来学界的相关研究也基本顺着这个思路进行。后续如何进一步深化利率形成机制改革，需要学者们在利率报价机制、利率衍生品市场和银行定价决策等方面做更深入的研究。

也有研究淡化利率市场化的角色，而单纯讨论货币政策的利率传导渠道。Agarwal等（2022）通过一家中国大型商业银行的信用卡数据，实证发现货币政策宽松导致的抵押贷款利率下降能够刺激借贷者的消费，且由于边际消费倾向较高，这一影响在"无隔夜之粮"（Hand-to-Mouth）的家庭中更加明显。潘彬、金雯雯（2017）实证发现货币政策能够通过正规金融部门间接传导到非正规金融利率，他们提出的机会成本渠道、资产替代渠道、资产负债表渠道和逆向选择渠道均得到了经验研究支持。潘彬等（2017）还通过实证研究考察货币政策利率对民间借贷利率的时变影响，发现价格型货币政策工具在短期能够有效引导非正规借贷利率走势，但长期来看政策效果有所弱化。王博等（2019）在线下民间金融之外还考虑了货币政策对网络借贷利率的影响。可见，对利率传导渠道的研究，不局限于正规金融部门，还包括非正规金融部门，尤其是能够提出补充性的影响机制，这为全面评估货币政策的实际影响提供了重要参考。

（三）中央银行流动性管理与银行信贷渠道

流动性管理是中央银行货币调控的关键环节，中央银行流动性的投放直接影响金融市场流动性的规模，并因此传导到企业的投融资决策和个人的消费决策等。近年来，我国广义货币供应量增速虽有下降趋势，但仍持续高于经济增长率，而企业融资条件却未见明显改善，市场流动性紧张事件频发，有学者甚至认为宏观流动性与微观流动性已出现背离（潘彬等，2018），流动性传导渠道的不通畅吸引了众多学者进行研究。潘彬等（2018）用同业业务规模扩张解释货币市场流动性的相对短缺；他们发现同业业务的顺周期性会加剧银行资金的期限错配、削弱央行流动性管理工具的效果，当同业业务规模超过一定阈值时，还会造成流动性危机，对此，中央银行应采取以利率引导为主、非常规政策工具为辅的组合型流动性管理方式来有效熨平流动性的大幅波动。郭晔等（2018）也认为不同的货币环境下，商业银行会调整其投入同业业务与非同业业务的流动性结构，进而导致总体的流动性创造能力的变化。战明华等（2018）研究了互联网金融发展如何影响货币政策银行信贷传导效率。侯成琪、黄彤彤（2020a）指出金融市场借贷双方的委托—代理问题会加剧银行间市场流动性紧张，他们构建了一个包含银行间市场和央行借贷便利操作的DSGE模型，并进行了参数校准和贝叶斯估计，提出并验证了在负向冲击下，金融市场摩擦会增加银行间市场的挤兑行为，加剧冲击的负面影响，此时央行通过调整借贷便利类工具利率稳定信贷利差并发挥最终贷款人职能，可以有效稳定经济。史本叶等（2020）认为流动性管理工具的效果与经济运行区间有关，在经济下行期，金融机构"惜贷"，此时增加更多的流动性投放于事无补，而在释放流动性的同时下调利率中枢则收效较好；在经济上行期，金融机构流动性处于"紧平衡"状态，此时释放流动性的操作可以显著作用于实体经济。还有学者认为银行体系内部的摩擦会加剧流动性的波动，邵新建等（2020）认为借贷便利类货币投放渠道偏向以公开市场操作一级交易商为代表的大银行，由此可能增加中小银行对表外业务的依赖性。王曦、金钊（2021）也发现同业市场摩擦会降低货币政策信贷传导渠道的效果，中国银行业的二元特征更是进一步异化了货币政策传导机制。不同于以上研究只关注货币政策对市场流动性的影响，田国强、李双建（2020）基于2007—2019年中国174家商业银行的非平衡面板数据研究了政策不确定性对银行流动性创造的影响，总体来说，经济政策不确定性抑制了商业银行流动性创造，其中一个重要渠道是银行出于信息不对称和信心不足会提高贷款损失准备金，他们还检验了不同特征银行受影响的差异。此外，中央银行的流动性操作效果如何被银行的微观决策影响也是一个值得研究的话题。盛天翔等（2017）考察了货币政策对贷款期限结构的影响，结果发现贷款基准利率与银行短期贷款比例同向变动，但是贷款基准期限利差扩大时这一效应会减弱。刘海明、李明明（2020）则更进一步探讨贷款期限结构如何决定货币政策对实体经济的传导效率，他们运用中国上市公司数据发现当企业对短期贷款依赖较高时，紧缩的货币政策一方面会加剧企业流动性风险，迫使其减少投资而导致绩效下降；另一方面，企业流动性风险的上升会提高银行对其的监督努力，能够有效抑制代理成本从而利于绩效提升，据他们估计，在我国，较短的贷款期限总体上使得紧缩性货币政策对企业绩效影响为正。

（四）商业银行风险承担渠道

商业银行的信贷决策和监督努力会受货币环境影响，国外研究者将这一过程称为银行风险承担渠道，目前国内的相关研究已经确认这一渠道的存在，并开始探讨银行特质对这一渠道传导效率的影响。王晋斌、李博（2017）选取了国内53家银行的数据进行实证研究，发现数量型货币政策工具调控下，紧缩性货币政策对银行风险承担的作用要强于扩张性货币政策，而在价格型货币政策工具下则相反；他们还证实央行沟通和反应函数机制在中国存在，但是他们在实证时没有进行有效的渠道识别工作，即没有排除其他传导渠道对商业银行风险态度的影响。项后军等（2018）通过对中国155家银行的面板数据进行两阶段回归实现了渠道识别，并确认货币政策通过利率追逐机制、类金融加速器机制影响商业银行风险承担。邓向荣、张嘉明（2018）刻画和检验了货币政策通过影响银行风险承担间接对流动性创造发生作用这一机制。马勇、姚驰（2021）认为我国货币政策对银行风险承担的影响与资本水平有关，并且存在明显的门槛效应，当资本水平低于门槛值，风险转移效应增强会减弱政策利率与风险承担之间的负相关关系；而资本水平高于门槛值时，银行受其他效应影响使得这种负相关关系更强。蒋海等（2021）更关注银行微观流动性在货币政策银行风险承担渠道中所起的作用，他们提出货币政策对银行风险承担的总效应是流动性传导效应和风险转嫁效应之和，当银行负债成本降低时，银行进行贷款监督的努力会上升，这有利于降低风险承担，实际上，货币政策风险承担的净效应很大程度上取决于流动性水平，当流动性高于某一阈值时，货币政策宽松对银行风险承担的影响从降低转到增强；他们经过实证发现，目前中国商业银行流动性水平普遍过高，宽松的货币政策有导致银行过度风险承担的风险。还有学者发现银行的风险态度可以直接作用于企业的风险承担行为，周彬蕊等（2017）认为，货币政策利率越高，企业融资成本上升强化了风险承担动机，但银行为了降低信息不对称损失的行动强行抑制了企业风险承担行为。综合来看，货币政策越紧，企业风险承担越低，不过融资渠道多元化会弱化银行对企业风险承担行为的控制，前述机制效果也因企业所有权、技术类型、外部融资依赖程度不同而有差异。

（五）中央银行信息沟通

近年来，随着国内经济增速放缓，加上中美贸易摩擦、新冠肺炎疫情等冲击持续，我国经济不确定性明显上升。现有研究比较关注经济不确定性带来的负面影响，并特别强调货币当局在面临不确定因素增多时应主动作为，建议央行要注重预期管理、积极与市场沟通、探索前瞻性指引政策等。苏治等（2019）以中国股市波动率和中国 EPU 指数分别作为中国经济不确定性和政策不确定性的代理变量，发现二者的上升均会削弱货币政策有效性，这种影响在金融危机后尤甚。祝梓翔等（2020）首先通过一个小规模均值波动率 SVAR 模型估计发现，在中国，货币扩张确实降低了经济不确定性；理论模型推导发现，货币政策扩张放松了信贷约束，使得经济主体借贷便利性提高，有利于平抑经济波动，他们也提醒货币政策实施要保证预调微调，避免政策本身波动带来的不稳定。林建浩等（2021）用 SVAR 模型和随机波动率模型测算了中国数量型货币政策不确定性指数（MPU），发现 MPU 在中国股市定价中贡献的风险溢价仅低于 Fama-French 三因子。

货币政策的预期管理在广义上同时包括货币当局的行动和语言。公众会从未预期的货币政策行动中吸收信息，继而调整预期，如未预期货币政策宽松容易被私人部门理解为经济下行压力增大，未预期的货币紧缩则反之。朱小能、周磊（2018）从媒体数据中提取了货币政策预期，并计算了未预期冲击，然后运用事件分析方法处理货币政策与股票市场的内生性、同步性和市场提前反应等问题，实证考察我国未预期的货币政策对股票市场的冲击幅度，结果发现未预期的货币政策宽松对股市的影响幅度大于未预期的货币紧缩，但效果都弱于已被预期到的货币政策调整。隋建利、刘碧莹（2020）可以帮助解释这一现象，他们将未预期货币政策与央行言辞沟通对预期的影响合并为"信息效应"，通过对一个 DSGE 模型的模拟和估计发现预期变量受"信息效应"影响显著，而产出缺口则更大程度上受传统凯恩斯渠道的影响，在未预期货币政策冲击下二者走向相反，由此削弱了传统渠道的有效性。考虑到信息效应的存在，央行应减少使用未预期的货币政策以保证传统渠道的有效性，对预期的管理可以更多依靠言辞沟通。近年来，中国人民银行在实践中有意识地进行言辞沟通的探索，如多次在降准时强调真实动机以防止市场预期混乱等。卢新生、孙欣欣（2017）发现中央银行政策沟通能够显著影响人民币远期汇率水平。郭豫媚、周璇（2018）认为央行信息沟通可以促进公众的适应性学习，使其预期向理性预期靠近，这有利于货币政策有效传导。贾盾等（2019）还发现央行货币供应量指标公告和货币政策执行报告发布事件本身干扰了投资者对货币政策走向的判断，使得股票市场在公告发布前产生溢价补偿，提高了短期波动，他们认为货币政策从数量型转向价格型调控能够减弱这种"预公告溢价效应"。文本分析的方法的发展进一步推动了对央行书面沟通引导预期的实证研究。王宇伟等（2019）从央行官方文本中提取了央行言辞沟通指数，实证发现其对企业投资有明显正向影响。姜富伟等（2021）构造了中国央行货币政策执行报告中文本情绪、文本相似度和文本可读性的指标，将它们用于 EGARCH 模型进行实证发现：文本情绪越积极，下一交易日的股票市场走势越好，文本相似度则与下一交易日的股市波动性负相关，文本可读性影响不显著。张成思等（2021）则从中国 A 股上市公司年报文本中提取了上市公司宏观经济感知指数，进一步研究发现，对宏观经济形势持乐观态度的企业会积极响应央行的货币宽松政策，反之则反，而且民营企业中这一现象更加显著。对经济不确定性和中央银行预期管理的研究以实证为主，并呈现技术驱动的特征，包括文本计量分析方法、事件分析法等，可以想见，随着这些方法的进步，未来该领域的研究会发展地更好，同时我们在运用本部分相关的数据和结论时，也要仔细了解其方法上的利弊。

近年来，一批研究运用无套利 Nelson-Siegel 模型从国债收益率曲线中提取了通胀预期（郑振龙等，2019；洪智武、牛霖琳，2020），这种基于金融市场价格的信息不仅具有客观性，还能实现即时高频监测，在无套利仿射期限结构模型中引入宏观因子，还能分析宏观变量对通胀预期的作用。何启志、姚梦雨（2017）则运用可预测滚动法测度了中国的通货膨胀预期，将其用于估计基于时变系数的菲利普斯曲线，从系数大小看，通胀预期在通胀形成中有决定性作用。张成思、田涵晖（2020b）发现居民和专家在形成通胀预期时只考虑消费品价格而忽视非消费品价格，且对非食品类通胀的关注明显高于食品类通胀。而为了有效管理通胀预期，央行要积极进行信息披露，这样做的效果甚至优于传统的货币政策工具（闫先东、高文博，2017）。

四 货币政策与财政政策协调配合

货币政策与财政政策之间既具有互补性，也可能产生冲突。而且财政与货币之间还有紧密的相互渗透关系。因此，在货币政策实施中，如何与财政当局协调配合关系到政策最终的成效。货币政策和财政政策协调配合涉及宏观、结构和体制三个层面（李扬，2021），该问题的研究也大体在这三个层面内展开。

宏观和结构层面，李戎、刘力菲（2021）实证得到了中国的货币政策会在财政扩张时期保持宽松以协调配合的经验事实，并通过一个理论模型发现：政策扩张与货币宽松的组合下，实际利率下降和铸币税上升的双重作用拉动了居民消费。Liu等（2021）发现中国的情况更符合被动的货币政策与主动的财政政策的组合（PM/AF），即适用于"价格水平的财政决定理论"（FTPL）中的情形，在此情形下，他们实证发现基于主动货币政策与被动财政政策组合（AM/PF）下的传导渠道并不适用于中国，并建议中国等发展中经济体在宏观政策制定时充分考虑政策协调背景。鄢萍等（2021）探讨了国企市场势力较强与金融抑制对财政货币政策协同的影响，相比于货币政策，她们提出在国企改革未取得突破性进展前，财政政策应主动发力，阻止总产出下行，改革后，财政政策在平抑总产出波动时仍应"唱主角"，只是反应系数需要下调。卞志村等（2019）通过一个含混合货币政策规则的DSGE模型，模拟了货币政策从数量型向价格型调控转型对各类财政政策工具乘数效应的影响，强调了财政与货币部门沟通了解的重要性。

体制层面，李俊生等（2020）测算发现，M2中有半数左右是受财政部门的财政收支和国库现金管理等活动支配的，他们宣称这客观上形成了财政—央行"双主体"的货币调控框架。一些研究则从具体的"结合部"入手，周莉萍（2019a）认为当前我国的财政国库库款管理机制使得国库库款规模变动会引起货币供应的非对称波动，提出财政国库库款与货币政策协调既需要财政部门将国库现金和债务进行一体化综合管理，也需要央行找准定位，配合政府债务管理、促进国债市场的高效运行、平抑财政资金回笼和使用造成的市场波动等。李扬（2021）强调国债作为货币政策与财政政策最重要的"结合部"，兼具金融与财政双重属性，建立有效的国债管理制度为当务之急。政策空间是否正常会改变财政货币政策协调配合讨论的侧重点，由于政府部门高债务、高杠杆的限制，货币政策又面临"零下限约束"，许多发达经济体债务扩张受限，转而提出要走"债务货币化"一途来为其财政政策融资，这一主张在国内外引起激烈争论，其中"现代货币理论"作为这种政策的理论依据为学术界所关注。张晓晶、刘磊（2019）从理论逻辑而非政策主张角度讨论了现代货币理论存在的瑕疵，以此质疑赤字货币化的理论基础，同时他们认为现代货币理论作为一种非主流经济理论，在方法论和思想性上有值得借鉴的地方。从理论实证的角度，马勇、吕琳（2021）批评了"债务货币化"所宣称的政策效果，他们通过校准和估计一个DSGE模型，认为通过"债务货币化"手段为财政政策融资一方面会对私人投资产生挤出效应，反倒形成"滞胀"的结果，另一方面会因此伤及银行的资本规模，令其"惜贷"，并通过金融加速器机制形成恶性紧缩循环。

五　货币政策与宏观审慎政策双支柱调控框架的研究

本文第一部分的述评表明，货币政策作为极具影响力的金融政策工具，对金融稳定问题当然要有所行动，但仅仅运用货币政策显然很难兼顾经济稳定与金融稳定，根据"丁伯根原则",有必要创设专门的宏观审慎政策工具用以防范系统性风险。货币外部性导致金融市场失灵,使金融系统脆弱性升高,进一步诱发系统风险的逻辑,是宏观审慎政策的重要理论基础之一(王信、贾彦东,2019),因此其主要关注的是空间和时间两个维度的系统性风险累积和实现(方意等,2019)。中国人民银行宣布从2016年起建立宏观审慎评估体系(MPA),并先后将外汇和跨境资金流动管理以及表外理财业务纳入其中。货币政策和宏观审慎政策具有一定的替代性和互补性,从传导机制上看,二者都会通过金融机构特别是商业银行资产负债表影响经济活动和金融稳定;而通过偏紧的宏观审慎政策能够缓解货币政策宽松下过度风险承担造成的经济过热、杠杆过高等问题,二者的具体配合取决于本国的经济参数和冲击类型(马骏、何晓贝,2019)。2017年,党的十九大报告明确要求"健全货币政策和宏观审慎政策的双支柱调控框架"。2021年7月30日,中共中央政治局会议提出,"要做好宏观政策跨周期调节,保持宏观政策连续性、稳定性、可持续性",健全双支柱调控的政策框架正是跨周期调节的内在要求。经济周期和金融周期的不同步也会引起货币政策和宏观审慎政策之间的摩擦冲突,可能产生新的时间不一致问题,因此在具体实施时还要明确政策配合机制、稳定市场预期(李拉亚,2020)。

　　作为货币政策和宏观审慎政策共享的传导渠道,金融机构尤其是商业银行资产负债表如何作用于经济活动和金融稳定,特别是双支柱政策如何在其中协调配合,是国内双支柱政策研究的重中之重。由于数据可得性限制,国内这方面的计量实证研究较少,学者们一般运用包含宏观审慎政策机制的DSGE模型进行研究,也有少量运用局部均衡分析的文章。马勇、付莉(2020)发现在利率规则的基础上搭配逆周期资本监管政策、逆周期资本充足率要求和动态存款准备金政策后,经济和金融状况更加稳定。范从来、高洁超(2018)发现松的货币政策和紧的资本充足率要求搭配更有助于实现"保增长、稳物价、控风险"目标,他们还区分了来自企业部门的外源金融冲击和来自银行部门的内源金融冲击,模拟最优的应对策略,当以外源金融冲击为主时,有必要同时实行松货币和逆周期监管,而应对内源性金融冲击,则在实行逆周期监管的同时,货币政策可以灵活调整。银行风险承担行为具有顺周期性,它既能作为货币政策的传导渠道,也可能在繁荣时期助长金融脆弱性的累积,一些研究从银行风险承担渠道寻找双支柱政策的发力点。汪莉(2017)发现在存贷款利率不完全市场化情形下,隐性存保的存在一方面通过扩大"特许权价值"激励银行监督努力,另一方面也会放大宽松货币环境下银行风险承担的顺周期性,其净效应取决于二者之差;而紧的存款利率上限或资本充足率约束则能够抑制银行风险承担;市场纪律约束对银行风险承担的净效应也取决于正向的"风险转嫁效应"和负向的资本约束效应。她对中国2006—2012年171家银行的行为数据进行实证后发现,隐性存保刺激了银行风险承担,而紧的存款利率上限或资本充足率约束以及市场纪律约束有效缓解了银行风险承担的顺周期性。黄继承等(2020)对2009—2018年中国商业银行和上市公司的数据所做的实证分析表明，在货币宽松刺激银行风险承担的同时实施逆周期宏观审慎监管能够有效抑制商业银行的过度风险承担，对企业负债率的影响也类似。马勇、姚驰（2021）发现由于银行风险承担行为受资本充足率影响，那么宏观审慎政策可以帮助收敛货币宽松刺激的银行风险承担行为，代价是会恶化监管机构的政策处境。也有研究考察宏观审慎监管对商业银行信贷决策的影响，关注宏观审慎政策与货币政策信贷传导渠道的互动。罗煜等（2020）研究了对商业银行流动性的宏观审慎监管影响货币政策传导效率的机制。他们发现，为了达到"净稳定资金比例"（NSFR）的监管要求，商业银行一般通过调整信贷资产或非信贷资产内部结构提升流动性水平，区别在于前者能在实现提升银行长期流动性水平的同时提高货币政策传导效率，而后者只是短期提高流动性的权宜之计，既不能长期稳定商业银行资产负债表，又可能阻碍货币政策有效传导，因此，只有引导商业银行实行有效的流动性管理模式，才能实现金融稳定下的货币政策有效传导。按照同样的思路，庄毓敏、张祎（2021）认为要想在满足流动性覆盖率（LCR）的监管要求的同时保证货币政策传导效率，监管当局应当引导商业银行夯实存款基础、降低对短期融资的依赖度，避免它们消极地囤积流动性资产。

中国的影子银行因为具有依附于商业银行的特点，又被称为"银行影子"，它们在一定程度上履行信用中介职能、服务于实体经济之外，也便利了商业银行从事监管套利活动，这些活动一方面使得金融脆弱性逐渐累积，另一方面货币政策的信贷传导效果也因此大打折扣。为了防范影子银行造成的经济金融风险，自2017年下半年，我国加强了对影子银行业务的监管，到2018年4月，中国人民银行、银保监会、证监会、外汇局联合发布的《关于规范金融机构资产管理业务的指导意见》是将影子银行纳入监管体系迈出的一大步。中国的影子银行问题得到国内外学者的广泛关注。首先，影子银行具有货币创造功能，能够影响货币乘数，使得货币供给不稳定。有学者推导发现表外理财占M2比重越高，则货币乘数越大（李宏瑾、苏乃芳，2017），那么，影子银行扩张会使得广义货币供应量指标的可控性越来越差，2017年以来监管政策的加强有效抑制了影子银行扩张的势头，这也能解释近年来M2增速的持续偏低趋势（纪敏、李宏瑾，2018）。何平等（2018）发现影子银行规模扩张会推升社会融资规模，但对货币乘数的影响则要视影子银行资产的流动性程度而定，他们认为在目前的金融支付体系下，影子银行规模扩张带来货币乘数的下降，进而降低了社会整体的流动性水平，增加了金融体系面对流动性冲击时的脆弱性，因此，处理影子银行带来的潜在风险，既需要将影子银行体系纳入宏观审慎监管框架，又要在货币政策实施中充分考虑影子银行作用，维持合理的宏观流动性水平。其次，影子银行的监管套利行为既刺激了风险承担，又削弱了货币政策信贷传导效率。杜立、钱雪松（2021）基于上市公司委托贷款数据发现紧缩的货币提高了利率，融资需求方资金可获得性骤降和资金富余方出于盈利动机都将使得具有影子银行性质的委托贷款更多地从股权关联企业流向非股权关联企业，结果是货币政策效果削弱，金融风险进一步累积。汪莉、陈诗一（2019）发现紧缩性利率政策下，商业银行净风险承担的走向受"风险转嫁"效应和"资产配置"效应两种相反的力量影响，前者在表外业务中居主导地位，刺激了风险承担；而后者在表内业务中居主导，能够提升贷款监督的努力程度，总体来看，紧缩性货币政策有可能导致银行风险承担的表外化转移。高然等（2018）通过一个 SVAR 模型得到商业银行融资规模顺周期而影子银行融资规模逆周期的典型事实，随后建立了一个含信贷约束和影子银行的 DSGE 模型，模拟结果表明：货币紧缩和存贷比限制都会引发商业银行将资金转向表外，二者合并可以持续解释 70% 以上的商业银行信贷波动和 80% 以上的影子银行信贷波动。在银行间市场非完全竞争和影子银行没有得到限制的条件下，流动性监管的强化促使政策敏感度较高的中小银行转向表外融资，结果反倒可能引发信贷膨胀（Hachem & Song，2021）。Chen 等（2018）通过估计中国的货币政策规则，从中获得了中国货币政策冲击的时间序列，并收集了 2009—2015 年中国非金融企业委托贷款数据和银行层面的微观数据，实证发现紧缩的货币政策刺激了影子银行的扩张，其中股份制银行的影子银行业务相对国有银行扩张更为迅速，他们认为这与中央政府对国有银行的控制有关。而高蓓等（2020）提出二者风险态度的差异也是一大原因，她们还发现：随着影子银行发展模式从"通道"转向"同业"，其主要资金流向从实体企业变为标准化金融资产，融资功能逐渐弱化反倒推升了资产价格，货币政策传导的有效性再度下降。总之，影子银行的治理，同时涉及货币政策实施与金融稳定，需要也正在双支柱框架下统筹推进。侯成琪、黄彤彤（2020b）在一个含影子银行的 DSGE 模型中引入了对影子银行进行逆周期资本监管的宏观审慎政策，模拟发现该政策可以一定程度上抑制监管套利，经济波动也随之下降。

在大量关于金融中介的研究之外，资本流动也是新兴经济体宏观审慎监管框架非常关注的话题，遗憾的是目前国内在开放条件下探讨双支柱框架的文献还较少，近年的研究主要是以在开放宏观经济模型中引入跨境资本流入税为代表的宏观审慎政策工具，将其与不含宏观审慎政策的基准模型进行比较。相对于单纯使用货币政策，双支柱调控能显著降低经济波动，这是因为跨境资本流入税实现了政策当局对本国主体的外债规模进行逆周期管理，能够有效缓解资本流动的不稳定性，尤其在汇率缺乏灵活性时，宏观审慎政策工具的效果更好（黄益平等，2019；芦东等，2019）。逆周期的外汇风险准备金要求是我国正在使用的一项宏观审慎政策工具，Ouyang 和 Guo（2019）发现在开放小国条件下，当外部冲击带来实际汇率贬值预期时，该政策可以放宽国内主体的融资约束，缓冲全球流动性紧缩带来的不利影响。

在中国语境下，管控政府债务风险也是维护金融稳定的一个关键环节。李力等（2020）发现实施宽松的货币政策的同时宏观审慎政策从紧，能够抑制地方政府杠杆率攀升，并且降低企业和融资平台的债务违约风险。朱军等（2018）关注到财政整顿有利于在经济上行期预留财政空间、积累财政缓冲,在下行期防范财政压力转化为金融风险;因此他们建议将财政整顿囊括在"大宏观审慎政策"之中。

近年来,我国经济面临"易冷难热"的威胁,经济主体风险偏好不足,更需要警惕经济周期和金融周期下行压力叠加和相互强化引发的系统性风险,许多研究从系统性风险实现的角度对当下的双支柱政策走向提出建议。陈彦斌等(2018)认为当前我国一些低效率的负债主体"借新还旧"的行为催生了"衰退型资产泡沫",在此背景下,货币政策与宏观审慎"双紧"会造成严重的产出下行压力,反倒容易酿成风险,更好的政策组合是实行偏紧的宏观审慎政策同时保持货币政策的偏宽松。童中文等(2017)也认为经济面临通缩时,宏观审慎政策可以降低系统性风险事件发生的可能性和严重性,他们认为在金融压力较大时,随着资产(尤其是股权)价格下跌,企业杠杆率可能因此上升,这时政策利率机械地提高只会加剧资产价格的回调,他们的建议是构建"宏观审慎规则货币政策",提出将逆周期资本要求比例和金融脆弱性指标融入利率规则方程,但这种利率规则的含义混乱,有待商榷。也有学者提出实行动态拨备、引入动产抵押来应对经济负向冲击可能造成的风险实现(高洁超等,2017)。张斌、熊婉婷(2019)提出货币政策要致力于维持温和通胀目标,宏观审慎政策要加大对"小广散"金融机构的关注,针对金融机构风险偏好不足的现状,可以通过设置信贷下限或进一步放松资本监管等方式引导信贷扩张。由此可见,尽管去杠杆和防泡沫要求货币政策从紧,但由杠杆率的计算公式和资产泡沫的性质可以发现,经济增速的下滑可能会进一步加剧金融脆弱性,因此上述研究普遍认为当前我国应实施偏宽松的货币政策,并辅之以从紧的宏观审慎政策,为我国经济实现软着陆提供可靠的学术支持。

六 全球货币政策及其溢出的研究

自2008年国际金融危机甚至更早以来,一些主要发达经济体陷入长期停滞的局面(Summers,2014),这是供需两端同时走弱导致的后果,其最重要的原因和表现之一就是负的实际利率下,实际利率与均衡利率仍旧错位(王曦、陈中飞,2018)。为了应对长期停滞,许多主要发达经济体相继实施了低利率甚至负利率政策,美联储在2007年9月至2008年12月连续进行10次的降息操作将联邦基金利率目标区间由5%—5.25%下调至0—0.25%,但仍无法掉转经济下滑的车头。面对零利率下限,美联储的策略是推出四轮非常规的量化宽松政策,直至2014年,美国经济恢复至危机前的水平,美联储逐步削减资产购买规模并宣布退出量化宽松货币政策,启动货币政策正常化进程,但又在2019年起将政策基调转向宽松。作为一场大型的"政策实验",国内一些学者对负利率政策进行了研究,但由于中国的财政和货币政策空间较大,大部分研究还停留在政策引介阶段,一些论文则基于理论模型和日本、欧元区等国家和地区的数据考察负利率政策可能带来的影响。相对来说,美国的量化宽松政策和货币政策正常化进程由于外溢效应很大，引起国内学者的广泛关注，这些研究呈现"以我为主"的特点，重点考虑美国货币政策对我国的影响及相应的政策应对。

负利率研究方面，周莉萍（2017）详细梳理了各国负利率政策的实施背景和政策逻辑，并着重分析了负利率政策可能带来的经济后果；在另一篇文章中，其还认为负利率政策利好高杠杆的企业、高负债的消费者群体，而对轻资产、低收入主体的负面冲击较大，这与我国当前的经济发展要求不符（周莉萍，2019b）。国内对负利率的实证研究较少，主要有两个方向：其一是分析负利率对其他宏观经济变量的影响，以此评估负利率政策的实施效果，结论并不乐观（马理等，2018；陆超等，2019）；其二是运用商业银行层面的面板数据考察负利率政策对银行体系的影响，尤其是，负利率会通过影响净息差压缩银行利润空间，迫使银行转变经营方式（熊启跃、王书朦，2020；陆超等，2020）。孙国峰、何晓贝（2017）则构建了一个DSGE模型，模拟结果支持面临长期停滞问题国家在应对通缩性衰退时运用负利率工具，因为存款利率的零下限会侵蚀银行的盈利空间，进而抑制信贷供给，削弱货币政策边际传导效果。但总的来说，国内学者对负利率的讨论并不深入，这和我国当前的宏观政策环境有关，而且已有研究对负利率政策的评价也以悲观居多。

由于美国金融市场在全球金融中的中心地位，近年来国内对美国货币政策溢出效应的研究比较充分，形成了一批扎实的实证和理论成果，一些文章还立足于中国现实，探讨了国内一些摩擦因素在美国货币政策向我国传导中所起的作用。李少昆（2017）认为美联储货币政策变动会通过引发资本跨国流动，进而导致发展中国家外汇储备被动增减，从而影响其经济稳定。张靖佳等（2017）估计了欧洲量化宽松政策的汇率网状溢出效应，并考察其对中国企业出口行为的影响，实现了结合宏观与微观层面分析国外货币政策的溢出效应。许多学者在分析美国货币政策周期带来的具有共性的宏观效应之外，还充分考虑了国内经济的结构性问题，刻画了国内摩擦因素对冲击的放大机制。谭小芬等（2019）发现美国影子利率对新兴市场国家非金融企业杠杆率有负向作用，对于外部融资依赖程度较高、有较高财务融资约束及资本账户开放程度较高国家的企业，影响更加显著。郝大鹏等（2020）构建包含国际投资者、外资企业和银行流动性冲击的DSGE模型来探究美联储货币政策变动和政策不确定性对我国宏观经济的影响和作用机制，数值模拟发现美联储加息会降低我国产出、给经济带来更大的波动性，并且金融摩擦程度的增加和银行杠杆率的上升会加剧这一负面影响。根据对不同应对策略的福利比较，他们认为适当限制国际资本流动是应对美联储加息的良策。梅冬洲、温兴春（2020）剖析了土地财政对外部冲击特别是美联储加息冲击的放大机制，他们认为，当外部冲击造成国内流动性紧缩从而导致房价下跌时，地方政府倾向于收紧土地供应以提升地价，保证其为基建投资进行抵押融资的能力，但后果是更高的房价抑制了居民需求、更高的地方政府和重工业投融资挤出了其他投资，经济陷入"稳增长"与"调结构"的两难困境；

而实行资本管制或人民币贬值虽然可以缓和这种不利状况,但与我国金融开放进程背道而驰,因此从根本上要斩断地方政府对土地财政的依赖。吴立元等(2021)通过模拟一个小国开放DSGE模型,刻画了美联储加息引发资本外流和贬值压力,并通过金融加速器机制形成恶性循环的理论机制,据此重申我国保留一定程度的资本账户管制的必要性。总体来说,应对外部冲击既需要货币当局采取果断的宏观对冲措施,也要求政府部门持续推进供给侧结构性改革,增强中国经济抵御外部冲击的韧性。

近年来美联储频繁在量化宽松和加息之间切换,有学者在实证研究中采取更为灵活的方法捕捉了美国不同政策工具和政策取向对我国影响的时变性和非对称性。金春雨、张龙(2017)采用SV-TVP-VAR模型,分别从宏观经济、私人经济和金融市场三个角度分析了美联储货币政策对中国经济的动态影响,结果发现,随着金融改革的推进,美国货币政策对金融市场的影响逐步加强,而宏观经济与私人经济则更具韧性;同时,随着人民币汇率灵活性上升,美联储货币政策对中国经济的影响渠道从利差—流动性传导转向汇率—经常账户传导。他们还提出,中国央行应压缩汇率波动空间来应对美联储的紧缩政策,而在面对非常规量化宽松政策时,应适当调减货币篮子中美元的权重。姜富伟等(2019)利用事件研究法分析发现,美联储降息对我国资产价格影响较大,加息时则影响较小,而且,不管是预期到的还是未预期到的美国货币政策调整,都能显著影响我国资产价格。范爱军、卞学宇(2018)通过扩展NOEM模型模拟发现,相对于美国基准利率的波动,美国货币当局通胀目标的调整会持续性地影响汇率进而给中国经济带来更剧烈的冲击。马理、文程浩(2021)构建了一个两国DSGE模型来分析美国加息和减税对中国经济的影响,结果发现加息主要通过汇率波动和资本外逃对中国产生不利影响,而减税则能够拉动中国出口、降低物价。并且,一单位负向税率冲击影响的量级低于一单位正向利率冲击,这有助于我们对美国宏观政策的冲击进行综合评估。

根据经典开放宏观经济学理论,一国无法同时在资本自由流动和固定汇率制下保证货币政策的独立性,这被称为国际金融领域的"三元悖论"。但近年来有学者认为在资本自由流动下,即便是浮动汇率国家(美国除外)也很难保持货币政策完全独立性,这被称为"全球金融周期",而美国货币政策冲击正是引起这一问题的重要原因(Rey,2016)。张礼卿、钟茜(2020)从理论角度刻画了"全球金融周期",他们在一个两国DSGE模型中对美国货币政策冲击进行模拟,结果认为美国政策利率变动时,各国的最佳选择是跟随变化以稳定汇率,如果想要保持货币政策的独立性,那就必须实施适度的资本管制。张勇等(2021)却认为"二元悖论"是外围国家隐性干预汇率同时又存在风险加速器机制作用时的结果,这一理论从根本上不能跳出"三元悖论"的理论框架,不会成为外围国家真实的货币政策约束。谭小芬、虞梦微(2021)从全球42个主要的股票市场指数中提取了全球股票市场因子,用以测度全球金融周期,基于对全球金融周期下资本流动效应的分析,他们同样支持保留适度的资本管制,并维持人民币汇率的弹性。陈创练等（2021）基于高维时变参数向量自回归模型（HD-TVP-VAR）和广义方差分解法构建了国际金融周期溢出指数，并用于识别全球货币政策规则的时变特征，并提出中国要完善货币政策应对国内外金融周期冲击的调控规则，在应对全球金融周期冲击时要适当运用顺周期政策。

风物长宜放眼量，解决全球问题，需要推进全球治理，为推动世界经济走出衰退深渊、走上复苏增长的轨道，习近平总书记于2018年11月30日在二十国集团领导人第十三次峰会第一阶段会议上呼吁各国"坚持伙伴精神，加强宏观政策协调"。近年来，国内学者对宏观政策国际协调的关注度也在上升，孙国峰等（2017）采用博弈论分析，认为国际金融危机以后，中国应当积极参与全局最优的货币政策国际协调。张智富等（2020）则强调具有金融关联的国家间需进行宏观审慎政策协调。

七　数字货币

近年来，一些私人数字货币的兴起引发了人们对货币体系的思考。私人数字货币基于区块链等技术，可以实现去中心化和匿名结算等传统货币很难实现的特性。借鉴私人数字货币的技术成果，许多国家央行纷纷布局本国的央行数字货币（Central Bank Digital Currency，CBDC）战略，中国人民银行从2014年开始着手研究央行数字货币，并于2017年启动了数字人民币项目，此后进行了试点工作。伴随着政策当局对数字货币的重视，相关的研究也在增多。李建军、朱烨辰（2017）系统梳理了数字货币的理论与实践进展，从概念上区分了电子货币、虚拟货币和数字货币，并提出宽口径和窄口径的数字货币范围。程炼（2020）认为从主流的货币理论看，数字货币存在的逻辑可以得到解释，私人数字货币虽然具有去中心化和"公众见证"特征，但因为一些固有的缺陷却很难颠覆现存货币体系，不过他呼吁主流经济学要包容相关讨论，重视数字货币折射出的各种冲突，在交流中理解未来趋势。

除了技术和本质层面的探讨之外，许多学者关注数字货币对货币政策和宏观经济的影响。一些文献基于数字货币付息的路线考察其对货币政策传导的作用，如姚前（2019）在DSGE模型中引入了CBDC，将其设定为比银行存款更便于结算且支付利息的资产，模拟表明：数字货币技术的改进将对经济产生正面影响，并且央行可以通过调节数字货币利率实施货币政策，但是他没有检验负利率状况下央行数字货币利率的传导效果。当前我国央行数字货币正处于试点阶段，只是取代现金M0，并不支付利息，因此前述影响暂时还不存在，一些研究更加重视数字货币技术本身带来的直接影响。在谢星等（2020）建立的DSGE模型中，数字货币的功能就只限于便利交易和降低信息不对称，他们的模拟结果显示：数字货币虽然能够降低交易摩擦，减少家庭部门实际货币余额持有量，但对宏观经济影响不显著，而数字货币的信息处理优势使得货币政策传导效率提高。黄国平等（2021）提出即便中国的CBDC在运营上采取双层架构,但在技术上仍然为非金融部门进入央行资产负债表提供了可能,提升了货币政策的直接影响力,央行数字货币也使一些如直升机撒钱等非常规货币政策手段具备了可操作性。刘东民、宋爽（2020）从数字货币影响金融基础设施的角度,探讨了数字货币可能带来跨境支付网络乃至国际货币体系的变革,并对中国如何应对提出了具体的策略。关于数字货币的讨论基本上是近几年才兴起的,背后的核心驱动力当然是技术实践的发展。我们可以看到,短短几年时间,我国的数字货币研究从以孤立的技术和本质探讨为主,发展到现在将数字货币嵌入支付清算、货币政策和社会文化等体系中进行研究,考察其带来或将要带来的深刻变革,成果丰富。但正如前面一些文献指出的,主流经济学文献对数字货币仍缺乏想象力,也不把数字货币当作严肃课题进行研究,对此学者应有所反思。

参考文献

卞志村、赵亮、丁慧,2019,《货币政策调控框架转型、财政乘数非线性变动与新时代财政工具选择》,《经济研究》第 9 期。

陈创练、姚树洁、郑挺国、欧璟华,2017,《利率市场化、汇率改制与国际资本流动的关系研究》,《经济研究》第 4 期。

陈创练、戴明晓,2018,《货币政策、杠杆周期与房地产市场价格波动》,《经济研究》第 9 期。

陈创练、龙晓旋、姚树洁,2018,《货币政策、汇率波动与通货膨胀的时变成因分析》,《世界经济》第 4 期。

陈创练、王浩楠、郑挺国,2021,《国际金融周期共振传染与全球货币政策规则识别》,《中国工业经济》第 11 期。

陈彦斌、刘哲希、陈伟泽,2018,《经济增速放缓下的资产泡沫研究——基于含有高债务特征的动态一般均衡模型》,《经济研究》第 10 期。

陈彦斌、陈伟泽,2021,《潜在增速缺口与宏观政策目标重构——兼以中国实践评西方主流宏观理论的缺陷》,《经济研究》第 3 期。

陈国进、丁赛杰、赵向琴、蒋晓宇,2021,《中国绿色金融政策、融资成本与企业绿色转型——基于央行担保品政策视角》,《金融研究》第 12 期。

陈胜蓝、马慧,2018,《贷款可获得性与公司商业信用——中国利率市场化改革的准自然实验证据》,《管理世界》第 11 期。

陈中飞、王曦、王伟,2017,《利率市场化、汇率自由化和资本账户开放的顺序》,《世界经济》第 6 期。

程炼，2020，《数字货币：从经济到社会》，《社会科学战线》第 6 期。

戴严科、林曙，2017，《利率波动、融资约束与存货投资——来自中国制造业企业的证据》，《金融研究》第 4 期。

邓向荣、张嘉明，2018，《货币政策、银行风险承担与银行流动性创造》，《世界经济》第 4 期。

董兵兵、徐慧伦、谭小芬，2021，《货币政策能够兼顾稳增长与防风险吗？——基于动态随机一般均衡模型的分析》，《金融研究》第 4 期。

杜立、钱雪松，2021，《影子银行、信贷传导与货币政策有效性——基于上市公司委托贷款微观视角的经验证据》，《中国工业经济》第 8 期。

范从来、高洁超，2018，《银行资本监管与货币政策的最优配合：基于异质性金融冲击视角》，《管理世界》第 1 期。

范爱军、卞学宇，2018，《美元定价约束下通货膨胀目标冲击的国际传导与福利效应》，《世界经济》第 2 期。

方意、王晏如、黄丽灵、和文佳，2019，《宏观审慎与货币政策双支柱框架研究——基于系统性风险视角》，《金融研究》第 12 期。

高洁超、范从来、杨冬莞，2017，《企业动产融资与宏观审慎调控的配合效应》，《金融研究》第 6 期。

郭豫媚、周璇，2018，《央行沟通、适应性学习和货币政策有效性》，《经济研究》第 4 期。

郭豫媚、戴赜、彭俞超，2018，《中国货币政策利率传导效率研究：2008—2017》，《金融研究》第 12 期。

郭晔、程玉伟、黄振，2018，《货币政策、同业业务与银行流动性创造》，《金融研究》第 5 期。

郭晔、房芳，2021，《新型货币政策担保品框架的绿色效应》，《金融研究》第 1 期。

管涛，2018，《货币供应与汇率：中国"货币超发"必然导致人民币贬值吗？》，《金融研究》第 12 期。

郝大鹏、王博、李力，2020，《美联储政策变化、国际资本流动与宏观经济波动》，《金融研究》第 7 期。

华玉飞、逯进、杜通，2021，《货币政策对固定资产投资价格的影响：超调理论视角》，《世界经济》第 1 期。

何启志、姚梦雨，2017，《中国通胀预期测度及时变系数的菲利普斯曲线》，《管理世界》第 5 期。

何平、刘泽豪、方志玮，2018，《影子银行、流动性与社会融资规模》，《经济学（季刊）》第

1 期。

侯成琪、罗青天、吴桐,2018,《PPI 和 CPI:持续背离与货币政策的选择》,《世界经济》第 7 期。

侯成琪、黄彤彤,2020a,《流动性、银行间市场摩擦与借贷便利类货币政策工具》,《金融研究》第 9 期。

侯成琪、黄彤彤,2020b,《影子银行、监管套利和宏观审慎政策》,《经济研究》第 7 期。

黄昌利、黄志刚,2018,《开放经济下中国的货币需求函数——基于 ARDL 边限检验法的证据》,《经济学(季刊)》第 1 期。

黄继承、姚驰、姜伊晴、牟天琦,2020,《"双支柱"调控的微观稳定效应研究》,《金融研究》第 7 期。

黄国平、丁一、李婉溶,2021,《数字人民币的发展态势、影响冲击及政策建议》,《财经问题研究》第 6 期。

黄益平、曹裕静、陶坤玉、余昌华,2019,《货币政策与宏观审慎政策共同支持宏观经济稳定》,《金融研究》第 12 期。

黄振、郭晔,2021,《央行担保品框架、债券信用利差与企业融资成本》,《经济研究》第 1 期。

洪智武、牛霖琳,2020,《中国通货膨胀预期及其影响因素分析——基于混频无套利 Nelson-Siegel 利率期限结构扩展模型》,《金融研究》第 12 期。

纪敏、李宏瑾,2018,《影子银行、资管业务与货币调控方式转型——基于银行表外理财数据的实证分析》,《金融研究》第 12 期。

贾盾、孙溪、郭瑞,2019,《货币政策公告、政策不确定性及股票市场的预公告溢价效应——来自中国市场的证据》,《金融研究》第 7 期。

蒋海、张小林、陈创练,2018,《利率市场化进程中商业银行的资本缓冲行为》,《中国工业经济》第 11 期。

蒋海、张小林、唐绅峰、陈创练,2021,《货币政策、流动性与银行风险承担》,《经济研究》第 8 期。

姜富伟、郭鹏、郭豫媚,2019,《美联储货币政策对我国资产价格的影响》,《金融研究》第 5 期。

姜富伟、胡逸驰、黄楠,2021,《央行货币政策报告文本信息、宏观经济与股票市场》,《金融研究》第 6 期。

江春、司登奎、李小林,2018,《基于拓展泰勒规则汇率模型的人民币汇率动态决定:理论分析与经验研究》,《金融研究》第 2 期。

金春雨、张龙，2017，《美联储货币政策对中国经济的冲击》，《中国工业经济》第 1 期。

金春雨、张龙、贾鹏飞，2018，《货币政策规则、政策空间与政策效果》，《经济研究》第 7 期。

李斌、吴恒宇，2019，《对货币政策和宏观审慎政策双支柱调控框架内在逻辑的思考》，《金融研究》第 12 期。

李宏瑾、苏乃芳，2017，《金融创新、金融脱媒与信用货币创造》，《财经问题研究》第 10 期。

李宏瑾、苏乃芳，2020，《数量规则还是利率规则？——我国转型时期量价混合型货币规则的理论基础》，《金融研究》第 10 期。

李拉亚，2020，《双支柱调控框架的新目标制研究》，《管理世界》第 10 期。

李力、温来成、唐遥、张偲，2020，《货币政策与宏观审慎政策双支柱调控下的地方政府债务风险治理》，《经济研究》第 11 期。

李天宇、张屹山、张鹤，2017，《我国宏观审慎政策规则确立与传导路径研究——基于内生银行破产机制的 BGG-DSGE 模型》，《管理世界》第 10 期。

李俊生、姚东旻、李浩阳，2020，《财政的货币效应——新市场财政学框架下的财政—央行"双主体"货币调控机制》，《管理世界》第 6 期。

李戎、刘力菲，2021，《制度优势、货币政策协调与财政拉动效应》，《中国工业经济》第 10 期。

李少昆，2017，《美国货币政策是全球发展中经济体外汇储备影响因素吗？》，《金融研究》第 10 期。

李扬，2021，《货币政策和财政政策协调配合：一个研究提纲》，《金融评论》第 2 期。

李建军、朱烨辰，2017，《数字货币理论与实践研究进展》，《经济学动态》第 10 期。

林东杰、崔小勇、龚六堂，2019，《货币政策、消费品和投资品通货膨胀——基于金融加速器视角》，《金融研究》第 3 期。

林建浩、陈良源、田磊，2021，《货币政策不确定性是中国股票市场的定价因子吗？》，《经济学（季刊）》第 4 期。

刘冲、庞元晨、刘莉亚，2022，《结构性货币政策、金融监管与利率传导效率——来自中国债券市场的证据》，《经济研究》第 1 期。

刘海明、李明明，2020，《货币政策对微观企业的经济效应再检验——基于贷款期限结构视角的研究》，《经济研究》第 2 期。

刘凤良、章潇萌、于泽，2017，《高投资、结构失衡与价格指数二元分化》，《金融研究》第 2 期。

刘明康、黄嘉、陆军，2018，《银行利率决定与内部资金转移定价——来自中国利率市场化改革的经验》,《经济研究》第 6 期。

刘东民、宋爽,2020,《数字货币、跨境支付与国际货币体系变革》,《金融论坛》第 11 期。

陆军、黄嘉,2021,《利率市场化改革与货币政策银行利率传导》,《金融研究》第 4 期。

陆超、孙雅静、杜佳,2019,《欧洲负利率政策实施效果评估及展望——基于合成控制法的研究》,《当代财经》第 1 期。

陆超、王欣康、乔靖媛、张斯毓,2020,《负利率政策会影响商业银行的盈利能力吗?——来自欧元区银行业的证据》,《中央财经大学学报》第 12 期。

卢新生、孙欣欣,2017,《中央银行政策沟通的市场效应:基于人民币汇率的实证研究》,《金融研究》第 1 期。

芦东、周梓楠、周行,2019,《开放经济下的"双支柱"调控稳定效应研究》,《金融研究》第 12 期。

罗煜、张祎、朱文宇,2020,《基于银行流动性管理视角的宏观审慎与货币政策协调研究》,《金融研究》第 10 期。

马理、李书灏、文程浩,2018,《负利率真的有效吗?——基于欧洲央行与欧元区国家的实证检验》,《国际金融研究》第 3 期。

马理、文程浩,2021,《美国利率调整和税率调整的影响与我国应对措施研究》,《经济研究》第 1 期。

马骏、何晓贝,2019,《货币政策与宏观审慎政策的协调》,《金融研究》第 12 期。

马勇、张靖岚、陈雨露,2017,《金融周期与货币政策》,《金融研究》第 3 期。

马勇、谭艺浓,2019,《金融状态变化与货币政策反应》,《世界经济》第 3 期。

马勇、付莉,2020,《"双支柱"调控、政策协调搭配与宏观稳定效应》,《金融研究》第 8 期。

马勇、吕琳,2021,《"双支柱"政策、政府债务与财政政策效果》,《经济研究》第 11 期。

马勇、姚驰,2021,《双支柱下的货币政策与宏观审慎政策效应——基于银行风险承担的视角》,《管理世界》第 6 期。

梅冬州、温兴春,2020,《外部冲击、土地财政与宏观政策困境》,《经济研究》第 5 期。

莫万贵、袁佳、魏磊、高海燕,2019,《中国结构性通缩中的周期性与结构性问题》,《金融研究》第 3 期。

牛慕鸿、张黎娜、张翔,2017,《利率走廊、利率稳定性和调控成本》,《金融研究》第 7 期。

欧阳志刚、薛龙,2017,《新常态下多种货币政策工具对特征企业的定向调节效应》,《管理世界》第 2 期。

潘彬、金雯雯,2017,《货币政策对民间借贷利率的作用机制与实施效果》,《经济研究》第 8 期。

潘彬、王去非、金雯雯，2017，《时变视角下非正规借贷利率的货币政策反应研究》，《金融研究》第 10 期。

彭洋、张龙、吴莉昀，2019，《时变概率的区制转换泰勒规则设计及其"稳定器"作用机制研究》，《金融研究》第 7 期。

尚玉皇、赵芮、董青马，2021，《混频数据信息下的时变货币政策传导行为研究——基于混频 TVP-FAVAR 模型》，《金融研究》第 1 期。

单强、吕进中、王伟斌、黄宁，2020，《中国化泰勒规则的构建与规则利率的估算——基于考虑金融周期信息的潜在产出与自然利率的再估算》，《金融研究》第 9 期。

邵新建、王兴春、肖立晟、覃家琦，2020，《基础货币投放渠道变迁、资金来源竞争与银行理财产品的崛起》，《中国工业经济》第 7 期。

沈永建、徐巍、蒋德权，2018，《信贷管制、隐性契约与贷款利率变相市场化——现象与解释》，《金融研究》第 7 期。

盛天翔、王宇伟、范从来，2017，《利率工具、银行决策行为与信贷期限结构》，《中国工业经济》第 12 期。

史本叶、王晓娟、冯叶，2020，《流动性管理视角下中国货币政策工具有效性研究》，《世界经济》第 9 期。

石峰、王忏、龚六堂，2018，《汇率传递异质性、中间品贸易与中国货币政策》，《世界经济》第 7 期。

苏乃芳、李宏瑾，2021，《利率双轨制下的中国自然利率估算》，《财贸经济》第 12 期。

苏治、刘程程、位雪丽，2019，《经济不确定性是否会弱化中国货币政策有效性》，《世界经济》第 10 期。

隋建利、刘碧莹，2020，《未预期货币政策非中性的混频识别：行动与语言的信息效应》，《世界经济》第 11 期。

孙国峰、何晓贝，2017，《存款利率零下限与负利率传导机制》，《经济研究》第 12 期。

孙国峰、尹航、柴航，2017，《全局最优视角下的货币政策国际协调》，《金融研究》第 3 期。

谭德凯、何枫，2019，《自律机制对 Shibor 报价的影响研究》，《金融研究》第 6 期。

谭小芬、李源、苟琴，2019，《美国货币政策推升了新兴市场国家非金融企业杠杆率吗？》，《金融研究》第 8 期。

谭小芬、虞梦微，2021，《全球金融周期与跨境资本流动》，《金融研究》第 10 期。

谭语嫣、纪洋、黄益平，2017，《利率市场化改革对经济效率的影响》，《世界经济》第 4 期。

田国强、李双建，2020，《经济政策不确定性与银行流动性创造：来自中国的经验证据》，《经济研究》第 11 期。

童中文、范从来、朱辰、张炜，2017，《金融审慎监管与货币政策的协同效应——考虑金融系统性风险防范》，《金融研究》第 3 期。

王博、梁洪、张晓玫，2019，《利率市场化、货币政策冲击与线上线下民间借贷》，《中国工业经济》第 6 期。

王晋斌、李博，2017，《中国货币政策对商业银行风险承担行为的影响研究》，《世界经济》第 1 期。

王少平、杨洋，2017，《中国经济增长的长期趋势与经济新常态的数量描述》，《经济研究》第 6 期。

王曦、朱立挺、王凯立，2017a，《我国货币政策是否关注资产价格？——基于马尔科夫区制转换 BEKK 多元 GARCH 模型》，《金融研究》第 11 期。

王曦、汪玲、彭玉磊、宋晓飞，2017b，《中国货币政策规则的比较分析——基于 DSGE 模型的三规则视角》，《经济研究》第 9 期。

王曦、李丽玲、王茜，2017c，《定向降准政策的有效性：基于消费与投资刺激效应的评估》，《中国工业经济》第 11 期。

王曦、陈中飞，2018，《发达国家长期停滞现象的成因解析》，《世界经济》第 1 期。

王曦、金钊，2021，《同业市场摩擦、银行异质性与货币政策传导》，《经济研究》第 10 期。

王信、贾彦东，2019，《货币政策和宏观审慎政策的关联及启示——基于英格兰银行的经验》，《金融研究》第 12 期。

王宇伟、盛天翔、周耿，2018，《宏观政策、金融资源配置与企业部门高杠杆率》，《金融研究》第 1 期。

王宇伟、周耿、吴曈、范从来，2019，《央行的言辞沟通、实际行动与企业投资行为》，《中国工业经济》第 5 期。

王永钦、吴娴，2019，《中国创新型货币政策如何发挥作用：抵押品渠道》，《经济研究》第 12 期。

汪勇、马新彬、周俊仰，2018，《货币政策与异质性企业杠杆率——基于纵向产业结构的视角》，《金融研究》第 5 期。

汪莉，2017，《隐性存保、"顺周期"杠杆与银行风险承担》，《经济研究》第 10 期。

汪莉、陈诗一，2019，《利率政策、影子银行与我国商业银行风险研究》，《经济学（季刊）》第 1 期。

吴立元、赵扶扬、王忏、龚六堂，2021，《美国货币政策溢出效应、中国资产价格波动与资本账户管理》，《金融研究》第 7 期。

伍戈、李斌，2016，《货币数量、利率调控与政策转型》，中国金融出版社。

项后军、闫玉，2017，《理财产品发展、利率市场化与银行风险承担问题研究》，《金融研究》第10期。

项后军、郜栋玺、陈昕朋，2018，《基于"渠道识别"的货币政策银行风险承担渠道问题研究》，《管理世界》第8期。

谢星、张勇、封思贤，2020，《法定数字货币的宏观经济效应研究》，《财贸经济》第10期。

熊启跃、王书朦，2020，《负利率对银行净息差影响机制研究——基于欧洲主要上市银行的经验证据》，《金融研究》第1期。

徐忠、贾彦东，2019a，《自然利率与中国宏观政策选择》，《经济研究》第6期。

徐忠、贾彦东，2019b，《中国潜在产出的综合测算及其政策含义》，《金融研究》第3期。

徐臻阳、鄢萍、吴化斌，2019，《价格指数背离、金融摩擦与"去杠杆"》，《经济学（季刊）》第4期。

鄢萍、吴化斌、徐臻阳，2021，《金融抑制、国企改革与财政货币政策协调》，《经济学（季刊）》第6期。

闫先东、高文博，2017，《中央银行信息披露与通货膨胀预期管理——我国央行信息披露指数的构建与实证检验》，《金融研究》第8期。

杨继生、向镜洁，2020，《货币传导异质性与实体经济流动性配置的"马太效应"》，《金融研究》第11期。

杨筝、刘放、李茫茫，2017，《利率市场化、非效率投资与资本配置——基于中国人民银行取消贷款利率上下限的自然实验》，《金融研究》第5期。

杨筝、王红建、戴静、许传华，2019，《放松利率管制、利润率均等化与实体企业"脱实向虚"》，《金融研究》第6期。

姚前，2019，《法定数字货币的经济效应分析：理论与实证》，《国际金融研究》第1期。

易纲，2021，《中国的利率体系与利率市场化改革》，《金融研究》第9期。

殷兴山、易振华、项燕彪，2020，《总量型和结构型货币政策工具的选择与搭配——基于结构性去杠杆视角下的分析》，《金融研究》第6期。

袁越、胡文杰，2017，《紧缩性货币政策能否抑制股市泡沫？》，《经济研究》第10期。

战明华、李欢，2018，《金融市场化进程是否改变了中国货币政策不同传导渠道的相对效应》，《金融研究》第5期

战明华、张成瑞、沈娟，2018，《互联网金融发展与货币政策的银行信贷渠道传导》，《经济研究》第4期。

战明华、李帅、刘恩慧、许月丽，2019，《利率市场化改革是否弱化了货币政策传导的"伯南克之谜"》，《世界经济》第4期。

战明华、李帅、姚耀军、吴周恒，2021，《投资潮涌、双重金融摩擦与货币政策传导——转型时期货币政策的结构调控功能探究》，《金融研究》第 3 期。

张斌、熊婉婷，2019，《经济结构转型与"双支柱"调控框架》，《金融研究》第 12 期。

张成思、党超，2017，《基于双预期的前瞻性货币政策反应机制》，《金融研究》第 9 期。

张成思、田涵晖，2020a，《通货膨胀结构性分化与货币政策反应机制》，《世界经济》第 9 期。

张成思、田涵晖，2020b，《结构性通货膨胀与通货膨胀预期形成机制》，《经济研究》第 12 期。

张成思、孙宇辰、阮睿，2021，《宏观经济感知、货币政策与微观企业投融资行为》，《经济研究》第 10 期。

张靖佳、孙浦阳、古芳，2017，《欧洲量化宽松政策对中国企业出口影响——一个汇率网状溢出效应视角》，《金融研究》第 9 期。

张劲帆、汤莹玮、刚健华、樊林立，2019，《中国利率市场的价格发现——对国债现货、期货以及利率互换市场的研究》，《金融研究》第 1 期。

张礼卿、钟茜，2020，《全球金融周期、美国货币政策与"三元悖论"》，《金融研究》第 2 期。

张龙、金春雨，2018，《数量型和价格型货币政策工具的有效性对比研究》，《中国工业经济》第 1 期。

张伟华、毛新述、刘凯璇，2018，《利率市场化改革降低了上市公司债务融资成本吗？》，《金融研究》第 10 期。

张晓晶、刘磊，2019，《现代货币理论及其批评——兼论主流与非主流经济学的融合与发展》，《经济学动态》第 7 期。

张勇、赵军柱、姜伟，2021，《二元悖论是否是真实的货币政策约束》，《世界经济》第 4 期。

张智富、郭云喜、张朝洋，2020，《宏观审慎政策协调能否抑制国际性银行危机传染？——基于跨境金融关联视角的实证研究》，《金融研究》第 7 期。

郑挺国、赵丽娟、宋涛，2018，《房地产价格失调与时变货币政策立场识别》，《金融研究》第 9 期。

郑振龙、黄珊珊、史若燃，2019，《通胀预期：金融市场隐含信息的视角》，《经济学（季刊）》第 1 期。

郑曼妮、黎文靖、柳建华，2018，《利率市场化与过度负债企业降杠杆：资本结构动态调整视角》，《世界经济》第 8 期。

周彬蕊、刘锡良、张琳，2017，《货币政策冲击、金融市场化改革与企业风险承担》，《世界经济》第 10 期。

周莉萍，2017，《全球负利率政策：操作逻辑与实际影响》，《经济学动态》第 6 期。

周莉萍，2019a，《国内财政国库库款与货币政策：一个分析框架》，《金融评论》第4期。

周莉萍，2019b，《发达国家负利率政策影响及应对》，《中国金融》第22期。

周光友、张逸佳，2018，《持币动机、电子货币替代与货币供给》，《金融研究》第11期。

朱小能、周磊，2018，《未预期货币政策与股票市场——基于媒体数据的实证研究》，《金融研究》第1期。

朱军、李建强、张淑翠，2018，《财政整顿、"双支柱"政策与最优政策选择》，《中国工业经济》第8期。

祝梓翔、高然、邓翔，2020，《内生不确定性、货币政策与中国经济波动》，《中国工业经济》第2期。

庄子罐、贾红静、刘鼎铭，2020，《居民风险偏好与中国货币政策的宏观经济效应——基于DSGE模型的数量分析》，《金融研究》第9期。

庄毓敏、张祎，2021，《流动性覆盖率监管会影响货币政策传导效率吗？——来自中国银行业的证据》，《金融研究》第11期。

Agarwal, Sumit., Yongheng Deng, Quanlin Gu, Jia He, Wenlan Qian and Yuan Ren, 2022, "Mortgage Debt, Hand-to-Mouth Households, and Monetary Policy Transmission," *Review of Finance*, Vol. 26, No.3.

Bernanke, Ben and Mark Gertler, 2001, "Should Central Banks Respond to Movements in Asset Prices?" *American Economic Review*, Vol. 91, No.2.

Chen, Kaiji., Jue Ren and Tao Zha, 2018, "The Nexus of Monetary Policy and Shadow Banking in China," *American Economic Review*, Vol. 108, No.12.

Hachem, Kinda and Zheng Song, 2021, "Liquidity Rules and Credit Booms," *Journal of Political Economy*, Vol. 129, No.10.

Liu, Ding., Weihong Sun and Long Chang, 2021, "Monetary-Fiscal Policy Regime and Macroeconomic Dynamics in China," *Economic Modelling*, Vol. 95.

Ouyang, Alice Y., and Shen Guo, 2019, "Macro-prudential Policies, the Global Financial Cycle and the Real Exchange Rate," *Journal of International Money and Finance*, Vol. 96.

Rey, Hélène, 2016, "International Channels of Transmission of Monetary Policy and the Mundellian Trilemma," *IMF Economic Review*, Vol. 64, No.1.

Sun, Guofeng and Daniel M. Rees, 2021, "The Natural Interest Rate in China," *BIS Working Papers*, No. 949.

Wei, Shang-Jin and Yinxi Xie, 2020, "Monetary Policy in an Era of Global Supply Chains," *Journal of International Economics*, Vol. 124.

宏观金融

曹 婧[*]

长期以来，主流宏观经济学理论框架忽视了金融因素的重要作用，金融体系对宏观经济的实际影响被低估。2008年国际金融危机之后，宏观经济理论及其分析范式受到前所未有的冲击，经济学家们开始重新审视金融体系和实体经济之间的关系，尝试在"金融—实体经济"内生性框架下重建宏观经济学理论。关于主流宏观经济学的不足，Blanchard和Summers（2017）归纳出两大问题有待解决：一是如何在主流模型中充分反映金融的中心作用；二是如何准确刻画波动的性质，金融危机的基本特征是非线性和正反馈，与小规模冲击的巨大影响相关。为此，主流学界不断探索和创新宏观金融理论框架，从金融摩擦的内生性、金融加速器（或信贷周期）的作用机制、杠杆的作用、部门间资产负债表的关联、金融危机的非线性影响等方面强调金融的中心作用（Gertler & Gilchrist，2018），并关注到小规模冲击对经济多重均衡的影响（Boissay et al.，2016），以及金融危机的非线性和正反馈特征（Basu & Bundick，2017）。

宏观金融政策实践方面更加关注金融因素对宏观经济增长和经济金融稳定的影响，金融经济周期、宏观金融关联等方面的研究是实践宏观分析新范式的重要进展（张晓晶、刘磊，2020）。金融活动繁荣与衰退交替运行不简单是实体经济周期的直接反映，金融周期的任何微小变化都可能通过金融体系的放大对宏观经济产生巨大冲击，因此掌握金融周期规律对宏观经济政策的制定和实施具有重要意义。宏观金融关联分析关注金融部门和宏观经济增长与稳定之间的关联，特别是二者之间可能的非线性关系和更为复杂的内生性关联机制，以及金融部门如何传播和放大冲击。在以间接融资为主的金融结构下，我国经济运行面临宏观杠杆率高企和资产价格泡沫的金融脆弱性风险，探讨宏观经济与金融之间的关联和传播效应有助于处理好稳增长与防风险的动态平衡。本文以金融经济周期理论和宏观金融关联分析为主线，梳理2017年以来宏观金融领域的学术成果，重点关注金融经济周期联动、金融杠杆、金融结构、资产泡沫和金融稳定与宏观经济关联等问题的权威研究成果。

---

[*] 曹婧，中国社会科学院金融研究所，助理研究员。

一　金融经济周期理论

从主流宏观经济学的发展脉络来看，20世纪80年代之后，占据新古典宏观经济学主导地位的实际经济周期理论利用外生实际因素冲击解释经济周期波动根源，将金融因素排除在建模考虑之外（Kydland & Prescott，1982）。此后随着现代金融体系的建立和发展，一些学者尝试将金融因素纳入宏观分析，信贷周期理论（Kiyotaki & Moore，1997）和金融加速器理论（Bernanke et al.，1996）催生了金融经济周期理论的萌芽和发展。2008年国际金融危机爆发印证了金融冲击对实体经济波动的放大效应，金融经济周期理论成为拟合现代金融体系下宏观经济周期性波动的新范式。

（一）金融周期的内涵和测度

在概念界定上，早期文献对于金融周期的定义大多囿于理解层面，Borio（2014）提出金融周期主要是指价值认知和风险认知之间、风险偏好和融资约束之间自我加强的交互作用，进而演变成金融的繁荣与萧条；这些交互作用会放大经济波动，从而导致严重的金融困境和经济失调。由于上述定义相对抽象且难以测算，部分学者开始提出更易量化并应用于实证研究的定义。例如，邓创等（2019）将金融周期定义为金融经济活动在内外部冲击下，通过金融体系传导形成的与宏观经济长期均衡水平密切相关的持续性波动和周期性变化，是对包含数量和价格在内的各类金融变量在不同经济波动阶段上变动态势的综合反映。

对于如何刻画金融周期，学者们通常采取两类处理方式。一是运用一定的技术方法（如转折点法、滤波分析法、主成分分析法、加权组合法等），选取多个具有代表性的金融变量，构建综合性的金融指数来度量金融周期。由于不同国家在经济金融体制、指标数据上存在较大差异，国内外对用于构建金融周期的指标尚未达成共识，但其中都包括非金融部门信贷和房地产价格两项指标。信贷作为联结储蓄和投资的重要变量，可用于测度金融市场的波动；房地产价格作为最常见的抵押品价格，通常被当作代表资产价格与识别价值风险的指标。例如，朱太辉、黄海晶（2018）选择广义信贷、广义信贷/GDP以及房地产价格作为金融周期的构建指标，并对转折点法和滤波分析法的参数设置进行优化调整，从而提高测量结果的合理性和真实性。范小云等（2017）发现中国股票价格与信贷、房地产等构建金融周期的主要指标协同性较差，不适宜纳入合成金融周期的综合变量，利用主成分分析法对多因素降维，并选取累计贡献率达到80%以上的第一主成分作为多个单变量合成后的综合指标。马勇等（2017）对金融周期的构成因子进行了扩展，将房价、股价、银行利差、金融杠杆率、长期风险溢价、货币供应量、社会融资规模和资本流动八个金融变量加权合成为金融周期指数，分别以各金融变量的波动性倒数占所有金融变量波动性倒数之和的比例、各金融变量与产出水平的相关系数作为权重。这类方法虽然综合全面，但由于不同金融变量的驱动因子和形成机制存在差异，合成的金融周期指数如同一个黑箱，让人很难把握和探究众多金融变量变动背后的机理。

二是利用代表性金融指标来衡量金融周期，该方法虽然较为单一，但能够较为清晰地揭示和理解金融周期的微观生成机制。方意、陈敏（2019）构建纳入经济波动冲击的银行风险承担模型，分析发现在经济扩张波动下，伴随着市场波动率的下降，银行事前风险承担不断累积；而在经济收缩波动下，伴随着市场波动率的上升，银行事后风险承担不断释放。在此基础上，用银行风险承担的周期性变化来衡量和考察金融周期，为金融周期的测度提供了微观基础。

（二）金融周期与经济周期的联动关系

随着金融周期理论与实证研究进展的加快，许多学者开始意识到探究金融周期与经济周期之间的复杂关联动态，把握好金融周期对经济周期的预测作用以及二者之间的交互影响，对深入理解宏观经济与金融体系的运行规律、正确制定兼顾宏观经济与金融体系双重稳定的调控政策极为重要。

金融体系的波动态势包含大量与经济周期未来波动相关的信息，对产出等宏观经济变量具有较好的预测能力。范小云等（2017）通过GMM回归实证检验发现，中国的金融周期对经济周期具有显著的正向影响，且该影响作用具有两年左右的前置性，表明中国金融系统的变化对实体经济的波动具有领先性的推动放大作用。邓创、徐曼（2018）基于双区制马尔科夫区制转移模型等方法对金融周期与经济周期波动特征的分析表明，整体来看金融形势的波动领先于经济波动。

对于金融周期与经济周期的交互影响，现有理论研究和实证分析普遍指出，金融因素是宏观经济波动的重要来源，作用于金融经济活动的内外部冲击主要通过抵押约束机制、金融加速器机制和银行中介机制传导至宏观经济。邓创、徐曼（2018）基于广义预测误差方差分解的溢出指数方法考察中国金融周期与经济周期之间的交互影响和定向影响，认为金融自由化和全球化进程的加快使得金融体系与宏观经济之间的传导渠道更为复杂，国际金融市场的动荡与金融危机的爆发、经济与金融对外开放程度的变化以及金融市场的发展与金融工具的创新等均会显著影响中国金融波动与经济波动之间的交互影响作用；中国经济波动对金融波动的影响一直平稳维持在较低水平，宏观经济与金融体系之间的交互作用主要表现为金融波动对经济波动的单向影响，经济的金融化特征显著。

反之，经济扩张和收缩波动通过作用于银行风险承担，从而形成金融周期的上行和下行阶段（方意、陈敏，2019）。在经济扩张阶段，伴随着市场的低波动率，出现银行风险承担的同向扩张和系统性风险的不断累积；在经济收缩阶段，市场处于高波动率状态，出现银行风险承担的同向收缩和系统性风险的不断释放，从而形成银行风险承担的周期性波动（即金融周期）。

（三）金融周期的跨国溢出效应

随着全球金融一体化程度的加深，国家间金融状况的联动性不断上升，造成不同国家的金融变量，如跨境资本流动、资产价格、信贷以及金融机构杠杆率等存在协同变动模式，各国金融周期的溢出效应及全球金融市场的共振现象也愈发显著，产生了所谓的全球金融周期。发达经济体金融状况的协同性高于新兴市场经济体，源于全球金融周期本质上是金融状况从美国等发达经济体传导到外围国家的过程。近年来全球金融周期共振传染现象愈发明显，美国是全球最大的金融周期净溢出国，其次是西班牙、意大利、日本；中国、俄罗斯、荷兰则是主要吸收国（陈创练等，2021）。

就驱动因素而言，全球金融周期主要受美国货币政策和全球风险偏好的驱动，两者的变化通过跨境资本流动、金融机构杠杆率、信贷和资产价格进行传导。美国货币政策通过资本流动传导到外围国金融市场，使外围国信贷利率、银行风险承担以及杠杆率与美国银行趋同，形成全球金融周期（张礼卿、钟茜，2020）。美国的金融状况可以通过风险承担渠道、汇率的金融渠道以及风险溢价渠道传导到全球，主要是由于美元在国际贸易计价和结算、国际证券发行、外汇交易和国际储备中得到广泛使用，并在国际货币体系中占据主导地位。2008年国际金融危机前，跨境银行在全球金融周期传导中发挥了主导作用；危机后，资产管理公司等非银行业金融机构对全球金融周期的影响逐渐上升（谭小芬、虞梦微，2021a）。

从溢出效应来看，全球金融周期既会放大一国资本流动和金融周期的波动，也可能放大一国经济周期的波动幅度，从而造成经济的不稳定。不同国家受到全球金融周期的影响具有显著的异质性，良好的宏观经济基本面（经济增速和利率处于相对较高水平）能够缓解全球金融周期对资本流入的影响，而资本账户开放程度或金融发展程度的提高则会强化全球金融周期的影响（谭小芬、虞梦微，2021b）。全球金融周期的波动对中国经济具有显著的溢出效应，全球房价和宏观杠杆对中国经济有正向溢出效应，但全球利率和总资本流动对中国经济波动具有负向溢出效应（陈晓莉、刘晓宇，2019）。这种溢出效应存在明显时滞，对中国经济影响最迅速的是全球总资本流动周期（滞后两个季度），其次是全球利率周期（滞后三个季度），最后是全球房价和宏观杠杆周期（滞后四个季度）。

在政策应对方面，如果一个国家的金融状况受全球金融状况的影响过大，会严重削弱本国货币政策的独立性，使得本国只能被动跟随中心国家的货币政策进行调整。全球金融周期将"三元悖论"转变为"二元悖论"，即无论一国采用何种汇率制度，不同国家间的金融状况都呈现较强的相关性，即使是采用浮动汇率制的国家也仍受到全球金融周期的影响（Rey，2015）。自Rey（2015）提出"二元悖论"后，学术界开始大量探讨在全球金融周期背景下，汇率制度在隔绝外部冲击中的作用。Han和Wei（2018）提出"2.5元悖论"，即浮动汇率制对于隔绝中心国家货币政策的影响存在非对称性，在中心国家加息时，浮动汇率制可保证本国的货币政策仍具独立性；但在中心国家降息时，浮动汇率制并不能隔绝外部金融冲击。张礼卿、钟茜（2020）通过反事实模拟发现，在资本自由流动情况下，为应对美国货币政策溢出所引起的国内金融周期与经济周期的背离，无论在何种汇率制度下，外围国都不得不让本国的政策利率与美国政策利率保持同向变化，因而"三元悖论"不成立。随着全球经济一体化进程加速，估值效应抑制了浮动汇率制度下外围国货币政策的独立性，金融市场越不发达的外围国受美国货币政策的净影响越大。

在应对国内金融周期波动上，全球中央银行倾向于采取主动治理策略，从长期熨平国内金融风险；对于国际金融周期冲击则采取防御性策略，即通过注入流动性的方式提高经济行为主体抵御外部风险冲击的能力，力求短期内消除外部冲击对国内金融系统的影响。这种政策取向在开放程度较高的经济体中表现更为明显，但开放程度较低的经济体并未对国际金融周期冲击做出显著反应。从全球开放程度较高经济体看，美国次贷危机后期货币政策盯住经济增长目标的强度明显增强，而盯住国际金融周期冲击的政策取向在美国次贷危机期间迅速从逆周期调控切换为顺周期调控，表现出显著的适时调整特征（陈创练等，2021）。

二 金融杠杆与宏观经济

自2015年底中央经济工作会议提出"三去一降一补"任务以来，去杠杆一直是中国经济工作的重要任务。由于2008年国际金融危机之后快速的去杠杆过程极易引发周期性的"繁荣—崩溃"现象，使得金融杠杆对一国经济增长的影响及其作用机制成为近年来宏观金融研究的一个重要内容。关于杠杆率对经济增长影响的研究尚存争论，金融深化理论阐释了信贷发展和外债融资对一国经济发展的促进作用，而债务—通缩理论和金融不稳定理论则聚焦于债务积累可能引发金融危机和经济衰退。近期文献针对上述理论分歧提供了新的经验证据，发现杠杆率对于经济增长的影响是非线性的。马勇、陈雨露（2017）基于68个国家1981—2012年的动态面板数据，采用系统GMM方法实证检验金融杠杆、杠杆波动和经济增长之间的关系，发现金融杠杆和经济增长之间存在显著的倒"U"型关系，即随着金融杠杆水平的提高，经济增速会先升高后降低；金融杠杆波动和经济增长之间存在显著的负相关关系，表明金融杠杆波动性的加大会对经济增长产生明显的负面效应，从而削弱经济增长。刘晓光等（2018）基于179个国家1960—2015年跨国面板数据的实证分析发现，杠杆率变化对经济增长和衰退具有非线性影响，杠杆率总体上降低了经济增长率并提高了发生经济衰退的概率，且该影响随着经济增长率的提高而减弱，高储蓄率和全要素生产率增长显著降低了杠杆率提升对经济增长和波动的不利影响。异质性分析表明，经济发展阶段、债务类型和金融结构变迁会使金融杠杆与宏观经济之间的关联呈现差异性。在较低收入阶段，公共部门债务特别是政府债务对增长的不利作用较小；但在高收入阶段，以政府和国企体现的公共部门杠杆率对增长和效率的负面作用明显增强（张晓晶等，2019）。潘敏、袁歌骋（2018）基于97个国家1980—2015年非平衡面板数据的实证分析结果显示，金融去杠杆会抑制经济增长并加大经济波动，以资本市场为代表的直接金融的发展会弱化金融去杠杆对经济增长的负向效应和对经济波动的放大效应，而以金融中介为代表的间接金融的发展不会对金融去杠杆与宏观经济之间的关联产生影响。

去杠杆进程中既要避免过快压缩信贷和投资可能引发的债务——通缩风险，也要避免杠杆率上升过快而引发债务流动性风险和资产泡沫。2018年4月2日中央财经委员会第一次会议首次提出了"结构性去杠杆"的新思路，指出"要以结构性去杠杆为基本思路，分部门、分债务类型提出不同要求，地方政府和企业特别是国有企业要尽快把杠杆降下来，努力实现宏观杠杆率稳定和逐步下降"。结构性去杠杆过程中各部门杠杆率将有升有降，降低企业和地方政府杠杆率的同时，中央政府或居民部门很可能成为加杠杆的主体。当前宏观金融体系的基本特征是宏观经济部门之间通过资产负债关系相互连接形成宏观金融网络，大量文献从部门间资产和负债关联的角度分析杠杆率变动对宏观经济和金融稳定的影响。

（一）居民杠杆率与宏观经济

近年来，中国家庭部门债务杠杆率持续攀升的现象逐渐引发学者们对家庭债务扩张宏观效应的关注，但在研究结论方面尚未达成共识。部分研究认为适度提高居民部门杠杆率有利于刺激总需求进而刺激经济增长。周俊仰等（2018）基于DSGE模型模拟研究发现加杠杆行为由企业部门转至居民部门能够最大化经济系统的社会总福利，并认为中国居民部门尚存在较大加杠杆空间。另一部分研究则认为家庭部门加杠杆不但起不到刺激居民消费的作用，反而会抑制消费增加，加重经济下行压力。刘哲希、李子昂（2018）指出居民部门加杠杆会抑制居民消费支出的增长，居民部门加杠杆与企业部门去杠杆同步推进会导致产出以更大幅度下滑、资产泡沫风险上升，因此结构性去杠杆进程中居民部门不应加杠杆。孟宪春、张屹山（2021）通过构建家庭对住房具有低风险厌恶偏好特征且多部门同时存在金融摩擦的DSGE模型，发现在房地产价格渠道的传导下，家庭债务扩张挤出居民消费、企业信贷供给和生产投资，引起宏观经济波动。受信贷市场顺周期性的影响，居民部门贷款价值比越高，家庭债务和宏观经济之间的联动幅度越大。

（二）企业杠杆率与宏观经济

受信息和交易成本、税收负担和预算软约束激励机制等因素影响，我国企业杠杆率存在明显的结构差异，主要是大型企业、地区市场化程度低的企业以及国有企业等预算软约束部门杠杆率高（纪敏等，2017）。国有企业需要承担社会性和战略性政策负担进而影响自身效益，政府需对其融资提供显性或隐性担保才能保证企业的正常运营，从而引起预算软约束问题。预算软约束扭曲了企业真实融资溢价,破坏了信贷市场的价格运行机制,导致信贷资源过度流向低效率的国有企业,在金融市场顺周期性的推动下,信贷规模快速膨胀并超出产出增长速度,从而推升宏观杠杆率,而资源的低效配置又进一步阻碍了全要素生产率的提升。党的十九大报告首次明确中国特色社会主义已经进入新时代,经济发展模式正由高速增长向高质量发展转型,而成功实现转型要求必须守住不发生系统性风险的底线和提高全要素生产率。因此如何破除预算软约束以促进资源有效配置、降低宏观杠杆率并提升全要素生产率成为研究重点。中国人民银行营业管理部课题组(2017)阐释了预算软约束会抵消金融加速器作用,扭曲企业融资溢价与杠杆率之间的数量关系,造成资源错配并引发产能过剩、库存攀升、杠杆过高等一系列经济问题。孟宪春等(2020)基于抵押约束机制构建了包含异质性企业的 DSGE 模型,发现预算软约束下的抵押约束机制会在异质性企业间产生非对称"金融加速器"效应,造成信贷资源和生产要素错配、宏观杠杆率高企和全要素生产率下降,但预算软约束企业吸纳了经济体闲散劳动力,降低就业波动。

(三)地方政府杠杆率与宏观经济

地方政府债务问题已经成为威胁中国金融稳定和经济增长的重要因素,习近平总书记在第五次全国金融工作会议中指出,"各级地方党委和政府要树立正确政绩观,严控地方政府债务增量,终身问责,倒查责任"[1]。地方政府债务累积极易引发系统性金融风险,并对经济增长造成长期的负面影响。

从举债方式来看,在 2015 年新《预算法》正式赋予地方政府举债权之前,地方政府债务主要来自商业银行贷款、平台债和影子银行,地方政府债务进入金融部门的资产负债表不仅导致金融风险与地方政府债务风险之间高度关联,还会产生信贷资源错配效应。在地方政府债务风险与金融风险的关联方面,毛锐等(2018)关注政府债务风险向金融风险的单向传导,构建了一个地方政府债务作用于商业银行流动性约束和私人信贷投资的 DSGE 模型,发现地方政府投资冲动驱使地方政府债务规模呈现顺周期特征,商业银行对地方政府债务的大量认购使债务风险转化为金融风险。在中央隐性担保率不断下降的情况下,金融风险的累积性质扭曲了信贷配给效率,并使得居民和金融部门持有地方政府债务的风险不断叠加,在达到临界值时触发系统性金融风险。熊琛、金昊(2018)基于地方政府债务风险与金融风险相互传导的风险"双螺旋"结构的特征事实,构建了一个金融部门持有具有违约风险的地方政府债券并受到杠杆约束的 DSGE 模型,发现地方政府债务违约风险提高了金融风险并向实体经济部门传导,而金融部门风险通过直接的资产负债表渠道和间接的一般均衡效应渠道向地方政府债务风险传导,延长债务期限的政策会通过金融风险渠道放大地方政府债务违约风险的经

---

[1] Https://www.court.gov.cn/zixun-xiangqing-52672.html.

济衰退效应。金融部门风险的变化可能影响信贷资源在企业之间的配置决策，在我国国有—民营二元经济模式下，地方政府债务扩张可能影响信贷资源在国有企业与民营企业间的分配。熊琛、金昊（2021）构建了包含国有和民营企业、金融部门以及地方政府的新凯恩斯 DSGE 模型来量化分析地方政府债务累积对信贷配置和宏观经济的影响，研究表明地方政府债务增加使得金融部门资产负债表状况恶化，挤出企业信贷资源并加强信贷的国企偏好，进而导致全要素生产率下降。

从偿债方式来看，我国地方政府高度依赖土地出让收入进行偿债，房价与地方政府偿债能力高度相关。近年来我国在坚持"房住不炒"定位基础上，采取多种方式持续加强对房地产市场的管控，严控房价上涨。房价下降对地方政府偿债能力形成较大负面冲击，触发地方政府债务违约风险，使得地方政府债务风险与土地和房地产市场风险紧密相连。梅冬州等（2021）构建了一个包含地方政府土地财政和借贷行为的多部门 DSGE 模型，将房价变动与地方政府的偿债能力联系起来。研究表明，由于地方政府依赖土地出让和土地抵押贷款筹集收入，房价管控导致的地价下降会带来地方政府收入的下降，直接影响地方政府的偿债能力。如果地方政府债务不出现违约，则房价管控带来的地价下降会降低地方政府从金融部门获得的抵押融资额，使非基建部门的融资成本下降，非基建部门投资和产出上升。如果调控房价带来的地价下降导致地方政府出现债务违约，金融部门资产受损，使金融中介减少贷款和提高贷款成本，带来整个社会的信贷紧缩，经济中各个部门的产出大幅下降。赵扶扬等（2021）构建了一个包含宏观调控、地方政府、土地市场和地方政府债务的 DSGE 模型，研究发现地方政府行为转变是金融危机影响我国宏观经济的重要渠道，外部冲击导致以招商引资为基础的土地财政模式难以持续，地方政府逐步转向以基建投资为依托的土地金融模式，其代价是房价高企和地方政府债务快速攀升。增加建设用地指标、放松地方政府举债约束和刺激房地产市场等宏观调控政策，在稳定经济增长的同时放大了地方政府行为对宏观经济的影响。

从债务治理来看，为化解地方政府债务的存量风险，财政部自 2015 年起对地方政府存量债务进行置换，把原来地方政府短期、高息债务（包括银行贷款、城投债、信托融资等）置换成中长期、低成本的地方政府债券，一些文献探讨了存量债务置换对地方政府短期债务风险和经济长期增长的影响。武彦民、竹志奇（2017）从利率负向冲击和财政规则变化两个方面分析了地方政府存量债务置换对宏观经济产生的影响，一方面，利率冲击在短期内大幅提高产出并降低政府负债水平，长期内导致产出微量衰退和政府债务负担加重；另一方面，财政规则对负债反应的延迟会降低财政扩张政策在期初的刺激效果，同时加剧经济的周期性波动。周期性波动的增强既使财政扩张对产出增长刺激的持续性增强，也使负债率的波动性增强，导致债务风险上升。梁琪、郝毅（2019）通过构造一个包含影子银行、土地财政等因素的五部门 DSGE 模型，研究地方政府存量债务置换对宏观经济风险的缓释效果，发现通过债务置换延长债务期限结构虽然可以缓解债务累积，且对宏观经济风险具有一定缓释作用，但会降低财政政策的有效性，使得短期内波动增加，中长期内产出下降。

三　金融结构与宏观经济

党的十九大报告指出，加快完善社会主义市场经济体制，需要深化金融体制改革，增强金融服务实体经济能力，提高直接融资比重，促进多层次资本市场健康发展。金融体系结构调整优化成为当前中国金融改革的重中之重，近期文献主要基于金融的产业组织结构、地理（或空间）结构、网络结构等视角，研究金融结构对经济增长和金融稳定的影响。

（一）基于"金融—产业结构"匹配度的视角

金融结构与经济发展之间关系的研究由来已久，但一直未有定论，争论的核心问题是银行主导型和市场主导型的金融结构在动员储蓄、分散风险和配置资金等方面是否存在比较优势。早期研究仅从金融体系单方面进行考察，忽略了不同发展阶段的产业特性及其对融资需求存在结构性差异，导致关于最优金融结构存在理论分歧。在此背景下，以林毅夫等学者为代表的新结构金融学（又称最优金融结构理论）应运而生。新结构金融学从金融结构与经济发展阶段以及产业结构相互匹配的角度对最优金融结构进行探讨，认为金融结构只有与特定发展阶段的要素禀赋结构及其内生决定的产业结构相适应时，才能够促进经济增长（林毅夫等，2009；龚强等，2014）。当产业结构以低风险产业为主时，银行主导型的金融结构更有利于产业增长；而当产业结构以高风险产业为主时，市场主导型的金融结构则是更优选择（杨子荣、张鹏杨，2018）。在经济发展早期，产权、监管等制度发展尚不完善，金融结构以银行的间接融资为主；在经济发展后期，最优金融结构逐渐由以银行为主转向两种融资方式均衡发展或以金融市场的直接融资为主（毛盛志、张一林，2020）。

新结构金融学虽然从经济发展中产业结构变迁的角度对金融结构的内生性以及中国金融制度转型作出了一致性解释，却忽略了国企在产业升级中的作用，无法对转型后国企和国有金融机构的存在性给出解释。洪正等（2021）基于国企在产业跃升中的作用，构建了一个包含国有部门与信贷摩擦的 DSGE 模型，讨论国有银行与民营银行、银行与资本市场间的均衡结构，将金融转型（银行民营化）和金融结构选择内生于统一的分析框架。研究发现，由于发展中国家普遍存在的金融市场不完善使得民企很难在短期内克服信贷约束完成产业自然跃升，而国企则可以通过国有银行有效动员储蓄和分配资本来实现跨期预算约束，推动产业跃升进程实现赶超发展。但在现实中，国企过度跃升与延迟退出、跃升不确定性以及国有银行严重代理问题都可能会阻碍这一进程，减少后两个方面的不利影响内生了赶超中的金融结构，即为了克服国有银行体制缺陷，通过发展民营银行减少其代理成本，以及引入资本市场纪律硬化其跨期预算软约束，分别产生了与相应增长阶段匹配的均衡银行业所有制结构和银行与资本市场比例。

相比于经济增长，关于金融结构对经济波动影响的研究较少，且同样存在争议。为了克服现有二分法研究思路对增长和波动之间相互联系的割裂问题，刘晓光等（2019）在最优产业配置框架下综合分析金融结构对经济增长与波动的影响及其作用机制，利用 OECD 国家1970—2010 年面板数据构建最优配置模型实证检验发现，相比银行主导型金融结构，市场主导型金融结构能够更加有效地促进资源配置向最优配置状态收敛；外部资金依赖度高和中小成长型公司占比大的部门，在市场主导程度更高的金融系统中向最优配置状态的收敛速度更快；银行业集中度越低、股市发展越有效率和活力，市场主导型金融结构越能够加速推动经济向最优配置前沿收敛。

金融结构和宏观杠杆率之间的关系日益受到关注，存在线性论和非线性论两种观点。中国以间接融资为主的金融结构通常被认为是杠杆率高企的主要原因。这一观点的核心逻辑在于：企业通过股权融资所获得的资金作为权益资本进入企业资产负债表，有助于降低企业杠杆率；而通过银行信贷等债权融资获得的资金作为债务进入企业资产负债表，资金使用效率不高会导致企业杠杆率上升。谭小芬等（2019）基于 2000—2015 年 47 个国家和地区非金融上市企业的财务数据开展研究，发现金融结构市场化程度每上升 1 个百分点，则企业杠杆率下降 0.44 个百分点。考虑到直接融资占比过高可能会刺激更多的信贷资金"脱实向虚"，从而降低信贷资金配置效率并推高宏观杠杆率水平，直接融资占比与杠杆率之间可能并非简单的负相关关系。刘哲希等（2020）运用新古典增长模型分析间接融资占比与杠杆率之间的关系，并利用跨国数据进行实证检验发现，间接融资占比与杠杆率之间呈 U 型关系，信贷资金配置效率越高，U 型曲线的拐点值越高。

（二）基于金融地理结构的视角

金融地理结构是指金融资源在地理空间上的分布与供给，现有文献主要采用金融活动的地理密度、区位熵、空间基尼系数、行业集中度以及 E-G 指数等指标来衡量城市金融集聚度，或利用企业和银行分支机构地理位置信息测度企业周边一定半径内的银行分支机构数目。我国的辖区行政壁垒和商业银行的总分行制抑制了信贷资源的跨区域流动，近年来商业银行网点扩张进一步加剧了金融机构和信贷资源可得性在区域分布上的不均衡，因此一些文献从经济地理学视角为金融结构与实体经济的内在联系提供了新的理论解释和微观经验证据。银行分支机构扩张主要通过银行竞争和银企距离两个渠道作用于企业信贷资源可得性，进而影响企业投资决策和创新行为。一方面，银行竞争迫使银行提高经营效率和服务质量，降低银企间信息不对称程度，缓解企业创新活动的融资约束；另一方面，银企地理邻近降低了在贷款过程中产生的信息成本、交易成本和监督成本，从而降低企业融资成本，有助于企业开展创新活动。然而，蔡庆丰等（2020）研究发现信贷资源可得性越高反而抑制了企业的研发投入，这一抑制效应在国有企业和大型企业中更为明显，且主要来自国有大型银行。一种可能的解释是信贷资源会通过"过度负债"抑制企业的创新活动，导致企业进行"过度投资"并更多涉入房地产行业，即信贷资源可得性对企业创新活动的影响存在"资源诅咒"现象。

以企业技术创新和融资约束为中介变量，一些学者探讨了金融地理结构对企业生产率、企业出口国内附加值率和社会信用的影响。陶锋等（2017）讨论了金融机构与实体企业协同选址的微观机理及其对实体经济部门生产率增长的宏观影响，研究发现地方金融发展对当地企业的生产率增长具有促进作用，区域金融中心建设对所在城市及其周边邻近城市企业的生产率增长具有积极影响，降低融资成本和促进技术创新是金融地理结构影响企业生产率的传导渠道。盛斌、王浩（2022）指出银行分支机构扩张通过发挥创新促进效应影响企业出口国内附加值率，制度环境强化了银行分支机构扩张对企业出口国内附加值率的促进效果，而市场分割不利于银行分支机构扩张对企业出口国内附加值率的提升。戴美虹（2022）研究发现银行竞争能够降低企业成为失信被执行人的概率，企业融资约束的缓解是银行竞争增强企业信用的作用机制。

（三）基于宏观金融网络结构的视角

宏观金融体系的结构性特征是微观主体之间通过资产负债关系相互连接，大量金融资产及其对应的负债形成了一套金融资产负债表网络（刘磊、张晓晶，2020）。金融网络模型是讨论金融体系面对外生冲击时作用机制的重要理论，由于银行稳定是金融稳定的核心，最初的金融网络模型主要用于分析银行体系内部的关联。随着金融创新以及"发起—分销"模式的盛行，金融部门内部结构愈发复杂，现代金融系统呈现出复杂的网络特征（Acemoglu et al.，2015）。从宏观审慎管理角度看，金融机构"太关联而不能倒"的风险与"太大而不能倒"的风险同等重要。不少学者基于银行间网络结构特征（包括度分布、核心—外围结构、中心性、多层网络、无标度性等），从银行间风险敞口、流动性冲击、共同的风险暴露和信息传染等维度分析金融风险传染机制，并考察不同网络结构的动态演进过程以及最优网络结构（胡志浩、李晓花，2017；Aldasoro et al.，2017；Aldasoro and Alves，2018；Anderson et al.，2019；王宇等，2019）。

随着宏观经济与金融体系之间的联系日益加强，一些学者利用宏观金融网络的分析方法，从部门间资产和负债关联的角度分析宏观金融结构的稳定性。宏观金融网络的本质是基于资产负债表的跨部门网络模型，从金融部门内部的网络结构拓展到同时包括金融部门和实体经济部门的宏观网络。Castren 和 Kavonius（2009）最早将宏观金融网络模型应用到对欧元区的分析中，之后这一方法在国内逐渐发展完善，用于讨论由资产负债表构成的宏观金融网络中风险的传染及放大效应（宫晓琳、卞江，2010；刘磊等，2019；刘磊、张晓晶，2020）。与这一思路相似，殷剑峰（2018）构造了基于存款（其中主体部分是广义货币）和信用两类工具的宏观金融网络，分析资金存量的部门分布和交易关系，讨论在相互联系的多部门经济中的信用创造机制和金融扩张乘数。

四　资产泡沫与宏观经济

2008年国际金融危机之后，美国等发达国家将推动资产价格上涨作为提振经济增长的重要政策手段，以弥补常规政策空间的不足。在经济增长下行压力加大而常规"稳增长"手段捉襟见肘的背景下，中国是否也可以通过推动资产价格上涨来"稳增长"成了各界讨论的重要问题。陈彦斌、刘哲希（2017）通过在含有资产泡沫与融资约束的DSGE模型中引入市场预期的内生变化机制，弥补了以往研究只能将资产泡沫运动过程外生设定的缺陷，数值模拟结果表明中国不应该将推动资产价格上涨作为"稳增长"的宏观调控手段。一方面，推动资产价格上涨过程中，市场受乐观预期的驱动会显著增加资产的购买规模，并减少对实体经济的投资；融资约束收紧会进一步强化这一机制，导致更多资金"脱实向虚"。另一方面，由于资产价格上涨并未推动产出水平上升，市场对资产价格持续上涨的乐观预期不断减弱，转向悲观预期的倾向明显增强，资产泡沫破裂概率显著上升。

资产泡沫通常出现在经济稳定或者繁荣时期，但近几年中国却出现了经济增速持续放缓与资产泡沫风险不断加剧的衰退式资产泡沫新现象，这给宏观政策带来了严峻挑战，一些文献对资产泡沫的形成机制与应对政策进行了深入研究。陈彦斌等（2018）构建了含有资产泡沫与高债务特征的DSGE模型，刻画了高债务下负债主体为避免债务违约而进行的"借新还旧"行为。其研究发现，第一，衰退式资产泡沫的形成机制与传统资产泡沫存在显著差异，衰退式资产泡沫的形成不再依赖于乐观预期与信贷扩张两大要素，核心原因在于高债务下僵尸企业等负债主体过度依赖"借新还旧"的方式来滚动债务，所导致的实体经济低迷与金融体系活跃的分化格局。第二，虽然"双紧"的货币政策与宏观审慎政策组合能够有效抑制传统资产泡沫，但不适用于衰退式资产泡沫，"稳健偏宽松的货币政策+偏紧的宏观审慎政策"是更有效的政策组合。第三，治理衰退式资产泡沫时，不能只注重抑制金融体系的过度繁荣，推进实体经济去杠杆以降低负债主体对"借新还旧"的依赖是更为重要的一环。董丰、许志伟（2020）将金融系统风险与刚性兑付引入一个无穷期资产泡沫的DSGE模型中，发现对高风险金融资产的刚性兑付会导致流动性充裕的投资者过度投机而引起所谓的"刚性泡沫"，泡沫资产的需求和价格与刚性兑付力度呈正向关系。"刚性泡沫"在改善流动性短缺的同时，又会对实体经济造成挤出效应，因此政府对金融市场的救助行为面临取舍，且最优救助力度随金融系统风险的增大而降低。

（一）股市泡沫与宏观经济

长期以来，我国股市发展与实体经济存在一定程度的背离。苏冬蔚、毛建辉（2019）将生产性和非生产性资产泡沫同时纳入连续时间世代交叠模型，发现生产性和非生产性资产泡沫的比重影响实体经济，如果生产性资产泡沫的占比高，则资本市场投机活动可促进经济增长，而倘若非生产性资产泡沫的占比高，则资本市场投机活动则损害经济增长。经验证据表明，股市过度投机造成非上市企业，特别是中小企业的融资机会和生产能力下降，进而威胁实体经济的健康发展。王升泉、陈浪南（2019）引入驱动股价泡沫的情绪冲击，构建了情绪冲击通过资产价格渠道影响经济波动的 DSGE 模型。其研究表明，由于企业面临融资约束，正向情绪冲击带来股价泡沫的上升起到了放松信贷约束的作用，导致企业投资增加，进而触发一系列经济变量的顺周期波动，情绪冲击能够解释我国股票价格波动的 55.2% 以及顺周期性。

（二）房地产泡沫与宏观经济

中国经济经历了巨大的房地产繁荣，同时经济中也伴随着经济增长放缓和企业金融投资增加。Dong 等（2021）在无限期框架中引入两部门生产型经济，并在家户层面引入理性房地产泡沫，讨论房地产繁荣对于经济的动态挤入和挤出效应。研究发现，当经济不确定性变大时，由于金融市场欠发达，可以用来对冲风险的资产供给有限，所以家户为了避险，会增大对于房产的需求，并将之作为价值储藏的手段。因此，在经济放缓时，该投资性需求会进一步拉高房价，造成房地产繁荣，导致经济"脱实就虚"。Dong 等（2022）基于标准新凯恩斯 DSGE 模型对企业在实物和金融投资之间的动态投资组合选择进行建模，发现负向技术冲击会降低生产资本的相对回报，从而通过增加企业的住房需求导致房地产繁荣。房价上涨对实际投资产生两种相反的效应，一方面会因抵押品效应提高企业杠杆率，另一方面会因挤出效应而抑制企业的实物投资。对中国经济模型进行校准发现前者的影响远大于后者，表明房价呈现逆周期变动特征。

一些学者在研究房地产市场和房价问题的宏观经济模型中关注到预期和土地的作用。王频、侯成琪（2017）通过在一个包含耐心家庭和缺乏耐心家庭两类家庭、包含消费品部门和房地产部门的 DSGE 模型中引入住房交易成本和住房价格加成的预期冲击，发现预期冲击可以解释主要宏观经济变量 70% 左右的波动，而住房交易成本和住房价格加成的预期冲击在其中起到了决定性的作用。土地作为房地产部门不可或缺的生产要素，其在房价影响经济波动中发挥的作用也日益受到关注。以往研究讨论房价变动如何影响经济波动都假定土地或者不动产在居民和企业之间可自由交易，进而影响价格，却忽视了我国土地供给由地方政府垄断，以及地方政府依赖土地财政的事实。梅冬州等（2018）构建了一个包含地方政府土地财政行为和金融加速器效应的多部门 DSGE 模型，发现地方政府的土地出让行为联结了房价变动与地方政府收入，而地方政府在基础设施投资上的偏向和金融加速器效应放大了房价对投资和总量经济的影响，三者共同作用使得房地产部门成为中国经济波动的重要来源。

五 金融稳定与宏观经济

金融危机、罕见灾难和公共卫生事件频繁出现引发学术界对于金融稳定及其宏观经济效应的广泛关注与深刻反思，各类不确定性冲击特别是金融不稳定因素可通过金融体系放大并传导至宏观经济的观点已被充分证实。在国内金融市场化程度持续深化、全球经济不确定性冲击加剧以及发达经济体金融风险外溢的复杂背景下，金融稳定受到学术界及实务界越来越多的关注。相关文献通过构建金融监测指标体系对金融稳定进行历史走势分析和预判，并深入考察金融稳定与宏观经济的关联动态和交互影响机制，为科学制定宏观审慎调控政策、实现经济与金融协调稳定发展提供有益借鉴。

（一）金融稳定的内涵和测度

欧洲中央银行将金融稳定定义为金融机构、金融市场和金融基础设施在外部冲击下依然能够稳健运行，并正常发挥资源配置、风险管理、支付结算等功能。由于金融稳定的概念过于宽泛，多数学者从其反面——金融不稳定或金融危机的角度进行测度，常用指标是系统性风险。在以债务融资为主导的间接融资体系下，我国金融不稳定的主要表现是经济主体违约，包括银行违约、贷款者违约、政府违约、超发货币实质性违约等（张晓晶、刘磊，2017）。基于对金融稳定内涵的把握，国内外学者进一步开展金融稳定量化研究，相关方法主要包括宏观压力测试法、金融危机预警模型和金融稳定指数构建法等。相较于前两种方法，构建金融稳定指数不仅可以实现对金融稳定水平的动态监测，也为进一步分析金融稳定与经济金融变量之间的关系提供数据基础，因而被广泛使用。

关于金融稳定指数的构建，相关研究大多借鉴国际货币基金组织（IMF）的《金融稳健性指标编制指南》，选取能够代表金融体系各组成要素的基础指标进行指标赋权和指数合成。在选择代表性基础指标时，既不能简单以银行稳定代替金融稳定并直接围绕银行系统选取变量，也要避免加入过多的非必要变量。王劲松、任宇航（2021）选取来自政府债务风险、房地产泡沫风险、外部冲击风险、互联网金融风险、影子银行风险、不良资产风险、流动性风险、债券违约风险以及其他风险领域9个维度的15个基础指标，运用主成分分析法和线性加权综合模型，合成了能够充分反映后金融危机时期威胁我国金融稳定突出风险领域的金融稳定指数。其结果显示我国金融稳定形势自2009年以来整体恶化，在2020年第三季度疫情冲击减弱后恢复常态并保持平稳运行。邓创、谢敬轩（2021）从职能发挥能力和冲击抵御能力两个方面对中国金融稳定态势进行测度，并结合动态CRITIC赋权法合成具有时变权重的综合金融稳定指数开展研究，发现经济进入新常态以后，中国金融稳定已由大幅震荡转变为小幅波动态势，2020年新冠肺炎疫情未对中国金融稳定整体格局构成严重冲击。

随着资产负债核算方法逐渐成熟和宏观金融网络分析方法的兴起，一些学者从部门间资产和负债关联以及国民净财富的视角分析金融稳定性。经济主体流动性不足是近年来影响我国金融稳定的重要因素，表现为以流动性资产偿付流动性负债的能力减弱，单部门偿债能力弱化会通过金融网络影响其他部门，最终降低整个金融体系抵御威胁的能力，损害金融安全。张金清等（2021）提出基于部门流动性资产负债表的金融安全评估框架，借鉴Merton-KMV模型构建了金融安全指标，系统评估各部门的金融安全状况。测算结果显示，国有企业流动性净资产为负且流动性缺口不断增大，存在较高的债务风险；非国有企业的金融安全状况呈现周期为3—4年的波动，2019年末处于周期顶部；金融机构在2011年流动性监管政策出台后，金融安全指标企稳并保持高位；居民的流动性资产在2008年和2015年两次"股灾"中大幅缩水，金融安全指标跌入谷底；自2014年以来，政府隐性债务规模快速增长已成为影响政府金融安全的最大因素。作为资产负债表方法的一个最新研究分支，国民财富方法强调应以实物资产（净财富）作为国家资产负债表及金融稳定性分析的基石，国家净财富的绝对数额及其在各部门间的分配比例才是在处理和预警危机时最重要的"锚"，并提供了三个增强金融稳定性的途径，即危机预警、损失估算和政策反应（张晓晶、刘磊，2017）。

（二）金融稳定与宏观经济的内在关联

大量研究在定量测度金融稳定的基础上，构建GMM模型或TVP-VAR模型考察金融稳定性与经济增长率、通货膨胀率、金融周期、金融杠杆等变量之间的关系，认为金融稳定与主要宏观经济金融变量之间存在单向影响关系或呈非线性特征的交互影响关系（陈雨露等，2016；马勇等，2016；邓创等，2016）。但分析金融稳定风险与经济增长的关系时，需要考虑经济增长概率分布的不对称性，即金融稳定风险不仅表现为未来经济增长的均值，还体现在出现上行风险、下行风险和经济衰退的概率分布。普通的点估计只能考虑金融稳定对经济增长"期望"的影响，无法将经济增长概率分布纳入分析。IMF（2017）在《全球金融稳定报告》中提出的金融稳定风险衡量指标——在险经济增长率（GaR），对上述问题提供了一个有效的分析工具。不同于传统的点预测，GaR方法以一国金融条件和宏观金融脆弱性预测未来经济增长的整条概率分布曲线，从该概率分布曲线中，既能实现传统计量技术的点估计，也能了解分布的非线性特征。鉴于GaR从产出增长的风险角度衡量宏观金融的系统性风险，可以将宏观金融稳定风险纳入宏观经济学模型，张晓晶、刘磊（2020）尝试运用这一新范式，通过在险增长模型将金融风险与经济增长置于统一的分析框架中，从当期风险概率分布及跨期风险替代两个角度分析了金融风险对经济增长的影响，并利用大量基础指标合成的金融条件和宏观金融脆弱性指数反映中国宏观金融的周期性特征。在险增长经验结果显示，金融环境偏紧和宏观金融脆弱性上升都会对经济增长产生显著的负面影响；基于2008年国际金融危机的政策应对及始于2015年的供给侧结构性改革的分析表明，宽松（收紧）政策虽然促进（抑制）短期经济增长，但会抑制（促进）长期增长潜力；新型冠状病毒肺炎疫情的负面冲击效果主要体现在短期，长期影响较小。

2008年国际金融危机后，越来越多的学者意识到金融风险在部门内部和部门之间通过资产负债关联进行传染并使得最终损失被放大，有必要构建宏观金融网络模型来探讨宏观金融稳定性。宏观金融网络模型有两方面优势：一是从整体上描绘了国民经济体系之间的金融关系和部门间的风险暴露，二是刻画了各类冲击传染的可能路径和幅度，为宏观政策模拟提供有力的分析工具（Castrén & Rancan，2014）。宫晓琳、卞江（2010）率先建立了基于会计数据的中国国民经济部门间金融关联网络模型，量化分析资产负债表传染发生时各部门于各传染轮次中的损失量。这一方法提出后在国内被广泛应用，一些学者将宏观金融网络与未定权益分析方法（CCA）相结合，讨论不同部门间风险传染及其对宏观金融稳定的影响（宫晓琳，2012；苟文均等，2016；刘磊等，2019）。宏观金融网络早期研究的一个共同缺陷是对于资产负债表放大机制的假设过于简单，普遍将传染路径设定在部门间股权持有的关系上，忽略了居民和政府部门并不发行股票以及债务持有关系这一风险传播机制。为使分析更贴近于金融风险传染的经验事实，刘磊、张晓晶（2020）采用投入产出模型改进现有的宏观金融网络研究方法，建立一个同时具有股权持有关系和债务持有关系的传染渠道模型，并区分各部门在不同资产负债率条件下，冲击被内部消化和向外传染的比例。损失放大乘数结果显示，对外传染性最大的部门是企业和金融机构，总放大乘数分别为3.8和3.7；对外敏感性最大的部门是金融机构和居民，总放大乘数分别为3.8和2.7。张金清等（2021）基于部门流动性资产负债表估算发生偿付风险时造成的经济损失，发现1单位金融机构流动性资产的损失将造成3.49个单位全社会总资产的损失，经过3轮传染后损失放大乘数扩大至7.9。这一结果明显高于刘磊、张晓晶（2020）的估算，说明相比总资产与负债，各部门间流动性资产与负债的关联性更加紧密。

尽管既有文献对金融稳定与主要宏观经济金融变量之间的关系开展了大量研究，但鲜有文献基于金融周期与经济周期背离或趋同的视角，探讨其与金融稳定的相互作用机制。为了更直观地把握金融稳定对经济景气和金融形势的影响规律，邓创、谢敬轩（2021）从时变性及非对称性角度系统考察金融稳定与经济金融周期波动的交互影响，发现金融稳定状况好转或恶化对经济金融周期的影响具有非对称性，其稳定状况恶化对经济景气的负向影响明显强于稳定状况好转所带来的正向影响，对金融形势而言则相反；经济金融周期波动同样对金融稳定具有不容忽视的影响，特别是金融与经济周期背离会对金融稳定产生明显的负向冲击。

参考文献

蔡庆丰、陈熠辉、林焜，2020，《信贷资源可得性与企业创新：激励还是抑制？——基于银行网点数据和金融地理结构的微观证据》，《经济研究》第 10 期。

陈创练、王浩楠、郑挺国，2021，《国际金融周期共振传染与全球货币政策规则识别》，《中国工业经济》第 11 期。

陈晓莉、刘晓宇，2019，《全球金融周期波动对中国经济的溢出效应研究》，《国际金融研究》第 11 期。

陈彦斌、刘哲希、陈伟泽，2018，《经济增速放缓下的资产泡沫研究——基于含有高债务特征的动态一般均衡模型》，《经济研究》第 10 期。

陈彦斌、刘哲希，2017，《推动资产价格上涨能够"稳增长"吗？——基于含有市场预期内生变化的 DSGE 模型》，《经济研究》第 7 期。

陈雨露、马勇、阮卓阳，2016，《金融周期和金融波动如何影响经济增长与金融稳定？》，《金融研究》第 2 期。

戴美虹，2022，《金融地理结构、银行竞争与营商环境——来自银行分支机构数量和企业失信的经验证据》，《财贸经济》第 5 期。

邓创、王思怡、甘喆，2016，《中国金融稳定性的度量及其与主要宏观经济变量的关系》，《数量经济研究》第 1 期。

邓创、谢敬轩，2021，《中国的金融稳定及其与经济、金融周期波动的关联动态》，《国际金融研究》第 7 期。

邓创、徐曼、赵珂，2019，《金融周期理论与实证研究的新进展》，《国际金融研究》第 5 期。

邓创、徐曼，2018，《中国金融周期与经济周期的交互影响作用分析——基于动态溢出指数方法的实证研究》，《上海财经大学学报》第 6 期。

董丰、许志伟，2020，《刚性泡沫：基于金融风险与刚性兑付的动态一般均衡分析》，《经济研究》第 10 期。

范小云、袁梦怡、肖立晟，2017，《理解中国的金融周期：理论、测算与分析》，《国际金融研究》第 1 期。

方意、陈敏，2019，《经济波动、银行风险承担与中国金融周期》，《世界经济》第 2 期。

官晓琳、卞江，2010，《中国宏观金融中的国民经济部门间传染机制》，《经济研究》第 7 期。

官晓琳，2012，《未定权益分析方法与中国宏观金融风险的测度分析》，《经济研究》第 3 期。

龚强、张一林、林毅夫，2014，《产业结构、风险特性与最优金融结构》，《经济研究》第

4期。

苟文均、袁鹰、漆鑫，2016，《债务杠杆与系统性风险传染机制——基于CCA模型的分析》，《金融研究》第3期。

洪正、张琳、肖锐，2021，《产业跃升、金融结构与中国经济增长》，《管理世界》第8期。

胡志浩、李晓花，2017，《复杂金融网络中的风险传染与救助策略——基于中国金融无标度网络上的SIRS模型》，《财贸经济》第4期。

纪敏、严宝玉、李宏瑾，2017，《杠杆率结构、水平和金融稳定——理论分析框架和中国经验》，《金融研究》第2期。

梁琪、郝毅，2019，《地方政府债务置换与宏观经济风险缓释研究》，《经济研究》第4期。

林毅夫、孙希芳、姜烨，2009，《经济发展中的最优金融结构理论初探》，《经济研究》第8期。

刘磊、刘健、郭晓旭，2019，《金融风险与风险传染——基于CCA方法的宏观金融网络分析》，《金融监管研究》第9期。

刘磊、张晓晶，2020，《中国宏观金融网络与风险：基于国家资产负债表数据的分析》，《世界经济》第12期。

刘晓光、苟琴、姜天予，2019，《金融结构、经济波动与经济增长——基于最优产业配置框架的分析》，《管理世界》第5期。

刘晓光、刘元春、王健，2018，《杠杆率、经济增长与衰退》，《中国社会科学》第6期。

刘哲希、李子昂，2018，《结构性去杠杆进程中居民部门可以加杠杆吗》，《中国工业经济》第10期。

刘哲希、王兆瑞、刘玲君、陈彦斌，2020，《降低间接融资占比有助于去杠杆吗——金融结构与杠杆率关系的检验》，《财贸经济》第2期。

马勇、陈雨露，2017，《金融杠杆、杠杆波动与经济增长》，《经济研究》第6期。

马勇、田拓、阮卓阳、朱军军，2016，《金融杠杆、经济增长与金融稳定》，《金融研究》第6期。

马勇、张靖岚、陈雨露，2017，《金融周期与货币政策》，《金融研究》第3期。

毛锐、刘楠楠、刘蓉，2018，《地方政府债务扩张与系统性金融风险的触发机制》，《中国工业经济》第4期。

毛盛志、张一林，2020，《金融发展、产业升级与跨越中等收入陷阱——基于新结构经济学的视角》，《金融研究》第12期。

梅冬州、崔小勇、吴娱，2018，《房价变动、土地财政与中国经济波动》，《经济研究》第1期。

梅冬州、温兴春、王思卿，2021，《房价调控、地方政府债务与宏观经济波动》，《金融研究》第 1 期。

孟宪春、张屹山、张鹤、冯叶，2020，《预算软约束、宏观杠杆率与全要素生产率》，《管理世界》第 8 期。

孟宪春、张屹山，2021，《家庭债务、房地产价格渠道与中国经济波动》，《经济研究》第 5 期。

潘敏、袁歌骋，2018，《金融去杠杆对经济增长和经济波动的影响》，《财贸经济》第 6 期。

盛斌、王浩，2022，《银行分支机构扩张与企业出口国内附加值率——基于金融供给地理结构的视角》，《中国工业经济》第 2 期。

苏冬蔚、毛建辉，2019，《股市过度投机与中国实体经济：理论与实证》，《经济研究》第 10 期。

谭小芬、李源、王可心，2019，《金融结构与非金融企业"去杠杆"》，《中国工业经济》第 2 期。

谭小芬、虞梦微，2021a，《全球金融周期：驱动因素、传导机制与政策应对》，《国际经济评论》第 6 期。

谭小芬、虞梦微，2021b，《全球金融周期与跨境资本流动》，《金融研究》第 10 期。

陶锋、胡军、李诗田、韦锦祥，2017，《金融地理结构如何影响企业生产率？——兼论金融供给侧结构性改革》，《经济研究》第 9 期。

王劲松、任宇航，2021，《中国金融稳定指数构建、形势分析与预判》，《数量经济技术经济研究》第 2 期。

王频、侯成琪，2017，《预期冲击、房价波动与经济波动》，《经济研究》第 4 期。

王升泉、陈浪南，2019，《情绪冲击、资产泡沫与经济波动：基于贝叶斯 DSGE 的分析》，《统计研究》第 11 期。

王宇、肖欣荣、刘健、刘磊，2019，《金融网络结构与风险传染理论述评》，《金融监管研究》第 2 期。

武彦民、竹志奇，2017，《地方政府债务置换的宏观效应分析》，《财贸经济》第 3 期。

熊琛、金昊，2021，《地方政府债务的宏观经济效应——基于信贷错配视角的研究》，《经济学（季刊）》第 5 期。

熊琛、金昊，2018，《地方政府债务风险与金融部门风险的"双螺旋"结构——基于非线性 DSGE 模型的分析》，《中国工业经济》第 12 期。

杨子荣、张鹏杨，2018，《金融结构、产业结构与经济增长——基于新结构金融学视角的实证检验》，《经济学（季刊）》第 2 期。

殷剑峰，2018，《中国资金存量表的统计和分析》，《中国社会科学》第3期。

张金清、张剑宇、聂雨晴、孙大钊，2021，《中国金融安全评估：2000~2019年——基于部门流动性资产负债表的分析框架》，《管理世界》第6期。

张礼卿、钟茜，2020，《全球金融周期、美国货币政策与"三元悖论"》，《金融研究》第2期。

张晓晶、刘磊，2017，《国家资产负债表视角下的金融稳定》，《经济学动态》第8期。

张晓晶、刘磊，2020，《宏观分析新范式下的金融风险与经济增长——兼论新型冠状病毒肺炎疫情冲击与在险增长》，《经济研究》第6期。

张晓晶、刘学良、王佳，2019，《债务高企、风险集聚与体制变革——对发展型政府的反思与超越》，《经济研究》第6期。

赵扶扬、陈斌开、刘守英，2021，《宏观调控、地方政府与中国经济发展模式转型：土地供给的视角》，《经济研究》第7期。

中国人民银行营业管理部课题组、周学东、李宏瑾、李康、苏乃芳，2017，《预算软约束、融资溢价与杠杆率——供给侧结构性改革的微观机理与经济效应研究》，《经济研究》第10期。

周俊仰、汪勇、韩晓宇，2018，《去杠杆、转杠杆与货币政策传导——基于新凯恩斯动态一般均衡的研究》，《国际金融研究》第5期。

朱太辉、黄海晶，2018，《中国金融周期：指标、方法和实证》，《金融研究》第12期。

Acemoglu, D., A. Ozdaglar, and A. Tahbaz-Salehi, 2015, "Systemic Risk and Stability in Financial Networks," *American Economic Review*, Vol. 105, No. 2.

Aldasoro, I. and I. Alves, 2018, "Multiplex Interbank Networks and Systemic Importance: An Application to European Data," *Journal of Financial Stability*, Vol. 35.

Aldasoro, I., D. D. Gatti, and E. Faia, 2017, "Bank Networks: Contagion, Systemic Risk and Prudential Policy," *Journal of Economic Behavior & Organization*, Vol. 142.

Anderson, H., M. Paddrik, and J. J. Wang, 2019, "Bank Networks and Systemic Risk: Evidence from the National Banking Acts," *American Economic Review*, Vol. 109, No. 9.

Basu, S. and B. Bundick, 2017, "Uncertainty Shocks in a Model of Effective Demand," *Econometrica*, Vol. 85, No. 3.

Bernanke, B. S., M. Gertler and S. Gilchrist, 1996, "The Financial Accelerator and the Flight to Quality," *Review of Economics and Statistics*, Vol. 78, No. 1.

Blanchard, O. J. and L. H. Summers, 2017, "Rethinking Stabilization Policy: Evolution or Revolution?" *NBER Working Paper*, No. 24179.

Boissay, F., F. Collard, and F. Smets, 2016, "Booms and Banking Crises," *Journal of Political*

Economy, Vol. 124, No. 2.

Borio, C., 2014, "The Financial Cycle and Macroeconomics: What Have We Learnt?" *Journal of Banking & Finance*, Vol. 45.

Castren, O. and I. K. Kavonius, 2009, "Balance Sheet Interlinkages and Macro-Financial Risk Analysis in the Euro Area," *ECB Working Paper*, No. 1124.

Castrén, O. and M. Rancan, 2014, "Macro-Networks: An Application to Euro Area Financial Accounts," *Journal of Banking & Finance*, Vol. 46.

Dong, F., J. Liu, Z. Xu, and B. Zhao, 2021, "Flight to Housing in China," *Journal of Economic Dynamics and Control*, Vol. 130.

Dong, F., Y. Guo, Y. Peng, and Z. Xu, 2022, "Economic Slowdown and Housing Dynamics in China: A Tale of Two Investments by Firms," *Journal of Money, Credit and Banking*, Vol. 54, No. 6.

Gertler, M. and S. Gilchrist, 2018, "What Happened: Financial Factors in the Great Recession," *Journal of Economic Perspectives*, Vol. 32, No. 3.

Han, X. and S.-J. Wei, 2018, "International Transmissions of Monetary Shocks: Between a Trilemma and a Dilemma," *Journal of International Economics*, Vol. 110.

IMF, 2017, "Global Financial Stability Report: Getting the Policy Mix Right," April.

Kiyotaki, N. and J. Moore, 1997, "Credit Cycles," *Journal of Political Economy*, Vol. 105, No. 2.

Kydland, F. E. and E. C. Prescott, 1982, "Time to Build and Aggregate Fluctuations," *Econometrica*, Vol. 50, No. 6.

Rey, H., 2015, "Dilemma not Trilemma: The Global Financial Cycle and Monetary Policy Independence," *NBER Working Paper*, No. 21162.

微观银行学

张 珩[*]

伴随着中国宏观经济的高速增长与经济货币化程度的不断提高，中国银行业也在不断深化的金融体制改革中得以持续、快速发展。随着利率市场化进程的加快和金融科技的发展与应用，中国银行业正处于由高利润时代向合理利润或较低利润转变的关键期，其发展模式也从规模速度转为质量效益，这无疑对中国银行业的发展提出了新的要求。2017年以来，随着国际经济形势日益错综复杂，全球经济受贸易保护主义继续抬头、经济面临下行压力以及新冠肺炎疫情等众多因素的影响陷入衰退。面对复杂多变的新形势，中国金融发展也由此面临着百年未有之大变局，银行如何在"变局中开新局"成了当前的焦点。

为保持中国银行业稳中向好的发展态势，引导银行增强服务实体经济能力，推动信贷资源向制造业、小微等领域倾斜，防止房地产、地方政府融资等领域的资本无序扩张，党的十八大以来，习近平总书记专门就银行领域的稳增长和防风险问题发表了一系列重要论述。2019年，党中央提出推动金融供给侧结构性改革，这些为学界开展银行研究提供了重要指导思想。2022年，中国经济面临着"需求收缩、供给冲击、预期转弱"三重压力，如何统筹好国内国际两个大局，并兼顾好"稳增长"与"防风险"两大目标，以此为中国经济发展精准发力，既是实现中国银行业高质量发展的动力所在，也是更好地服务实体经济发展、牢牢守住不发生金融风险的底线的题中应有之义。鉴于此，本文按照"稳增长—防风险"的主线对2017年以来银行领域的研究成果进行了梳理。需要说明的是，国内学者近期针对银行问题进行了充分的讨论和分析，但鉴于研究数量较多，本文只是重点梳理一些能代表银行问题研究的成果。

一 关于银行稳增长问题的研究

关于银行稳增长这一问题，本文针对近年来的研究成果，主要从"银行自身发展"和"银行发展中产生的经济效应"两个视角进行了系统性梳理。

（一）关于银行自身发展的研究

目前，针对银行自身发展的研究，本文按照"传统银行发展—影子银行发展—银行普惠

---

[*] 张珩，中国社会科学院金融研究所，副研究员。

金融发展"的脉络进行了系统性梳理。

1. 传统银行发展

传统银行发展历来都是理论界研究的热点，其直接关系到金融供给侧结构性改革的效果。因此，2017年以来，许多学者围绕传统银行发展进行了充分的讨论和分析。由于效率高低决定了银行能否高质量发展，因此不少学者利用不同方法对不同类型的银行数据进行了深入讨论。例如，张珩等（2017b）关注到农信社作为中国银行业"鲜为人知"的宇宙第一大行，在银行发展体系中占据着不可忽视的地位。其研究系统性分析了农信社静态效率和动态生产率并发现，农信社在考察期内保持着静态效率提升与动态生产率增长态势，农信社效率的追赶效应较为明显，随着时间的推移，不同地区和不同产权形式农信社效率之间的差异在逐步缩小。谭涛等（2020）结合丝绸之路经济战略，从国家视角出发，创新性地采用两阶段动态网络DEA模型分析了"21世纪海上丝绸之路"沿线国家商业银行效率，以此解决银行存在的多阶段经营问题。其研究发现，"21世纪海上丝绸之路"沿线国家银行无效率程度高达93.23%，非利息收入和净利息收入不足是导致其效率水平偏低的主要原因。进一步来看，地处南亚地区和低收入国家的商业银行、股份制商业银行、国有商业银行、上市的商业银行以及规模大的商业银行的效率较高。从该研究可以看出，中国银行业的发展在"21世纪海上丝绸之路"沿线国家中处于一个较低水平，有待提升。李丽芳等（2021）分析"坏"投入对商业银行利润、风险和效率的影响后发现，大型商业银行依靠网点的扩张不利于效率提升。梳理以上文献可以看出，近期针对传统银行发展的问题主要聚焦在效率问题上，并且认为压缩"坏"投入增加是持续提升银行效率的主要途径之一，这为继续深化银行效率问题的研究奠定了扎实的理论基础。

尽管银行效率是银行发展的关键，但处在日益激烈的竞争环境和不断推进利率市场化改革之中的银行，如何利用好外部因素来着力提升银行效率水平、促进银行稳健发展成了学者近期关注的一个焦点。从现有研究来看，许多学者从资本监管、行业竞争和战略投资者选择等角度进行了深入的研究。例如，余晶晶等（2019）从资本监管视角分析其对银行发展的影响后发现，改变资本监管水平会通过货币政策环境来优化银行效率、控制银行风险，并且在不同风险承担水平下的银行会基于资本监管的影响路径因货币政策变化而有所差异。张大永、张志伟（2019）从行业竞争视角分析其对银行效率的影响后发现，银行业竞争程度的增加能提高城商行的效率，且竞争程度越大，城商行效率提升越高。针对该问题的研究，有学者提出了不同的观点。例如，Yin（2021）利用1995—2015年148个国家数据验证行业竞争对银行效率的影响后发现，行业竞争并不利于银行成本效率的提升，但值得注意的是，行业竞争给银行带来的这种负面影响可以通过实施良好的法规、监督和信息共享机制来缓解。郭晔等（2020）利用2008—2016年102家城商行数据从战略投资者选择视角进行分析后发现，引入境内金融机构等战略投资者不仅能直接提高中国城商行效率，还会通过"引制"与"引智"两种机制促进城商行效率的提高。与此同时，随着上述研究的不断推进，许多学者关注到网络结构和地区文化等非正式制度在银行发展中的作用。例如，汪莉等（2021）利用2004—2017年105家商业银行数据分析网络结构对银行效率的影响后发现，无论是将表内外风险资产作为非期望产出还是不作为非期望产出来估算银行效率，时变"银行—股东"网络中心度这一非正式制度的提升不仅会直接对银行效率产生积极影响，还会通过"竞争机制"和"资源共享机制"改善银行效率，并且这一作用在不同银行的交叉持股水平、产权性质和类型会表现出不同的作用。刘冲等（2021）注意到文化在银行发展过程中潜移默化的作用。其研究基于家谱数据构建了城市层面的宗族文化指标，并分析了传统宗族文化对银行发展的影响后发现，宗族文化会促进银行发展，并且这种影响更多受到居民等需求端的影响：宗族文化越浓厚，居民受教育程度、金融知识水平越高，进而对银行服务（存款、银行卡）的需求也越多。尽管关于正式制度的讨论很少，但上述研究不仅拓展了该领域的研究，也为继续从其他视角分析非正式制度对银行发展的影响提供了新的思路。此外，随着互联网、大数据、云计算、区块链等信息技术不断融入金融领域中运用和发展，金融科技对提高银行效率、促进银行高质量发展的作用日益凸显。于是，大量学者围绕该问题进行了深入讨论，并基本得到金融科技对银行发展能产生显著的正向效应的结论，这种正向效应为推动银行数字化转型奠定了一定基础。例如，李建军、姜世超（2021）利用某大型商业银行县域层面数据分析后发现，金融科技不仅能扩大银行金融服务的包容性，还能提高银行的盈利性和成长性。Lee等（2021）利用2003—2017年中国银行业数据分析后发现，金融科技不仅能提高银行的成本效率，还能提高银行使用金融技术的能力。

2. 影子银行发展

为进一步提高盈利能力、促进高质量发展，大多数银行开始试图成立若干独立主体，并通过表外业务（从银行资产负债表中剥离的）来发展业务，于是影子银行应运而生。针对这一问题，一些学者围绕影子银行的内涵进行了讨论。李文喆（2019）认为，中国影子银行是依赖于银行信用、从事银行业务但又没受严格的银行业监管的金融业务，其具体是指传统银行的表内贷款和债券投资以外的且具备完整的信用、期限和流动性转换功能的一种金融业务。许友传（2019）认为，中国影子银行不仅是银行发起或主导的类信贷活动，而且还是相关活动的资金提供者和风险承担者。从这一内涵来看，影子银行并不是一种新现象，早在20世纪80年代，影子银行就已出现（Zhu，2021）。当时，为了摆脱中央政府对银行施加的各种贷款限制，银行就通过影子银行来配置信贷资金，并在生产率更高的非国有部门实现盈利，以此推动银行可持续发展。事实上，随着经济金融形势的不断变化，近年来出现的影子银行与之前的影子银行存在着很大的不同。随着2008年国际金融危机的爆发，快速扩张的影子银行开始出现失控并催生出泡沫通胀，并产生了一系列问题。针对这些问题，一些学者又对影子银行产生的原因进行了讨论。例如，钱雪松等（2018）运用银行的委托贷款数据分析后发现，影子银行不仅能缓解中西部企业的融资约束，还会对金融发展水平较低地区的企业产生"反哺效应"，以此促进区域之间的均衡发展。表外担保是中国影子银行的主要特征。例如，An 和 Yu（2018）的研究认为影子银行的表外贷款与贷款之间存在着一种替代关系，人民银行在 2011—2014 年实施的合意性贷款政策是近期影子银行产生和发展的主要驱动力。刘莉亚等（2019）认为虽然通过提高银行透明度和理财产品透明度能缓解影子银行的过度风险承担行为，但其并不是抑制影子银行发展的主要原因。Chen 等（2020）分析货币政策与影子银行之间的关系后发现，2009 年 4 万亿元的经济刺激计划不仅推动了中国国有债券市场的快速发展，也是影子银行在近年来得以快速发展的主要推手。周上尧、王胜（2021）利用冲击历史方差分解方法分析影子银行的驱动因素后发现，金融创新冲击是导致影子银行近年来迅猛发展的根本原因。Deng 等（2021）从 CEO 薪酬递延政策视角分析后发现，银行内部债务的增加会带动影子银行的增加，并且在存贷比和不良贷款率较高以及有 CEO 更替的银行中，内部债务对影子银行的影响更大。尽管上述研究专门针对影子银行产生的原因进行了深入讨论，但由于研究视角和研究数据的不同，所以研究结论还存在很大争议。

3. 银行普惠金融发展

在传统银行发展的过程中，为进一步解决小微企业、农民、城镇低收入人群、贫困人群和残疾人、老年人等特殊群体的金融服务有效需求不足的问题，继联合国和世界银行提出"普惠金融"发展理念之后，党的十八大首次将"普惠金融"纳入党的决议中，出台制定了一系列政策措施支持银行开展普惠金融工作。随着普惠金融的发展，一些学者针对如何提升普惠金融发展水平进行了充分讨论。从已有文献来看，多数研究从供给侧维度对银行普惠金融发展水平进行了分析。例如，张珩等（2017）以农信社为例，在构建农村普惠金融发展水平评价指标体系的基础上分析发现，农信社普惠金融服务水平总体较低，不同地区和不同产权形式农村信用社所提供的普惠金融服务水平差异较大，并呈现出分化格局。Zhang 等（2022）基于整个金融体系，从可用性、利用性、深度和可持续性四个维度测度了普惠金融发展水平后发现，中国普惠金融总体发展水平差异较大，各地区发展不平衡。综上来看，尽管已有研究分别从银行维度构建普惠金融发展指标体系并进行了分析，但尚未看到基于一个兼具供给侧和需求侧的银行普惠金融发展指标体系分析普惠金融服务水平。由此可见，对于该问题的研究还存在一定的挖掘空间。

（二）关于银行发展产生的经济效应的研究

目前，针对银行发展过程中产生的经济效应，本文按照"银行发展对经济政策的影响"、"银行发展对经济增长的影响"以及"银行发展对借贷者信贷配置的影响"的思路进行了系统性梳理。

1. 银行发展对经济政策的影响

目前，关于银行发展对经济政策的影响，现有学者主要聚焦在货币政策问题上，并且从传统银行发展和影子银行两方面进行了讨论，为学界加深认识银行发展对经济政策的影响提供了一定思路。

（1）传统银行发展对货币政策的影响。已有研究围绕宏观层面的货币政策传导和微观层面的定向降准政策实施两个视角进行了深入的分析。从宏观层面的货币政策传导视角来看，陈雄兵（2017）分析中国银行业的市场力量和市场竞争对货币政策传导的影响后发现，市场竞争能通过银行信贷渠道强化对货币政策的传导机制，并且这种强化效应在资产规模较小、资本充足率水平较高和流动性较充足的银行中表现得更为明显。从微观层面的定向降准政策视角来看，黄晶（2018）分析中国银行业的长期利率扭曲与产出缺口后发现，利率调控的非对称性和宽松倾向更容易形成经济泡沫。以金融资本为代表的银行业在经济复苏期与经济繁荣期会采取扩张手段促进超额收益的提升，但如果利差扭曲超过一定临界点后，其就会降低储蓄和投资意愿，这不仅会加大贷款违约风险，还容易引发经济衰退。

（2）影子银行对货币政策的影响。已有研究主要从宏观层面进行了深入的分析。例如，李建强等（2019）发现，紧缩型的货币政策在促进影子银行规模扩张的同时，引发流动性创造的"水床效应"，而将表外资产纳入银行资本监管要求的宏观审慎政策后，不仅可以有效缓解造成的资产恐慌抛售压力，而且还能显著增强逆周期调控效果。Xiao（2020）发现在货币紧缩周期中，影子银行的货币创造会显著扩张，并且这种货币创造会在一定程度上抵消中国银行业存款的减少并削弱货币政策对影子银行的影响。另外，利用银行竞争结构模型进一步发现，采用不同的方法定义存款人会使影子银行对货币政策的影响产生差异化，特别是在对收益率比较敏感的存款客户，影子银行更有可能会将加息的信息传递给储户，进而吸收更多的存款。

2. 银行发展对经济增长的影响

目前，关于银行发展对经济增长的影响，现有学者主要从传统银行发展、影子银行发展和普惠金融发展三方面进行了深入讨论。但由于这些研究是从不同的研究视角对该问题进行的分析，导致现有研究结论存在很大的差异。当然，从这一点也可以看出，关于银行发展对经济增长的影响的研究还有许多挖掘空间。

（1）传统银行发展对经济增长的影响。已有研究围绕宏观层面的经济增长和微观层面的企业创新和稳定就业等视角进行了深入的分析。从宏观层面的经济增长视角来看，已有研究利用不同银行的数据从不同视角进行了分析。例如，郭峰、熊瑞祥（2017）利用城商行与中国工业企业数据分析发现，城商行的成立能促进地区经济增长，并且这一促进作用在先成立的城商行中表现得更为明显,但城商行的兼并重组战略会削弱这一促进作用。另外,城商行还会通过为企业提供贷款与促进企业增长来促进地区经济增长,并且对第二产业和隶属于地级市及以下的政府控股的企业的促进作用更为明显。张珩等(2021)利用农信社数据分析发现,农信社发展对县域经济增长会产生一定的"诅咒"效应,并且这种"诅咒"效应在资产规模过大、市场份额过高、经营效率较低的农信社以及处在市场潜能低、人均生产总值高和第二第三产业比重低的县域的农信社中表现得更为明显。从微观层面的研究来看,Deng等(2020)从企业创新视角分析发现,银行地理多元化不仅会直接促进企业创新并提高经济价值,还会间接通过提供宽松的契约以及更大的财务灵活性和运营灵活性来促进企业创新,并使其能参与未来的合并和收购。钟宁桦等(2021)从稳定就业视角分析发现,国有、大型与受计划支持行业内的企业能获得更多的银行长期贷款,并且在短期内刺激大规模投资并扩大雇员规模,进而可以实现短期的"稳就业"目标。但是,在经济下行期间,由于企业承担了"稳就业""稳增长"等责任,其经营压力较大,在4万亿元财政计划政策退出后,企业的偿债压力将有所加剧,绩效也会变得较差,难以维持前期的雇员扩张幅度,不利于实现长期的"稳就业"目标。

(2)影子银行发展对经济增长的影响。目前,多数学者研究认为,影子银行是一把"双刃剑",其虽然能促进形成新的银行体系,但也会对微观层面的企业风险、信贷配置和银行资本等产生显著的影响(李建军、韩珣,2019b;卢盛荣等,2019;黄贤环等,2021;Chen等,2021)。李建军、韩珣(2019b)从企业经营风险视角分析发现,影子银行化会增加非金融企业的经营风险,并且在融资约束程度较高和公司治理较差的企业中表现得更为明显。黄贤环等(2021)在李建军、韩珣(2019b)的研究基础上,进一步从企业投资行为视角分析发现,影子银行不仅会直接促进企业将更多资金投向实业,还会间接通过企业现金流和金融资产投资来对实业投资和企业未来业绩产生影响;相对于长期金融资产而言,影子银行对企业持有的短期金融资产的抑制作用更为明显。卢盛荣等(2019)从信贷资源配置视角分析发现,尽管影子银行能部分缓解银行的信贷资源错配问题,但也会加剧宏观经济增长的不稳定性和不确定性。Chen等(2021)从银行资本和流动性创造视角分析发现,影子银行会加剧监管资本比率和流动性创造,并扭曲资本和流动性创造之间的关系。具体而言,在没有考虑影子银行的条件下,即便拥有更多资本的银行也不会创造出更多的市场流动性,这在一定程度上会抑制宏观经济的增长;而在考虑影子银行后,拥有更多资本的银行会创造更多的市场流动性,并刺激宏观经济的增长。

(3)普惠金融发展对经济增长的影响。随着普惠金融的发展,一些学者也分别围绕宏观层面的经济增长、收入分配和缓解贫困以及微观层面的居民消费等视角深入讨论了普惠金融的经济效应。从宏观层面的普惠金融对经济增长的影响研究来看,李建军、韩珣(2019a)的研究发现，在普惠金融的发展初期，普惠金融能显著缩小集中连片特困区的城乡收入差距，并且在产品市场、要素市场和中介市场发育程度较高、对生产者和消费者合法权益保护程度较强的地区，由于其所处的制度环境较好，普惠金融不仅可以约束金融资本的扭曲配置，还能有效纠正对贫困减缓的负面效应。从微观层面的普惠金融对经济增长的影响研究来看，孙玉环等（2021）从居民消费视角分析发现，普惠金融对主城区、镇中心区、中低收入水平家庭和学历越高的居民的消费有显著的促进作用。综上来看，尽管以上围绕普惠金融对经济增长的影响进行了充分的讨论，但专门从银行视角进行其对经济增长影响的研究还寥寥无几，说明该问题还有更多有待拓展的研究空间。

3. 银行发展对借贷者信贷配置的影响

作为一种金融中介，银行主要通过发放信贷来支持和满足企业和城乡居民借贷需求，进而发挥其金融功能。事实上，银行合理的信贷配置不仅是实现其自身高质量发展的主要路径，也对更好发挥金融支持实体经济发展的功能起到非常重要的作用。近期，已有研究主要从银行与企业和城乡居民等借贷者关系视角对信贷资金配置进行了深入分析。

（1）银行对企业的信贷配置。关于银行对企业信贷配置问题的研究，已有研究主要集中在中小微企业问题上而对大企业的关注较少。究其原因，主要是由于中小微企业作为当前经济体系中的弱势群体，对中国经济发展中起到非常重要的作用，因此银行对企业的信贷配置问题成为学界的研究焦点。围绕这一问题，已有学者通过分析后得到了不同的结论。例如，张一林等（2019）的研究发现，尽管大银行能帮助大企业节约信息成本、减少利息支出，但对中小微企业的软信息的甄别不具有优势，因而难以为其提供有效的信贷支持，这也是大银行长期以来对中小微企业信贷配置不足的主要原因。但李华民、吴非（2019）的研究得到了不同的观点。其研究认为由于大银行不存在软硬信息等贷款技术方面的条件约束，因此在纾解中小微企业融资难时具有比中小银行更为明显的优势。黄速建、刘美玉（2020）进一步从信贷约束类型视角分析小微企业数据后发现，需求型信贷约束和供给型信贷约束对小微企业的融资效率都产生了显著的负影响，并且需求型信贷约束对中小微企业融资效率的影响更为严重，这意味着在供给型信贷约束演变为需求型信贷约束的时代背景下，小微企业的融资效率并未得到有效改善。

（2）银行对城乡居民的信贷配置。关于银行对企业城乡居民信贷配置问题的研究，已有研究既有从总体视角分析银行对城乡居民的信贷配置问题，也有单独从农村居民视角来分析银行的信贷配置问题，而专门针对城镇居民的研究较少。当然，这些文献为学界继续开展银行信贷资金配置问题的研究提供了一定启示。从总体视角的分析来看，仅有个别学者从银行发展视角对城乡居民的信贷配给或信贷约束问题进行了分析。例如，吴雨等（2018）利用2013年中国家庭金融调查数据分析后发现，地区银行发展能缓解城乡居民家庭面临的信贷约束,并且这种缓解作用在高收入(资产)家庭和城市家庭中表现得更为明显,这说明地区银行发展虽然能缓解信贷约束,但也带来更大程度的信贷配置不均问题。从农村居民视角的分析来看,关于这一问题的研究非常之多,但具有代表的研究主要从贷款产品、农地流转等视角对农村居民的信贷配给、信贷约束及信贷可得性等问题进行了分析。例如,彭澎等(2018)从银保互联贷款产品为例分析后发现,银保互联可以缓解农村居民面临的需求型配给和数量供给型配给,即银保互联不仅调动了那些原本不愿意向银行贷款的农村居民申请贷款的积极性,还进一步提高农村居民贷款可得性,使数量供给型配给得到了缓解。路晓蒙、吴雨(2021)从土地流转视角分析发现,尽管转入土地会显著增加农村居民的农业信贷需求,提高信贷可得性,但因银行发放的信贷金额较低,导致转入土地的农村居民,特别是转入土地规模较大的农村居民,会面临更为明显的信贷约束问题。

(3)影响银行对借贷者信贷配置的主要因素。在上述研究的过程中,一些学者还专门从银行自身、借贷者条件和外部环境三个视角深入讨论了影响银行对借贷者信贷配置的主要因素。这些研究为学界进一步思考银行如何优化对借贷者信贷资源配置效率、继续践行金融为民的理念奠定了一定的理论基础。具体而言:

①银行自身因素对借贷者信贷配置的影响。对这一问题,已有研究主要从银行业务、银行贷款拨备计提行为和银行改革等视角进行了讨论。例如,刘忠璐、赵静(2019)从同业业务视角分析发现,同业存款会抑制银行对借贷者的信贷支持,而储蓄存款会促进银行对借贷者的信贷支持,并且这一抑制和促进效应在金融危机时表现得更为明显。另外,从不同类型的银行来看,同业存款会明显抑制股份制银行对借贷者的信贷支持,而储蓄存款明显促进城商行对借贷者的信贷支持。丁友刚、严艳(2019)从银行贷款拨备计提行为视角分析发现,中国银行业的贷款拨备计提行为具有顺周期性效应,并且这种顺周期性效应在经济上行时会使银行加大对借贷者的信贷供给,而在经济下行时期会使银行减少对借贷者的信贷供给。Yuan等(2022)从所有权改革视角分析发现,三大国有银行在经历所有制改革之后,会更加重视信贷风险,导致其显著减少对地方债务较高的地区的上市公司和负债较高的上市公司的信贷支持;进一步扩大研究样本后发现,所有制改革会促进银行显著减少对国有企业、生产率较低的企业和负债较高的企业的信贷支持。

②银行提出的信贷条件对借贷者信贷配置的影响。银行对借贷者提出的信贷条件决定其是否会信贷支持。事实上,信贷条件的变化能释放出诸多信贷信号并供借贷者参考。近期,针对该问题研究只有个别学者进行了讨论。例如,刘海明、曹廷求(2018)从续贷限制角度进行分析后发现,银行提出的续贷限制条件会对微观企业的信贷结构产生显著的影响,其不仅会直接减少微观企业的短期贷款、增加现金持有和营运资本,进而提高企业流动性风险,还会降低微观企业的掏空行为和非效率投资,进而提高企业贷款可得性并避免形成僵尸企业。

③银行外部环境对借贷者信贷配置的影响。银行的信贷资源是借贷者面临生产经营和日常生活有困难时的主要来源之一。事实上，除了银行自身因素和银行提出的信贷条件会使银行对借贷者信贷配置产生影响，市场竞争、宏观经济政策和金融科技等外部因素还会使银行对借贷者信贷配置产生一定影响。

在市场竞争方面，已有学者从竞争的不同视角通过分析得到了三种不同的观点。第一种观点认为，市场竞争会使银行对借贷者信贷配置产生"双刃剑"效应。例如，刘莉亚等（2017）以利率市场化进程为背景进行分析后发现，以结构为主的竞争会使银行对借贷者的信贷配置产生"双刃剑"效应，即竞争既有利于银行加大对借贷者长期信贷的支持，也容易让银行产生追求信贷规模扩张的冒险行为，并且这种效应在资产规模较小、流动性水平不充足和资本充足率水平较低的银行中表现更为明显。这一点也得到了姜付秀等（2019）的证实。其研究发现，银行结构性竞争会缓解企业等借贷者的融资约束、降低融资成本。第二种观点认为，市场竞争会加大大银行对中小微企业等弱势群体的信贷支持力度。例如，李华民、吴非（2017）的分析发现，尽管大银行对中小微企业的"偏见"以及对小银行对中小微企业的"偏爱"是银行对借贷者产生信贷配置错配的主要原因，但小企业一旦与大银行建立了一定借贷关系，其融资环境就会变得越来越好。第三种观点认为，内部竞争也会对银行信贷配置产生影响。与上述观点不同，其更加强调了银行之间的竞争对中小微企业和城乡居民融资的重要性。例如，Xie等（2019）利用中国国有银行分行的贷款数据分析发现，当内部竞争加剧时，银行对借贷者发放的贷款金额和贷款期限都会显著的变化。

在宏观经济政策方面，已有研究主要围绕货币政策进行了分析。例如，盛天翔等（2017）从贷款基准利率视角分析发现，贷款基准利率会使银行提高对借贷者的短期贷款，这一促进作用会受到短期贷款与中长期贷款之间的基准利差的负向冲击。郭晔等（2019）从定向降准政策视角分析发现，定向降准政策会通过银行对借贷者产生显著的普惠效应，即定向降准政策会显著促进银行对农业企业和小微企业的信贷供给。这一研究也得到了孔东民等（2021）的支持。其研究发现，当银行加大了对小微企业的信贷配给后，小微企业对商业信用的需求就会显著下降，但这一影响在不同类型企业会表现出明显的差异性。若企业市场势力较强、融资约束能力较低、成立时间较长或所在地区金融发展水平较高，小微企业商业信用需求的下降程度更加明显。战明华等（2018）从货币政策银行的信贷渠道视角分析后发现，货币政策的调整对银行业的市场结构具有较强的敏感性，降低金融市场的摩擦会弱化互联网金融对货币政策银行信贷渠道的影响，因此在未来调整货币政策时应着重关注互联网金融带来的"鲶鱼效应"而非互联网金融本身的直接影响。Cai（2021）从货币政策类型视角分析发现，扩张型货币政策会使银行将更多信贷资源错配给生产率较低的企业，出现这个结果可能与这些生产率较低的企业持有更多的金融资产有关。仅有个别学者从产业政策视角讨论了银行对借贷者信贷配置的影响。例如，李广子、刘力（2020）研究发现，当企业为国家支持的产业时，其所拥有的"关系"会使银行对其贷款合约制定和信贷配置的积极作用更大。梳理以上文献发现，现有研究重点从货币政策视角讨论了银行外部环境对借贷者信贷配置的影响，很少有学者从其他经济政策视角进行分析。

在金融科技方面，邱晗等（2018）的研究发现，尽管金融科技会改变银行的同业拆借等批发性资金的持有比例，但这种改变不会因负债成本上升所造成的损失而影响下游企业的借贷成本。盛天翔、范从来（2020）利用小微企业数据分析发现，金融科技不仅有助于促进银行加大对小微企业的信贷供给，还会通过银行业市场结构竞争间接影响银行对小微企业的信贷供给，但这种影响存在一个最优市场结构问题。Sheng（2021）分析中国2011—2018年省级银行的数据也得到了类似的观点。其研究发现金融科技不仅有助于促进银行业加大对中小企业的信贷供给，而且这一促进作用在大型银行中表现得更为明显，其主要原因是由于金融科技的发展使城商行和农商行等中小银行失去了原有的技术优势。

二 关于银行防风险问题的研究

作为一个经营风险高企的行业，银行在其发展过程中也一直伴随着化解风险、处置风险和控制风险的过程。关于银行防风险这一问题，本文针对近年来的研究成果，按照"银行风险"和"银行风险监管"的脉络进行了系统性梳理。

（一）关于银行风险的研究

随着传统银行和影子银行的发展，银行风险问题也不断暴露出来。于是，在当前宏观经济下行背景下，银行风险问题不仅成为我国银行领域的主要内容，也得到学界的普遍重视。2017年以来，学者分别围绕银行发展过程中的风险识别、风险度量和风险管理等内容进行了深入的讨论。因此，本文按照这个脉络进行了梳理。

1. 关于银行风险识别的研究

目前，关于银行发展过程中的风险识别问题，大量研究主要聚焦在银行风险产生的原因上，并且主要围绕银行风险承担能力这一问题，从自身因素和外部环境两方面进行了讨论。但由于这些研究过于聚焦在某一特定因素上，导致现有研究视角和结论还存在很大差异。当然，不可否认的是，这些研究为学界准确识别银行系统性风险以及寻找银行风险产生的原因提供了很好的理论支撑和实践指导。

（1）银行自身因素对风险的影响。在银行自身因素方面，已有研究从银行业务、创新能力、制度和流动性等方面深入讨论其对银行风险或风险承担能力的影响。

在银行业务方面，现有研究主要从存款业务、理财业务和表外业务等角度分析其对银行风险承担能力的影响。例如，曹啸、卜俊飞（2021）从零售存款业务视角分析后发现，零售存款更多的银行对市场利率变化所产生的风险承担意愿更弱,这在非上市银行中表现得更明显。项后军、闫玉(2017)从理财业务视角分析后发现,理财业务的利益搜寻效应对银行风险承担具有显著的负影响,利率市场化的推进会削弱理财业务对银行风险承担的作用,而货币政策立场收紧则会强化对理财业务的影响,这三种因素的共同作用对银行风险承担有显著的正影响。王晓芳、权飞过(2019)从表外业务视角分析后发现,表外业务规模扩张不仅会直接影响银行系统性风险,还会通过市场竞争和银行所有制属性来间接影响银行系统性风险;不同类型的表外业务对银行系统性风险有显著的差异,其中,中介服务类表外业务能降低银行系统性风险,担保承诺类表外业务和代理投融资类表外业务会加大银行系统性风险。

在创新能力方面,顾海峰、张亚楠(2018)通过利用银行存贷收益模型从金融创新视角进行了分析。其研究发现,金融创新强度对银行风险承担有显著的负影响,在同等强度的金融创新条件下,金融创新对银行风险承担能力的抑制效应在较低净利差与较低流动性水平的银行中表现更明显。蒋海、吴文洋(2020)的研究发现,金融创新与银行风险承担能力之间存在"U"型关系,适度的金融创新会弱化银行风险承担能力,而过度的金融创新则会增强银行风险承担能力。不同类型的金融创新对不同类型的银行的风险承担能力的影响存在显著差异,其中,内部创新会对非五大行的风险承担能力产生显著的滞后效应,外部创新对五大行的风险承担能力会产生显著的滞后效应。此外,金融创新还会通过还款能力、贷款质量和资产规模来间接影响银行风险承担能力。综上来看,由于金融创新的划分依据不同,导致金融创新对银行风险承担能力的影响存在明显分歧。

在银行制度方面,现有研究主要从腐败、高管薪酬延期支付和外资持股等角度进行了分析。例如,史永东、王龑(2017)从腐败视角分析后发现,职务犯罪会弱化银行风险承担能力,加剧银行风险的滋生,特别是在资本充足率较低、盈利能力较强的银行以及在"攫取之手"较强和法治水平较为落后的银行,职务犯罪越多,银行风险承担能力越弱。李春肖、李振(2021)从高管薪酬延期支付视角分析后发现,高管薪酬延期支付制度不仅会直接强化银行风险承担能力,还会间接通过激励高管发放贷款和追求盈利的形式来强化银行风险承担。李振等(2020)使用2002—2017年160家中资银行非平衡面板数据,从外资持股制度视角进行了分析。其研究发现,受知识溢出和外部监督的共同影响,外资持股制度不仅会直接降低中资银行的风险承担能力,还会间接通过提高资本缓冲、降低杠杆率来降低银行风险承担能力。此外,当外资持股中资银行后,关系贷款银行和上市融资银行,其风险承担能力较弱,面临的风险也较高,而处在宏观经济风险时期或制度环境较好地区的银行,其风险承担能力较强,面临的风险也较低。

在银行流动性方面,马勇、李振(2019)从流动性风险视角分析发现,具有较低资金流动性风险的银行不仅能承担更大的风险,还会通过提高盈利能力、降低资本水平和调整贷款结构来影响其自身的风险承担能力;对于较大资产规模、较高杠杆率和在经济高风险时期而言,资金流动性风险均会弱化银行的风险承担能力。

(2)外部环境对风险的影响。从外部影响因素来看,已有研究从货币政策、行业竞争、宏观经济政策和互联网金融等方面进行了充分的分析。

在货币政策方面,王晋斌、李博(2017)的研究发现,不同货币政策工具对银行风险承担能力的影响存在明显的非对称性,且在不同货币政策周期表现出差异化的估值效应、追逐收益效应和交流沟通效应。以宽松的货币政策工具调整为例,数量型货币政策工具对银行风险承担能力的促进作用较弱,而价格型货币政策工具对银行风险承担能力的促进作用较强。李双建、田国强(2020)基于中国151家商业银行数据分析后发现,宽松的货币政策工具能增强银行风险承担能力,不同类型银行对货币政策工具的敏感性具有显著差异,银行业竞争和货币政策工具的叠加效应会放大其风险承担能力。Wu等(2021)从全球视角分析2000—2018年全球43个经济体的数据后发现,在更高的经济不确定性条件下,货币政策会削弱银行风险承担能力,即当货币政策发生变化时,经济不确定性会使银行停止调整风险承担策略。蒋海等(2021)基于中国133家商业银行微观数据分析发现,货币政策存在显著的流动性传导效应,宽松型货币政策会加剧银行风险承担能力,并且会随着流动性水平的提高而不断得到强化;当银行流动性水平达到43%时,货币政策对银行风险承担能力的负影响最为显著。当银行流动性高于43%时,不同货币政策工具和不同类型货币政策对银行风险承担能力的影响存在显著差异。其中,法定存款准备金率对银行风险承担能力的影响效果最为明显,紧缩型货币政策对银行风险承担的弱化效应明显低于扩张型货币政策对银行风险承担的激励作用。

在银行业竞争方面,不同学者通过分析不同类型的竞争得到了不同的结论。徐璐等(2019)的分析发现,银行业竞争的加强会提高国有银行和非国有银行的风险承担能力,降低银行整体风险水平。邹栋玺、项后军(2020)采用2009—2017年银行面板数据分析后发现,贷款市场竞争会显著弱化银行风险承担能力,且这种弱化作用会随着贷款利率市场化的推进而进一步增强(国有银行除外);存款市场竞争会显著提升银行风险承担能力,但这种促进作用不会随着存款利率市场化的推进而得到强化(除城商行和农商行外)。

在宏观经济政策方面,现有研究围绕经济政策、存款保险制度和贸易政策等方面进行了充分讨论。例如,顾海峰、于家珺(2019)基于中国219家银行数据从经济政策视角分析发现,经济政策的不确定性会降低银行主动风险承担,加大被动风险承担和破产风险,资本充足率和流动性的提高会削弱经济政策不确定性对银行主动风险承担的抑制作用。存款保险制度作为防范和化解金融风险的重要防线,受到一些学者的关注。有学者在分析存款保险制度对银行风险的影响后发现,存款保险制度的实施不仅会直接弱化高风险银行的风险承担能力,还会通过影响特许权价值和资本比率来对银行风险承担能力产生影响(项后军、张清俊,

2020）。葛新宇等（2021）从贸易政策视角分析346家银行和A股上市公司数据后发现，贸易政策会通过恶化区域内企业风险、盈利与流动性储备状况来降低银行风险承担能力，并且在制造业、非国有、大规模、高融资约束、高资本密集度的企业影响更为显著。梳理以上文献发现，尽管不同宏观经济政策对银行风险承担能力的直接影响不仅存在显著差异，且会通过不同的作用机制来间接影响银行风险承担能力，但这些研究为进一步深化银行风险承担能力影响因素的异质性奠定了基础。

在互联网金融方面，随着科技的不断发展和应用，各类新金融业态进入加速发展时期，随之出现的新业态风险会影响银行业的系统金融风险。针对这一问题，已有研究存在三种不同的观点。第一种观点认为互联网金融对银行风险承担能力的影响具有显著的单门限效应（顾海峰、杨立翔，2018）。第二种观点认为互联网金融会强化银行风险承担能力。例如，郭品、沈悦（2019）的研究发现，互联网金融会通过存款结构的恶化和付息成本的抬高强化银行风险承担能力，并且不同类型的互联网金融对银行风险承担能力的影响存在显著差异。其中，互联网支付结算、资源配置和财富管理业态会通过影响银行存款结构和付息成本而显著弱化银行风险承担能力；受互联网金融的冲击，非国有、小规模、高流动性和高资本充足率的银行可能会因客户存款的流失和平均付息成本的上涨而显著弱化其风险承担能力。第三种观点认为互联网金融会弱化银行风险承担能力。例如，李苍舒、沈艳（2019）的研究发现，互联网金融等新金融业态会加剧银行业系统性风险，其所产生的外溢效益会弱化整个银行业的风险承担能力。

2. 关于银行风险度量的研究

目前，关于银行发展过程中的风险度量问题，现有学者主要聚焦在银行的系统性风险问题上。例如，童中文等（2018）通过宏观压力测试方法度量了银行业系统性风险。其研究发现，中国银行业系统性风险在轻度、中度和重度的情境下都有不同程度的累积；风险"自我消化"机制和银行软预算约束机制虽然会在短期内通过外部"救助"机制"规避"金融危机，但长期会增强银行体系脆弱性并积聚大量的系统性风险。宫晓莉等（2020）对银行业系统性风险进行度量后发现，中国银行业系统性风险具有明显的周期性，并且非银行业金融机构的系统性风险的溢出效应要明显强于银行业金融机构。随着影子银行不断渗入传统银行体系，一些学者也专门针对影子银行的风险度量问题进行了分析。例如，方意等（2019）在构建虚拟机构资产负债表基础上，将其与微观银行资产价格传染模型相结合并测算了影子银行的系统性风险。其研究发现，中国影子银行的系统性风险在样本期内较高且波动剧烈，刚性兑付是引发银行系统性风险的主要导火索。许友传（2019）在分析中国影子银行的表内溢出风险后发现，类信贷影子银行活动的底层资产风险暴露不仅会侵蚀银行的基础利润或资产价值，还会改变银行的风险状态和违约预期。尽管学者关于银行发展过程中的风险度量问题进行了大量的讨论，但由于他们采用数据和方法不同，导致现有研究结论存在差异，这为进一步研究该问题提供了一定的空间。

3. 关于银行风险管理的研究

在银行风险产生的过程中，如何更好地管理风险也成为了学界关注的一大焦点。针对这一问题，已有学者分别围绕信用风险管理、经营风险管理、流动风险管理、市场风险管理和道德风险管理等角度进行了深入讨论，并提出不同的措施来管理银行风险。这加深了学界对如何管理银行风险的认识和理解，也为进一步拓展该领域的研究提供了一定的研究思路。

（1）信用风险管理。目前，针对信用风险管理的问题，仅有个别学者进行了讨论。例如，李佳（2019）从资产证券化视角分析发现，发展初期的资产证券化在短期内会通过影响银行高风险资产持有比例和"基础资源"使信用风险上升，但受政策的长期影响资产证券化能不断弱化银行信用风险的上升。因此，要持续强化对银行资产证券化的长期管理。

（2）经营风险管理。目前，不同学者针对经营风险管理问题从不同角度进行了分析。郭妍、韩庆潇（2019）在分析农商行这一类型的经营风险后发现，在不同规模调整目标的情况下，通过规模调整可以实现农商行利润最大化和经营风险最小化的管理。胡诗阳等（2019）从理财业务视角分析整个银行业的经营风险后指出，非保本的理财业务会加大银行经营业绩波动，增加银行经营风险。因此，要适当减少非保本的理财业务。

（3）流动性风险管理。目前，已有学者针对流动性风险管理问题进行了大量讨论。辛兵海、陶江（2018）的研究发现，中国银行业的流动性风险管理存在同群效应，即中国银行业的流动性风险管理会受到群体银行的影响。其中，中小银行之间的流动性风险管理的同群效应最为明显，而国有银行与中小银行之间的流动性风险管理不存在同群效应。邓向荣、张嘉明（2018）从货币政策视角分析发现，货币政策不仅会直接影响银行流动性创造，还会通过银行风险承担能力间接影响银行流动性创造。因此，要强化银行风险承担能力。史贞等（2019）的研究发现，商业银行的流动性风险管理不能只依靠银行自身来解决，还需要借助宏观经济政策等外部政策。Ying等（2021）的研究发现，中国银行业的流动性创造存在顺周期性，资本监管压力和银行间信贷有助于缓解银行流动性创造的顺周期性，尤其是在区域性银行之间表现得更为明显。因此，要通过加强银行资本监管和刺激银行之间的信贷才能更好地做好银行流动性风险管理工作。

（4）市场风险管理。目前，仅有个别学者针对市场风险管理问题进行了讨论。例如，徐璐、叶光亮（2018）通过行业竞争分析发现，强化银行业竞争会通过降低单个银行的垄断势力、均衡贷款利率和企业家的风险偏好来影响市场风险，因此要通过加强银行业市场竞争才能更好地做好银行市场风险管理工作。王永钦等（2018）从存款保险制度视角分析发现，存款保险制度的推出对规模较大的国有银行和股份制银行的市场风险冲击并不显著，但对于规模较小的城商行的市场风险有显著的负影响。

（5）道德风险管理。目前，仅有个别学者进行了分析。例如，杨松、宋怡林（2017）从股东责任视角分析发现，完善商业银行法中对银行道德风险的规定、补充和修正公司法中对金融类公司中的股东责任问题，特别是要加强对主体制度、义务内容、监管与司法审查等制度内容的完善，对于加强银行股东的责任，防止其发生道德风险具有重要意义。Zhang和Wu（2020）利用2004—2017年中国商业银行数据分析外部治理对银行道德风险的影响后发现，强化存款保险制度等可以进一步改善外部治理，减少中国银行业的道德风险。

（二）关于银行风险监管的研究

在银行发展的过程中，一些金融监管问题也随之产生，并引起了学者的关注。特别是为了落实稳增长和防风险两项重大任务，金融监管部门一方面对银行的信贷规模和信贷投放进行了一定的限制，另一方面实行了存款保险，这两项措施不仅为监管部门制定合理的监管政策提供了一定的参考价值，也从监管视角推动银行业的高质量发展提供了理论依据。

1. 限制银行信贷规模

围绕银行资产组合的限制这一问题，现有研究主要从监管官员的政治激励、金融管制和资本计量方法改革等视角对银行信贷配置和信贷投放等问题进行了深入的分析，并得到不同的研究结论。例如，刘冲等（2017）从监管官员的政治激励视角分析后发现，在政治激励下，银监局局长的监管行为具有"双刃剑效应"，即银监局局长的监管行为既会促使城商行提高资本充足率，也在一定程度上会限制城商行对借贷者的信贷投放；另外，受地方政府信贷干预、经济周期、货币政策和资本市场融资程度等外部环境的影响，银监局局长的监管行为对城商行资产组合影响的"双刃剑效应"也会产生显著的差异。基于上述研究，刘冲等（2019）又进一步从资本计量方法改革视角分析了其对银行风险偏好与信贷配置的影响。其研究发现，资本管理高级方法实施会强化监管部门对银行资产组合的限制，即其不仅会显著降低银行风险加权资产，还会让银行风险偏好具有显著的非线性特征。这也就意味着，在银行调减高风险行业贷款时，其不会显著增加最安全行业的贷款供给，而是增加风险略高行业的贷款供给。沈永建等（2018）通过研究利率市场化改革之前金融管制对银行信贷契约的影响后发现，在金融压抑时期，银行和企业之间容易形成以留存贷款等为代表的隐性信贷契约，以此满足监管部门对银行的资产组合限制的要求以及利润最大化目标，但是这种隐性信贷契约会随着货币政策、企业特征等因素的变化而不断发生变化，这在一定程度上也会推动利率市场化的进程。

2. 加强存款保险制度的作用

存款保险制度是保护存款人利益的重要制度安排和金融安全网的基本组成要素之一，也是防范和化解金融风险的重要防线。目前，围绕存款保险这一问题，仅有个别文献对银行风险的影响进行了讨论和分析。郭晔、赵静（2017）的研究发现，存款保险制度会显著增加中国除四大行以外的其他商业银行的风险，并且银行杠杆率和第一大股东持股比例越高，存款保险制度对银行所产生的风险问题就越严重。项后军、张清俊（2020）的研究发现，存款保险制度的实施会弱化特许权价值和资本比率对银行风险承担能力，并且会弱化高风险银行的风险承担能力而增强低风险银行的风险承担能力。Wang 等（2021）的研究发现，存款保险制度会显著增加银行的特质尾部风险，但会对宏观经济发展和金融因素敞口的影响存在 U 型关系，说明存款保险制度存在一个能将银行系统性风险降至最低的最佳覆盖水平。

三 研究展望

作为金融体系的核心组成部分，银行问题受到国内外学者的长期关注。本文按照"稳增长—防风险"的主线，系统性回顾了 2017 年以来银行领域的主要代表性研究成果。总体来看，学者围绕"稳增长"中的银行发展和银行发展产生的经济效应以及"防风险"中的银行风险和银行监管问题进行了深入的讨论和分析，为进一步解决推进银行体制改革、更好服务实体经济发展以及防范化解系统性金融风险提供了非常重要的理论价值和实践指导。印象深刻的是，近期学者从新的视角对银行领域中出现的一些新的发展和风险问题进行了重点研究，如金融科技、影子银行等，这些研究为进一步推进银行领域的研究提供了新的素材。在未来研究中，一是要继续以提高金融服务实体经济能力为主线，继续开展推进对农村居民、小微企业和民营企业等弱势群体的银行信贷问题的研究。二是要坚持防范化解金融风险的底线思维，与时俱进地对区域性、系统性和全局性的银行风险管理等问题进行系统性研究。三是围绕着经济社会发展中出现的影子银行、金融科技等新事物、新现象和新问题开展相关研究，同时从地理、历史、文化和法律等其他视角对银行结合进行深入分析，这些可能是未来继续深化银行领域研究的主要方向。

参考文献

曹啸、卜俊飞，2021，《市场利率、零售存款和银行风险承担：理论和中国的证据》，《财贸经济》第 8 期。

陈雄兵，2017，《银行竞争、市场力量与货币政策信贷传导》，《财贸经济》第 2 期。

邓向荣、张嘉明，2018，《货币政策、银行风险承担与银行流动性创造》，《世界经济》第 4 期。

丁友刚、严艳，2019，《中国商业银行贷款拨备的周期效应》，《经济研究》第 7 期。

方意、韩业、荆中博，2019，《影子银行系统性风险度量研究基于中国信托公司逐笔业务的数据视角》,《国际金融研究》第 1 期。

郜栋玺、项后军,2020,《多重市场竞争与银行风险承担基于利率市场化及不同监管维度的视角》,《财贸经济》第 7 期。

葛新宇、庄嘉莉、刘岩,2021,《贸易政策不确定性如何影响商业银行风险——对企业经营渠道的检验》,《中国工业经济》第 8 期。

官晓莉、熊熊、张维,2020,《我国金融机构系统性风险度量与外溢效应研究》,《管理世界》第 8 期。

顾海峰、杨立翔,2018,《互联网金融与银行风险承担:基于中国银行业的证据》,《世界经济》第 10 期。

顾海峰、于家珺,2019,《中国经济政策不确定性与银行风险承担》,《世界经济》第 11 期。

顾海峰、张亚楠,2018,《金融创新、信贷环境与银行风险承担——来自 2006—2016 年中国银行业的证据》,《国际金融研究》第 9 期。

郭峰、熊瑞祥,2017,《地方金融机构与地区经济增长——来自城商行设立的准自然实验》,《经济学（季刊）》第 1 期。

郭品、沈悦,2019,《互联网金融、存款竞争与银行风险承担》,《金融研究》第 8 期。

郭妍、韩庆潇,2019,《盈利水平、支农服务与风险控制农商行规模调整的理论分析与实证检验》,《金融研究》第 4 期。

郭晔、黄振、姚若琪,2020,《战略投资者选择与银行效率——来自城商行的经验证据》,《经济研究》第 1 期。

郭晔、徐菲、舒中桥,2019,《银行竞争背景下定向降准政策的普惠效应基于 A 股和新三板三农、小微企业数据的分析》,《金融研究》第 1 期。

郭晔、赵静,2017,《存款保险制度、银行异质性与银行个体风险》,《经济研究》第 12 期。

胡诗阳、祝继高、陆正飞,2019,《商业银行吸收存款能力、发行理财及其经济后果研究》,《金融研究》第 6 期。

黄晶,2018,《基于长期均衡利率测算的我国利率扭曲现象》,《数量经济技术经济研究》第 5 期。

黄速建、刘美玉,2020,《不同类型信贷约束对小微企业创新的影响有差异吗?》,《财贸经济》第 9 期。

黄贤环、吴秋生、王瑶,2021,《影子银行发展与企业投资行为选择:实业投资还是金融投资?》,《会计研究》第 1 期。

姜付秀、蔡文婧、蔡欣妮、李行天,2019,《银行竞争的微观效应:来自融资约束的经验证据》,《经济研究》第 6 期。

蒋海、吴文洋，2020，《创新影响了银行风险承担了吗——基于中国上市银行的实证检验》，《国际金融研究》第 3 期。

蒋海、张小林、唐仲峰，2021，《货币政策、流动性与银行风险承担》，《经济研究》第 8 期。

孔东民、李海洋、杨薇，2021，《定向降准、贷款可得性与小微企业商业信用——基于断点回归的经验证据》，《金融研究》第 3 期。

李苍舒、沈艳，2019，《数字经济时代下新金融业态风险的识别、测度及防控》，《管理世界》第 12 期。

李春肖、李振，2021，《高管薪酬延期支付与银行风险承担基于经济效益激励的中介效应研究》，《投资研究》第 4 期。

李广子、刘力，2020，《产业政策与信贷资金配置效率》，《金融研究》第 5 期。

李华民、吴非，2017，《银行规模、认知偏差与小企业融资》，《财贸经济》第 5 期。

李华民、吴非，2019，《银行规模、贷款技术与小企业融资》，《财贸经济》第 9 期。

李佳，2019，《资产证券化能否缓解银行信用风险承担？——来自中国银行业的经验证据》，《国际金融研究》第 6 期。

李建军、韩珣，2019a，《普惠金融、收入分配和贫困减缓——推进效率和公平的政策框架选择》，《金融研究》第 3 期。

李建军、韩珣，2019b，《非金融企业影子银行化与经营风险》，《经济研究》第 8 期。

李建军、姜世超，2021，《银行金融科技与普惠金融的商业可持续性——财务增进效应的微观证据》，《经济学（季刊）》第 3 期。

李建强、张淑翠、袁佳、魏磊，2019，《影子银行、刚性兑付与宏观审慎政策》，《财贸经济》第 1 期。

李丽芳、谭政勋、叶礼贤，2021，《改进的效率测算模型、影子银行与中国商业银行效率》，《金融研究》第 10 期。

李双建、田国强，2020，《银行竞争与货币政策银行风险承担渠道：理论与实证》，《管理世界》第 4 期。

李文喆，2019，《中国影子银行的经济学分析：定义、构成和规模测算》，《金融研究》第 3 期。

李振、宋科、杨家文，2020，《银行业开放、外资持股与银行风险承担》，《财贸经济》第 10 期。

刘冲、杜通、刘莉亚、李明辉，2019，《资本计量方法改革、商业银行风险偏好与信贷配置》，《金融研究》第 7 期。

刘冲、郭峰、傅家范、周强龙，2017，《政治激励、资本监管与地方银行信贷投放》，《管理世界》第 10 期。

刘冲、刘莉亚、李庆宸，2021，《排斥还是包容：传统宗族文化与现代银行发展》，《经济研究》第 4 期。

刘海明、曹廷求，2018，《续贷限制对微观企业的经济效应研究》，《经济研究》第 4 期。

刘莉亚、黄叶苨、周边，2019，《监管套利、信息透明度与银行的影子——基于中国商业银行理财产品业务的角度》，《经济学（季刊）》第 3 期。

刘莉亚、余晶晶、杨金强、朱小能，2017，《竞争之于银行信贷结构调整是双刃剑吗？——中国利率市场化进程的微观证据》，《经济研究》第 5 期。

刘忠璐、赵静，2019，《同业与储蓄存款对商业银行贷款的影响研究——兼论存款荒问题的应对》，《经济学家》第 7 期。

卢盛荣、郭学能、游云星，2019，《影子银行、信贷资源错配与中国经济波动》，《国际金融研究》第 4 期。

路晓蒙、吴雨，2021，《转入土地、农户农业信贷需求与信贷约束——基于中国家庭金融调查（CHFS）数据的分析》，《金融研究》第 5 期。

马勇、李振，2019，《资金流动性与银行风险承担来自中国银行业的经验证据》，《财贸经济》第 7 期。

彭澎、吴承尧、肖斌卿，2018，《银保互联对中国农村正规信贷配给的影响——基于 4 省 1014 户农户调查数据的分析》，《中国农村经济》第 8 期。

钱雪松、徐建利、杜立，2018，《中国委托贷款弥补了正规信贷不足吗？》，《金融研究》第 5 期。

邱晗、黄益平、纪洋，2018，《金融科技对传统银行行为的影响——基于互联网理财的视角》，《金融研究》第 11 期。

沈永建、徐巍、蒋德权，2018，《信贷管制、隐性契约与贷款利率变相市场化——现象与解释》，《金融研究》第 7 期。

盛天翔、范从来，2020，《金融科技、最优银行业市场结构与小微企业信贷供给》，《金融研究》第 6 期。

盛天翔、王宇伟、范从来，2017，《利率工具、银行决策行为与信贷期限结构》，《中国工业经济》第 12 期。

史永东、王龑，2017，《职务犯罪是否加剧了银行风险？——来自中国城商行和农商行的经验证据》，《金融研究》第 9 期。

史贞、刘娅茹、王森，2019，《后金融危机时期我国商业银行流动性风险研究》，《国际金融研究》第 3 期。

孙玉环、张汀昱、王雪妮，2021，《中国数字普惠金融发展的现状、问题及前景》，《数量经济技术经济研究》第 2 期。

谭涛、吴江、王旻轲、申文东，2020，《21 世纪海上丝绸之路沿线国家商业银行效率研究》，《数量经济技术经济研究》第 5 期。

童中文、解晓洋、邓熳利，2018，《中国银行业系统性风险的社会性消化机制研究》，《经济研究》第 2 期。

汪莉、邵雨卉、汪亚楠，2021，《网络结构与银行效率：基于时变银行股东网络的研究》，《经济研究》第 12 期。

王晋斌、李博，2017，《中国货币政策对商业银行风险承担行为的影响研究》，《世界经济》第 1 期。

王晓芳、权飞过，2019，《如何防范银行系统性风险：去杠杆、稳杠杆，还是优杠杆？——基于表外业务结构性数据的实证研究》，《国际金融研究》第 9 期。

王永钦、陈映辉、熊雅文，2018，《存款保险制度如何影响公众对不同银行的信心？——来自中国的证据》，《金融研究》第 6 期。

吴雨、彭嫦燕、秦芳，2018，《地区银行发展对家庭正规信贷约束缓解的不均衡影响——基于中国家庭金融调查数据的实证研究》，《经济评论》第 2 期。

项后军、闫玉，2017，《理财产品发展、利率市场化与银行风险承担问题研究》，《金融研究》第 10 期。

项后军、张清俊，2020，《存款保险制度是否降低了银行风险：来自中国的经验证据》，《世界经济》第 3 期。

辛兵海、陶江，2018，《商业银行的流动性风险管理存在同群效应吗？》，《财贸经济》第 4 期。

徐璐、陈逸豪、叶光亮，2019，《多元所有制市场中的竞争政策与银行风险》，《世界经济》第 12 期。

徐璐、叶光亮，2018，《银行业竞争与市场风险偏好选择——竞争政策的金融风险效应分析》，《金融研究》第 3 期。

徐章星、张兵，2021，《中国信贷错配收敛性及其时空演变——基于中国上市公司 20072019 年信贷数据的分析》，《商业研究》第 3 期。

许友传，2019，《多层次银行体系的类信贷影子银行活动的表内溢出风险》，《财贸经济》第 12 期。

余晶晶、何德旭、仝菲菲，2019，《竞争、资本监管与商业银行效率优化——兼论货币政策环境的影响》，《中国工业经济》第 8 期。

战明华、张成瑞、沈娟，2018，《互联网金融发展与货币政策的银行信贷渠道传导》，《经济研究》第 4 期。

张大永、张志伟，2019，《竞争与效率——基于我国区域性商业银行的实证研究》，《金融研究》第 4 期。

张珩、罗博文、程名望、叶俊焘、张家平，2021，《赐福抑或诅咒：农信社发展对县域经济增长的影响》，《中国农村经济》第 3 期。

张珩、罗剑朝、郝一帆，2017a，《农村普惠金融发展水平及影响因素分析——基于陕西省 107 家农村信用社全机构数据的经验考察》，《中国农村经济》第 1 期。

张珩、罗剑朝、牛荣，2017b，《产权改革与农信社效率变化及其收敛性：2008—2014 年来自陕西省 107 个县（区）的经验证据》，《管理世界》第 5 期。

张一林、林毅夫、龚强，2019，《企业规模、银行规模与最优银行业结构——基于新结构经济学的视角》，《管理世界》第 3 期。

钟宁桦、解咪、钱一蕾、邓雅琳，2021，《全球经济危机后中国的信贷配置与稳就业成效》，《经济研究》第 9 期。

周上尧、王胜，2021，《中国影子银行的成因、结构及系统性风险》，《经济研究》第 7 期。

An, P., and M. Yu, 2018, "Neglected Part of Shadow Banking in China," *International Review of Economics & Finance*, Vol.57(9), pp.211–236.

Cai, Y., 2021, "Expansionary Monetary Policy and Credit Allocation: Evidence from China," *China Economic Review*, Vol.66, pp.101595.1–101595.22.

Chen, T. H., Shen, C.H., Wu, M. W., and K. J. Huang, 2021, "Effect of Shadow Banking on the Relation Between Capital and Liquidity Creation," *International Review of Economics & Finance*, Vol.76, pp.166–184.

Chen, Z., Z. He and C. Liu, 2020, "The Financing of Local Government in China: Stimulus Loan Wanes and Shadow Banking Waxes," *Journal of Financial Economics*, Vol.137, pp.42–71.

Deng, K., Ge, W., and J. He, 2021, "Inside Debt and Shadow Banking," *Journal of Corporate Finance*, Vol.69(1), pp.102038.1–102038.26.

Deng, S., C. Mao and C. Xia, 2020, "Bank Geographic Diversification and Corporate Innovation: Evidence from the Lending Channel," *Journal of Financial and Quantitative Analysis, forthcoming*, Vol.137, pp.42–71.

Lee, C. C., Li, X., Yu, C.H., and J. Zhao, 2021, "Does Fintech Innovation Improve Bank Efficiency? Evidence from China's Banking Industry," *International Review of Economics &*

Finance, Vol.74(7), pp.468-483.

Sheng, T., 2021, "The Effect of Fintech on Banks' Credit Provision to SMEs: Evidence from China," *Finance Research Letters*, Vol.39(3), pp.101558.1-101558.6.

Wang, C. A., Zwz, B., Sh, C, and C. Tk, 2021, "Not All Bank Systemic Risks Are Alike: Deposit Insurance and Bank Risk Revisited," *International Review of Financial Analysis*, Vol.77(10), pp.101855.1-101855.15.

Wu, J., Yan, Y. Y., Chen, M. H., and B. N. Jeon, 2021, "Monetary Policy, Economic Uncertainty and Bank Risk: Cross-Country Evidence," *Journal of International Money and Finance*, Vol.12(8), pp.102580.1-102580.35.

Xiao, K.,2020, "Monetary Transmission through Shadow Banks," *Review of Financial Studies*, Vol.33, pp.2379-2420.

Xie, L., Zhang M., and X. Song,2019, "Does Internal Competition Shape Bank Lending Behavior? Evidence From a Chinese Bank," *Pacific-Basin Finance Journal*, Vol.55(6), pp.169-181.

Ying, T. A., Zla, C., Jing, C. A., and D. B., Chao, 2021, "Liquidity Creation Cyclicality, Capital Regulation and Interbank Credit: Evidence from Chinese Commercial Bank," *Pacific-Basin Finance Journal*, Vol.67(6), pp. 101523.1-101523.15.

Yin, H., 2021, "The Impact of Competition and Bank Market Regulation on Banks' Cost Efficiency," *Journal of Multinational Financial Management*, Vol.61(9),pp.100677.1-100677.15.

Yuan, Weidi, Ouyang, Difei and Zhang, Zhicheng, 2022, "Did China's Bank Ownership Reform Improve Credit Allocation?" *European Economic Review*, Vol.141, pp.103782.1-103782.24.

Zhang, Z., and F.Wu,2020, "Moral Hazard, External Governance and Risk-Taking: Evidence from Commercial Banks in China," *Finance Research Letters*, Vol.37(11), pp.101383.1-101383.5.

Zhang, H., Yuan, F., Cui, Y. F., and G. Li,2022, "Research on the Construction and Measurement of Inclusive Finance Evaluation Index System," *Procedia Computer Science*, Vol.199, pp.1152-1159.

Zhu, X, 2021, "The Varying Shadow of China's Banking System," *Journal of Comparative Economics*, Vol.49(1), pp.135-146.

资本市场与公司治理

徐 枫 吕 纤[*]

党的十九大报告精神和习近平总书记关于资本市场改革发展的重要指示精神,以及上市公司相关系列政策的颁布与实施,引起学术界广泛探讨。在相关政策精神引领下,近期文献凝练我国资本市场的特有现象,聚焦亟待解决的现实问题,积极为我国资本市场改革发展以及上市公司高质量发展出谋献策,形成了丰富而极具实践价值的研究成果。总体上,学者们关注资本市场变化及制度建设,并围绕资本市场服务于经济发展目标的现状、问题及优化路径进行深入探索。与此同时,在公司治理方面,传统的治理主体如大股东、董事会仍是近期研究的热点,而公司治理结构、手段、内容等方面变化也受到较多关注。具体而言,在资本市场方面,学者们从中观和微观公司维度聚焦我国资本市场对供给侧改革、"双碳"目标以及数字经济的促进与支持作用,关注投资者行为及其对公司的影响。"沪港通""深港通"等资本市场对外开放政策、融资融券交易制度以及注册制改革依然是近年学者关注的重点,在前期文献的研究基础上,学者们进一步从市场效率和微观企业角度为资本市场制度建设与完善提供了丰富借鉴。与此同时,结合大力发展资本市场中长期资金、优化上市公司治理结构的政策精神,学者们深入挖掘机构投资者和董事会的监督治理动机与治理能力。上市公司股票质押风险也是学术界积极探讨的问题。近期文献不仅探析股票质押风险的形成原因、经济后果,也对如何稳妥化解股票质押风险、减小对投资者、债权人利益损害的问题进行了有益探索。同时,近两年,随着"双碳"目标与减排计划的明确,绿色治理话题也广受关注,目前已形成一些初步探讨,为后续深入研究提供了探索方向。

一 资本市场

(一) 资本市场与实体经济

资本市场服务实体经济一直是党中央高度关注的问题,对此党的十九大也再次强调,要"增强金融服务实体经济能力,提高直接融资比重,促进多层次资本市场健康发展"。资本市场在服务供给侧结构性改革、推动国有经济结构优化、支持绿色转型等方面理应发挥必不可

---

[*] 徐枫,中国社会科学院金融研究所,副研究员;吕纤,中南民族大学,讲师。

少的支持与支撑作用。例如，从国际数据来看，金融结构与企业杠杆率密切相关，金融结构市场化程度上升有助于降低企业杠杆率，尤其当金融发展程度较高、监管治理较好、信息环节较优的情况下，金融结构市场化对于"去杠杆"的效果更为明显（谭小芬等，2019）。随着绿色金融体系的建设，专业ESG基金、绿色基金纷纷设立，以其绿色投资理念支持企业积极开展绿色创新等绿色治理活动（危平、舒浩，2018；姜广省等，2021）。近年来，我国已经逐渐形成"实体企业+数字化"的创新驱动发展模式，企业数字化转型有助于改善信息环境、强化创新动能、促进企业价值增值，因此也得到资本市场的良好反应（吴非等，2021）。可见，重视资本市场建设和发展，提高资本市场效率，发挥其在资金融通、资源配置等方面的作用，确保直接融资达到与间接融资均衡合理的结构水平，对于配合新时代下经济改革政策具有重要意义。

资本市场效率是影响资本市场服务实体经济的重要因素。现实中，市场往往因为非理性参与者的存在并非总是有效率。以投资者为主的市场参与者可能受到处置效应、羊群效应、博彩偏好、低价格幻觉等非理性因素影响，导致对股票价值错误估计，影响市场资源配置。

近年来的研究不仅论证我国资本市场中小投资者非理性行为带来错误定价，更进一步从微观角度探讨市场效率对公司财务行为的影响。例如，应千伟等（2017）基于盈余管理的视角，考察个人投资者关注在媒体的市场压力效应形成过程中的中介作用，以及在不同所有权属性下的差异性，揭示了公司管理层或大股东在市场压力影响下，主动实施盈余管理并利用错误定价获取短期利益的动机。进一步，田利辉和王可第（2017）结合社会责任信息披露强制政策，得到管理层利用策略性信息披露隐匿负面信息的条件，即信息不透明程度足够高并且监督机制不够完善。不同于发达资本市场上公司倾向于发放稳定且较高水平的现金分红，我国资本市场存在"高送转"的现象。对此，徐龙炳和陈历轶（2018）从股票拆分的实质出发，分析上市公司确定送股转股比例的决策过程，得出"高送转"是管理层双重迎合的结果，即在股利决策时管理者既迎合了市场名义价格偏好，也考虑了投资参考点效应。除"高送转"异象外，我国还存在较为独特的并购现象。在跨境并购中，我国企业存在较为普遍的高溢价、低完成率并存的情况。钟宁桦等（2019）观察到这一现象在不同产业中的差异正好与我国"五年规划"制定的产业政策相符合，进而在实证分析中发现获得产业政策支持的企业在跨境并购中表现出更高的并购溢价和更低完成率。结合这些企业债务融资可得性较高、成本较低，并且获得政府补贴也较多的现实情况，他们认为正是由于政府主导的产业升级使得企业在跨境并购中需要付出较大代价，呈现高溢价、低完成率并存的异象。而在本国并购中，我国企业更愿意在股价低估时发起并购，并能获得更好的市场表现。李善民等（2020）则指出，前期文献中往往使用过度估值理论解释股价高估下的并购动机，而这一理论无法解释我国的并购异象。考虑到信息不对称的情况，公司在股价低估时并购很可能是为了向市场传递积极信号以助推股价上涨。结合互联网技术与网络交流平台的发展，江轩宇等从网络舆论的角度探讨投资者关注如何给企业和管理者带来市场压力，并进一步作用于企业的创新活动；并且，职业忧虑程度越高的管理者受网络舆论尤其是负面舆论的影响越大。可见，在股票误定价的情况下，公司治理机制能够发挥的效用受到限制，而政策制度变化引起的市场信息环境改善以及市场参与者的信息挖掘仍将有助于约束公司决策者的短视行为。例如，曹延求和张光利（2020）在探讨我国上市公司重要的自愿性信息披露渠道电话会议的信息披露效果时发现，分析师关注程度越高、投资者对企业信息需求程度越强，则电话会议的信息披露效果越好，越能降低公司股价崩盘风险。孟庆斌等（2020）基于"互动易"平台探究公司与投资者网络沟通的信息含量时，也发现投资者能够挖掘公司董秘回复内容和语气中包含的信息，并以此为依据进行投资决策。也有新近文献认为，我国资本市场股价信息含量与民营企业投资效率同步提升，较好地发挥了资本配置功能（Carpenter et al.，2021）。

总体而言，近年来的研究越来越多聚焦于我国资本市场特有现象和问题，例如"高送转"现象、高溢价低成功率的跨境并购行为、低估值下的本国并购行为、中小股东积极主义等，并深入探讨我国与国际其他资本市场的差异原因。这为增强资本市场运行的规范性、完善资本市场基本制度具有政策参考意义。

（二）资本市场对外开放

自 2002 年起，我国资本市场通过合格境外机构投资者制度（QFII）和国际资本市场联通，随后于 2006 年颁布的合格境内机构投资者制度（QDII）开启了我国资本市场的双向开放，2011 年又通过人民币合格境外投资者制度（RQFII）进一步扩展境外投资者对我国资本市场的投资渠道。但是在上述制度下，境外投资者在投资渠道、规模等方面限制较多。2014 年 4 月"沪港通"启动，上海与香港股票市场交易互联互通机制正式建立，使得香港市场和海外投资者能够直接在上交所交易标的股票，这从根本上拓展了我国资本市场对外开放的局面。2016 年 12 月"深港通"也得以启动，进一步提高了我国资本市场对外开放程度。

2017 年，党的十九大提出，要"进一步扩大资本市场开放水平"。随后，在 2018 年博鳌亚洲论坛年会上，习近平总书记再次强调"过去 40 年中国经济发展是在开放条件下取得的，未来中国经济实现高质量发展也必须在更加开放条件下进行"，并宣布金融开放重大举措。2019 年 7 月国务院发布《关于进一步扩大金融业对外开放的有关举措》，中国人民银行、银保监会、证监会等部门进一步落实扩大金融业对外开放路线图和时间表。由此，资本市场对外开放对公司及公司治理的影响成为学科研究的重要命题。以连立帅、朱松、陈运森、黄健峤等为代表的学者聚焦资本市场开放的信息效率提升作用，以及对公司治理结构的优化影响，利用 QFII、沪港通、深港通等我国特有制度背景展开丰富探讨。

早期关于资本市场对外开放影响的探讨源于机构投资者监督效应的分析框架，并且对于境外机构投资者是否具有监督治理效应存在争议，主要形成信息优势观和信息劣势观两种截然不同的观点。信息优势观认为，境外投资者大多是专业的、具有较强投资分析能力及长期投资理念的机构投资者，为了最大化长期投资收益，不仅有动力也有足够的信息和专业优势实施监督，能够通过"用手投票"和"用脚投票"两种途径提升公司治理水平（Yoon，2020）。而信息劣势观认为，境外投资者相较于本国投资者获取信息的难度可能更大，境外机构投资者不仅需要跨越地理、文化等障碍实现信息收集，还需要更多投入精力对已获得信息进行分析。尤其当市场配套政策制度不完备、信息环境较差时，跨境投资意味着承担更高的风险成本，这都可能削弱引入境外投资者的监督治理效应（刘成彦等，2007）。

我国QFII、沪港通、深港通的相继启动提供了天然的实验研究平台，现有文献在此基础上所进行的研究结果也充分支持了资本市场对外开放的积极效果，基本认为深化资本市场开放是促进市场信息效率提升的有效途径。例如，李春涛等（2018）从公司信息披露质量角度研究境外机构投资者持股能否作为外部监督治理机制发挥作用，提出吸引分析师跟踪和增加高管薪酬敏感性是境外机构投资者持股促进公司信息披露质量提升的作用途径，肯定了增加境外机构投资者数量和逐渐放松资本项目管制等对外开放措施的积极作用。钟凯等（2018）则从标的股票股价的异质性波动角度，证实了"沪港通"对公司信息披露治理的积极促进效果，认为逐步扩大的对外开放措施对于维护我国资本市场稳定健康发展具有重要作用。钟覃琳和陆正飞（2018）基于股价信息含量的角度为资本市场对外开放的积极效应提供了经验证据，通过知情交易直接促进股价吸收公司特质信息和优化公司治理机制提升信息披露质量等途径，"沪港通"有助于提高股票价格的信息含量，提升资本市场资金配置效率。尽管上述文献对资本市场对外开放与公司治理之间的关系给予了大量经验支持，但未涉及对外开放中境外投资者的进入究竟提供怎样的信息增量。事实上，境外投资者与本地投资者能够获取的信息来源、内容等都可能有所不同，因此境外投资者的引入能够增加股票价格中的信息含量。对此，连立帅等（2019a）分别从全球性私有信息、估值能力与模式两个方面考察香港市场投资者相对于本地投资者的信息优势，探讨境外投资者带来的非财务信息如何影响股价的资源配置功能。他们认为，来自发达资本市场的投资者专业性更强，收集、处理和分析信息的能力也更强，甚至具有全球性私有信息优势，能够带来的信息增量往往来源于非财务信息。通过跨境投资，境外机构投资者所拥有的这些非财务信息将纳入股票价格，提高定价效率。进一步地，连立帅等（2019b）还探讨资本市场开放通过股价信息反馈与融资渠道影响公司投资行为，最终增强资本市场对实体经济的引导作用。具体而言，沪港通交易制度会通过提高企业长期债务融资与非财务信息定价的敏感性，影响企业融资，最终作用于企业投资。

关于我国资本市场对外开放优化公司治理的具体成效，近年研究相继探讨了沪港通和深港通对于上市公司分红行为、投资效率、股权资本成本、大股东掏空行为等方面的影响。例如，陈运森等（2019）则认为，上市公司在引入境外机构投资者后选择增加现金分红，不仅是因为改善公司治理环境并抑制内部人机会主义行为，还可能是出于信号传递目的，即通过积极的现金分红政策吸引境外资金进入公司。进一步地，陈运森和黄健峤（2019）还发现，沪港通政策的实施有助于提升上市公司投资效率，并且资本市场开放对于信息环境的改善是促进公司投资效率提升的主要路径。资本市场对外开放还有助于降低公司股权资本成本，不过庞家任等（2020）则认为，香港机构投资者的影响不仅会改变内地资本市场信息结构，还会加剧投资者之间竞争，因此信息和竞争渠道均可能对公司股权资本成本产生影响。他们发现，"沪港通""深港通"对股权资本成本的降低作用并非完全一致，这可能是由于"沪港通"启动初期政策还不完备、交易不够活跃，降低资本成本的效应有所延迟。王婉菁等（2021）则从环境信息披露视角，考察资本市场开放在改善我国资本市场信息披露不规范问题、减少模糊性和选择性披露行为方面的积极作用，结果显示沪深港通启动确实显著改善我国股票市场环境信息披露质量，并且通过提高公司分析师关注度和高管持股，对环境信息披露质量发挥外部监督和内部激励的改善作用。此外，白雅洁和张铁刚（2021）还探讨了资本市场对外开放弥补公司内部治理机制和市场监管制度发挥抑制大股东掏空行为的积极作用，并发现资本市场对外开放的治理效应还受到所有权属性和市场化程度影响。

总体而言，现有文献对于我国资本市场对外开放的政策效果予以肯定，尤其是在资本市场开放的信息效率提升作用以及公司治理结构优化作用方面形成了大量有价值的研究成果。新近研究还关注到资本市场开放的具体事件和关键指标的准确性问题，如2018年5月15日我国部分A股上市公司入选明晟（MSCI）新兴市场指数，倪骁然和顾明（2020）在此基础上通过事件研究法分析了此次资本市场开放具体事件的信息含量及其对公司股票价格的影响，支持了资本市场开放所具有的价值发现作用。再如阮睿等（2021）使用文本分析方法，从公司年报提炼可读性指标衡量信息披露质量。这些研究成果为继续推进资本市场开放政策提供了理论依据，也对进一步扩大资本市场开放水平具有重要的政策启示。

（三）卖空制度变革

传统的经济学模型中通常假设股票交易无限制，然而现实资本市场大多存在卖空限制。自2010年起，我国开始实施融资融券制度，通过分步扩容逐渐放松上市公司股票的卖空约束。2019年8月，沪深交易所发布第六次融资融券扩容公告，至此我国纳入融资融券标的股票数量超过1600只。融资融券交易制度作为我国资本市场的重要制度创新，其实施效果与经济后果备受关注。近年来，以苏冬蔚、孟庆斌、张璇等为代表的学者围绕卖空制度变革带来的信息披露、治理效应以及市场压力进行了丰富探讨，主要形成约束假说和压力假说两种观点。

约束假说认为，卖空机制的引入使得利空消息及时反映在股票价格中，一方面能够强化股权激励减少管理者短视或自利行为，另一方面能够通过卖空交易发挥外部监督作用实现治理效应。支持约束假说的学者结合公司融资决策、技术创新、战略选择、高管薪酬、资本结构决策、高管减持、违规行为等探讨了卖空机制的积极作用。例如，顾乃康和周艳利（2017）从融资融券标的事前威慑角度出发，发现允许卖空企业新增外部权益融资和债务融资额均显著减少，以及新增债务融资减少程度比新增权益融资更大，并且这一效应在内部治理水平较差或正向盈余管理程度更高的企业中更明显。褚剑等（2017）从银行视角切入，分析卖空机制降低银行面临的信息和信用风险的作用条件，侧面证明了卖空机制的约束假说。权小锋和尹洪英（2017）系统考察了卖空机制对公司创新行为的影响效应及其价值机理，认为卖空机制的信息披露和监督治理效应产生了创新激励作用，能够显著提升公司创新产出，并能通过这一创新渠道促进公司价值提升。这一观点在陈怡欣等（2018）的研究中，通过融资融券制度实施前后标的公司与非标的公司专利申请量变化也得以佐证，随着融资融券制度的实施公司申请专利数量显著提升，表明引入卖空机制增强了公司创新动机和创新水平。李春涛等（2020）则进一步使用工具变量控制内生性问题，同样证实卖空机制不仅促进公司创新数量也提升创新质量。并且，在不同产品市场竞争程度、分析师跟进、公司治理水平等情境下卖空机制发挥作用也有一定条件，这集中反映了卖空具有的公司治理和降低信息不对称的功能。孙诗璐等（2021）则从并购商誉的角度论证了卖空机制的约束假说，即卖空约束放松后，分析师跟踪的增加以及管理者激励的强化有助于抑制并购商誉泡沫，这使得公司超额商誉和商誉资产出现显著下降。卖空机制还进一步畅通了大股东退出渠道，使得退出威胁的治理效应得以充分发挥。基于此，余怒涛等（2021）发现，融资融券制度实施后大股东退出威胁能够发挥治理效应，改善公司财务报告质量，特别是机构投资者退出威胁的治理效应更强，并对控股股东财务集中、管理层持股的公司更为有效。此外，陈克兢等（2021）也通过考察外部大股东退出威胁与企业创新的关系，为卖空机制增强股东退出威胁的治理效应提供了经验证据。

对于约束假说的具体作用机制，也有部分学者聚焦探讨。例如，马惠娴和佟爱琴（2019）关注约束假说中卖空机制对管理者薪酬激励的强化作用，系统地探讨融资融券制度与高管薪酬契约有效性的关系，分析股东监督和薪酬业绩敏感性作为卖空机制作用渠道的治理效应，对卖空机制约束假说提供了有力支持。李志生等（2017）则关注卖空机制的信息治理作用，并进一步区分内部和外部两类信息治理作用，为融资融券交易改善股票市场定价效率和市场质量提供了新解释。他们发现，卖空机制能够促进坏消息和非强制信息的披露，提高管理层业绩预告的及时性和准确性，这反映出卖空机制的内部信息治理效应。同时，卖空机制还能降低分析师预测偏差与分歧，这是卖空机制发挥外部信息治理效应的体现。

杨棉之等（2020）也从信息机制提供了经验证据。他们发现卖空约束放松将弱化交易型机构投资者加剧公司未来股价崩盘风险的不利影响，增强稳定型机构投资者对于股价的稳定作用。也有学者同样关注到卖空机制的引入减少了公司负面消息藏匿现象，具体反映为融资融券制度实施后公司财报质量改善、倾向于通过自愿信息披露或通过媒体发布消息来减少坏消息在公司内部的堆积（Deng et al.，2021）。不同于以往单纯基于制度监管或内部治理视角的研究，徐细雄等（2021）突破单一的信号传递理论视角，通过构建资本市场信息效率和内部公司治理效率的二维分析框架，从市场化治理视角探讨了卖空机制对公司违规行为的影响，有助于深化对卖空机制治理效应及其作用机制的理解，并为卖空机制作为增强投资者保护的有益补充提供了经验证据。董卉宁等（2022）还探讨了中国式卖空机制作为重要公司外部治理机制对高管减持发挥的作用，分析卖空机制能否提高股票定价效率降低高管减持收益，同时改善公司治理环境来减弱高管压制坏消息的程度，并进一步区别卖空机制对投机性减持和其他减持行为的影响，肯定了我国卖空机制的治理效应，即卖空机制能够抑制高管基于信息优势和股价偏差的投机性减持行为。新近研究还关注到卖空机制更为广泛的溢出效应，例如如何作为外部监管的补充机制在食品安全治理中发挥作用。张璇等（2022）提出卖空机制通过威慑效应约束厂商的自利动机，提升上市食品企业产品质量。同时，通过供应链协调、同群效应以及减少信息不对称的途径，卖空机制还能对同地区其他企业具有食品质量治理的溢出效应。因此，适时合理地将食品类上市公司纳入融券标的，将为食品安全治理提供一种可行的资本市场途径。

也有学者对于约束假说中的信息机制和治理效应提出质疑，例如王攀娜和罗宏（2017）从卖空机制对分析师这一资本市场信息中介切入，发现卖空引起的股价下行压力显著影响分析师预测，不仅无法提升信息效率反而会增加市场噪音，这说明卖空机制积极作用的发挥存在不确定性。后续学者诸如苏冬蔚和倪博（2018）也认为卖空机制不一定能够发挥治理效应，卖空交易既可能抑制资产价格泡沫、减小市场风险的非对称性、完善价格发现功能并增强市场稳定性，也可能扩大股价波幅、加剧市场暴跌并诱发市场危机。进一步，苏冬蔚和彭松林（2019）还发现，卖空交易者往往参与内幕交易，并且作为知情交易者较其他投资者具有更多的信息优势，会利用市场时机择时交易，这也影响了卖空机制的治理效应。朱焱和王玉丹（2019）同样发现卖空机制发挥约束和治理效应存在条件，从企业社会责任角度来看，管理层既存在减少社会责任活动的价值保护动机，也存在增加社会责任活动预防负面事件影响的预防性动机，这种动态博弈削弱了卖空机制的治理效应。在公司创新活动中，谭小芬和钱佳琪（2020）也观察到管理层受卖空压力影响的策略性行为。他们考察了我国专利申请中存在的"重数量、轻质量、重申请、轻维护"现象和专利泡沫问题，发现卖空压力下公司申请专利的数量增加而专利授权率则降低，并且在结构上主要以实用新型专利和外观设计专利为主。这说明管理者不是以提升自主创新能力、保持竞争优势为目的开展创新活动，而是为了获取优惠或相关利益盲目申报专利。这种策略性专利行为尽管能推高短期股价，但对长期业绩没有促进作用，仅仅是一种"创新假象"。不同于前述研究视角，倪晓然（2020）从利益相关者角度出发检验卖空机制的作用，发现卖空机制在外部信息治理环境较差、企业与客户信息不对称程度较高时更可能通过市场压力渠道对公司产品市场表现产生负面影响，这在一定程度上说明完善资本市场基础制度的必要性。此外，卖空机制尽管对整体市场效率有一定提升作用，但也许基于信息增量以外的渠道。Lv 和 Wu（2020）将市场价格效率区分为信息含量和价格调整速度，进一步考察融资融券制度对两类价格效率的差异化影响，发现引入卖空机制反而导致股票信息含量下降，但加快了价格调整速度。

不过，学者们也发现，市场压力机制可能有一定积极作用。例如，孟庆斌等（2019）关注到卖空机制影响公司战略选择，并认为引入卖空机制后管理层所面临的资本市场压力不仅包括业绩压力，还包括监督和融资压力，这将促使管理层趋于选择更为稳健的公司战略，即减少研发和市场扩张的资源投入、集中公司主营业务并选择较为稳定的组织结构。在这一路径下，卖空机制对公司风险水平的降低带来积极作用，但对公司盈利性和成长性有一定负面影响。黄俊威和龚光明（2019）考察卖空机制引入对公司资本结构调整速度的影响时，发现压力假说的解释力度更强，为缓解股价下行风险，公司向下调整资本结构的速度更快。同样，彭章等（2021）发现纳入融资融券标的后企业杠杆率会降低，并且这一效应在非国有企业和小规模企业中更加显著。他们进一步发现，融资融券通过放大财务困境负面效果促使管理者降低财务风险，通过促使管理者降低投资水平减少债务融资需求，通过增加债务融资成本等三个渠道降低企业财务杠杆。这些发现为我国资本市场制度改革在微观层面发挥的"去杠杆"效果提供了理论依据。

总体而言，对于卖空机制的利弊得失，无论是约束假说还是压力假说在我国均得到一定的理论与经验支持。若要使卖空机制对提升市场信息效率、增强监督治理效应发挥作用，存在一定条件，这对于完善我国金融制度具有重要的政策启示意义。

（四）股票发行制度变革

在短短三十余年中，我国股票发行制度经历了审批制、核准制到注册制的渐进转变。20世纪 90 年代我国资本市场成立初期，为保护中小投资者，股票公开发行实行的是以额度管理或指标管理为实现手段的审批制。2001 年起，核准制正式启动，并于 2004 年由最初的根据通道数审核改革为保荐符合条件的公司公开发行股票和上市。随着市场化需求的不断凸显，设立"多元包容的发行上市条件、建立市场化的新股发行承销机制、构建公开透明可预期的审核注册机制"的必要性与日俱增。党的十八届三中全会明确指出，推进股票发行注册制是一种历史趋势、是市场化程度提高的必然结果，并将推进注册制改革写入党的文件。2018 年 11 月，习近平总书记在首届中国国际进口博览会开幕式上宣布在现有主板市场外新设科创板块，并正式提出进行注册制试点，随后注册制相关工作迅速推进。2019年7月，科创板开板后华兴源创等25家公司通过证监会批准"同意注册"，成功取得科创板股票发行资格。2020年生效实施的新《证券法》中，对全面推进注册制也作出法律规定。随后，2020年8月，注册制试点在创业板落地，维康药业等18家公司通过注册制首发上市交易。2021年9月成立的北交所更是全面实行注册制。股票发行制度变革同样引起学界关注，但由于注册制实行时间尚短，少有文献直接实证探讨股票发行制度变革的影响，主要是围绕我国特有的频繁借壳上市现象、价格审核机制等进行侧面研究。

核准制下我国公司上市门槛较高，审核周期较长，因而部分公司更倾向于选择借壳上市。针对我国公司选择借壳上市而非IPO的现象，以屈源育、吴卫星和沈涛为代表的学者认为，这说明现行的IPO审批制度在筛选上市公司方面可能缺乏效率。尽管前期文献大多认为倾向于借壳上市的企业业绩较差，上市后也容易出现业绩变脸的情况，而屈源育等（2018c）则发现，我国借壳上市的企业和IPO企业之间的差异主要存在于融资约束而非上市前后的业绩表现，即部分优质公司选择借壳上市是为更快环节融资约束并降低上市成本。通过进一步研究，他们还发现，作为壳的上市公司凭借上市资格这一稀缺能够获得一定溢价，他们使用公司壳价值和被借壳概率量化公司壳价值含量，并验证了壳价值含量与股票收益率间具有与现有风险因子无关的正相关关系，证实了股票发行管制政策是导致壳溢价的重要原因。壳溢价的存在也说明了资源的无效配置，壳公司即使经营能力不佳，也会因为被借壳的预期而吸引大量资金，不利于市场将资源配置给更优的公司。针对市场上涌现的炒壳资源等投机行为，屈源育等（2018b）还解析借壳上市影响市场资源配置有效性的具体机制，认为在我国借壳上市盛行的情况下，具有较高壳价值含量的上市公司将更多考虑未来被借壳的可能性，进而选择较低的投融资水平或减少现金分红，这将使壳公司生产效率降低，不利于资本市场资源的有效配置。进一步，时昊天等（2021）认为，借壳上市背后的股票发行管制问题将随着注册制改革而缓解。他们首次运用事件研究法区分发行环节和非发行环节的制度变革，检验了核准制向注册制的转变对壳公司市场估值的影响，发现只有涉及发行环节的制度改革会显著影响壳公司股票价格，其中积极推进注册制改革有效降低了壳公司股价，这表明注册制改革一定程度上促进了资本市场定价效率的提升。尽管在核准制较为严格的上市管制下，有一些弊端呈现，对于当前注册制的发展与完善仍有借鉴意义，尤其是在信息披露与审核方面。例如，我国核准制要求公司通过发审委审核才能取得上市资格，注册制虽然主要通过问询过程实现信息披露，审核仍然具有重要影响。张光利等（2021）则聚焦我国特有的价值审核机制，研究发现IPO审核意见具有较强信息含量，能够使市场对经营层面的不确定性做出反应，影响上市成本、股票定价以及分析师对其未来经营情况的预测。注册制改革并非完全放弃对股票上市的管制，上市过程仍应将审核作为重要一环。从实践来看，注册制下大部分公司能够顺利通过问询式审核成功上市，不过也有少数未能通过的案例，这体现出问询式审核的作用。

随着政策实施时间的积累，近期的研究得以更直接地探讨注册制对资本市场效率的影响。例如，薛爽和王禹（2022）从信息挖掘和价值发现两方面探讨注册制下的问询式审核是否能够提升 IPO 定价效率。他们发现，问询回复函中信息含量的多少以及信息确定程度显著影响机构投资者对拟上市公司信息的获取和处理，这与机构投资者理性程度无关。这一结论说明了注册制下审核问询的有效性，从定价效率视角提供了评价注册制改革的经验证据。赖黎等（2022）则以注册制试点宣告事件为切入点，检验股票发行变革对市场定价效率的影响及作用机制。他们发现，从横向来看，科创板新股实际首日收益率和连续涨停天数相对其他板块更为合理，从时间纵向来看，注册制试点宣告后壳公司市场反应较差，其他板块新股收益收益率和连续涨停天数也逐步回落。这些均说明市场上题材炒作、炒壳等市场非效率现象有所缓解，注册制改革有助于市场定价效率的提升。并且，从长期来看，随着注册制改革稳步推进，市场表现逐渐与投资者预期相互印证，这对未来我国资本市场改革具有一定启示。

二　公司治理

（一）股东积极主义与治理效应

大量研究对于股东的监督治理效应提供经验支持，其中较多文献从机构投资者方面进行探究。大量研究表明，机构投资者是公司治理的重要参与者，有能力和动机通过公开建议、征集委托投票权、与管理层沟通等积极主义行为发挥监督治理效应（Levit, 2019）。在我国，机构投资者基于自身信息优势和社会网络对公司决策施加影响。例如，李善民等（2019）以上市公司并购事件为研究对象时发现，风险投资能够利用自身信息优势和社会资源发挥咨询功能，从而作为制度安排的补充机制增加公司在当地取得并购成功的概率。也有研究对于机构投资者治理效应存疑，例如温军和冯根福（2018）指出现实中风险投资者对于公司也可能存在一定消极影响，应当综合考虑风险投资的价值增值服务和攫取行为，探讨两者的交互作用如何影响公司决策。通过实证检验，他们得到风险资本与公司创新活动的 U 型关系，说明在曲线低点即临近 IPO 时风险投资的攫取效应将更为明显。此外，陆蓉和孙欣钰（2021）还发现，我国一些机构投资者存在热衷炒作"概念股"的投机行为，会为了获取更高收益利用信息优势制造概念并助推股市泡沫。尤其是在市场错误定价程度较严重的情况下，机构投资者更可能为了提高业绩而诱导概念炒作。此时机构投资者不仅无法发挥监督治理效应，甚至将引发股票市场激烈波动，并使个人投资者遭受损失。部分学者还结合我国投资者保护新规，考察非营利性股东是否具有监督治理作用，通过比较试点前后由中证持股公司和无中证持股公司的盈余管理程度，发现非营利性股东的存在有助于约束控股股东掏空行为，减少隧道效应（Ge et al., 2022）。近年来，有学者关注到我国资本市场中越来越普遍的共同机构所有权现象。尽管在美国等西方资本市场上，共同机构所有权已成为普遍现象，并通过促进共同持股权下公司间合作、改善公司治理发挥了一定协同治理效应（He and Zhao，2019）。但是，在我国股权高度集中并且机构投资者活跃度较弱的背景下，机构投资者共同所有权的作用机制存在差异。例如，李维安等（2017）研究发现，机构投资者能够收集并整合持有股权的各企业间信息并加以学习，进而影响其对企业的治理效应。而黄灿和李善民（2018）则认为股东关系网络仅能通过信息优势促进企业业绩提升，无法发挥资源效应，具体作用体现在刺激企业扩张和提升经营效率，并且股东关系网络的价值实现还受到所有权属性、经济政策不确定性以及市场化程度的限制。前述文献虽然涉及共同所有权和机构网络，但并未厘清共同机构所有权的作用机制。事实上，机构投资者共同所有权既可能带来"协同治理效应"也可能存在"合谋舞弊效应"。杜勇等（2021）进一步突破原有文献探究单个机构投资者的研究局限，明确机构共同所有权发挥协同治理作用与合谋形成信息壁垒的影响机理，并验证了我国共同机构投资者通过委派管理层发挥治理效应的作用机制，拓展了机构投资者治理行为和治理效应的研究视角。

对于中小投资者是否能够发挥治理效应，现有文献存在不同的观点。多数学者认为，中小股东理性程度较低，积极参与公司治理的观念较弱，即使具备监督治理意识，也可能受到公司决策层迎合行为影响导致治理效应受限。并且，中小股东维护自身权益的成本过高，因此往往在公司治理中参与度较低（黄方亮等，2019；辛宇等，2020）。尤其在我国"散户型"投资者结构和集中的公司股权结构下，中小股东往往只能通过"用脚投票"表达自身观点（胡茜茜等，2018）。不过近年来的研究则表明，随着网络投票平台、深交所投资者互动交流平台等措施的实施，中小投资者参与公司治理的程度也逐渐提高。例如郑志刚等（2019）研究发现，中小股东在力量较强时会选择发起提案，若是成果促成董事会成员变更，将进一步改善公司治理结构，促使公司长期绩效提升（郑志刚等，2019）。尽管部分学者质疑中小股东理性程度不足，容易受公司决策层迎合行为的影响，但这些研究较少直接验证中小股东的治理效应（胡茜茜等，2018）。2020年3月修订后的新《证券法》确立了专门的投资者保护机构，并提出了中国特色的特别代表人诉讼制度，以保障中小股东权利。在此政策背景下，黄泽瑞等（2022）认为，我国中小投资者人数众多的基本特征能够转化为参与治理的优势，即当中小股东通过参与股东大会集聚起来，形成一种自发或松散组织下的显性群体，其规模性将产生治理作用。该研究不仅厘清了中小股东治理效应的作用机制，并为低持股比例的中小股东抑制大股东掏空的治理效果提供了直接证据，同时也丰富了中国情境下中小股东积极主义的研究。

（二）董事会监督治理条件与治理效应

董事会是公司治理的重要主体之一，也是公司治理领域研究的核心问题。在我国股权结构较为集中的情况下，伴随着混合所有制改革的深入，董事和董事会进行监督治理的条件与效应都与美国等西方国家存在差异。与之相伴的是，实践中对于独立董事治理效应也出现一些质疑。这些都是近年来以刘星、武立东为代表的我国学者所关注的重点。

在前期研究的基础上，学者们主要从特征与人际关系两方面探讨我国上市公司董事的监督治理效应。例如，胡元木和纪端（2017）深入分析了技术专家型董事的创新驱动效应，并论证了这种创新活动的提升对公司绩效有显著的积极影响，对于构建创新支持的公司治理机制提供了一定启示。陈运森和郑登津（2017）则深入分析董事网络关系带来的公司间投资趋同效应，认为董事连锁网络是有效的信息传递渠道，在优化财务政策动机下促使存在连锁网络关系的公司呈现投资趋同。武立东等（2018）探索性地从非正式层级关系出发分析董事会战略决策过程，发现非正式层级会提高董事的自我意识和个体影响，从而增加决策过程中的政治行为，降低程序理性。类似的，张耀伟等（2021）也发现，董事会断层即内部子团体的存在影响公司投资决策，由于信息多样化效应和决策冲突效应，董事会断层与投资决策质量间呈倒 U 型曲线关系（张耀伟等，2021）。考虑到我国文化背景下个人与集体的关系与西方迥然，李莉等（2020）从师生关系这一独特视角研究董事监督治理效应，发现师生"类血缘"关系能够有效缓解代理问题，并且与外部正式制度相调节。家族企业董事席位配置问题也是公司治理的重要话题，不同于以往基于委托代理理论的研究，刘星等（2020；2021）还将家族成员间的利他主义行为纳入考虑，系统地研究了家族董事席位的配置偏好、超额控制以及对投资等公司财务决策的影响。他们发现，家族董事席位超额配置程度较高时，控股家族能够通过降低非家族董事投具"非赞成票"的倾向、减少控股家族的占款行为等途径来缓解代理冲突，公司过度投资将受到抑制，投资效率得以提升。家族董事席位超额控制有可能是出于代际传承的考虑，帮助继承人构建能力权威并应对宏观经济下行压力的动机将增加家族董事席位超额控制程度。这些发现为家族企业完善董事会决策机制提供了一定的理论依据。而杜善重（2021）则强调非家族股东委派董事的治理效应，认为这种"非家族力量"有助于提升公司风险承担、优化组织配置，从而对公司创新投入的积极作用更为强烈。祝继高等（2021）也认为非控股股东董事的监督动机与效果值得关注。他们发现非控股股东董事具有一定监督治理效应，非控股股东与其他股东的利益一致性和非控股股东董事独立性影响其监督动机和效果，并且非控股股东董事的监督对独立董事履行监督职能具有溢出效应。这些均对于进一步提高董事会治理效率、完善中国特色现代企业制度具有积极的启示。

混合所有制改革过程中，公司股权结构和董事会结构将产生较大变化。近年来随着混改的大力推进和不断深入，部分文献也围绕国有董事和非国有董事的监督动机及效果差异进行探讨。例如，刘汉民等（2018）通过研究股权结构和董事会结构与企业绩效的关系，论证了股权和控制权非对等配置的逻辑合理性。他们发现，在提高公司绩效方面，董事会结构优化比股权结构更具意义，国有和非国有董事占比存在一定平衡，这也为解决混合所有制改革困局提供了设想和建议。类似的，逯东等（2019）从并购绩效的角度为混合所有制改革中董事会治理效应提供了新的论据。他们发现非实际控制人尤其是国有性质的非实际控制人，其具有的董事会权利能够起到监督治理效应，从源头上减少无效并购，并提升并购后整合能力。这不仅回答了市场化力量能否有效制衡政府股东的问题，还为国有企业如何通过混合所有制改革来提高董事会的决策能力提供了解决方案。进一步，吴秋生和独正元（2022）从国有资产保值增值的目标切入，探讨非国有董事的治理效应。他们发现，积极的非国有股东投票行为能够提高投资效率和内部控制治理，弥补投资者保护不足，促进国企资产保值增值。近期文献还探索性地研究了党组织治理与董事会治理的交互作用，党委书记和董事长二职合一是我国国企的特有情况，围绕这一情境下董事会监督治理条件及治理效果，有学者深入分析了国有企业党组织与董事会嵌合发挥治理效应的作用机制，党委会在董事会决策之前进行政治把关，通过行使否决权阻止一部分存在问题的议案进入董事会决策流程，降低管理者腐败风险，减少董事会异议，但能否提升企业经营绩效还未有一致结论（柳学信等，2020；郝建等，2021）。

不同于股东委派董事，独立董事具有更强的专业优势和独立性，理应更好地发挥监督治理效用。但是，现实中独立董事的作用有限，遭到一些学者和社会舆论的质疑。针对独董履职失效的问题，部分研究认为可能与其异地任职导致的信息不对称（曹春方、林雁，2017）、我国较为严格的任期限制（陈冬华、相加凤，2017）以及上市公司合规动机有关（许楠等，2018）。除上述原因外，我国关系文化盛行的情境下独立董事能否保持其应有的履职独立性以改进企业决策、强化投资者利益保护，是需要深入分析的。尽管前期文献认为本地任职将有助于独立董事发挥监督治理效应，周泽将等（2021）则认为，本地任职也可能带来关系效应，尤其在我国关系情境文化中本地任职的独立董事也容易丧失应有的独立性，难以对管理层的违规行为进行约束，甚至与其合谋。罗肖依等（2021）则从友好性特征角度探讨独立董事与CEO关系对于公司创新等长期战略投资的影响，认为二者之间的社会友好性会加剧CEO机会主义行为和短视行为，带来"友谊成本"，而人口统计学友好性则能够促进战略合作，提高公司创新投入和创新绩效。

（三）大股东股权质押风险与市值管理

上市公司大股东利用股权质押融资是我国资本市场近年来的普遍现象，逐渐受到较多关注。尤其是在2017年我国A股市场不断出现下跌市场面临较大质押爆仓压力的情况下，大股东股权质押问题成为资本市场与公司治理领域关注的热点问题。以谢德仁、廖珂等为代表的学者围绕股东股权质押动机、影响以及制约因素等内容进行了丰富探讨。现有研究基本认为，为避免强制平仓带来的影响，作为股权质押方的大股东或控股股东有动机和能力采取措施使股价保持相对稳定，或运用其他方法降低控制权转移风险。究其原因，主要是因为在上市公司治理尚不完善情况下，控股股东股权质押行为一定程度上受投机心理驱使，投机心理越强则实施股权质押的可能性越大，质押比例也越高（罗党论等，2021）。因此，在避免强制平仓的过程中，控股股东或大股东行为必然伴随着负面消息的隐藏和公司财务决策扭曲，进而导致不良经济后果。例如，翟胜宝等（2017）从审计师视角考察控股股东股权质押的影响，研究发现股权质押将带来更高的审计师业务风险和审计风险，由此导致更多的审计投入、审计费用和非标准无保留审计意见。控股股东质押还会扭曲公司在创新活动、利润分配、资本运作等方面的行为，甚至对公司金融化产生影响。例如，李常青等（2018）研究发现，控股股东股权质押会抑制公司创新投入，质押率越高、强制平仓风险越大时这一负向影响则越强。这一观点在姜军等（2020）的研究中同样得以论证。他们发现由于控股股东的掏空动机和短视行为，股权质押还显著降低公司创新效率。这是因为股权质押后控股股东无论是受掏空动机还是短视影响，均会削减研发投入，从而对公司创新效率产生不利影响。谢德仁等（2017）也发现，股权质押会影响控股股东对开发支出会计政策的选择，存在股权质押后将开发支出资本化、赎回质押股权后又转为费用化的现象。随后，谢德仁和廖珂（2018）进一步地考察了实施股权质押时控股股东实施真实盈余管理的情况，发现控股股东若能在年内赎回质押股票则不倾向于实施真实盈余管理，而且财务风险较大、股权制衡较弱以及非国有控股的情况下股权质押与真实盈余管理的正向关系更强。廖珂等（2018）还发现，实施股权质押时，控股股东更可能迎合市场对"高送转"的偏好推出送股和转股的利润分配方案，回避现金股利，从而使公司股票价格下行压力得以缓解。不同于前述文献对于利润表信息质量的研究，许晓芳等（2021）聚焦公司的资产负债表信息质量，指出股权质押下控股股东还可能进行杠杆操纵。前述文献均说明，控股股东或大股东为避免强制平仓风险，倾向于操控公司财务政策以在一段时间内维持较稳定的股票价格。

股权质押除了影响控股股东的利润操控行为，还可能促使控股股东进行资本运用。例如，陆蓉和兰袁（2021）认为，股权转让、资产收购和资产剥离等资本运用也会成为大股东降低质押平仓风险的方式，当质押率较高、股价接近平仓线时，大股东可以通过资产收购或资产剥离带来的停牌时间缓解平仓压力，争取补充质押物的时间，同时通过股权转让促使短期股价上涨。此外，一些学者基于我国上市公司并购数据的研究也证明，大股东确实会运用并购等资本运作方式来降低质押风险（廖珂等，2020；Zhu et al.，2021）。在并购过程中，实施股权质押的股东还有动机利用较高的业绩承诺避免平仓风险，这种并购业绩承诺并不具有价值创造作用（徐莉坪等，2021）。秦帅等（2021）还认为，与西方资本市场不同的是，在我国股份回购也可能是实施股权质押的控股股东进行市值管理的一种方式，股份回购能够带来积极的市场回报进而降低控制权转移风险，不过市场能够一定程度上识别控股股东实施股份回购的动机，对于存在股权质押情况的公司多次发布股份回购计划的情况，市场反应将逐次降低。进一步，杜勇和眭鑫（2021）考虑控股股东质押行为对金融资产投资决策的影响，实证发现控股股东股权质押比例与实体企业金融资产比例呈现倒 U 型关系，换言之控股股东会在掏空动机和降低质押风险的动机中权衡，当质押风险较低时，掏空动机驱使控股股东随质押比例的升高而增加企业金融资产，而当质押风险升高到一定程度，控股股东会为了避免控制权转移而减少企业金融资产。并且，实施股权质押后控股股东为避免金融资产价格变化带来的风险，将更倾向于投机性的、易变现的短期金融资产。

除了操控公司财务决策、实施上述资本运作外，学者们还关注到控股股东可能利用策略性的慈善捐赠行为、增持公司股票，甚至利用员工股权激励来缓解质押平仓带来的控制权转移风险。如胡珺等（2020）发现，在股东实施股权质押的情况下，公司慈善捐赠水平显著增加，这表明慈善捐赠也是一种稳定股价避免质押风险的策略性手段。而且，与其他市值管理方式相比，慈善捐赠具有一定替代效应，这也说明控股股东会权衡不同市值管理行为的成本收益关系进行选择。针对我国资本市场上实施股权质押的控股股东热衷于增持的特殊现象，徐龙炳和汪斌（2021）指出这可能是控股股东通过增持向市场发送信号，以达到短期内提振股价缓解质押风险的目的。不过不同于传统信号，这种增持并不传递公司价值信息，只是符合投资者将增持视为公司前景良好的判断习惯，能够在短期内带来市场积极反应。同时，包括管理层、其他大股东的公司内部人也会在一定程度上迎合控股股东的增持行为，以避免质押股权被强制平仓所造成的强烈影响。近年来，实施员工持股计划的公司数量不断增加，但部分公司出现员工持股计划购入价格高于市场价格的"倒挂"现象。结合员工股权激励带来的公司股权结构变化，一些学者考察了员工持股计划是否成为股权质押股东避免质押风险的一种策略性手段，在深入分析股权质押率与员工持股计划实施情况后，他们认为控股股东确实可能利用员工股权激励达到内部人利益绑定和短期市值管理的目的（孙晓燕、刘亦舒，2021；邱杨茜、黄娟娟，2021）。可见，控股股东面临质押股权平仓风险时，有动机通过发布员工持股计划来推动短期股价上涨，实施过程中控股股东倾向于选择定向转让员工持股计划，并将获得的资金用于赎回质押股权。

控股股东股权质押会带来股价崩盘风险的升高，但是与股东利益侵占或盈余管理导致的股价崩盘不同，控股股东股权质押引起的股价崩盘风险，更多不是因为捂盘而是由于信息不对称下市场恐慌情绪所导致（夏常源、贾凡胜，2019）。而且，控股股东股权质押显著提高了企业在债券二级市场上的信用利差，随着质押风险的升高，债权人利益受到侵害的可能性增大，这将增加债券持有人要求得到的信用风险补偿（史永东等，2021）。针对控股股东股权质押引起的不良经济后果，现有研究主要从信息渠道和外部监督等方面提出缓解思路。多数文献认为能够通过增强市场信息透明度来缓解股权质押的不良后果（夏常源、贾凡胜，

2019；史永东等，2021）。马连福和张晓庆（2020）则认为，股权质押后控股股东可以通过优化沟通保障、网络沟通、电话沟通和现场沟通等沟通策略管理投资者关系，避免投资者情绪恐慌带来的股价下跌。可见，投资者管理是一种既有利于控股股东缓解控制权转移风险又有利于促进资本市场稳定的市值管理方式。而由于存在内部人利益绑定的情况，传统的公司内部治理机制对股权质押的约束作用并不确定（邱杨茜、黄娟娟，2021）。不过，也有学者认为，除控股股东外的其他大股东或许能够发挥治理作用。例如姜付秀等（2020）认为，当公司存在多个大股东时，其他大股东有动机为避免自身利益受损而主动监督实施股权质押的控股股东，抑制其私利行为，并且非控股大股东力量越强则越能有效监督和抑制控股股东股权质押后谋取私利的行为。对此，他们考察了非控股大股东与实施股权质押后公司会计盈余信息质量、未来股价崩盘风险以及分析师评级的关系，为多个大股东的公司监督治理效应提供了证据支持。李蒙等（2021）考察了控股股东股权质押背景下非控股大股东退出威胁对自利性捐赠行为的影响与作用机理，发现非控股大股东的退出威胁将迫使控股股东权衡控制权转移风险与自身财富损失，进而抑制控股股东的自利捐赠行为。具体而言，股权质押比例越高，控股股东越关注控制权转移风险，非控股大股东退出威胁的治理效应越明显。而股权质押比例较低时，控股股东更关注股价变动带来的财富水平变化，非控股大股东退出威胁的治理作用随控股股东持股市值正向变化。这些也为完善上市公司大股东治理机制提供了新依据。

总体而言，我国上市公司控股股东和大股东股权质押的普遍性和较高的平仓压力引起近期学界的聚焦。现有文献充分探讨了股东为避免质押股权遭受强制平仓而采取的措施及经济后果，基本认为实施股权质押的大股东或控股股东有动机和能力通过各种财务决策、资本运作、策略性信息管理等方式进行市值管理，以达到维持较高股价的目的。这些研究中关于如何规范股东股权质押、防范和降低股权质押带来的不良后果的探讨也形成了极具价值的成果，对于监管机构具有重要的政策借鉴意义。

（四）绿色资本与绿色治理

随着2015年巴黎协定达成以及我国减排计划的公布，2016年中国人民银行、财政部等七部委联合发布《关于构建绿色金融体系的指导意见》，明确提出要"建立健全绿色金融体系"，"推动证券市场支持绿色投资"。2020年，在第75届联合国大会上习近平主席明确提出我国二氧化碳排放"力争于2030年前达到峰值，努力争取2060年前实现碳中和"的双目标。随后，党的十九届五中全会也在2035年远景目标中明确要"发展绿色金融"。这一系列绿色金融相关政策引起学界广泛关注，如何使金融手段更好促进绿色转型是现有研究聚焦的重点问题。

早期研究将绿色治理视为公司社会责任活动的一部分，从股票和债券定价、机构投资者监督等视角探讨资本市场对公司参与绿色创新等绿色治理活动、披露环境治理等绿色信息的影响，并且研究结论存在较多争议。近期的研究趋势则是将企业绿色活动从社会责任中剥离，上升到绿色治理层面进行研究，关注资本市场是否存在绿色激励，以及如何促进公司参与绿色治理、实现绿色转型。

现有研究将绿色激励定义为资本市场对企业绿色行为特有风险的风险补偿，相关文献主要包括两个视角，一是探讨绿色激励存在性，即绿色行为是否带来超额股票收益，二是探讨企业绿色行为对股票收益的影响机制。从股票市场层面来看，绿色激励可能体现于绿色风险因子对股票收益的解释力度上，例如韩立岩等（2017）通过构建因素模型，发现绿色风险因子能够解释部分股票超额收益率，即绿色概念股票相对于非绿色概念股票存在一定超额收益率，这一方面源于绿色概念公司正向的社会效益和环境效益，另一方面源于投资者承担绿色产业发展不确定性的风险补偿。不过市场还无法区分绿色技术的效率差异，需要更专业的绿色评级体系。从债券市场层面来看，相比于普通债券绿色债券拥有一定溢价，一、二级市场价格对项目的绿色资质有所反映，运用绿色债券融资享有一定优惠，不过债券市场还需要更精细化和有效地对债券募投项目在环境、可持续发展方面的正面效益合理定价，从而增强对经济绿色转型的引导作用（张超、李鸿喜，2021）。进一步，陈国进等（2021）结合绿色债券纳入央行合格担保品进行准自然实验，考察这一具体绿色金融政策的实施效果，发现央行担保品类绿色金融政策通过降低绿色债券的信用利差为绿色企业提供融资激励，同时通过提高棕色债券的信用利差给棕色企业的绿色转型带来倒逼促进作用，不过绿色金融改革创新实验的效果会随时间逐渐减弱。在企业层面，较早研究主要从环境信息披露与资本市场反应的关系进行研究。由于投资者对环境信息的关注和感知存在差异，企业绿色活动的市场反应不一致，非常规的信息披露更可能引起强烈的市场反应。不过，方颖和郭俊杰（2018）从市场对环境处罚信息反应的视角展开探讨，发现我国资本市场并不能有效反映环境处罚信息。他们分析认为，环境违法成本过低是导致资本市场无法对环境信息充分反映的原因，同时投资者环境保护意识不足对我国环境信息披露政策在金融市场途径上的失效产生了一定影响。王宇哲和赵静（2018）则从雾霾关注度的角度直接考察投资者环境保护意识对环保及污染类公司股票收益的影响，研究发现公众雾霾关注度越高环保类尤其是空气污染治理类股票收益则越高，他们认为"用钱投票"即投资环保股票是我国公众参与环保的一种便捷方式。

现实中，公司也可能策略性披露环境信息，从而影响环境信息传递效率和定价效率。例如李哲（2018）发现，我国上市公司环境信息披露结构不均衡，往往更多披露环境战略规划信息，较少披露环境实际行为信息。事实上两种环境信息包含的信息增量有所不同，环境实际行为信息反映公司在环境方面的历史投入及参与环境治理活动对现金流量和资本成本构成的影响，环境战略规划信息则反映公司履行社会责任的意愿、资金实力和战略动向。对于市场而言，"多言寡行"的环境披露策略实质传递了负面信号，将减少分析师关注并降低预测准确度，从而导致信息传递效率和定价效率较低。近年来，一些重污染企业热衷于进行绿色并购。绿色并购是在并购目标选择、交易决策、并购管理政策过程中贯彻绿色理念，以实现经济和环境双效益的并购活动。潘爱玲等（2018）研究认为，绿色并购不一定有助于重污染企业实现实质性绿色转型，也可能成为企业向市场传递绿色治理良好信号的工具。结合媒体报道与企业绿色并购实施概率、并购后会计信息质量和环保投资之间的实证关系来看，尽管重污染企业会迫于媒体压力实施绿色并购，但其真实动机是转移舆论焦点而非实质性的绿色转型。不过，对于绿色并购的动机也有学者持不同观点。有学者认为重污染企业绿色并购更多与合规动机有关；绿色并购能够拓宽重污染企业资源获取渠道，减少融资约束，并减轻税负（Li et al., 2020）。还有学者发现，对于环境问题的关注会影响分析师对公司未来前景和盈利的预测，这主要反映在分析师进行公司实地调研时可能受到公司所在地环境污染严重程度的影响，若公司所在地污染严重则往往导致分析师盈利预测值较低。尤其当分析师所在地和公司所在地环境差异较大时，分析师更可能受到当地环境因素影响（Dong et al., 2021）。

在探讨企业绿色行为对股票收益的影响机制的问题上，早期文献大多沿用"波特假说"的"环境规制—绿色创新—超额利润"思路，将环境规制与超额利润间的关联性用于解释绿色创新对公司股票价格的影响。但是，这一方法实质上回避了对绿色创新或其他绿色治理活动与股票收益关系的直接检验，所得出的结论也受到一定质疑。近年来有部分研究进一步聚焦绿色技术创新等企业绿色行为与股票收益的直接联系，例如方先明和那晋领（2020）发现，企业绿色技术创新对股票收益具有正向促进，这种正向作用一方面源于业绩提升机制，另一方面源于投资者关注机制，即绿色创新不仅和其他创新活动一样能够促进公司价值增长，还会吸引关注绿色话题和追求短期收益的投资者，从而增加绿色创新与股票收益之间的正向关系。针对如何促使公司参与绿色治理、实现绿色转型，现有研究主要从完善信息披露制度和引入绿色机构投资者两个方向提供思路。2012年我国原环境保护部发布了《环境空气质量标准》，要求各地全覆盖式实时监测空气质量并实现情况直报。该政策的实施便利了社会公众对于企业的环境监督，在一定程度上提升了企业环境治理不作为的机会成本。王馨和王营（2021）基于《环境空气质量标准》实施的准自然实验，研究发现环境信息披露制度的完善提升了高环境风险行业的绿色创新积极性，而且环保执法越严格、公众及媒体监督力度和及时性越高，则环境信息披露对企业开展绿色创新的促进效应也越强。这说明应进一步完善环境质量标准体系，将更多的环境信息纳入国家监测体系，从而加快推进生产方式的绿色低碳转型发展。除完善信息披露制度外，近期文献也探讨引入绿色投资者带来的效应，包括经济效应和社会效应。例如，危平和舒浩（2018）将绿色投资者界定为以环保为主题的基金，考察这类绿色基金相较非绿色传统基金在直接受益和风险上的差异，发现我国绿色基金呈现出较低的投资表现。他们认为绿色基金主要服务于节能减排、发展新能源等，本身经济效益敏感性较低。而姜广省等（2021）则认为，比起资本市场收益增加、资本成本降低等经济效应，更应当关注的是绿色投资目的和绿色投资理念下，绿色投资者对企业参与绿色治理等社会效应的影响。他们指出，绿色投资者可以通过"用手投票"和"用脚投票"影响企业开展绿色技术创新等绿色治理活动。这一观点为企业践行绿色治理理念的研究提供了新视角，填补了现有文献在此方面的空白，也对完善绿色金融体系和实现绿色发展战略具有一定启示意义。

参考文献

白雅洁、张铁刚，2021，《资本市场开放与大股东掏空抑制——掏空动机及约束的调节效应》，《宏观经济研究》第10期。

曹春方、林雁，2017，《异地独董、履职职能与公司过度投资》，《南开管理评论》第1期。

曹廷求、张光利，2020，《自愿性信息披露与股价崩盘风险：基于电话会议的研究》，《经济研究》第11期。

陈冬华、相加凤，2017，《独立董事只能连任6年合理吗？——基于我国A股上市公司的实证研究》，《管理世界》第5期。

陈国进、丁赛杰、赵向琴、蒋晓宇，2021，《中国绿色金融政策、融资成本与企业绿色转型——基于央行担保品政策视角》，《金融研究》第12期。

陈克兢、康艳玲、万清清、刘琪，2021，《外部大股东能促进企业创新吗——基于退出威胁视角的实证分析》，《南开管理评论》第3期。

陈仕华、张瑞彬，2020，《董事会非正式层级对董事异议的影响》，《管理世界》第10期。

陈怡欣、张俊瑞、汪方军，2018，《卖空机制对上市公司创新的影响研究——基于我国融资融券制度的自然实验》，《南开管理评论》第2期。

陈运森、黄健峤、韩慧云，2019，《股票市场开放提高现金股利水平了吗？——基于"沪港通"的准自然实验》，《会计研究》第3期。

陈运森、黄健峤，2019，《股票市场开放与企业投资效率——基于"沪港通"的准自然实验》，《金融研究》第8期。

陈运森、郑登津，2017，《董事网络关系、信息桥与投资趋同》，《南开管理评论》第3期。

褚剑、方军雄、于传荣，2017，《卖空约束放松与银行信贷决策》，《金融研究》第12期。

翟胜宝、许浩然、刘耀淞、唐玮，2017，《控股股东股权质押与审计师风险应对》，《管理世界》第10期。

董卉宁、刘琦、阮宏勋，2022，《中国式卖空机制与高管减持——基于融资融券分步扩容的准自然实验》，《金融研究》第1期。

杜善重，2021，《家族企业创新投入中的"非家族力量"——基于股东治理的视角》，《南开管理评论》第 4 期。

杜勇、眭鑫，2021，《控股股东股权质押与实体企业金融化——基于"掏空"与控制权转移的视角》，《会计研究》第 2 期。

杜勇、孙帆、邓旭，2021，《共同机构所有权与企业盈余管理》，《中国工业经济》第 6 期。

方先明、那晋领，2020，《创业板上市公司绿色创新溢酬研究》，《经济研究》第 10 期。

方颖、郭俊杰，2018，《中国环境信息披露政策是否有效：基于资本市场反应的研究》，《经济研究》第 10 期。

顾乃康、周艳利，2017，《卖空的事前威慑、公司治理与企业融资行为——基于融资融券制度的准自然实验检验》，《管理世界》第 2 期。

韩立岩、蔡立新、尹力博，2017，《中国证券市场的绿色激励：一个四因素模型》，《金融研究》第 1 期。

郝健、张明玉、王继承，2021，《国有企业党委书记和董事长"二职合一"能否实现"双责并履"？——基于倾向得分匹配的双重差分模型》，《管理世界》第 12 期。

胡珺、彭远怀、宋献中、周林子，2020，《控股股东股权质押与策略性慈善捐赠——控制权转移风险的视角》，《中国工业经济》第 2 期。

胡茜茜、朱永祥、杜勇，2018，《网络环境下中小股东的治理效应研究——基于代理成本视角》，《财经研究》第 5 期。

胡元木、纪端，2017，《董事技术专长、创新效率与企业绩效》，《南开管理评论》第 3 期。

黄灿、李善民，2019，《股东关系网络、信息优势与企业绩效》，《南开管理评论》第 2 期。

黄方亮、孙莉、陈静、吴超鹏，2019，《投资者 IPO 信息获取与权益保护——基于成熟投资者问卷调查的研究》，《南开管理评论》第 1 期。

黄俊威、龚光明，2019，《融资融券制度与公司资本结构动态调整——基于"准自然实验"的经验证据》，《管理世界》第 10 期。

黄泽悦、罗进辉、李向昕，2022，《中小股东"人多势众"的治理效应——基于年度股东大会出席人数的考察》，《管理世界》第 4 期。

江轩宇、朱琳、伊志宏，2021，《网络舆论关注与企业创新》，《经济学（季刊）》第 1 期。

姜付秀、申艳艳、蔡欣妮、姜禄彦，2020，《多个大股东的公司治理效应：基于控股股东股权质押视角》，《世界经济》第 2 期。

姜广省、卢建词、李维安，2021，《绿色投资者发挥作用吗？——来自企业参与绿色治理的经验研究》，《金融研究》第 5 期。

姜军、江轩宇、伊志宏，2020，《企业创新效率研究——来自股权质押的影响》，《金融研究》

第 2 期。

赖黎、蓝春丹、秦明春，2022，《市场化改革提升了定价效率吗？——来自注册制的证据》，《管理世界》第 4 期。

李常青、李宇坤、李茂良，2018，《控股股东股权质押与企业创新投入》，《金融研究》第 7 期。

李春涛、刘贝贝、周鹏、张璇，2018，《它山之石：QFII 与上市公司信息披露》，《金融研究》第 12 期。

李春涛、刘贝贝、周鹏，2017，《卖空与信息披露：融券准自然实验的证据》，《金融研究》第 9 期。

李春涛、许红梅、王立威、周鹏，2020，《卖空与创新：A 股公司融券试点的证据》，《会计研究》第 2 期。

李莉、杨雅楠、黄瀚雯，2020，《师生"类血缘"关系会缓解公司代理问题吗》，《南开管理评论》第 2 期。

李蒙、李秉祥、张涛，2021，《非控股大股东退出威胁对"自利性"捐赠的治理作用——基于控股股东股权质押视角》，《南开管理评论》第 9 期。

李善民、黄志宏、郭菁晶，2020，《资本市场定价对企业并购行为的影响研究——来自中国上市公司的证据》，《经济研究》第 7 期。

李善民、杨继彬、钟君煜，2019，《风险投资具有咨询功能吗？——异地风投在异地并购中的功能研究》，《管理世界》第 12 期。

李维安、齐鲁骏、丁振松，2017，《兼听则明，偏信则暗——基金网络对公司投资效率的信息效应》，《经济管理》第 10 期。

李哲，2018，《"多言寡行"的环境披露模式是否会被信息使用者摒弃》，《世界经济》第 12 期。

李志生、金凌、孔东民，2020，《分支机构空间分布、银行竞争与企业债务决策》，《经济研究》第 10 期。

李志生、李好、马伟力、林秉旋，2017，《融资融券交易的信息治理效应》，《经济研究》第 11 期。

连立帅、朱松、陈关亭，2019 年 a，《资本市场开放、非财务信息定价与企业投资——基于沪深港通交易制度的经验证据》，《管理世界》第 8 期。

连立帅、朱松、陈超，2019 年 b，《资本市场开放与股价对企业投资的引导作用：基于沪港通交易制度的经验证据》，《中国工业经济》第 3 期。

廖珂、崔宸瑜、谢德仁，2018，《控股股东股权质押与上市公司股利政策选择》，《金融研究》

第 4 期。

廖珂、谢德仁、张新一，2020，《控股股东股权质押与上市公司并购——基于市值管理的视角》，《会计研究》第 10 期。

刘成彦、胡枫、王皓，2017，《QFII 也存在羊群行为吗？》，《金融研究》第 10 期。

刘汉民、齐宇、解晓晴，2018，《股权和控制权配置：从对等到非对等的逻辑——基于央属混合所有制上市公司的实证研究》，《经济研究》第 5 期。

刘星、苏春、邵欢，2021，《代际传承与家族董事席位超额控制》，《经济研究》第 12 期。

刘星、苏春、邵欢，2020，《家族董事席位配置偏好影响企业投资效率吗》，《南开管理评论》第 4 期。

柳学信、孔晓旭、王凯，2020，《国有企业党组织治理与董事会异议——基于上市公司董事会决议投票的证据》，《管理世界》第 5 期。

陆蓉、兰袁，2021，《大股东股权质押与上市公司资本运作》，《金融研究》第 4 期。

陆蓉、孙欣钰，2021，《机构投资者概念股偏好与股市泡沫骑乘》，《中国工业经济》第 3 期。

逯东、黄丹、杨丹，2019，《国有企业非实际控制人的董事会权力与并购效率》，《管理世界》第 6 期。

罗党论、刘聪聪、谭衍俊，2021，《投机文化与控股股东股权质押行为》，《会计研究》第 10 期。

罗肖依、周建、王宇，2021，《独立董事—CEO 友好性、业绩期望落差与公司创新》，《南开管理评论》第 10 期。

马袁娴、佟爱琴，2019，《卖空机制对高管薪酬契约的沟理效应——来自融资融券制度的准自然实验》，《南开管理评论》第 2 期。

马连福、张晓庆，2020，《控股股东股权质押与投资者关系管理》，《中国工业经济》第 11 期。

孟庆斌、黄清华、张劲帆、王松，2020，《上市公司与投资者的互联网沟通具有信息含量吗？——基于深交所"互动易"的研究》，《经济学（季刊）》第 2 期。

孟庆斌、邹洋、侯德帅，2019，《卖空机制能抑制上市公司违规吗？》，《经济研究》第 6 期。

倪骁然，2020，《卖空压力、风险防范与产品市场表现：企业利益相关者的视角》，《经济研究》第 5 期。

倪骁然、顾明，2020，《资本市场国际影响力提升效应研究——来自 A 股纳入明晟（MSCI）新兴市场指数的证据》，《金融研究》第 5 期。

潘爱玲、刘昕、邱金龙、申宇，2019，《媒体压力下的绿色并购能否促使重污染企业实现实质性转型》，《中国工业经济》第 2 期。

庞家任、张鹤、张梦洁，2020，《资本市场开放与股权资本成本——基于沪港通、深港通的实证研究》,《金融研究》第 12 期。

彭章、陆瑶、杨琛,2021,《融资融券与公司财务杠杆》,《南开管理评论》第 5 期。

秦帅、谭劲松、谭燕,2021,《控股股东股权质押：上市公司股份回购动因》,《会计研究》第 12 期。

邱杨茜、黄娟娟,2021,《控股股东股权质押与员工持股计划"工具化"——基于 A 股上市公司的实证研究》,《金融研究》第 11 期。

屈源育、沈涛、吴卫星,2018a,《壳溢价：错误定价还是管制风险？》,《金融研究》第 3 期。

屈源育、沈涛、吴卫星,2018b,《上市公司壳价值与资源配置效率》,《会计研究》第 3 期。

屈源育、吴卫星、沈涛,2018c,《IPO 还是借壳：什么影响了中国企业的上市选择？》,《管理世界》第 9 期。

权小锋、尹洪英,2017,《中国式卖空机制与公司创新——基于融资融券分步扩容的自然实验》,《管理世界》第 1 期。

阮睿、孙宇辰、唐悦、聂辉华,2021,《资本市场开放能否提高企业信息披露质量？——基于"沪港通"和年报文本挖掘的分析》,《金融研究》第 2 期。

时昊天、石佳然、肖潇,2021,《注册制改革、壳公司估值与盈余管理》,《会计研究》第 8 期。

史永东、宋明勇、李凤羽、甄红线,2021,《控股股东股权质押与企业债权人利益保护——来自中国债券市场的证据》,《经济研究》第 8 期。

苏冬蔚、倪博,2018,《转融券制度、卖空约束与股价变动》,《经济研究》第 3 期。

苏冬蔚、彭松林,2019,《卖空者与内幕交易——来自中国证券市场的证据》,《金融研究》第 9 期。

孙涛璐、张斐燕、郑建明,2021,《放松卖空管制能够抑制并购商誉泡沫吗？》,《金融研究》第 11 期。

孙晓燕、刘亦舒,2021,《股权质押、员工持股计划与大股东自利行为》,《会计研究》第 4 期。

谭小芬、李源、王可心,2019,《金融结构与非金融企业"去杠杆"》,《中国工业经济》第 2 期。

谭小芬、钱佳琪,2020,《资本市场压力与企业策略性专利行为：卖空机制的视角》,《中国工业经济》第 5 期。

田利辉、王可第,2017,《社会责任信息披露的"掩饰效应"和上市公司崩盘风险——来自中国股票市场的 DID-PSM 分析》,《管理世界》第 11 期。

王攀娜、罗宏,2017,《放松卖空管制对分析师预测行为的影响——来自中国准自然实验的证据》,《金融研究》第 11 期。

王婉菁、朱红兵、张兵，2021，《资本市场开放与环境信息披露质量》，《管理科学》第6期。

王馨、王营，2021，《环境信息公开的绿色创新效应研究——基于〈环境空气质量标准〉的准自然实验》，《金融研究》第10期。

王宇哲、赵静，2018，《"用钱投票"：公众环境关注度对不同产业资产价格的影响》，《管理世界》第9期。

危平、舒浩，2018，《中国资本市场对绿色投资认可吗？——基于绿色基金的分析》，《财经研究》第5期。

温军、冯根福，2018，《风险投资与企业创新："增值"与"攫取"的权衡视角》，《经济研究》第2期。

吴非、胡慧芷、林慧妍、任晓怡，2021，《企业数字化转型与资本市场表现——来自股票流动性的经验证据》，《管理世界》第7期。

吴秋生、独正元，2022，《非国有董事治理积极性与国企资产保值增值——来自董事会投票的经验证据》，《南开管理评论》第3期。

武立东、薛坤坤、王凯，2018，《非正式层级对董事会决策过程的影响：政治行为还是程序理性》，《管理世界》第11期。

夏常源、贾凡胜，2019，《控股股东股权质押与股价崩盘："实际伤害"还是"情绪宣泄"》，《南开管理评论》第5期。

谢德仁、廖珂、郑登津，2017，《控股股东股权质押与开发支出会计政策隐性选择》，《会计研究》第3期。

谢德仁、廖珂，2018，《控股股东股权质押与上市公司真实盈余管理》，《会计研究》第8期。

辛宇、黄欣怡、纪蓓蓓，2020，《投资者保护公益组织与股东诉讼在中国的实践——基于中证投服证券支持诉讼的多案例研究》，《管理世界》第1期。

徐莉萍、关月琴、辛宇，2021，《控股股东股权质押与并购业绩承诺——基于市值管理视角的经验证据》，《中国工业经济》第1期。

徐龙炳、陈历轶，2018，《股票送转与管理者双重迎合》，《金融研究》第5期。

徐龙炳、汪斌，2021，《股权质押下的控股股东增持："价值信号"还是"行为信号"？》，《金融研究》第1期。

徐细雄、占恒、李万利，2021，《卖空机制、双重治理与公司违规——基于市场化治理视角的实证检验》，《金融研究》第10期。

许楠、刘浩、蔡伟成，2018，《独立董事人选、履职效率与津贴决定——资产专用性的视角》，《管理世界》第3期。

许晓芳、汤泰劼、陆正飞，2021，《控股股东股权质押与高杠杆公司杠杆操纵——基于我国A

股上市公司的经验证据》，《金融研究》第10期。

薛爽、王禹，2022，《科创板IPO审核问询有助于新股定价吗？——来自机构投资者网下询价意见分歧的经验证据》，《财经研究》第1期。

杨棉之、赵鑫、张伟华，2020，《机构投资者异质性、卖空机制与股价崩盘风险——来自中国上市公司的经验证据》，《会计研究》第7期。

应千伟、闵昊婧、邓可斌，2017，《媒体关注的市场压力效应及其传导机制》，《管理科学学报》第4期。

余怒涛、张华玉、朱宇翔，2021，《大股东异质性、退出威胁与财务报告质量——基于我国融资融券制度的自然实验》，《会计研究》第3期。

张超、李鸿禧，2021，《绿色债券定价观察与经济转型思考》，《清华金融评论》第8期。

张光利、薛慧丽、高皓，2021，《企业IPO价值审核与股票市场表现》，《经济研究》第10期。

张璇、孙雪丽、薛原、李春涛，2022，《卖空机制与食品安全——基于溢出效应的视角》，《金融研究》第3期。

张耀伟、陈世山、曹甜甜，2021，《董事会断层与差异整合机制对投资决策质量的联合效应研究》，《南开管理评论》第2期。

郑志刚、石丽娜、黄继承、郭杰，2019，《中国上市公司"小股民行动"现象的影响因素与经济后果》，《世界经济》第1期。

钟凯、孙昌玲、王永妍、王化成，2018，《资本市场对外开放与股价异质性波动——来自"沪港通"的经验证据》，《金融研究》第7期。

钟宁桦、温日光、刘学悦，2019，《"五年规划"与中国企业跨境并购》，《经济研究》第4期。

钟覃琳、陆正飞，2018，《资本市场开放能提高股价信息含量吗？——基于"沪港通"效应的实证检验》，《管理世界》第1期。

周泽将、雷玲、杜兴强，2021，《本地任职与独立董事异议行为：监督效应 vs. 关系效应》，《南开管理评论》第2期。

朱焱、王玉丹，2019，《卖空机制与企业社会责任承担——基于中国融资融券制度的准自然实验研究》，《会计研究》第12期。

祝继高、李天时、Yang Tianxia，2021，《董事会中的不同声音：非控股股东董事的监督动机与监督效果》，《经济研究》第5期。

Carpenter J., F. Lu, and R. Whitelaw. 2020, "The Real Value of Chin's Stock Market," *Journal of Financial Economics*, Vol. 139, No.3.

Levit D. 2019, "Soft Shareholder Activism," *Review of Financial Studies*, Vol. 32, No. 7.

Ge W., C. Ouyang, and Z. Shi, et al. 2022, "Can a Not-for-profit Minority Institutional

Shareholder Make a Big Difference in Corporate Governance? A Quasi-natural Experiment," *Journal of Corporate Finance*, No. 72.

He, J., J. K. Huang, and S. Zhao. 2019, "Internalizing Governance Externalities: The Role of Institutional Cross-ownership," *Journal of Financial Economics*, Vol. 134, No.2.

Yoon, A. 2020, "The Role of Private Disclosures in Markets with Weak Institutions: Evidence from Market Liberalization in China," *Accounting Review*, No.4.

Deng X., C. Jiang, and D. Young. 2021, "Short Selling Constraints and Politically Motivated Negative Information Suppression," *Journal of Corporate Finance*, Vol. 68, No.1.

Lv D., and W. Wu. 2020, "Margin Trading and Price Efficiency: Information Content or Price-Adjustment Speed?" *Accounting and Finance*, Vol. 60, No. 3.

Zhu, B., X. Xia, and X. Zheng. 2021, "One Way out of the Share Pledging Quagmire: Evidence from Mergers and Acquisitions," *Journal of Corporate Finance*, No. 71.

Li B., Xu L., and R. Mciver, et al., 2020, "Green M&A, Legitimacy and Risk-taking: Evidence from China's Heavy Polluters," *Accounting and Finance*, Vol. 60, No.1.

Dong R., R. Fisman, Y. Wang, and N. Xu. 2021, "Air Pollution, Affect, and Forecasting Bias: Evidence from Chinese Financial Analysts," *Journal of Financial Economics*, Vol. 139, No.3.

保险学

王向楠　郭金龙　曾佳宁　张子棋[*]

保险基于各类风险的识别、汇集、分散及损失减轻，是风险管理的一个重要方式。保险学主要属于应用经济学的组成部分，也融合了数学、统计学、工商管理、法学、医学、公共卫生学等科学的知识，是一门有交叉性的学科。在宏观经济管理中，保险是现代金融体系、社会保障及社会管理体系中的重要内容。在微观主体中，保险可用于应对意外伤害、医疗健康、长寿、财产、责任、信用等领域的风险，调节不同主体的关系。保险业是国民经济中的一个服务行业，在《国际标准行业分类中》，保险业属于K（64—65）"金融保险业"门类。本文采取从侧重"行业与外部的关系"到侧重"行业自身"、从侧重"宏观"到侧重"微观"的顺序，综述了第五次全国金融工作会议以来，中国保险学的研究进展。

一　保险与宏观经济运行

在经济金融体系中，保险部门能发挥减震器和助推器的作用。在新时期，保险业对促进经济与社会的平稳和协调发展、让经济发展成果更好地惠及人民有着重要作用。党的十九大以来，中国学者对保险与宏观经济运行进行了卓有成效的研究，产生了诸多文献。

（一）保险与经济增长及发展

衡量经济活动规模的基础性指标是产出，所以度量保险活动产出是保险经济学的基础性问题。保险活动产出较为抽象，有"总额法"和"净额法"两种度量方式。刘伟等（2018）认为，保险学、会计学、国民经济核算等不同学科对保险产出有不同的度量，产生了"风险池说"和"风险分担说"。该文在分析保险公司会计科目的基础上，测算了中国2003—2015年的保险产出，发现不同假说得到的保险产出数据存在显著差异。该文认为，"风险池说"更能反映保险服务生产的特殊性和复杂性。

2019年11月，中共中央、国务院印发《国家积极应对人口老龄化中长期规划》强调了

---

[*] 王向楠，中国社会科学院金融研究所，副研究员；郭金龙，中国社会科学院金融研究所，研究员；曾佳宁，中国社会科学院大学应用经济学院金融系，博士研究生；张子棋，中国社会科学院大学应用经济学院金融系，博士研究生。

从夯实社会财富储备等方面积极应对人口老龄化。吕有吉等（2021）关注养老保险基金缺口，构建了一个包含财政支出和公共债务的世代交叠模型。该文研究发现：如果通过财政补贴方式弥补基金缺口，人口生存率上升和生育率下降均会提高经济增速；如果采用发行国债方式，或同时使用财政补贴和发行国债方式，当人力资本产出弹性较小时，结论不变，反之，则经济增速将随着生存率的上升呈倒U型变化。为更好地应对人口老龄化，养老基金缺口的弥补方式是一项重要的制度因素，该文结论支持政府探索包括采取发行公债在内的多种方式弥补养老基金缺口。

英国科学史学家李约瑟于1954年在《中国科学技术史》写道，保险能够降低商业风险，促进商业信用和商业网络走向成熟，推动经济发展。郑苏晋等（2019）认为，保险如何影响经济增长、影响的大小如何，仍然不甚清晰。该文采用向量自回归（vector autoregression，VAR）和向量误差修正模型（vector error correction model，VEC）的脉冲响应分析方法等，估计了保险业对经济增长的影响。该文的检验发现，保险通过发挥风险补偿功能显著促进了经济增长，但是这一机制更多是间接的，所以不能认为发展保险业能够直接拉动经济增长。

保险业务线种类多，各条业务线提供的风险保障服务差异较大，所以考虑到内生性，在国家地区层面上，不容易获得充足优良的数据去识别保险对经济增长的影响。王向楠、吴婷（2019）基于中国省级地区数据的研究发现：当两个地区的保险发展程度增加时，它们的产业增长的相似度将提高；保险发展对经济增长的这种影响主要来自人身保险业；财产保险对经济增长的影响还不明确。该文从产业间资源配置这一角度，为发展保险业以促进经济增长提供了一定的学术支持。

（二）保险与经济波动及金融稳定

大型风险事件的发生会给经济造成冲击。邵全权等（2017）同时考虑了财产与健康风险和保险保障因素，建立了动态随机一般均衡模型。该文发现，保险机制可以降低风险冲击对经济波动的影响，促使主要宏观经济变量的波动更加缓和；保险的作用与保险赔付的免赔率负相关，与财产与健康风险造成的损失程度负相关，与保险市场的有效竞争程度正相关。对于财产损失概率冲击和健康损失概率冲击影响的相对大小，该文认为前者对经济波动的影响更强，而后者对其他宏观经济变量的影响较强。

长期以来，中国对存款性金融机构实行隐性的全额存款担保，直到2015年，推出了显性的存款保险制度。纪洋等（2018）关注了存款保险制度从隐性转换到显性对金融稳定的影响。该文对57个国家的研究发现，发展显性存款保险会增加银行机构退出的概率，还对金融体系的其他部分具有"溢出效应"——降低非银行类金融危机的概率。该文认为，发展显性存款保险制度有助于减少银行机构的道德风险，并减轻政府的财政负担。该文还分析了多个制度参数的影响，发现对银行部门最优和对整个金融体系最优的存款保险制度并不相同。

保险资金被认为对资本市场有稳定的作用，但针对该问题对中国的定量研究还较少。夏常源等（2020）对沪深股市数据的分析认为，保险资金持股上市公司会加剧上市公司的股价崩盘风险，所以具有不稳定的作用。这一结论在采用倍差法、工具变量回归、PSM+OLS 等方法时依然成立。该文的异质性分析显示：相比于民营保险公司、小型保险公司和财产保险公司，在股市投资规模更大的国有保险公司、大型保险公司和人寿保险公司更能引发外部性，加剧股价崩盘风险；不过，当保险资金作为前十大股东参与公司治理后，被投资的股价崩盘风险会降低。

（三）保险与收入分配及共同富裕

养老保险制度对收入不平等的影响实际取决于各类经济群体的差异化行为，因此，需要研究养老保险制度如何通过影响个体储蓄和教育决策进而影响收入不平等。汪伟、靳文惠（2022）构建一个世代交叠模型证明，当生育行为外生时，基本养老保险统筹账户养老金的计发办法可以激励低收入群体更多地投入子代教育，从而降低代内收入不平等，预期寿命延长会降低代内收入不平等但提高代际收入不平等，生育率下降会降低代内收入不平等且对代际收入不平等的影响不确定；而当生育行为内生时，由于存在生育上"数量—质量"的权衡机制，代内收入不平等的演化方向变得不再清晰，预期寿命延长对代内和代际收入不平等的影响都是模糊的。

中国如期实现全面脱贫，实现了第一个百年奋斗目标。针对保险扶贫政策实施过程中目标不精准、需求不满足与贫困人口收入约束之间的困局，黄薇（2019）分析了贫困人口潜在保险需求向有效需求转换，研究发现，以适当财政补贴个人缴费、降低起付线、放宽封顶线、提升报销比例为核心的"保险扶贫政策"，能够显著激发贫困户医疗保险的需求，影响收入和支出等项目，从而起到积极的减贫效果。该文进一步研究认为，借助以提升保费补贴程度和住院报销比例等为重点的倾斜性保险扶贫政策，有助于减少"一边脱贫、一边返贫"。

（四）保险与社会劳动力配置

养老保险至少可能从两个方面影响居民的劳动供给：一是正向的，即对劳动供给的替代效应；二是负向的，即养老保险计划将增加居民的预期收入，减少收入不确定性，从而促进人们减少工作而增加休闲。刘子兰等（2019）使用三个时期的中国健康与养老追踪调查数据，分析了城镇职工养老保险和"新农保"对城市企业职工和农村居民在劳动供给和退休行为的影响。该文采用工具变量法等计量方法，主要发现包括：在城市，职工养老保险对职工会带来引致退休效应，而职工医疗保险会减弱引致退休效应；在城市，职工养老保险制度既促进参保人增加全职劳动时间，也促进参保人增加兼职劳动时间；在农村，"新农保"对农民的劳动供给和停止工作时间的影响不大，且是非线性的，养老金待遇这一期望财富会在较小程度上抑制农民的劳动意愿。

中国养老保险制度呈现碎片化状况，这不利于劳动要素的优化配置。2015年，中国养老金开始"并轨"改革，有利于公私部门之间的劳动力配置。于新亮等（2021b）在世代交叠模型中考虑了公私部门差异、流动异质性员工和养老保险改革政策，推导发现，养老金并轨能通过提高视同缴费指数增加公共部门员工跨部门流动的养老金净收益，进而提高公共部门员工跨部门流动倾向性的政策效果。提高养老保险的可携带性能够降低养老保险关系的转移难度，促进劳动力要素的优惠配置，进而促进经济增长。邹铁钉（2021）在三部门经济框架下拓展了劳动力流动及其经济与社会影响的模型，研究发现：农村劳动力向城镇流动以及城镇劳动力跨区域流动的根本原因是，各地区经济发展水平和产业层级的差距大，以及城乡之间的收入差距大。

中国女性承担了很大护理家庭老年人的工作，所以劳动参与受到了抑制。于新亮等（2021a）研究了发展长期护理保险对农村女性劳动供给的影响。该文构建了包含长期护理保险的世代交叠模型，发现发展长期护理保险可以促进农村女性就业，特别是非农就业。该文对调查数据的检验发现：发展长期护理保险促使农村女性的就业概率和潜在工作时间分别提高了8.14个百分点、0.48小时/天，选择非农就业和外出就业的概率分别提高19.44个和9.75个百分点。该文为加快建设农村地区养老照护财务支撑体系和服务体系，减轻了农村地区劳动力就业性别歧视，提升农村女性劳动参与提供了一定政策启示。

二 保险与居民家庭行为

家庭是社会的细胞，是需求决策的一个基本单元，而保险是家庭风险管理的一个工具和储蓄投资的一个选项。因此，经济学中分析保险问题往往是从居民家庭选择行为开始的。

（一）居民家庭保险需求的经济分析

影响家庭福利的一个重要领域决策就是在金融领域。民众并非均是理性的，人们拥有的金融知识不均衡，很多人在使用和管理资金时无法充分利用经济金融的知识和技能。吴雨等（2017）使用中国家庭金融调查的数据研究发现：提高居民的金融知识水平将显著促进家庭参与养老计划和购买商业养老保险，且这种作用在非公务员（参公）家庭中更为显著；进一步，提高居民的金融知识会促进家庭通过养儿防老、社会保障、商业保险等多种养老方式进行养老，实现养老方式的多元化。

信任是交易和合作的基础，对家庭金融参与具有重要影响。高明等（2021）以农村社会养老保险和新型农村社会养老保险的制度变革作为自然实验，研究发现：因为老农保未能兑现所承诺的储蓄回报和养老保险待遇，所以相比未参加过老农保的家庭，老农保参加家庭在新农保设立初期的参加概率低10.5个百分点；并且，家庭当初对老农保的缴费越多、领取越少，参加新农保的可能性就越低。该文进一步发现，随着新农保的推广，信任逐渐得到重建，使得参加过老农保的家庭参与新农保的可能性逐年上升。

中国农村居民养老金计划参与程度和金融知识水平均相对低。Song（2020）进行了一个实地实验，研究中国农村居民养老金缴费是否受到了他们对复利误解的影响。该文研究发现，向农村居民解释复利的概念，可以促进他们的养老金缴款增加40%；这一效应对于低估复利效应的人群比高估复利效应的人群更大。该文的反事实分析显示，如果消除了被调查者对于复利的误解，他们的终身效用将增加约10%。此外，通过金融教育能部分纠正家庭对复利的误解。

（二）居民家庭保险需求的社会分析

中国的商业保险发展水平不高，其中一个主要原因是居民的参与意愿不强。这可以通过社会互动理论得到一定程度的解释。社会互动对居民金融决策的影响可以分为内生互动和情景互动。李丁等（2019）基于中国家庭金融调查的数据研究发现，社会互动显著提高了家庭商业保险参与的可能性与参与程度，并且这种影响在控制了内生性之后依然显著。该文通过金融知识、商业保险信任度等变量检验了社会互动影响家庭商业保险参与行为的两种渠道。

中国实现了社会保险的全覆盖的伟大成就，很好地做到了"愿保尽保"。没有完全覆盖的原因主要在于，有的居民不愿意参与社会保险。对于政策目标人群的参保决策，张川川、朱涵宇（2021）关注了同群效应的影响。该文以新型农村社会养老保险（"新农保"）的家庭调查数据，基于工具变量法进行研究发现：个体参保概率受同村居民的影响，平均而言，同村居民参与比例每增加10个百分点，个体参保概率增加4.2个百分点；同群效应主要源于居民之间的信息传递，以及社会规范带来的约束；男性居民的参保行为具有更强的示范效应。

（三）保险与居民家庭其他风险管理活动

公立医院是中国医疗服务的关键供给方，而按照国务院"医药分开"的改革要求，公立医院改革试点城市自2015年开始全部取消了药品加成。陈醉等（2018）基于某省会城市医疗保险报销数据，采用"倍差法"分析了"医药分开"改革如何影响患者的医疗费用支出水平和支出结构。该研究发现，从支出水平看，"医药分开"改革后，患者的住院费用支出增加了4.9%，但是患者自付的医疗费并没有上涨；患者的药费支出下降了9.5%，而护理费支出和治疗费支出分别增加了69.7%和53.4%；此外，患者在短期内的就诊次数显著增加了。整体上看，"医药分开"改革改善了公立医院的收入结构，但是并没有显著降低医疗费用支出，也没有显著降低患者的医疗费负担。

中国老年人的护理需求与日俱增，长期护理保险是保障家庭护理的重要的正式制度安排。朱铭来、何敏（2021）基于中国健康与养老追踪调查的四期的数据，研究了长期护理保险对家庭护理的挤出效应。该文的分析显示：一是老人的失能等级影响挤出效应的大小，失能等级越高，挤出效应越大；二是护理者与被护理者的关系密切程度影响挤出效应的大小，长护险更能减轻子女及孙辈的家庭照护负担，而对被护理者和父母和配偶的影响有限。该文进一步检验发现，长护险影响家庭护理的作用机制主要是"向下"的代际经济分担而非"向上"的代际经济。

中国于2016年开始的社会长期护理保险的第一批试点。蔡伟贤等（2021）的政策效果分析发现，在试点城市，在广延层面，长护险使得子女对父母进行代际转移支付的可能性降低了13.12%；在集约层面，长护险显著降低了代际转移支付的数额。进一步，该文进行了渠道检验，发现失能老人家庭选择家庭护理的比例下降了20.50个百分点，而选择社区家庭护理的比例上升了23.30个百分点。这说明长护险对不同照护模式的影响没有起到完全的替代关系。

医疗服务及保险是经济学中道德风险研究的发源地之一，所以事前道德风险问题和事后道德风险问题一直是医疗保险研究的重要话题。傅虹桥等（2017）运用中国老年人健康长寿影响因素的调查数据，发现了事前道德风险存在的证据。该文的异质性发现，参加新农合的老人虽然或多或少地减少了吸烟和过度饮酒，但在这些方面的改善行为相对较少。该文建议新农合应该更多地涵盖预防保健服务。

（四）保险与居民家庭财务状况

签订长期劳动合同能使居民获得稳定的收入和福利保障，进而可能影响居民的家庭投资决策。吴卫星等（2022）使用中国家庭金融调查的数据和中国家庭追踪调查的数据，研究了不同类型的劳动合同对家庭金融市场参与的影响。该文利用Probit模型的研究发现，居民签订的劳动合同期限越长，其家庭参与金融市场的程度越高；长期劳动合同的影响在低学历家庭和城镇家庭中更大，但与家庭的收入水平没有显著关系。居民获得长期劳动合同，便在养老、医疗、失业、工伤和生育等方面有了更充分的保障，相当于获得了一份收入保险，进而通过"背景效应"影响了居民的金融市场参与。

在分析家庭经济状况变化时，健康风险可视为是一项背景风险。岳崴等（2021）估计了健康风险对增加家庭财务脆弱性的影响，并发现，家庭拥有商业医疗保险会显著降低这种财务脆弱性。该文的净效应分析显示，在当前阶段，居民医疗保险尚没有显著改善居民家庭的财务脆弱性，但是，居民医疗保险会通过改善家庭健康状况而改善家庭的财务状况。该文还通过对非脆弱财务状态进行统计分解，研究了健康风险和医疗保险对家庭其他财务状态的影响。

三 保险与企业主体决策

企业是经济运行的细胞，在日常经营、战略实施和投融资活动中面临多种风险。其中很多损失类风险、治理和责任风险可通过保险的方式进行管理。下面将保险与企业决策的文献分为如下五类。

（一）企业的保险需求

近年来，多个重要国家出现了逆全球化的态势，贸易保护主义抬头，特别是美国发起了中美贸易争端。这让中国出口型企业面临了很大的外部需求不确定性。对于如何对冲这种风险，肖金梅等（2021）分析了企业财产保险的作用。该文研究发现：企业财产保险需求小的企业正是那些面临着大的外部需求冲击的企业；出口导向型企业的财产保险需求还与企业的利息成本、所得税率、盈利程度、有形资产占比正相关。该文进一步对样本的异质性进行了分析，并发现：外部需求冲击对国有出口导向型企业的影响大于对非国有出口导向型企业的影响；外部需求冲击对非东部核心区的出口导向型企业的影响大于对位于东部核心区的出口导向型企业的影响。

政府关系是中国以及各国营商中要考虑的重要问题，其也可能影响企业的保险需求。Jia等（2019）以中国上市公司为样本，通过回归分析发现，政府关系对企业投保董事高管责任保险（D&O保险）有负向作用；这种影响在市场经济发展不足、法制环境相对不健全的地区更强，对于社会重要性较高的公司更强。根据该文研究可以认为，在保护上市公司的董事和高管方面，建立政府关系背景与购买董事高管责任保险之间具有替代关系。

（二）保险与企业日常运营

在数字时代，信息安全和网络安全已经成为国家安全的重要内容。企业应当如何最优化在信息安全领域的投资，以及对网络安全进行保险？董坤祥等（2021）在强制性约束背景下，假设了可观测损失和公平保费机制，研究发现：企业在最大化个体期望效用时，最优安全投资金额是存在的，此时，公共部门强制性要求和财务补贴均可以推动企业增加安全投资；如果要最大化所有企业的期望效用，应当采取强制性约束，此时，企业的最优安全投资并不受损于可观测程度的影响；在最大化所有企业效用时，会出现正的网络外部性，即使有企业减少了安全投资，也不会造成其他企业安全投资的减少。

上市公司的故意违规是一个顽疾，而董事高管责任保险作为一项外部治理机制，可以发挥监督作用。李从刚、许荣（2020）的研究支持了这个假设，认为董事高管责任保险降低了公司违规的倾向，提高了公司在违规后被稽查的概率，从而减轻了第一类代理成本。该文的异质性分析发现：董事高管责任保险对公司的领导人违规和经营违规的监督效应更为显著，但是，公司的信息披露违规的治理作用不显著；此监督作用与股权属性和保险机构股东治理之间存在一定的"替代效应"，而与外部审计师的治理和董事长CEO的二职分离之间存在一定的"互补效应"；在外部监管环境较差或者公司内部信息透明度较高的环境下，董事高管责任保险监督效应更强。

（三）保险与企业投融资

Liu等（2021）研究了社会保险缴费是否及如何影响公司的财务决策。该文将2011年中国《社会保险法》实施作为一个准自然实验，利用了企业社会保障缴费率在两个维度上的差异：高税负企业和低税负企业的差异以及2011年前后的差异。研究发现，社会保险缴费越多，企业发行的长期债务越少；对于面临劳动力市场摩擦越严重、劳动强度越大、财务状况越不健康的企业，这种影响更大。该文认为，当企业更多地履行了社会保险和保护工人的义务时，企业的扩张速度会下降，融资决策出现负面变化。

赖黎等（2019）以2008—2016年中国上市公司为研究对象，实证考察了董事高管责任保险对企业的短贷长投、信贷获取和经营风险的影响。该文研究发现：公司购买董事高管责任保险后，进行了更多的短贷长投，银行短期借款更少，公司经营风险更高；购买董责险公司的信用贷款更少，担保贷款没有显著变化。该文认为，中国的董责险没有起到风险治理的作用，反而诱发了管理者更多的风险行为，增加了企业经营风险。

社会保险是一项税费，对企业有强制性，所以过高的社会保险费可能抑制企业投资，进而不利于实体经济发展？林灵、曾海舰（2020）利用中国工业企业的微观数据，选择一个城市的老年人比重作为工具变量，检验了工业企业的保险费率变动对企业投资率的影响。该文研究发现，工业企业的社保支出比重增加1个样本标准差，工业企业的投资率将下降3.3个百分点，能够解释工业企业投资率变动的6.4%，具有较强经济显著性。该文进一步探究了内在机制，发现劳动成本渠道、生产率渠道、融资约束渠道均是成立的。

中国劳动力要素的市场化程度不断提高，失业保险的作用日益突出。彭章等（2021）综合运用了公共经济、保险、公司金融等领域的知识，采用上市公司的数据，分析了失业保险与公司资本结构的关系。该文发现，公司的财务杠杆与失业保险金显著负相关，原因在于，提高失业保险金会降低员工失业风险溢酬，让公司有更多的自由现金流和盈利进行内源融资和偿还债务，使得财务杠杆下降；这种作用在失业率高的地区更加显著。

（四）保险与企业创新

创新是技术进步的原动力，而保险公司持股可能影响企业的创新。对此，胡国柳等（2019）采用中国上市公司数据，从管理者风险容忍的视角进行了检验。该文发现，公司的管理者获得董事高管责任保险之后，公司的自主创新活动显著增加了，而在非国有企业、投资者保护程度高的企业以及面临诉讼风险较大的企业中，这种效果更强。为了增强结论的可信性，该文分析了公司的管理者的出生时间和出生地，发现，对于经历过"大饥荒"以及出生在贫困地区的管理者，董事高管责任保险对企业创新的促进作用更强。此外，董事高管责任保险有助于降低高管非正常离职的概率，提升高管工作的稳定性，以及企业优秀员工的留存度。该文从董事高管保险的视角，一定程度上拓展了企业自主创新的影响因素。

随着国家政策的支持和金融机构实力的壮大，保险公司持股上市企业的现象越发普遍，险资逐渐成为中国资本市场中的第二大机构资金。那么，险资持股是否对企业经营决策发挥了重要作用？赖黎等（2022）分析了保险机构投资对上市公司创新活动的影响，发现险资持股促进了企业的研发投入和研发产出（专利度量），并且险资持股的公司有更高的概率变更CEO，经营业绩更差。该文讨论了保险公司通过何种途径影响了企业创新，并倾向于认为险资发挥了过度监督效应，抑制了企业创新。

发展中国家药物创新水平低，一个可能的原因是市场规模小，而这不一定是由人口规模造成的，也可能是由于收入水平低和缺乏医疗保险。Zhang 和 Nie（2021）以中国实施农村居民医保（"新农合"）为例，研究了在新农合覆盖的农村，医药企业是否加大了对常见病用药的研发和创新力度。该文基于中国 1993—2009 年的专利数据发现，对于农村患者占比提高了 10% 的疾病，相关药品专利申请量增长了 12.4%，但是专利的质量略有提高。该文的一个启发是，政府通过向发展中国家的低收入者提供公共医疗保险，可以鼓励制药公司开发新的医疗技术。近几年，中国医疗保险领域津津乐道的一项工作是对药品和医疗器械的集中带量采购，这将如何影响医疗企业的研发和创新，值得研究。

（五）保险与企业效率及价值

中国人口老龄化问题日益严重，养老压力不断增加，而养老保险体系尚不健全，其中，养老金征缴体制有改革的必要。2018 年 7 月，社会保险费征缴机构明确为税务机构。沈永建等（2020）将其视为一项准自然实验，采用事件研究法，分析了企业养老保险支出对企业价值的影响。该文发现：征缴机构转换整体而言损害了企业的价值；企业在 2018 年前实际缴费率越低，预期未来增加的养老保险缴费越多，市场对该事件的反应就越差；在 2018 年前已经由税务部门征收养老保险费的地区，市场对企业价值的反应更差。该文进一步研究发现：在员工激励程度不同的地区、老龄化程度不同的地区，企业的实际缴费率与市场反应的关系有所不同；拖欠养老金、隐瞒员工人数和按最低基数申报社保这三种逃费方式也对企业价值产生了显著影响。该文探讨了社保征缴机构改革对企业价值的影响，结论较为丰富。

在员工的薪酬支付结构如何影响企业产出方面研究成果较少。中国养老保险的缴费比例较高，可能给企业造成沉重的负担，进而阻碍了企业提高生产效率。赵健宇、陆正飞（2018）以公司总部所在地法定养老保险缴费比例的时间和横截面政策变化构建外生变量，利用上市公司财务报告附注中的"应付职工薪酬"明细科目分析发现，企业为员工支付的养老保险占员工总薪酬的比重与全要素生产率负相关，且这一负向关系仅在员工平均工资较低的企业中显著。较高的养老保险缴费比例增加了企业劳动力成本支出占收入的比重，同时却降低了员工当期可支配收入，还可能导致企业创新的下降。

四 财产责任风险保险

保险为经济社会发展提供风险保障，发挥"经济减震器"和"社会稳定器"的作用，是深化金融供给侧改革的重要内容之一。针对为财产责任方面的风险提供保险保障的研究，本文将从农业风险保险、一般财产损失保险、责任风险保险及重大灾害事故保险四个方向，对国内外近年来的相关文献进行梳理和评述。

（一）农业风险保险

在农业生产中，农业保险在风险分散的工具中具有举足轻重的地位。中央曾多次在重要会议及相关政策中对农业保险问题作出指示。习近平总书记2020年12月出席中央农村工作会议时指出："坚持完善最低收购价政策，扩大完全成本保险和收入保险范围。"[①]

对于完全成本保险对农业经济及社会福利的影响，江生忠、李立达（2021）基于带有风险冲击和保险保障的动态随机一般均衡模型的分析框架研究发现，相比于传统产量保险，完全成本保险对于风险冲击带来的粮食产量波动的平抑能力更为显著，且完全成本保险下的社会福利水平也更高。由于现阶段我国政府对农产品的定价机制尚有一定的干预，相对于收入保险而言，完全成本保险类似于在传统产量保险与收入保险之间搭建的桥梁，是前者向后者转型的中间产品，因此研究完全成本保险具有重要的实际意义。

关于政策性农业保险的研究，近年来一些学者主要关注其对农村经济以及农民收入的促进作用。丁志国、李泊祎（2020）发现，农产品价格波动可以促进农户对政策性农业保险的需求，虽然短期内对农户收入提高具有负面效应，但是长期则产生正向效应。Ye 等（2020）使用来自中国湖南省农户大米产量的数据，比较农作物区域产量保险和农作物农户产量保险对农民福利的影响以及它们在政府提供农业保险保费补贴方面的经济有效性。研究发现，与许多发展中国家农业保险计划的假设相反，农作物区域产量保险计划不一定优于农作物农户产量保险计划，因此，政府应该基于当地的不同条件和情况审慎考虑国家层面的农业保险计划结构。从现有文献来看，政策性农业保险是否一定可以给农民增收带来正向效应，且短期和长期内带来的效应是否相同，学术界尚无统一的结论。

由于可以有效分散农业生产中的风险，农业保险在乡村振兴层面也发挥了重要作用。邵全权、郭梦莹（2020）研究发现，如果农险保费的提高是由客观存在的风险（农业保险基准出险概率、农业保险损失程度）提高以及农险市场势力提高所导致的，则不利于农业经济增长；而如果是由农业保险保障程度的提高（农业保险免赔率降低）所导致的，则有利于促进农业经济增长。

（二）一般财产损失保险

随着中国保险业的迅速发展，除了在农业生产方面的风险处理外，保险在一般财产损失补偿方面也起到至关重要的作用。目前的研究大多聚焦于在灾害发生或实体经济遭遇损失后，

---

① 习近平：《坚持把解决好"三农"问题作为全党工作重中之重，举全党全社会之力推动乡村振兴》，《求是》2022年第7期。

财产损失保险（包括车险和非车险）的赔付是否可以弥补对实体经济造成的消极损失，同时是否对实体经济的发展产生积极影响。

2020年《关于实施车险综合改革的指导意见》指出，"逐步放开自主定价系数的浮动范围"[①]，保障车险产品费率匹配相应的风险水平。Zheng等（2022）以中国汽车保险市场为例研究责任保险中的信息不对称、事前道德风险及不可保风险问题。研究发现，保险索赔中人身伤害责任险的信息不对称程度要高于财产损害责任险，且事前道德风险仅存在于与财产损害责任险有关的保险索赔中。从近几年的文献中可发现，车险综合改革将促进产业发展由依赖要素"粗放型"地促进生产率提高，向依赖提升"集约型"促进生产提高进一步转变。由于车险产品已成为人们及时接触信息技术发展以及接受经济与社会环境变迁影响最直接的一类保险产品，所以车险价格水平与现实风险的相匹配程度也必然会日益变化。

（三）责任风险保险

责任保险从本质上（保险标的、保险事故、保险目的）来看，其与一般财产保险并不相同。近年来对于责任保险问题的研究主要聚焦于董事高管责任保险（以下简称"董责险"）以及数类责任强制保险。

目前对董责险的研究主要集中于董责险对企业风险的影响，其中以正向影响居多。例如，陈华等（2020）研究发现董责险对公司价值增长呈显著正向作用，董责险可以有效增加企业高管的风险承受能力，通过使其对风险厌恶减少，更倾向于进行研发创新活动并且对高风险高回报的项目更易接受，进而提升公司价值。相反，另一类文献质疑董责险能否真正降低企业风险，如赖黎等（2019）发现公司购买董责险后短贷长投增加，银行短期借款减少，从而导致公司经营风险上升，因此认为我国的董责险非但没有降低企业风险，反而诱发更多的风险问题以致经营风险增加。

国内一些学者从法学的角度对涉及交通事故责任强制保险以及环境责任保险的相关问题进行研究。李青武（2019）根据侵权责任法和责任保险制度原理，基于道路交通事故社会救助基金的宗旨提出诸多争议问题，如我国现行立法中关于社会救助基金追偿权制度等，从而明确了社会救助当事人的权责平衡问题。

我国的环境责任保险应该坚持"政府推动"与"市场运作"两个重要原则，并指导相关公司持续增强防范环境风险的能力。我国环境责任保险机制需要兼顾政府监督、市场调节和社会监管三重作用，可以成为政府具体推动和实施这一管理思路的主要路径。段白鸽等（2019）通过实证分析发现，实施食品安全责任强制保险试点可以显著降低食品安全事故的发

[①] 参见中国银行保险监督管理委员会《关于实施车险综合改革的指导意见》，http://www.cbirc.gov.cn/cn/view/pages/ItemDetail.html?docId=926452&itemId=925&generaltype=0.

生率，说明食品安全责任强制保险有效地发挥了风险管理功能。由于近年来我国食品安全事故频发，对于建立食品安全强制责任保险的制度研究是有意义的。

总而言之，责任保险是化解国家重大经济社会责任风险的有效财务手段，但是受个人风险偏好、成本、法律意识及逆向选择和道德风险等因素的限制，目前责任保险的市场覆盖率仍然不高，保险公司的社会治理功能还没有充分体现。因此，政府部门应对保险市场的经营机制进行适当的调节，透过采取对某些领域强制性的保险制度安排，以达到将整个社会的整体风险成本最小化，从而发挥"社会稳定器"的功能。由此可见在某种意义上，强制责任保险已具备准公益产品的属性。

（四）重大灾害事故保险

我国重大自然灾害频发，"十四五"规划纲要提出要"发展巨灾保险"，为保险业提供了顶层引领。不同于传统的巨灾模型，孟生旺、李政宵（2018）考虑了地震灾害发生的时间及造成的死亡人数两个维度，建立了与实际情况吻合度更高的地震灾害死亡人数预测模型。此外，作为重要的巨灾风险管理工具，政府与社会资本合作（PPP）的巨灾保险可以积极弥补巨灾造成的损失并提高社会韧性（王瀚洋、孙祁祥，2020）。由此可见，建立巨灾保险制度需要政府实施与之匹配的政策进行支持，但是该政策又不能影响市场本身，这就需要清晰划分政府的职责范围，并设立相关法律法规助推巨灾保险的顶层设计。

2019年5月，习近平总书记在主持召开中央全面深化改革委员会会议时指出，"完善大灾风险分散机制""推动农业保险高质量发展"。[①]《国家乡村振兴战略规划（2018—2022年）》指出，要通过"健全农业保险大灾风险分散机制"提高农业风险保障能力[②]。郑伟等（2019）建立农业保险大灾风险分散体系的评价系统并通过定性打分的方式，分析发现农业大灾风险分散体系的完善程度与各国农业保险的整体发展水平呈现显著正相关。此外，丁志国、李泊祎（2020）研究认为，应提高农业巨灾险的普惠性，适当提高农户购买农业巨灾险的补贴并加强灾后救助的保障力度，以健全和完善农业风险分散体系。

2020年初全球新冠肺炎疫情暴发，对经济社会的冲击巨大。作为风险分散和管理的有效工具，保险在此次重大疫情中发挥着重要作用。国外部分文献以中国为例，研究了新冠肺炎疫情对保险需求的影响，体现出在重大灾害或事故发生时，保险成为个人及家庭风险转移的重要保障机制。Qian（2021）基于覆盖中国241个城市的新冠肺炎确诊病例及保险公司收入的数据，研究新冠肺炎疫情对财产险等四种保险需求的影响。实证分析发现，新冠肺炎疫情

[①]《习近平主持召开中央全面深化改革委员会第八次会议强调　因势利导统筹谋化精准施策　推动改革更好服务经济社会发展大局》，《人民日报》2019年5月30日第1版。

[②] 参见中华人民共和国中央人民政府《中共中央 国务院印发〈乡村振兴战略规划（2018—2022年）〉》，http://www.gov.cn/zhengce/2018-09/26/content_5325534.htm. 2022年7月1日。

可以显著提升人均保费收入。从保险种类看，保费收入增幅最大的是寿险，其次是健康险。在考虑地区异质性后，发现新冠肺炎疫情对保费收入的影响仅存在于医疗条件较差或医疗负担较高的地区，因此建议政府应根据不同地区的医疗状况实施相对优惠的保险政策，有助于当地民众抵御新冠肺炎疫情带来的财产或健康冲击。

五　保险行业改革开放

党的十九大以来，面对新的经济形势和国际格局，中国保险业制度也顺势而为做出了相应的改革调整，从而保证中国保险业的发展符合社会需要。国内外学者也对这些改革进行了效果评价、发展思路等方面的研究。总体来看，近年中国保险业制度的改革主要从营销制度、投资制度、公司治理制度、财务与监管制度、开放制度五大方面着手进行，因此本文也将从以下五个方面对中国保险业制度的改革及其相关研究进行综述。

（一）保险营销体制改革

近年来中国保险业各大营销渠道都获得了新的发展，也出现了新的问题，学者们对相关问题进行了分析。

在传统的保险代理人渠道和银邮渠道方面，仲赛末、赵桂芹（2018）通过对销售渠道和公司财务绩效的关系研究，发现个人代理人销售规模占比较高的保险公司财务绩效更优。基于中国寿险行业 2008—2016 年的数据，该研究发现，个人代理渠道占比的提高，显著提高了公司绩效，银邮渠道正好相反，其他销售渠道的影响不显著。该文反映了当前银邮渠道的困境，从实际情况来看，2010 年银邮渠道改革后[①]，同一银行网点一年内只能与三家保险公司合作，因此保险公司在银邮渠道中处于弱势地位，渠道成本居高不下对公司业绩造成了负面影响。

近年来随着数字技术的发展，互联网保险的规模也在迅速扩张。李晓等（2021）关于数字金融发展对家庭商业保险参与的影响及其作用机制展开了研究，借助中国家庭金融调查（CHFS）2015 年、2017 年、2019 年三轮调查数据，发现数字金融发展显著促进了家庭商业保险参与。上述研究为当前趋势下互联网渠道对于保险公司发展的重要性提供了佐证，互联网渠道通过降低交易成本和提高服务可得性等途径显著提高了民众的投保意愿，同时互联网大大加快了金融知识传播的速度，降低了交流互通的难度，从而提高了家庭保险意识和参保门槛，促进了家庭商业保险参与。

（二）保险投资监管改革

2019 年国务院办公厅印发了《关于加强金融服务民营企业的若干意见》，明确提到减少

---

① 具体内容见原银监会 2010 年发布的《关于进一步加强商业银行代理保险业务合规销售与风险管理的通知》。

保险公司财务性股权投资限制，积极鼓励符合条件的保险公司、产品进行战略性股权投资，参与化解处置民营上市企业股票质押风险。2020年12月，李克强总理在国务院常务会议上指出，要"提升保险资金长期投资能力，防止保险资金运用投机化"，"对保险资金投资权益类资产设置差异化监管比例"，"鼓励保险资金参与基础设施和新型城镇化等重大工程建设，更好发挥支持实体经济作用"。党的十九大以来一系列政策文件对保险资金的投资范围、投资比例进行了有松有紧的调整，推动了监管的差异化、精细化。

许多学者着眼于放开保险公司进入股权投资市场后在其中究竟能发挥何种作用开展研究。崔微微、彭雪梅（2020）对保险公司股权投资的特征和对企业的影响进行了研究。该文以2012年第一季度至2018年第一季度1654家由保险机构投资者持股的上市公司样本，以管理者代理成本为中介变量构建中介效应模型，发现短期持股型保险投资具有明显的价值选择倾向，而长期持股型保险投资在表现出价值选择倾向的同时还能够为投资的公司创造价值。

关于鼓励保险资金进入实体经济后需要注意的问题，谭智佳等（2022）基于对中国10家中小企业融资案例的调研，探究金融机构流动性风险的微观传染机制及管理策略。研究发现，流动性风险可以通过交易关系传染，从保险机构向实体企业的风险传染效应是存在的，甚至较其他传染渠道更可能扩大、加剧、加速传染效应，但同时流动性风险传染的抑制和交易网络稳定性的提高，可以通过行为风险抑制和经营风险分担实现。因此在鼓励保险资金发挥支持实体经济作用的同时，也要注意对风险传染的防控。

（三）保险公司治理监管改革

党的十九大以来，安邦因违法经营被接管，人保、平安、众安等保险公司陆续出现暴雷等事件，暴露出中国保险行业公司治理的严重缺陷。2020年10月9日，国务院发布《关于进一步提高上市公司质量的意见》，对上市公司的经营管理、治理结构提出了多方位的改革举措。2021年4月8日国务院召开的金融会议强调，要从"把握定位，优化结构""强化监管，提升质效""健全治理，规范经营""完善法治，增强活力"四个方面入手"加强地方金融机构微观治理和金融监管"。

许多国内学者对中国保险公司的公司治理改进状况进行了评估。郝臣、刘琦（2020）设定了六大保险机构治理维度，并对60个具体评价指标采用哑变量方法量化后，对每一个维度的量化结果进行等权重求和并标准化。之后以2016—2019年中小型保险公司为样本研究发现，样本期内中小型保险公司治理水平整体劣于大型保险公司，但呈逐年优化趋势。相关研究证明，随着保险公司治理相关制度的不断完善，中国保险行业整体公司治理水平有所提高。但需要注意的是，当前中国保险行业存在显著的发展不均衡现象，中小型保险公司为了抢占市场放松了自身的风险管理，存在不小的隐患。

为了评估改善保险公司治理水平的政策措施带来的效应，李艺华、郝臣（2019）基于

2010—2017 年中国 85 家财产险公司和人身险公司的面板数据，考察了外部监管和产品市场竞争两大外部治理机制对保险公司风险承担的影响，发现外部监管和产品市场竞争两大外部治理机制对合理管控保险公司风险承担发挥了重要作用，证明了强化监管和增强市场活力等提高保险公司治理水平的举措有助于改善保险公司的经营状况。银保监会对保险公司大股东的持股比例进行了明确的限制[①]，关于这一政策措施的效果，祝继高等（2020）以 2009—2017 年中国寿险公司为研究样本，发现第一大股东持股比例越高的保险公司业绩越好，反而是股权制衡度较高的公司业绩普遍较差。以上研究证实了在限制大股东持股比例的政策背景下，我们仍然需要平衡好减弱大股东干预问题和发挥大股东监管作用的关系。

（四）保险财务监管改革

从 2016 年第一季度起，中国第二代偿付能力监管制度体系（"偿二代"）正式实施，并在 2021 年底开启了"偿二代"二期工程的建设。为进一步防范保险业资产负债错配风险，提升保险公司资产负债管理能力，2019 年 7 月银保监会发布了《保险资产负债管理监管暂行办法》，就保险公司如何建立健全资产负债管理体系进行了规定。为防范新的经济金融形势下保险业系统性风险，中国人民银行在《中国金融稳定报告（2020）》以专题形式对保险行业的风险问题进行讨论，并在 2021 年底发布《宏观审慎政策指引（试行）》为保险业系统性风险的监管建立了政策框架。2022 年政府工作报告首度提出"设立金融风险保障基金"，在保险保障基金的基础上，对金融混业趋势下中国保险业的风险保障制度进行了新的补充。

针对"偿二代"带来的影响，周桦、张娟（2017）以 2013—2015 年中国财产保险公司为样本，通过随机前沿分析法测算出了保险公司效率，从而探究"偿二代"的实施对中国财产保险公司效率的影响，并最终发现在经营效率基本不受影响的情况下，"偿二代"的实施有助于增强公司的风险管理以及减少金融中介活动的过度利用。Chen 等（2018）则是对"偿二代"实施以后中国保险公司的最优投资策略进行了研究，以 VaR-PI-RM 为约束条件构建了效用最大化问题，并通过静态拉格朗日方法得出了最优的资产配置策略。

同时，国内外也有学者将中国的"偿二代"制度与其他国家的监管制度进行了对比，Liu et al.（2019）则通过"偿二代"与美国、欧盟监管制度的对比为"偿二代"未来的发展提出了建议。其认为三种监管制度都在各自的市场上取得了成功，未来"偿二代"的发展应当继续坚持以中国市场特色为导向，制定适合中国保险市场的监管制度。

关于中国保险行业的系统性风险问题，李政等（2019b）以 2011—2017 年中国上市金融机构为样本，运用 LASSO 分位数回归构建了中国金融部门的尾部风险网络，发现银行与保

---

① 具体内容见 2021 年银保监会发布的《银行保险机构大股东行为监管办法（试行）》。

险的风险关联程度较高，同时头部保险公司的系统重要性也在不断提高。宫晓莉等（2020）运用CoVaR和MES两个指标计算了中国金融系统性风险条件、风险价值和边际期望损失，并采用机器学习方法和Logit模型对系统性风险状况进行预测。通过对2007—2017年中国上市金融机构的研究发现，保险公司对其他金融机构的风险溢出效应强于商业银行，系统性风险具有明显的周期性。总体来说，随着中国金融混业程度不断加深，金融部门间的协同监管制度是保障宏观审慎监管的有效举措。当前银行、保险部门已经形成了相对成熟的协同监管机制，但针对新形势下大型保险集团的管理，推动监管相关制度的更新很有必要。

在会计制度方面，中国采用了会计准则与国际财务报告准则实际持续趋同的路径。国际会计准则理事会IFRS17与IFRS9的发布与生效，将对中国保险行业的会计实务产生重大影响。针对这一问题，许闲（2019）对IFRS17关于保险合同会计准则确认、计量与披露的重大调整进行了分析，并对IFRS17、IFRS9和中国保险行业当前会计实务的差异与影响进行了分析。总体来看，新的国际保险会计准则对保险公司的资产负债管理、盈利管理都提出了更高的要求，也为保险公司的产品设计、监管合规等方面带来了新变化。

（五）保险业对外开放

在中国保险业的开放问题上，学者关注的重点主要在于开放程度提高带来的影响。李腾等（2022）对外资持股比例和保险公司风险承担水平之间的关系进行了研究，基于2017—2019年的中国保险行业数据，外资持股比例和境外投资的增加会显著增加保险公司的风险承担水平。卓志、孟祥艳（2018）采用超效率SBM方法测度了2010—2014年中外资寿险公司的效率，并运用CLAD模型重点分析寿险公司规模、产品多元化程度与经营效率关系，探究了其中的非线性作用与交互作用，并发现外资寿险公司在其产品经营与管理等方面更有效率。上述研究证实了，放开外资进入中国保险行业并非百利无一害：一方面，境外投资的增加能为中国保险行业注入新的资金，带来更先进的公司治理模式；另一方面，也需要警惕外资更为激进的经营模式给我国保险行业监管带来的新冲击。

外资保险机构进入国内资本市场，会给企业带来有别于国内保险机构投资的影响。Luong等（2017）考察了外国机构投资者对企业创新的影响，利用2000—2010年中国等26个经济体的企业层面数据，发现外资机构持股对企业创新具有正向的因果效应，而本国的金融机构持股带来的正向效应并不显著。

六　保险机构经营管理

保险机构是保险供给的主体，是保险功能作用发挥的重要承载者。保险运行产出特殊，在收入支出发生顺序、负债经营和专业监管等方面不同于其他行业，因此，研究保险机构经营管理也具有很强的学理意义。

（一）保险产品设计

费率是保险这种抽象产品的价格，保险费率市场化就是服务价格的去管制化。发达国家的保险费率普遍采用了较高程度的市场决定，近些年，中国各类保险产品逐步开始了费率市场化，但是，研究中国保险费率改革问题的文献还不多。边文龙等（2017）认为，在信息不对称条件下，保险供给者以利润最大化为原则，根据被保险人的风险特征提供差异费率的产品，能够达到多个效果。这包括：让更多的风险得到保障，扩大被保险人的范围，并增加自身的保费收入，从而实现"效率"；促进风险程度不同的被保险人以不同的费率被承保，减少逆向选择问题，从而实现"公平"；保险机构的赔付率保持稳定，甚至有所下降，从而实现"稳定"。该文采用了Hsiao-Ching-Wan（HCW，2012）的宏观政策评价方法，将广东省深圳市于2011年开始的商业车险条款费率市场化改革作为一个准自然试验，进行了经验研究。为了解释为什么前一轮的车险条款费率市场化改革（2003—2005）没有成功，该文建立一个多阶段博弈模型，从而实现了对两次改革的理论解释的逻辑一致性。

保险市场上广泛存在信息不对称现象，事前信息不对称常常导致影响保险市场交易效率的逆向选择问题。现实中，被保险人存在多种风险类型，合同设计中可以加入正的"奖励"和负的"惩罚"来区别不同风险类型的被保险人。马本江等（2020）在两种风险和多种风险的条件下，建立了一个理论模型：根据被保险人在前期的出险情况对进行费率的增减，使得高风险被保险人从理性的角度出发，会选择为高风险人设计的保单，而不会选择为低风险人设计的保单，实现Spence-Mirrlees分类条件。相比于对保险合同简单签约多次的做法，该文的保单设计使得保险公司的期望收益是零，但是，实现了社会福利的Pareto改进。

保险公司是重资产企业，但是支出具有刚性，所以面临流动性管理问题。Ge（2022）考察了保险业背景下融资约束如何影响企业的定价决策。该文将财产保险公司在赔付支出上遭受的剧烈变化，作为同一集团中寿险公司的财务约束的外生冲击，进而研究了寿险公司如何改变产品的定价。研究发现，整体上看，财产保险公司的承保亏损没有显著影响寿险公司的业务决策，但是会通过内部资本市场这一机制增加寿险公司财务资源的"影子价值"。

（二）保险承保理赔

商业保险是基于最大诚信原则运行的，通常对投保人一方故意违反如实告知义务的处罚要轻于对保险人一方故意违反如实告知义务的处罚。例如，在法定抗辩期间之后，保险人还能否撤销保单，存在倾向于保险法和民法的不同意见。于海纯（2020）认为，从法理上讲，保险人的不可抗辩权具有正当性，应当被广泛规定；如果赋予保险人撤销权，将会否定不可抗辩制度存在的意义及其背后的价值主张。该文从制度的合理性、正当性、历史性和法秩序价值等方面，分析了保险人撤销权的利弊。

生态环境风险日益成为社会关注的一类综合型风险，而治理环境污染风险，环境污染责任保险（可称为狭义的"绿色保险"）具有激励相容的制度优势。为了实现环境污染责任保险的价值，既要考虑保险公司对环境风险的识别、管理和分散能力，也要考虑保险规范设计的恰当性。马宁（2018）认为保险公司应当力争做好两点：一是将风险管理活动尽可能纳入国家的环境管理体系中，明确环境侵权的形态和责任，构建针对双重风险的保险费率体系，减少立法和司法活动关于环境责任的不确定性，并增强自身的风险管理能力；二是审慎机制保单的承保责任，将主体的纯粹财务损失和环境损害责任均纳入保障范围之中，进而通过约束和激励投保人的活动来降低风险存量。

欺诈是保险机制给社会带来的一项负面影响，也是保险经营中的一项占比较高的财务负担。已有文献多着眼于发达国家的场景，并从医疗服务供给方的视角研究保险欺诈问题，而姚奕等（2020）关注了中国这一新型市场国家。该文通过构建欺诈因子的理论模型，采用离散因变量的选择模型分析影响商业健康保险欺诈的因子，以期纠正样本过度抽样造成的偏误以及初次分类的遗漏错误。该文发现，对此前被低估的欺诈概率进行矫正后，估计得到的正确识别率达到了欺诈案件的80%以上，而全部案件的正确识别率接近60%。

（三）保险资金运用

保险投资是保险活动的重要内容，能促进资金的保值增值。企业年金是一种职业养老金，其资金运用直接关系到参与劳动者的退休收入。与其他资金一样，企业年金的投资收益率可以分为两个部分——大类资产配置带来的收益率和主动管理带来的超额收益率。段国圣、段胜辉（2020）发现，大类资产配置是企业年金投资收益率的主要决定因素，而主动管理带来超额收益率并没有显著异于零。该文建立了治理—行为—业绩的分析框架，探讨了企业年金投资管理活动中的治理体制、资产配置、投资目标、业绩考核等内容。该文认为，为了提升年金投资收益水平、发挥规模经济效果，中国的企业年金投资中应当进一步发挥长期资金的投资，不断改善治理状况，科学设定退休收入替代率，择优使用年金投资管理人。

保险公司投资策略会影响其自身经营的多个方面，例如，前几年，万能险资金的举牌上市公司就引起各家关注。边文龙、王向楠（2017）通过对中国保险公司的研究发现，财产险公司开展投资业务提高了偿付能力水平，并且对破产概率（Z指标）和流动性没有造成负面冲击，但寿险公司开展投资业务则会提高破产概率并加剧退保风险。Guan等（2018）从策略角度研究了参数不确定环境下，保险公司如何进行比例再保险和投资。该文假设市场风险服从漂移布朗运动，主要利用Hamilton-Jacobi-Bellman（HJB）方程，推导出了最优投资、再保险策略的内部解，提出了资产配置策略。

（四）保险机构经营

最近几年，中国一些新兴寿险公司抛弃传统经营模式，改为采用资产驱动负债型模式，其主要表现是，在负债端利用中短期"理财险"募集资金，在资产端则以相对激进的方式进行权益投资，如收购海外企业、举牌上市公司等。对此，仲赛末、赵桂芹（2018）收集了寿险公司数据，根据万能险在总业务中的收入占比区分寿险公司的经营模式，研究发现：寿险公司采取资产驱动负债型经营模式受到了不利外部环境、行业内部竞争激烈的影响；资产驱动负债型公司的财务稳健程度降低，而风险指标上升。

数字信息、生命科学等领域的技术进步正日益深刻地影响着人们生产生活，并且成为引起保险业变革的一个关键因素。完颜瑞云、锁凌燕（2019）从经验研究角度分析了保险科技（InsurTech）对行业发展的影响。该文基于保险业务的三个方面——承保、投资和风险承担，采用中国省级面板数据，发现了显著的影响。中国的保险科技能够处于第一集团，但在大多数领域没有处于引领的位置。显然该文是一个不错的研究尝试。

提高保险公司的效率能降低保险机制的运行成本。陈伟华、魏丽（2019）采用了投入共享型数据包络分析（Data Envelopment Analysis，DEA）模型，分别假定规模无效和假定规模有效，测算了2010—2016年中国寿险公司的效率。该文估计了资金筹集阶段和资金使用阶段的权重，认为寿险投资阶段的效率改善空间较大。寿险公司的效率存在所有制的差异，中资公司的总效率、保费筹集阶段效率和投资阶段效率均高于外资公司。

参考文献

边文龙、王向楠，2017，《投资职能对保险公司风险的影响研究》，《金融研究》第12期。

边文龙、王向楠、李冉，2017，《保险费率市场化效果的解释和评估》，《经济学（季刊）》第4期。

蔡伟贤、吕函枰、沈小源，2021，《长期护理保险、居民照护选择与代际支持——基于长护险首批试点城市的政策评估》，《经济学动态》第10期。

陈华、唐琳、王晓全，2020，《董事责任保险与公司价值增长——基于中国A股上市公司的实证研究》，《金融评论》第5期。

陈静、魏航、谢磊，2019，《商业保险在供应链质量风险管理中的应用研究》，《管理科学学报》第1期。

陈伟华、魏丽，2019，《中国寿险公司资金运用效率研究——基于共享投入型两阶段DEA模型》，《金融评论》第4期。

陈醉、宋泽、张川川，2018，《医药分开改革的政策效果——基于医疗保险报销数据的经验分析》，《金融研究》第10期。

崔微微、彭雪梅，2020，《保险机构投资者是价值选择者还是价值创造者？——基于保险公司持股时间视角的经验证据》，《保险研究》第1期。

丁志国、李泊祎，2020，《农产品价格波动对政策性农业保险的影响研究——基于主体博弈模型》，《中国农村经济》第6期。

董坤祥、谢宗晓、甄杰，2021，《强制性约束下企业信息安全投资与网络保险的最优决策分析》，《中国管理科学》第6期。

段白鸽、王永钦、夏梦嘉，2019，《金融创新如何缓解信任品市场失灵？——中国食品安全责任强制保险的自然实验》，《金融研究》第9期。

段国圣、段胜辉，2020，《年金投资管理：评价、问题与建议》，《保险研究》第4期。

傅虹桥、袁东、雷晓燕，2017，《健康水平、医疗保险与事前道德风险——来自新农合的经验证据》，《经济学（季刊）》第2期。

高明、艾美彤、贾若，2021，《家庭金融参与中的信任重建——来自农村社会养老保险的证据》，《经济研究》第8期。

宫晓莉、熊熊、张维，2020，《我国金融机构系统性风险度量与外溢效应研究》，《管理世界》第8期。

郭金龙、周小燕，2017，《对环境污染责任保险赔偿机制的思考》，《环境保护》第10期。

郝臣、刘琦，2020，《我国中小型保险机构治理质量研究——基于2016~2019年公开数据的治理评价》，《保险研究》第10期。

胡国柳、赵阳、胡珺，2019，《DO保险、风险容忍与企业自主创新》，《管理世界》第8期。

黄薇，2019，《保险政策与中国式减贫：经验、困局与路径优化》，《管理世界》第1期。

纪洋、边文龙、黄益平，2018，《隐性存保、显性存保与金融危机：国际经验与中国实践》，《经济研究》第8期。

江生忠、李立达，2021，《完全成本保险对农业经济以及社会福利的影响分析》，《保险研究》第7期。

赖黎、唐芸茜、夏晓兰、马永强，2019，《董事高管责任保险降低了企业风险吗？——基于短贷长投和信贷获取的视角》，《管理世界》第10期。

赖黎、玄宇豪、巩亚林，2022，《险资入市促进了公司创新吗》，《财贸经济》第2期。

李从刚、许荣，2020，《保险治理与公司违规——董事高管责任保险的治理效应研究》，《金融研究》第6期。

李丁、丁俊菘、马双，2019，《社会互动对家庭商业保险参与的影响——来自中国家庭金融调查（CHFS）数据的实证分析》，《金融研究》第7期。

李含伟、喻彤彤、汪泓，2018，《中国长期照护保险个人缴费意愿研究》，《中国人口科学》第4期。

李青武，2019，《论我国道路交通事故社会救助基金追偿权》，《中国法学》第5期。

李腾、薛敏、郭金龙，2022，《对外开放增加了保险公司的风险吗？》，《财经论丛》第 4 期。

李晓、吴雨、李洁，2021，《数字金融发展与家庭商业保险参与》，《统计研究》第 5 期。

李艺华、郝臣，2019，《外部治理对保险公司风险承担的影响研究——基于外部监管和产品市场竞争视角》，《保险研究》第 12 期。

李政、梁琪、方意，2019，《中国金融部门间系统性风险溢出的监测预警研究——基于下行和上行 ΔCoES 指标的实现与优化》，《金融研究》第 2 期。

李政、鲁晏辰、刘淇，2019，《尾部风险网络、系统性风险贡献与我国金融业监管》，《经济学动态》第 7 期。

梁上坤、俞俊利，2021，《董事责任险购买与公司战略变革》，《金融评论》第 2 期。

林灵、曾海舰，2020，《社会保险成本过高是否抑制企业投资？》，《管理科学学报》第 7 期。

刘伟、许宪春、汤美微，2018，《国民经济核算视角下的保险产出及中国的实证》，《金融研究》第 10 期。

刘子兰、郑茜文、周成，2019，《养老保险对劳动供给和退休决策的影响》，《经济研究》第 6 期。

吕有吉、景鹏、郑伟，2021，《人口老龄化、养老保险基金缺口弥补与经济增长》，《金融研究》第 1 期。

马本江、尹鹏华、陈晓红、徐赛雪，2020，《逆向选择条件下带奖惩金的两期保险契约模型及其 Pareto 改进性研究》，《中国管理科学》第 8 期。

马宁，2018，《环境责任保险与环境风险控制的法律体系建构》，《法学研究》第 1 期。

孟生旺、李政宵，2018，《地震死亡人数预测与巨灾保险基金测算》，《统计研究》第 10 期。

彭章、施新政、陆瑶、王浩，2021，《失业保险与公司财务杠杆》，《金融研究》第 8 期。

邵全权、郭梦莹，2020，《发展农业保险能促进农业经济增长吗？》，《经济学动态》第 2 期。

邵全权、王博柏、龙飞，2017，《风险冲击、保险保障与中国宏观经济波动》，《金融研究》第 6 期。

沈永建、梁方志、蒋德权、王亮亮，2020，《社会保险征缴机构转换改革、企业养老支出与企业价值》，《中国工业经济》第 2 期。

谭智佳、张启路、朱武祥、李浩然，2022，《从金融向实体：流动性风险的微观传染机制与防范手段——基于中小企业融资担保行业的多案例研究》，《管理世界》第 3 期。

完颜瑞云、锁凌燕，2019，《保险科技对保险业的影响研究》，《保险研究》第 10 期。

汪伟、靳文惠，2022，《人口老龄化、养老保险制度设计与收入不平等的动态演化》，《世界经济》第 2 期。

王瀚洋、孙祁祥，2020，《PPP 巨灾保险的理论评述》，《财政研究》第 11 期。

王向楠、吴婷，2019，《保险发展、产业间资源配置与经济增长》，《金融评论》第 11 期。

吴卫星、王睿、赵梦露，2022，《劳动合同、保险覆盖与家庭金融市场参与——基于微观调查数据的实证分析》，《财经问题研究》第 4 期。

吴雨、杨超、尹志超，2017，《金融知识、养老计划与家庭保险决策》，《经济学动态》第 12 期。

夏常源、王靖懿、傅代国，2020，《保险资金持股与股价崩盘风险——市场"稳定器"还是崩盘"加速器"？》，《经济管理》第 4 期。

肖金梅、刘猛、洪锐凌，2021，《出口依赖型企业财产保险需求研究——来自中国制造业企业的经验证据》，《管理评论》第 6 期。

许闲，2017，《国际保险会计准则的最新发展及对我国的影响——基于 IFRS 17 和 IFRS 9》，《会计研究》第 1 期。

姚奕、孙祁祥、林山君、范庆祝，2020，《健康保险道德风险防范研究——以商业健康保险欺诈为例》，《经济研究》第 6 期。

于海纯，2020，《保险人撤销权：保险法中的一个制度选择及其合理性追问》，《中国法学》第 4 期。

于新亮、黄俊铭、康琢、于文广，2021，《老年照护保障与女性劳动参与——基于中国农村长期护理保险试点的政策效果评估》，《中国农村经济》第 11 期。

于新亮、张文瑞、郭文光、于文广，2021，《养老保险制度统一与劳动要素市场化配置——基于公私部门养老金并轨改革的实证研究》，《中国工业经济》第 1 期。

岳崴、王雄、张强，2021，《健康风险、医疗保险与家庭财务脆弱性》，《中国工业经济》第 10 期。

张川川、朱涵宇，2021，《新型农村社会养老保险参与决策中的同群效应》，《金融研究》第 9 期。

张翔、宋寒冰、吴博文，2019，《收入、预期寿命和社会养老保险收入再分配效应》，《统计研究》第 3 期。

赵健宇、陆正飞，2018，《养老保险缴费比例会影响企业生产效率吗？》，《经济研究》第 10 期。

郑苏晋、乔恒、蒙羞叶，2019，《保险业服务经济增长：路径及影响机制——多种时间序列模型和基于 EGLS 的 bootstrap 检验》，《管理评论》第 6 期。

郑伟、郑豪、贾若、陈广，2019，《农业保险大灾风险分散体系的评估框架及其在国际比较中的应用》，《农业经济问题》第 9 期。

仲赛末、赵桂芹，2018，《经营模式对寿险公司财务状况的影响——基于资产负债管理视角》，

《经济管理》第 9 期。

仲赛末、赵桂芹，2018，《销售渠道、产品策略及其交互作用对我国寿险公司绩效的影响》，《保险研究》第 8 期。

周桦、张娟，2017，《偿付能力监管制度改革与保险公司成本效率——基于中国财险市场的经验数据》，《金融研究》第 4 期。

朱铭来、何敏，2021，《长期护理保险会挤出家庭照护吗——基于 2011~2018 年 CHARLS 数据的实证分析》，《保险研究》第 12 期。

祝继高、苏嘉莉、黄薇，2020，《股权结构、股权监管与财务业绩——来自中国寿险业股权监管的经验证据》，《会计研究》第 6 期。

卓志、孟祥艳，2018，《寿险公司规模、产品多元化与经营效率》，《经济管理》第 6 期。

邹铁钉，2021，《养老保险可携带性、农村劳动力流动与农村反贫困》，《统计研究》第 8 期。

Chen, An, Thai Nguyen and Mitja Stadje, 2018, "Optimal Investment under VaR-Regulation and Minimum Insurance," *Insurance Mathematics and Economics*, Vol. 79, 194-209.

Ge, Shan, 2022, "How Do Financial Constraints Affect Product Pricing? Evidence from Weather and Life Insurance Premiums," *Journal of Finance*, Vol. 77, No.1, 449-503.

Guan, Guohui, Zongxia Liang and Jian Feng, 2018, "Time-consistent Proportional Reinsurance and Investment Strategies under Ambiguous Environment," *Insurance Mathematics and Economics*, Vol. 83, 122-133.

Hsiao, Cheng, H Steve Ching and Shui Ki Wan, 2012, "A Panel Data Approach for Program Evaluation - Measuring the Benefits of Political and Economic Integration of Hong Kong with Mainland China," *Journal of Applied Econometrics*, Vol. 27, No. 5, 705-740.

Jia, Ning, Xinshu Mao and Rongli Yuan, 2019, "Political Connections and Directors' and Officers' Liability Insurance-Evidence from China," *Journal of Corporate Finance*, Vol. 58, 353-372.

Liu, Guanchun, Yuanyuan Liu, Chengsi Zhang and Yueteng Zhu, 2021, "Social Insurance Law and Corporate Financing Decisions in China," *Journal of Economic Behavior & Organization*, Vol. 190, 816-837.

Liu, Shuyan, Ruo Jia, Yulong Zhao and Qixiang Sun, 2019, "Global Consistent or Market-oriented? A Quantitative Assessment of RBC Standards, Solvency II, and C-ROSS," *Pacific-Basin Finance Journal*, Vol.57, 101073.

Luong, Hoang, Fariborz Moshirian, Lily Nguyen, Xuan Tian and Bohui Zhang, 2017, "How Do Foreign Institutional Investors Enhance Firm Innovation?" *Journal of Financial and*

Quantitative Analysis, Vol. 52, No.4, 1449-1490.

Qian, Xianhang, 2021, "The Impact of COVID-19 Pandemic on Insurance Demand the Case of China", *The European Journal of Health Economics*, Vol. 22, 1017-1024.

Song, Changcheng, 2020, "Financial Illiteracy and Pension Contributions: A Field Experiment on Compound Interest in China," *Review of Financial Studies*, Vol. 33, No.2, 916-949.

Ye, Tao, Wuyang Hu, Barry J. Barnett, Jiwei Wang and Yu Gao, 2020, "Area Yield Index Insurance or Farm Yield Crop Insurance? Chinese Perspectives on Farmers' Welfare and Government Subsidy Effectiveness," *Journal of Agricultural Economics*, Vol. 71, No.1, 144-164.

Zhang, Xuan and Huihua Nie, 2021, "Public Health Insurance and Pharmaceutical Innovation: Evidence from China," *Journal of Development Economics*, Vol. 148, 102578.

Zheng, Hao, Yi Yao, Yinglu Deng and Feng Gao, 2022, "Information Asymmetry, Ex Ante Moral Hazard, and Uninsurable Risk in Liability Coverage: Evidence from China's Automobile Insurance Market," *Journal of Risk and Insurance*, Vol. 89, No. 1, 131-160.

社会保险学

郭金龙　王向楠　刘　菲　李红梅[*]

　　社会保险以劳动者以及普通大众的利益为价值取向，通过公共制度设计，在个体之间的空间维度以及个体生命周期的时间维度，对人们普遍面对的风险进行保障，优化社会资源配置。社会保险涉及的领域多，它们的制度设计和运行中不同程度地采用了金融机制——特别是保险机制。并且，随着中国养老保障体制、医疗保障体制和就业模式的改革和变化，以及各类政府和社会资本合作模式的发展，社会保险与金融的相互影响及协同发展呈增强趋势。在行政管理实践中，社会保险对应的政府管理部门主要是社会保障（含医疗保障）部门，也涉及财政、金融、民政、医药卫生等部门的相关机构。

　　需要说明的是，从学科性质上讲，社会保险学研究的是社会保险，不同于本年鉴关注的"保险学"学科。本年鉴关注的"保险学"定位于狭义的"保险学"，侧重的是商业机制和市场调节，其实践中对应的主要是国务院保险监督管理部门，也与农业农村、应急管理等部门有联系。

　　"社会保险学"学科基于人们面对"风险类型"的普遍性，设计了前四部分——长寿养老保险保障、中国医保改革与政策演进（医疗健康保险保障）、长期护理保险保障和劳动失业保险保障。这四部分的内容既是社会保险活动中的四大险种，其展开顺序也与金融机制在其中发挥作用的重要程度一致。第五部分社会保障基金管理专门分析基金管理问题。本文从这五个层面出发综述了中国共产党第十八次全国代表大会以来，中国"社会保险学"的研究进展。

　　首先，人口老龄化问题会带来一定的经济风险，其应对与解决离不开养老保险保障。与人口老龄化相伴而生的长寿风险问题对老年群体财务支出和经济增长都带来一定的影响，不仅对现有的基本养老保险制度带来挑战，还会通过影响国民储蓄、投资、消费及人力资本积累等方式进一步影响一个国家宏观经济的稳定。该问题的应对一方面要求健全社会基本养老保险，另一方面要求发展第二、第三支柱补充养老金计划。社会基本养老保险可以在改善参

---

[*] 郭金龙，中国社会科学院金融研究所，研究员；王向楠，中国社会科学院金融研究所，副研究员；刘菲，中国社会科学院金融研究所，副研究员；李红梅，中国社会科学院大学金融系博士研究生。

保人员收入的同时影响参保人员的劳动供给水平；补充养老金计划则可以做大养老资金池，应对未来可能不断扩大的基本养老金缺口。

其次，人口老龄化造成的另一个突出问题是老年人群健康水平的问题，该问题的应对需要医疗健康保险保障的支持。我国基本医疗保险在基本实现全民覆盖的基础上，不断加大再分配和互助共济功能，并在一定程度上起到了扶贫和避免因病返贫的效果；"三医联动"、医保支付方式改革以及分级诊疗制度建设等则在减轻药耗负担、规范医疗服务行为、引导资源配置等方面发挥了重要作用。

再次，老年人群健康问题还同时带来了失能失智老人数量及其护理需求的增加，该问题的解决离不开长期护理保险的保障。老龄化加速是国际社会近年来普遍面临的挑战，为应对老年人长期护理费用的筹资压力，部分国家率先建立了长期护理保险制度，这为我国长期护理保险的建立与完善提供了丰富的实践经验，但是我国持续扩大的老年人口规模和不断延长预期寿命导致养老保障费用持续攀升，这将对制度的财务可持续性提出挑战。作为社保"第六险"，长期护理保险不仅促进了医保基金的优化配置，而且改善了老年人健康水平和家庭照护压力。

复次，近年来的就业问题也是学界关注的热点问题，失业保险保障是维护劳动者待遇和权益的重要工具。新冠肺炎疫情暴发后，中国果断实施了阶段性缓缴失业保险费和工伤保险费，并扩大失业保险的保障范围，以保障劳动者基本生活水平。平台经济的发展推动了灵活就业形式，为灵活就业人员提供生活补助等政策措施，是新时期对劳动和失业保险保障制度的进一步发展。

最后，社会保障基金的可持续性问题一直是学术领域的关注重点，社会保障基金管理对于养老、医疗和就业问题的解决具有重要意义。要扩大社会保险制度覆盖范围、增强制度的公平性，需要健全社会保障基金监管体系。基本养老保险是社会保险中缴费率最高的险种，且在人口老龄化背景下，其基金可持续性成为学术领域的重点关注话题，开源与节流成为增强养老保险基金可持续性的两大应对思路。

一 长寿养老保险保障

随着我国居民预期寿命的延长，长寿风险给老年群体的健康水平、财务支出等都带来了较大的影响。为了应对长寿风险带来的问题，一方面要求健全社会基本养老保险，另一方面要求发展第二、第三支柱补充养老金计划，同时树立积极、健康的老龄观。对相关研究分为以下四方面进行综述。

（一）长寿风险引起的问题

预期寿命的延长造成最突出的问题是老年人群健康水平的问题，不仅增加了失能失智老人的数量和护理需求，同时也导致慢性疾病患病率的提高和健康损失的增加。有学者预测估算，2050年我国60岁及以上人口数量将上升至5.22亿人，其中失能半失能老人总数高达1.2亿人左右，除此之外，老年人慢性病以及精神健康问题都非常严峻，因此老年人最需要的就是健康和照护方面的服务（葛延风等，2020）。崔晓东等（2022）认为，随着寿命的延长，健康的寿命在余寿中的比例随年龄递减，即延长的寿命多为不健康的寿命。也有学者分析发现1990—2017年，中国人口老龄化与健康损失增加有关（Li et al.，2021）。可见，随着我国人口预期寿命的延长，生理健康以及心理健康问题都成为拉低老年人群生活质量的重要原因，健康问题的出现加上家庭结构小型化问题，促使社会层面的医疗照护需求激增，未来应着力加大医疗照护服务的供给。

长寿也会带来一定的经济风险，不仅体现为对养老保险基金造成压力，还表现在储蓄率降低、劳动力老化等，影响经济增长速度。随着高龄人口比例的攀升，政府通过加大代际转移以满足现有的养老金需求，基本养老保险基金收支平衡受到很大的挑战。例如，在不延迟退休年龄的前提下，养老保险基金预计将于2036年开始出现累计赤字（曾益等，2021）。此外，长寿风险在长期会给一个国家或地区经济增长带来不容小觑的影响。普遍预期寿命的延长不仅会降低储蓄率、老化劳动力，还会加深社会的不平等（陈东升，2020），而且人口快速老龄化将导致中国2020—2025年的经济增长速度平均每年放缓大约1个百分点（都阳、封永刚，2021）。

（二）长寿风险的应对原理及方案

应对长寿风险带来的健康问题，有学者提出健康老龄化中国方案的核心在于维护健康公平和坚持全生命周期视角（陆杰华等，2017）。社会保障是社会人力资本投资的重要制度安排，其中基本养老保险是国家应对长寿风险的关键性措施。

葛延风等（2020）认为2030年以前是建立和完善人口老龄化应对体系的时机，建议通过改善养老服务体系及其制度建设的方式，最大限度地延长老年人的健康余寿从而实现健康老龄化。因此政府在制定相关政策和设计相关制度的时候，既要注重生命的长度也要关心老年群体的健康水平，发展老龄健康服务的同时，也应当关注如何有效改善寿命延长后老年群体的健康水平（崔晓东等，2022）。

财务可持续性在养老保险制度发展过程中也需要重点关注，除了人口老龄化程度之外，个人缴费水平、市场利率和养老金替代率等都是影响和决定基本养老金保险长期财务可持续的主要因素（张向达、张声慧，2019）。张苏、李泊宁（2021）提出统筹全国养老金账户体系、加大财政补贴、延迟退休年龄、增强养老金收入分配调节以及发展第二、第三支柱养老金等解决办法。

此外，完善顶层设计、促进多层次社会保障体系走向成熟、优化养老服务布局等都能有效应对长寿风险对宏观经济的冲击（郑功成，2020）。也有学者提出可以通过鼓励劳动供给、推动技术进步等政策，将长寿风险对经济的负面冲击降到最低（都阳、封永刚，2021）。有学者发现中国的新农村养老金计划显著提升了农村家庭对人力资本的投资，其中0—16岁儿童的教育支出因为农村养老金计划而大幅增加，对女孩以及经济好的省份的因果影响更加明显，表明社会养老保障本身就是应对长寿风险的方案之一（Tang et al.，2021）。同时，被称为"社保第六险"的长期护理保险也在长寿风险应对中发挥着重要的作用。

（三）基本养老保险

虽然我国基本养老保险已经囊括了绝大部分符合条件的参保人员，但是城乡差距、收入差距、职业差距等因素都严重影响了基本养老保险制度的公平性。比如，当前的社保制度在缩小城乡居民工资性和经营性收入差距的同时，扩大了财产性收入差距，整体来看是加剧了城乡整体收入差距，因此建立多层次的社保体系、完善社保制度设计势在必行（卢洪友等，2019）。对于所有缴纳职工基本养老保险制度的人来说，相对较短的平均预期寿命会降低收入再分配因子的调节作用，因此政策制定者在制定延迟退休等相关政策时，要充分考虑参保群体内部的平均预期寿命差别（张翔等，2019）。

社会保险制度设立的主要目的之一是缓解不断加剧的家庭养老压力，由于我国社会经济发展存在着城乡二元分化的内在特征，社会养老保险制度效果也存在城乡差异问题。农村老年人预期依靠退休养老金养老的可能性增加了7.8%—9.9%，预期依靠家庭养老的可能性减少了3.9%—4.9%，也就是说，社会养老保险改善了农村老人养老过程中对家庭的依赖程度（张川川等，2017）。但是，进一步的实证结果发现，老人数量占比较高的家庭虽然面临更严重的养老风险，但是其选择的缴费档次却往往更低（马九杰等，2021）。

社会养老保险不仅对家庭养老有一定的替代作用，还影响了参保人员的劳动供给。不同类型养老保险对劳动供给的影响具有异质性，对于参保农民而言，新农保政策可以通过增加劳动供给促进居民收入和消费水平（张征宇、曹思力，2021）。此外，Huang and Zhang（2021）也发现，在符合年龄要求的人群中，中国新农村养老金计划会带来更高的家庭收入和食品支出、更少的农活、更好的健康以及更低的死亡率。降低养老保险费率可以延迟体制外劳动人员的退休时间，增加社会劳动总供给，因此政府应该不断探索与养老保险降费、退休年龄要求衔接的制度模式（汪伟、王文鹏，2021）。现有的研究主要关注社会养老保险对农村参保人员劳动供给的影响，主要原因可能在于针对农村居民设立的养老保险制度存续的时间相对较短。

（四）补充养老金计划

面对未来可能不断扩大的养老金缺口，一方面需要国家加大对基本社会保障的投入力度，另一方面也需要做大养老资金池，补充壮大第二、第三支柱养老金账户。当前我国企业年金、职业年金面临发展不足的情况，有学者认为是因为我国养老金体系中，过于庞大的第一支柱挤压了第二、第三支柱的发展空间（郭金龙、刘亚萍，2021）；也有学者认为原因在于个税递延政策实施之后，企业职工养老保障水平要低于政策前水平，这个问题可以通过提高收益率、延迟退休等方式进行缓解（黄薇、王保玲，2018）。

事实上企业年金的缴纳有助于提高企业的人力资本质量，研究发现为非国有企业员工提供企业年金使得员工的教育回报率增加了8.75%（Li & Wu，2018）。然而由于我国职工必须在规定退休年龄之后才能领取职业年金，很容易导致一些特殊工种产生外部性问题和搭便车问题，因此研究者建议推动职业年金能够实现保障职业的个性化，这样有助于从侧面解决延迟退休面临的困境（林东海，2019）。除此之外，我国职业年金存在制度财务风险和管理效率风险（张盈华、卢昱昕，2020），所以需要第二支柱养老金制度改革，一方面需要增强职业年金的制度灵活性，满足不同职业的个性化需求，另一方面需要优化职业年金的管理方式；可以通过引入市场化金融机构解决这一问题。

当前，以商业养老保险为代表的个人养老金正在成为我国养老金第三支柱，但现阶段参与度不高，其主要原因在于家庭养老的传统观念限制城镇居民参与商业养老保险，在中西部地区和受教育水平偏低的群体中这一限制更加显著（郑路、徐旻霞，2021）。基本养老保险基础养老金替代率和商业养老保险购买存在相关性，当前商业保险购买比例过低，适当调整基础养老金替代率可以提高商业养老保险购买比例，进而促进个人养老金发展、提高养老金整体待遇水平（蹇滨徽等，2021）。郭金龙、李红梅（2022）认为个人养老账户的设立应当满足居民多样化的需求，因此需要从制度设计、税收政策和产品创新等方面加强管理。

二 中国医保改革与政策演进

1998年12月14日，国务院出台了《关于建立城镇职工基本医疗保险制度的决定》，这标志着已实行40多年的公费劳保医疗保障制度正式结束、新的城镇职工基本医保制度开始建立。到2018年，经过整整20年的努力，中国的医疗保障基本实现了从初步建立到全覆盖、再从全覆盖到城乡统筹的跨越。2020年2月25日，中共中央、国务院印发了《关于深化医疗保障制度改革的意见》，目标是在2020—2030年，全面建成高质量的中国特色医保制度。为实现此目标，医保统筹层次、医保筹资和待遇确定机制、业务经办服务机制及"三医"联动机制等均须做出重大调整，同时，也涉及医保扶贫、医保支付、异地就医结算、医用耗材招标采购、医保标准化建设等重要方面。

（一）关于基本医保覆盖率

关于中国基本医疗保险的全民覆盖率，以及未参保情况的影响因素，始终是学术界讨论的焦点。王超群（2021）的研究认为，造成仍有相当比例的国民未参加基本医保根源在于管理部门分割和信息系统不统一，从而导致了重复参保和因财政补贴制度导致的户籍地参保这些现象的发生。骆为祥（2019）在其相关研究中得出2016年有约7%的成年人未被医保覆盖的结论，发现在收入较高、教育水平较高的情况下，并未明显导致较高的参保率；另外，收入、教育水平、过去半年是否患过慢性病、过去一年是否住过院等因素与未参保显著负相关，而人口（非户籍）流动距离与未参保显著正相关，流动距离远的人未参保的可能性也越高（骆为祥，2019）。这表明社会经济水平低和医保制度分割会阻碍参保率的提高，虽然近年来已有所改善。

（二）关于医保的再分配与互助共济

强化互助共济功能和加大再分配力度是当前医疗保障改革的一个重点。曾益等（2021）研究发现，在没有任何政策干预的情况下，职工医保基金将分别于2027年和2034年开始出现当期赤字和累计赤字；若自2022年开始实施"完全门诊共济"，门诊费用报销比例为50%或75.6%，则基金开始出现累计赤字时点分别推迟12年和8年。门诊共济改革可以提高职工医保基金的可持续性并提高保障水平。

郑先平、朱铭来（2019）的研究表明：个人账户与门诊次均费用、住院人均医疗费用和住院率显著正相关，与人均门诊人次关系不显著；由于使用范围受到严格限制，账户持有者会充分利用每次就诊机会消耗账户资金，从而导致门诊和住院次均医疗费用大增；账户持有者更倾向于通过住院消耗或套取医保资金，导致住院率增加。

在中国基本医保制度的收入再分配效应方面，金双华等（2020）的研究发现，中国基本医保制度的收入再分配效应为负，也就是说，存在严重的受益不公平问题，高收入群体的医疗支出和医保报销都显著高于健康状况更差的低收入群体。

（三）关于医保扶贫与医疗救助

贫困城镇居民，由于缺乏稳定收入来源，而且未如农村贫困人口一样享有扶贫政策救助，导致其抵御风险的能力极低。黄薇（2017）的研究发现城居保政策对低收入城镇家庭具有明显的扶贫效果，可显著避免出现因病致贫、因病返贫问题，但其扶贫效果对中高收入参保家庭的影响更大，导致扶贫的精准性与预期出现一定差距。

李竞吾等（2021）的研究发现，基本医疗保险在其发展初期能有效减轻患病居民的贫困脆弱性，但对于减轻灾难性医疗支出的效果不明显；在基本医疗保险的成熟期，由于医疗费用的不断增长，居民自付的医疗费用占总收入的比重提升，因病致贫没有得到更有效的缓解；而随着基本医保制度的完善，其减贫效果大幅提升。

丁少群、苏瑞珍（2019）的研究发现，大病保险及健康扶贫工程的实施并未有效改善低收入群体的收入分布，农村医疗救助尚未有效改善农村医疗保险收入的再分配。

医疗救助在反贫困行动中发挥重要作用。朱铭来、胡祁（2020）认为，随着扶贫工作的深入进行，我国绝对贫困虽逐渐减弱，但相对贫困现象却日益显著。

（四）关于"三医联动"改革

所谓"三医联动"，主要是通过推进医药服务改革，建立市场化的药品价格形成机制，构建公平、合理的药品谈判机制和体系，通过医保目录谈判减轻药耗负担，提高经办服务水平。

关于医药分开改革，王天宇等（2021）认为该项改革虽显著降低了药品费用，改变了住院费用的构成，但未能降低单次住院总费用；改革的效果随时间变化：在改革实施后的五个月内，有明确政策要求的药费和材料费继续下降，无明确要求的检查费在三级医院显著上升。王莉（2021）研究认为医保需要运用机制工具与医药供给方进行博弈，才能促进供给端的创新、竞争和资源优化配置。

（五）关于深化医保支付方式改革

推进医保支付方式改革，可助力"医保患"三方共赢，对于规范医疗服务行为、引导资源配置、控制医疗费用不合理增长具有重要意义。

臧文斌等（2020）分析结果表明，城职保患者的医疗总花费平均显著高于城乡保患者的医疗总花费。此外，疾病种类的异质性会导致医院对不同保险患者收取不同的医疗费用，异质性越大的疾病医疗费用差别越大。

李诗晴、褚福灵（2020）研究发现总额预付制一方面显著降低了统筹基金支付的医疗费用，在节约医疗保险统筹基金方面效果良好，但另一方面，个人支付的医疗费用有所上升，其中重症病种、罕见病种和重度病种较为明显。

朱凤梅（2021）的研究结果显示，医保预付制可显著降低参保患者的住院费用，但患者自付费用和住院天数有所上升。文章对医保预付制的控费机制的进一步研究发现，医保预付制改革存在"分配效应"，医疗机构可能通过在一年不同时段分配医保额度来满足总额预付的要求。

李乐乐、俞乔（2019）实证分析了道德风险、信息不对称和医疗保险等因素对医疗总费用的影响。该研究发现，道德风险、信息不对称对医疗总费用支出具有正效应；疾病类型越严重，医药费用占比越高会更加削弱医疗总费用支出的正效应，材料费用占比越高会更加增强医疗总费用支出的正效应；医疗保险实际报销费用（实际报销比例）对医疗总费用的支出具有负效应，而可补偿费用（名义报销比例）对医疗总费用支出具有正效应。

有学者对十余年来我国新医保支付方式试点为何遇挫进行了反思。顾昕（2019）的分析认为，推进医保支付改革必须以强化市场治理、激活社会治理、改善行政治理为前提条件。

也有研究探讨了 DRG 医保支付方式改革和商业医疗保险的关系。邵晓军、蒋伊石（2021）根据已实施 DRG 的国家的经验，认为 DRG 医保支付方式实施有利于医疗费用控制、医疗流程透明和效率提升,并通过提供高质量的医疗数据,供商业保险公司用于保险产品定价以及医疗服务行为的预测、评估和分析。

(六)关于分级诊疗制度建设及其实践效果

分级诊疗作为多年来我国医疗卫生制度改革方案的重头戏,对医疗资源配置的系统调整,缓解供需不平衡,构建医改新格局,解决人民群众就医的突出问题具有重要意义。

申曙光、杜灵(2019)认为,实施分级诊疗关乎我国医改的成败,因为其有助于提高民众对高质量医疗服务的可及性,并有效遏制医疗费用的增长,减少浪费。文章认为,目前我国基本形成了以医联体建设为主,对口支援、远程医疗、家庭医生签约制度、医保制度改革并行的分级诊疗推进方式,但是,分级诊疗工作开展并不顺利。

王磊、黄严(2021)从委托代理和激励理论的视角,提出了一个实现分级诊疗的平衡激励框架,认为在传统的总额控制下的按项目付费机制的强激励和弱约束下,为获取更多医保基金,各级医院对医疗资源、患者资源和医保基金形成竞争。各级医院重竞争、轻合作,难以实现分级诊疗,医疗资源浪费严重。

与分级诊疗有关的一个问题是跨省就医。在实践中,跨省就医虽提供便利,但如何处理其与分级诊疗之间的关系,是一个重要问题,需进一步探索。

三 长期护理保险保障

长期护理保险制度是以长期处于失能状态的参保人群为保障对象,以社会互助共济方式筹集资金,重点解决为重度失能人员基本生活照料和与基本生活密切相关的医疗护理提供资金或服务保障的社会保险制度。

(一)养老服务体系

王浦劬等(2018)认为,长期护理保险制度不仅能够强化老年人购买医疗产品与康养服务的支付能力,提高其使用医养结合机构服务的意愿和实力,而且有助于借助市场力量拓展养老机构的收入来源、分担运营成本,从而激励更多社会资本进入养老服务领域,对于老年群体、养老机构、政府都有着正向的制度激励作用。林宝(2021b)指出,长期护理保险制度是党的十八大以来养老服务政策的代表性进展,其本质是借助社会保险制度让社会成员分担长期护理负担。Wu等(2021)分别从家庭和老年人的视角介绍了长期护理服务的需求和偏好,还分析了新冠肺炎疫情对养老服务质量带来的冲击及后疫情时代养老服务行业面临的挑战。

对于长期护理保险和基本养老保险的互动关系,顾海、吴迪(2021)指出,一方面应将二者明确分割,进行制度顶层设计时紧紧围绕提升老年人生活质量的核心定位,避免重复支出带来的财政压力;另一方面又要让二者有效合作,从而打造健全的"医+养+护"服务保障供应链。郭金龙、李红梅（2021）指出长护险试点初期以城镇职工为主要参保对象，这有利于推动制度尽快落地、提高运行效率，但随着试点经验的逐渐积累，应尽快将收入水平较低、失能风险较大且老龄化更为严重的农村地区需要纳入长护险的覆盖范围之内，从而更好地应对老龄化城乡倒置引发的一系列社会问题、维护社会公平。

（二）长期护理保险保障的国际比较

老龄化加速是国际社会近年来普遍面临的挑战，为确保养老金制度的充足性、可负担性和可持续性，世界各国都已着手重塑多层次养老保障体系（袁中美、郭金龙，2018）。部分国家率先建立了长期护理保险制度，这为我国长期护理保险的建立与完善提供了丰富的实践经验。周坚等（2018）指出我国在法律法规建设方面应尽快制定专门的长期护理保险法。郭金龙、李红梅（2022）认为，长期护理保险可按照运行模式划归为四类，即以美国为典型代表的市场主导模式、以日本为典型代表的强制参保的社保模式、以德国为典型代表的双轨运行模式、以新加坡为典型代表的公私合营模式，并分别介绍了各国的参保群体、参保方式、缴费来源和给付方式。

一些学者还深入剖析了具体国家长护险的运行情况并得出若干启示。赵青、李珍（2018）详细介绍了英国的长期照护制度，并为我国长护险提出合理界定受益人群以实现社会公正、有效整合医疗资源以提升制度效率两点建议。杨哲、王茂福（2021）将日本长期护理保险的主要特征概括为护理机构与医疗机构合作、对高收入群体征缴高比例险金、强化护理人员培训以及多元化的服务供给主体，将制约因素归纳为现收现付制的资金运转方式导致居民负担和财政风险不断加剧、保险认证资格由各市町村负责造成老年人照护资源地区不平等问题更加凸显、老年人对照护机构的抗拒心理。我国在制定政策时应注意将国家统一标准与地方实际情况有机结合、尽快完善相关配套制度、同时持续加大对长期护理保险预防理念的宣传。

（三）长期护理保险保障财务可持续性

郭金龙、李红梅（2021）梳理了28个试点地区长期护理保险实施方案，发现在筹资来源上，所有地区都依赖于医保统筹基金的划拨，有18个试点地区需要政府补助。张晓晶等（2019）的面板模型回归结果也证实，老年人口占比提高将对养老、医疗等社会保障产生压力，从而增加政府负担。陈璐、时晓爽（2021）运用Markov模型测算健康状态转移概率，按照17个长期护理保险试点地区的现行政策预测2021—2030年中国长期护理保险基金需求规模及变化趋势。

财政可持续性是长期护理保险制度长期运行的根基，现有研究多通过构建仿真模型测算长护险实施产生的财政负担。陈鹤、赵姗姗（2021）发现在筹资和待遇水平保持不变或同步变化时，该市长护险将保持较高结余率和较低财务赤字风险；当变化不同步时，只有在满足模型收支平衡约束条件下才能避免财务赤字。荆涛等（2020）的研究结果显示若长护险试点保持现有规模,则"十四五"期末将只有三个省份出现基金累计赤字,基本不影响全国职工医保基金;若全面推广则会提前赤字时间、提高赤字数额,加大自付比例、上调人均筹资缴费率、提高基金保值增值率能够有效降低职工医保基金赤字的风险。长期护理保险作为一种以保障为主要功能、为养老提供保障类服务的金融产品,同样需要考虑防范与化解风险的问题。

(四)长期护理保险对医疗费用和健康水平的影响

商业保险作为基本医保的重要补充,通过搭建布局合理、服务优质、管理规范的医疗服务网络,为普通群众支付基本医保之外的医疗费用提供了有力支持(郭金龙、朱晶晶,2020)。但是,从郭金龙、李红梅(2021)对各试点城市的给付对象评定的整理结果来看,当前绝大部分试点的长期护理保险给付对象只涵盖重度失能参保群体,仅有个别试点城市将失智等特殊人群纳入保障。马超等(2019)的分析结果表明,长期护理保险的实施让青岛市中老年居民比未实施该政策的其他城市中老年居民每月的门诊费和住院医疗费分别降低210.51元和1901.69元,就诊次数和住院次数分别减少0.14次和0.11次。长护险还显著减少了中老年人的身体疼痛感和自评抑郁得分,表明长护险在降低医疗费用开支的同时,使得中老年的身体和精神健康状况得到同步改善。Chen和Ning(2022)也得出了类似结论。Lei等(2022)的实证结果表明每多参与一年长期护理保险可使参保人自评健康的概率提高5%、使出现抑郁症状的概率降低3.6%—4.7%。

有关研究还比较了不同补贴模式对医疗控费和健康改善的效果。王贞、封进(2021)的研究结果显示,居家护理补贴会替代医疗资源使用,使得住院天数、住院费用、医保支付费用分别下降了约12.3%、10.5%和10.3%,且在低失能程度人群中替代效应更强,同时对这类群体的健康水平也有显著的改善作用。Chang等(2020)指出低收入更有可能选择低成本的疗养院护理,尽管其服务质量可能很差。居家服务的需求量很大,但服务供给量与需求量不匹配,导致在老年人口密集区域,很多残疾老年人无法获得家庭服务。

(五)长期护理保险对家庭照护的影响

"十四五"时期,我国社会将进入深度老龄化阶段,这意味着家庭结构将发生显著变化,家庭人口结构老龄化、家庭小型化、空巢家庭增加的状况日益严重,养老和医疗保障不足的状况将进一步加剧,这意味着提升商业保险在社会保障体系中的地位势在必行(郭金龙、朱晶晶,2021)。对于量化长护险实施家庭照护的影响,学术界已有较为深入的研究。朱铭来、何敏(2021)发现长期护理保险会挤出家庭照护。相对于轻度失能老人,长护险对重度失能老人接受家庭照护的挤出效应更明显且更显著;对于父母、配偶以及子女与孙辈三类非正式照护的主要提供者,长护险更能减轻子女及孙辈的家庭照护负担。蔡伟贤等(2021)的实证结果表明,在不削弱子女与父母的情感联系的前提下,长护险不仅在广延边际上使子女对父母进行代际转移支付的可能性降低了13.12%，而且在集约边际上显著降低了代际转移支付的数额。渠道检验显示长护险提高了社区养老服务利用率，使失能老人家庭选择社会照护模式和家庭照护模式的比例分别上升23.30个百分点和下降了20.50个百分点，这说明长护险增强了个体接受社会照护的意愿、减轻了对家庭照护的依赖，但是两种照护模式之间并没有形成完全替代关系。

四 劳动失业保险保障

失业人员及其家庭成员往往面临经济压力，甚至面临维持基本生活的风险，而为了促进失业人员再就业，应当发挥劳动失业保险保障的保障作用和激励作用。

（一）工伤风险与保险

工伤是工伤保险的承保责任，工伤认定是现实中工伤纠纷的一个焦点，也是工伤保险立法的一项关键内容。侯玲玲（2019）认为，现行《工伤保险条例》的第十四条第六项以及第十六条，均以劳动者的"过错"作为工伤排除的直接条件，并且最高人民法院公布的四十号指导案例也采用了无过失原则，这形成了劳动者过程的刚性原则。工伤排除规则中采取过错责任的做法是工伤保险演变的一个"胎记"，其与工伤的含义并不协调。

中国工伤保险的费率和结付水平相对缺乏灵活性，二者的关联程度不高，这可能不利于保障劳动者的医疗费用和基本生活开支，也不利于激励企业采取预防措施。胡务、汤梅梅（2019）发现：在管制费率处于较低水平时，工伤伤害率与工伤保险给付标准显著负相关；当管制费率上升到一定水平后，给付标准的正向激励效果不再显著，甚至有可能产生边际负向影响。对于作用机制，参保企业限制了道德风险对工伤保险给付标准的预防作用，事前名义的道德风险对事后真实的道德风险的影响有可能加重。

身体素质是人的基本素质之一，而积极参加体育运动对人的生命健康有积极意义，而这一过程中，运动员和组织者均需要保险保障。美国的职业体育伤病保险体系较为发达，有两类独立运行、互为补充的体系——运动员工伤保险（以各州为投保单位）和行业保险（以各类职业体育联盟为投保单位）两大类。罗永义、仇军（2020）认为，相关文献侧重研究各州工伤补偿法对适用体育职业保险的司法改革、运动员合同保险、运动员失能保险、运动组织者的责任保险、部分群体（女性的、退役的）特殊性等问题。该文分析了美国职业体育伤病保险形成过程中的利益博弈，提出了中国发展体育保险的对策建议。

（二）失业风险与保险

发展民生保障是落实新发展理念的重要内容，法律保障能促进社会保险事业良好发展。刘贯春等（2021）研究了社会保险严缴费对企业劳动力使用行为的影响，发现结果是"负面"的，特别是在劳动力使用密集、可用的融资渠道少、面临的税收征管力度大、成本转嫁弹性弱的企业，这种负面影响更大。该文认为，社会保险严缴费增强了企业面临的流动性约束，即：企业持有的现金类资产减少了，现金持有受现金流的影响增强了；应付的账款增加了，支付的股利增加了。

在新时期，中国面临着内需依然不振和外需不确定性增加的压力，而"稳就业""保障基本民生"就成为维护经济发展和社会稳定的关键性任务。对此，各级政府下调了企业的社会保险缴费，并实施了缓缴的政策，以期促进保护"市场主体"。宋弘等（2021）发现：其一，企业的社会养老保险参与率、总缴费水平与企业面临的养老保险缴费率显著负相关，这反映出，下调社会养老保险缴费率存在"拉弗"曲线的效果，同时有利于企业运行和社保基金；其二，各类企业——尤其是中小企业和民营企业对劳动的需求程度与企业面临的养老保险缴费率显著负相关，这反映出，下调社保缴费率能够促进企业的劳动力需求，有助于全社会的稳就业和保市场主体。该文研究的下调养老保险缴费率，而扩大第二支柱企业年金的税收优惠、发展第三支柱养老保险、降低社会医疗保险缴费率对就业的影响如何，也值得深入研究。

失业人群的心理往往处于不佳的状态，而如果没有失业保险制度的保障，其身心健康状况可能因此降低。美国人口的吸烟率自1995年以来在不断下降，成年人（18岁及以上）的吸烟率从2005年的20.9%下降到了2014年的16.8%，而在这一时期，美国各州的失业保险制度较快的建立健全了。Liu和Fu（2019）认为失业保险制度能在较大程度上解释年轻人吸烟率下降的现象。该文研究发现：如果失业保险金每周增加100美元，那么，所有有资格领取失业保险金的人群的戒烟率将提高2.9个百分点；这一效果在失业风险更为严重的人群中更强。这一效果主要是由于失业保险减轻了失业者的经济压力。该文丰富了社会保险制度对个人健康行为影响的研究，对于中国这一吸烟人数最多的国家具有较大的参考价值。

（三）消费风险与保险

当风险厌恶的个体面对外生冲击时，会借助各种正式或非正式的风险分担机制来平滑自身的消费，以保持自身的边际效用不变。在理想状态下，所有外生冲击均可以被完全平滑，使得当期消费独立于当期的收入，这被称实现了完全的消费保险。Asdrubaili等（1996）研究发现，美国居民的消费没有被完全平滑，具体而言，有75%的收入冲击得到了保险，其中，资本市场、借贷市场和财政转移支付制度的贡献分别为39%、23%和13%。消费保险能在整体消费水平不变的情况下提升风险厌恶的消费者的福利水平。一些研究采用跨国数据或一国中多个地区的数据，测算了消费保险能带来的消费者的福利改进。

在生产、分配、交换和消费的四个环节中，消费是目的，也是衡量居民生活水平的重要标志之一。如果居民的消费水平呈平稳改善状况，不因为内外部环境因素变化而大幅度波动，那么，可认为社会生活中保险机制是运行良好的。王貂等（2021）研究发现：农村家庭的持久性收入冲击中的8.35%和暂时性收入冲击中的85.43%得到了保险。该文研究发现，国家级贫困县战略对农村家庭总福利的改进为 3.58%—5.81%，而精准扶贫战略产生了递进的福利改善效果。该文认为，对于样本中家庭，消费保险的作用异常重要，是福利改善的主要原因，作用程度远大于收入增长。

（四）新业态劳动方式的保险

互联网平台是在信息社会和数字经济环境下发展起来的，是生产和生活的重要组织形式。平台经济的发展推动了灵活就业形式，而这种"类雇员"面临着新的劳动保障问题。结合中国的经济运行和立法与司法实践，娄宇（2020）认为，为了提升劳动关系认定规则的前瞻性，可以采用分项处理的劳动福利制度的做法。该文认为，平台从业者应当参与社会保险制度的依据在于，他们对平台具有经济从属性，且基本权利受到平台的影响。例如，他们的工作时长可以作为劳动强度的度量，进而作为参与劳动保险的基本标准。该文认为：医疗服务对应人们的生命权和健康权，医疗保险是社会保险最基本的内容，所以平台从业者应当获得基本医疗保险、意外伤害保险和部分工伤保险；现阶段，不应当强制平台为从业者提供社会养老保险和失业保险，但可以采取重复保险的原理，应对从业者以不同身份参保的问题。此文基于保险的基本原理，从现实国情出发，解决这一平台从业者的保障问题，有利于促进平台的健康发展。

五 社会保险基金管理

我国社会保险包括基本养老保险、基本医疗保险、生育保险、工伤保险和失业保险，分别形成了基本养老保险基金、基本医疗保险基金、工伤保险基金、失业保险基金和生育保险基金。目前，除基本医疗保险基金与生育保险基金合并建账及核算外，其他各项社会保险基金按照社会保险险种分别建账，分账核算。《中华人民共和国社会保险法》规定，社会保险基金通过预算实现收支平衡。社会保险基金出现支付不足时，政府应给予补贴。在统筹层次上，基本养老保险基金逐步实行全国统筹，其他社会保险基金逐步实行省级统筹。

（一）养老保险基金收缴及其影响

社会保险缴费基数和缴费率共同影响社会保险基金收缴的规模，同时也会直接影响企业的劳动力使用成本（唐珏、封进，2019）。在五类社会保险中，基本养老保险的缴费率最高，是用人单位的主要负担。李培、范流通（2018）研究发现我国不同参保群体基本养老保险社会统筹缴费比例均有下调的空间。基本养老保险基金是五类社会保险基金中规模最大，征缴水平最高的基金，对用人单位的影响也最大。因此，关于社保缴费的研究主要集中在对基本养老保险基金方面。

在人口老龄化背景下，基本养老保险可持续性一直是学术领域关注的重点。缴费水平降低，减少了基金的收入来源，进而会加剧基金的收支不平衡，也会影响参保人的待遇水平。郑秉文（2019）认为养老保险当期结余在短暂增长后会下降，2028 年首次出现赤字，之后缺口逐年增大，到2050年将高达-11.28万亿元。曾益等（2019）认为养老保险基金的累计结余会在2024年用完，之后会出现赤字。关于基本养老保险基金出现赤字，杨再贵、陈肖华（2021）的测算则认为当年支出缺口和累计缺口将分别在2020年和2021年出现。贾洪波（2021）测算得出，城镇职工基本养老保险单位缴费率由20%降至16%会引起城镇人口养老金替代率下降8.0%—8.1%。王亚柯、李鹏（2021）考察了社保降费对个体养老金收益的影响以及在不同群体间的差异。

另外，社保缴费下降降低了企业的用人成本，进而会产生一定的经济效应。杨龙见等（2020）认为社保降费能够缓解因金融市场扭曲带来的融资约束问题，从而显著地提高僵尸企业的"复活"概率。曾益、杨悦（2021）验证了降低社会保险名义缴费率能显著提高企业创新程度。任超然（2021）实证研究发现"阶段性降低养老保险缴费率"政策对企业的新增投资存在显著的正向影响。程煜等（2021）使用微观数据验证了社保阶段性降费可能会降低微观个体的劳动供给。

（二）养老保险基金收支不平衡的解决方案研究

当前我国的养老保险制度正从现收现付制转向部分积累制，但由于人力资本进步速度很快，老年人分享经济发展成果的需求导致政府需要不断加大代际转移支付，因此个人账户长期空账运行，以便将更多资金用于提高老年人养老金待遇（张熠等，2020）。在此背景下，如何提高养老保险基金的可持续性一直是备受学者关注的议题（朱青、刘洋，2019）。相应的应对思路主要有两方面，即开源和节流。

节流方面的措施主要有适当降低基本养老保险的待遇水平、延迟退休等。张勇（2019）认为提早调整养老权益可以有效提升养老保险基金的偿付能力。延迟退休也是被广泛讨论的缓解养老金缺口的方式之一。刘万（2020）测算发现延迟退休能够有效抑制基金缺口的扩大，特别是在短中期，每年的收支缺口将减少40%—70%。

开源方面，一是通过中央调剂制度，解决局部的、紧迫性的基金缺口问题。我国不同省份之间人口结构不同，导致养老保险基金缺口存在较大的地区差异，目前已有很多地区出现收不抵支的情况。汪润泉等（2021）认为财政分权一方面可能使地方政府放松对基本养老保险缴费的监管，导致养老保险缴费收入不足；另一方面则地方政府也可能会对退休审核把关不严，导致职工提前退休现象较为普遍，进而加大了基金支付需求。为解决短期内养老保险基金各地负担不同的问题，2018年国务院发布《关于建立企业职工基本养老保险基金中央调剂制度的通知》（国发〔2018〕18号），建立了基本养老保险基金全国统筹制度，其主要通过中央调剂基金由养老保险基金收入较高、支出压力小的省份对基金收入较低、支出压力大的省份进行转移支付。薛惠元、张寅凯（2018）提出"低起点、小统筹、渐进式"为特点的、较为合理的调剂比例方案。彭浩然等（2018）认为我国地方政府在养老保险费征缴上存在逐底竞争，要使全国统筹顺利实现，必须要对地方在养老保险征缴方面的道德风险予以重视，合理划分中央与地方政府的财政责任。彭浩然、王琳琳（2019）认为虽然通过设立中央调剂基金在短期内可以缓解部分省份的养老金支出压力，但是随着中央调剂金比例的逐步上调，可能会导致新的不公平现象。杨继军等（2019）认为，当前我国基本养老保险基金地区分割的现状梗阻了要素的省际流动，损害了中国经济的动态效率，其研究为养老金全国统筹提供了理论证据。朱恒鹏等（2020）验证了提高统筹层次可以通过地区间风险分担提升全社会福利。房连泉（2019）则认为中央调剂制度的建立对地方养老基金结余的影响相对较小，并不能影响各地劳动力的结构，从而改变各地养老保险基金财务走向两极分化的趋势。

二是通过主权养老基金进行养老资金的储备。为了应对长期的养老基金缺口，我国在2000年建立了主权养老基金——全国社会保障基金（简称社保基金），由中央委托负责投资运营；2015年也允许基本养老保险基金由各省政府委托全国社会保障基金理事会负责投资运营管理（张盈华，2019）。为进一步缓解养老保险基金收不抵支的压力，2017年11月国务院印发了《划转部分国有资本充实社保基金实施方案的通知》（国发〔2017〕49号），决定划转部分国有资本充实社保基金。景鹏等（2020）考察了降低养老保险缴费率政策和国有资本划转政策对经济增长率和养老金替代率的影响。

（三）医疗保险基金（含生育基金）、失业保险基金相关研究

与养老保险基金一样，医保基金也面临可持续性困境。朱铭来等（2018）发现超过一半地区的医疗个人账户使用效率水平低下；东北地区医疗个人账户效率高且高集聚，南部地区医疗个人账户使用效率低且低聚集。曾益等（2021）研究发现，在没有任何政策干预的情况下，2027年和2034年开始职工医保基金将分别出现当期缺口和累计缺口，而通过实施门诊共济制度可以有效推迟基金缺口首次出现的时间。朱铭来、王恩楠（2021）的研究发现，按人头付费能够显著降低城职保患者医疗费用和并发症数量，有利于提高医保基金的可持续性。薛惠元、曹思远（2021）研究新冠肺炎疫情冲击后失业保险基金的可持续性，认为失业保险基金受新冠肺炎疫情冲击在2020—2035年可能产生90亿元以上的缺口。

参考文献

蔡伟贤、吕函枰、沈小源，2021，《长期护理保险、居民照护选择与代际支持——基于长护险首批试点城市的政策评估》，《经济学动态》第10期。

陈东升，2020，《长寿时代的理论与对策》，《管理世界》第4期。

陈鹤、赵姗姗，2021，《长期护理保险财务可持续性——基于微观仿真方法和保险报销数据的评估研究》，《保险研究》第10期。

陈璐、时晓爽，2021，《中国长期护理保险基金需求规模预测》，《中国人口科学》第6期。

程煜、汪润泉、杨翠迎，2021，《社会保险"阶段性降费"能否实现稳就业——基于劳动供给的分析》，《财政研究》第2期。

崔晓东、周海花、朱英明、陈培文，2022，《长寿且健康了吗？——基于状态可转移概率模型的验证》，《统计研究》第4期。

丁少群、苏瑞珍，2019，《我国农村医疗保险体系减贫效应的实现路径及政策效果研究——基于收入再分配实现机制视角》，《保险研究》第10期。

都阳、封永刚，2021，《人口快速老龄化对经济增长的冲击》，《经济研究》第2期。

房连泉、魏茂淼，2019，《基本养老保险中央调剂制度未来十年的再分配效果分析》，《财政研究》第8期。

葛延风、王列军、冯文猛、张冰子、刘胜兰、柯洋华，2020，《我国健康老龄化的挑战与策略选择》，《管理世界》第4期。

顾海、吴迪，2021，《"十四五"时期基本医疗保障制度高质量发展的基本内涵与战略构想》，《管理世界》第9期。

郭金龙、李红梅，2021，《人口老龄化加速迫切需要扩大我国长护险试点——基于我国28个长护险试点方案的比较与思考》，《价格理论与实践》第7期。

郭金龙、李红梅，2022，《养老金融产品国际比较研究》，《价格理论与实践》第1期。

郭金龙、刘亚萍，2021，《建立个人养老金制度》，《中国金融》第10期。

郭金龙、朱晶晶，2020，《商业保险在重大疫情防控体系中的重要作用》，《中国保险》第2期。

郭金龙、朱晶晶，2021，《"十四五"时期保险业须更好服务经济社会发展》，《中国保险》第1期。

侯玲玲，2019，《工伤排除规则重构：从过错到因果》，《中国法学》第5期。

胡务、汤梅梅，2019，《政府管制费率约束下工伤保险待遇的安全效应研究》，《经济管理》第9期。

黄薇，2017，《医保政策精准扶贫效果研究——基于URBMI试点评估入户调查数据》，《经济研究》第9期。

黄薇、王保玲，2018，《基于个税递延政策的企业年金保障水平研究》，《金融研究》第1期。

贾洪波，2021，《降低单位缴费率对城镇人口养老金替代率的一般均衡效应》，《数量经济技术经济研究》第11期。

蹇滨徽、杨亮、林义，2021，《多层次养老保险制度下家庭商业养老保险需求与养老金替代率研究》，《中国软科学》第5期。

金双华、于洁、田人合，2020，《中国基本医疗保险制度促进受益公平吗？——基于中国家庭金融调查的实证分析》，《经济学（季刊）》第4期。

荆涛、邢慧霞、万里虹、齐铱，2020，《扩大长期护理保险试点对我国城镇职工医保基金可持续性的影响》，《保险研究》第11期。

景鹏、王媛媛、胡秋明，2020，《国有资本划转养老保险基金能否破解降费率"不可能三角"》，《财政研究》第2期。

李红艳、朱敏，2021，《我国社会保险缴费基数研究——基于全口径城镇单位就业人员平均工资视角》，《保险研究》第9期。

李竞吾、张伟、陈田园，2021，《基本医疗保险能显著缓解因病致贫吗——基于不同发展阶段的政策效果比较》，《金融经济学研究》第4期。

李乐乐、俞乔，2019，《中国基本医疗保险支付方式改革对医疗费用的影响研究》，《经济社会体制比较》第2期。

李培、范流通，2018，《中国城镇职工养老保险费率调整空间研究》，《保险研究》第1期。

李诗晴、褚福灵，2020，《总额预付制医疗保险支付方式改革对医疗费用的影响：基于断点回归设计》，《社会保障评论》第3期。

李扬，2019，《要义是提高资源配置效率——金融供给侧结构性改革研究》，《新金融》第11期。

梁斌、冀慧，2020，《失业保险如何影响求职努力——来自"中国时间利用调查"的证据》，《经济研究》第3期。

林宝，2021a，《积极应对人口老龄化：内涵、目标和任务》，《中国人口科学》第3期。

林宝，2021b，《党的十八大以来我国养老服务政策新进展》，《中共中央党校（国家行政学院）学报》第1期。

林东海，2019，《退休政策职业个性化：社会保险和职业年金的政策取向》，《中国软科学》第9期。

刘贯春、叶永卫、张军，2021，《社会保险缴费、企业流动性约束与稳就业——基于〈社会保险法〉实施的准自然实验》，《中国工业经济》第5期。

刘万，2020，《延迟退休对城镇职工养老保险收支影响的净效应估计——基于2025年起渐进式延迟退休年龄的假设》，《保险研究》第3期。

娄宇，2020，《平台经济从业者社会保险法律制度的构建》，《法学研究》第2期。

卢洪友、王云霄、杜亦譞，2019，《城乡居民基本养老保险、家庭异质性决策和收入差距——基于风险分担的视角》，《财政研究》第9期。

陆杰华、阮韵晨、张莉，2017，《健康老龄化的中国方案探讨：内涵、主要障碍及其方略》，

《国家行政学院学报》第 5 期。

罗永义、仇军，2020，《美国职业体育伤病保险制度及研究进展》，《体育科学》第 6 期。

骆为祥，2019，《中国成年人医疗保险未参保状况及影响因素研究》，《社会保障评论》第 1 期。

马超、俞沁雯、宋泽、陈昊，2019，《长期护理保险、医疗费用控制与价值医疗》，《中国工业经济》第 12 期。

马九杰、唐溧、黄建、胡晓霁，2021，《农村人口老龄化、家庭资源限制与养老保险参与》，《保险研究》第 3 期。

彭浩然、王琳琳，2019，《中央调剂金比例对养老保险基金地区差距的影响》，《保险研究》第 7 期。

彭浩然、岳经纶、李晨烽，2018，《中国地方政府养老保险征缴是否存在逐底竞争》，《管理世界》第 2 期。

任超然，2021，《阶段性降低养老保险缴费率增加了企业投资吗——来自 A 股上市公司的证据》，《保险研究》第 4 期。

申曙光，杜灵，2019，《我们需要什么样的分级诊疗》，《社会保障评论》第 4 期。

宋弘、封进、杨婉彧，2021，《社保缴费率下降对企业社保缴费与劳动力雇佣的影响》，《经济研究》第 1 期。

唐珏、封进，2019，《社会保险缴费对企业资本劳动比的影响——以 21 世纪初省级养老保险征收机构变更为例》，《经济研究》第 11 期。

汪润泉、鲁於、刘玉萍，2021，《财政分权如何加剧了养老保险基金失衡——基于收支二维视角的分析》，《保险研究》第 2 期。

汪伟、王文鹏，2021，《预期寿命、养老保险降费与老年劳动供给：兼论中国退休政策改革》，《管理世界》第 9 期。

王貂、徐舒、杨汝岱，2021，《消费保险视角下农村扶贫政策的福利效应分析》，《中国工业经济》第 2 期。

王磊、黄严，2021，《让分级诊疗运转起来：一个平衡激励分析框架——基于 A、B 两地医改实践的考察》，《经济社会体制比较》第 3 期。

王莉，2021，《医疗保险战略性购买对药品供给侧改革的作用机制研究》，《社会保障评论》第 4 期。

王浦劬、雷雨若、吕普生，2018，《超越多重博弈的医养结合机制建构论析——我国医养结合型养老模式的困境与出路》，《中共中央党校（国家行政学院）学报》第 2 期。

王天宇、高秋明、赵丽秋，2021，《医药分开改革中的供方行为：基于医保住院赔付记录的分析》,《世界经济》第 3 期。

王亚柯、李鹏,2021,《降费综合方案下城镇职工养老保险的精算平衡和再分配研究》,《管理世界》第 6 期。

王贞、封进,2021,《长期护理保险对医疗费用的替代效应及不同补偿模式的比较》,《经济学（季刊）》第 2 期。

薛惠元、曹思远,2021,《后疫情时代失业保险基金可持续性与经济调节功能研究》,《保险研究》第 2 期。

杨继军、孙冬、范兆娟,2019,《养老金体系改革的地区分割及其对经济动态效率的影响》,《财政研究》第 4 期。

杨龙见、王路、刘冲,2020,《社保降费、融资约束与僵尸企业处置》,《财贸经济》第 8 期。

杨再贵、陈肖华,2021,《降费综合方案下企业职工基本养老保险财政风险预警》,《保险研究》第 1 期。

杨哲、王茂福,2021,《日本医养结合养老服务的实践及对我国的启示》,《社会保障研究》第 1 期。

袁中美、郭金龙,2018,《私营养老金计划税收优惠模式比较及国际经验借鉴》,《税务与经济》第 6 期。

臧文斌、陈晨、赵绍阳,2020,《社会医疗保险、疾病异质性和医疗费用》,《经济研究》第 12 期。

曾益、李姝、张冉、徐翊,2021,《门诊共济改革、渐进式延迟退休年龄与职工医保基金可持续性——基于多种方案的模拟分析》,《保险研究》第 4 期。

曾益、李晓琳、石晨曦,2019,《降低养老保险缴费率政策能走多远》,《财政研究》第 6 期。

曾益、杨悦,2021,《社会保险缴费率下调能促进企业创新吗》,《保险研究》第 6 期。

张川川、李雅娴、胡志安,2017,《社会养老保险、养老预期和出生人口性别比》,《经济学（季刊）》第 2 期。

张苏、李泊宁,2021,《人口老龄化与养老金可持续性研究进展》,《经济学动态》第 2 期。

张翔、宋寒冰、吴博文,2019,《收入、预期寿命和社会养老保险收入再分配效应》,《统计研究》第 3 期。

张向达、张声慧,2019,《城乡居民养老保险的财务可持续性研究》,《中国软科学》第 2 期。

张晓晶,2020,《"十四五"时期我国经济社会发展的战略重点》,《经济学动态》第 5 期。

张晓晶、刘学良、王佳,2019,《债务高企、风险集聚与体制变革——对发展型政府的反思与超越》,《经济研究》第 6 期。

张熠、张书博、汪润泉,2020,《中国养老金改革的逻辑和福利效果：基于人口"数量—质量"转换的视角》,《经济研究》第 8 期。

张盈华,2019,《我国主权养老基金的发展、问题与建议——基于对资产配置的分析》,《社会保障研究》第 2 期。

张盈华、卢昱昕,2020,《我国职业年金投资体制的特征和潜在风险》,《保险研究》第 7 期。

张勇,2019,《偿付能力、生命周期与养老金动态调整策略》,《金融研究》第 9 期。

张征宇、曹思力,2021,《"新农保"促进还是抑制了劳动供给——从政策受益比例的角度》,《统计研究》第 9 期。

赵青、李珍,2018,《英国长期照护：基本内容、改革取向及其对我国的启示》,《社会保障研究》第 5 期。

郑秉文主编,2019,《中国养老金精算报告·2019—2050》,中国劳动社会保障出版社。

郑功成,2020,《实施积极应对人口老龄化的国家战略》,《人民论坛·学术前沿》第 22 期。

郑联盛、范云朋、胡滨、崔琦,2021,《公共卫生危机对就业和工资的总量与结构影响》,《财贸经济》第 4 期。

郑路、徐旻霞,2021,《传统家庭观念抑制了城镇居民商业养老保险参与吗——基于金融信任与金融素养视角的实证分析》,《金融研究》第 6 期。

郑先平、朱铭来,2019,《职工医保个人账户对医疗服务消费影响研究——基于 2009～2017 年省级面板数据的实证分析》,《保险研究》第 11 期。

周坚、韦一晨、丁龙华,2018,《老年长期护理制度模式的国际比较及其启示》,《社会保障研究》第 3 期。

朱恒鹏、岳阳、林振翮,2020,《统筹层次提高如何影响社保基金收支——委托—代理视角下的经验证据》,《经济研究》第 11 期。

朱铭来、何敏,2021,《长期护理保险会挤出家庭照护吗——基于 2011～2018 年 CHARLS 数据的实证分析》,《保险研究》第 12 期。

朱铭来、胡祁,2020,《医疗卫生支出与经济增长——基于医疗保障制度调节效应的实证研究》,《上海经济研究》第 5 期。

朱铭来、李涛、刘娅,2018,《城镇职工医疗个人账户运行效率研究》,《保险研究》第 3 期。

朱铭来、王恩楠,2021,《医保支付方式改革如何减轻道德风险——来自医保基金支出的证据》,《保险研究》第 4 期。

朱青、刘洋,2019,《我国基本养老保险财务可持续性面临的挑战和应对措施》,《财政研究》第 4 期。

Asdrubali, Pierfederico, Bent E. Sørensen and Oved Yosha, 1996, "Channels of Interstate Risk Sharing: United States 1963-1990," *Quarterly Journal of Economics*, Vol.111, No.4.

Chang, Shuang, Wei Yang, Hiroshi Deguchi, 2020, "Care Providers, Access to Care, and the Long-term Care Nursing Insurance in China: An Agent-based Simulation," *Social Science & Medicine*, Vol.244.

Chen, He, Jing Ning, 2022, "The Impacts of Long-term Care Insurance on Health Care Utilization and Expenditure: Evidence from China," *Health Policy and Planning*, Vol.37.

Fua, Wei, Feng Liu, 2019, "Unemployment Insurance and Cigarette Smoking," *Journal of Health Economics*, Vol.63.

Huang, Wei, Chuanchuan Zhang, 2021, "The Power of Social Pensions: Evidence from China's New Rural Pension Scheme," *American Economic Journal-Applied Economics*, Vol.13.

Jia, Ning, Xinshu Mao and Rongli Yuan, 2019, "Political Connections and Directors' and Officers' Liability Insurance-Evidence from China," *Journal of Corporate Finance*, Vol.58.

Lei, Xiaoyan, Chen Bai, Jingpeng Hong, Hong Liu., 2022, "Long-term Care Insurance and the Well-being of Older Adults and Their Families: Evidence from China," *Social Science & Medicine*, Vol.296.

Li, Ruotong, Xunjie Cheng, David C.Schwebel, Yang Yang, Peishan Ning, Peixia Cheng and Guoqing Hu, 2021, "Disability-adjusted Life Years Associated with Population Ageing in China, 1990-2017," *BMC Geriatrics*, Vol.21.

Li, Zhigang, Mingqin Wu, 2018, "Education and Welfare Program Compliance: Firm-level Evidence from A Pension Reform in China," *China Economic Review*, Vol.48.

Liu, Guanchun, Yuanyuan Liu, Chengsi Zhang and Yueteng Zhu, 2021, "Social Insurance Law and Corporate Financing Decisions in China," *Journal of Economic Behavior & Organization*, Vol.190.

Tang, Le, Shiyu Sun, Weiguo Yang, 2021, "Investments in Human Capital: The Evidence from China's New Rural Pension Scheme," *Research in International Business And Finance*, Vol.55.

Wu, Bei, Marc A. Cohen, Zhen Cong, Kyungmin Kim, Changmin Peng, 2021, "Improving Care for Older Adults in China: Development of Long-Term Care Policy and System," *Research on Aging*, Vol.43.

Zhang, Xuan and Huihua Nie, 2020, "Public Health Insurance and Pharmaceutical Innovation: Evidence from China," *Journal of Development Economics*, Vol.148.

国际金融学

胡志浩　林　楠　江振龙[*]

近年来，随着国内金融和国际金融高度融合，讨论中国金融问题离不开讨论国际金融问题，因此研究国际金融就有了更加重要的意义（李扬，2021）。由于国际金融的研究领域分类庞杂，涉及国际国内影响的多个方面，为了尽可能体现国际金融领域的研究特色，又不造成明显的遗漏，本文将从全球失衡、全球金融周期与危机传导、跨境资本流动、汇率、资本账户开放与人民币国际化五个维度，对近年来中国金融学界的主要相关研究进行综述。

一　全球失衡

全球失衡（Global Imbalances）是国际金融领域的重要研究议题。通过观察历史数据可以发现，全球失衡不是一个新鲜事物，19世纪后期全球失衡就已经出现。粗略划分，全球失衡主要经历了以下三个时期：第一个时期是金本位时期，时间跨度为 1870 年至 1945 年；第二个时期为布雷顿森林体系时期，时间跨度为 1946 年至 1971 年；第三个时期是浮动汇率时期，时间跨度为 1972 年至 2008 年（杨盼盼、徐建炜，2014）。从规模上看，全球失衡在布雷顿森林体系时期较为温和，在浮动汇率时期加剧，在金本位时期介于二者中间。进入 21 世纪，全球失衡趋势迅速扩大并呈现愈演愈烈态势，直至 2008 年国际金融危机爆发。

金融危机爆发后，全球失衡迅速变成公众关注的焦点，同时成为政策制定者和研究者争论的焦点之一，甚至有学者认为本轮金融危机爆发的根源在于不断扩大的全球失衡，如果不妥善解决全球失衡，世界经济恐怕停滞不前。对此，经常账户逆差国（如美国）出台了调节失衡的经贸政策，如对顺差国家加征关税、排斥多边贸易体系、单方面挑起贸易争端等，试图以此扭转本国巨额逆差，改善国际收支状况。这种做法背后隐含的逻辑是，逆差国将全球失衡归结为顺差国实施的扭曲的贸易政策，如限制进口、鼓励出口等。显然，将全球失衡简单地归结为扭曲的经贸政策是不合理的，也是不全面的。从全球失衡的历史演进可以看出，在不同时期不同制度背景下均出现了全球失衡，这表明全球失衡的背后可能隐藏着更深层次

---

[*] 胡志浩，中国社会科学院金融研究所，研究员；林楠，中国社会科学院金融研究所，副研究员；江振龙，中国社会科学院金融研究所，助理研究员。

的原因，甚至是多种因素共同作用的结果。21世纪以来，研究全球失衡的文献不断涌现。代表性文献有Dooley等（2004）提出的布雷顿森林体系II观点；Bernanke（2005）提出的发展中国家储蓄过剩观点；Caballero等（2008）提出的全球安全资产短缺观点、Mendoza等（2009）提出的金融发展不平衡观点、中国经济增长和宏观稳定课题组（2009）提出的美元本位（或美元霸权）观点、Song等（2011）提出的金融摩擦观点。李扬、张晓晶（2013）基于货币金融和实体经济两大视角，综合国际分工、技术创新、储蓄投资变化、国际贸易、资本流动和国际经济格局嬗变等多个维度探讨了全球失衡的深层次原因。他们认为全球失衡是一种经济全球化的伴生现象，并创新性地提出了"好的失衡"和"坏的失衡"的两组概念。如果一国经常项目赤字是最优化的储蓄投资决策结果，那么这种失衡非但无害还可以增进社会福利，这种失衡就是"好的失衡"。他们进一步指出全球失衡问题的核心在于"失衡的可持续性"，并揭示了全球失衡的成因和从可持续到不可持续的转换轨迹，在此基础上其讨论了再平衡的机制以及新兴经济体特别是中国在全球经济走向新均衡过程中的应对之策。

近年来，学者在早期研究基础上继续深入探究全球失衡的内在根源，并取得了丰硕成果。代表性文献及其观点列示如下。

（一）失衡测度与失衡冲击

随着全球中间品贸易规模不断扩大，由传统贸易统计数据反映不同国家在国际贸易中的利得并不真实，中美贸易顺差很有可能被夸大。韩中、凌亢（2017）基于增加值贸易理论和要素贸易的视角，将中美增加值贸易失衡分解为资本要素贸易失衡和劳动力要素贸易失衡。其研究发现相比传统贸易顺差，中美增加值贸易顺差在1995年和2009年分别减少了18.4%和15.7%；在要素贸易上，虽然中国长期处于贸易顺差位置，但在高技能劳动力贸易要素上中国表现为贸易逆差且规模持续扩大。李鑫茹等（2018）利用内外资的投入产出模型核算了国民收入视角下中美贸易差额，结果发现中美两国出口对外资的依赖程度不同，用出口拉动的国民收入可以更加真实地反映一国贸易收益。进一步使用该指标计算中美贸易余额，结果显示传统的贸易总值和贸易附加值核算方法严重夸大了中美贸易失衡程度。杨曦、徐扬（2022）分析了"中国贸易冲击"对中美贸易失衡的影响，研究发现相较于贸易成本冲击和生产技术冲击，消费需求冲击才是导致中美贸易失衡的主要因素。

（二）全球价值链下的失衡

基于全球生产分解模型，魏如青等（2020）实证分析了全球价值链分工对全球失衡的影响。研究结果表明，一国参与全球价值链分工通过"统计假象""专业分工"等效应对其经常账户产生影响，从而导致全球失衡。参与全球价值链的不同方式对全球失衡具有异质性效应，上游供给的前向参与对全球失衡具有正效应，下游需求的后向参与对全球价值链具有负效应，并且全球价值链分工参与深浅复杂程度以及不同产业参与类型对全球价值链均具有差别化影响。

(三) 双向资本流动下的失衡

新古典增长理论认为富国资本边际回报率低于穷国,因此资本应从富国流向穷国,但数据显示资本却从穷国流向富国。Wang 等(2017)认为产生这种悖论的原因是没有区分国际资本流动形式,因为物质资本从发达国家流向发展中国家,而金融资本从发展中国家流入发达国家,由于金融资本流量远大于物质资本流量,因此从加总视角看资本从穷国流向富国。通过将不完备的金融市场、不同类型的资本和经济个体的异质性引入新古典开放经济框架内,从资本双向流动视角解释全球失衡。研究发现中美长期以来的贸易失衡和汇率没有关系,中美贸易失衡主要源于中国金融市场欠发达。虽然中国是资本净输出国,但资本收益却为负,原因在于美国投资中国物质资本的收益率远高于中国流向美国金融资本的收益率。从长期均衡来看,中国对美国会保持持续顺差,由于资本收益为负,中国借出资本是为了维持再出口。

(四) 预期推动下的失衡

根据美国经济增长预期调查数据,Hoffmann 等(2019)发现 1991—2010 年美国经常账户逆差与美国的经济增长预期密切相关。随着一个国家增长预期提高,居民的收入预期随之提高,给定世界利率,该国居民的国外借款需求增加,以便将未来收入转移到现在以平滑消费,因此美国不断上升的经常账户赤字很可能是对美国长期经济基本面不断向好的最佳反应。通过构建包含随机趋势增长的两国一般均衡模型,定量分析 20 世纪末到 21 世纪初美国经常账户失衡的原因,结果显示 1991—2010 年美国经常账户逆差的大部分可以用美国相对于其他国家的趋势增长预期的变化来解释,特别是从 1995—2003 年美国经常账户赤字扩大的主要原因是美国经济增长前景向好,2003 年以后的美国经常账户赤字可以通过对影响美国储蓄的其他因素来解释。

(五) 国际投资组合选择下的失衡

在过去的 30 年,国际双向资金流动出现前所未有的增长,即使在 2008 年国际金融危机后,外部资产和负债的总规模仍在持续增加,与此同时各国经常账户出现严重失衡。Devereux 等(2020)为解释投资组合动态和经常账户动态的内在关联,构建了一个包含不完全市场的一般均衡模型,分析表明涉及总头寸变化的内生投资组合对促进国家间的国际净资本流动至关重要,外国净资产的变动是由总资产和总负债向同一方向移动产生的,并据此形成随时间可变的投资组合回报率。投资组合头寸和实际回报率的内生变化保证了世界财富的稳定分布,这意味着国家出现外部失衡是自我纠正的表现。

(六) 贸易自由化改革下的失衡

传统观点认为贸易成本下降会导致经常账户恶化,但在一般均衡视角下该观点并不成立。Ju 等(2021a)通过构建一个基于李嘉图比较优势的动态赫克歇尔—俄林模型,分析贸易自由化对资本流动的影响。研究发现，发展中国家的贸易自由化通常导致资本外流（降低其资本密集度），而发达国家的贸易自由化导致资本流入（增加其资本密集度），因此贸易自由化会产生或助长全球失衡。因此，中国加入 WTO 是导致 2001—2010 年经常账户盈余不断攀升的一个重要因素。由于这种经常账户失衡是由改善福利的贸易改革形成的，因此不需要外部政策修正。模型的反事实情景分析表明，要素市场改革会强化贸易自由化对资本外流的影响。

（七）人口结构与心理文化对失衡的影响

朱超等（2018）考察了人口年龄结构对经常账户的影响，研究发现中年、老年人口比重对经常账户余额有负向影响，当中年人口占比较高时特别是老年人口比例较大时，延长退休年龄可以有效缓解经常账户余额下向压力。王伟等（2018）发现心理文化中的不确定性规避和长期导向因素对中美经常账户失衡具有显著影响，实证结果表明与财政余额、金融发展水平和政府冲销干预等因素相比，2014 年中美 4.36% 的经常账户余额差异中不确定性规避和长期导向因素的贡献达到 2.71%。

（八）针对失衡的贸易保护政策的影响

近年来随着经济全球化遭遇逆流，贸易保护主义抬头，特别是美国试图通过单方面向其他国家加征进口关税、排斥多边贸易体系缩小长期贸易逆差，改善国际收支失衡。但这种以邻为壑的贸易保护政策是否奏效是学者关注的重点。刘凯（2020）用一个包含美元本位的两国一般均衡模型分析美国提高关税对美国贸易逆差和全球福利的影响，对校准模型模拟分析发现：美国加征 20% 关税使美国贸易逆差占 GDP 比重缩小 0.4%，美国 GDP 稳态下降 2.5%，其他国家 GDP 稳态下降 1.1%，美国居民福利上升 0.6%，其他国家居民福利下降 1.2%，由此可知美国的贸易保护政策不仅会抑制国际贸易，还会恶化全球福利。如果其他国家采取反制措施，则美国福利进一步下降，同时美国贸易逆差不会得到改善。

上述研究表明，全球失衡的驱动因素包括全球价值链下的国际分工、国际资本的双向流动、增长预期、国际投资组合、贸易自由化改革、人口结构和心理文化以及贸易保护政策等。虽然国际贸易统计规则的变化对全球失衡的测度产生偏误，但统计偏误不会改变全球失衡的总体趋势。2008 年国际金融危机发生后，中国为全球经济再平衡作出了重要贡献，全球失衡得到有效缓解，但应对全球失衡的国际政策协调压力却在不断上升（杨盼盼等，2019a）。一方面随着新冠肺炎疫情在全球蔓延扩散，世界经济受到巨大冲击，国际贸易规模大幅萎缩，根据 IMF 估算全球失衡将有所收敛。但另一方面，发达经济体在疫情期间推出大规模货币财政刺激方案，导致全球流动性泛滥和信贷过剩，大量美元流入国际市场，特别是流入新兴经济体的资本激增，致使其货币升值，经常账户盈余扩大（苏乃芳，2021）。目前，全球失衡从流量视角看逐渐得到改善，但存量失衡问题尚未得到有效解决（Alberola 等，2020），因此如何实现再平衡成为各国关注的焦点议题。实践证明关税作为一种低效的工具，无法解决美国经常账户赤字和全球失衡,解决全球失衡需要一个不以美元为中心的国际金融体系(简·克雷格尔,2019),这意味着美国推行的贸易保护政策不仅会损害本国和世界经济的增长,而且对纠正全球失衡毫无帮助。为减少全球失衡助长的贸易保护主义情绪,各国应努力推动贸易自由化和完善多边贸易体系,解决贸易争端,通过提高全要素生产率增进社会福利,降低失衡造成的负面效应。在新冠肺炎疫情冲击下,全球经济总体不会出现过度失衡,一方面应警惕外部失衡过度调整产生的经济和贸易风险,另一方面要根据流量失衡和存量失衡的作用机制,对各国失衡的实际规模和合意规模进行有效评估,通过构建国际政策协调框架有序应对全球失衡。

二 全球金融周期与危机传导

进入21世纪,国际收支数据呈现两个显著特征,一是各国经常账户出现持续顺差或逆差,即上节介绍的全球失衡;二是全球范围内的金融活动相互联动,不同国家的资产价格、资本流动、股价变化和金融中介杠杆等核心金融变量的变动高度相关,即本节介绍的全球金融周期(Global Financial Cycle)。根据传统的开放经济体蒙代尔—弗莱明模型,一国在汇率稳定、资本自由流动和货币政策独立三个目标中只能选择两个放弃一个,即著名的"三元悖论",但Rey(2013)以及Miranda-Agrippino和Rey(2020)对"三元悖论"提出质疑,其研究发现美国货币政策会引发金融变量共振,在全球金融周期下汇率制度不会对跨境资本流动产生明显影响,因此"三元悖论"退化为"二元悖论"。为了更好地理解全球金融周期的成因和后果、全球金融周期的传导渠道以及一国如何应对全球金融周期冲击,国际货币基金组织在2017年11月2—3日举办的第十八届Jacques Polak年度会议上专门就"全球金融周期"这一议题展开深入讨论和分析。在全球金融周期背景下,如果外围国金融状况受中心国的影响过大,外围国货币政策的独立性将被严重削弱,一旦资本接收国国内的金融周期与全球金融周期形成共振,很容易使资本接收国发生金融危机。不仅如此,不同国家的金融状况在全球金融周期中协同变化,局部的金融风险和金融动荡更容易传染到其他国家和地区,从而形成国际金融危机。近年来,国内学者对全球金融周期的研究主要集中在以下六个方面。

(一)全球金融周期的驱动因素

已有文献证实,美国货币政策会显著影响全球风险溢价,而国际金融市场的协同性会随着全球风险溢价上升而上升(Jordà等,2019),因此全球金融周期本质上是美国等中心国的金融状况传递到外围国。换言之,美国货币政策的溢出效应是全球金融周期的重要驱动因素(Miranda-Agrippino和Rey,2020)。随着网络效应不断增强,美国货币政策在塑造全球金融周期的过程中发挥着越来越重要的作用(Dées和Galesi,2021)。Miranda-Agrippino和Rey(2020)运用中等规模的贝叶斯向量自回归模型揭示了美国货币政策是全球金融周期的驱动力。例如美国货币政策收紧之后全球金融中介显著去杠杆，随着全球总体避险情绪上升，全球资产价格和全球信贷规模迅速萎缩，企业债券利差扩大，全球总资本流动降低。反之，当美联储实施宽松货币政策时，全球风险厌恶指数下降，金融中介的风险偏好上升同时加杠杆，全球资产价格上涨且信贷激增，跨境资本流动迅速增长。谭小芬、虞梦微（2021a）认为美国货币政策虽然是全球金融周期的重要驱动因素，但不是唯一驱动因素，共同的基本面冲击也是全球金融周期的驱动因素。例如，国际大宗商品价格变化对所有大宗商品进口国都会造成冲击，导致这些国家金融状况共振，即便这些国家没有直接贸易或金融联系。此外，石油冲击和经济新闻冲击也是全球金融周期的驱动因素，对此 Lodge 和 Manu（2022）提供了实证证据。为了从理论上洞悉美国货币政策的溢出效应形成全球金融周期的内在机理，张礼卿、钟茜（2020）构建了一个包含银行部门和金融摩擦的两国 DSGE 模型。研究结果显示，由于金融渠道传导速度快于实体经济传导渠道，处于全球金融周期外围国的国内经济周期和金融周期发生背离，外围国必须和美国保持相同的货币政策调控方向才能维护本国经济和金融稳定，由此形成全球金融周期。

（二）全球金融周期下美国货币政策对中国经济的影响

中美作为世界上最大的两个经济体，两国的经济、贸易和金融关系十分紧密，但美国在全球金融周期中是中心国，而中国是外围国，因此美国货币政策对中国经济的影响可能会通过全球金融周期被进一步强化。早期研究侧重分析美国货币政策对中国经济的影响机制和传导渠道，近期文献则重点从金融周期视角分析美国货币政策对中国经济的影响及其应对之策。严佳佳、何梅蓉（2021）基于经济周期和金融周期分离的现实，实证分析美国货币政策对中国经济周期和金融周期的溢出效应。研究发现，美国货币政策对我国金融周期和经济周期均会显著影响，但金融周期先行于经济周期且存在放大效应，美国货币政策类型对中国金融周期波动的影响存在异质性。为了缓解美国货币政策冲击，提升我国应对外部冲击的能力，在建立监测预警管理机制的同时还要增强宏观审慎监管和双支柱调控。历史经验表明，美联储加息是造成国际金融不稳定的重要因素之一，美国紧缩性货币政策易导致银行危机和股市崩盘。为研究美联储加息和金融周期对金融危机的影响，李雪松、罗朝阳（2019）采用全球154 个经济体 1970—2017 年跨国面板数据实证分析美联储加息和金融周期对银行危机、货币危机和债务危机的影响。结果表明，在金融周期顶部和下降期更容易爆发金融危机，美联储加息会增加金融危机爆发的概率。随着我国杠杆高企，金融风险逐渐积聚，为了降低金融危机爆发的可能性，我国政府在金融周期上升阶段需要避免加杠杆，在金融周期顶部适当去杠杆，并且可以考虑实施适时动态监管资本政策以防范美联储加息引发的金融风险冲击。实际数据显示，美国加息政策导致中国资本流动规模远大于降息，这种非对称性资本流动引发的经济波动引起学者的关注。王胜等（2019）在包含名义价格黏性和抵押约束的小国 DSGE 模型分析国外利率冲击对中国经济波动的影响,研究表明国外利率上升和下降导致企业抵押约束处于收紧和松弛的不同状态,并通过金融摩擦机制造成本国非对称性资本流动。郝大鹏等(2020)研究了美联储利率变动和货币政策不确定性对我国宏观经济的影响以及作用机制,运用福利准则模拟分析了多种应对美联储利率变动措施的优劣,同时研究了美联储利率冲击与贸易不利冲击相叠加的影响,指出美联储货币政策不确定性的增加会直接导致外资企业的投资、劳动需求和产出的下降,并对我国总产出、总投资和资产价格产生明显的负向外溢效应,进一步加剧我国宏观经济的波动。

(三)全球金融周期对跨境资本流动的影响

在全球金融周期下,各国跨境资本流动受到全球风险因素的影响,根据"三元悖论",浮动汇率和资本管制均能增强货币政策独立性,但"二元悖论"认为资本管制通过抑制全球风险冲击可以强化货币政策独立性,但不同汇率制度对跨境资本流动没有显著影响,因此浮动汇率不能增强货币政策独立性。陈雷等(2021)基于跨境资本流动的波动率视角,分析了全球风险冲击在不同汇率制度下对跨境资本流动的影响。研究发现,新兴经济体的跨境资本流动呈现高度一致性,在全球风险水平较低时浮动汇率制度可以削弱跨境资本流动的波动率,但随着全球风险水平提升汇率制度的效果逐渐减弱,现实经济可能处于"三元悖论"和"二元悖论"的中间状态。谭小芬、虞梦微(2021b)通过构建全球金融周期的代理变量,实证分析了全球金融周期对跨境资本流动的影响,结果发现全球金融周期上升抑制跨境资本流入,抑制作用在资本账户开放程度越高和金融市场发展越完善的国家表现得更显著,相较于固定汇率制度,有弹性的浮动汇率制度能更好地抵御全球金融周期的冲击。孙天琦、王笑笑(2020)分析了内外部金融周期差异对跨境资本流动的影响,以美国金融周期为外部基准研究发现,中国跨境资本流动波动主要由短期逐利资本波动引起,流入波动大于流出波动,影响跨境资本流动的重要因素有利差、汇差和资产价差(指股价与房价差值),其中汇差和资产价差是引起短期资本流动的主要因素,防范跨境资本流动风险需要关注短期逐利资本波动,同时注意汇差和资产价差共振对跨境资本流动的冲击。

(四)全球金融周期的共振传染路径和全球货币政策规则的动态演变规律

陈创练等(2021)研究发现近年来全球金融周期共振传染现象愈发明显,不过全球中央银行应对国际金融冲击倾向采取防御性策略,开放程度较高的经济体比开放程度较低的经济体对全球金融周期的反应更为积极,在国际金融危机前后各国的货币政策调控表现出适时调整的特征以应对国内经济的变化。杨子晖、周颖刚(2018)采用有向无环图技术方法和网络拓扑分析方法,从网络关联视角对全球系统性金融风险的动态演变和国际金融市场的风险走势进行了实证分析,结果显示国际金融市场的震荡有很大权重可归于外部波动的溢出效应,系统性金融风险具有显著的跨市场传染效应,金融一体化进程加快导致全球处于风险易发阶段，尤其是美国资本市场已经成为全球系统性金融风险的主要来源之一。

（五）全球金融周期背景下金融市场间风险传染

在全球金融周期背景下，国际金融市场的网络效应增强，市场风险相互关联成为化解国内系统性金融风险的重大挑战，特别是以股票市场为代表的金融市场间风险传染问题更是重中之重。刘程程等（2020）对全球股票市场间风险传染进行了测度，并基于向量自回归模型预测功能对其实时预警，研究发现全球股票市场间风险传染具有时变性，管理全球股票市场体系的风险可以两步走：先对少数区域的风险传染动态监测，以识别全球股票市场间风险传染的主要路径；再在各区域实施具备区域特色的实施风险管理。何德旭等（2021）通过计算2007—2009年国际重大风险事件冲击下全球系统性金融风险的传染效应，结果发现金融风险通过各国货币市场、资本市场交叉传染，尽管货币市场的传染效应小于资本市场，但货币市场通过影响本国资本市场进而影响他国金融市场且传染效应不容忽视，美国等发达国家金融市场的波动会显著影响中国金融市场的风险状况。

（六）金融一体化和贸易开放视角下的金融危机传导

国际金融一体化虽有助于分散风险，但也可能在各国之间传播危机。Devereux 和 Yu（2020）构建了一个具有偶然紧约束特征的抵押品借贷约束的两国一般均衡模型，分析国际金融一体化在分散投资风险和增加危机爆发概率的权衡取舍，结果发现金融一体化促进了跨期资本流动和投资组合的多样性，虽然可以有效应对特定国家的投资风险，但资本市场开放程度越深，金融危机爆发的可能性就越大并且加速危机在各国之间的传播程度。通过使用涵盖发达国家和发展中国家过去近四十年经历金融危机的大型跨国数据集，实证研究证实了理论发现。温兴春、梅冬州（2021）在小国开放经济 DSGE 模型引入金融中介对外放开，讨论金融业开放对危机跨部门传导的影响，结果发现金融开放程度和资本流动顺周期强化了国有部门风险冲击跨部门传递的负面效应，从而引发经济衰退，同时金融开放还将放大外部冲击对国内经济的影响，以此产生新的风险。马理等（2020）从外资持股比例和海外资产占比的视角，实证分析了对外开放对中国银行业风险的影响，结果发现对外开放和商业银行风险呈非线性关系且存在临界点。对于中小银行，过高的外资持股比例和较低的海外资产占比会带来较大风险；对于大型商业银行，海外资产占比存在一个阀值区间，在区间内海外资产占比越高风险越大。在稳步推进银行业对外开放的进程中，通过实施宏观审慎政策可以维护我国金融体系的整体稳定。马勇、王芳（2018）通过构建一般均衡模型分析金融开放、经济波动和金融波动三者内在关联，理论分析发现金融波动会随着金融开放程度提高出现明显上升，但产出波动上升幅度则很微弱，利用中国 1998—2015 年的季度数据进行实证检验证实了理论发现。李红权等（2017）构建了一个包含我国各类行业典型上市公司宏微观经济特征的数据样本，并以美国次贷危机和欧债危机为例，分析国际金融市场动荡对我国资本市场的影响渠道和机制，结果显示与危机发生国存在直接贸易往来的公司以及严重依赖短期债务的公司更容易受到危机的影响，金融危机主要通过产品竞争力、收入效应和信贷紧缩等渠道跨国传染。

三 跨境资本流动

在全球金融周期下，即便是实施浮动汇率制度的国家也无法完全规避跨境资本在短期的剧烈波动。尤其是对于中国等新兴经济体而言，美国货币政策调控方向的转变对全球跨境资本流动具有显著影响。2008年国际金融危机发生后，美联储等发达经济体中央银行为刺激经济不仅将传统货币政策工具（联邦基金利率）降低至零利率附近，还推出了量化宽松和前瞻性指引等一系列非常货币政策工具。随着发达经济体的基准利率逼近零利率甚至变成负利率，资本从发达经济体流出以寻求更高收益，结果造成新兴经济体大量跨境资本流入。2013年在美联储发出Taper信号后，美国国债收益率迅速上升50个基点，新兴经济体的资产遭到抛售，大量资本外流。无独有偶，为应对新冠肺炎疫情对全球经济造成的巨大冲击，美联储等央行再次出台了"直升机撒钱"式的货币刺激方案，而中国由于抗疫成功未采取"大水漫灌"式的货币刺激方案，在此背景下大量资本涌入中国。受乌克兰危机以及新冠肺炎疫情前期刺激方案的影响，美国国内出现高通胀迫使美联储在2022年3月重启新一轮加息缩表的紧缩性货币政策周期，而中国经济则面临需求收缩、供给冲击和预期转弱三重压力。由于中美货币政策出现分化导致中美利率倒挂、人民币贬值，造成资本外流，对中国经济造成不利冲击。在此背景下，理解跨境资本流动的驱动因素和结构性调整对于我国在新发展格局下防范金融风险、实现经济高质量发展具有重要意义。此外，与跨境资本流动密切相关的是资本账户开放。随着中国稳步推进资本账户开放，资本流动可能会出现结构性变化，特别是短期逐利资本占比可能会随之上升而长期投资资本比重下降，因此理解跨境资本流动的驱动因素、风险溢出效应及其监管对我国推进资本账户开放、维护金融稳定至关重要。近年来，国内学者对跨境资本流动的研究主要集中在以下四个方面。

（一）国际收支与跨境资本流动

从国际收支的变化和国际比较理解中国经济增长模式，陈卫东等（2019）分析了国际收支结构及变化与经济增长的关系，指出经常项目中贸易顺差是一国储蓄投资状况、产业竞争力的重要体现，金融账户中外商直接投资是发展中国家经济起飞和稳定发展的重要手段，与证券、贷款等其他方式相比更有利于经济的稳定和可持续发展。近年来，我国的国际收支结构已出现新变化，由长期经常账户与非储备性质的金融账户"双顺差"向更为均衡的方向收敛，且这种国际收支新格局将大概率延续。王胜等（2019）研究表明外国利率的上升和下降将分别导致企业家部门抵押担保约束处于收紧与松弛的不同状态，并通过金融摩擦机制造成本国非对称的资本流动，在2011年偶然紧的抵押担保约束导致每季度资本净流入的规模减少了接近5000亿元人民币。汤铎铎等（2019）指出当前我国跨境资本流动趋于平衡的局面是建立在加强本国资本流出管制和放宽外国短期资本流入的政策基础上的。这对中国对外部门资产负债表的直接影响是对外资产增速放缓，同时对外负债持续扩张，从而净资产增长缓慢甚至下降。从相关政策建议看，孙天琦、王笑笑（2020）指出防范跨境资本流动风险要格外关注其他投资项（包括货币和存款、贷款、贸易信贷等）跨境资本流动大幅波动风险，利差是驱动跨境资本流动的重要因素，但近年来影响程度减弱，这为提高中国货币政策独立性提供了更多操作空间。从跨境资本流动与债务风险看，钟红、刘家琳（2021）研究发现在外币债券占比高低不同时期，非直接投资债务型资本流入和外币外债规模对主权债务违约风险的影响不同，对于新兴市场经济体来说，银行中介渠道仍然是跨境资本流动最主要的传导渠道，从币种结构来看，外币债券对新兴市场经济体的主权债务违约影响比外币银行信贷的影响更显著。

（二）全球不确定性与跨境资本流动

2008年国际金融危机以来，全球不确定性开始凸显并呈现加剧态势。近年来，受中美贸易摩擦、新冠肺炎疫情全球大流行以及乌克兰危机的影响，地缘政治加剧，世界各国的经济形势复杂多变，不同国家的经济政策均充满着高度不确定性，从经济政策不确定性视角分析跨境资本流动也是当前研究的热点。谭小芬、左振颖（2020）研究了报告国经济政策不确定性对跨境银行资本流动的影响，实证结果发现报告国经济政策不确定性上升，跨境银行资本流出减少，并且还会造成跨境银行将债权资产配置从国内债权向跨境债权转移，因此为了保持跨境资本有序流动，政府应保持经济政策稳定性。赵茜（2020）分析了外部经济政策不确定性对中国股市跨境资金流动的影响，发现中国股市跨境资金随外部经济政策不确定性提高而加速流出，推动资本账户开放则有助于缓解股市资金流出。后疫情时代我国面临复杂严峻的国际环境和具有不确定性的外部冲击，中美经济金融周期处于不同阶段，以放松大规模跨境资本流动管理的方式，降低中美经济脱钩风险，似乎不妥，防范外部冲击与国内系统性风险形成共振值得关注（张明，2022）。

（三）外部冲击与跨境资本流动

杨子晖、周颖刚（2018）采用"有向无环图技术方法"以及网络拓扑分析方法，从网络关联视角考察全球系统性金融风险的动态演变，以及全球金融市场的风险走势发现，中国内地金融市场为风险溢出的净输入者，64%的全球波动溢出规模使得系统性金融风险具有明显的跨市场传染效应。洪俊杰、商辉（2019）在多国—产品内分工框架下，刻画作为衔接发达经济体价值环流和其他发展中经济体价值环流"枢纽"的新兴市场经济体，分析其国际分工地位形成及提升的内在机理，提出中国开放型经济的"共轭环流"理论。彭红枫、祝小全（2019）分析了短期资本流动与即期汇率、汇率预期、利差、证券市场股指收益、大宗商品价格指数和房屋销售价格指数差异之间的互动机制,并指出短期资本对汇率的冲击在2005年汇改后表现出对汇率弹性的敏感性,对中美利率变动的冲击反映了利率市场化的渐进特征。谭小芬、李兴申(2019)在全球金融治理的视角下,对三次全球跨境资本流动治理模式变迁进行了梳理,发现当前跨境资本流动管理陷入多种模式的重合与冲突中,缺乏统一框架;为进一步提高全球金融治理能力,尤其是加强跨境资本流动管理,应加强国际金融机构改革、国际货币体系改革、全球金融安全网建设。从外部冲击与跨境资本流动看,靳玉英等(2020)构建了资本管制影响国际基金跨国投资的理论模型。从汇率制度与跨境资本流动看,基于"收益—风险—流动性"分析框架,芦东等(2021)实证分析了全球风险偏好冲击下不同汇率制度对资本流动所发挥的稳定器作用,研究发现在金融开放背景下,当全球风险厌恶水平较低时,适度保持人民币汇率弹性可以发挥"自动稳定器"的作用。

(四)跨境资本流动的驱动因素及其风险溢出效应

跨境资本流动受推动和吸引两种因素共同驱动。对于新兴经济体,推动因素指驱动全球投资者投资新兴经济体的外部因素,如全球风险因素和发达经济体的利率水平,吸引因素指新兴经济体自身吸引资本的内部因素,如资本回报率和国内风险状况。传统研究认为利差是驱动跨境资本流动的重要因素,但缪延亮等(2021a)研究发现中国跨境资本流动主要由套汇而不是套息资本决定,且套汇主要指标不是人民币兑美元的双边汇率而是多边美元指数,政府部门仍要密切关注中美利差在驱动中国跨境资本流动的重要作用。荆中博等(2022)从周期视角分析跨境资本流动对中国银行部门的风险溢出效应,结果发现跨境资本周期性波动对银行部门有明显的风险溢出效应,且跨境负债波动的溢出效应强于跨境资产,由跨境资产带来的风险承担会显著提高未来银行业系统性风险的实现水平。严宝玉(2018)对中国跨境资金的顺周期性进行了证实,并基于监测预警模型对我国跨境资金流动建立了监测预警月度指标体系,并在此基础上提出了针对银行和外汇市场的逆周期管理的政策建议。何国华、李洁(2018)对跨境资本的国际风险承担渠道效应进行了定量分析,利用校准模型模拟发现,中国存在国际风险承担渠道效应,并且金融加总风险水平越高,跨境资本流动造成的风险承担效应越剧烈。李晓峰、陈雨蒙(2018)运用时变系数法分析我国资本流动管理有效性和短期资本流动的相关关系,研究发现我国资本管理的有效性在2013年之前较弱随后趋于强化,宏观审慎型资本管理政策可以有效调控短期资本流动。彭红枫、祝小全(2019)利用TVR-VAR模型对短期资本流动的动机和冲击效应进行了分析,结果发现短期套利动机因为中美利率变动同步性降低而存在,股票市场、大宗商品市场和房地产市场在应对短期资本流入冲击时表现出分流效应,存在套价动机的市场之间长期表现出溢出效应。靳玉英等(2020)从微观层面利用基金个体投资者数据研究资本管制对资本流动的影响,结果表明对股票投资管制和债券投资管制的效果存在异质性。

四 汇率分析

在开放经济条件下，汇率作为两种货币的兑换价格，是宏观经济中一个处于核心地位的经济变量；汇率制度的选择既受到经济、政治等诸多因素的影响，也与一国开放程度、发展阶段等因素密切相关，同时汇率制度和汇率水平又直接影响经济增长、通货膨胀、经济结构变动甚至人民福祉，深化人民币汇率形成机制改革一直是深化改革的重要课题（谢伏瞻等，2018）。近年来，中国金融学界对于汇率的研究主要集中在以下六个方面。

（一）全球价值链视角下的汇率分析

从出口企业全球价值链嵌入度对人民币汇率变动的反应看，任永磊等（2017）利用我国工业企业数据和海关数据实证分析表明人民币升值具有积极影响。随着全球价值链深入发展，倪红福（2018）在增加值实际有效汇率理论的基础上，提出了基于产出、增加值和出口的全球价值链实际有效汇率理论框架，并进一步拓展到双边出口实际有效汇率新概念和新方法，从区域结构分解来看，美国、日本和欧元区构成部分是人民币增加值实际有效汇率升值的主要因素。杨盼盼等（2019b）测算了加总和全口径分行业人民币增加值有效汇率，分行业看，不同于传统理解，部分不可贸易品行业的增加值有效汇率上升幅度同样较高，其上升幅度甚至高于某些可贸易品行业，因此需要关注不可贸易品行业的对外竞争力变化及其理论和政策含义，即在中国不断融入全球价值链和进一步对外开放的进程中，基于增加值的有效汇率应当作为理解人民币对外竞争力和面临外部冲击时的重要工具。田侃等（2019）利用新的全球价值链分行业实际有效汇率测算方法，测算中美分行业全球价值链实际有效汇率，并重点分析有效汇率与中美进出口的关系，与传统汇率指标相比，全球价值链双边分行业出口（进口）实际有效汇率指标具有更明显的优势，有效地解决了"人民币升值减少中国出口"的悖论。考虑全球价值链带来的供给侧联系和第三国汇率效应，彭红枫、刘海莹（2021）使用双边出口全球价值链实际有效汇率弹性指标对双边层面相对价格竞争力与出口关系作出新的测度和结构贡献度分解，研究发现出口对修正的汇率变动依旧富有弹性，修正后测度的双边出口全球价值链实际有效汇率弹性值显著为负。

（二）汇率传递

对于汇率传递研究，曹伟等（2019）考察了"一带一路"倡议对进口汇率传递效应的影响。研究发现各省人民币汇率传递效应存在明显的异质性和非对称性，经济越发达的省份，汇率传递效应越低，人民币升值较贬值对大部分省份进口价格传递效应更大；"一带一路"倡议整体上提升了中国在进口市场中的国际定价权，特别是对于劳动密集型产品的进口，中国的定价权大幅提高。鲁晓东等（2019）通过使用2000—2007年的中国海关进出口交易数据，考察进口中间品投入以及市场份额对汇率传递的影响，研究表明：大出口商同时也是大进口商的双重身份会提高出口企业的汇率免疫力，中间品进口与最终品出口会形成一个汇率对冲机制，从而弱化汇率对产品市场价格的传导效应，进口中间投入品对汇率传递的阻滞效果体现在价格效应和出口数量效应上，二者共同促成了出口商的汇率对冲能力。邓贵川、谢丹阳（2020）在基准当地货币定价（LCP）模型的基础上引入支付时滞建立了小国开放经济DSGE模型，理论分析支付时滞对汇率传递和经济波动产生影响的利率渠道和汇率失调渠道，拓宽现有关于汇率传递的研究，并通过数值求解结果定量分析支付时滞对经济波动的影响。徐雪晨等（2021）基于全球价值链分析汇率不完全传递问题。

（三）宏观视角的汇率分析

从汇率研究的宏观模型分析看，胡小文（2017）基于DSGE模拟分析汇率市场化改革有助于提升货币政策有效性。郝大鹏等（2020）构建了一个包含国际投资者、外资企业、银行流动性冲击和金融摩擦的新凯恩斯DSGE模型，研究指出实施固定汇率和央行盯住美国利率的政策会加大宏观经济的波动，并导致社会福利下降。张礼卿、钟茜（2020）结合中心—外围国理论，构建了一个包含银行与金融摩擦的两国DSGE模型，模拟了不同汇率制度与资本开放程度的外围国受到未预期的美国政策利率冲击时，金融变量与实体经济变量的变化情况，并指出估值效应抑制了浮动汇率制度下外围国货币政策的独立性，金融市场越不发达的外围国受美国货币政策的净影响越大。肖立晟等（2021）采用随机波动时变系数向量自回归模型考察中国宏观经济基本面与央行干预，对人民币汇率的市场整体预期和机构个体预期异质性的时变影响。为突出以外汇储备为主体的官方资本在汇率决定中的作用，缪延亮等（2021b）建立了外汇储备对汇率决定的动态分析框架。其研究表明，在不同外汇储备使用意愿下，外汇储备政策既可以增强、也可以减弱外部账户稳健性；只有逆周期的外汇储备政策可以减少全球流动性冲击对汇率负面影响。

（四）微观视角的汇率分析

在汇率研究微观层面，利用面板数据分析，陈琳等（2020）基于2005—2017年"中国全球投资跟踪数据库"的对外投资微观数据，考察人民币汇率波动的不确定性对中国企业对外直接投资（OFDI）的影响。基于手工搜集的企业年报数据发现，企业前期的套期保值行为，可以有效规避汇率风险，弱化汇率波动对企业对外投资的抑制作用。卢冰等（2020）为了研究人民币远期汇率升值、产品价值重量比与产品出口额之间的关系，实证检验了人民币汇率出现单边预期以及资本管制的大背景下，企业出于套汇动机而进行的虚假贸易行为。从汇率动态来看，B-S效应在中美两国之间成立，丁剑平等（2020b）使用中国和美国服务业细分行业数据验证发现，相对于传统的工资渠道，基本面渠道发挥着更为重要的作用。从汇率风险及其管理看，对汇率不确定性与企业跨境并购，孟为等（2021）通过横截面检验发现，人民币兑美元名义汇率不确定性对跨境并购的抑制作用在汇率交易风险和折算风险更高以及存在融资约束的企业中更为明显，有效汇率反映一国贸易条件，行业竞争激烈与汇率经济风险更高的企业，在人民币名义有效汇率不确定性加剧时更有可能进行跨境并购。

（五）人民币汇率水平、变化趋势与汇率制度选择

对于人民币汇率的水平和变化趋势，陈仪等（2018）认为使人民币汇率回归最优水平的根本办法是消除导致其偏离最优水平的摩擦——劳动力转移成本，应加快推进劳动力市场改革，尽可能地消除劳动力跨部门就业的制度性障碍，减少这一摩擦所造成的效率损失。同时，降低劳动力转移成本也是缩小我国日益扩大的城乡收入差距的有效举措。丁剑平等（2020b）通过放松巴萨效应（B-S效应）两大假设，使用中美服务业细分行业与制造业数据，分组对人民币实际汇率的B-S效应及其传导渠道进行实证检验，并进一步提出要时刻关注经济基本面，通过供给侧结构性改革提高劳动生产率，实现高端制造业和服务业的协调发展。从汇率动态汇率与制度选择来看，对于汇率制度选择，Ju等（2021b）构建了具有多个可贸易商品部门的动态小型开放经济模型，研究表明该模型在解释经济转型中的中国实际汇率和其他程式化事实方面表现良好，资本回报率的下降和非熟练劳动力供给过剩导致的持续低非熟练工资抑制了非贸易商品对贸易商品相对价格的上涨和实际汇率的升值。从汇率制度选择看，在汇率制度分为固定、爬行钉住、波幅与管理浮动和浮动汇率制度基础上，路继业、张娆（2021）将二元选择推进至四元选择模型，研究发现新兴经济体汇率制度选择主要由状态依存因素决定，真实状态依存是导致新兴经济体长期、广泛采用爬行钉住汇率制度和波幅与管理浮动汇率制度的重要原因。人民币国际化对汇率波动有深远影响，人民币汇率中长期反映国际购买力，短期则由全球人民币外汇市场交易来决定（周诚君，2021）。对于疫情冲击分析，张晓晶等（2022）指出2021年中国的货币政策及疫情防控节奏先于美国，中美利差处于高位下，美元贬值、外资增持人民币助推人民币不断走强。

（六）汇率机制改革与外汇市场风险管理

丁志杰等（2018）指出改革基本实现了市场化目标，人民币汇率完成了从记账核算工具到宏观经济调节工具的转变，正在实现从宏观经济金融管理自变量到因变量的转变。王爱俭、冯超（2018）在考虑离岸人民币外汇交易非线性前提下，通过STR模型分析离岸人民币外汇市场交易规模对汇率波动的影响，以交易规模作为托宾税的代理变量，实证结果表明在特定的时期，托宾税是有效的。在资本账户未完全放开的条件下，何诚颖等（2018）关于人民币套息交易机理机制的实证研究表明，人民币套息交易有多种途径，大宗商品交易是较突出的渠道，在人民币国际化过程中须健全金融监管，协调好资本账户开放的步骤与速度，防范套息交易危害实体经济发展。葛天明等（2019）对人民币汇率中间价构成的描述建立中间价报价模型，测算出逆周期因子及逆周期系数，并讨论新中间价形成机制对中间价与人民币汇率变化的影响，指出逆周期因子能有效抑制外汇市场顺周期的影响，而且不会减弱市场供求对中间价形成的影响。针对现行人民币汇率机制的缺陷，缪延亮、谭语嫣（2019）提出了"提高市场供求作用—提高中间价透明度—调整波动限制区间直至取消"三步走的渐进性汇率改革方案，强调了协调推进外汇市场建设、资本账户开放、利率市场化改革和提高跨境资本流动管理能力的重要性。丁剑平等（2020a）通过 VECM-BEKK-GARCH 模型研究了在岸与离岸人民币汇率间均值溢出效应和波动溢出效应中美元因素及套利因素的作用在汇率管理的过程中，应更多考虑到全球风险水平的影响。从 SDR 货币篮子中人民币国际化定位识别看，隋建利、刘碧莹（2020）利用非线性 MSBIARCH 模型，研究发现人民币市场的波动传染作用仅强化了国际汇率市场的波动聚类态势，人民币市场与美元市场、欧元市场呈现波动聚类态势的时间相匹配，SDR 货币篮子中人民币的国际化程度有待进一步提高。

五 资本账户开放与人民币国际化

2008 年以来，中国对外开放开始从贸易领域向金融领域深化。习近平总书记在 2017 年 7 月举行的全国金融工作会议上强调，要积极稳妥推动金融业对外开放，推进人民币国际化和实现资本项目可兑换。党的十九大报告明确提出要求推动形成全面开放新格局。目前，中国资本账户开放程度相对有限，在岸和离岸金融体系培育和发展均不太完善，导致中国金融发展存在诸多瓶颈，难以满足中国经济在新发展格局下全球化的金融需求，以及全球对人民币作为支付和储备货币日益增长的需求（张春等，2022），因此加速推进中国资本账户开放具有重要的现实意义。不过在百年未有之大变局下，逆全球化思潮盛行，新冠肺炎疫情进一步加剧了各种不确定性，因此中国在推进金融开放过程中可能会更加强调风险因素，这对资本账户开放提出了更高的要求。尽管如此，中国仍将坚定不移地扩大对外开放，推动建设更高水平的开放型经济格局。近年来，国内学者对资本账户开放与人民币国际化的研究主要聚焦在以下四个方面。

（一）资本账户开放与三元悖论

根据"三元悖论"，中国在改革开放初期为了保持货币政策的独立性和汇率的稳定性，不得不实施资本管制政策。查尔斯·恩格尔（2019）在一个对称的两国开放经济下的新凯恩斯模型分析了中国资本管制的溢出效应，研究表明中国使用资本管制工具能够使本国达到更高的福利水平，对美国也更加有利，中国稳定汇率的好处超过了美国所认为的汇率失调产生的成本。随着中国经济不断发展以及改革开放不断深化，中国在金融危机后时代逐步放开汇率并加速推动资本账户自由化。特别是 2012 年 2 月 23 日中国人民银行调查统计司发布《我国加快资本账户开放的条件基本成熟》后，不少学者对中国资本账户开放问题展开了激烈讨论。从跨境资本流动政策内涵看，郝大鹏等（2020）指出我国在稳定经济同时应持续推进我国金融市场改革，降低金融摩擦成本，并根据不同资本类型合理使用资本管制措施，同时在制定利率政策时不能盲目跟随美联储调整利率，而要更多兼顾我国的经济金融状况，维持货币政策的独立性。张礼卿、钟茜（2020）指出应加强宏观审慎监管以抑制金融机构过度的风险承担行为；实施适度的资本管制对外围国的金融稳定、货币政策独立性起至关重要的作用。靳玉英等（2020）提出应正视资本跨国流动的复杂性，多管齐下提高资本管制效率，建立新兴市场在资本流动管理政策上的协调与合作机制。此外，具有汇率稳定、金融市场完善、制度质量高等特征的新兴市场在国际基金资本重置投资中占优，这一发现从提高资本流动管理效率的角度为中国汇率等制度选择和建设提供了有益的借鉴。从金融周期的政策内涵看，孙天琦、王笑笑（2020）以美国为外部经济代表，通过构建两国模型，揭示以金融指标差异表示的金融周期差异影响跨境资本流动的相关机制，基于 TVP-VAR 方法，检验识别金融周期差异对跨境资本流动影响的时变特征。张礼卿、钟茜（2020）从理论上探讨美国货币政策影响全球金融周期的渠道以及外围国在受全球金融周期影响下究竟是"三元"还是"二元"选择，研究发现全球金融周期现象确实存在，这一现象与汇率制度无关，美国货币政策通过资本流动对世界其他国家金融市场产生影响。基于跨境资本流动波动视角探讨"三元悖论"和"二元悖论"，陈雷等（2021）使用因子模型对新兴市场跨境资本流入波动数据的共同特征进行分析，研究发现新兴市场跨境资本流入波动率呈现出高度一致性特征，浮动汇率制度对跨境资本流动波动率的缓冲作用依赖于全球风险水平，是介于"三元悖论"与"二元悖论"的中间状态，在全球风险水平较高的情况下，我国不宜过快推进人民币汇率市场化。

（二）中国资本账户开放的路径选择

习近平总书记指出，积极稳妥推动金融业对外开放，需要合理安排开放顺序。关于中国资本账户开放的路径选择，不少学者对此进行了研究，代表性文献主要有三类。第一类文献侧重分析中国利率市场化、汇率自由化和资本账户开放的先后顺序。陈创练等（2017）通过分析资本流动与利率、汇率之间关系，发现利率对汇率和资本流动的传导渠道有限，汇率对利率的传导受阻但对资本流动的传导较为顺畅，资本流动对利率的传导较弱但对汇率传导十分显著；提出我国金融市场化改革应遵循的路径为：利率市场化—汇率改制—资本账户开放。陈中飞等（2017）发现利率市场化和汇率自由化相互促进，并且对资本账户开放有积极推动作用，汇率自由化还能抑制货币危机的爆发，提出汇率自由化先行，利率市场化随后，资本账户开放最后的顺序安排。杨荣海、李亚波（2017）发现加速资本账户开放有利于提升人民币隐形"货币锚"地位，同时还可以推动人民币国际化，因此不必完全等到利率市场化和汇率自由化以后才去真正开放资本账户。杨小海等（2017）发现无论在何种政策安排下，放松资本管制都将面临较大的资本外流压力。在巨大的资本外流压力面前，该研究认为加速推进资本账户开放会对国民经济造成较大冲击，在汇率市场化改革尚未完成就实行资本账户开放是不合理的政策举措。彭红枫等（2018）将开放 DSGE 模型同时引入资本管制和外汇市场干预，发现在现行的有管理浮动汇率制度下，降低外汇干预或放松资本监管会降低福利，推进资本账户开放需要同时推进汇率市场化，否则就需要保持一定程度的资本管制。第二类文献认为中国资本账户开放和国内金融改革相辅相成，应共同推进。Liu等（2021）在一个包含世代交叠的开放经济模型中研究了中国资本账户开放的政策影响，发现在金融抑制下银行以低于市场利率的成本向国企贷款，而民企只能以市场利率融资，资源错配导致国企产能过剩；开放资本账户有助于国外资金流入国内，降低民企的融资成本，提高社会全要素生产率，不过银行为了应对外资流入不得不降低存款利率。同时，资本账户开放意味着居民储蓄可以流入回报率更高的国家，国内市场贷款利率上升，因此在开放资本账户之前放开国内金融市场可以降低资本账户放开过程中遇到的过渡成本。国内金融改革和资本账户自由化是相辅相成的，应该共同推进。第三类文献认为中国要审慎推进资本账户开放。张明（2022）指出考虑到当前国际环境依然复杂严峻、2014—2016年的历史可能重演、经常账户顺差缩小或逆转将会放大跨境资本流动的负面冲击、防范化解系统性金融风险的需要、资本账户开放与利率汇率改革的先后次序、不宜用人民币国际化来倒逼资本账户开放等因素，未来中国政府仍应审慎开放资本账户。此外，在资本账户开放过程中，短期资本账户项目的开放是最为敏感的一步。例如1997年亚洲金融危机的直接诱因就是短期资本流动自由化，因此开放短期资本账户项目不仅对我国政府的宏观调控能力是一次大考，也为后续稳步推进资本账户开放积累经验。陈中飞、王曦（2019）对中国资本账户加速开放进程中的不同子项目开放顺序进行实证研究，结果发现外商直接投资流入、信贷的流出和流入、资本市场流出的门槛较低，可以较早开放，外商直接投资流出和资本市场流入的门槛相对较高，开放顺序宜靠后，房地产子项目门槛水平最高应放在最后开放。

（三）新发展格局下加速资本账户开放的潜在风险及应对之策

适当加速资本账户开放具有积极效应，因为这样可以吸引国际资本流入，促进经济繁荣，还可以完善国内金融市场建设、增强本国金融体系的竞争力，但加速资本账户开放也为国际资本流出打开了方便之门，容易招致国际资本大进大出，增加一国金融体系面临外部冲击时的脆弱性。盛松成认为资本账户开放和防范短期资本流动并不矛盾，开放资本流动并不意味着放弃资本管制；张承惠指出中国金融开放最大的风险是中资金融机构竞争力不足，面对这一风险可以考虑加快国内开放，进一步开放金融市场，放开不必要的管制，通过提升中资金融机构竞争力推进金融开放；张晓晶认为新发展格局下要谨防因突出风险和安全维度造成新的扭曲，金融开放要把握好效率和安全之间的平衡，从国家民族长期兴盛的角度来看，越有效率就越能增长，其实也才会越安全（盛松成等，2020）。张礼卿（2022）指出中国扩大资本账户开放的风险体现在以下三个方面：一是资本账户开放后中国更易遭受到各种外部冲击；二是随着资本账户开放程度提高，国内外金融活动联动性增强，国内经济政策不稳定或决策失误可能被放大，易受国际资本的冲击；三是外资金融机构进入将会使国内金融竞争加剧，提升金融中介的风险承担，可能导致部分金融机构产生过度冒险行为。为防范金融开放的风险，一方面监管部门对金融机构的冒险行为要加强监管，保持合理的资本充足水平；另一方面保持稳定可持续的宏观经济政策，积极利用宏观审慎政策进行逆周期调节，维持灵活的有管理的汇率安排。杨荣海、杜林丰（2021）在人民币国际化背景下测度了中国资本账户开放的风险，结果显示人民币加入SDR后中国实际资本账户开放度波动率呈下降趋势，表明资本账户开放风险趋于稳定，但同时实际资本账户期望波动率上升，意味着资本账户开放带来的风险日益复杂。因此，现阶段中国应有序化解处置突出风险点，把握去杠杆和维护流动性的动态平衡，从而促进人民币国际化和资本账户开放，实现国家金融安全。针对外部冲击造成中国资本外流，同时国内房价高居不下的基本事实，梅冬州、温兴春（2020）构建了一个多部门小国开放经济DSGE模型，研究发现中国地价和GDP高度联动放大了外部冲击对经济的负面影响，使得宏观政策调控在"资本账户开放"和"保增长"之间陷入两难，因此中国应该加快构建宏观审慎监管体系，降低外部冲击引起资本流动对国内宏观经济造成的巨大冲击。在宏观审慎监管框架尚未真正建立、相应的改革未能完成的背景下，中国政府应该在开放资本账户的问题上继续保持渐进、审慎、可控的态度。

（四）人民币国际化与全球流动性分析

人民币国际化是在国际货币体系多元化下逐步实现以人民币在国际贸易投资、国际金融活动中发挥计价结算、投资交易、储备货币的比重的稳步提高逐步推进过程（王国刚，2020）。从全球流动性视角看跨境美元流动，关注美元流动的矩阵网络，意味着对全球经济金融的分析范式已从"海岛群"转向了"节点阵"，为此需要打破原有思维模式，重装上阵（申铉松、宾国潨，2017）。美元作为全球流动性，其国际货币强大功能之一即作为计价货币用以进行第三方交易，人民币在跨境贸易投资中的计价结算功能仍有较大空间（高海红，2020）。对于人民币国际化，程炼（2018）从"一带一路"金融基础设施国际合作视角，通过构建货币搜寻模型，进一步分析不同类型离岸市场金融基础设施变化差异对人民币国际使用的影响与区域分布效应。张明、李曦晨（2019）指出人民币国际化策略已转变为人民币计价的原油期货交易＋加快开放国内金融市场＋鼓励"一带一路"沿线的人民币使用的新"三位一体"策略。从供给侧生产端经济增长看人民币迈向国际化有其现实基础，从需求侧世界市场份额看人民币国际使用具有现实依托，疫情冲击下从货币端和国际收支看人民币跨境使用有其现实挑战，本外币政策协调日益紧迫（林楠，2020）。陈琳等（2020）研究指出应关注外汇市场的稳定，必要时运用市场化手段调控外汇市场，形成相对稳定的汇率预期，加强资本流动监测预警，对交易的真实性进行审核，规范"非理性"投资，防范和化解汇率风险。王孝松等（2021）使用SWIFT交易数据，对世界主要货币和人民币国际使用的影响因素进行实证分析，指出"一带一路"倡议背景下中国企业的海外直接投资是未来人民币国际化的一条重要路径。全球疫情冲击下，娄飞鹏（2020）认为需要对全球流动性形势做好预判与积极应对。对于美元流动性市场分析，从货币分层角度看，胡志浩、叶骋（2021）分析了国际金融危机以来美元流动性市场的转变及引发美元流动性市场转变的原因，指出加强人民币国际化中的流动性管理，搭建好国际金融监管一致性框架，减少由于监管分化衍生出的风险，央行需做好人民币最后流动性提供者的准备。从跨境资本流动与美元指数看，缪延亮等（2021a）实证分析发现中美利差对中国资本流动存在相关性，但在实证研究中加入美元指数后，利差对资本流动的影响不再稳健，美元指数超越中美利差成为影响中国资本流动的最关键因素。杨海珍等（2021）研究发现美元上行周期内，新兴与发展中经济体短期资本净流出规模大幅提高，且极易爆发危机；美元下行周期内，全球短期资本流动的波动性显著提高，且发达经济体多为该时期危机爆发的源头。乌克兰危机背景下，美国对俄罗斯金融制裁引发人们对全球货币体系未来发展的思考，从全球流动性及储备资产安全性来看，以美元为"锚"的全球货币体系前景堪忧，保卫我们的海外资产安全日益紧迫（余永定，2022）。

参考文献

曹伟、万谍、钱水土、金朝辉，2019，《"一带一路"背景下人民币汇率变动的进口价格传递效应研究》，《经济研究》第 6 期。

陈创练、王浩楠、郑挺国，2021，《国际金融周期共振传染与全球货币政策规则识别》，《中国工业经济》第 11 期。

陈创练、姚树洁、郑挺国、欧璟华，2017，《利率市场化、汇率改制与国际资本流动的关系研究》，《经济研究》第 4 期。

陈雷、张哲、陈平，2021，《三元悖论还是二元悖论——基于跨境资本流动波动视角的分析》，《国际金融研究》第 6 期。

陈琳、袁志刚、朱一帆，2020，《人民币汇率波动如何影响中国企业的对外直接投资》，《金融研究》第 3 期。

陈卫东、梁婧、范若滢，2019，《从国际收支的变化和国际比较理解中国经济增长模式》，《国际金融研究》第 3 期。

陈仪、张鹏飞、刘冲，2018，《二元经济环境下的巴拉萨—萨缪尔森效应——对人民币实际汇率的再考察》，《金融研究》第 7 期。

陈中飞、王曦，2019，《资本账户子项目开放的经济增长效应及中国应用》，《管理世界》第 1 期。

陈中飞、王曦、王伟，2017，《利率市场化、汇率自由化和资本账户开放的顺序》，《世界经济》第6期。

程炼，2018，《"一带一路"金融基础设施合作与人民币国际化》，《区域与全球发展》第4期。

邓贵川、谢丹阳，2020，《支付时滞、汇率传递与宏观经济波动》，《经济研究》第2期。

丁剑平、胡昊、叶伟，2020a，《在岸与离岸人民币汇率动态研究——基于美元因素和套利因素的视角》，《金融研究》第6期。

丁剑平、杨洁、张冲，2020b，《工资生产率背离与实际汇率——中美巴萨效应再检验》，《金融研究》第10期。

丁志杰、严灏、丁玥，2018，《人民币汇率市场化改革四十年：进程、经验与展望》，《管理世界》第10期。

[美] 恩格尔·查尔斯，2019，《关于国际资本流动管理和汇率政策的几点思考》，《经济学（季刊）》第2期。

高海红，2020，《人民币国际使用挖潜》，《中国外汇》第14期。

葛天明、李治国、徐剑刚，2019，《解析逆周期因子》，《国际金融研究》第5期。

韩中、凌亢，2017，《中美贸易失衡的一种新解读：基于要素贸易的视角》，《金融评论》第5期。

郝大鹏、王博、李力，2020，《美联储政策变化、国际资本流动与宏观经济波动》，《金融研究》第7期。

何诚颖、王占海、吕秋红、陈国进，2018，《人民币套息交易：市场基础和收益风险特征》，《中国社会科学》第4期。

何德旭、苗文龙、闫娟娟、沈悦，2021，《全球系统性金融风险跨市场传染效应分析》，《经济研究》第8期。

何国华、李洁，2018，《跨境资本流动的国际风险承担渠道效应》，《经济研究》第5期。

洪俊杰、商辉，2019，《中国开放型经济的"共轭环流论"：理论与证据》，《中国社会科学》第1期。

胡小文，2017，《汇率市场化对货币政策有效性与独立性的影响研究——基于NOEM-DSGE模型的模拟》，《国际贸易问题》第5期。

胡志浩、叶骋，2021，《美元流动性市场的转变、影响及启示》，《金融评论》第5期。

靳玉英、罗子嫄、聂光宇，2020，《国际基金投资视角下中国资本流动管理：有效性和外溢性》，《经济研究》第7期。

荆中博、李雪萌、方意，2022，《跨境资本周期性波动对中国银行部门的风险溢出机制分析》，《世界经济》第1期。

［美］克雷格尔·简，2019，《全球失衡、贸易战与新国际调整机制》，《探索与争鸣》第4期。

李红权、何敏园、严定容，2017，《国际金融风险传导的微观经济基础研究：基于公司数据角度》，《金融评论》第5期。

李晓峰、陈雨蒙，2018，《基于变系数模型的我国资本流动审慎管理研究》，《金融研究》第4期。

李鑫茹、陈锡康、段玉婉、祝坤福，2018，《国民收入视角下的中美贸易平衡分析》，《世界经济》第6期。

李雪松、罗朝阳，2019，《金融周期、美联储加息与金融危机》，《财贸经济》第10期。

李扬，2021，《国际金融研究的新方向》，《国际金融》第6期。

李扬、张晓晶，2013，《失衡与再平衡——塑造全球治理新框架》，中国社会科学出版社。

林楠，2020，《马克思主义政治经济学人民币国际化研究——兼论人民币跨境使用的外汇意涵》，《金融评论》第5期。

刘程程、苏治、宋鹏，2020，《全球股票市场间风险传染的测度、监管及预警》，《金融研究》第11期。

刘凯，2020，《加征关税如何影响美国贸易逆差及全球福利——基于美元本位下两国动态一般均衡框架的分析》，《金融研究》第12期。

娄飞鹏，2020，《新冠肺炎疫情后全球流动性走势展望》，《中国货币市场》第7期。

卢冰、王雅琦、洪圣杰，2020，《人民币预期汇率变动与虚假贸易——基于套汇视角的分析》，《金融研究》第1期。

芦东、刘家琳、周行，2021，《浮动汇率制能有效降低跨境资本流动波动吗？》，《国际金融研究》第11期。

鲁晓东、刘京军、陈芷君，2019，《出口商如何对冲汇率风险：一个价值链整合的视角》，《管理世界》第5期。

路继业、张娆，2021，《新兴经济体汇率制度选择：状态依存的视角》，《经济研究》第2期。

马理、何云、牛慕鸿，2020，《对外开放是否导致银行业的风险上升——基于外资持股比例与海外资产占比的实证检验》，《金融研究》第4期。

马勇、王芳，2018，《金融开放、经济波动与金融波动》，《世界经济》第2期。

梅冬州、温兴春，2020，《外部冲击、土地财政与宏观政策困境》，《经济研究》第5期。

孟为、姜国华、张永冀，2021，《汇率不确定性与企业跨境并购》，《金融研究》第5期。

缪延亮、郝阳、费璇，2021a，《利差、美元指数与跨境资本流动》，《金融研究》第8期。

缪延亮、郝阳、杨媛媛，2021b，《外汇储备、全球流动性与汇率的决定》，《经济研究》第8期。

缪延亮、谭语嫣，2019，《从此岸到彼岸：人民币汇率如何实现清洁浮动？》，《国际经济评论》第 4 期。

倪红福，2018，《全球价值链人民币实际有效汇率：理论、测度及结构解析》，《管理世界》第 7 期。

彭红枫、刘海莹，2021，《双边出口全球价值链实际有效汇率弹性理论测度及解析》，《金融研究》第 2 期。

彭红枫、肖祖沔、祝小全，2018，《汇率市场化与资本账户开放的路径选择》，《世界经济》第 8 期。

彭红枫、祝小全，2019，《短期资本流动的多重动机和冲击：基于 TVP-VAR 模型的动态分析》，《经济研究》第 8 期。

任永磊、李荣林、高越，2017，《人民币汇率与全球价值链嵌入度提升——来自中国企业的实证研究》，《国际贸易问题》第 4 期。

申铉松，2017，《关注全球流动性：重装上阵》，《金融市场研究》第 6 期。

申铉松、宾国澍，2017，《关注全球流动性：重装上"阵"》，《金融市场研究》第 6 期。

盛松成、张承惠、彭文生、张晓晶、张礼卿，2020，《中国金融开放的形势研判与风险预警讨论》，《国际经济评论》第 6 期。

苏乃芳，2021，《美国低利率是全球经济失衡根源》，《中国金融》第 10 期。

隋建利、刘碧莹，2020，《SDR 货币篮子中人民币的国际化定位——汇率市场波动传染与波动聚类的实时甄别》，《金融研究》第 11 期。

孙天琦、王笑笑，2020，《内外部金融周期差异如何影响中国跨境资本流动》，《金融研究》第 3 期。

谭小芬、李兴申，2019，《跨境资本流动管理与全球金融治理》，《国际经济评论》第 5 期。

谭小芬、李源、苟琴，2019，《美国货币政策推升了新兴市场国家非金融企业杠杆率吗》，《金融研究》第 8 期。

谭小芬、虞梦微，2021a，《全球金融周期：驱动因素、传导机制与政策应对》，《国际经济评论》第 6 期。

谭小芬、虞梦微，2021b，《全球金融周期与跨境资本流动》，《金融研究》第 10 期。

谭小芬、左振颖，2020，《经济政策不确定性对跨境银行资本流出的影响》，《世界经济》第 5 期。

汤铎铎、刘磊、张莹，2019，《长期停滞还是金融周期——中国宏观经济形势分析与展望》，《经济学动态》第 10 期。

田侃、倪红福、倪江飞，2019，《人民币实际有效汇率对中美贸易的影响——基于全球价值链视角的分析》,《经济学动态》第 1 期。

王爱俭、冯超,2018,《汇率波动、交易规模与托宾税有效性——基于离岸人民币汇率视角的 STR 模型》,《国际金融研究》第 3 期。

王国刚,2020,《马克思的国际金融理论及其现实意义》,《经济学动态》第 11 期。

王胜、周上尧、张源,2019,《利率冲击、资本流动与经济波动——基于非对称性视角的分析》,《经济研究》第 6 期。

王伟、杨娇辉、王凯立,2018,《不确定性规避、长期导向与中美经常账户不平衡》,《管理世界》第 7 期。

王孝松、刘韬、胡永泰,2021,《人民币国际使用的影响因素——基于全球视角的理论及经验研究》,《经济研究》第 4 期。

魏如青、苏慧、王思语、郑乐凯,2020,《全球价值链分工对全球失衡的影响研究——基于全球生产分解模型下 GVC 参与方式的视角》,《国际金融研究》第 4 期。

温兴春、梅冬州,2020,《金融业开放、金融脆弱性以及危机跨部门传递》,《世界经济》第 10 期。

肖立晟、杨娇辉、李颖婷、朱昱昭,2021,《中国经济基本面、央行干预与人民币汇率预期》,《世界经济》第 9 期。

谢伏瞻、余永定、李扬、张宇燕、高培勇,2018,《改革开放 40 年汇率改革理论与实践探索》,《经济学动态》第 9 期。

许雪晨、田侃、倪红福,2021,《汇率传递效应研究:基于全球价值链的视角》,《财贸经济》第 3 期。

严宝玉,2018,《我国跨境资金流动的顺周期性、预警指标和逆周期管理》,《金融研究》第 6 期。

严佳佳、何梅蓉,2021,《美国货币政策对我国经济金融周期的影响研究》,《国际金融研究》第 4 期。

杨海珍、张梦婷、陈彤、杨洋,2021,《美元周期与国际短期资本流动及其极端波动的关系:跨国数据分析及启示》,《国际金融研究》第 5 期。

杨盼盼、常殊昱、熊爱宗,2019a,《危机后全球失衡的进展与国际协调思路》,《国际经济评论》第 4 期。

杨盼盼、李晓琴、徐奇渊,2019b,《人民币增加值有效汇率及其向不可贸易品部门的拓展》,《世界经济》第 2 期。

杨盼盼、徐建炜,2014,《"全球失衡"的百年变迁——基于经验数据与事实比较的分析》,《经济学(季刊)》第 2 期。

杨荣海、杜林丰，2021，《人民币国际化背景下资本账户开放风险测度研究》，《国际金融研究》第10期。

杨荣海、李亚波，2017，《资本账户开放对人民币国际化"货币锚"地位的影响分析》，《经济研究》第1期。

杨曦、徐扬，2022，《双边贸易失衡与美国制造业就业变动——"中国贸易冲击"的量化及效应分析》，《经济学（季刊）》第2期。

杨小海、刘红忠、王弟海，2017，《中国应加速推进资本账户开放吗？——基于DSGE的政策模拟研究》，《经济研究》第8期。

杨子晖、周颖刚，2018，《全球系统性金融风险溢出与外部冲击》，《中国社会科学》第12期。

余永定，2022，《金融"武器化"的启示》，《中国经济周刊》第9期。

张春、蒋一乐、刘郭方，2022，《中国资本账户开放和人民币国际化的新路径：境内人民币离岸金融体系建设》，《国际经济评论》第4期。

张礼卿，2022，《扩大资本账户开放的意义和风险》，《金融论坛》第2期。

张礼卿、钟茜，2020，《全球金融周期、美国货币政策与"三元悖论"》，《金融研究》第2期。

张明，2022，《跨境资本流动新特征与资本账户开放新讨论》，《财经智库》第1期。

张明、李曦晨，2019，《人民币国际化的策略转变：从旧"三位一体"到新"三位一体"》，《国际经济评论》第5期。

张晓晶、张明、费兆奇、曹婧、王喆、张冲，2022，《三重压力下的中国金融发展》，《金融评论》第1期。

赵茜，2020，《外部经济政策不确定性、投资者预期与股市跨境资金流动》，《世界经济》第5期。

中国经济增长与宏观稳定课题组、张晓晶、汤铎铎、林跃勤，2009，《全球失衡、金融危机与中国经济的复苏》，《经济研究》第5期。

钟红、刘家琳，2021，《债务型资本流动对主权债务违约风险影响研究》，《国际金融研究》第4期。

周诚君，2021，《关于当前人民币汇率升值趋势及其政策应对问题的思考》，《国际经济评论》第2期。

朱超、余颖丰、易祯，2018，《人口结构与经常账户：开放DSGE模拟与经验证据》，《世界经济》第9期。

Alberola, Enrique, Angel Estrada, and Francesca Viani, 2020, "Global Imbalances from a Stock Perspective: The Asymmetry between Creditors and Debtors," *Journal of International Money and Finance*, Vol.107.

Bernanke, Ben S., 2005, "The Global Saving Glut and U.S. Current Account Deficit," Speech 77, Board of Governors of the Federal Reserve System.

Caballero, Ricardo J., Emmanuel Farhi, and Pierre-Olivier Gourinchas, 2008, "An Equilibrium Model of 'Global Imbalances' and Low Interest Rate," *American Economic Review*, Vol.98, No.1.

Dées, Stéphane, and Alessandro Galesi, 2021, "The Global Financial Cycle and US Monetary Policy in an Interconnected World," *Journal of International Money and Finance*, Vol.115.

Devereux, Michael B., Makoto Saito, and Changhua Yu, 2020, "International Capital Flows, Portfolio Composition, and the Stability of External Imbalances," *Journal of International Economics*, Vol.127.

Devereux, Michael B., and Changhua Yu, 2020, "International Financial Integration and Crisis Contagion," *Review of Economic Studies*, Vol.87, No.3.

Dooley, Michael P., David Folkerts-Landau, and Peter Garber, 2004, "The Revived Bretton Woods System," *International Journal of Finance and Economics*, Vol.9, No.4.

Hoffmann, Mathias, Michael U Krause, and Thomas Laubach, 2019, "The Expectations-driven US Current Account," *Economic Journal*, Vol.129.

Jordà Òscar, Moritz Schularick, Alan M. Taylor, and Felix Ward, 2019, "Global Financial Cycles and Risk Premiums," *IMF Economic Review*, Vol.67, No.1.

Ju, Jiangdong, Kang Shi, and Shang-Jin Wei, 2021a, "Trade Reforms and Current Account Imbalances," *Journal of International Economics*, Vol.131.

Ju, Jiandong, Justin Yifu Lin, Qing Liu, and Kang Shi, 2021b, "Excess Labor Supply, Structural Change and Real Exchange Rate," HKIMR Working Paper No.18.

Liu, Zheng, Mark M. Spiegel, and Jingyi Zhang, 2021, "Optimal Capital Account Liberalization in China," *Journal of Monetary Economics*, Vol.117.

Lodge, David, and Ana-Simona Manu, 2022, "EME Financial Conditions: Which Global Shocks Matter?" *Journal of International Money and Finance*, Vol.120.

Mendoza, Enrique G., Vincenzo Quadrini, and José-Víctor Ríos-Rull, 2009, "Financial Integration, Financial Development, and Global Imbalances," *Journal of Political Economy*, Vol.117, No.3.

Miranda-Agrippino, Silvia, and Hélène Rey, 2020, "U.S. Monetary Policy and the Global Financial Cycle," *Review of Economic Studies*, Vol.87, No.6.

Rey, Hélène, 2013, "Dilemma not Trilemma: the Global Cycle and Monetary Policy

Independence," In Proceedings-Economic Policy Symposium-Jackson Hole, Federal Reserve Bank of Kansas City.

Song, Zheng, Kjetil Storesletten, and Fabrizio Zilibotti, 2011, "Growing Like China," *American Economic Review*, Vol.101, No.1.

Wang, Pengfei, Yi Wen, and Zhiwei Xu, 2017, "Two-way Capital Flows and Global Imbalances," *Economic Journal*, Vol.127.

金融风险与金融监管

郑联盛　刘贤达[*]

2015年以来，随着经济下行压力逐步加大，系统性金融风险防控、商业银行部门风险与监管、金融控股公司监管、数字金融创新与风险权衡以及外部政策冲击等成为金融风险防范、化解和处置领域的重要学术和政策议题，同时金融风险应对和金融监管体制改革等也是一个重要的研究领域。本文以最近五年前后的文献作为支撑，重点梳理金融风险与金融监管领域的学术与政策研究脉络演进，着重在金融监管体制改革、系统性金融风险与宏观审慎框架、金融科技风险及监管应对以及金融制裁等领域进行学术梳理。

一　系统性金融风险与宏观审慎框架

（一）系统性金融风险内涵与根源

国际金融危机后，系统性金融风险成为国际金融体系最为重要的理论和政策议题。在2015年中国提出系统性金融风险防控要求后，系统性金融风险的内涵、类别、根源、触发机制等的研究不断兴起。在系统性风险的定义和测度方面，尽管系统性风险（systemic risk）一词早在20世纪80年代就已出现，但直到20世纪90年代才开始出现相关的专题研究并且没有一个固定的、被普遍接受的定义。对于系统性风险的定义、起因，以及如何对其进行有效防控的讨论非常激烈（Smets，2014；Bank of England，2016；Walsh，2017）。

现代金融体系的快速发展与高度复杂化使传统的监管架构已经不足以有效防范系统性风险，经济金融体系的新变化给金融稳定带来了严峻的挑战。在银行主导的金融体系中，银行及其金融功能仍是理解系统性风险的关键所在（方意，2016）。比如，正是由于中国渐进式改革和高度依赖实体经济，银行微观治理机制不健全所导致的局部风险不会产生系统性的效应，或者说是经济高速增长掩盖了金融风险。

从系统性金融风险根源分析方面，大致的，中国宏观金融风险驱动因素主要有外部金融冲击、宏观经济波动以及金融内在脆弱性三个部分（王培辉、康书生，2018）。而有的学者将风险更多集中在国内因素，认为中国系统性金融风险主要来源于房地产风险、地方债风险

---

[*] 郑联盛，中国社会科学院金融研究所，研究员；刘贤达，中国社会科学院金融研究所，博士后研究人员。

和影子银行风险三个方面,但这三者又相互交织与反馈。金融内部脆弱性方面,金融创新被认为是金融风险的重要来源。金融机构的真实风险并不一定被外界所知,这种隐性金融风险会导致监管者陷入行动滞后的困境。比如,如果监管者无法穿透银行的资产质量,那对银行资产质量过于严格的要求反而会恶化银行的资产质量,诱发银行刻意隐藏风险的行为,导致银行的风险被隐匿(郁芸君等,2021)。不过,有学者认为,我国金融风险呈现出点多面广的局面,金融行业、金融市场间均存在不同程度的风险溢出,金融创新可能成为新的风险源头,但尚未达到已经形成系统性风险的程度(王朝阳、王文汇,2018)。不同学者认识系统性金融风险的视角具有差异性,不过,从根源上说,系统性风险可从时间维度、空间维度和外部冲击三个方面进行分析。

顺周期效应是系统性金融风险传染的第一个认识维度。银行体系与实体经济深度"绑定"使它极易暴露于宏观经济周期性波动的风险之中,即所谓的顺周期效应。更值得注意的是,由于巴拉萨—萨缪尔森效应而不断升值的土地自然地担任了贷款抵押品功能,这不仅催生大量房地产泡沫,也为我国经济金融体系植入了金融加速器效应。顺周期效应将同时表现在银行部门、房地产部门和地方政府债务体系之中(方意,2015;毛锐等,2018)。作为监管规避手段的中国式"影子银行"体系带来的高杠杆和期限错配,会使上述风险迅速扩张,并通过错综复杂的资金链条再次冲击银行体系(周上尧、王胜,2021)。

市场空间截面上的脆弱性和传染性,是金融系统性风险的另一个维度(宫晓莉等,2020)。由于综合经营的盛行,大中型金融机构已成为牌照多元、业务综合和关联复杂的金融集团,甚至成为一个自我循环的复杂生态体系。这使得我国的银行、证券、保险、基金、信托等子领域紧密复杂关联在一起,形成具有中国特色的综合经营或混业经营模式,并逐步引致分业监管体系和混业经营模式的制度性错配。比如,随着我国金融体系的发展和分业监管格局的完善,资本市场越来越具有相对独立的资金来源和系统性风险特征。再比如,中国的房地产市场也是系统性金融风险的重要环节,更值得注意的是,政府调控在房地产市场中发挥着关键作用,在城市化进程带来的巨大需求下政府通过供给和需求调控并重等宏观经济调控手段将价格维持在既定水平(Liu et al.,2017;Zhao et al.,2017),调控时的价格将成为限购放开后的"底价"。在混业跨界经营过程中,大型保险集团、互联网平台的多元化金融业务经营及其潜藏的金融风险也没有受到足够的认识和应对。

系统性金融风险的第三个维度则是外部冲击,尤其是国际金融风险的传染(何德旭等,2021)。中国与世界经济互动的深入,中国在原材料、能源、资本、产业链等领域与外部经济体的关联日益紧密。在一个以美元为主导的不均衡国际货币体系中,中国受到的外溢冲击逐步显性化,特别是美国等货币政策框架转向平均通胀目标制,将使得货币政策规则受到一定破坏,通胀水平可能"超调"甚至失控,美元指数以及资产价格剧烈波动,这些都将成为系统性金融风险的核心来源之一（郑联盛，2021a；魏伟等，2018）。

（二）宏观杠杆率与系统性金融风险

宏观杠杆率是系统性金融风险的一个核心指标，也是系统性金融风险应对的首要任务。宏观杠杆率是衡量经济金融风险和安全的综合性指标，高杠杆率是金融脆弱性的总根源（张晓晶，2021）。过高的宏观杠杆率代表非金融部门的高杠杆运作，从而使得整个经济部门存在巨大的脆弱性，而实体经济部门的杠杆高举主要来自金融部门的融通服务，即实体部门的高杠杆负债与金融部门的高风险资产是金融稳定和金融安全的最大冲击变量。

宏观杠杆率高企的根源分析具有重要的意义。宏观金融风险来自经济周期和金融周期的波动，也可能来自房地产以及地方政府隐性债务等的冲击。地方政府在预算有限的情况下承担越来越多的责任（Lin & Zhang，2015），使得地方政府债务或隐性债务问题凸显。再比如，由于我国房地产市场处于历史高位，且与银行信贷、土地财政、地方融资等紧密相关，可能存在显著的资产价值重估效应。房地产部门是中国宏观杠杆率上升的一个重要环节，同时房地产部门又涉及系统性金融风险防控。潘敏、周闯（2019）的研究发现，杠杆率冲击比住房需求冲击对经济系统，特别是金融稳定的负面影响更大，有必要施加宏观审慎政策来调控房地产市场以维护金融稳定。金融高杠杆方属于宏观系统杠杆高企，表现为金融体系资产负债表快速膨胀，实质上是货币信用机制的再造（崔宇清，2017）。而刘磊、张晓晶（2020）则强调了宏观经济部门之间通过资产负债关系形成宏观金融网络，使得金融风险在部门内部和部门之间进行传染，使最终损失被放大，其中金融部门的系统重要性最为凸显。体制性因素也被认为是中国高杠杆的重要推动因素，这种体制性表现在国有企业优惠政策、地方政府软预算约束、金融机构体制性偏好以及中央政府兜底功能（张晓晶等，2019）。

高杠杆的应对具有重要的政策含义。刘晓光等（2019）就提出，金融监管机构对杠杆率有显著影响，由中央银行负责银行业监管可以有效降低杠杆率；监管模式的直接影响并不显著，但与监管机构存在交互作用，在监管机构独立于中央银行的情况下，混业监管比分业监管更有效；监管结构有效性也取决于监管机构独立性，中央银行独立性提高可以显著增强去杠杆作用。高杠杆风险应对要逐步深化完善金融"去杠杆"监管政策，短期内强化金融监管，但从长期看应该着力于制度化监管长效机制的建设，应持续地改革和完善适应现代金融市场发展的金融监管框架，实现金融监管统一协调与金融风险全覆盖（崔宇清，2017）。在重大风险去化上，比如房地产、地方债务以及影子银行都是重要的任务，这些重大风险处置都是系统工程，其中体制机制约束也较为明显。比如，对于地方政府债务问题，短期要致力于限制和规范地方政府举债，但长期应当纠正中央与地方财权事权的错配。从体制上，建立一种"有限性"、服务型政府对于杠杆下降和风险应对也是一个长期要件，需要破除政府兜底刚性，强化国企与地方政府的预算约束，确立信贷资源配置的竞争中立原则，着重强化市场决定性功能（张晓晶等，2019）。

宏观审慎框架是应对系统性金融风险的基本政策体系。构建以系统性金融风险防控为核心的宏观审慎管理框架，提高宏观审慎管理与货币政策协调性，有效促进金融监管工具创新，着重完善系统重要性金融机构监管（张亮、周志波，2018）。比如，动态拨备机制可能有效缓释顺周期效应。Jiménez等（2017）表明逆周期动态拨备可以平滑信贷供应的周期，并在经济不景气时维持稳健的融资和绩效。而有的研究指出，国有产权强化是金融稳定的重要保障。王晋斌、厉妍彤（2021）指出，通过国有所有权来实施金融控制战略，能有效降低或阻隔金融市场上的"羊群效应"和"传染效应"，最大限度地去解决金融监管始终滞后于金融创新带来的现实或潜在系统性风险难题。但是，这种基于产权的风险管控逻辑要建立在金融业务及服务较高绩效的基础上，否则可能形成新的系统重要性难题。

（三）宏观审慎与货币政策"双支柱"政策框架

在系统性金融风险应对上，应深刻认识系统性金融风险的新诱因与传播途径，探索构建全面有效的系统性金融风险评估与预警方法，不断完善宏观审慎政策框架，守住不发生系统性金融风险的底线。更为重要的是，随着系统性金融风险防控实践的深入，宏观审慎与货币政策及微观监管等的关系以及相关的政策框架及组织安排成为重要的研究议题（周小川，2016；郑联盛，2019a）。

宏观审慎政策是金融稳定的基础保障，宏观审慎作为系统性风险应对的核心政策与货币政策、微观监管相对分离，形成货币政策、宏观审慎和微观监管三个支柱，分别对应物价稳定、金融稳定和金融机构稳健三个目标，广义金融稳定框架应该由这三个支柱所组成，货币政策、宏观审慎和微观监管被认为是金融稳定的三个支柱，也是金融稳定治理的有效保障。金融稳定治理框架主要存在单一机构模式、双支柱模式、超级央行模式和共担模式四种范式（郑联盛，2018），其中，双支柱模式是中央银行承担货币政策与宏观审慎双重职能。匈牙利、比利时以及欧元区和中国等经济体实施的是"双支柱"治理体制，人民银行承当了货币政策和宏观审慎政策职能并构建了货币政策与宏观审慎双支柱政策调控框架（李波，2018）。

货币政策与宏观审慎双支柱政策框架是中国金融稳定和系统性金融风险防范化解的基础性政策支撑，二者的统筹极其关键。2017年以来，中国金融体系改革深入发展，人民银行基于多目标政策框架构建了货币政策和宏观审慎政策双支柱政策调控体系，银行监管和保险监管进行了机构整合。如何统筹货币政策和宏观审慎政策，以及在更大范围内统筹微观监管，同样是中国金融稳定目标实现的重大政策任务。宏观审慎政策和货币政策并非完全割裂，而是存在互动关系（李波，2018）。中央银行是维护金融稳定的主导机构之一，但货币政策不是维护金融稳定的最佳选择。在长期，或可以通过改变货币政策规则、新增货币政策工具或者推动货币政策框架转型来兼顾金融稳定目标（周莉萍，2018）。一是发挥各自优势。货币政策和宏观审慎双支柱政策应该发挥各自的相对优势,侧重自身有调控优势的政策目标。二是避免直接冲突。兼顾与另一政策的配合,尽量不对冲。三是找准协调核心。信用创造是二者都应关注的金融活动,也是协调的重点。四是动态优化配合。在不同渠道下,紧缩货币政策对金融风险的作用既有可能是积极的,也可能是负面的(盛雯雯、栗亮,2019)。特别是,中国货币政策传导面临传导渠道不顺畅、流动性在信用供给端淤积、货币市场和信贷市场传导有待提高等问题(何德旭、余晶晶,2019)。二者的协调配合模式是动态的,应该考虑不同的经济发展阶段、经济发展周期、本国金融结构等因素。

在统筹货币政策与宏观审慎的同时,还需要注重宏观审慎与微观监管的协调(熊婉婷,2021),特别是由于监管部门不同但监管对象和政策工具高度重叠,二者可能出现政策冲突,尤其在经济下行、银行高度集中且业务同质化以及不同监管机构权责不分的情形之下二者的冲突可能更加明显。

(四)金融控股公司监管

随着我国金融业综合经营的快速发展,少数金融控股集团集聚了较大的金融风险,可能带来跨机构、跨市场和跨行业的风险累积与传染,是系统性金融风险防控的重要领域,也是我国完善金融监管制度的重要一环。范云朋、尹振涛(2019)梳理了现阶段中国金融控股公司面临的风险和监管挑战,并对主要国家和地区的金融控股公司监管模式和核心内容进行了对比总结,并提出完善金融控股公司监管体系的建议。中国金融控股公司与欧美金融控股公司的差异性是研究的重点。在中美比较研究中(王康、朱锦强,2021)发现,美国金融控股公司的监管是对银行控股公司进行业务松绑,规范引导金融混业经营,而我国金融控股公司主要是企业集团产融结合情形。不管是国内金融控股公司,还是国际金融控股公司,其监管核心包括资本金、并表管理、关联交易、风险集中度、流动性、信息披露、宏观审慎等领域(尹振涛、王甲旭,2020)。立法者应当认识到,金融控股公司集团内信息共享属于一般个人信息共享的特殊机制,肩负着我国金融创新与发展的重大使命,应当与一般的个人信息共享区别对待(邢会强、姜帅,2021)。中国人民银行出台金融控股公司监管条例,这对金融控股公司监管及其系统性金融风险防控具有重大的政策价值。

二 金融科技的风险与监管

自互联网金融概念被提出来之后,互联网金融创造、潜在风险及监管应对就成为国内外极其热门的学术与政策议题,学术界、实业界和政策界都进行了较为深入的分析与讨论。由于互联网金融发展呈现"野蛮生长"状态,暴露了较大风险和较多问题,国内监管机构进行了互联网专项整治。其后,金融科技、数字金融等的概念及研究随之盛行,金融科技甚至还以 Fin Tech 这个新名词而盛行不衰。金融科技具体含义在不同背景下存在差异性,与互联网金融的概念既有联系又有区别（李文红、蒋则沈，2017），但是，笔者认为本质上互联网金融、金融科技和数字金融并没有实质性差别，其研究也主要集中在金融科技创新效应、潜在风险及应对、监管改革等领域。本节将从金融科技的创新型、风险性进行分析，同时对大型互联网平台的创新、风险及监管进行梳理，最后讨论数字货币。

（一）金融科技的创新效应

金融科技的创新发展及其业务模式。金融科技（Fin Tech）是互联网、大数据、云计算、区块链等技术带动的金融创新，它能创造新的业务模式、应用、流程或产品，并对金融市场、金融机构或金融服务供给方式形成重大影响（孙国峰，2017）。从业务方面，不同的学者认识具有一定的差异。有研究指出，金融科技可分为支付结算、存贷款与资本筹集、投资管理、市场设施四类（李文红、蒋则沈，2017）。而陈荣达等（2020）认为，中国互联网金融可以分为互联网传统金融延伸、互联网移动支付与数字货币、互联网金融理财与融资、互联网金融科技四个模式。但是，按照经济职能和业务活动对金融科技进行分类，可以分为网络信贷、机器人投资顾问、批发支付创新、数字货币、人工智能和机器学习等类别（刘春航等，2017）。对于中国而言，中国互联网金融主要侧重金融模式革新，具有明显的跨越式特征，这与其在西方成熟市场演进式发展不同。中国互联网金融将面临系统性风险的防范、政府监管与行业自律、估测参与者行为演变规律三大挑战。数字金融在中国得到快速发展的主要原因是传统金融服务的供给短缺、金融监管的相对包容以及数字技术的快速发展（黄益平、陶坤玉，2019）。

金融科技对金融体系的影响。很多研究表明，金融科技的发展快速改变金融体系格局。在供给上，中国数字金融在提高金融效率、支持创新以及促进普惠金融、改善社会平等、消除贫困和缩小收入差距等方面发挥着不可替代的作用，有效地改变了中国金融服务供给方式以及供求匹配方式（黄益平、陶坤玉，2019）。在普惠上，金融科技的积极意义包括去中心化、增加非金融机构中介、提升金融体系效率、透明度、竞争性和韧性以及促进普惠金融和经济增长等。在创新促进上，数字金融的发展对于企业技术创新具有推动作用。唐松等（2020）的研究指出，数字金融的发展能够有效校正传统金融中存在的"属性错配"、"领域错配"和"阶段错配"问题，同时，数字金融发展对企业技术创新的确存在"结构性"驱动效果，尤其是数字金融的深度发展对企业技术创新的促进效果在较长一个时间序列上都稳健成立。在金融科技发展的经济影响上，从宏观层面，金融科技将实质性提升金融基础设施和数字普惠金融发展，对提高中国国家金融竞争力具有重要意义（胡滨、程雪军，2020）。在微观层面，数字金融能较好地促进微观经济主体的数字化转型，提高流程完善程度和经营绩效。比如，数字金融具有显著的公司治理效应，能够提升非家族股东治理的积极效应（杜善重，2022）。但是，从金融业发展历史看，金融科技的应用和普及加速新型服务模式发展，却并未从根本上改变金融业务模式、金融法律关系和监管体制（刘春航等，2017）。

（二）金融科技风险与监管科技

金融科技发展存在众多潜在风险。整体地看，金融科技创新发展可能存在技术风险和金融风险及其相互溢出效应，金融科技风险具有技术化、去中心化、去中介化、自伺服（智能化）等特征，比金融风险更为复杂，对金融监管挑战更为明显（胡滨、郑联盛，2021）。金融科技潜在风险分为微观和宏观两个层面（刘春航等，2017）。在微观方面，金融科技发展可能引发平台机构以及金融机构的信用风险、流动性风险、杠杆、期限错配风险和操作风险等。在宏观方面，金融科技创新发展可能引发传染性、顺周期性、过度波动性和系统重要性等重大威胁，特别是需要对系统重要性进行新的认识。随着Fin Tech对传统金融业务带来的冲击，其累积的风险将有可能是系统性的（孙国峰，2017）。即是说科技驱动的金融创新所内含的技术风险及操作风险可能诱发系统性风险。值得注意的是，金融科技监管中一个重要的问题是数据风险、治理与监管。大数据技术在金融监管中的应用，客观上反映了国家政治经济场域中数据共享的必要性，也使金融数据被赋予了规制工具维度含义，但是，金融监管向大数据规制范式转换存在制约因素，集中体现为数据确权的制度困境以及数据共享的市场失灵问题（杨帆，2019）。

金融科技风险应对和监管强化的技术性不断强化，监管科技成为重点议题。金融科技对金融监管体系带来了重大的挑战，比如监管技术匮乏、监管法律滞后和监管理念守旧等问题，以审慎监管、功能监管、行为监管等为核心构建的传统监管体系和法规无法有效应对去中介化、去中心化的金融科技风险。监管沙盒被认为是有效应对金融科技创新风险的监管举措，是一种帮助平衡金融科技创新与风险的有效手段（胡滨等，2021；沈艳、龚强，2021）。监管科技是应对金融科技创新风险和有效监管的重要之举，监管当局必须在审慎监管、行为监管等传统金融监管维度之外增之以科技维度，塑造双维金融监管体系，更好地应对金融科技所内含的风险及其引发的监管挑战。监管科技就是依托金融科技的技术支撑，依靠大数据、云计算、人工智能、区块链等技术构建科技驱动型监管体系（杨东，2018）。监管机构要密切关注金融科技发展，着重按照金融业务属性，根据业务实质适用相应的监管规则加强跟踪研究和风险评估，不断完善金融科技的监管方式，从完善技术架构与提高数据治理能力两方面推进大数据监管平台建设，为监管科技潜能的快速有效释放提供保障（刘春航，2020）。未来需要通过建立金融科技体系的统一的监管规则、统合监管体系、增强监管科技以及引入监管沙盒等改革实现鼓励金融创新、有效防控风险和保护消费者权益三者之间的权衡（黄益平、陶坤玉，2019）。

（三）大型互联网平台创新与监管

大型互联网平台的创新发展、潜在风险以及监管问题是过去几年金融科技监管的核心领域（胡滨，郑联盛，2021）。大型互联网平台是基于双边市场的一种创新模式。双边市场是一个交易双方依托平台相互决定需求与价格的市场体系，服务供给方和服务需求方具有内在的相互决定性，同时平台在双方供求上发挥了基础性的链接功能和匹配功能（郑联盛，2021b）。大型互联网平台市场行为具有特殊性。一是能突破传统机构以及传统平台的时间和空间约束，形成开放体系。二是具有多重网络效应，一旦平台双边或多边用户数量越过"倾覆点"后就非常容易实现规模经济和范围经济，最终形成极端规模效应。三是具有去中介化同时再中介化的功能，而再中介化过程中则是发挥基础设施的功能，能链接双边或多边主体。四是具有扎实的数据支撑，数据资产一定程度上成为物理资产的替代品（Gambacorta et al., 2020），能够在信贷等市场上缓解信息不对称问题。

大型互联网平台的特殊性发挥了重要的创新效应，但是，同时也引发了重大的风险和监管问题（Montalban et al., 2019）。一是准入门槛。大多以技术创新、模式创新和市场创新进行主导权竞争，并较多采用替代性竞争策略，而在位平台则致力于构建日益高企的准入门槛和用户"阈值"将潜在竞争者拒之门外。二是差别定价。大型互联网平台立足双边市场属性与结构，大多使用非对称定价方式来构建和维系双边市场，并基于数据驱动来实施差异定价获得双边主体剩余价值。三是市场支配地位及垄断。由于大型互联网平台具有营利机构和基础设施提供商双重角色，具有平台服务供给者和平台市场监管者双重职能，大型互联网平台在双边市场体系构建中较容易获得市场支配地位，并可能走向垄断。四是数据治理。大型互联网平台对市场竞争的破坏甚至垄断具有一定的内生性，其中，数据滥用和数据垄断则是大型互联网平台反垄断、监管和治理优化的核心环节。

大型互联网平台不仅具有金融科技一般性风险特征，而且具有双边市场或平台经济特殊的风险特征。首先，大型互联网平台由于连接了多个市场主体特别是规模巨大的消费者，潜藏重大的金融风险，比如侵犯消费者权益、阻碍行业技术或模式创新、引发更加复杂的系统重要性问题。其次，大型互联网平台容易引发垄断或市场支配地位滥用。比如，大型互联网平台存在赢者通吃格局、容易形成显性或隐性准入门槛、平台自我优待、差异化定价、"二选一"、数据占有或滥用等。最后，大型互联网平台容易形成数据垄断和数据安全冲击。大型互联网平台的网络化、开放性和跨边交互性等以及消费者多宿性等特征，使大型互联网平台的数据滥用和数据隐私问题更为复杂，同时也使得数据安全的挑战更为严峻，特别是涉及跨境业务时还审查数据归属和司法管辖等问题。为此，过去2—3年时间中，反垄断、反资本无序扩张、反市场支配地位滥用等成为大型互联网平台监管的核心（郑联盛，2021b）。

当然，现行金融监管体系与大型互联网平台双边经济的适配性也是重要的研究议题。一定程度上，大型互联网平台呈现的诸多问题也是当前监管体系不够完善的映射，比如，双边网络化市场模式与垂直化机构监管的不匹配性、跨界经营与行业监管的不匹配性等。从监管体系构建看，一是坚持包容开放原则，鼓励平台经济和金融科技创新发展，实施包容稳慎监管体系；二是要关注大型互联网平台关联性和复杂性，将大型互联网平台监管提高至系统重要性的高度；三是平台垄断和市场支配地位滥用是平台监管的核心内容，目标是要构建一个公平的市场体系；四是数据保护和数据安全是大型互联网平台监管的特殊领域，需要强化数据治理的长效机制建设；五是消费者保护仍然是一个短板，要强化消费者权益保护并将其提升至社会治理层面进行综合统筹（郑联盛，2021b）。

（四）数字货币

数字货币是金融科技发展的一个重要领域，并对金融经济及社会体系造成深远影响。数字货币是以区块链作为底层技术支持的一种虚拟资产，具有去中心化、可编程性、以密码学原理实现安全验证等特征。面对法定数字货币运行过程中可能存在的商业银行挤兑风险、技术风险和金融监管风险，特别需要警惕数字货币容易被用于犯罪或者逃避金融管制的工具（杨延超，2020）。在数字货币的监管上，在越来越多的国家认可数字虚拟货币在商业应用与价值创造方面的作用并不断探索有效监管途径的背景下，一刀切地禁止民间进行数字虚拟货币探索及其相关应用，可能并非最佳选择（华秀萍等，2019）。还有一个重要的问题是关于数字货币的法律属性问题。关于数字货币的法律属性，总体上有非货币财产说和货币说。数字货币依赖区块链技术，完成了去中心化的货币信用构建，它为建构数字货币的准货币属性提供法理依据，同时也为渐进完善数字货币立法提供理论基础。未来我国监管当局在坚持审慎原则的前提下，有必要在立法中确认数字货币作为准货币的法律地位，以此作为逻辑起点建构其作为准货币的系列法律制度，并通过实施科技化监管举措不断完善数字货币监管体系，构建中国特色数字货币监管框架（杨延超，2020）。

Libra数字货币计划是过去数年数字货币发展仅次于比特币的重大事件。Libra项目、金融机构间结算币和中央银行数字货币都是Token范式的代表。Libra项目基于Token范式实现了某种意义上的超主权货币（邹传伟，2019）。作为一种稳定币，Libra在技术路线和运行模式的选择上均采取了产业合作和国际协调的方式，是非主权数字货币的重要探索。但是，Libra的愿景和架构设计仍存在逻辑冲突，以当前设计难以达成其声称的普惠目标。Libra没有独立的货币政策并不代表没有货币政策，其将向小型经济体引入货币局制度，冲击原有经济秩序，并将通过货币乘数效应向大型经济体注入流动性，造成通胀压力（杨晓晨、张明，2019）。Libra项目面临着法定储备投资管理不善、货币篮子结构失衡、Libra价格大幅波动等潜在风险，且由于涉及多个国家、多种货币而面临复杂的合规要求（邹传伟，2019）。中国法定数字货币采用"中央银行—商业银行"的双层运营体系、中心化的管理模式，且不预设技术路线（戚聿东、褚席，2019），中国央行数字货币的模式与Libra存在本质区别。

三　金融制裁及其风险

2008年次贷危机后，反洗钱逐步成为金融监管跨境执法的重点关注对象，而长臂管辖原则这一具有"单边主义"色彩的管控手段，成为美国反洗钱跨境执法的重要工具。蔡宁伟（2019）分析了美国反洗钱长臂管辖原则的历史渊源，介绍美国长臂管辖的三类适用情形和四种判定原则，并对2008—2018年45家机构54次遭受美国1亿美元及以上的反洗钱巨额处罚的案例进行全面综合分析，认为美国反洗钱处罚具有处罚主体的"交叉性"、涉嫌类罪的"行业性"和处罚金额的"威慑性"三大特征。

2012年美国制裁伊朗是金融制裁的一个分水岭，以"聪明制裁"为支撑的清单制裁成为主流范式。2014年，美国对俄罗斯采取的金融制裁就基本采用聪明制裁范式（马鑫、许钊颖，2015）。特朗普政府破坏伊核协议并再度单边制裁伊朗使得金融制裁再度成为国际社会热议的政策话题。而2022年乌克兰危机后，美欧等经济体更大范围采取对俄罗斯的多样化制裁，这使得金融经济制裁的政策影响力进一步扩大。美国对外制裁的对象可以分为多个类别，覆盖特定国家、个人以及机构等实体，美国对外金融制裁大致可以分为三个类别。第一类是针对特定国家的制裁（Country-Based Sanctions），第二类是清单系列制裁（List-Based Sanctions），第三类是行业性制裁（Sectoral Sanctions）。美国财政部海外资产控制办公室（OFAC）以清单区分来设置制裁项目、相应的制裁内容并公布制裁对象清单。目前美国财政部金融制裁框架下具有SDN清单和非SDN清单（综合制裁清单）。特别指定国民和人员的封锁清单，即SDN清单。这是美国金融制裁针对性最强、制裁力度最大的清单（郑联盛，2020）。

美国经济金融制裁的特征。一是不对称性特征明显。由于美国的金融霸权地位，美国发起的金融制裁具有不对称性。美国有能力发动较为彻底的金融制裁，其他任何国家都没有能力发动一个彻底的金融制裁。二是单边主义色彩强烈。美国在决定是否发动金融制裁时，无须过多考虑他国反应。三是更多实施聪明制裁。美欧越来越多地使用聪明制裁，以实现精准打击，既节约制裁成本，又可避免国际舆论指责。四是较多运用联合制裁。美国多联合欧盟、日本等实行联合制裁。更值得注意的是，美国经济金融制裁具有一级制裁和次级制裁两种范式，其中，次级制裁也被称为关联制裁，具有显著的"长臂管辖"特性，即美国可以采取使用域外管辖权、单方面根据国内法强行管辖他国机构或实体的政策（戚凯，2020）。

美国之所以能够有效进行金融制裁，核心在于掌控了全球金融基础设施。金融基础设施是金融市场稳健高效运行的基础性保障，金融基础设施之间的互通性以及与其他金融机构的互连性，使其可能成为潜在风险的传播源头，影响到国家金融稳定（尹振涛、潘拥军，2020）。美国掌握全球最基础的金融基础设施，尤其是以SWIFT和纽约清算所银行同业支付系统（CHIPS）为主体的跨境资金支付清算系统及其相关的基础设施。SWIFT是全球贸易和金融跨境资金服务的最核心系统，主要提供支付报文服务。一旦掌握SWIFT支付报文信息就很大程度上掌握了全球跨境支付信息。

从宏观层面看,极端施压制裁可能会引发重大的金融稳定和金融安全问题,甚至可能影响国家安全(郑联盛,2020)。一国重要银行与大型金融机构将会面临被挤出美元体系和全球金融市场的风险,获取美元难度加大,可能无法使用美元支付结算体系。一国金融体系功能可能受到重大的破坏。一旦大型国有银行被制裁,可能引发系统重要性问题,交易支付、结算清算、资金流通、信用转换等功能可能部分被破坏。最后,存在系统性金融风险的可能性。银行及金融机构受制裁可能引起多个市场连锁反应,金融稳定和金融安全受到威胁,存在系统性金融风险甚至危机的可能性。如美采取全局性、敌对式制裁,一国将在国际金融经济体系中受到孤立,金融、贸易和经济都有可能被国际社会隔离,以内外要素交互为重要支撑的贸易投资将举步不前,产业链难以获得金融服务支持,经济社会发展会受到重大冲击。

在金融制裁应对方面,俄罗斯、伊朗甚至欧盟等经济体都进行了应对。比如,俄罗斯通过石油天然气的供给优势来弱化欧洲制裁烈度、伊朗与贸易伙伴采取物物交换方式进行贸易、欧洲采取制定实施阻断法来缓释美国制裁影响。欧盟阻断法具有阻断美国特定法律在欧盟境内的效力和执行、禁止相关主体遵守美国的特定法律和允许相关主体就美国特定法律给其带来的损失进行索赔三个核心内容(叶研,2020)。但是,整体而言,针对美国金融制裁应对的效果较为有限。这种基于金融霸权实施的制裁,面临有效制裁与正义制裁的争议,虽然聪明制裁有效性有所提高,但是,在较多情况下却缺乏正义性(石斌,2010),在国际法上也缺乏合法性(刘瑛、黎萌,2020)。

从应对角度看,2022年2月乌克兰危机爆发后,美国和欧洲等经济体全面制裁俄罗斯,特别是限制部分机构使用美元支付清算系统以及SWIFT报文系统,这种全面围堵式的制裁会带来什么结果,俄罗斯要求用卢布支付天然气原油等商品又会产生何种效应等,都是值得研究的重要问题。

四 金融监管体制改革研究

(一)金融体制改革与金融监管改革

金融风险应对和金融监管体系改革是中国金融体制改革的重要组成部分,而金融体制改革是整个经济体制改革的重要方面。在长达三、四十年的发展过程中,金融部门为经济社会发展提供了重要的支撑,金融部门自身也成为了国民经济的重要组成部分,金融发展体制机制也不断健全,但是,我国金融体制存在与经济社会发展不匹配、不兼容的诸多问题或短板(张杰,2018)。比如,系统性金融风险应对体制机制与组织体系仍有待完善、中央监管与地方监管有待统筹、金融创新与金融风险有待进一步权衡等、内部监管与外部监管不相适应的环节仍然较多。

当然,金融监管体系的短板与问题和经济体制机制存在的问题紧密相关,比如,财政分权与金融分权在一定程度上影响了财政资源和金融资源的配置效率、财政风险和金融风险的防范化解、财政政策和货币政策的协调配合，也使得金融风险防控和金融监管有效性面临挑战（何德旭、苗文龙，2021）。在内外统筹方面，中国金融体系和金融监管框架仍有更大的改革发展空间。中国经济金融体系进入新发展阶段，面临内外复杂形势，金融安全成为了重要的研究任务，亟待从权力竞争、利益互动和安全建构等维度来强化金融安全战略（张发林、姚远，2021），金融发展与金融安全的统筹成为重大的政策任务。

（二）金融供给侧结构性改革与金融监管完善

金融供给侧结构性改革是中国金融体制改革的重要内容。从必要性看，伴随着我国进入增长速度换挡期、结构调整阵痛期、前期刺激政策消化期的三期叠加阶段，实体经济与金融体系积累的风险日益凸显。为了打好防范和化解重大风险攻坚战，增强金融系统服务实体经济能力，有必要深化金融供给侧结构性改革（黄涛、李浩民，2019）。金融供给侧结构性改革的主要内涵包括：防范和化解两个风险、优化调整四个体系、强化三个监管基础、推动三个维度改革开放、处理好四个方面的辩证关系。金融供给侧结构性改革的四大重点任务是防风险、调结构、强监管、促开放。深化金融供给侧结构性改革需要从增加资本市场制度供给、补充金融基础设施建设短板、大力创新金融产品体系、重构政策传导的金融微观基础等方面着力。从金融功能角度来认识金融供给侧结构性改革是一个重要的视角，需要从交易促进、资源配置、风险管理、经济调节以及内外链接等功能出发来强化金融供给侧结构性改革（郑联盛，2019b）。而有学者强调制度供给是极其重要的供给侧结构性改革内容，在通过对中国证监会2001—2018年行政处罚决定书考察制度环境因素对证券监管执法强度和监管效率的影响研究（盛智明、周仁磊，2021）发现，证券监管行政执法强度和效率随不同年份而波动，受监管注意力的影响较大，这直接影响执法效率和监管有效性。

（三）金融监管改革短期与长期视角

从短期看，金融风险应对政策出台、机制完善和监管改革具有显著的短期风险驱动态势，具有应急的秉性。理论和实践都表明金融监管框架及架构改革是金融稳定和监管有效性的重要保障，但是，短期重大金融风险及其应对成为金融监管体系的首要任务并使得政策体系呈现短期化特征。2015年以来，中国金融风险暴露得更为明显，2015年夏天股票市场加杠杆运行、"8·11"汇改以及2016年初"熔断机制"等都引发重大风险，同时影子银行盛行、房地产泡沫化、僵尸企业风险传染、地方政府隐性债务加剧等成为重大风险环节甚至可能引发系统性金融风险。房地产调控、僵尸企业处置、产能过剩应对、影子银行治理、宏观审慎评估体系出台以及资产管理新规及配套政策实施等成为监管的重大改革举措，金融监管有效性也有所提高。这些风险驱动型的短期针对性举措和政策出台都是监管体系改革的重要组成部分，为扎牢风险藩篱提供了政策、体制和制度保障。一项基于资产管理功能监管的研究发现，资管新规实施后，金融化程度较高企业短期内就能显著增加资本形成，促进企业逆转"脱实向虚"，提升金融监管有效性（李青原等，2022）。

从金融风险应对的长效机制建设看，中国必须积极主动重构和打造与经济高质量发展和实施创新驱动发展战略相适宜的现代化金融体系和现代化监管体系。2017年第五次全国金融工作会议后，金融监管体系改革成为重要的热点议题，特别是中国逐步形成"一委一行两会"的监管架构，同时穿透式监管和功能性监管成为重要的改革方向。政府监管整体框架是由政府监管的法律法规制度体系、监管机构体系、监管方式体系、监管监督体系和监管绩效评价体系五个相互联系的子体系构成的有机整体（王俊豪，2021）。这个监管框架映射到金融体系也是基本适用的，但是，如何构建一个监管有据、运行高效、精准有效、公开透明、激励约束为支撑的现代化金融监管框架仍有较大提升空间，也是中国金融监管体系长期改革之目标。

新发展阶段对金融风险应对和金融监管改革提出更为急迫的内生要求。金融监管改革的基本逻辑是要有效适应金融结构渐进式、趋势性调整以及潜在的金融风险变化。一国金融监管架构和监管重点与该国金融结构和金融风险的特性有密切关系，一个国家的金融监管体系、法律制度、组织架构以及监管工具等需要根据金融体系发展而动态调整并不断优化（吴晓求，2017）。从国际比较看，重视审慎监管和行为监管模式表现出更好的监管有效性（王勋等，2020）。过去几年中，中国金融体系结构性演进较为明确，且资源配置不均衡问题较为显著，这导致金融风险的来源发生重大变化，金融风险的性质和结构发生重要的变化，金融监管体系改革具有显著的必要性和急迫性。特别是在新发展阶段，在加快构建新发展格局中，在贯彻新发展理念的背景之下，特别是要强化发展与安全统筹时，金融风险应对、金融监管改革和金融体系发展更要贴近"三新"的现实需求。吴晓求（2020）就指出，"十四五"时期中国金融改革需要重点强化体制机制改革，着力在构建服务于实体经济和科技创新的现代金融体系、完善现代中央银行制度、大力发展资本市场和完善金融体系功能、深化金融对外开放、防范金融风险、推进金融科技发展6个方面深化改革。而王勋等（2020）则提出中国金融监管改革有个四个重要任务：一是监管模式上，要实现微观审慎监管与宏观审慎政策的协调和功能的一致化；二是监管架构上，在功能调整后的央行和赋予微观审慎监管功能的金融监督管理委员会的基础上，构建具有"双峰"形态的监管架构；三是监管重点从资本监管逐渐调整为资本监管与透明度监管并重；四是监管方式从传统监管逐步过渡到智能监管与传统监管相结合并渐进至以智能监管为主。

（四）金融风险应对和监管改革经验研究

历史经验总结是金融风险应对、金融监管实践和金融体系改革的重要研究议题。在国际金融监管改革方面，胡滨（2020）回顾美国金融监管的十年轮回，指出了美国金融监管政策经历了从强化监管到放松管制的变化。奥巴马政府强化金融监管体系建设并出台沃尔克规则，特朗普政府则大力放松金融监管以提升国际竞争力，而特朗普政府提高系统重要性金融机构资产认定门槛，放松大型银行特别是大中型银行的监管标准，明显放松中小银行监管要求，着力放松沃尔克规则，并适度降低资本市场监管要求。与美国不同，中国金融监管2015年以来一直逐步强化监管，这与中美金融发展阶段、金融结构和监管体制的差异紧密相关。时至2022年，在美国宏观政策调整之际，监管方向的差异性可能使得风险分布更不均衡，中国面临的风险冲击和监管应对压力更为显著，为此金融改革及监管完善更为急迫。

改革开放四十年和新中国成立七十年来的金融监管总结也是一个重点。许立成（2019）指出，新中国成立七十年来中国金融体系先后经历了指令型、发展型、专业型、监管型四个阶段，其中银行业监管具有三个重要特征：一是经济金融的变化深刻影响银行监管制度的变迁，监管的理念引领监管的变革；二是中国银行业监管体制的变迁主要体现为政府主导和市场引导相结合的渐进变迁方式，金融风险暴露常常是监管体制改革的催化剂；三是随着经济金融的转型变革，在不同时期银行监管制度呈现出不同的特征。改革开放背景下，中国金融业立足企业化、市场化和国际化的改革发展定位，从封闭走向开放，从传统迈向现代，从被动应对到主动融入金融全球化进程。改革开放四十年来，中国金融体系从无到有，目前已基本建成了与中国特色社会主义市场经济相适应、具有活力和国际竞争力的现代金融体系（陈雨露，2019）。更有研究（巫云仙，2019）认为，中国金融制度变迁具有强制性和诱致性，以及自上而下与自下而上相结合的发展特点，特别是政府主动性在金融监管改革中具有了较强的主导功能。这与西方金融监管风险驱动和市场驱动的范式具有显著的差异性。

参考文献

蔡宁伟，2019，《美国反洗钱"长臂管辖"的渊源与演变》，《金融监管研究》第11期。

蔡宁伟，2019，《美国反洗钱"长臂管辖"的渊源与演变》，《金融监管研究》第11期。

陈荣达等，2020，《中国互联网金融的发展历程、发展模式与未来挑战》，《数量经济技术经济研究》第1期。

陈雨露，2019，《四十年来中央银行的研究进展及中国的实践》，《金融研究》第2期。

崔宇清，2017，《金融高杠杆业务模式、潜在风险与去杠杆路径研究》，《金融监管研究》第7期。

杜善重，2022，《数字金融的公司治理效应——基于非家族股东治理视角》，《财贸经济》第2期。

范云朋、尹振涛，2019，《金融控股公司的发展演变与监管研究——基于国际比较的视角》，

《金融监管研究》第 12 期。

方意,2015,《货币政策与房地产价格冲击下的银行风险承担分析》,《世界经济》第 7 期。

方意,2016,《系统性风险的传染渠道与度量研究——兼论宏观审慎政策实施》,《管理世界》第 8 期。

官晓莉、熊熊、张维,2020,《我国金融机构系统性风险度量与外溢效应研究》,《管理世界》第 8 期。

何德旭、苗文龙,2021,《财政分权、金融分权与宏观经济治理》,《中国社会科学》第 7 期。

何德旭、余晶晶,2019,《中国货币政策传导的现实难题与解决路径研究》,《经济学动态》第 8 期。

何德旭等,2021,《全球系统性金融风险跨市场传染效应分析》,《经济研究》第 8 期。

胡滨、程雪军,2020,《金融科技、数字普惠金融与国家金融竞争力》,《武汉大学学报(哲学社会科学版)》第 3 期。

胡滨、杨涛、程炼,2021,《大型互联网平台的特征与监管》,《金融评论》第 3 期。

胡滨、郑联盛,2021,《大型互联网平台的市场行为、监管挑战与政策应对》,载胡滨主编《中国金融监管报告(2021)》,社会科学文献出版社。

华秀萍等,2019,《如何破解对数字虚拟货币监管的难题》,《金融监管研究》第 11 期。

黄涛、李浩民,2019,《金融供给侧结构性改革:重点任务与路径选择》,《改革》第 6 期。

黄益平、陶坤玉,2019,《中国的数字金融革命:发展、影响与监管启示》,《国际经济评论》第 6 期。

李波主编,2018,《构建货币政策和宏观审慎政策双支柱调控框架》,中国金融出版社。

李青原等,2022,《金融强监管的实体经济效应——来自资管新规的经验证据》,《经济研究》第 1 期。

李文红、蒋则沈,2017,《金融科技(FinTech)发展与监管:一个监管者的视角》,《金融监管研究》第 3 期。

刘春航,2020,《大数据、监管科技与银行监管》,《金融监管研究》第 9 期。

刘春航等,2017,《金融科技对金融稳定的影响及各国应关注的金融科技监管问题》,《金融监管研究》第 9 期。

刘磊、张晓晶,2020,《中国宏观金融网络与风险:基于国家资产负债表数据的分析》,《世界经济》第 12 期。

刘晓光、刘元春、王健,2019,《金融监管结构是否影响宏观杠杆率》,《世界经济》第 3 期。

刘瑛、黎萌,2020,《美国单边金融制裁的国际法分析》,《国际经济评论》第 3 期。

马鑫、许钊颖,2015,《美国对俄罗斯的金融制裁》,《美国研究》第 5 期。

毛锐、刘楠楠、刘蓉，2018，《地方政府债务扩张与系统性金融风险的触发机制》，《中国工业经济》第4期。

潘敏、周闯，2019，《宏观审慎监管、房地产市场调控和金融稳定》，《国际金融研究》第4期。

戚凯，2020，《美国"长臂管辖"与中美经贸摩擦》，《外交评论（外交学院学报）》第2期。

戚聿东、褚席，2019，《数字经济视阈下法定数字货币的经济效益与风险防范》，《改革》第11期。

沈艳、龚强，2021，《中国金融科技监管沙盒机制设计研究》，《金融论坛》第1期。

盛雯雯、栗亮，2019，《货币政策与宏观审慎政策协调配合的研究评述》，《国际金融研究》第4期。

盛智明、周仁磊，2021，《制度环境与证券监管——基于2001—2018年证监会行政处罚决定书的分析》，《社会学研究》第6期。

石斌，2010，《有效制裁与"正义制裁"——论国际经济制裁的政治动因与伦理维度》，《世界经济与政治》第8期。

孙国峰，2017，《从 Fin Tech 到 Reg Tech》，《清华金融评论》第5期。

唐松等，2020，《数字金融与企业技术创新——结构特征、机制识别与金融监管下的效应差异》，《管理世界》第5期。

王朝阳、王文汇，2018，《中国系统性金融风险表现与防范：一个文献综述的视角》，《金融评论》第5期。

王晋斌、厉妍彤，2021，《论中国特色社会主义金融发展与经济增长理论——中国金融发展与经济增长关系的政治经济学》，《政治经济学评论》第1期。

王俊豪，2021，《中国特色政府监管理论体系：需求分析、构建导向与整体框架》，《管理世界》第2期。

王康、朱锦强，2021，《中国金融控股公司监管及优化对策研究——基于中美比较的视角》，《中央财经大学学报》第12期。

王培辉、康书生，2018，《外部金融冲击、宏观经济波动与金融内在脆弱性——中国宏观金融风险驱动因素分解》，《国际金融研究》第4期。

王勋、黄益平、陶坤玉，2020，《金融监管有效性及国际比较》，《国际经济评论》第1期。

魏伟、陈骁、张明，2018，《中国系统性金融风险：主要来源、防范路径与潜在影响》，《国际经济评论》第3期。

巫云仙，2019，《新中国金融业70年——基于制度变迁和改革开放的历史逻辑》，《政治经济学评论》第4期。

吴晓求，2017，《中国金融监管改革：逻辑与选择》，《财贸经济》第7期。

吴晓求，2020，《"十四五"时期中国金融改革发展监管研究》，《管理世界》第7期。

邢会强、姜帅，2021，《数字经济背景下我国金融控股公司信息共享机制的完善》，《金融评论》第6期。

熊婉婷，2021，《宏观审慎与微观审慎协调的国际经验及启示》，《国际经济评论》第5期。

许立成，2019，《新中国成立七十年来银行监管制度的演进逻辑与未来展望》，《金融监管研究》第8期。

杨东，2018，《监管科技：金融科技的监管挑战与维度建构》，《中国社会科学》第5期。

杨帆，2019，《金融监管中的数据共享机制研究》，《金融监管研究》第10期。

杨晓晨、张明，2019，《Libra：概念原理、潜在影响及其与中国版数字货币的比较》，《金融评论》第4期。

杨延超，2020，《论数字货币的法律属性》，《中国社会科学》第1期。

叶研，2020，《欧盟〈阻断法案〉评述与启示》，《太平洋学报》第3期。

尹振涛、潘拥军，2020，《我国金融基础设施发展态势及其统筹监管》，《改革》第8期。

尹振涛、王甲旭，2020，《美国金融控股公司监管的框架、要点与措施》，《金融监管研究》第4期。

郁芸君等，2021，《监管规避与隐性金融风险》，《经济研究》第4期。

张发林、姚远，2021，《国际金融安全观的演进与评估》，《国际安全研究》第6期。

张杰，2018，《我国金融体制改革的演进轨迹和取向观察》，《改革》第5期。

张亮、周志波，2018，《完善中国宏观审慎金融监管框架研究——基于德英日三国的比较分析》，《宏观经济研究》第2期。

张晓晶，2021，《新发展格局确立中国发展新坐标》，《全国新书目》第3期。

张晓晶等，2019，《债务高企、风险集聚与体制变革——对发展型政府的反思与超越》，《经济研究》第6期。

郑联盛，2018，《货币政策与宏观审慎政策双支柱调控框架：权衡与融合》，《金融评论》第4期。

郑联盛，2019a，《中央银行职能演进与拓展的脉络》，《经济学动态》第3期。

郑联盛，2019b，《深化金融供给侧结构性改革：金融功能视角的分析框架》，《财贸经济》第11期。

郑联盛，2020，《美国金融制裁：框架、清单、模式与影响》，《国际经济评论》第3期。

郑联盛，2021a，《平均通胀目标制：理论逻辑与政策前瞻》，《经济学动态》第3期。

郑联盛，2021b，《大型互联网平台的市场属性与竞争策略》，《金融评论》第3期。

周莉萍，2018，《货币政策与宏观审慎政策研究：共识、分歧与展望》，《经济学动态》第10期。

周上尧、王胜，2021，《中国影子银行的成因、结构及系统性风险》，《经济研究》第7期。

周小川，2016，《把握好多目标货币政策：转型的中国经济的视角》，6月24日在华盛顿IMF中央银行政策研讨上的发言稿。

邹传伟，2019，《区块链与金融基础设施——兼论Libra项目的风险与监管》，《金融监管研究》第7期。

Bank of England, 2016, "The Financial Policy Committee's Framework for the Systemic Risk Buffer," January 29th.

Jiménez, G., Ongena, S., Peydró, J.-L., & Saurina, J., 2017, "Macroprudential Policy, Countercyclical Bank Capital Buffers, and Credit Supply: Evidence from the Spanish Dynamic Provisioning Experiments," *Journal of political economy*, 125(6), 2126-2177.

Lin, G. C., & Zhang, A. Y., 2015, "Emerging Spaces of Neoliberal Urbanism in China: Land Commodification, Municipal Finance and Local Economic Growth in Prefecture-Level Cities," *Urban studies*, 52(15), 2774-2798.

Liu, F., Liu, D., Malekian, R., Li, Z., & Wang, D., 2017, "A Measurement Model for Real Estate Bubble Size Based on the Panel Data Analysis: An Empirical Case Study," *PLOS One*, 12(3), e0173287.

Gambacorta, L., Y. Huang, Z. Li, H. Qiu and S. Chen, 2020, "Data vs Collateral," BIS Working Papers 881, Bank for International Settlements.

Montalban, M., V. Frigant and B. Jullien, 2019, "Platform Economy as a New Form of Capitalism: A Regulationist Research Programme," *Cambridge Journal of Economics*, 43, 805-824.

Smets, F, "Financial Stability and Monetary Policy: How Closely Interlinked?" *International Journal of Central Banking*, 10: 263-300, 2014.

Walsh, C. E., 2017, *Monetary Theory and Policy*. MIT press.

Zhao, S. X., Zhan, H., Jiang, Y., & Pan, W., 2017, "How Big Is China's Real Estate Bubble and Why Hasn't It Burst Yet?" *Land Use Policy*, 64, 153-162.

微观金融与资产定价

李俊成[*]

所谓资产定价，即测度具有未来不确定性支付资产的现时价格或价值（Cochrane，2009）。因此，资产未来现金流与随机贴现因子是理论资产定价中定价核（pricing kernel）的两个主要维度。自定价核（pricing kernel）概念被提出以来，理论资产定价的研究框架已日趋成熟，相关的研究进展主要体现在对部分假设条件的调整和修正。基于现实条件，实证资产定价研究发现了诸多理论所不能解释的超额收益，不仅推动着理论资产定价研究的不断完善，同样使得实证资产定价的研究不断拓展与丰富，并逐步成为资产定价领域的主流研究范式。

在实证资产定价研究中，超额收益与定价效率是两大主要的研究视角，两者彼此联系，又各有侧重。超额收益基于的是投资者视角，关注的核心在于收益；定价效率基于的则是监管者与经营者视角，更注重资产价格中信息含量。由于中国资产市场起步较晚，市场效率较西方国家仍偏弱，这也使得资产定价效率问题越来越多地受到国内学者的关注与讨论。

伴随着时代的发展与制度的变迁，投资者、市场以及资产的特征发生显著改变，实证资产定价的研究也因此得到新的发展。2008年国际金融危机之后，我国资本市场体系也发生了重大变化：2010年推出股指期货交易，同年融资融券制度上市，并经历多次标的扩容，打破了长期单边交易模式；2014年"沪港通"交易制度启动，随后"深港通"于2016年推出，资本市场逐步扩大开放程度；2019年科创板股票上市，注册制正式实行，2021年北京所股票上市，多层次资本市场进一步完善。与我国资本市场改革同步，中国微观金融与定价相关问题于研究上体现出鲜明的时代性。与此同时，中国与西方国家在经济金融体制上存在较大差异，例如，中国地方政府可以通过地方融资平台发行债务，所发债务一定程度上有着财政兜底的"隐形担保"，使中国债券市场呈现一定的中国特色；再如，中国资本市场以散户投资者为主的投资者结构也对传统资产定价理论中以理性机构投资者为主的假设是否适用提出了挑战。因此，国内学者对于中国资本市场上微观金融与定价相关问题的研究也呈现一定的制度性特征。

总的来看，近五年来（2017—2022），中国学者在资产定价领域的探索主要聚焦于中国

---

[*] 李俊成，中国社会科学院金融研究所，助理研究员。

现实情境下的实证资产定价研究。根据研究标的与研究方向,大体可以分为四类:股票资产定价研究、债券资产定价研究、衍生品市场定价研究以及股票市场定价效率研究。本文将据此依次展开。

一 股票资产定价研究

股票市场作为资本市场最主要的组成部分,具有交易频繁、资金规模大、投资者参与程度高等特点,外加股票数据的易于获得且较为丰富,因此股票资产定价研究一直是学者们研究最热烈、讨论最充分的话题。在股票资产定价的研究中,绝大多数的研究围绕"异象"的讨论而展开。所谓异象是股票收益在实证上与理论上的偏差,即股票收益偏离CAPM模型与有效市场假说,收益理论上不可预测却出现了可以预测的现象,更通俗地讲是按照某些特征构建的股票组合能够获得战胜市场的超额收益。根据近期学者们捕捉与分析异象的视角,可以将相关研究进一步分为宏观因素与股票资产定价研究、公司特征与股票资产定价研究、投资者行为与股票资产定价研究以及市场交易特征与股票资产定价研究四个方面。

(一)宏观因素与股票资产定价研究

市场因子是资本资产定价模型(CAPM)的核心解释变量,而在CCAPM模型下,消费因子具有举足轻重的地位。市场因子和消费因子都是与宏观经济密切相关的经济变量。因此,在2017—2022年,我国有不少学者聚焦于宏观经济变量,研究其与股票定价、股票收益的关系。这方面的研究主要集中在市场因子贝塔(β)、政策不确定以及如何有效捕捉宏观因子三个方面。

首先,就市场因子贝塔(β)的研究而言,CAPM使用贝塔(β)来衡量股票的系统性风险暴露。Sharpe(1964)得出了符合直觉的结论——越高的系统性风险暴露,应该有更高的风险补偿。但在著名的Fama-French三因子模型下,Eugene和French(1992)发现,当控制了规模和市值因子后,系统性风险的收益补偿会变得平缓,这一现象被称为"低风险定价异象",由此引发了学者们对相关问题的探讨。在传统模型当中,通常假设贝塔(β)是静态不变的,即同一只股票在不同时期,有着相同的系统性风险暴露。姜富伟等(2021b)在Ferson和Siegel(2009)提出的动态CAPM框架下,基于我国74个微观企业特征和8个宏观经济指标在内的600个宏微观混合大数据集,借助机械学习构造了适用于我国的智能动态CAPM模型,较好地解释了"低风险定价异象"。同样是对于股票系统性风险暴露的研究,陈淼鑫、赖云清(2019)使用5分钟高频数据在Bollerslev等(2016)改进的布朗运动模型框架下,将传统的贝塔(β)分解为连续贝塔(β)和非连续贝塔(β),并将非连续贝塔(β)进一步区分为跳跃贝塔(β)和隔夜贝塔(β)。研究发现,相比于连续贝塔(β),证券对于非连续贝塔(β)更为敏感。陈淼鑫、赖云清(2019)将此结果推断为投资者对于股票市场发生的非连续变动更加敏感。

"特质波动率之谜"是有关市场贝塔（β）的另一"异象"研究。资本资产定价（CAPM）模型，不仅阐释了证券收益与市场收益之间的关系，并且在该理论框架下，只有系统性风险才会得到收益补偿，而非系统性风险会因为投资组合分散化而予以抵消，因此理论上代表公司特质性波动与资产收益是无关的。但随后学者们逐渐从实证视角发现公司特征性波动与股票收益存在一定的关系（Ang et al.，2006；Barberis、Huang，2001；Chen、Petkova，2012；Lehmann，1990；Merton，1987）。由于早期未从个股层面对特质波动率予以探讨，因此这种关系在早期研究中以正向为主（Barberis、Huang，2001；Lehmann，1990；Merton，1987），近期在个股层面的研究中又呈现负向关系（Ang et al.，2006；Chen、Petkova，2012）。从直觉上，公司特质性风险即使被定价也应该与收益正相关，但近期个股层面的实证结果显然违背了这一思想，并且也很难从理论上得到很好的诠释。因此，有关公司特质性波动与收益之间的关系研究也被称为"特质波动率之谜"。尹玉刚等（2018）在假定市场上存在套利交易者、被动投资者以及噪音交易者的基础上，其中套利交易者通过 Markowitz（1952）的均值—方差模型进行投资决策，从而将公司的特质性风险理解为套利风险，从理论和实证上证实，由于套利非对称性（做多策略比做空策略易于执行）的存在，在高估资产中特质波动率与股票收益呈正向关系，而在低估资产中则呈负向关系，因此整体上表现为特质波动与收益的负向关系。李少育等（2021）一方面探讨了中国股票市场上"特质波动率之谜"的存在性问题，另一方面在此基础上通过加入市场摩擦变量，分析市场摩擦与"特质波动率之谜"的关系，实证发现二者都是重要的定价因子，并且市场摩擦会通过降低股票流动性从而增加特别波动率的负向定价效应。

其次，资产定价模型的随机贴现因子本身就具有不确定性的内涵。2008 年国际金融危机之后，各国经济、金融政策频繁变化，市场本身面临的不确定性随之增加。基于此，有关不确定性是否会影响证券收益，即不确定性是否是重要定价因子的研究成为了众多学者关注的热点。在经济政策不确定性研究方面，陈国进等（2017）在理论上基于家庭消费者视角将内生的消费习惯形成因素引入包含政策不确定性资产定价模型中，探讨了政策不确定性影响股票价格的传导机制。研究发现，政策不确定性不仅通过政府层面还会通过企业层面影响随机贴现因子和股票价格，因此其认为不确定性在国内是资产定价的重要因子。紧接着，陈国进等（2018）在 Pástor 和 Veronesi（2012）和 Pástor 和 Veronesi（2013）模型框架下，没有选择家庭视角而是基于政府和厂商的经济体将不确定性引入资产定价模型当中，得到了经济政策不确定性和股票风险特征的显性关系，并从实证视角检验了该模型的实际效果，发现经济政策不确定性可以通过企业现金流、贴现因子等途径影响股票的收益，而这种影响随着企业性质市场环境而表现出异质性。在货币政策不确定性研究方面，林建浩等（2021）借助向量自回归模型和随机波动率模型构建了中国货币政策不确定性因子,并检验了其在中国市场上的解释能力,发现货币政策不确定性是中国股票市场的重要定价因子。同样是有关货币政策的研究,朱小能、周磊(2018)聚焦于未预期的货币政策与股票收益的关系,借助媒体报道数据展开实证研究,发现未预期的货币政策是股票市场的负向定价因子,并进一步探讨了货币政策主要是通过影响公司未来超额收益进而影响证券收益。

最后,考虑到在实证应用中大多数宏观经济变量可能存在人为的操纵和数据迟滞性的问题,因此,如何有效测度宏观经济,捕捉其中的宏观定价因子是众多学者研究的热点,也是解释宏观变量与"异象"的难点之一。其中,原油市场是学者们研究宏观定价因子的重要发力点。朱小能、袁经发(2019)认为油价是影响宏观经济的重要因素,特别是近年来,原油市场的金融化程度不断加深,及时变化的油价不仅可以折射宏观经济变化情况,更可以对于资产进行有效的预测。朱小能、袁经发(2019)在通过移动平均法调整油价序列后,从其波动信息中识别出宏观经济因子,进而研究其对于"一带一路"35国资本市场股票的预测能力,发现油价作为定价因子取得了较好的样本内和样本外可预测性。

综上所述,2017—2022年,我国学者围绕宏观经济变量与资产定价的关系研究,在数理模型构建上实现了一定的突破,同时也有一定的文章紧跟时代步伐,不仅使用了机器学习的统计手段应用于大数据分析与处理,更重要的是从多个视角研究了时代背景下经济、金融不确定性政策对资产价格的影响。此外,通过高度金融化的油价市场捕捉宏观经济变量也为日后研究中国股票市场定价问题打开了思路。

(二)公司特征与股票资产定价研究

Eugene 和 French(1992)在 CAPM 市场因子基础上添加市值因子、账面市值比因子,不仅掀起了"低风险溢价异象"之谜的讨论,更重要的是将学界的关注点从宏观定价因子转移到公司特征定价因子中。近期 Fama 和 French(2015)在 Fama-French 三因子模型的基础上,进一步添加了盈利因子和投资因子,进一步构造了著名的 Fama-French 五因子模型。从公司特征层面捕捉定价因子,发现超额收益一直是学者们研究的热点。但由于不同市场,同一市场在不同时期的交易特征与宏观经济环境不同,学者们研究发现的因子在解释力以及因子数量等方面或多或少存在一定的差异。

首先,基于外国市场提出的定价因子是否适用于中国股票是值得探讨的话题之一。由于 Fama-French 五因子模型是基于美国股票市场提出的,其在中国股票市场是否具有同等的有效性值得商榷。李志冰等(2017)以1994年7月至2015年8月A股上市公司为样本,考察五因子模型在中国股市不同时期的应用。其研究发现相比于CAPM、三因子模型以及Carhart四因子模型而言,在中国市场上五因子模型有非常强的解释力,但在股份制改革前后五因子模型的解释能力存在差别。具体而言,在股改前市场因子具有非常强烈的定价能力,而其余五因子新增的盈利因子和投资因子反而显得"冗余"；但在股改后，这三个因子均表现出不凡的预测性。这在一定程度上佐证了Fama增添盈利因子和投资因子的时代性。其次胡熠、顾明（2018）从安全性、便宜性以及质量三维刻画了世界知名投资大师巴菲特的价值投资风格因子，从实证视角证明该投资因子在中国仍然具有较好的收益预测能力，并且即使在2015年中国股灾期间，巴菲特的价值投资风格因子仍然能获得正回报。其研究为我国价值投资提供了较好的学术支持。也有学者借助机械学习方式直接对已有因子进行筛选。李斌等（2019）基于1997年1月至2018年10月A股市场的96项异象因子，采用了12种机器学习算法，构建股票收益预测模型及投资组合，发现机器学习比传统线性算法有着更强的预测能力。

沿着Fama-French三因子、五因子的思路，继续从公司经营视角捕捉新的公司特征定价因子依然是经久不衰的话题。在这方面，尹力博、廖辉毅（2019）从盈利性方面进行一定的创新，提出"品质"定价因子的想法，选择了通过公司财务报表计算的盈利性、成长性、安全性、分红能力四个维度构建复合品质指标对资产价格予以预测，并在中国A股市场上发现了明显的品质溢价。谢谦等（2019）则基于上市公司2000—2017年的财务数据和股票交易数据，构建了公司综合盈利指标，发现上市公司综合盈利水平能够显著预测未来股票收益。在我国经济进入"新常态"的背景下，市场竞争已经是企业必须面临的重要战略问题。而竞争是否会影响股票收益，成为定价因子，则是学者们感兴趣之处。刘亚辉等（2021）基于公司年报数据，使用文本分析方式构造了公司产品竞争程度指标，进而探讨其对于股票收益的解释力，发现竞争因子是重要的正向定价因子。刘亚辉等（2021）进一步探讨了竞争风险所带来的基本面风险和不确定性风险是其在股票市场中被定义为高预期收益的主要原因。此外，劳动力也是近期研究的热点话题，尹力博等（2017）一文中将劳动力更换成本引入新古典投资模型，证明了如果劳动力成本较高时，劳动力雇佣率与预期收益之间的显著负向关系在依赖高技能工人的行业中表现会更为显著，进一步从实证上证明了劳动力异质性具有一定的定价能力。受其启发，尹力博、魏冬（2022）发现了劳动杠杆（由劳动力成本黏性特征导致的企业利润变化率大于产出变化率的经济现象，可理解为不考虑固定成本时经营杠杆的特殊表现形式）的负的定价效力。另外，也有少数学者从股权结构视角探讨了其与资产定价的关系。李青原等（2017）探究了最终控制人投资组合集中度对上市公司未来股票投资回报的影响，发现最终控制人集中度越高的公司其未来股票投资收益回报越高，并进一步通过渠道研究分析发现，最终控制人集中度有利于提升公司的价值，进而影响公司股票收益。最后，与上述学者主要从单只股票入手，试图寻找解释异象的新思路所不同，中国人民大学张然深耕多个公司关联度与股票收益的关系。科技关联度是张然发现的重要定价因子。其在 *Journal of Financial Economic* 的文章 "Technological Links and Predictable Returns" 基于美国股票市场发现存在科技关联度定价因子（Lee et al., 2019）。进一步，她将研究视角转向了中国市场。

段丙蕾等（2022）发现在我国股票市场上科技关联因子可以在短期内预测股票收益，但在周度以上长期的预测效果有限，其将此归因于我国存在众多博彩型散户投资者。

综上所述，公司特征一直是学者们捕捉异象解释收益的重要落脚点，这方面的研究已经构成了庞大的"因子动物园"（Cochrane，2011）。但正如前文提到的，定价因子的研究受限于市场与时期的选择，其有效性因时因地而异。近期国内学者基于我国国情出发，较好地研究与发现了适用于中国股票市场的公司特征因子，为以后的众多研究奠定了基础，并起到一定的启发性作用。但大多数文章在实证分析过程中，仍然使用基于美国数据提出的Fama-French三因子或五因子作为控制变量，这无疑缺少对控制变量因子适用性的讨论。Hou等（2020）在研究了美国股票市场上452个定价因子后，发现65%的因子并不能具有有效解释力，而Qiao（2019）在研究231个异象因子在中国股票市场上的适用性时，提出只有17.7%即41个因子是有效的。可见，如何选择适用性强的控制变量因子是未来一段时期中国学者研究资产定价问题时需要关注与解决的重要问题。

（三）投资者行为与股票资产定价研究

自20世纪70年代兴起的行为金融学打破了对于投资者理性的假设，为资产定价理性行为人假设下所不能解释的诸多现象提供了新的研究思路。由此而形成的基于行为金融学的资产定价研究成为经久不衰的研究话题，学者们基于投资者不同的行为特征，可以得出有效市场假设下所无法解释的结论。2017—2022年国内有关这方面的研究涌现了不少的文献，学者们从投资者的博彩心理、羊群行为、处置效应和买回效应、有限关注以及投资者情绪等多个视角研究了我国股票市场上投资者行为特征与资产定价的关系。

首先，博彩心理是指投资者持有彩票型股票的行为，而彩票型股票是源于心理学前景理论的概念，是指投资者会高估低概率事件发生的概率，特别是当面对收益率很大但实际发生概率很小的股票时，投资者由于高估其发生的概率而作出买入的决策，这种行为常常发生在投资经验相对不足的散户投资者当中。陆蓉等（2021a）基于彩票型股票的视角对以往对中国股票市场研究中动量效应不明显的现象加以探讨，发现当控制股票的博彩性质后，可以在中国的非彩票型股票中实现月度动量效应收益，陆蓉等（2021a）将此现象归因于中国股票市场卖空约束过强，导致股票高估后会持续相对更长的时间，进而对动量效应产生一定的影响，不利于股票市场长期健康发展。与之类似，朱红兵、张兵（2020）在研究中国股票市场上存在的MAX异象（当月的极端收益可以预测下一期的月度收益）时，发现投资者博彩心理是造成这种现象的主要原因。朱红兵、张兵（2020）进一步说明，由于投资者的博彩心理，短期涨势不错、频繁出现极端收益的股票更容易受到投资者关注与垂青，加上中国股市卖空限制的存在，使得MAX异象现象得以持续。

其次，基于投资者持股周期与交易风格的相关研究也是近期学者关注的问题。路晓蒙等

（2020）基于投资者的微观调查数据，发现平均持股周期短的投资者往往越难盈利，并将其归咎于持股周期短的投资者其投资组合不具备多元性，因此无法有效分散风险。中国投资者除持股周期较短外，处置效应和买回效应特征也较为明显。所谓处置效应，是指投资者会过早卖出盈利股票，而过久持有亏损股票的现象。买回效应是指投资者在决定是否买入之前曾经持有股票时，往往会愿意买入卖出后价格下跌的股票，而不愿意买入卖出后价格上涨的股票。李建标等（2019）通过实验数据证实了我国投资者存在上述两种现象。陆蓉等（2022）进一步基于中国股票市场投资者的实际大样本账户数据，发现个人投资者在90%的情况下持股不会超过20个交易日，并且从现实当中证实了我国投资者存在处置效应现象，而这种现象随着持股时间缩短而增强。

羊群行为是散户为主的资本市场的常见现象，它是指投资者在作投资决策时放弃自己的私人信息，依据其他投资者的行为来决定自己投资决策的现象。朱菲菲等（2019）系统研究了高频数据是否更有效测度羊群效应，以及羊群效应是否可以有效预测股票收益。其认为投资者的跟风买入卖出行为可以有效预测股票收益，因此在高频数据的基础上研究发现短期买入（卖出）的羊群行为与股票超额收益负相关，并且在之后存在明显的反转效应。在此基础上，李惠璇等（2019）根据羊群行为的产生原因以识别其是否为"伪"羊群行为，其中"伪"羊群行为是指投资者对于公共信息而做出的聚集性交易行为，而"真"羊群行为是在信息不确定情况下，拥有私人信息的投资者根据交易过程推断股票价值，进而选择最优策略，从而产生交易聚焦性。并且通过实证发现"伪"羊群行为一定程度上有利于资产价格发现的过程。

在投资者非理性决策视角下，投资者情绪是不容忽视的重要落脚点。De Long等（1990）从理论上将投资者情绪引入资产定价分析框架，表明非理性情绪会影响噪声交易行为，在投资者情绪过度乐观（悲观）的情况下，噪声交易会导致投资者对风险资产的需求过度（不足），进而对风险资产价格产生重要影响。为随后的众多研究垫底了基础。李双琦等（2021）在CCAPM研究框架下将投资者情绪与相对风险厌恶系数联系起来建立了考虑消费与投资者情绪的资产定价模型。并在中国股票市场上进行实证检验，发现在中国股票市场上，使用情绪和消费因子代替五因子模型中的规模和账面市值比因子，可以取得更好的定价效率。实证方面如何有效捕捉与识别情绪，进而构造情绪因子是该研究一大难点与热点。一般的做法是使用封闭式基金折价率、换手率、IPO首日收益率、IPO数量、投资者信心指数、市盈率六个指标进行主成分分析，从而构建情绪因子。基于此，王珏、陈永帅（2019）研究了投资者情绪与基金收益的关系，发现了二者明显的正向相关关系，并且分析认为这种影响主要是投资者情绪通过促进基金的隐形交易（基金并没有披露两次报告之间持仓调整行为的义务），因此基金披露的投资组合的业绩与基金实际业绩之间存在缺口，该缺口即为基金的隐形交易来实现。

随着大数据技术的发展，文本分析为投资者情绪研究提供了新的渠道。姜富伟等（2021a）从中国人民银行货币政策执行报告的文本情绪、文本相似度和文本可读性等多维文本信息，刻画了央行货币政策执行报告的文本特征。其研究发现，货币政策报告的文本情绪的改善会引起显著为正的股票市场价格反应，而报告文本相似度的增加会引起股票市场波动性的显著降低。更为突出的是，姜富伟等（2021c）在 Loughran 和 McDonald（2011）英文金融词典的基础上构建了更符合中国学术研究的中文金融情感词典，并将其应用到中文财经媒体情绪识别当中，发现对股票收益具有较好的预测能力。此外，同样是有关投资者情绪是否可以预测股票收益的研究，何诚颖等（2021）发现在中国两者短期呈现负向关系，国内投资者结构以及卖空限制是其分析的主要原因。投资者情绪与股票收益一定程度上存在时间上的不匹配，因此尹海员、吴兴颖（2019）通过高频数据研究了如何在时间维度上更紧密地联系两者。该文通过爬虫技术，抓取了上证指数股吧的实时发帖数据，并通过文本语义分析构建了投资者的日内高频情绪指标，从而探讨其与股票收益之间的关系。其研究发现，日内高频数据可以正向影响股票市场运行，虽然这种情绪因素独立于收益率自身的动量效应，但要比动量效应弱，并且投资者的噪音交易是该因素驱动收益率的主要原因。

理论上，与散户投资者相对的，机构投资者等专业人士被认为拥有更强的信息优势与分析能力。那么，事实是否真的如此呢？李科等（2019）基于基金共同持股和基金经理更换构造对冲组合，发现可以实现 0.1% 的日度超额收益，一定程度上证实了机构投资者的择时与择股能力。此外，证券分析师虽然不直接参与股票投资，但作为专业机构，在信息处理上相比于散户投资者具有一定的优势。但陆蓉等（2021b）基于中国股票市场广泛使用的 20 个异象因子，在检验分析师是否能够有效利用这些信息时发现，分析师的评级与异象相互矛盾。其进一步深入研究发现分析师的确可以有效利用公司基本面信息，但在市场交易信息处理上缺乏关注。

近期，中国学者就投资者行为与股票收益的研究为理性视角下资产定价理论无法解释的超额收益提供了新的思路。特别是考虑到中国作为新兴经济体，散户投资者众多，证券交易存在诸多非理性因素，这一研究更具现实意义。虽然学者们探讨的投资者行为有所不同，但从行为金融学视角探讨非理性因素对资产价格影响已经成为研究中国股票市场资产定价问题的共识。

（四）市场交易特征与股票资产定价

陆蓉等（2021b）将分析师不能有效利用异象信息归因于分析师对于市场交易信息关注度不足，而市场微观结构理论认为证券价格由证券真实价值和短期波动两部分组成，其中短期波动往往是由于交易所引起的，例如证券的需求方为了快速达成交易，需要给予流动性供给者一定的价格补偿，从而推动价格短期上涨。那么，是否能从市场交易特征当中捕捉证券的真实价值或者短期波动，从而实现一定的超额收益，这也是学者在资产定价领域热衷于研究的话题之一。

股票日度交易数据是该方向学者们关注的重点。郭彪等（2020）从卖空交易制度切入，使用股票融资融券的比例（余额/流通市值）以及回补天数（比率/日均换手率）预测股票收益率，取得了多因子模型和常规股票特征所不能解释的实证结果。高雅等（2019）从个股账户微观数据角度出发，发现投资者订单不平衡对未来股票收益具有预测性，并且对于不同类型投资者表现存在差异，具体而言，对于机构投资者（一般和专业）订单不平衡与当日股票收益呈正向相关关系，但对于个人投资者订单不平衡与当日股票收益呈负向相关关系。陈坚、张轶凡（2018）基于高频数据构造了中国股票市场的已实现偏度，检验其对于中国股票市场的预测能力，发现当前较低的已实现偏度可以显著预测下个月中国股票市场较高的超额收益率。同样是基于高频数据视角，陈国进等（2019）在宏观经济整体运行好坏的基础上从微观视角入手，关注金融市场上确定性的好坏之分，并计算出相对符合变差（RSV）加以识别。其研究发现相对符合变差（RSV）与股票收益之间呈现负相关关系，并且这种现象在经济景气程度低的状态下更为显著。而陈逢文等（2018）则采用双幂次变差非参数法验证了我国股市价格跳跃行为的存在情况，并且通过将总体已实现波动率分解为连续波动和跳跃波动的方法，验证了跳跃波动与股票收益之间的关系。

除股票本身外，与股票相关的衍生品交易也是学者们研究收益可预测性的重要工具。其中期权作为金融市场重要的风险对冲工作，其交易特征一定程度也包含了标的资产的相关信息。我国首支场内期权——上证50ETF期权于2015年上市。王琳玉等（2020）采用无模型的方法从上证50ETF期权价格中估计隐含高阶矩信息，以检验其对于上证50指数收益的预测性。其研究发现隐含高阶矩对于指数收益有一定的负向预测作用，并且该效应随时间而递减。

亦有部分学者从股票价格大小以及"指数效应"上对市场交易特征与资产定价关系进行了一定的探讨。首先，在理论上股票价格大小与股票收益是无关的，但现实中低价股相比于高价股可以在同等风险下获得更高收益，这一现象被称为"低价股溢价"效应。罗进辉等（2017）实证检验了中国的低价股溢价现象，并从行为金融学视角将其归因于投资者的名义价格幻觉以及中国散户为主的投资者结构。同时，罗进辉等（2017）认为我国证券市场上存在管理层借助"低价股溢价"效应实现市值管理目的的现象。其次，"指数效应"（Index Effect）是指当某个股入选指数成分股后其股价和交易量往往会在短期内出现大幅上升甚至中长期内维持稳步上升态势；而当个股从指数中被剔除则其股价和成交量会随之下跌。为验证中国市场存在该效应，陆蓉、谢晓飞（2020）基于我国沪深300指数与中证500指数的调出与调入证实了其存在性，并指出在以往的研究中之所以没有发现指数效应，主要在于交换股表现出调入效应，抵消了其他沪深 300 调出股的调出效应。

市场交易行为与股票资产定价的研究既具有资产定价研究中证券收益与价格关系内核，也兼具市场微观结构探讨价格形成过程的精髓。近期国内研究更多从高频数据入手，探讨交易特征、交易价格与股票收益之间的关系，这有助于理解价格相对于真实价值的偏离。但这方面的研究由于更关注交易本身而与实际宏观经济、金融背景联系较少，因此在政策建议与实际操作性上相对薄弱。

二 债券资产定价研究

理论上，债券的定价研究也符合 Cochrane（2009）归纳的定价核概念，需要从未来现金流和随机贴现因子两方面考虑。但相比于股票，债券作为一种固定收益证券，其在现金流支付维度比较固定，对此的研究往往是从债券违约风险视角加以探讨，而市场利率则是债券随机贴现因子的主要表征。

（一）债券违约风险的研究

债券违约风险主要是投资者与发行主体之间信息不对称所致。债券信用评级是针对于此的重要保护机制。目前，国内市场大多数证券均采用单一信用评级机构的"单一评级制"。2012 年，银行间债券市场重启信贷资产证券化后，明确需要至少双评级乃至多重信用评级制度，企业债券发行方开始主动选择多家信用评级机构进行信用评级。基于此，陈关亭等（2021）讨论了多重信用评级模式是否会对债券融资成本产生影响。其研究发现该模式有利于公司降低融资成本，并且该效应随多重信用评级结果的一致性提高而增强。黄小琳等（2017）则直接探讨了债券评级机构的评级行为，发现在债券违约后涉事评级机构并没有因此而收紧信用评级标准，反而高估信用评级水平。庆幸的是，市场投资者并没有被评级机构评级所蒙蔽，并对涉事评级机构做出了"用脚投票"式惩罚。其研究发现，涉事评级机构的市场份额相对于非涉事机构有着明显下降的趋势。

类似于债券评级机构，中债金融估值中心有限公司也是我国债券市场的信息中介。史永东等（2021）考察中债金融估值中心对债券做出的估值跳跃是否会对债券信用利差产生影响，并讨论了背后的作用机制。其研究发现中债估值跳跃能够显著提高债券信用利差，并且这种影响在信息不对称严重、流动性较差以及违约风险较高的债券中表现更为突出。

刚性兑付与隐形担保是研究债券违约风险的重要着力点。王叙果等（2019）在中央大力推行去杠杆政策背景下，研究了打破国企刚性兑付的债券市场的作用机制，发现国企债违约一方面在省内具有传染效应，会降低其他国企债的发行评级，另一方面会导致信用评级的债券定价效力减弱。与上述研究违约风险，进而对债券予以定价不同的是，纪志宏、曹媛媛（2017）发现我国信用债券市场普遍存在刚性兑付的预期，而债券的风险溢价更多体现了市场的流动性溢价而非违约风险溢价。

此外,信任等非正式制度一定程度上也会缓解信息不对称程度,从而对债券违约与定价产生一定的影响。杨国超、盘宇章(2019)利用我国不同省份信任度差异,探讨了信任对于债券定价的影响,结果发现,信任不仅直接而且间接地通过提升公司财务报告质量降低了公司所发行债券的信用利差。

最后,个别学者研究了宏观政策与债券定价的关系。自2013年以来,中国提出"一带一路"倡议,旨在打造一个延伸最广、规模最大的欧亚大陆经济合作平台。相关支持企业一方面因此得到了一定的政府补助资金和税收优惠,另一方面营商环境也随之改善,二者理论上可以改善企业现金流状况,从而影响企业债违约风险。徐思等(2022)借此契机,探讨了"一带一路"倡议支持企业与非支持企业发行债券在信用利差上的差异。其实证结果与理论分析相一致,"一带一路"倡议的确降低了支持企业发行债券信用利差。

(二)地方政府债务与隐形担保

我国1994年实行分税制改革后,提高中央政府收入占比,降低地方政府收入占比。但中央与地方政府的支出比例并未随收入比例的改变而调整,地方政府普遍面临沉重财政支出压力,一定程度上形成了"财权与事权不匹配"的客观现象。同年,《预算法》的出台,限制了地方政府通过自身信用发行政府债券的能力。为缓解地方财政压力,2008年,地方政府通过设立融资平台的形式发行债券从事市政建设,该融资方式逐渐在全国推行,但也为地方政府带来了大量的隐形债务。特别是2011年7月,云南城投债出现违约事件,城投债市场利率一路攀升至7%以上。地方政府债务监管与监管进一步被中央所重视。学者们针对地方政府隐形债务与城投债展开了一定量的研究。刘晓蕾等(2021)通过构建地方政府隐形债务负担率指标,发现其可以显著地正向影响城投债信用利差,并且这种影响随着宏观形式与政策发生改变。朱莹、王健(2018)在2014年我国城投债"自发自还"(地方政府可以在限额内自行发行债券,不需要由财政部代发,但仍然由财政部代办还本付息)试点政策的基础上,分析了市场约束对于地方政府债务风险的影响,发现这一试点政策有助于降低城投债风险溢价水平。

(三)杠杆率

杠杆率是学者研究债券定价问题的另一切入视角。理论上,债券作为一种偿还相对固定的投资产品,如果可以利用债券进行质押,那么乐观投资者会选择质押自己手中的债券以获取更多的资金从而扩大自己的投资规模直到达到质押上限,在这一过程中,不断地买入与质押过程会推动债券价格上升。对此,王永钦、徐鸿恂(2019)利用中国银行间债券市场和交易所债券市场对同类债券的不同质押率规定的自然实验,对质押率(杠杆率)与资产价格之间的因果关系进行了实证检验过程,发现杠杆率上市会促使资产价格上升,一定程度上为我国推行"去杠杆"政策提供了学术支持。

（四）交易活动

与股票定价研究中讨论交易活动引发的价格波动类似，也有少数学者分析了债券在二级市场的交易活动对于债券价格的影响。钟宁桦等（2018）考虑到债券市场上存在竞价交易和大宗交易两者交易模式，而由于交易门槛限制，散户投资者主要通过竞价交易参与债券买卖过程，进而探讨了散户投资者的交易行为对于债券价格的影响。钟宁桦等（2018）研究发现在竞价交易模式下投资者可能会因为片面追求收益率而忽视基本面，从而导致以散户投资为主的竞争模式下债券价格显著更高，并且高收益率债券的交易更为频繁，而我国资本市场普遍存在的套利限制，导致这一现象持续存在。

综上所述，2017—2022 年，有关债券市场定价的研究没有像股票市场定价研究一般丰硕。中国学者的研究仍主要聚焦于违约风险与债券定价的关系。在时代背景下，不少学者关注了国家去杠杆、打破刚性兑付、"一带一路"等宏观经济政策以及地方政府隐形债务与城投债等社会热点议题。从研究结果来看，我国债券市场的一系列改革从整体上呈现出向促进高质量发展迈进的趋势，债券信息不对称程度有所缓解，债券定价效率有明显提升。但完善投资者结构，改善债券信息中介的质量仍然任重而道远。

三 衍生品市场定价研究

与股票、债券等资产不同，衍生品资产需要一个确定的标的资产，其一定程度上反映了投资者对于标的资产未来收益的预测。因此，衍生品价格与标的资产价格具有密不可分的重要关系。相关理论上，最为著名的 Black 和 Scholes（1973）利用无套利原理和伊藤公示推导出的著名 B-S 期权定价公式。近期，我国学者对衍生品定价的研究主要集中在两个方面，一是关于商品期货市场的收益可预测性研究，二是基于金融衍生品的期现关系研究。

在商品期货市场收益可预测性方面，尹力博等（2018）使用移动价格平均、动量和移动交易量平均三类技术指标，研究与分析了其对于我国大宗商品期货价格的预测效果。发现基于技术指标对大宗商品期货市场进行预测无论在样本内还是样本外均强于基于宏观变量的预测能力。梁巨方、韩乾（2017）则在股票、债券的基础上，将商品期货指数纳入投资组合，探讨了商品期货在投资组合收益中的作用，发现将商品期货指数纳入投资组合可以降低尾部风险，从而获取多样化收益。

我国股指期货、期权交易等市场交易起步较晚，制度上存在诸多不成熟之处，例如，金融期货市场自 2010 年上市，但 2015 年后一直被社会诟病为中国股市大幅下跌的主要原因。目前，国内学者对于衍生品定价的讨论十分稀少，更多是聚焦于其与标的现货市场之间的关系，即研究衍生品市场的价格发现功能。张宗新、张秀秀（2019）探讨发现国债期货市场能够通过改善现货市场深度和套包交易从而降低金融周期的波动冲击。张劲帆等（2019）基于向量自回归模型和格兰杰因果检验，同时研究了国债现货、国债期货与利率互换三者之间的价格发现机制，发现国债期货与利率互换两种衍生工具在引导中国利率市场价格中发挥了重要作用。许荣、刘成立（2019）则针对2015年股指期货市场上推行的严格限制交易政策，探讨了政策前后期现货市场之间价格发现功能的变化，他们发现限制交易政策增加了股指期货市场的交易成本，反而削弱了期货市场对于现货市场的价格引导功能。

鉴于衍生品市场更多地体现的是价格发现与风险对冲功能，其在资金融通性上明显不如股票市场与债券市场，而且我国衍生品市场起步晚，相对不成熟，其较高的准入门槛导致相关资产交易量较小，因此相关研究不仅稀少，而且在定价问题的关注上也远不如股票和债券市场，特别是有关期权这一买卖双方权利义务不对等的金融衍生品，鲜有高质量期刊文章对此进行细致而系统的探讨。但随着我国资本市场体系不断完善，衍生品的重要性也会随之提高，而在这一过程中的制度完善与监管方面还需要一定的学术支持。

四 股票市场定价效率研究

定价效率是基于Fama（1970）有效市场理论衍生出的概念。在有效市场理论下，如果市场是完全有效的状态，那么股票价格应该包含公司的全部价值信息，而且股票未来的收益也无法基于已有的信息进行预测。因此如何衡量股票市场定价效率可以从两个视角切入。一是直接判断股票价格中包含公司价值信息的多寡，二是基于现有信息，分析股票未来收益是否可以预测。其中后者与第一节中有关捕捉定价因子与"异象"的研究具有一定的重合性，在这里主要介绍近期国内探讨股价中信息含量的相关文献。

（一）分析师与定价效率

分析师作为资本市场重要的信息中介，通过其信息挖掘与解读能力，研究与分析公司在经营、财务以及战略等方面的内容以形成分析报告的形式向市场传递公司的价值信息。因此，分析师是学者们研究股票市场定价效率的重要媒介。伊志宏等（2019）通过机器学习的方法从上市公司分析师报告中提取了公司特质信息，探讨了分析师报告与公司股价同步性之间的关系。其中，股价同步性是指个股股价波动与市场整体波动之间的关系。学术界将股价同步性作为衡量股票市场信息传递效率的重要指标，股价同步性越高的股票，价格中所包含的公司特质性信息越少，对该股定价效率也越低。其研究发现分析师个人能力可以显著提高报告中有关公司的特质信息，而特质信息含量更高的股票也会受到投资者关注，从而在交易过程中促使该公司股票包含更多公司特质信息，降低股价同步性提高定价效率。与伊志宏等（2019）思路不同的是，戴方贤、尹力博（2017）认为如果市场本身是有效的，那么分析师并不会起到任何促进股价中信息含量的作用，因此在有效市场下如果分析师对已作出的评级预测进行了修正，不应该包含任何有价值的信息，股票收益率也不会随之发生漂移。基于此，其以我国股指期货推出作为自然实验，探讨了事件前后分析师评级预测修正后收益率漂移的变化。王晓珂等（2020）则是将分析师作为影响定价效率的中介变量，通过文本分析技术手段探讨了上市公司应用衍生工具对于定价效率的影响效果。其研究发现企业运用衍生工具会提高分析师解读公司信息的难度导致分析师跟踪数量显著减少，公共信息精度下降，对股票定价效率产生负向影响，但其进一步分析发现，这种分析师数量的减少主要是由于非明星分析师造成的，明星分析师并没有因为解读报告难度的增加而减少对公司的跟踪，在此情况下，公司价值信息更好地向市场传递，对股票定价效率是有改善作用的。债券评级机构作为资本市场重要的基础设施，同样也是资本市场重要的信息中介。林晚发等（2020）系统地探讨了我国债券评级机构与分析师预测的关系，发现信用评级增加了分析师预测的公共信息，但没有减少分析师预测的私有信息，因此林晚发等（2020）认为债券评级机构有利于股票市场定价效率。

（二）融资融券制度与定价效率

融资融券制度作为一种兼具杠杆与卖空机制的交易制度，自2010年3月推出以来，打破了我国股票市场长期单边交易模式。有关研究与讨论一直是我国资本市场上经久不衰的话题，学者们对融资融券制度从信息披露治理（李志生等，2017；王攀娜、罗宏，2017）、股价波动（李锋森，2017；苏冬蔚、倪博，2018）、内幕交易（苏冬蔚、彭松林，2019）、公司创新（权小锋、尹洪英，2017）以及定价效率（顾琪、王策，2017）等方面展开了研究。其中，定价效率方面，理论上由于卖空交易制度可以完善资本市场价格形成机制，加速市场中有关公司负面信息融入股票价格当中，从而提高公司股票定价效率。顾琪、王策（2017）围绕这一假说从实证方面展开研究，发现在融资融券制度推出以前的卖空摩擦限制了市场参与者对公司特质信息的挖掘，造成投资者过度使用市场与行业信息进行交易，导致股票呈现较高的股价同步性。

（三）市场操纵与定价效率

与传统投资交易者不同，市场操纵者具备更强的信息优势与资金优势，他们可以利用自己手上的资源，操纵股票价格形成过程从而使得股票价格偏离其真实价值。孙广宇等（2021）使用日内高频数据，基于股票尾盘市交易相关指标异常变化特征，构建了尾市交易操纵识别模型，用以识别市场操纵现象，从而探讨市场操纵对股票定价效率的影响，为监管者打击内幕交易市场操纵行为提高了理论依据。

（四）资本市场开放与定价效率

2014年"沪港通"的启动从根本上改变了中国证券市场封闭的状况，在此制度下机构投资者与非机构投资者都可以匿名交易股票，有效规避当前的外汇交易管制政策。在此基础上，我国于2016年启动"深港通"，进一步提高了资本市场双向对外开放程度。根据Bae等（2012）的理论，外国投资者相比于本国投资者拥有更好的资源与专业知识，因此引入外国投资者可以促进股票价格中有关公司的价值信息，但Dvořák（2005）却认为，由于信息很难跨域地理、语言和文化的障碍，因此外国投资者是处于信息劣势的一方。基于此，钟覃琳、陆正飞（2018）结合中国实际探讨了资本市场开放对股票定价效率的影响。其研究发现，中国证券市场的信息披露制度和监管治理机制等方面要落后于西方发达国家，资本市场引入了更多知情交易者，促进公司特质信息纳入股票价格，从而提高了市场定价效率。连立帅等（2019）在分析资本市场开放与企业投资关系时也有类似的发现。

（五）一级市场定价效率研究

在大多数学者在关注二级市场定价效率的同时，也有学者围绕股票市场的IPO定价效率展开了一定的讨论。整体上来看，中国股票一级市场定价制度经历了"限价—竞价—限价"的螺旋演进过程（张劲帆等，2020）。但由于IPO定价不合理，2010年前后二级市场出现了较为明显的"炒新"现象，不少投资者在新股上市首日股价暴涨的刺激下，盲目跟风追高"炒新"，但结果往往损失惨重。对此，中国证监会，于2013年发布了《中国证监会关于进一步推进新股发行体制改革的意见》（证监会公告〔2013〕42号），建立以新股发行价为比较基准的上市首日停牌机制，试图对"炒新"行为进行约束。基于此，魏志华等（2019）针对2013年沪深交易所推出的新股上市首日申报价格限制不超过新股发行的144%政策为分界点，研究了政策前后对投资者"炒新"的影响，发现IPO首日限价政策助推了次新股炒作，并且长期来看，首日限价政策削弱了实际首日收益率与未来股票之间的负向关系，更为重要的是在IPO首日限价政策实施后，具有炒作概念的新股其炒作现象反而更严重。与之结果类似，宋顺林、唐斯圆（2019）同样研究了首日限价政策与"炒新"的关系，发现首日价格管制导致IPO溢价更高。与魏志华等（2019）不同的是，宋顺林、唐斯圆（2019）进一步从渠道机制上分析发现，上市前价值不确定性越高的公司，越需要通过上市首日的价值发现功能降低公司价值的不确定性，因此新股价值不确定性越大，首日价格管制对IPO溢价的影响越大。与此同时，宋顺林、唐斯圆（2019）发现IPO溢价很大程度上是由投资者的乐观情绪所导致的。与前两者研究首日限价制度不同，张劲帆等（2020）基于证监会2014年1月12日发布的《关于加强新股发行监管的措施》，研究了限价发行制度与价格泡沫的关系，从理论和实证视角，证实抑制股票一级市场发行价格会造成新股在二级市场价格短期内超涨，并且限价发行引起的过高二级市场定价最终导致股票长期回报率低下，而以上现象在创业板股票当中更为明显。相比于宋顺林、唐斯圆（2019），张光利等（2021）通过IPO发审委披露的审核意见数据，更直接地研究了IPO上市首日价格表现的影响渠道，发现审核意见数量能显著降低企业IPO溢价水平，但审核意见越多的企业，其未来风险水平越高。张光利等（2021）进一步分析认为审核意见包含了公司的信息价值，这与宋顺林、唐斯圆（2019）有关公司不确定性影响 IPO 溢价的推论相一致。方先明、张若璇（2020）系统分析了新股收益与长期市场表现两个维度，以探讨"赢者诅咒"的存在性、强化机制以及对于资本市场融资效率的影响。与前述研究主要基于沪深主板股票不同的是，赖黎等（2022）结合我国 2019 年科创板注册制改革，探讨了注册制上市制度对于一级市场定价效率的影响。其研究发现，在注册制下，科创板上市公司股票的实际首日收益率更低，连涨天数更少，证实了注册制有利于改善定价效率。同时他们发现，在注册制下，以往由于 IPO 定价不合理造成的"炒新"现象得到了明显抑制。

考虑到股票二级市场没有为企业提供直接的资金，但一方面二级市场上股票交易活动会影响企业融资成本，另一方面二级市场中股票价格偏离公司真实价值会影响公司管理层决策，特别是在股票下行压力下，会出现管理层为了维持股价放弃有价值的长期投资而选择短期回报较高项目的"短视行为"（Bond et al., 2012）。因此，研究股票市场定价效率相比于探讨如何在股票市场中获得超额收益更具现实意义。近期中国学者对于股票市场定价效率的研究，更多是站在市场监管与政策指定者视角，从分析师、融资融券制度、资本市场开放、市场操纵等角度切入，为我国资本市场改革与监管提供微观角度的实证证据。值得关注的是，随着我国资本市场改革进程加快，特别是 2019 年以来的科创板注册制改革、创业版交易制度改革以及北京证券交易所正式挂牌，一系列制度政策的推进是否有利于提高我国资本市场定价效率，目前仍缺乏系统而细致的学术研究。此外，2020 年新冠肺炎疫情暴发以后，全球经济不确定性显著增加，2022 年乌克兰危机不断升级也显示出地缘冲突不断。在此背景下，中国股票市场定价效率是否会受到一定的冲击也值得学者们深入探讨。

参考文献

陈逢文、金启航、胡宗斌，2018，《中国股市价格跳跃行为的验证及应用》，《财贸经济》第 9 期。

陈关亭、连立帅、朱松，2021，《多重信用评级与债券融资成本——来自中国债券市场的经验证据》，《金融研究》第 2 期。

陈国进、丁杰、赵向琴，2019，《"好"的不确定性、"坏"的不确定性与股票市场定价——基于中国股市高频数据分析》，《金融研究》第 7 期。

陈国进、张润泽、赵向琴，2017，《政策不确定性、消费行为与股票资产定价》，《世界经济》第 1 期。

陈国进、张润泽、赵向琴，2018，《经济政策不确定性与股票风险特征》，《管理科学学报》第

4 期。

陈坚、张轶凡，2018，《中国股票市场的已实现偏度与收益率预测》，《金融研究》第 9 期。

陈淼鑫、赖云清，2019，《连续贝塔、非连续贝塔与股票风险溢酬》，《统计研究》第 2 期。

戴方贤、尹力博，2017，《股指期货交易提升了股票市场有效性吗》，《财贸经济》第 8 期。

段丙蕾、汪荣飞、张然，2022，《南橘北枳：A 股市场的经济关联与股票回报》，《金融研究》第 2 期。

方先明、张若璇，2020，《新股收益、长期表现与股票市场质量：不败新股的长期弱势现象研究》，《中国工业经济》第 12 期。

高雅、熊熊、冯绪，2019，《投资者订单不平衡与股票收益：基于中国股票市场的证据》，《南开管理评论》第 1 期。

顾琪、王策，2017，《融资融券制度与市场定价效率——基于卖空摩擦的视角》，《统计研究》第 1 期。

郭彪、刘普阳、姜圆，2020，《卖空限制与收益可预测性——A 股融资融券制度的证据》，《金融研究》第 8 期。

何诚颖、陈锐、薛冰、何牧原，2021，《投资者情绪、有限套利与股价异象》，《经济研究》第 1 期。

胡熠、顾明，2018，《巴菲特的阿尔法：来自中国股票市场的实证研究》，《管理世界》第 8 期。

黄小琳、朱松、陈关亭，2017，《债券违约对涉事信用评级机构的影响——基于中国信用债市场违约事件的分析》，《金融研究》第 3 期。

纪志宏、曹媛媛，2017，《信用风险溢价还是市场流动性溢价：基于中国信用债定价的实证研究》，《金融研究》第 2 期。

姜富伟、胡逸驰、黄楠，2021a，《央行货币政策报告文本信息、宏观经济与股票市场》，《金融研究》第 6 期。

姜富伟、马甜、张宏伟，2021b，《高风险低收益——基于机器学习的动态 CAPM 模型解释》，《管理科学学报》第 1 期。

姜富伟、孟令超、唐国豪，2021c，《媒体文本情绪与股票回报预测》，《经济学（季刊）》第 4 期。

赖黎、蓝春丹、秦明春，2022，《市场化改革提升了定价效率吗？——来自注册制的证据》，《管理世界》第 4 期。

李斌、邵新月、李玥阳，2019，《机器学习驱动的基本面量化投资研究》，《中国工业经济》第 8 期。

李锋森，2017，《我国融资融券助涨助跌了吗？——基于波动非对称性视角》，《金融研究》第2期。

李惠璇、朱菲菲、唐涯、李宏泰，2019，《盈余公告、分析师推荐与伪羊群行为——基于高频数据的实证检验》，《经济学（季刊）》第3期。

李建标、牛晓飞、曹倩，2019，《处置效应和买回效应都是后悔导致的吗？——实验经济学的检验》，《经济学（季刊）》第4期。

李科、陆蓉、夏翊、胡凡，2019，《基金经理更换、股票联动与股票价格》，《金融研究》第1期。

李青原、黄威、王红建，2017，《最终控制人投资组合集中度、股票投资回报与对冲策略》，《金融研究》第8期。

李少育、张滕、尚玉皇、周宇，2021，《市场摩擦对特质风险溢价的影响效应——基于A股主板市场的实证分析》，《金融研究》第8期。

李双琦、陈其安、朱沙，2021，《考虑消费与投资者情绪的股票市场资产定价》，《管理科学学报》第4期。

李志冰、杨光艺、冯永昌、景亮，2017，《Fama-French五因子模型在中国股票市场的实证检验》，《金融研究》第6期。

李志生、李好、马伟力、林秉旋，2017，《融资融券交易的信息治理效应》，《经济研究》第11期。

连立帅、朱松、陈超，2019，《资本市场开放与股价对企业投资的引导作用：基于沪港通交易制度的经验证据》，《中国工业经济》第3期。

梁巨方、韩乾，2017，《商品期货可以提供潜在组合多样化收益吗？》，《金融研究》第8期。

林建浩、陈良源、田磊，2021，《货币政策不确定性是中国股票市场的定价因子吗？》，《经济学（季刊）》第4期。

林晚发、赵仲匡、刘颖斐、宋敏，2020，《债券市场的评级信息能改善股票市场信息环境吗？——来自分析师预测的证据》，《金融研究》第4期。

刘晓蕾、吕元稹、余凡，2021，《地方政府隐性债务与城投债定价》，《金融研究》第12期。

刘亚辉、牟爽、尹玉刚，2021，《产品市场竞争风险被定价了吗？——来自中国A股市场的证据与解释》，《经济学（季刊）》第6期。

陆蓉、陈实、李金龙，2021a，《彩票型股票与动量效应》，《经济学动态》第7期。

陆蓉、李金龙、陈实，2022，《中国投资者的股票出售行为画像——处置效应研究新进展》，《管理世界》第3期。

陆蓉、谢晓飞，2020，《凤尾变鸡头：被忽视的指数成分股交换》，《金融研究》第6期。

陆蓉、张斌、李琛，2021b，《分析师能有效利用资本市场异象吗》，《财贸经济》第 5 期。

路晓蒙、张勇、潘黎，2020，《持股周期与股票盈利：来自中国 A 股市场的证据》，《统计研究》第 4 期。

罗进辉、向元高、金思静，2017，《中国资本市场低价股的溢价之谜》，《金融研究》第 1 期。

权小锋、尹洪英，2017，《中国式卖空机制与公司创新——基于融资融券分步扩容的自然实验》，《管理世界》第 1 期。

史永东、郑世杰、袁绍锋，2021，《中债估值识别了债券信用风险吗？——基于跳跃视角的实证分析》，《金融研究》第 7 期。

宋顺林、唐斯圆，2019，《首日价格管制与新股投机：抑制还是助长？》，《管理世界》第 1 期。

苏冬蔚、倪博，2018，《转融券制度、卖空约束与股价变动》，《经济研究》第 3 期。

苏冬蔚、彭松林，2019，《卖空者与内幕交易——来自中国证券市场的证据》，《金融研究》第 9 期。

孙广宇、李志辉、杜阳、王近，2021，《市场操纵降低了中国股票市场的信息效率吗——来自沪市 A 股高频交易数据的经验证据》，《金融研究》第 9 期。

王珏、陈永帅，2019，《投资者情绪能够影响基金的超额获利能力吗》，《财贸经济》第 2 期。

王琳玉、倪中新、郭婧，2020，《上证 50ETF 隐含高阶矩风险对股票收益的预测研究》，《统计研究》第 12 期。

王攀娜、罗宏，2017，《放松卖空管制对分析师预测行为的影响——来自中国准自然实验的证据》，《金融研究》第 11 期。

王晓珂、于李胜、王艳艳，2020，《衍生工具应用能改善资本市场信息环境吗？——基于分析师预测行为的视角》，《金融研究》第 7 期。

王叙果、沈红波、钟霖佳，2019，《政府隐性担保、债券违约与国企信用债利差》，《财贸经济》第 12 期。

王永钦、徐鸿恂，2019，《杠杆率如何影响资产价格？——来自中国债券市场自然实验的证据》，《金融研究》第 2 期。

魏志华、曾爱民、吴育辉、李常青，2019，《IPO 首日限价政策能否抑制投资者"炒新"？》，《管理世界》第 1 期。

谢谦、唐国豪、罗倩琳，2019，《上市公司综合盈利水平与股票收益》，《金融研究》第 3 期。

徐思、潘昕彤、林晚发，2022，《"一带一路"倡议与公司债信用利差》，《金融研究》第 2 期。

许荣、刘成立，2019，《限制交易政策如何影响期现关系？——对股指期货价格发现功能的实证检验》，《金融研究》第 2 期。

杨国超、盘宇章，2019，《信任被定价了吗？——来自债券市场的证据》，《金融研究》第1期。

伊志宏、杨圣之、陈钦源，2019，《分析师能降低股价同步性吗——基于研究报告文本分析的实证研究》，《中国工业经济》第1期。

尹海员、吴兴颖，2019，《投资者高频情绪对股票日内收益率的预测作用》，《中国工业经济》第8期。

尹力博、廖辉毅，2019，《中国A股市场存在品质溢价吗？》，《金融研究》第10期。

尹力博、魏冬，2022，《劳动杠杆的定价效力：来自中国A股市场的证据》，《金融研究》第2期。

尹力博、杨清元、韩立岩，2018，《技术指标能够预测商品期货价格吗？来自中国的证据》，《管理科学学报》第6期。

尹玉刚、谭滨、陈威，2018，《套利非对称性、误定价与股票特质波动》，《经济学（季刊）》第3期。

张光利、薛慧丽、高皓，2021，《企业IPO价值审核与股票市场表现》，《经济研究》第10期。

张劲帆、李丹丹、杜涣程，2020，《IPO限价发行与新股二级市场价格泡沫——论股票市场"弹簧效应"》，《金融研究》第1期。

张劲帆、汤莹玮、刚健华、樊林立，2019，《中国利率市场的价格发现——对国债现货、期货以及利率互换市场的研究》，《金融研究》第1期。

张宗新、张秀秀，2019，《引入国债期货合约能否发挥现货市场稳定效应？——基于中国金融周期的研究视角》，《金融研究》第6期。

钟宁桦、唐逸舟、王姝晶、沈吉，2018，《散户投资者如何影响债券价格？——基于交易所同一只信用债的价格差分析》，《金融研究》第1期。

钟覃琳、陆正飞，2018，《资本市场开放能提高股价信息含量吗？——基于"沪港通"效应的实证检验》，《管理世界》第1期。

朱菲菲、李惠璇、徐建国、李宏泰，2019，《短期羊群行为的影响因素与价格效应——基于高频数据的实证检验》，《金融研究》第7期。

朱红兵、张兵，2020，《价值性投资还是博彩性投机？——中国A股市场的MAX异象研究》，《金融研究》第2期。

朱小能、袁经发，2019，《去伪存真：油价趋势与股票市场——来自"一带一路"35国的经验证据》，《金融研究》第9期。

朱小能、周磊，2018，《未预期货币政策与股票市场——基于媒体数据的实证研究》，《金融研究》第1期。

朱莹、王健，2018，《市场约束能够降低地方债风险溢价吗？——来自城投债市场的证据》，《金融研究》第 6 期。

Ang, A., R. J. Hodrick, Y. Xing, X. Zhang, 2006, "The Cross-section of Volatility and Expected Returns," *Journal of Finance*, Vol. 61, No. 1.

Bae, K-H, A. Ozoguz, H. Tan, T. S. Wirjanto, 2012, "Do Foreigners Facilitate Information Transmission in Emerging Markets?" *Journal of Financial Economics*, Vol. 105, No. 1.

Barberis, N., M. Huang, 2001, "Mental Accounting, Loss Aversion, and Individual Stock Returns", *Journal of finance*, Vol. 56, No. 4.

Black, F., M. S. Scholes, 1973, "The Pricing of Options and Corporate Liabilities," *Journal of Political Economy*, Vol. 81, No. 3.

Bollerslev, T., S. Z. Li, V. Todorov, 2016, "Roughing Up Beta: Continuous Versus Discontinuous Betas and the Cross Section of Expected Stock Returns," *Journal of Financial Economics*, Vol. 120, No. 3.

Bond, P., A. Edmans, I. Goldstein, 2012, "The Real Effects of Financial Markets," *Annual Review of Financial Economics*, Vol. 4, No. 1.

Chen, Z., R. Petkova, 2012, "Does Idiosyncratic Volatility Proxy for Risk Exposure?" *Review of Financial Studies*, Vol. 25, No. 9.

Cochrane, J. H., 2009, *Asset Pricing: Revised Edition* Princeton university press.

——, 2011, "Presidential Address: Discount Rates," *Journal of Finance*, Vol. 66, No. 4.

De Long, J. B., A. Shleifer, L. H. Summers, R. J. Waldmann, 1990, "Noise Trader Risk in Financial Markets," *Journal of Political Economy*, Vol. 98, No. 4.

Dvořák, T., 2005, "Do Domestic Investors Have an Information Advantage? Evidence from Indonesia," *Journal of Finance*, Vol. 60, No. 2.

Eugene, F., K. French, 1992, "The Cross-section of Expected Stock Returns," *Journal of Finance*, Vol. 47, No. 2.

Fama, E. F., 1970, "Efficient Capital Markets: a Review of Theory and Empirical Work," *Journal of Finance*, Vol. 25, No. 2.

Fama, E. F., K. R. French, 2015, "A Five-factor Asset Pricing Model," *Journal of Financial Economics*, Vol. 116, No. 1.

Ferson, W. E., A. F. Siegel, 2009, "Testing Portfolio Efficiency with Conditioning Information," *Review of Financial Studies*, Vol. 22, No. 7.

Hou, K., C. Xue, L. Zhang, 2020, "Replicating Anomalies," *Review of Financial Studies*, Vol.

33, No. 5.

Lee, C. M., S. T. Sun, R. Wang, R. Zhang, 2019, "Technological Links and Predictable Returns," *Journal of Financial Economics*, Vol. 132, No. 3.

Lehmann, B. N., 1990, "Residual Risk Revisited," *Journal of Econometrics*, Vol. 45, No. 1-2.

Loughran, T., B. McDonald, 2011, "When is a Liability Not a Liability? Textual Analysis, Dictionaries, and 10-Ks," *Journal of Finance*, Vol. 66, No. 1.

Markowitz, H. M., 1952, "Portfolio Selection," *Journal of finance*, Vol. 7, No. 1.

Merton, R. C., 1987, "A Simple Model of Capital Market Equilibrium with Incomplete Information," *Journal of Finance*, Vol. 42, No. 3.

Pástor, L., P. Veronesi, 2012, "Uncertainty About Government Policy and Stock Prices," *The Journal of finance*, Vol. 67, No. 4.

Pástor, Ľ., P. Veronesi, 2013, "Political Uncertainty and Risk Premia," *Journal of Financial Economics*, Vol. 110, No. 3.

Qiao, F., 2019, "Replicating Anomalies in China", Available at SSRN 3263990.

Sharpe, W. F., 1964, "Capital Asset Prices: A Theory of Market Equilibrium under Conditions of Risk", *Journal of Finance*, Vol. 19, No. 3.

金融科技

尹振涛 汪 勇[*]

近年来，我国数字经济的蓬勃发展为金融创新发展构筑广阔舞台，数字技术的快速演进为金融数字化转型注入充沛活力，金融科技逐步迈入高质量发展的新阶段。2022年中国人民银行发布的《金融科技发展规划（2022—2025年）》指出，金融科技作为技术驱动的金融创新，是深化金融供给侧结构性改革、增强金融服务实体经济能力的重要引擎。与此同时，我国金融科技发展面临诸多挑战，发展不平衡不充分的问题不容忽视，如数字鸿沟日益凸显、区域间金融发展不平衡依然存在、部分大型互联网平台向金融领域无序扩张造成竞争失衡、金融科技领域关键核心技术亟须突破等等。因此，要稳妥发展金融科技，强化创新审慎监管，加快健全适应数字经济发展的现代金融体系。

本文旨在对2017年以来国内学者金融科技领域研究文献和官方政策进行梳理和总结，观察我国在金融科技研究领域的前沿动态，以期为后续相关研究提供有价值的基本线索。全文一共分为七个部分，包括金融科技概述、金融科技与普惠金融、金融科技与银行业变革、金融科技与经济发展、金融科技与宏观经济政策、金融科技与金融监管，以及总结与展望。

一 金融科技概述

（一）概念界定

谢平、邹传伟（2012）首次提出"互联网金融模式"概念。2015年中国人民银行等国家十部委发布的《关于促进互联网金融健康发展的指导意见》将"互联网金融"界定为传统金融机构与互联网企业利用互联网技术和信息通信技术实现资金融通、支付、投资和信息中介服务的新型金融业务模式。数字金融泛指传统金融机构与互联网公司利用数字技术实现融资、支付、投资和其他新型金融业务模式（黄益平、黄卓，2018）。金融稳定理事会（FSB）定义"金融科技"为通过技术手段推动金融创新，形成对金融市场、金融机构和金融服务产生重大影响的业务模式、技术运用以及流程和产品。中国人民银行发布的《金融科技（FinTech）发展规划（2019—2021年）》认为，金融科技是技术驱动的金融创新，旨在运用现代科技成果

---

[*] 尹振涛，中国社会科学院金融研究所，研究员；汪勇，中国社会科学院金融研究所，副研究员。

改造或创新金融产品、经营模式、业务流程等，推动金融发展提质增效。

在概念辨析上，王国刚、张扬（2015）认为"互联网金融"存在明显局限性。就技术演进上看，伴随着技术进步，互联网技术之外的其他数字技术正不断应用于金融领域，由此来看互联网金融只是一个时代的阶段性名词，从互联网金融过渡到数字金融或金融科技是一种必然趋势（李广子，2020），互联网金融的用语将逐渐被"数字金融"和"金融科技"替代。作为互联网金融的延伸，"数字金融"和"金融科技"[①]运用人工智能、云计算、大数据、区块链等数字技术，以增强支付清算、资源配置、风险管理等金融功能的扩展性和互操作性（夏蜀，2019）。

总体来看，金融稳定理事会（FSB）对金融科技概念的界定已基本符合学术界共识。综合现有研究，金融科技的基本内涵即通过技术手段推动金融领域运营流程、业务模式、产品服务等全方位的创新，从而拓展金融活动的广度和深度，深化金融功能。

（二）功能定位

中国数字金融业的快速发展主要得益于三个重要因素：传统金融服务的供给短缺、监管环境的相对包容以及信息技术特别是智能手机、大数据和云计算等快速发展（黄益平、陶坤玉，2019）。数字金融可以通过场景、数据和结合金融创新产品来补足传统金融服务的短板，充分发挥"成本低、速度快、覆盖广"的优势，降低金融服务门槛和服务成本，在实现资源优化配置、降低成本、减少信息不对称方面起到了显著的促进作用（黄益平、黄卓，2018）。金融科技的广泛运用极大地降低了金融服务成本，提高了金融服务效率，推动了金融服务场景化，降低了金融市场的进入门槛，改变了金融业务模式与组织形态，拓展了金融服务核心要素的范围，深刻地改变了金融市场格局，而金融的核心功能、金融运行的基础机制、金融监管的最终目标并没有因金融科技的介入而发生改变（胡滨、任喜萍，2021）。

由此可见，金融科技本质上仍是金融，由颠覆性技术驱动的金融创新缓解了传统金融领域存在的信息不对称问题，降低了交易成本，但并未改变金融的基本功能、运行机理以及相应的监管要求。

（三）发展历程

陈荣达等（2020）将中国互联网金融的发展划分为四个阶段。第一阶段是中国互联网金融硬件革新（1997—2005）。该阶段互联网与金融的结合主要体现为传统金融机构通过革新互联网所需的硬件设施。第二阶段是中国互联网金融技术革新（2006—2012）。该阶段真正利用新兴的互联网技术，使互联网与金融的结合深入中国传统的金融业务领域。第三阶段是中国互联网金融模式革新（2013—2016）。该阶段互联网与金融的结合体现为更加金融化、

---

① 本文对"数字金融"与"金融科技"不作明显区分，会在后文中交替使用这两个概念。

结构化的结构性理财产品大规模出现。第四阶段是中国互联网金融监管革新（2017年至今）。2017年2月22日中国银监会办公厅印发《网络借贷资金存管业务指引》，同年6月28日央行等国家十七部门联合印发《关于进一步做好互联网金融风险专项整治清理整顿工作的通知》，以及监管验收等落地的实质性监管条例出台，真正标志着互联网金融在中国市场进入监管革新阶段。

中国数字金融的起始点可以从2004年支付宝账户体系上线算起，但业界通常将2013年余额宝开张视为中国数字金融发展的元年。中国数字金融起步于公益性小额信贷，后来扩展为支付、信贷等多业务的综合金融服务，并由于网络和移动通信等的广泛应用而得到长足发展。

从世界历史来看，一些学者将金融科技的发展划分为三个阶段（Arner et al., 2015; Thakor, 2020）。第一阶段是金融科技1.0阶段（1866—1967）。该阶段以跨大西洋海底电报电缆的架设为标志，开启了金融领域信息交易的变革。第二阶段是金融科技2.0阶段（1967—2008）。以电子支付系统、SWIFT、ATM设备、网上银行等为代表，该阶段金融服务从模拟领域转向数字领域。第三阶段是金融科技3.0阶段（2008年以来）。2008年国际金融危机之后，大量新型科技公司开始直接向客户提供金融服务，尤其是零售金融领域（李广子，2020）。值得注意的是，这段时期以中国为代表的新兴市场国家出现了大量面向应用领域的金融科技产品、业务、模式等创新（如支付宝），在金融发展整体落后、金融服务供给总体不足的局面下，提供更便捷、更普惠的金融服务。

由此来看，最早由谢平、邹传伟（2012）提出的互联网金融概念，其发展阶段具有鲜明的中国特征，经历了"兴起—快速扩张—野蛮生长—严格监管"等多个阶段。数字金融在中国的发展起步较晚，但呈现出快速发展的势头，扩展至多个金融业务领域，并具有支持普惠金融发展的优势。金融科技是国内外普遍使用的概念，更突出技术属性，其发展跨越时间很长。中国在前两个阶段仅仅扮演了后来的追随者角色，真正实现与欧美国家并跑甚至领先的是在第三个阶段。在2008年以来的这个阶段，中国在金融科技企业发展、金融科技创新应用等方面均走在世界各国的前列。

二 金融科技与普惠金融

长期以来，我国的以银行信贷为主导的金融体系，难以满足中小经济主体（如家庭、小微企业等）多方面、多层次的资金需求。2005年联合国在"国际小额信贷年"首次提出了"普惠金融"的概念，随后这一理念在全球范围内广泛传播。普惠金融旨在从金融角度提升社会福利、促进经济实现包容性发展。世界银行、国际货币基金组织、普惠金融联盟以及全球普惠金融合作组织等国际机构均在全球范围内大力推广普惠金融实践。根据世界银行的定义，普惠金融是能够使社会所有阶层和群体广泛、无障碍地享受金融服务的一种金融体系。我国《推进普惠金融发展规划（2016—2020年）》结合国内金融发展实际，界定"普惠金融"为立足机会平等要求和商业可持续原则，以可负担的成本为有金融服务需求的社会各阶层和群体提供适当、有效的金融服务。

（一）数字普惠金融相关指数的构建

郭峰等（2020）利用中国蚂蚁集团的微观数据，编制了2011—2018年覆盖我国31个省、337个地级以上城市和约2800个县域的"北京大学数字普惠金融指数"。该指数从覆盖广度、使用深度和数字化程度三个一级维度测度了中国数字普惠金融的发展水平。研究发现，2011—2018年中国数字普惠金融实现了跨越式发展，且数字金融使用深度的增长日益成为数字普惠金融指数增长的重要驱动力；中国数字普惠金融的发展表现出很强的地区收敛性，不同地区数字普惠金融发展差距总体上大幅缩小，数字普惠金融为经济落后地区实现普惠金融赶超提供了可能；中西部地区在数字金融覆盖广度上与东部沿海地区差距大幅缩小，但在数字金融使用深度上则仍存在明显差距。

李建军等（2020）提出了一套新的普惠金融指标体系，包含广泛的包容性、特定化配比程度和商业可持续性三个维度的13项内容，共20个明细指标。基于该指标体系，他们实际测算了2009—2016年我国31个省、市、自治区的普惠金融发展指数，发现传统金融发展与广泛的包容性存在一定的正相关关系，但商业可持续性与特定化配比程度则与传统金融发展并不存在显著的相关性。该指数相比北大数字普惠金融指数更能完整反映我国普惠金融的发展图景，但其存在的一个重大缺陷在于指数层级过高，仅限于省际层面。

冯兴元等（2021）利用网商银行在全国1884个县的业务数据和这些县域的社会经济统计数据，从数字普惠金融服务广度、深度与质量三大维度出发，建构了中国县域数字普惠金融发展指数评价体系，测度了2017—2019年这些县域的各级指标得分。研究发现，2017—2019年中国各大地区和各省份的县域数字普惠金融发展水平总体提升较大，但各地之间存在明显差异；服务广度和服务深度提升较大，服务质量提升相对不足；数字贷款和数字授信发展最为迅速，数字支付次之，数字理财和数字保险发展相对迟缓。相比北大数字普惠金融指数，该指数对县域普惠金融的刻画更为丰富、全面，但缺陷是时间跨度过短，仅有三年时间。

总体上看，目前我国关于数字普惠金融的测度以北京大学数字普惠金融指数影响最大，该指数具有时间跨度长、覆盖地域广、指标维度丰富等优势，在普惠金融的相关研究中应用最为广泛。但是，该指数也存在较为明显的缺陷，比如其基础数据仅来自一家国内大型数字金融机构（蚂蚁集团），难以充分反映我国数字普惠金融的发展全貌。因此，部分学者尝试采用其他数据源来构建普惠金融指数。不过，这些指数也存在自身的不足，如覆盖区域层级过高（仅处在省级层面）、时间跨度短等，限制了其在国内研究中的应用。

(二) 数字普惠金融的发展成效

普惠金融旨在为社会所有群体提供合理、便捷和安全的金融服务，农民、城镇低收入人群、老年人和小微企业是当前中国普惠金融的重点服务对象。

从国际比较上看，中国普惠金融发展领先于大部分金砖国家，但和欧美发达国家相比仍存在较大差距（尹志超等，2019）。具体而言，在需求侧，中国普惠金融发展较好的两个领域一是社会医疗保险和养老保险，二是传统银行账户服务和数字金融服务，而家庭正规信贷市场参与度明显不足。在供给侧，社区层面的金融基础设施覆盖大致处于中等水平，农户、贫困家庭、低收入家庭、年老家庭尤其是夹心层家庭，享受到的普惠金融水平明显较低，金融服务可及性仍有较大提升空间。收入水平低是阻碍我国居民获取正规金融服务的主要障碍。齐红倩、李志创（2019）发现，数字金融发展提高了青年、女性群体的金融服务可得性，但由于金融意识保守、对数字金融服务接受度低、数字鸿沟等因素，老年群体获取的数字金融服务偏低。提高受教育程度和就业水平能显著提高我国居民获取数字金融服务的可得性，但这种提升作用相比世界平均水平仍较低。从数字普惠金融与民间金融的关系上看，数字普惠金融的发展会对我国传统私人借贷形成一定的替代（吴雨等，2020）。传统金融存在很多服务空白的领域和地区，特别是在偏远的农村地区，普惠金融事业仍任重道远。近几年蓬勃发展的数字金融被寄予了厚望，各界期望其可以填补偏远农村地区传统金融服务的空白领域。在农村地区，传统的线下社会网络有助于缓解信息不对称和契约执行难题，而互联网的嵌入使用能让该机制在更大范围内以更低成本实现（罗兴等，2018）。在经验研究层面，农户是否使用数字金融与其对传统金融的使用密切相关。郭峰、王瑶佩（2020）发现，农户使用传统金融的频率越高，使用数字金融服务的可能性就越大。据此，研究认为数字金融的普惠性还没有达到人们预期的程度，仅依靠推广数字金融恐难实现金融普惠。与之类似，星焱（2021）认为，农村数字普惠金融的使用对数字基础设施、金融生态和客体认知禀赋等提出了更高要求。当这些要求未被满足时，城乡之间的"数字鸿沟""生态鸿沟""教育鸿沟"等现象就会凸显，引致农村数字普惠金融发展的地域分化、服务深度不足、数字金融排斥、潜在金融风险升高等新问题。

小微企业融资难题一直备受各界关注，存在典型的"麦克米伦缺口"[①]。解决"麦克米伦缺口"问题主要围绕着提供政策支持和创新融资方式两方面展开，而后者包括发展非正规金融、发展关系型融资、发展融资租赁模式，以及完善风险投资市场等。周光友等（2020）认为，金融科技发展通过创造新的金融工具、弥补信息缺口和扩大金融服务范围等方式为小微

---

① "麦克米伦缺口"是指小微企业发展过程中普遍存在的资金缺口，即小微企业无法按照自身能提供的条件获得所需要的融资（Stamp，1931）。

企业融资提供了新的渠道。同时，金融科技有助于促进银行小微企业的信贷供给（盛天翔、范从来，2020）。

新冠肺炎疫情冲击对劳动密集型小微企业经营的不利影响要明显大于对非劳动密集型小微企业。董晓林等（2021）研究发现，在疫情期间金融科技发展带来的无接触式业务模式优势凸显，可以缓解小微企业受到的负面冲击，帮助小微企业提高经营绩效，维持经营活力，但是，相比于城市小微企业，金融科技发展尚未表现出对县域及农村地区小微企业经营情况的显著积极作用。

综上来看，金融科技的发展显著提升了我国普惠金融的发展水平，促使更多传统金融难以覆盖的长尾人群和小微企业获得了金融服务。但是，由于数字金融基础设施不完善、数字鸿沟、金融素养偏低、数据孤岛、征信体系不健全等因素的存在，我国普惠金融总体发展水平相比发达国家存在明显差距，未来仍有较大提升空间。同时，我国在发展数字普惠金融的同时，也要注重潜在的金融风险，而这方面的研究明显缺乏。

（三）金融科技与社会民生

消除贫困、增进民生福祉是普惠金融的发展目标。作为衡量脱贫攻坚质量的前瞻性指标，贫困脆弱性的基本含义是家庭未来陷入贫困的概率，能在一定程度上准确反映脱贫质量和减贫效果。

关于数字金融的减贫效应，现有研究得出的结论并不一致。一些研究认为数字金融的发展有效缓解了家庭贫困和脆弱性。尹志超、张栋浩（2020）利用2015年家庭金融调查数据，发现金融普惠能够显著降低家庭发生贫困和脆弱性的概率，且对农村及城镇低收入者等弱势群体的影响更大。通过机制分析，研究发现金融普惠主要是通过促进创业和提高风险管理能力来发挥作用。张海洋、韩晓（2021）发现，数字金融可以通过优化家庭内部的资产配置、提高金融素养和强化社会信任来规划和平衡家庭的多样化投资理财，增强风险识别能力，从而在面临意外冲击时能缓释风险冲击，平滑危机时的经济损失，防止陷入贫困。刘魏等（2021）利用CFPS数据，发现数字普惠金融有效降低了相对贫困的发生率，但对城乡居民、不同年龄人群的影响存在显著差异。以劳动力流动为视角，马述忠、胡增玺（2022）发现城市数字金融的发展会通过提供更多就业机会和提高预期收入，吸引劳动力的流入，帮助改善农村居民的贫困状况。

与此不同，另一些研究认为数字金融提高了贫困发生的概率，扩大了不同群体之间的相对贫困。何宗樾等（2020）利用CFPS数据，发现数字金融发展提高了贫困发生的概率，加深了多维贫困的程度。其内在原因在于，数字金融发展给能够接触到互联网的居民带来便利以及机会，挤占了未能接触到互联网的居民原先所可能获得的资源，这种数字鸿沟使得位于贫困线附近和贫困线以下的居民由于数字金融的发展而愈加贫困。王修华、赵亚雄（2020）

基于中国劳动力动态调查数据，研究发现贫困户可借助数字金融平滑生存型消费和积累发展型要素，但效果并不显著，而非贫困户在有效利用数字金融功能防范风险、平滑消费、积累要素的同时，还能提升休闲娱乐，数字金融发展的马太效应明显。朱一鸣、王伟（2017）研究发现，尽管普惠金融有利于农村居民增收，但是由于贫困地区和贫困人口经济机会的缺乏，普惠金融对贫困县农村居民的减贫增收作用要明显小于非贫困县。胡联等（2021）发现，由于低收入家庭缺乏数字工具，难以通过数字普惠金融带来的购买理财产品便捷性获得更多的收入增长，导致现阶段数字普惠金融发展加剧了城镇和农村的相对贫困。

此外，金融科技发展还有助于提升家庭幸福感、提高居民社会保障水平和抑制一些非法金融活动。尹振涛等（2021）发现，金融科技发展通过提高农民收入、为农民创业提供支持以及缩小城乡差距，显著提高了农村家庭幸福感。汪亚楠等（2020）发现，数字普惠金融能够显著提升社会保障水平，其中对医疗保险的促进效应大于养老保险和失业保险。李晓等（2021）发现数字金融发展通过降低市场交易成本、增加商业保险服务可得性以及提高家庭金融知识水平和社会互动水平，促进了家庭商业保险参与，尤其是对年轻、教育水平较高、金融知识较高和社会保障水平较低的群体保险参与行为的影响更大。梁平汉、江鸿泽（2020）发现金融可得性的提高能够有效抑制网络传销的发展。其内在机制在于，金融可得性通过加剧市场竞争优化了投资收益，降低了投资者参与网络传销的可能性。

综上，国内学者围绕金融科技对社会减贫的作用及其内在机理做了大量的研究，但目前尚未形成一致结论，这主要与学者对贫困的度量方式、采用的数据集不同等因素有关。值得注意的是，尽管部分学者注意到了金融科技对居民幸福感、社保、违法金融活动等领域的作用，但是社会民生涉及公民政策参与、宗教信仰、教育、医疗、住房等诸多方面，针对这些领域的研究仍极为匮乏。

三　金融科技与银行业变革

（一）金融科技与银行经营

近年来，数字技术与金融业务不断融合，在催生新兴金融业态、提高金融服务效率的同时，也深刻影响着中国的金融机构和金融市场体系。

一方面，金融科技推动金融转型升级，提升金融服务实体经济的能力。徐晓萍等（2021）发现，金融科技的运用有利于提高银行处理软信息的能力，提升信息精度，将更多金融弱势群体纳入业务范围，扩大银行总体信贷规模，促进信贷的信用结构和客户结构调整。与全国性银行相比，对外合作模式下的金融科技应用对区域性银行信贷结构调整的影响更加显著。金融弱势群体的高风险溢价提升了银行的盈利效率，并推动了银行零售业务的进一步主动扩张。

在以间接融资为主的中国金融体系中，商业银行发挥着重要作用，而流动性创造[①]体现了其服务实体经济的能力。在理论层面，金融科技的发展会从银行资产端和银行负债端影响银行流动性创造。在资产端，金融科技带来的大数据风控等技术显著提高了银行对客户的筛选能力，促使银行不断更新贷款技术，下沉目标客户群体，促进贷款增长，优化信贷结构，从而提升银行流动性创造。在负债端，金融科技公司拥有技术、信息和获客等优势，会对银行存款等负债形成一定的挤压，导致银行资金成本上升，进而抑制银行流动性创造。在经验层面，金融科技的发展虽提高了银行负债成本，但总体上提升了银行流动性创造。邱晗等（2018），郭品、沈悦（2019）等研究表明，金融科技实质上推动了一种变相的利率市场化，经由恶化银行存款结构和抬高付息成本，显著提高了银行风险承担，导致银行负债日益依赖同业拆借等批发性资金。金融科技通过影响银行风险承担，在抑制银行表外流动性创造的同时促进了其表内流动性创造，并在总体上显著促进了银行流动性创造（何运信等，2021）。不过，金融科技对不同地区、不同性质银行的流动性创造存在差异性影响（盛天翔等，2022）。

另一方面，金融科技会增强银行间的竞争程度，影响银行业市场结构。金融科技通过影响银行业竞争，有助于推动外生式金融发展模式向内生式金融发展模式转变，缓解银行信贷资源错配、中小金融机构"使命漂移"等"市场失灵"问题，提高银行业金融服务的覆盖率、可得性以及满意度。孟娜娜等（2020）发现，金融科技通过空间地理效应和产业竞争效应（"市场挤出"和"技术溢出"）影响我国地区银行业的市场竞争。由于金融科技发展产生的冲击，不同类型银行会选择差异化的价值链布局战略（谢治春等，2018）。具体而言，大型银行倾向于选择全价值链战略布局，构建以自身为主要提供者的金融生态系统。中型商业银行选择与其他金融机构合作，共同构建金融生态系统。小型商业银行会选择专注于某一类细分市场或专注于价值链的某部分环节，前者为客户提供数字化金融服务，而后者会成为其他类型银行的重要服务提供商。例如，金洪飞等（2020）实证发现金融科技的运用降低了银企之间的信息不对称程度，缩小了大银行与中小银行在获取软信息方面的能力差距，从而增加了大银行对小微企业的贷款。在此过程中，大银行因其资金成本上的优势，抢占了中小银行的一些优质低风险客户，对中小银行产生了挤出效应。

综上，国内学者关于金融科技对银行经营影响，尤其是在银行流动性创造和银行业市场竞争的问题上，进行了较为充分的研究。不过，目前研究主要从中短期内考察金融科技对商业银行经营的影响，而对其长期影响却探讨不足。

（二）金融科技与银行数字化转型

数字技术的发展促使银行服务中小企业的方式发生颠覆性的改变，银行不再局限于用人

[①] 流动性创造是指商业银行将流动负债转换为非流动资产，为实体经济提供流动性的过程。

工、线下的劳动密集型方式服务中小企业,还可利用大数据和人工智能,以技术密集型的方式在线服务中小企业。这不仅催生了互联网银行,也使得传统银行面临数字化转型抉择。

在数字化时代,行业之间的界限越来越模糊,传统的战略理论如核心竞争力理论等开始受到挑战。克莱顿·克里斯坦森(2014)提出颠覆式创新理念,强调商业银行必须进行战略转型以适应金融科技引起的外部环境的颠覆式变化。具体而言,商业银行可借助大数据、人工智能、云计算等数字技术,对自身传统的业务产品、服务方式和组织架构进行数字化创新。王诗卉、谢绚丽(2021)基于157家商业银行2010—2018年数据,研究发现数字金融发展通过"经济压力"和"社会压力"方式,促进了银行的管理和产品数字化创新。然而,由于银行传统的资源与能力、业务逻辑和运营模式往往难以直接与数字金融业态的模式相匹配,银行的数字化创新并非易事,各银行在数字化创新方面的行动也并不相同。Cheng 和 Qu(2020)通过网络搜索和关键词词频分析的方式刻画了我国银行运用金融科技的水平,发现国有银行数字化转型速度明显快于其他类型银行。

张一林等(2021)通过理论研究发现,不同类型银行的禀赋条件差异很大,这就决定了其数字化转型方向的不同。具体而言,互联网银行与大型银行在数据获取、规模经济方面具有比较优势,可研发人工智能技术以扩大对富有数字足迹中小企业的贷款;地区性中小银行的比较优势是以线下人工方式审核软信息,可继续为数字足迹缺乏的中小企业开展金融服务。但是,随着我国数字经济的快速发展,中小企业的数字足迹将日趋丰富,采用传统线下金融服务模式的中小银行将逐步失去优势,而互联网银行和深度数字化的大银行的优势会快速上升。

实践上,金融科技的运用能够改善商业银行的风控能力,但大型银行和中小银行在改善程度上会有明显差异。从金融科技基础能力的构建方式来看,凭借资本、规模和人才资源等方面的优势,以国有银行和全国性股份制银行为代表的大型银行通常会选择自建金融科技子公司,或与国内互联网巨头开展合作;而大多数中小银行缺乏海量数据支持和复合型人才,自建金融科技平台的成本较高,包括城商行、农商行、村镇银行在内的大多数中小银行则选择与外部金融科技公司合作或结成金融科技联盟,例如"中小银行互联网金融(深圳)联盟"(IFAB)就是其中的典型代表。

此外,运用金融科技有助于解决银行开展普惠金融业务面临的成本与收益难以兼顾的问题。谢诺青等(2021)研究发现,金融科技运用水平对银行盈利能力呈现"U"型影响。李建军、姜世超(2021)基于某大型商业银行县域层面数据,发现与网点扩张型传统普惠金融模式相比,银行金融科技除了能够扩大金融服务的包容性,还能提高商业银行的盈利性和成长性,实现普惠金融的商业可持续性。

综合来看,国内学者围绕银行数字化转型开展了一定的研究,但从研究角度和研究结论的丰富度来看仍存在明显不足,一个很大的困难点是如何测算银行数字化转型程度。现有研究主要是以年报或搜索引擎中的相关关键词词频的统计来度量,这种刻画方式存在银行过度夸大转型进展、词库覆盖不完整等问题,难以对银行数字化转型程度进行全面准确度量。

四 金融科技与经济发展

(一)金融科技与经济增长

包容性增长是 2016 年杭州 G20 峰会的主题之一,将在一定程度上影响全球经济发展走向。从根本上说,包容性增长既关注效率,也关注公平,二者都是发展经济学的核心,这与我国共同富裕的发展目标具有内在一致性。

现有研究一致表明,金融科技发展促进了地区经济增长,尤其是包容性增长。钱海章等(2020)基于 2011—2018 年 31 个省份数据,以 2016 年 9 月央行推出的《G20 数字普惠金融高级原则》为准自然实验,研究发现数字金融发展促进了经济增长,其内在机制主要是数字金融发展促进了技术创新和地区创业。张勋等(2019)评估了数字金融的发展对包容性增长的影响。研究发现,数字金融的发展提升了家庭收入,且农村低收入群体受益更多,因此数字金融发展有利于推进中国的包容性增长。内在机制分析表明,数字金融的发展更加有助于农村居民而非城镇居民创业。从地域上看,李建军等(2020)运用 2009—2016 年省级数据,发现数字金融发展会提高东部地区的人均收入,并缩小西部地区的城乡收入差距。张勋等(2021)实证发现,数字金融有助于抑制数字鸿沟扩大及其负面影响。其内在原因在于,对于无法接触到互联网的农村家庭而言,数字金融主要通过促进农业向非农业的就业结构转型,带来工资性收入和农业经营性收入的提升。

(二)金融科技与居民消费

金融科技的快速发展推动了居民消费方式的巨大变革。金融科技与居民生产生活高度融合、深度渗透,极大降低了消费者的购物成本,改善了消费体验,并创造了一系列新的消费需求,从而对居民消费产生了重要的影响。

已有研究基本上证实数字金融发展能促进城镇居民消费,但对农村居民消费的影响尚未达成共识。易行健、周利(2018)基于各地级市层面的数字普惠金融发展指数和中国家庭追踪调查(CFPS)数据,实证发现数字金融的发展显著促进了居民消费,且这一促进效应在农村地区、中西部地区以及中低收入阶层家庭更为明显。对传导机制的检验表明,数字金融发展主要通过缓解流动性约束、便利居民支付两种机制促进了居民消费。傅秋子、黄益平(2018)使用北京大学数字普惠金融指数和家庭金融调查(CHFS)数据,发现数字金融发展减少了农村生产性正规信贷需求,但增加了农村消费性正规信贷需求。与此不同,张勋等(2020)结合北京大学数字普惠金融指数和 CFPS 数据,发现数字金融的发展主要通过提升支付便利性，而非放松流动性约束，显著提高居民消费。但是，研究发现数字金融的发展无助于促进农村居民消费。对此，文章认为城乡分割，例如农村市场的消费品种类和质量均不如城镇地区、农村消费品市场缺乏竞争导致相同商品价格高于城镇地区，使得数字金融发展无法提升农村居民消费水平，反而造成农村居民储蓄被迫提升。何宗樾、宋旭光（2020）基于同样的数据，发现数字金融通过提升支付便利性和降低家庭面临的不确定性，在短期内促进了城市居民消费，特别是与食品、衣着等生活相关的基础型消费。同样，研究发现数字金融发展对农村居民消费的影响不显著。

（三）金融科技与企业投资

企业投资是经济增长的重要因素，投资水平在很大程度上决定了企业生存与发展潜力。从现有研究上看，国内学者对金融科技与企业投资的相关研究较少。同时，从研究视角上看，已有研究主要从资产的配置角度来考察金融科技对企业投资的影响。张晓玫等（2021）首次使用我国各个省份发布的有关普惠金融政策的文件数目来构建普惠金融政策指标，利用我国新三板2007—2017年的企业数据，发现在地方政府推行普惠金融政策后，中小企业减少了安全金融资产的配置，提高了风险金融资产的配置，对企业正常投资形成挤出，扭曲了普惠金融政策。

商业信用二次配置是以企业为信用中介，将银行信贷等资金通过商业信用的渠道为供应链的上下游中小企业提供融资支持。此种信贷资源配置模式延长了资金供给链，加剧供应链系统性风险，不利于企业扩大投资。钟凯等（2022）实证发现，数字金融可通过降低超额银行信贷来抑制商业信用二次配置，有效减少了企业利用商业信用将长期借款资金进行二次配置的行为，提升了企业资本投入。

综合来看，现有关于金融科技对企业投资，尤其是对小微企业融资、投资的影响研究明显不足，一个重要原因在于有关小微企业投融资的大样本数据难以获取。此外，目前国内学者缺乏研究金融科技对企业投资类型及投资绩效的影响。不过，随着我国企业微观调查数据的逐渐丰富和数字经济的深入发展，未来有关金融科技与企业投资相关的研究有望快速增加。

（四）金融科技与企业创新、居民创业

企业技术创新具有投入周期长、资金量大、过程不可逆与产出高度不确定的特征，容易受到高调整成本和高融资成本的"双高"影响，其持续性需要稳定、充足的金融资源作为保障。作为传统金融通过科技赋能方式形成的新产物，金融科技对微观企业技术创新有着重大影响。

金融科技的发展有助于提升企业技术创新水平。一方面，依托于云计算、大数据和区块链等数字技术，金融科技能够有效降低资金供求双方的信息不对称，通过事前筛选有价值项目、事后进行动态监督，有效减少交易成本和提高资金使用效率。同时，金融科技也简化了

借贷审批程序，扩大了金融服务范围和对象，从而为企业创新活动提供资金支持。另一方面，金融科技的发展有助于有效引导社会资金流向，重塑产业发展方向，推动产业结构优化、升级，为技术创新机会的转移和优化配置创造良好条件。唐松等（2020）基于2011—2017年沪深两市A股上市公司数据和北大数字普惠金融指数，发现数字金融的发展能够有效校正传统金融中存在的"属性错配"、"领域错配"和"阶段错配"，促进企业技术创新。同时，在数字金融禀赋较差的地区，数字金融展现出更强的企业技术创新驱动效果。在区域层面，聂秀华等（2021）运用2011—2018年省际面板数据，研究发现数字金融通过缓解企业融资约束和促进地区产业结构优化、升级等方式提升了区域技术创新水平。潘爽等（2021）发现数字金融显著提升了城市创新水平，尤其是对中小城市的作用更显著，不仅能够帮助其缓解外部虹吸效应，还能激发其内部冒险精神。不过，上述研究采用的北京大学数字普惠金融指数存在的问题在于，该指数是基于支付宝用户（大多为个人）数据开发的，难以反映金融机构和一般企业的情况。

以网络搜索的词条量来构建指标，成为近年来经济学研究的一大趋势。李春涛等（2020）通过"地区+金融科技"关键词百度新闻高级检索，构建了地区金融科技发展水平指标，基于2011—2016年新三板上市公司数据，实证发现金融科技发展通过缓解企业融资约束和提高税收返还的创新效应，显著提高了企业专利申请数量。但是，采用百度新闻检索的方法构建金融科技发展水平指标，存在词库构建偏差、新闻重复转发以及新闻多为规划愿景等问题，测量误差较大。

不同于以往研究对金融科技指标的度量，宋敏等（2021）采用金融科技公司数量构建地区金融科技发展水平指标，选取2011—2018年中国沪深A股上市公司数据，考察了地区金融科技发展对企业全要素生产率的影响。研究发现，金融科技发展通过降低金融机构与企业之间的信息不对称，在数量上缓解企业的融资约束，在质量上提高部门之间的信贷配置效率，提高企业全要素生产率。同时，这种效应在小型民营企业、缺乏竞争的行业以及市场化进程缓慢的地区更为明显。但是，以金融科技企业数量度量地区金融科技发展水平的缺陷在于，该指标仅展示金融科技发展的一个方面，难以反映金融科技发展的全貌，例如未能衡量金融科技企业的质量，导致指标的测量仍存在较大误差。

除了影响企业技术创新之外，金融科技还能通过多种方式促进居民创业。谢绚丽等（2018）研究发现，数字金融的发展显著促进了居民创业，尤其是对于城镇化率较低的省份、注册资本较少的微型企业有更强的激励作用。李建军、李俊成（2020）基于CHFS数据，发现数字普惠金融的发展通过提升居民金融素养而非缓解家庭资金约束，增进居民创业。何婧、李庆梅（2019）使用2017年中国农业大学开展的农村普惠金融调查数据，发现数字金融使用不仅缓解了农户的信贷约束，增加了农户的信息可得性，还通过特有的社会信任强化机制提升了农户的社会信任感，最终促进农户创业。综上来看，目前关于金融科技与企业创新关系的研究面临如何准确度量金融科技发展的重大挑战，导致相关研究结论的可信度受到较多质疑。相对而言，数字金融指数与居民创业的匹配适宜度较好，因而相关研究面临的质疑与挑战较少。但是，现有关于金融科技对居民创业影响的研究仍十分不足，例如金融科技如何影响创业绩效及其内在机理的研究少有人关注。

五　金融科技与宏观经济政策

（一）金融科技与数字货币

近年来，围绕私人数字货币和法定数字货币等相关领域，国内学者进行了大量研究，产出了丰硕的研究成果。

私人数字货币与金融科技的快速发展，正倒逼各国央行加快法定数字货币的研发进程。由于缺乏强有效的政府信用基础、可扩展性差、价值不稳定、使用范围窄、不能满足大容量与高速率的交易，私人数字货币尚难以履行货币的基本职能。姚前（2018）基于布坎南的公共选择理论，研究发现私人数字货币不符合货币一致同意规则，因而难以成为真正货币。与之类似，王信、骆雄武（2020）认为，货币发行从分散到集中、从民间到官方是一个大趋势。Libra等稳定币虽具有一定潜力在支付领域获得广泛应用，但难以动摇主权货币的地位。同时，加密货币匿名、去中心化、全球化的交易特征导致其交易活动容易被用于洗钱等违法活动。封思贤、丁佳（2019）采用事件研究法，研究了美国、中国、韩国和日本出台反洗钱政策公告对数字加密货币价格和交易量的影响。研究发现，反洗钱公告的实施促使非法投资资金大量撤出数字加密货币市场，导致数字加密货币价格明显下降，交易量显著上涨。

作为主权货币的数字化，法定数字货币是央行发行的加密货币，具有不可伪造性、不可重复交易性与不可抵赖性。理论上，法定数字货币可至少通过两个渠道影响宏观经济。其一，法定数字货币能够降低交易成本，提升资金交易的便捷性；其二，法定数字货币通过减少信息不对称，在降低信贷风险的同时，能够引导资金流动方向。谢星等（2020）的理论分析表明，若法定数字或只取代现金M0（流通中现金），则其会降低居民实际货币余额，但不明显影响宏观经济。姚前（2019）构建了一个包含央行数字货币的DSGE模型，将CBDC视为一种生息的货币资产，发现推行央行数字货币在长期内会提高经济产出，可在宏观经济调控上发挥作用。

一些研究认为，法定数字货币可能会影响货币政策有效性、平台企业数据垄断风险和商业银行经营绩效。戚聿东、褚席（2019）认为，我国法定数字货币能够提高传统货币政策的有效性，弥补传统法定货币的支付功能缺陷，使负利率成为一种新的货币政策工具。封思贤、杨靖（2021）构建了消费者和平台企业的博弈模型，研究发现数字人民币能够提高用户支付效用，增强消费者使用意愿，并通过不断分流平台企业数据降低数据垄断风险。周边等（2021）认为，法定数字货币发行后，M0比重的提高会对商业银行经营绩效产生一定负面影响，但金融基础设施的数字化程度的提高、商业银行多元化经营有利于缓解数字货币发行对商业银行的不利影响。

封思贤、杨靖（2020）在梳理各国央行数字货币的特征之后，发现现有法定数字货币多以区块链技术为基础，并主要采用双层运营体系。在使用上，批发型设计便于提高运行效率与金融稳定，而零售型设计在应用场景推广方面具有显著优势。研究建议，中央银行需要充分综合考虑维护金融稳定、促进金融创新、契合技术演进路径等多个因素，且将保持币值稳定放在首位，逐步发行法定数字货币和促进其社会流通。

由于数字货币的币值稳定、信用载体和供给非中心化三者之间"不可能三角"的存在，未来的国家和国际层面数字货币的供给形式一定具有中心化属性。冯永琦、刘韧（2020）认为，国家层面的法定数字货币比私人数字货币更具信用竞争优势，更容易解决"可信用"货币的问题，将在未来数字货币体系中占据主导地位。与之类似，王信、骆雄武（2020）认为，数字时代的国际货币竞争仍是主权货币的竞争，但会增加数字货币的新维度。其一，借助锚定本币的稳定币来推动主权货币的使用，加强本币的竞争优势。其二，各国发行基于互联网和加密数字技术的央行数字货币，使得法定货币增加了数字形态。此时，大科技公司凭借庞大的基础设施、技术积累、客户规模、场景应用等优势，有望在主权货币竞争中发挥巨大助推作用。

综上，国内学者对数字货币作了富有意义的探讨，但由于我国法定数字货币目前仅在部分地区开展试点，有关法定数字货币的经济效应目前主要集中于理论上的探讨，而缺乏经验层面的研究。因此，围绕法定数字货币对宏观经济、金融稳定等方面的影响，以及如何平衡法定数字货币在防范恐怖融资、洗钱风险与保护用户数据隐私之间的关系，未来仍有很大研究空间。

（二）金融科技与货币政策

国内围绕金融科技对货币政策传导有效性影响的研究仍较少。金融科技的发展改变了家庭储蓄和企业融资的经济环境。理论上，货币政策银行信贷渠道的重要性与金融市场摩擦程度成正比。金融科技可以通过有效降低贷款人的信息收集成本、促进金融产品和金融工具的创新，降低金融市场的摩擦程度，从而弱化货币政策银行信贷渠道的传导有效性。通过构建一个包含企业、家庭和银行的一般均衡模型和实证检验，战明华等（2018）发现互联网金融主要通过降低金融市场的摩擦弱化货币政策银行信贷渠道。不过，该研究仅考察了互联网金融对银行信贷渠道的影响，而未分析对货币政策的总体影响以及对不同传导渠道的相对影响。

金融科技的发展会对货币政策传导有效性产生两种相反的效应。一方面，金融科技的发展使得金融市场更完善，促使经济主体对货币政策冲击更为敏感，从而增强货币政策传导有效性。另一方面，金融市场的完善为企业和家庭等部门平滑货币政策冲击提供了更好的条件，因而货币政策有效性会被弱化。战明华等（2020）通过构建拓展的IS-LM-CC模型和实证分析，发现数字金融发展总体提高了货币政策的效果，其内在机理主要是数字金融对利率渠道的放大效应要强于对信贷渠道的弱化效应。宋清华等（2021）实证发现，金融科技增强了贷款规模和贷款利率对市场利率的敏感性，提升了价格型货币政策传导有效性，但削弱了法定存款准备金率、公开市场操作等数量型货币政策工具调节货币供应量的作用。

大量的网络借贷平台起初是线下民间借贷模式的"线上化"，但运营、定价模式仍然参照线下民间借贷。随着监管治理的推进和网络借贷的规范发展，两类民间借贷呈现出一定的市场分割特征，网络借贷已不仅是线下民间借贷模式的"线上化"，而是具有独立金融组织结构和信息收集模式的新型民间借贷组织。王博等（2019）通过"人人贷"的微观借贷数据，发现市场利率会对个体借贷成本起到显著的引导作用，同时高融资成本的借款者对市场利率的变动更为敏感。Huang等（2021）使用一家P2P网络借贷平台的贷款申请数据，考察了货币政策对非银行金融机构风险承担的影响。研究发现，货币政策宽松会促使非银行金融机构向具有更高风险的借款人贷款，从而提升非银行金融机构的风险承担。其内在原因是，非银行金融机构是为了寻求更高收益，而非出于融资流动性的考量。

金融科技除了影响货币政策之外，还可支持其他宏观经济政策的实施。数字消费券是中国结合经济社会发展现实，依托数字经济及移动支付优势，为"疫后"经济重建进行的创新探索，其补贴资金大多来自地方政府。汪勇等（2022）以绍兴与支付宝平台合作发放的消费券为例，通过使用消费者、商户的大样本数据，发现数字消费券显著提高了餐饮、零售商户营业额、交易量，且这种影响具有一定持续性，从而有效提升了财政资金纾困企业经营的作用。

综合来看，国内学者关于金融科技与货币政策传导有效性的研究还处于起步阶段，大多研究是从金融科技公司或平台的视角，考察金融科技的发展对货币政策有效性的影响，而缺乏银行运用金融科技如何影响货币政策传导效率的相关研究，该领域存在很大的研究空间。同时，金融科技对财政政策、宏观审慎政策、收入政策、产业政策等其他类型政策经济社会效应的影响的研究更为匮乏。

六　金融科技与金融监管

（一）金融科技与风险管理

金融科技在提升金融交易效率、降低交易成本、加快信息传播速度的同时，也使金融产品供给、金融服务模式以及金融机构的风险管理发生了深刻变化。

金融科技拓展了传统的风险评估手段，可以借助现代科技手段实现更为全面的信用评估，提高金融机构的信用风险管理能力。金融市场的发展日益依赖于数据，数据分析对于金融服务和金融机构而言愈益重要，借助完善的数据集和有效的数据分析，金融科技企业可以更好地针对实际风险做出信用评级，以更低的客户人均成本提供"个性化"的金融服务。例如，廖理等（2020）以借款人与联系人通话数量识别社会资本，发现社会资本会通过机会成本渠道降低贷款违约。同时，那些充分掌握借款人相关数据的公司，具备评价信用风险的能力并可将金融服务拓展至更多的主体（杨东，2018）。

中小企业"融资难"的原因很多，归纳起来主要是两个方面的问题，一是获客难，二是风控难。中小企业大多规模小、数量大、地理位置分散，这样就增加了银行的获客成本。近十年来，数字金融尤其是大型科技公司信贷（简称大科技信贷）的发展，有望真正解决中小企业特别是小微企业"融资难"问题。大科技信贷的革命性突破，主要是基于其新的信用风险管理框架，这个框架依靠两大数字技术工具：一是大科技生态系统；二是大数据风控模型。大科技生态系统的突出优点是可以覆盖从获客、贷款申请、风险评估、监测到还款管理整个流程中的绝大部分活动，这就为降低信息不对称、控制逆向选择和道德风险问题提供了有效途径与手段。大科技生态系统中留下的海量的数字足迹，聚集起来构成了大数据，这些大数据一方面可以用于实时监测，帮助平台快速调整业务策略，另一方面则可以支持大数据风控模型。黄益平、邱晗（2021）利用中国某家头部金融科技公司、网商银行和传统银行数据的实证分析表明，与传统风控模型相比，大数据风控模型具有突出的信息优势和模型优势，能够更加准确地预测违约。同时，大科技信贷的信贷决策不再依赖资产价格，有助于减弱金融加速器机制。

综上，得益于我国金融科技的快速发展，金融科技企业积累了大量用户信息，从而为金融科技对风险管理影响的研究提供了丰富的数据。例如，蚂蚁集团研究院以开放平台的形式为高校、研究机构提供了关于小微信贷、居民消费信贷、财富投资、蚂蚁森林等丰富的生态场景数据，使得国内学者深入研究大科技金融平台、互联网银行的风险管理行为成为可能。但是，单一平台机构的微观个体金融数据难以完整反映所服务个体的金融行为，原因在于其可能在其他平台上也申请了类似的金融服务，例如用户可能在支付宝、微信财付通、360金融等平台上也申请了消费信贷，导致单独考虑该用户在支付宝上的消费信贷行为不能充分体现其还款能力及贷款违约风险，从而影响到相应研究结论的可信度。

（二）金融科技与监管科技

金融科技使资金的提供者与需求者之间的连接费用大幅下降，在实现高效率低成本的同时，金融风险隐蔽性、突发性、传染性和负外部性等特征依然存在。同时，金融、技术和网络风险更易产生叠加与聚合效应，使风险传递得更快、波及面更广，且在技术性风险、操作性风险与系统性风险等层面更加突出。金融科技运用会引发新的问题,给金融消费者保护带来更大挑战,它不仅使原有的一些金融消费者保护问题(如金融机构的消费者歧视等)更为突出,而且让隐私权、数据权利等新问题的重要性更加凸显(尹振涛、冯心歌,2020)。

金融科技的发展能使风险的传播速度和传递途径发生改变,却不能改变金融风险的内在本质。基于大数据、人工智能、区块链等新技术的金融创新,其有效性、稳定性和安全性存在不确定,风险有出现变异的可能。金融交易所具有的远程化、网络化、实时化等特点突破了以往的跨界壁垒,打破了金融风险传递的范围限制,加快了金融风险的传播速度,使金融风险变得更加复杂难控。技术进步带来的机构综合化经营,使得系统性风险增加,也使得透明度监管变得更加困难。随着不同金融参与主体的界限日益模糊,不同金融创新产品和业务的关联度日益提升。金融科技公司的兴起和互联网金融产品的推出,打破了金融业原本子行业之间的隔阂。同一个平台可以同时提供支付、储蓄、信贷、保险、理财、股票、基金等几乎各金融大类的产品,提升客户的黏性,推动金融业朝着更加混业的方向发展。这为既有的分业监管模式带来了挑战(中国人民大学课题组,2020)。同时,金融活动"跨界"引致监管体制错配,这种情况容易滋生监管空白或监管套利(胡滨、任喜萍,2021)。此外,金融科技企业从事金融业务,提高了金融市场的竞争强度,在"优胜劣汰"的市场作用机制下,部分竞争能力强的企业成为金融科技寡头,对金融市场的公平和运行效率产生不利影响(陈红、郭亮,2020)。

在"互联网+金融"模式的浪潮下,披着金融科技、金融创新外衣的庞氏骗局滋生横行,加之互联网金融较低的进入门槛,金融科技公司的监管套利行为及其重交易量、轻风控的激进扩张,使互联网理财的风险性逐渐与普惠性相背离。为防范各类互联网金融风险,建立监管的长效机制,2016年4月国务院组织中国人民银行、银监会、证监会等14个部门召开会议,决定在全国范围内启动互联网金融风险专项整治,标志着金融科技监管拉开序幕(黄益平、黄卓,2018)。王博等(2021)以监管介入作为外生冲击事件,研究发现专项整治通过净化市场环境、减少银行存款分流等方式,减少了中小银行激进的理财产品定价行为,表明金融科技监管具有正的外部效应。

随着大科技金融平台业务规模的快速扩张和创新产品的不断涌现,其潜在的风险与监管挑战成为业界、学界和监管部门争论的焦点。王信、骆雄武(2020)建议对国内大科技金融平台按照"相同业务、相同风险、相同监管"的原则实施金融监管。胡滨等(2021)认为,大科技金融平台具有系统性和特殊性,对其进行监管不可一蹴而就,需要在不断摸索中健全完善,从短期治理向长效机制转变。因此,研究提出了三方面的建议:其一,监管应着眼于大科技金融平台风险的特殊性;其二,合理把握对大科技金融平台监管的度和边界;其三,加速推进中国版"监管沙盒"的设计与修正。

总体来看，国内学者关于监管科技的基础理论与实证研究仍较少，主要集中于借鉴国内、欧美等发达国家的监管实践和相关研究，从学理和法理上探讨对金融科技企业或大科技金融平台的监管。正是由于国内监管科技的基础性研究明显滞后于数字技术的研发与应用，难以满足我国监管科技的现实需要，无法在防范金融风险、保护金融消费者等领域形成合力，导致在金融乱象出现后监管部门容易过度反应，严重制约金融科技企业的持续创新，从而减弱了我国金融科技企业在国际市场上的竞争力。

七 总结与展望

"金融科技是技术驱动的金融创新"已成为全球共识。在人工智能（A）、大数据（B）、云计算（C）、分布式记账（D）、电子商务（E）等新兴技术进步的推动下，中国金融科技蓬勃发展，催生出移动支付、网络信贷、智能投顾等新业态。同时，金融科技本质上仍是金融，其不断发展也给中国监管当局带来了新挑战。本文通过对2017年以来国内学者金融科技领域研究文献和官方政策进行梳理，总结出当前围绕金融科技展开研究的重点领域，并提出未来有待进一步研究和探讨的主要方向和问题。

整体来看，中国学者围绕金融科技与普惠金融、银行业变革、经济发展、宏观经济政策以及金融监管领域已经开展了较为充实的研究，但仍有诸多问题未达成一致结论，有待进一步探讨。在普惠金融方面，金融科技对减贫的影响尚未形成统一结论，关于金融科技与公民政策参与、宗教信仰、教育、医疗、住房等社会民生的关系有待进一步探讨。在银行经营方面，需要进一步考察金融科技对商业银行经营的长期影响，特别是银行数字化转型程度有待全面、准确度量。在经济发展方面，金融科技的快速发展推动了居民消费方式的巨大变革，促进了地区经济增长，尤其是包容性增长，但是如何对地区金融科技发展情况进行科学、准确度量是当前亟待解决的难题。在微观企业层面，关于金融科技对小微企业融资和投资的影响有待研究，缺乏金融科技与居民创业绩效的研究，等等。在宏观经济政策方面，围绕法定数字货币对宏观经济、金融稳定等方面的影响需要持续进行经验层面的实证研究，如何平衡法定数字货币在防范恐怖融资、洗钱风险与保护用户数据隐私之间的关系有很大研究空间，同时关于金融科技与货币政策传导有效性的研究还处于起步阶段，金融科技对财政政策、宏观审慎政策、收入政策、产业政策等其他类型政策经济社会效应的影响均有待进一步探讨。在金融风险和金融监管方面，未来需要对金融科技衍生的风险类型、风险在金融市场中的传染，以及垄断形成的系统性风险进一步加强研究，对当前国内监管科技的基础性研究明显滞后于数字技术的研发与应用，难以满足我国监管科技的现实需要，未来需要加强监管科技方面的基础性理论研究，例如对监管科技工具、手段、目标、作用对象、运行机理等的研究，同时对如何应用监管科技实现金融创新与风险防范之间的平衡有待深入研究。

参考文献

陈红、郭亮，2020，《金融科技风险产生缘由、负面效应及其防范体系构建》，《改革》第3期。

陈荣达、余乐安、金骋路，2020，《中国互联网金融的发展历程、发展模式与未来挑战》，《数量经济技术经济研究》第1期。

董晓林、张晔、徐虹，2021，《金融科技发展能够帮助小微企业度过危机吗？——基于新冠肺炎疫情的准自然实验》，《经济科学》第6期。

封思贤、丁佳，2019，《数字加密货币交易活动中的洗钱风险：来源、证据与启示》，《国际金融研究》第7期。

封思贤、杨靖，2020，《法定数字货币运行的国际实践及启示》，《改革》第5期。

封思贤、杨靖，2021，《数字人民币防范互联网平台数据垄断风险的作用机理》，《改革》第12期。

冯兴元、孙同全、董翀、燕翔，2021，《中国县域数字普惠金融发展：内涵、指数构建与测度结果分析》，《中国农村经济》第10期。

冯永琦、刘韧，2020，《货币职能、货币权力与数字货币的未来》，《经济学家》第4期。

傅秋子、黄益平，2018，《数字金融对农村金融需求的异质性影响——来自中国家庭金融调查与北京大学数字普惠金融指数的证据》，《金融研究》第11期。

郭峰、王靖一、王芳、孔涛、张勋、程志云，2020，《测度中国数字普惠金融发展：指数编制与空间特征》，《经济学（季刊）》第4期。

郭峰、王瑶佩，2020，《传统金融基础、知识门槛与数字金融下乡》，《财经研究》第1期。

郭品、沈悦，2019，《互联网金融、存款竞争与银行风险承担》，《金融研究》第8期。

何婧、李庆海，2019，《数字金融使用与农户创业行为》，《中国农村经济》第1期。

何运信、洪佳欢、王聪聪、骆亮，2021，《互联网金融如何影响银行流动性创造——银行风险承担中介效应的实证检验》，《国际金融研究》第12期。

何宗樾、宋旭光，2020，《数字金融发展如何影响居民消费》，《财贸经济》第8期。

何宗樾、张勋、万广华，2020，《数字金融、数字鸿沟与多维贫困》，《统计研究》第10期。

胡滨、任喜萍，2021，《金融科技发展：特征、挑战与监管策略》，《改革》第9期。

胡滨、杨涛、程炼、郑联盛、尹振涛，2021，《大型互联网平台的特征与监管》，《金融评论》第3期。

胡联、姚绍群、杨成喻、吉路涵，2021，《数字普惠金融有利于缓解相对贫困吗？》，《财经研究》第 12 期。

黄益平、黄卓，2018，《中国的数字金融发展：现在与未来》，《经济学（季刊）》第 4 期。

黄益平、邱晗，2021，《大科技信贷：一个新的信用风险管理框架》，《管理世界》第 2 期。

黄益平、陶坤玉，2019，《中国的数字金融革命：发展影响与监管启示》，《国际经济评论》第 6 期。

金洪飞、李弘基、刘音露，2020，《金融科技、银行风险与市场挤出效应》，《财经研究》第 5 期。

［美］克里斯坦森，克莱顿，2014，《创新者的窘境》，胡建桥译，中信出版社。

李春涛、闫续文、宋敏、杨威，2020，《金融科技与企业创新——新三板上市公司的证据》，《中国工业经济》第 1 期。

李建军、姜世超，2021，《银行金融科技与普惠金融的商业可持续性——财务增进效应的微观证据》，《经济学（季刊）》第 3 期。

李建军、李俊成，2020，《普惠金融与创业："授人以鱼"还是"授人以渔"？》，《金融研究》第 1 期。

李建军、彭俞超、马思超，2020，《普惠金融与中国经济发展：多维度内涵与实证分析》，《经济研究》第 4 期。

李晓、吴雨、李洁，2021，《数字金融发展与家庭商业保险参与》，《统计研究》第 5 期。

李广子，2020，《金融与科技的融合：含义、动因与风险》，《国际经济评论》第 3 期。

梁平汉、江鸿泽，2020，《金融可得性与互联网金融风险防范——基于网络传销案件的实证分析》，《中国工业经济》第 4 期。

廖理、李梦云、王正位，2020，《借款人社会资本会降低其贷款违约概率吗——来自现金贷市场的证据》，《中国工业经济》第 10 期。

刘魏、张应良、王燕，2021，《数字普惠金融发展缓解了相对贫困吗？》，《经济管理》第 7 期。

罗兴、吴本健、马九杰，2018，《农村互联网信贷："互联网+"的技术逻辑还是"社会网+"的社会逻辑？》，《中国农村经济》第 8 期。

马述忠、胡增玺，2022，《数字金融是否影响劳动力流动？——基于中国流动人口的微观视角》，《经济学（季刊）》第 1 期。

孟娜娜、粟勤、雷海波，2020，《金融科技如何影响银行业竞争》，《财贸经济》第 3 期。

聂秀华、江萍、郑晓佳、吴青，2021，《数字金融与区域技术创新水平研究》，《金融研究》第 3 期。

潘爽、叶德珠、叶显，2021，《数字金融普惠了吗——来自城市创新的经验证据》，《经济学家》第 3 期。

戚聿东、褚席，2019，《数字经济视阈下法定数字货币的经济效益与风险防范》，《改革》第 11 期。

齐红倩、李志创，2019，《中国普惠金融发展水平测度与评价——基于不同目标群体的微观实证研究》，《数量经济技术经济研究》第 5 期。

钱海章、陶云清、曹松威、曹雨阳，2020，《中国数字金融发展与经济增长的理论与实证》，《数量经济技术经济研究》第 6 期。

邱晗、黄益平、纪洋，2018，《金融科技对传统银行行为的影响——基于互联网理财的视角》，《金融研究》第 11 期。

盛天翔、范从来，2020，《金融科技、最优银行业市场结构与小微企业信贷供给》，《金融研究》第 6 期。

盛天翔、邰小芳、周耿、俞震，2022，《金融科技与商业银行流动性创造：抑制还是促进》，《国际金融研究》第 2 期。

宋敏、周鹏、司海涛，2021，《金融科技与企业全要素生产率——"赋能"和信贷配给的视角》，《中国工业经济》第 4 期。

宋清华、谢坤、邓伟，2021，《金融科技与货币政策有效性：数量型与价格型工具的比较研究》，《国际金融研究》第 7 期。

唐松、伍旭川、祝佳，2020，《数字金融与企业技术创新——结构特征、机制识别与金融监管下的效应差异》，《管理世界》第 5 期。

汪亚楠、谭卓鸿、郑乐凯，2020，《数字普惠金融对社会保障的影响研究》，《数量经济技术经济研究》第 7 期。

汪勇、尹振涛、邢剑炜，2022，《数字化工具对内循环堵点的疏通效应——基于消费券纾困商户的实证研究》，《经济学（季刊）》第 1 期。

王博、梁洪、张晓玫，2019，《利率市场化、货币政策冲击与线上线下民间借贷》，《中国工业经济》第 6 期。

王博、刘时雨、罗荣华、张晓玫，2021，《金融科技监管与银行高息揽"储"——基于理财产品视角》，《财贸经济》第 11 期。

王国刚、张扬，2015，《互联网金融之辨析》，《财贸经济》第 1 期。

王诗卉、谢绚丽，2021，《经济压力还是社会压力：数字金融发展与商业银行数字化创新》，《经济学家》第 1 期。

王信、骆雄武，2020，《数字时代货币竞争的研判及应对》，《国际经济评论》第 2 期。

王修华、赵亚雄，2020，《数字金融发展是否存在马太效应？——贫困户与非贫困户的经验比较》,《金融研究》第 7 期。

吴雨、李成顺、李晓、弋代春,2020,《数字金融发展对传统私人借贷市场的影响及机制研究》,《管理世界》第 10 期。

夏蜀,2019,《平台金融:自组织与治理逻辑转换》,《财政研究》第 5 期。

谢平、邹传伟,2012,《互联网金融模式研究》,《金融研究》第 12 期。

谢婼青、李世奇、张美星,2021,《金融科技背景下普惠金融对商业银行盈利能力的影响研究》,《数量经济技术经济研究》第 8 期。

谢星、张勇、封思贤,2020,《法定数字货币的宏观经济效应研究》,《财贸经济》第 10 期。

谢绚丽、沈艳、张皓星、郭峰,2018,《数字金融能促进创业吗?——来自中国的证据》,《经济学(季刊)》第 4 期。

谢治春、赵兴庐、刘媛,2018,《金融科技发展与商业银行的数字化战略转型》,《中国软科学》第 8 期。

星焱,2021,《农村数字普惠金融的"红利"与"鸿沟"》,《经济学家》第 2 期。

徐晓萍、李弘基、戈盈凡,2021,《金融科技应用能够促进银行信贷结构调整吗?——基于银行对外合作的准自然实验研究》,《财经研究》第 6 期。

杨东,2018,《监管科技:金融科技的监管挑战与维度建构》,《中国社会科学》第 5 期。

姚前,2019,《法定数字货币的经济效应分析:理论与实证》,《国际金融研究》第 1 期。

姚前,2018,《共识规则下的货币演化逻辑与法定数字货币的人工智能发行》,《金融研究》第 9 期。

易行健、周利,2018,《数字普惠金融发展是否显著影响了居民消费——来自中国家庭的微观证据》,《金融研究》第 11 期。

尹振涛、冯心歌,2020,《大科技金融:概念、发展与挑战》,《金融评论》第 3 期。

尹振涛、李俊成、杨璐,2021,《金融科技发展能提高农村家庭幸福感吗?——基于幸福经济学的研究视角》,《中国农村经济》第 8 期。

尹志超、彭嫦燕、里昂安吉拉,2019,《中国家庭普惠金融的发展及影响》,《管理世界》第 2 期。

尹志超、张栋浩,2020,《金融普惠、家庭贫困及脆弱性》,《经济学(季刊)》第 5 期。

战明华、汤颜菲、李帅,2020,《数字金融发展、渠道效应差异和货币政策传导效果》,《经济研究》第 6 期。

战明华、张成瑞、沈娟,2018,《互联网金融发展与货币政策的银行信贷渠道传导》,《经济研究》第 4 期。

张海洋、韩晓,2021,《数字金融的减贫效应研究——基于贫困脆弱性视角》,《金融评论》第

6 期。

张晓玫、伏倚天、张倩倩，2021，《"有备无患"还是"本末倒置"——普惠金融政策与中小企业金融资产配置》，《财贸经济》第 7 期。

张勋、万广华、吴海涛，2021，《缩小数字鸿沟：中国特色数字金融发展》，《中国社会科学》第 8 期。

张勋、万广华、张佳佳、何宗樾，2019，《数字经济、普惠金融与包容性增长》，《经济研究》第 8 期。

张勋、杨桐、汪晨、万广华，2020，《数字金融发展与居民消费增长：理论与中国实践》，《管理世界》第 11 期。

张一林、郁芸君、陈珠明，2021，《人工智能、中小企业融资与银行数字化转型》，《中国工业经济》第 12 期。

中国人民大学课题组，2020，《"十四五"时期中国金融改革发展监管研究》，《管理世界》第 36 期。

钟凯、梁鹏、董晓丹、王秀丽，2022，《数字普惠金融与商业信用二次配置》，《中国工业经济》第 1 期。

周边、黄叶苨、周舒鹏，2021，《法定数字货币与商业银行绩效》，《国际金融研究》第 10 期。

周光友、罗素梅、连舒婷，2020，《金融科技创新、网贷利率决定与小微企业融资——兼论"麦克米伦缺口"的治理》，《国际金融研究》第 3 期。

朱一鸣、王伟，2017，《普惠金融如何实现精准扶贫？》，《财经研究》第 10 期。

Arner, Douglas W., Barberis Janos and Buckley Ross P., 2015, "The Evolution of Fintech: A New Post-Crisis Paradigm," *Georgetown Journal of International Law*, Vol.47, No.4, 1345-1393.

Cheng, Maoyong and Qu Yang, 2020, "Does Bank Fintech Reduce Credit Risk? Evidence from China," *Pacific-Basin Finance Journal*, Vol.63, 101398.

Huang, Yiping, Li Xiang and Wang Chu, 2021, "What Does Peer-to-Peer Lending Evidence Say about the Risk-Taking Channel of Monetary Policy?" *Journal of Corporate Finance*, Vol.66, 101845.

Stamp, Josiah Charles, 1931, "The Report of the Macmillan Committee," *Economic Journal*, Vol. 41, 424-435.

Thakor, Anjan V, 2020, "Fintech and Banking: What do We Know?" *Journal of Financial Intermediation*, Vol.41, 100833.

支付清算

董 昀[*]

一 引言：全球视野下支付经济学的起源与演进

在 20 世纪 80 年代以前，有关支付清算的文献在货币金融文献和一般经济学文献中是相对隔离的：主流经济学家甚少关注支付清算现象，经济学和金融学的旗舰刊物上极少刊载讨论支付清算问题的论文，支付清算问题的研究队伍大多也并非来自经济学界，而主要由各大经济体的中央银行和国际清算银行等国际组织内部的支付清算从业人员构成。

究其根本，原因在于支付清算在经济金融体系中的重要性并未得到充分体现。长期以来，在世界各国的金融从业者与监管者眼中，支付清算体系似乎是一个默默无闻的边缘领域，其作为极端重要的金融基础设施和富有创新活力的新兴产业的作用并未得到充分重视。从学术研究角度看，支付清算研究亦一度被视为实务探讨和政策分析，缺乏经济学理论的指导和严密逻辑框架的支撑。在这种状况之下，以对策思维和技术分析为主要特点的支付清算文献自然无可避免地与以理论思维见长的主流经济学文献形成了极深的隔膜。

步入 21 世纪以来，中央银行家们对支付清算的重要性有了更深的感触。格林斯潘在其回忆录中这样写道："若是要存心搞垮美国经济，只需摧毁电子支付系统就行了。如此一来，银行就只好重归低效的资金实物转移，商业活动也就将仅限于物物交换和欠据欠条。整个国家的经济运行状况将会急速下降。"伯南克在其回忆录中也指出，在"9·11"事件发生后，美联储的快速反应保障了资金支付与证券转让系统的顺利进行，从而最大限度地减少了美国经济体系受到的冲击，因而至关重要。

而在学术端，受到实践的推动，支付清算研究也逐步兴起。21 世纪以来，大量旨在连接支付清算实践与理论研究的活动快速展开，有关支付清算的学术会议、工作论文、数据库等各类平台快速增加。特别是各大中央银行在支付经济学的研究上投入了可观的资源。支付清算融入主流经济学理论的步伐持续加快，"支付经济学"作为一个严谨的理论概念开始被广泛讨论。

世纪之交，时任美国里士满联邦储备银行行长莱克尔（Lacker）正式提出"支付经济

---

[*] 董昀，中国社会科学院金融研究所，副研究员。

学"概念。他在《货币经济学杂志》发表的三篇论文可以被视为支付经济学的奠基性文献。Lacker（1997）发展了一个一般均衡模型来分析私人支付工具的清算和结算行为，是将支付结算纳入主流货币经济学理论的初步努力。此后，在2000年10月，莱克尔主持的里士满联邦储备银行召开了一次支付经济学研讨会。彼时，发达经济体已经形成了多支研究支付清算制度安排的货币金融学研究团队。与此同时，中央银行家们加大了对支付清算系统的监管与建设力度，他们迫切需要为自己的行为寻找经济学解释。Lacker和Weinberg（2003）在整合会议成果的基础上，第一次对"支付经济学"概念进行了界定，提出支付经济学主要讨论的是支付过程中的各种交换机制，既包括代理人完成支付使用的支付工具，也包括银行等金融中介在支付过程中所发挥的核心作用。此后，Lacker（2004）又依托支付经济学的基本框架，就2011年"9·11"事件对美国支付体系的冲击进行了经济分析。

此后，有关支付经济学的文献数量开始快速增长。根据欧洲央行等多家机构联合成立的支付经济学研究小组的界定，支付经济学的研究领域主要由三个分支构成：大额支付系统、零售支付系统、结算系统。具体而言，分析大额交易的模式与参与者行为、分析技术进步和产业规制等因素对零售支付产业的影响、研究中央结算对手方的行为可分别作为上述三个分支的典型研究主题。

从学科分类角度看，由于现实当中的支付清算问题与中央银行、金融机构、消费者、商户、技术创新者、政府、行业协会等多个主体密切相关，故而支付经济学也必然是一个多学科交叉的研究领域。产业组织理论、博弈论、行为经济学、货币经济学和规制经济学的研究方法均可在支付经济学范畴之内找到用武之地。总体而言，货币经济学与产业组织理论成为支付经济学融入主流的两个主要努力方向。

从研究范式来看，支付经济学文献已能对现实中的许多重大政策问题进行比较严谨规范的理论分析与实证检验，但在理论框架上仍然依靠"拿来主义"，即从货币经济学、产业组织理论等其他分析学科分支借用成熟的工具来研究支付市场的各种现象，有什么工具就用什么工具，自身理论创新不足。

要将支付经济学打造成为一个逻辑严谨、内核清晰、框架完备的学科分支，支付经济学的研究者还有很长的路要走。好在现实当中的支付清算与结算问题精彩纷呈，为理论研究提供着肥沃的土壤，吸引着越来越多的学者投身到支付经济学的创建中，支付经济学走向经济学舞台中央的步伐也会进一步加快。

二 中国支付清算研究的发展脉络（1993—2015）

（一）中国支付体系现代化进程的启动

20世纪80年代之前的中国，支付清算在国民经济的重要地位尚未得到充分体现。自20

世纪 50 年代起，为配合重工业优先发展战略的实施，我国实施高度集中的计划经济体系，资金的配置由中央计划当局决定；利率也被严重压低。因此，那时的中国并没有现代意义上的中央银行、商业银行和金融市场，金融在国民经济中尚且处于从属地位，遑论作为金融基础设施的支付清算体系了。

1978 年之后，中国开启改革开放新征程。中国人民银行从财政部分离出来，专门履行中央银行的职能，并逐步划转政策性业务和商业银行业务。与此同时，各类金融机构如雨后春笋般出现，呈现金融机构多样化和金融业务多元化新局面。然而，改革开放初期中国金融体系的科技含量仍很低，金融电子化水平也很落后，而此时发达国家早已在运用新技术改造金融业方面取得了突破性进展。

中国的决策者对此有着清醒的认识。1993 年 6 月，江泽民同志在视察中国人民银行清算总中心时，发表了题为《实现金融管理电子化》的讲话，指出实行金融电子化，控制现金流通，有利于防止和减少因现金管理而产生或加剧的腐败行为，现金供应压力也可以大大减少。这篇讲话把金融电子化放在国家战略高度来阐述，强调这不仅仅是个管理问题、技术问题，更重要的是有利于我们国家和社会安定团结，有利于整个国民经济健康顺利发展（江泽民，2009）。1993 年 11 月，党的十四届三中全会通过的《中共中央关于建立社会主义市场经济体制若干问题的决定》中提出，要实现银行系统计算机网络化，积极推行信用卡，减少现金流通量。从 1993 年起，中国金融电子化的大幕正式拉开。

（二）支付清算研究早期文献（1993—2011）

原纽约联储副总裁森卓维克回顾了金融电子化进程中中国支付体系转型的历程。20 世纪 90 年代初中国支付体系的发展滞后于经济高速增长的需要。由于缺乏及时有效的交通基础设施，且技术运用尚未普及，支付系统以同城现金交易和低效的跨行异地纸面交易为主。为了改变这一状况，中国人民银行在世界银行的支持下着手开发新的支付系统（森卓维克，2014）。从 20 世纪 90 年代到 21 世纪初，伴随着金融电子化和支付系统现代化的进程，支付清算问题开始被纳入我国学术界和金融界的视野。

早期文献的一个重点是介绍国外支付清算体系运行情况和编译国外支付清算研究资料。例如，肖文（2001）对美国新型个人支付方式的发展进行了介绍，《国际金融研究》2002 年第 6 期还编译了纽约联储副总裁卡明对"9·11"事件冲击下美国支付体系的安全性问题的分析文章。

与此同时，更多的文献聚焦于正在发生深刻变革和急剧转型的中国支付体系，主要可分为三组。其中，第一组文献聚焦于支付清算体系的发展和演进。李志清（1992）指出，中国的支付清算体系即将发生历史性演变，加快迈向支付现代化。丘筱文（1996）在国内较早地探讨了在信息技术发展的新背景下建设银行"无纸化"支付系统的构想。姜建清（2000）指出,在新技术的推动下,全球金融业未来将出现几个重大的趋势性变化,包括货币形态由实物货币向电子货币的转变,资金支付从依赖纸质凭证向电子支付转变,等等。张祎(2001)在国内较早地关注到互联网支付问题,并对数字现金支付模式和非数字现金支付模式进行了比较,重点探讨不同电子支付方式的安全性、支付效率和支付成本等问题。

第二组文献则聚焦于支付系统的风险防范化解问题。魏先华、李雪松(2001)较早地通过对支付系统发展阶段的分析,结合我国支付系统发展过程目前所处的位置,研究了我国支付系统建设中的风险识别、预测和控制等风险管理问题。柴小卉、靳丽华(2006)分析了支付系统中各种风险之间存在的关联,指出流动性风险和信用风险是其源头和核心,允许日间透支、自动质押融资、净借记限额机制是防范其风险的关键措施。黄聪、贾彦东(2010)力图以金融系统内个体间相互连接构成的网络为对象,立足于金融网络结构的稳定性分析,并以此视角对整个金融体系的系统性风险状况进行监测、预警与分析,同时首次利用银行间支付结算数据进行了网络模型实证,并对中国银行网络的结构特点进行了多维度描述。

第三组文献聚焦于支付清算体系的宏观经济效应。周金黄(2007)观察认为,随着以电子支付方式为主导的支付体系的形成,中央银行对短期利率和市场流动性的调节将越来越以一国的重要大额支付系统为依托。盛松成、方轶强(2009)关注支付系统发展对公开市场操作效果的影响。研究发现,为达到相同的货币供给量目标,支付系统运行效率越高,公开市场操作投放(或回笼)的基础货币可越少。我国公开市场操作对货币供给量变化的影响存在时滞,公开市场操作当期并没有引起同期货币供给量显著变化。而支付系统运行效率不但对同期货币供给量变动有影响,而且对以后几期的货币供给量变动仍有影响。庞贞燕、王桓(2009)集中探讨支付与货币政策的基本关系,认为支付技术直接影响了货币的可接受性、使用的制度条件和范围、货币结构、货币的需求和供给,支付体系对货币的影响是实质的;而由于支付体系带来的货币变化只是在一定程度上影响了作为货币政策实施前提的货币当局对于货币形势的判断、货币政策工具的有效性和货币政策的实施效果,并未改变货币政策的基本结构和运行机制,对货币政策的影响是外在的,但这种外在影响是重要的,需要中央银行在调整货币供给模型时加以慎重考虑。

(三)互联网金融时代的支付清算研究(2012—2015)

21世纪头十年,尽管新经济泡沫的破灭对实体经济发展造成了明显冲击,但互联网技术自身的发展依旧迅猛。云计算、大数据、社交网络、移动支付等新技术取得突破性进展,并推动着金融服务供给模式和商业运营模式的变革。2012年,"互联网金融"概念在中国应运而生。中国人民银行发布的2013年第二季度中国货币政策执行报告中首次使用了"互联网金融"一词,随后,该名词也被写入了2014年国务院政府工作报告,这些事件标志着互联网金融这一新概念正式得到官方的认可。

在互联网金融时代，围绕互联网技术驱动下的支付体系发展这一主线，又产生了一批研究文献。在此列举几篇代表性文献。

在风险管理方面，童牧、何奕（2012）针对复杂金融网络中的系统性风险预测和不同风险场景下的流动性救助策略问题，以中国大额支付系统网络为对象，运用数学建模和仿真模拟建立和验证了系统性风险演化模型，并基于该模型比较了不同场景不同流动性救助水平下不同救助策略的绩效。

在货币政策效应方面，谢平、刘海二（2013）的理论分析围绕移动支付的货币政策效应展开。结果表明，随着信息通信技术（ICT）的发展和移动终端普及率的提高，移动支付完全有可能取代现金和信用卡成为主要的支付方式。移动支付是电子货币形态的主要表现形式，电子货币是移动支付存在的基础，二者具有网络规模效应，而预期在移动支付和电子货币网络规模效应中起着关键作用。随着移动支付和电子货币网络规模效应的凸显，移动支付的低交易成本优势得到充分发挥，从而减少了人们对现金货币的需求，改变了货币需求的形式。同时，中央银行和利润最大化的企业并行发行货币，将会冲击货币供给。

在互联网支付产业发展方面，陈一稀、魏博文（2014）认为，我国的互联网企业大多已经拥有电子商务网络和第三方支付平台，这就使得网络银行如若设立，必然交织于电子商务、第三方支付、传统银行等复杂关系之中，产生拥有特殊竞争合作关系与潜在风险的金融生态系统。

三　近年来中国支付清算研究代表性文献概览（2016—2022）

2015年7月，十部委印发了《关于促进互联网金融健康发展的指导意见》，互联网金融监管的许多空白地带得到有效填补，该意见的出台成为中国互联网金融发展的转折点，严格监管成为该行业的主基调。互联网金融已逐步告别行业无序发展，进入优胜劣汰的关键时段。互联网金融热潮的逐渐褪去并不意味着科技与金融融合发展进程的终结。恰恰相反，随着金融科技在全球范围内的流行，以及大数据、人工智能、互联技术、分布式技术、安全技术等领域的迅猛发展，科技对支付清算体系的影响范围越来越广，冲击力越来越具有颠覆性。

我国决策者高度重视现代科技手段在支付清算体系中的应用。党的十九大报告强调了互联网、大数据、人工智能等新技术带来的巨大影响。习近平总书记在2019年2月22日的中央政治局集体学习活动中指出，要运用现代科技手段和支付结算机制，适时动态监管线上线下、国际国内的资金流向流量，使所有资金流动都置于金融监管机构的监督视野之内。2020年9月，中央财经委员会第八次会议提出要强化支付结算等金融基础设施建设，深化金融供给侧结构性改革，提供更多直达各流通环节经营主体的金融产品。支付清算作为输送资金的管道和重要金融基础设施，在统筹发展和安全中的战略地位已经凸显。在这一现实背景下，我国的支付清算研究步入快车道。本节从六个方面对晚近文献进行简要归纳整理。

（一）中国特色支付经济学研究文献概览

中国社会科学院金融研究所团队自2013年以来持续关注中国支付清算的发展。从2013年到2022年，杨涛、程炼主编的年度报告《中国支付清算发展报告》持续关注中国支付清算体系发展演进的动态过程，并完整记录了这一进程中的重大现象和标志性事件。董昀（2016a，2016b）详尽地梳理了作为经济学分支的支付经济学在西方的兴起过程，并介绍了支付经济学的前沿动态，对构建中国支付经济学的可行路径进行了初步探索。《中国社会科学报》的一篇报道以"支付清算领域已成为学术研究富矿"为题，对该团队专家进行采访，认为在学科建设层面，研究方法的专业和规范、基本学术概念的标准化以及与国际惯例和游戏规则的对接，是我们面临的现实难题。同时，在政策实践层面，我们应该重视推动支付法律法规建设和加强市场化前提下的支付服务消费者保护（明海英，2017）。

北京大学数字金融研究中心黄益平等学者的系列研究（Huang et al.，2020；黄益平、黄卓，2018；黄益平、陶坤玉，2019）揭示，中国的金融科技创新始于支付体系创新，理解支付和账户体系是理解中国金融科技发展的关键。我国科技公司进入金融业，往往先从支付服务开始，通过打造商业闭环来放大平台效应，以实现从信息平台向交易平台的转型。中国移动支付成功推动金融科技革命的关键，一是传统支付服务供给的短缺，二是监管环境的友好，三是新技术的发展。

此外，还有一些代表性文献值得关注。张勋等（2020）基于一般均衡理论，利用中国数字普惠金融发展指数和中国家庭追踪调查数据研究了数字金融、支付体系对居民消费增长的作用。研究结果显示，数字金融通过提升支付的便利性来促进居民消费，而流动性约束的放松并不是数字金融发展提升居民消费的主要原因。此外，数字金融的发展尽管更多地提升了农村居民收入，却未能显著提升农村居民消费水平，这与城乡二元分割的格局有密切关联。徐忠、邹传伟（2021）是近年来一本有代表性的支付研究专著，从账户体系的视角梳理支付、清结算以及证券登记、托管和交易后处理等方面的金融基础设施，讨论了货币支付和证券交易涉及的记账清算问题。西南财经大学中国支付体系研究中心从2013年起编辑和出版"中国支付结算丛书"，以翻译国外支付清算领域重要理论著作为主，对中国支付清算研究的发展提供了国际镜鉴。

总体看来，伴随着中国支付清算行业的快速发展，中国的支付经济学研究也实现了从式微到兴起的转变。我国学者在紧密跟踪国外支付经济学前沿动态的同时，也注重从中国支付清算发展转型的实践中总结基本事实，提炼理论问题，并对其中的一些具有本国特色的现象进行了初步分析。

（二）移动支付研究文献概览

移动支付的快速成长是中国支付清算体系高速发展的缩影。短短几年间，我国在移动支付领域实现了高速成长和"弯道超车"，占据全球领先地位。与现实状况的发展变化相对应，移动支付也成为当前我国支付清算研究的热点领域。该领域的研究议题集中于运用微观调查数据分析移动支付的发展对居民生产生活等各个方面的影响，如货币需求、创业活动、金融资产配置、医疗服务和幸福感等。

尹志超等（2019b）运用2017年中国家庭金融调查（CHFS）数据，基于鲍莫尔-托宾模型研究了移动支付对家庭货币需求的影响。结果表明，移动支付的使用极大节约了纸质货币的监管、磨损、运输等费用，降低了现金交易可能产生的假币欺诈、抢劫等犯罪行为发生的可能。该文用分位数回归进一步发现，移动支付对预防性货币需求的影响大于交易性货币需求。尹志超等（2019a）同样使用2017年CHFS数据研究移动支付对家庭创业决策和经营绩效的影响。结果表明，移动支付显著提高了家庭创业的概率和工商业项目的经营绩效，并且对创业成本高和受到信贷约束的家庭创业活动促进作用更大。移动支付显著提高了企业进行创新活动的概率，为经营绩效的改善提供了可能的解释；通过优化创业条件，移动支付使得家庭主动创业的概率提高。高玉强等（2022）以2017年CHFS数据为样本，运用Tobit模型实证检验移动支付对家庭金融资产配置的效应。研究发现：家庭使用移动支付对风险资产投资有负向影响，对无风险资产投资具有积极作用；移动支付主要通过改善储蓄账户数目和对移动支付手段满意度两个渠道影响家庭金融资产配置；移动支付对家庭金融资产配置的影响在城乡、不同年龄和不同受教育程度间呈现显著差异。

吕光明、刘文慧（2022）的实证研究通过匹配省级统计数据与中国家庭追踪调查数据，关注移动支付对农村居民医疗服务的影响。结果表明，移动支付的使用能够提高农村居民医疗消费水平，但自费部分比重制约了这种提高作用的发挥；移动支付的使用能够显著提升农村居民对医疗服务的满意度；移动支付对农村居民医疗服务利用的影响在收入和年龄上存在较大异质性，表现出包容效应与排斥效应并存的特点。冷晨昕等（2022）基于中国综合社会调查（CGSS）2017年数据，系统考察了移动支付对农村居民主观幸福感的影响。结果表明，使用微信与支付宝等移动支付工具能够提升农村居民的主观幸福感；这一效应在老年人、女性群体中表现得更为突出；其原因在于移动支付能够释放农村居民的消费潜力，优化其消费结构。

（三）跨境支付研究文献概览

跨境支付是人民币国际化的基础性环节。大量文献基于近年来我国跨境支付发展的实践探索和金融科技大发展的技术背景，对跨境支付领域的热点问题进行了多角度探讨。

潘锡泉、于洋（2019）从支付结算职能角度考察了人民币国际化的路径，并提出了若干新的思路。人民币在金砖国家、我国前十大贸易伙伴，以及"一带一路"沿线国家区域均存在显著的国际影响力，且在我国前十大贸易伙伴货币圈内的国际影响力已经能够与美元相提并论。但总体而言，这种"货币锚效应"的强度在金砖国家区域、"一带一路"沿线国家区域，乃至全球其他区域仍然不能与美元匹敌，甚至还无法达到与欧元相抗衡的地位。

王朝阳、宋爽（2020）认为，伴随着支付创新的步伐，跨境支付工具已日益多样化，当前对美元体系的挑战也已经从跨境支付开始了。虽然美元在国际支付等领域仍然占有优势地位，但各国对脱离美元的跨境支付工具的追求，或将挑战美元的霸权地位。王都富（2021）基于数字人民币发行的新背景，强调数字人民币可改变跨境支付目前分布在世界各国以代理行和清算行为基础的复杂机制，实现全球范围内全天候跨境支付服务，大大提升跨境支付结算的便捷性，依托我国的国际影响力和经济辐射力，将加快拓宽人民币国际化进程和发展空间。谢端纯、苗启虎（2021）同样对数字货币在跨境支付中的使用进行了讨论，认为数字货币不受时间和空间的限制，能够快捷方便且低成本的实现境内外资金的快速转移。数字货币创新性地运用分布式账本，省去中介机构就可实现电子价值在支付方与收款方之间进行点对点交易，跨境汇款同境内支付一样，实现业务交易的即时性。

贺力平、赵鹞（2021）的理论研究借鉴国际研究机构使用韦恩图绘制"货币之花"的方法，以跨境支付的六大要素和六大因素绘制"跨境支付之花"，以总结出传统的代理行模式、互联模式、闭环模式和点对点模式四种跨境支付模式，在"跨境支付之花"的关键因素中金融机构仍将发挥重要作用。

刘丹阳、陈文敬（2021）强调，金融科技企业是推动支付数字化转型的重要力量，基于开发数据驱动的金融创新，不同的商业模式，将支付与更多社会活动捆绑在一起，为社会提供多元化、个性化的服务，特别是参与跨境支付的金融科技企业取得显著的进展，例如分布式跨境支付清算系统 Ripple 和 Stellar 已实现在不同货币下进行即时、无摩擦的跨境交易。

由于美元的国际货币地位，非国际货币国之间国际交易产生的彼此货币间汇率变动被其各自货币对美元汇率的变动所取代，产生所谓"美元中介效应"，即国际货币在支付媒介领域的"货币替代"。马光明、赵峰（2021）的实证研究发现，人民币结算比重的提高显著降低了国际收支顺差与人民币兑美元名义汇率的关联性，显示出"去美元中介效应"。跨境贸易人民币结算扩展至全国后，这一效应得到充分显现。

（四）区块链技术及数字货币研究文献概览

在讨论金融科技问题时，人们常关注区块链等新技术在支付清算和结算系统中的应用。人民银行科技司负责人在回答记者提问时曾表示，区块链技术目前尚未成熟，还不能大规模应用于金融体系，但在交易吞吐量较小和信息敏感度较低的票据交易结算等业务场景中可以推广。中国人民银行上海总部课题组（2018）在介绍区块链技术基础知识和应用原理的基础上，重点分析应用区块链技术提升央行支付清算功能的可行性，探讨区块链技术应用对央行支付清算系统发展的影响，还建设性地探讨了区块链在改造现有央行支付系统和创新支付产品方面的作用、局限，并提出了相应的建议。

在学术研究方面，区块链技术在支付结算领域的应用文献日渐丰富。王晟（2016）认为，政府作为中心节点承担清算职能，并发行中心化的区块链货币以大幅提升支付结算系统的运行效率。姚前、汤莹玮（2017）观察指出，移动支付和区块链等新技术的出现使得央行传统纸质货币面临挑战。作者认为要辩证地看待区块链技术的发展，既要看到其在性能、隐私保护、法律等方面的不完善之处，又要在法定数字货币的设计中充分吸收其在共识算法和智能合约等方面的优点。马理、朱硕（2018）也是很有代表性的一篇学术论文。该文以近期被热议的区块链技术在支付结算领域的应用为主题，将去中心化的节点认证机制引入经典数理模型，发现区块链技术有可能改进传统的支付结算模式的经营效率，降低交易者的成本，但也可能会产生新的风险点。中国农业银行运营管理部课题组（2018）比较简明地梳理了区块链技术和法定数字货币对支付结算体系的影响，并提出了商业银行的应对策略。张礼卿、吴桐（2019）从支付清算视角分析了区块链账本与银行账本的差异。在传统会计核算体系中，资产负债表和现金流量表相对独立，在区块链账本中，则实现了支付、清算和结算的并行，将记账方式从复式记账变回流水记账，弱化了资产负债表作用，增强了现金流量表作用。一旦区块链得到大规模应用，将对金融业的底层逻辑产生重大冲击。

2019年6月，社交平台Facebook上线加密数字货币项目Libra，并发布项目白皮书，引发全球关注。此后，国内有关数字货币和支付问题的研究骤然升温。

李扬（2019）认为，Libra将自己的使命描述为"建立一套简单的、无国界的货币和为数十亿人服务的金融基础设施"，其是理解Libra及其运行机制的主要入手处。Libra的问世对中国的挑战首先在支付领域。因为，在一个可以预见的长期内，Libra的用武之地仍将局限于支付领域。而基于一篮子国际储备货币，Libra先天就有跨境支付之便利，这对于我国的支付行业发展，尤其是境外拓展，是一个直接挑战。但是，Libra没有货币创造功能，基于Libra不可能形成货币政策，因而其所推动的并不是货币非国家化的过程。王信、骆雄武（2020）同样认为，Libra等数字稳定币具有在支付领域广泛应用的一定潜力，但不会动摇主权货币的地位。因为各国政府不会容许民间稳定币冲击货币政策的有效性。未来国际货币的竞争仍然是主权货币的竞争，但增加了数字货币的维度。美国可能在数字稳定币、央行数字货币领域占得先机，巩固美元的国际地位。中国应当积极支持国内BigTech公司参与国际支付领域的竞争，审慎应对民间企业创设Libra类稳定币的呼声，积极稳妥推进央行数字货币研发。

杨晓晨、张明（2019）的观点有所不同。文章认为Libra没有独立的货币政策并不代表没有货币政策，其将向小型经济体引入货币局制度，冲击原有经济秩序，并将通过货币乘数效应向大型经济体注入流动性，造成通胀压力。由此可见，两位作者认为Libra对全球经济的冲击远不止支付层面，可能直接影响货币政策与经济稳定。

孙国峰（2019）的看法则更为折中。文章从货币创造主体和支付流通两个维度对Libra进行了观察分析。从第一个维度看，Libra以一篮子经济体的银行信用货币为支撑，本质体现的仍是银行信用，并不创造货币；从第二个维度看，Libra作为数字钱包，其核心优势是解决了跨境支付缺乏全球性央行提供服务的问题，这在现代银行信用货币体系下是具有商业可持续性的。未来Libra可能会向私人信用货币或虚拟货币方向演变，发展出货币创造功能，届时其对全球经济金融体系的影响将进一步显现。同时，要关注以零售业务为主的跨国公司发行类似Libra数字货币的影响。

还有一组文献集中讨论数字人民币与第三方支付的差异。穆杰（2020）指出，法定数字货币的发行不仅可以满足人们对支付安全、便捷的需求，同时还能减少对第三方支付平台的依赖。郭艳等（2020）认为，法定数字货币作为货币履行交易媒介的功能区别于现有第三方支付工具，法定数字货币具有无限法偿和支付全场景覆盖。吴婷婷、王俊鹏（2020）比较了数字人民币与支付宝、财付通在法律效力、安全性、结算模式、隐私保护、离线支付等方面的差异，认为法定数字货币对第三方支付的影响主要体现在支付业务、销售业务、征信业务等方面。郑帆、倪德慧（2022）认为数字人民币相对于第三方支付有两大优势：其一，"双离线支付"功能、本位币的法偿性和个人客户无服务费使得数字人民币在传统的线下交易场景中更具有优势；其二，第三方支付结算主要通过网联、银联等商业银行的接入方式进行，而数字人民币的支付可以省略其中间环节，"支付即结算"，提高了支付效率。

（五）支付清算体系的宏观经济效应研究文献概览

史新鹭、周政宁（2018）把电子货币划分为银行卡电子货币和第三方支付电子货币，分别研究了这两类电子货币对货币需求的影响效应。该研究表明，银行卡电子货币对现金的替代是不完全的，而第三方支付电子货币则能够对现金起到完全替代作用。贾丽平等（2019）认为，第三方支付的发展推动了传统支付清算结构的深刻变革，电子货币对流通中现金的替代效应造成货币需求、信用创造过程以及货币政策有效性发生变化。该文的实证研究表明，利率对GDP增长率的变动影响时滞较长，电子货币加大了中介目标的不确定性，弱化了货币政策有效性。

在法定数字货币快速发展的新形势下，有文献关注法定数字货币发行带来的宏观经济和金融效应。乔海曙等（2018）认为，法定数字货币由于兼具银行存款和实物现金的双重优势，并能为公众带来更加安全高效的支付体验，将对传统纸币在支付与储蓄方面产生替代效应，构成对商业银行存款的竞争与替代。姚前（2019）通过理论分析发现法定数字货币能够在支付、货币政策和金融稳定等方面对宏观经济造成影响，并基于DSGE模型的实证分析指出，法定数字货币对银行系统和金融机构的冲击可控，并能够提高长期经济产出。谢星、封思贤（2019）认为，央行在双层运营模式下发行数字货币将在长期导致准备金下降，从而导致货币乘数变大，进而使得对数量型货币政策中介指标的预测难度增大，但同时，若数字货币采取了条件触发机制，可有效减少货币政策在传导过程中的时滞和漏损，提高货币政策传导效率。

（六）支付产业结构与竞争格局研究文献概览

在金融科技大发展的时代，我国支付产业的市场主体日趋多元化，既有持牌金融机构，又有类金融机构；既有大科技公司，又有纯技术输出型科技企业。在新兴科技力量的推动下，金融科技企业在技术研发、标准制定、成本控制等方面形成了明显的竞争优势，既为优化金融服务、改善金融供给结构提供了良好基础，同时也对现有金融体系和传统金融机构构成了巨大冲击。与熊彼特刻画的理论图景相比，我国支付产业的"创造性破坏"过程有其独特之处。在熊彼特的世界里，新技术和新企业在质量、成本、效率以及新颖性等方面有着决定性优势，其能量足以摧毁原有的旧企业。与之相比，金融科技企业虽然在克服信息不对称、降低交易成本、增强金融体系包容性等方面也具有明显的比较优势，但它并不具备彻底摧毁银行等金融机构的能力。面对技术革新和市场竞争，金融机构凭借着庞大的客户资源、雄厚的资本和丰富的金融从业经验，也在加快金融科技布局，推进数字化转型，用开放银行等新理念重塑商业模式，在技术标准制定等关键环节与金融科技企业开展竞争。在金融市场中，上述两类企业既竞争又合作，从两端共同推动着金融与科技的融合发展。展望未来，谁能够在有效管理风险的前提下更好地为实体经济服务，谁就能更快地将潜在的比较优势转化为可持续的竞争优势。可见，金融科技和支付清算领域的"创造性破坏"过程破坏的并非市场中已有的金融机构，而是旧的业务流程、交易方式、组织架构和商业模式。

根据上述典型事实，大量文献关注我国支付产业动态变迁过程中各类市场主体采取的竞争战略，围绕银行卡、第三方支付、零售支付等细分业态的产业结构特征进行了分析。蒋小敏（2019）以银行卡产业的网络效应为视角，通过理论模型和案例分析正视，当支付机构以序贯方式进入银行卡市场之时，后进入的支付机构提供服务的风险高于先进入者，并在总体上推高了行业整体风险水平。可见，银行卡产业特许经营权并不具有内生的风险约束效应，甚至会导致更大的风险。尚珂、胡晨（2019）运用双边市场理论，在双边单归属模型基础上引入"单归属因子"，构建接近实际状况的双边部分多归属支付平台模型，从平台定价、社会福利函数分解、部分多归属下消费者转移成本三个维度研究第三方支付平台的反垄断问题。结果表明，第三方支付平台的垄断行为倾向或许没有其垄断结构那样突出，可能会趋于某一稳定状态；但也需注意不同平台单归属差异带来的提价空间不同等问题。刘松等（2020）发现，第三方移动支付产业集中度较高，支付宝和微信支付占据绝大部分市场份额，大量用户由于提现手续费、便利性等因素影响，没有实时将支付账户余额提现至银行卡账户，间接导致"本代本"交易规模增长,"本代本"资金无须进入清算机构,导致了无法对支付机构的资金金额及流向流量进行监测,扩大了其经营和交易等风险。周皓、柴洪峰(2020)对零售支付产业发展状况进行了分析,认为金融零售支付产业正在由高速增长向高质量增长转型升级。零售支付产业的主要特征,一是支付系统的参与者积极性取决于市场需求的变化程度,二是企业和消费者都倾向于使用稳定的支付系统,三是零售支付的规模经济效应催生了高效运行的支付服务平台。

还有一些文献集中考察第三方支付的发展对金融机构的影响。袁秀挺(2021)观察指出,随着第三方支付平台介入金融业务市场的广度和深度不断增加,除提供支付中转服务外,还逐渐涉足客户资金配置、风险管理等金融领域,并尝试开展支付叠加金融的普惠金融模式。何金琳(2021)对中小股份制商业银行面临的问题与挑战进行了分析研究,认为支付宝等第三方支付业务的出现与发展,分流了商业银行的结算业务,而余额宝等互联网金融理财的出现,则吸引了一大批客户,造成存款"搬家"。面对激烈竞争,中小银行应增加对产品创新的投入,充分整合大数据资源,大力发展贷款业务。罗旸洋等(2021)基于 Bank Focus 数据库 2013—2019 年数据,分析了第三方支付机构竞合对商业银行财务绩效和创新绩效的影响。实证研究发现,在财务绩效方面,竞合显著提升了银行的财务绩效,且对于不同类型银行均有显著提升作用;在创新绩效方面,股份制银行竞合对创新绩效具有显著正向作用,而非股份制银行竞合没有显著作用。进一步动态效应检验发现,竞合对银行财务绩效的提升具有长期持续性,而对滞后期创新绩效的影响不显著。

(七)对新近文献的评论

基于以上的文献梳理,本文发现,近年来我国支付清算领域的文献日趋丰富,研究主题涵盖与支付相关的各个方面,对国外支付经济学理论框架的熟悉程度也不断提高,在研究范式和分析方法的规范化、国际化方面取得了明显的进步。更为重要的是,我国支付清算研究者的研究活动是紧密围绕支付清算实践中的热点问题来展开的,力图运用规范的现代经济学分析工具研究我国支付清算发展进程中的重要现实问题,中国支付清算研究文献的本土化色彩也越来越浓厚。在移动支付的经济社会效应、央行数字货币研发与应用、人民币跨境支付等方面已经形成了较为丰富的理论研究成果。

当然,我国支付清算研究毕竟是一个相对年轻的研究领域,是在向国外支付经济学研究文献学习过程中发展起来的,在模仿学习过程中吸收了国外文献方法严谨、论证精密的优点,也受到它们视野较狭窄、问题过于细化和缺乏理论内核等缺点的影响。这导致目前对中国支付清算发展转型重大问题的研究存在以下几个方面的不足。一是对支付清算发展的研究缺乏宽广的理论视野,就事论事的实证研究较多,对发展机理的系统研究较少。二是对现象的描述较多,从中提炼典型化事实和一般化理论命题的工作较少,尚未能从中国的实践中抽象出有理论价值的要素。三是支付经济学的研究在中国经济学和金融学研究中仍属小众领域，支付清算体系运行的公开数据资料较少，案例储备匮乏，导致零散事实的积累不足，使得理论创造远远滞后于实践探索。

四 中国支付清算研究展望

在随着金融基础设施在国民经济和国家安全中地位的提升，支付清算问题研究正在升温。当前我国学术界已经开展的主要工作是追踪实践中的热点问题，就国内外支付清算体系发展中遇到的具体情况进行事实梳理、案例分析、趋势预测和政策研判。这些工作当然是必要的，但对支付清算问题的经济学分析不能止步于此。经济学界还需要沉下心回望支付清算体系发展史，并在此基础上对现象背后的基本理论问题进行一番"冷思考"，才能准确把握支付清算体系在经济社会发展中的定位。

更进一步说，中国经济学界在充分学习和借鉴西方学界在支付经济学领域的最新研究成果的同时，更要注重中国的支付经济学应立足中国经济发展和经济体制转轨的重大现实问题，提炼中国事实，解释中国现象。不必拘泥于"就支付论支付"的窠臼，而应在充分借鉴主流支付经济学理论成果，系统研究中国支付体系运行机制的基础上，更加注重依托经济体制转轨与经济发展的大背景，从我国支付清算体系发展的现象中提炼出一些典型事实，为我国支付经济学的创建与发展提供基石。

要在构建中国特色支付经济学进程中作出理论贡献，可供参考的思路及视角至少包括以下几个方面。

（一）从宏观经济运行视角看支付

随着经济金融交易方式日益复杂化，传统的货币金融指标已很难准确刻画金融市场的交易状况和经济系统的运行态势。例如，增加货币供应量是我国宏观政策中的重要政策工具，这些新增的货币在投放到经济体系之后就不知去向了，成为"迷失的货币"，人们也难以借助货币供应量来准确观察经济金融体系的运行轨迹。但是，支付领域积累的数据则可以起到这一观测指标的功能。无论哪个领域的市场交易，最终都面临资金转移问题，这自然要依靠支付清算这一管道来实现。可以说，如果全面掌握了支付清算数据并加以深入分析，人们就可以把握资金在金融体系当中的流动轨迹，有助于全面揭示金融体系及宏观经济运行的基本状况，常常能从新的角度发现问题。

当然，中国支付清算领域的数据还比较零散，远不能满足系统研究的需要。加强数据的收集、整理及在部门间的共享将是利用支付清算数据研究中国经济运行的首要任务。在利用支付清算数据研究经济运行时还要注意把握其适用边界。例如，在预测因金融市场流动性波动而导致的实体经济波动方面，支付清算指标比较适用。但是，当实体经济本身的创新动力弱化时，由此引发的经济波动就很难用支付清算指标来预测了。

（二）从经济发展视角看支付

随着潜在经济增长率的下降，中国经济正在步入新常态。依靠廉价要素和技术差距来推动经济快速增长的旧有模式显然已不可持续，中国经济势必要转换到依靠自主创新为主的增长模式上来。

那些站在技术创新最前沿、致力于实现"弯道超车"的新兴产业就成为极其重要的新增长点。如果能够将这些产业作为案例仔细加以剖析，将会对探索中国未来的创新道路和产业转型模式产生重要的镜鉴作用。

互联网支付和移动支付就是这样一类产业。从供给端看，该行业以人力资本投资为主，研发周期比较短，有利于后发国家企业实现技术赶超。我国龙头企业的技术创新能力已经站在世界前沿。从需求端看，随着互联网和手机的普及，中国还拥有全球最大的潜在市场，消费者的支付需求快速增加且日益多元化，这同样有利于推动支付产业的创新与发展。

需要注意的是，移动支付不仅是一类代表我国创新发展特色的新兴产业，还在降低交易成本、提高经济运行效率、促进金融科技发展等诸多方面对我国经济发展起到积极的推动作用。究其根本，如果把经济与金融的关系视为肌体与血脉的关系，那么货币资金就是国民经济发展所需的"血液"，而包括移动支付在内的支付系统则是负责向国民经济各个部门输送"血液"的血管。新技术在移动支付产业的大规模应用使得支付系统的运行成本大幅降低，运行效率显著提升。这直接导致市场当中的各类交易成本明显下降，支付时间亦随之缩短，经济与金融之间的循环更加畅通。成本的降低和效率的提升意味着能用更低的代价提供更多的产品或服务，这将从供给侧显著增强市场主体的活力和竞争力，为中国经济的高质量发展提供强劲动力。

还需看到，新技术在金融部门的应用首先是从支付行业开始的，移动支付领域金融科技实践积累的经验为我国金融科技的高速发展提供了重要支撑。在后危机时代，全球各主要经济体在金融科技领域的竞争日趋激烈，我国移动支付产业业已形成的竞争优势为我国在这一轮竞争中占据了有利位势。

（三）从经济体制转轨视角看支付

支付清算体系的变迁也是中国金融体制变迁的镜像。在经济体制转轨的早期阶段，货币当局在支付清算方面占据着垄断性的支配地位。经过长期的发展，规模不等、市场定位不同、所有制各异的形形色色的支付清算机构已经纷纷涌现，形成了以货币当局为主、各类机构共同发展的格局。直至今日，转型仍在继续。

余额宝等货币市场基金产品实际上是金融体制转型进程中，由于经济体制改革不配套而产生的"过渡性金融品种"。其得以快速发展的制度条件是：一般性存款利率受到管制，但同业存款利率已经放开；金融资源主要作为储蓄集中于银行体系之中；银行不能开设货币市场存款账户；普通居民手中的小额资金缺乏投资渠道。在上述条件约束之下，余额宝等产品携互联网技术之力，利用了两种市场利率之间的利差，为广大消费者提供了比银行存款更好的投资渠道。

随着金融改革的推进，各个不同市场之间的利差将逐步消失，银行的经营范围将不断扩展，资金也将越来越多地走向市场。这就势必使得该类产品的收益率下降至平均利润率附近。过渡性金融品种向常态的回归，未必代表着它的失败，反而可能是中国金融改革取得成功的表征。这个问题就值得纳入支付经济学的框架来进行研究。

参考文献

《习近平在中共中央政治局第十三次集体学习时强调，深化金融供给侧结构性改革　增强金融服务实体经济能力》，《人民日报》2019年2月24日第1版。

柴小卉、靳丽华，2006，《加强我国现代化支付系统风险管理的思考》，《金融研究》第3期。

陈一稀、魏博文，2014，《电商系网络银行的金融生态问题探析》，《上海金融》第4期。

董昀，2016a，《支付经济学：起源、发展脉络与前沿动态》，《金融评论》第4期。

董昀，2016b，《如何建设中国支付经济学》，《中国金融》第15期。

高玉强、刘劭英、张宇，2022，《移动支付对家庭金融资产配置的影响——来自CHFS的微观证据》，《重庆社会科学》第4期。

郭艳、王立荣、张琴，2020，《中央银行法定数字货币：结构与功能》，《经济研究参考》第1期。

何金琳，2021，《互联网金融背景下增强中小股份制商业银行竞争力的路径选择》，《商业经济》第1期。

贺力平、赵鹞，2021，《跨境支付：从"货币牵引"到"支付牵引"的转变？》，《金融评论》第3期。

黄聪、贾彦东，2010，《金融网络视角下的宏观审慎管理——基于银行间支付结算数据的实证分析》，《金融研究》第4期。

黄益平、黄卓，2018，《中国的数字金融发展：现在与未来》，《经济学季刊》第4期。

黄益平、陶坤玉，2019，《中国的数字金融革命：发展、影响与监管启示》，《国际经济评论》第6期。

贾丽平、张晶、贺之瑶，2019：《电子货币影响货币政策有效性的内在机理》，《国际金融研究》第9期。

姜建清，2000，《金融高科技发展及其深层次影响研究》，中国金融出版社。

蒋小敏，2019，《银行卡支付产业特许权价值和风险承担》，《中国经济问题》第 3 期。

江泽民，2009，《论中国信息产业技术发展》，中央文献出版社、上海交通大学出版社。

卡明，2002，《"9.11"事件与美国的支付体系》，《国际金融研究》第 6 期。

冷晨昕、陈淑龙、祝仲坤，2022，《移动支付会如何影响农村居民主观幸福感？——来自中国综合社会调查的证据》，《西安交通大学学报（哲学社会科学版）》第 4 期。

李扬，2019，《必须重视 Libra 的挑战》，《中国外汇》第 15 期。

李志清，1992，《我国支付系统面临的历史性演变》，《金融研究》第 10 期。

刘丹阳、陈文敬，2021，《全球数字时代中国跨境支付系统建设思考》，《国际贸易》第 9 期。

刘松、白雪、吴丹，2020，《非银行支付机构"本代本"交易及其风险研究》，《金融发展研究》第 9 期。

罗赐洋、李存金、罗斌，2020，《与第三方支付机构"竞合"是否提升了银行绩效》，《金融经济学研究》第 4 期。

吕光明、刘文慧，2022，《移动支付、医疗基础设施与农村居民医疗服务利用》，《北京社会科学》第 4 期。

马光明、赵峰，2021，《跨境交易人民币结算的"去美元中介效应"测度——理论分析与实证研究》，《国际金融研究》第 1 期。

马理、朱硕，2018，《区块链技术在支付结算领域的应用与风险》，《金融评论》第 4 期。

明海英，2017，《支付清算领域已成学术研究富矿》，《中国社会科学报》3 月 8 日。

穆杰，2020，《央行推行法定数字货币 DCEP 的机遇、挑战及展望》，《经济学家》第 3 期。

潘锡泉、于洋，2019，《人民币国际化的现状考量与改革路径——基于支付结算职能视角的考察》，《财经科学》第 12 期。

庞贞燕、王桓，2009，《支付与货币和货币政策基本关系研究》，《金融研究》第 3 期。

乔海曙、王鹏、谢姗姗，2018，《法定数字货币：发行逻辑与替代效应》，《南方金融》第 3 期。

丘筱文，1996，《银行"无纸化清算"支付系统模式构想》，《金融研究》第 12 期。

尚珂、胡晨，2019，《第三方支付平台的反垄断问题：基于经济学与法学的交叉学科分析》，《产经评论》第 6 期。

森卓维克，2014，《中国人民银行支付系统的建设》，载沈联涛主编《金融、发展和改革》，中信出版社。

盛松成、方轶强，2009，《支付系统发展对公开市场操作效果的影响》，《金融研究》第 10 期。

史新鹭、周政宁，2018，《电子支付发展、电子货币替代对货币需求的影响研究》，《中央财经大学学报》第 12 期。

孙国峰，2019，《Libra 的货币性质、潜在影响与演变方向》，《经济学动态》第 12 期。

童牧、何奕，2012，《复杂金融网络中的系统性风险与流动性救助——基于中国大额支付系统的研究》，《金融研究》第 9 期。

王朝阳、宋爽，2020，《一叶知秋：美元体系的挑战从跨境支付开始》，《国际经济评论》第 2 期。

王都富，2021，《数字人民币时代支付产业发展趋势分析——基于商业银行零售支付业务视角》，《金融论坛》第 12 期。

王晟，2016，《区块链式法定货币体系研究》，《经济学家》第 9 期。

王信、骆武雄，2020，《数字时代货币竞争的研判及应对》，《国际经济评论》第 2 期。

魏先华、李雪松，2001，《支付和清算系统的风险分析》，《金融研究》第 12 期。

吴婷婷、王俊鹏，2020，《我国央行发行数字货币：影响、问题及对策》，《西南金融》第 7 期。

肖文，2001，《美国新型个人支付方式的现状及前景分析》，《国际金融研究》第 5 期。

谢端纯、苗启虎，2021，《数字货币对跨境资金流动管理的影响与对策》，《海南金融》第 2 期。

谢平、刘海二，2013，《ICT、移动支付和电子货币》，《金融研究》第 10 期。

谢星、封思贤，2019，《法定数字货币对我国货币政策影响的理论研究》，《经济学家》第 9 期。

［美］熊彼特，1995，《经济分析史》，朱泱等译，商务印书馆。

徐忠、邹传伟，2021，《金融科技：前沿与趋势》，中信出版社。

杨晓晨、张明，2019，《Libra：概念原理、潜在影响及其与中国版数字货币的比较》，《金融评论》第 4 期。

姚前，2019，《法定数字货币的经济效应分析：理论与实证》，《国际金融研究》第 1 期。

姚前、汤莹玮，2017，《关于央行法定数字货币的若干思考》，《金融研究》第 7 期。

尹志超、公雪、郭沛瑶，2019a，《移动支付对创业的影响——来自中国家庭金融调查的微观证据》，《中国工业经济》第 3 期。

尹志超、公雪、潘北啸，2019b，《移动支付对家庭货币需求的影响——来自中国家庭金融调查的微观证据》，《金融研究》第 10 期。

袁秀挺，2021，《互联网第三方支付市场的发展与规制》，《人民论坛》第 7 期。

张礼卿、吴桐，2019，《区块链在金融领域的应用：理论依据、现实困境与破解策略》，《改革》第 12 期。

张勋、杨桐、汪晨、万广华，2020，《数字金融发展与居民消费增长：理论与中国实践》，《管理世界》第 11 期。

张祎，2001，《基于互联网的电子支付系统》，《商业经济与管理》第 5 期。

郑帆、倪德慧，2022，《数字经济时代下法定数字货币与第三方支付的比较研究》，《中国商论》第 3 期。

中国人民银行上海总部课题组，2018，《区块链技术对支付清算系统发展的影响及应用前景研究》，《上海金融》第 4 期。

中国农业银行运营管理部课题组，2018，《区块链技术与数字货币对支付结算体系的影响》，《农村金融研究》第 13 期。

周皓、柴洪峰，2020，《金融零售支付风险控制的现状、挑战与对策研究》，《中国工程科学》2020 年第 6 期。

周金黄，2007，《现代支付体系发展与货币政策机制调整》，《金融研究》第 1 期。

Lacker, M.J, 1997, "Clearing, Settlement and Monetary Policy," *Journal of Monetary Economics*, Vol.40, No.2, 347-381.

Lacker, M.J. and J.A. Weinberg, 2003, "Payment Economics: Studying the Mechanics of Exchange," *Journal of Monetary Economics*, Vol.50, No.2, 381-387.

Lacker, M.J, 2004, "Payment System Disruptions and the Federal Reserve following September 11, 2001," *Journal of Monetary Economics*, Vol.51, No.5, 935-965.

Huang, Y., Wang, X. and X. Wang, 2020, "Mobile Payment in China: Practice and Its Effects," *Asian Economic Papers,* Vol.19, No.3, 1-18.

金融计量学

陈海强　李木易　吴吉林　童　晨[*]

金融计量利用计量建模方法对金融市场相关数据进行分析和预测，主要研究金融风险测度与防范、金融市场定价效率以及实体经济与金融市场关联关系等重要理论和现实问题。近年来国际贸易冲突导致全球经济不确定性大幅提升，而新冠肺炎疫情和乌克兰危机等重大突发事件也给全球供应链带来了巨大冲击，加剧了全球各国金融市场波动，为防范重大金融风险对金融计量建模的精准分析提出了更高的要求。与此同时，数字经济快速发展使得金融计量研究者可获取的大数据更加普遍，大数据往往呈现高维度、多类型和实时性等复杂特征，而数据变量之间的关系随着经济不确定性的提升变得更复杂，准确刻画上述复杂特征和关系亟须对计量建模方法进行拓展和创新。上述因素从需求和供给两方面驱动了金融计量建模理论和方法的快速发展，而包括海外华人经济学家在内的众多中国学者在区间数据建模、非线性非平稳数据建模、金融风险测度和连续时间序列建模等领域作出了重要贡献。本文对近5年来中国学者在上述领域取得的一些重大进展进行分类总结梳理，并对未来发展趋势作了一些展望。由于笔者知识面有限，仅在这里列出部分代表性工作，仍有很多中国学者的工作没有被涵盖。

一　区间数据计量建模理论和方法

传统经济金融建模大多基于点数据，即一个变量在一个时间点或某一个时期，其观测值是一个点。但由于金融市场本身特点或经济分析本身的要求，如金融市场存在买卖差价、经济目标的区间管理需求、对微观数据进行加总（比如男、女平均工资），或信息不完全等复杂因素，如测量误差、数据收集方法以及抽样调查设计的局限性等，实际观察到的数据可能为区间型数据。区间数据一方面反映了数据的总体水平和变化趋势，另一方面也反映了数据变化过程中的总体波动水平。

在区间数据（interval-valued data）建模方面，洪永森、汪寿阳所带领的研究团队在国际上率先构建了区间时间序列模型的计量理论与系统性分析框架，提出了估计区间模型参

---

[*] 陈海强，厦门大学王亚楠经济学院，教授；李木易，厦门大学王亚楠经济学院，教授；吴吉林，厦门大学经济学院金融系，教授；童晨，厦门大学经济学院金融系，助理教授。

数的最小距离法，建立了区间向量自回归模型，并构建了可用于统计推断的大样本分布理论（Han et al.，2016）。在后续一系列工作中，该团队进一步拓展了区间时间序列的相关理论和应用范围。Sun 等（2018b）以区间时间序列数据为研究对象，提出了门限自回归区间模型（TARI），解决了若干关键性的数学问题，包括基于区间距离的参数估计方法，区间估计量的极限分布，不同参数估计量的不同收敛速度等。Sun 等（2019）针对门限自回归区间模型（TARI）提出了判别门限效应的假设检验方法，并将其应用于分析原油价格对成品油价格的非对称传导机制。Qiao 等（2019）基于分位数回归识别原油冲击，构建了一种含有区间虚拟变量的区间因子定价模型，发现在原油负向冲击时原油股票价格被高估，部分违背市场有效性假说。Sun 等（2020）在区间数据回归模型框架下拓展了瓦尔德（Wald）假设检验方法以及基于 Mallow's Cp 准则的变量选择方法，并应用于分析人民币在岸和离岸汇率与基本面因素、市场流动性以及全球避险因子之间的关系。Sun 等（2021）提出了非线性区间模型的事件分析法，构建相关统计推断理论，并从水平和波动两方面量化分析"特朗普当选"事件对标普 500 指数区间收益率的影响。

研究发现区间时间序列模型能更好地捕捉市场价格动态特征，相较于基于点数据的传统方法能显著提高预测精度。Sun 等（2018a）结合二元经验模态分解、区间 MLP 和区间指数平滑方法提出了区间分解集成学习模型，并将其应用于原油价格预测，取得了很好的预测效果。He 等（2021）引入负区间定义，提出了一个修正后的自回归区间模型并应用于原油价格预测，发现相对于传统点预测模型，区间预测模型能更好地捕捉原油价格水平和区间波动的动态特征，因此能产生更好的样本外预测表现。为解决区间数据建模中模型不确定性这一问题，Sun 等（2022）针对区间数据独有特性的模型平均方法，通过最小化平方误差风险分别建立中点和区间范围的权重选取准则，建立了相应理论性质，将模型平均从点值拓展到区间值时间序列。该方法相对于其他经典方法显著提高了原油价格预测精度和交易收益效果。

二 非线性时间序列建模理论和方法

（一）断点模型与门限模型

经济变量之间的关系可能因为政策变动、经济周期和技术革命而发生变化，断点模型和门限模型被广泛用于刻画上述结构突变，不少中国学者在断点模型和门限模型的理论研究方面取得了大量有影响力的学术成果。

在断点模型方面，海外华人学者白聚山早期做了大量奠基性理论工作（Bai，1997；Bai & Perron，1998），而近年来中国学者进一步将相关理论和方法拓展到更为一般的模型环境和数据。Ling（2016）在一般性框架下提出了线性和非线性时间序列模型中断点估计方法，并针对不同断点变化幅度建立了相应的断点估计的渐近性质。Ma 和 Yau（2016）考虑了多元时间序列模型中断点估计问题，并基于成对似然函数（pairwise likelihood）以及最小描述长度（minimum descript length）提出了一个新的断点估计准则。Yau 和 Zhao（2016）提出了一个基于似然比扫描（likelihood ratio scan）统计量的分段平稳过程中的变点估计算法。Zou 等（2020）基于样本分割和交叉验证估计提出了一个新的数据驱动信息准则并证明其在断点模型中的普适性。也有研究利用贝叶斯方法来估计断点模型，例如，Chan 等（2021）证明贝叶斯变点估计量具有渐近的极小极大性质，并提出了构造贝叶斯变点估计的置信区间的 Bootstrap 方法。由于面板数据模型在经济金融研究中越来越常见，部分研究探讨了面板数据模型中的断点估计问题，例如，Qian 和 Su（2016a）提出了基于自适应 Group Lasso 的惩罚最小二乘估计与惩罚广义矩估计方法。Wang 和 Su（2021）将 Bai（1997）提出的断点检验中的序贯二元分割法扩展到非线性面板模型并用于识别潜在的组结构。针对高维数据中的结构突变，Qian 和 Su（2016b）在多元线性回归模型中提出了一个基于 Group Lasso 的变点估计方法并建立了相应渐近理论。Liu 等（2020）将传统的 CUSUM 统计量推广到高维断点模型。Bai 等（2020）研究了高维因子模型中断点最小二乘估计的渐近理论，并提出了一种基于 Bootstrap 的置信区间构建方法。Su 和 Wang（2020）提出了一个非参数检验统计量以检验高维因子模型中是否存在因子载荷结构变点。国内学者在断点模型理论研究中也进行了不少探索。龙振环等（2017）研究了具有多个断点的逐段连续线性分位数回归模型，并提出利用 LASSO 和广义贝叶斯信息准则确定断点个数。韩猛等（2018）利用主成分估计的伪因子序列构造累积平方和统计量检验因子载荷矩阵的结构突变性。蔡光辉、廖亚琴（2021）研究了含有结构突变的动态高阶矩 Realized EGARCH 模型的估计。

  与断点模型不同，门限模型中的结构突变是基于一个可以观察到的经济金融变量是否超过一定的阈值，因此，门限模型往往被广泛用来捕捉变量之间的多区置非线性关系。Yu（2015）则研究了门限值的半参数有效估计，并证明经验贝叶斯估计量即使在内生性的情形下仍然可以自适应地估计阈值点。文章还提出了一种基于得分（score）的检验统计量并应用于门限双自回归模型中的假设检验。Yang 和 Ling（2017）针对具有厚尾分布的多重门限双自回归模型提出了基于拟极大指数似然估计法（quasi-maximum exponential likelihood estimator）的估计和检验方法。在考虑未知个数门限效应的情形下，Chan 等（2017）将门限估计问题转化为回归模型的高维变量选择问题，提出了一个组正交贪婪算法（group orthogonal greedy algorithm）来估计门限数量及对应的门限值。考虑到线性门限模型的局限性，Tan 和 Zhang（2019）放松了模型的线性假设，提出了门限部分秩估计与门限单调秩估计方法。Yu 和 Fan（2021）研究了具有边界的门限回归模型的估计和统计推断问题，同时提出了一种简化的门限边界估计的新算法。国内学者对门限模型建模理论也做了不少拓展。刘玉、唐礼智（2018）提出一类一般化的时空动态半参数变系数随机效应面板模型，并构建似然估计量。韩猛等

（2020）针对因子载荷矩阵存在的门限效应，提出了拉格朗日乘子和沃尔德检验方法，并给出了渐近分布。韩晓祎等（2021）提出一类新的门槛空间动态面板模型，并设计了相应的贝叶斯估计方法。

（二）连续时变模型

经济金融变量之间的关系可能是逐渐变化的。例如，我国很多金融市场制度改革都是通过试点逐步推进，改革带来的改变也是连续变化，而非突变。因此，连续时变模型往往将描述经济金融变量关系的模型参数假设为一个连续的未知形式的函数，并利用非参数方法来进行估计。在这个领域，蔡宗武、苏良军等研究团队做出了若干很有影响力的工作。针对单个时间序列中的连续时变特征，Lei 等（2016）针对半参数变系数自回归模型提出了一个基于轮廓法的 Whittle 似然估计方法。Guo 等（2017）提出了一个含单指数变系数的资产定价模型，用于刻画模型系数与商业状况变量之间的非线性关系。Song 和 Taamouti（2018）将参数模型下格兰杰因果关系的测度推广到非参数模型。Cheng 等（2019）针对时变系数模型的局部常数（Local constant）估计提出了一种基于贝叶斯方法的窗宽设定方法，并建立了相关大样本理论。国内学者针对不同情形下的连续时变模型也做了不少研究。苏治等（2017）考虑了时变随机波动 SVAR 模型的贝叶斯估计。贾婧等（2018）提出基于回归的检验方法来识别资产收益率偏度和峰度的时变性。金春雨、兰中停（2016）扩展现有协整回归模型，允许协整回归模型的系数具有时变特性。

针对面板数据中的连续时变特征，Cai 等（2020）创新性地提出允许横截面相关性（cross-sectional dependence）的函数系数面板数据模型的非参数估计与检验方法，并用以提高资产定价模型的估计与检验效率。Dong 等（2021）针对具有连续时变系数的面板数据模型提出一个基于非参数筛法（sieve）和主成分分析的估计方法。Hsu 和 Shiu（2021）在参数非线性面板数据模型框架下提出了一种 Mundlak 式的相关随机效应（correlated random effect）估计方法，有效解决了随机效应方法中分布误设可能导致的估计不一致问题。Su 等（2019）在时变面板数据模型中引入个体系数不同组别下的异质性，并提出一种基于惩罚筛函数（Sieve）的 Classifier-LASSO 方法。陶长琦、徐茉（2020）考虑了时变系数广义空间滞后模型，并提出利用贝叶斯方法和 MCMC 抽样估计模型参数。

时变特征也被进一步拓展到因子模型，后者被广泛应用于资产定价模型。Su 和 Wang（2017）考虑了具有时变因子载荷的因子模型的估计与假设检验，提出了一种局部 PCA 估计方法，并利用 BIC 信息准则来确定因子数量。Ma 等（2020）研究了存在条件时变因子载荷下的金融市场有效性检验问题。Guo 和 Li（2022）提出一个半参数因子模型（semiparametric factor model），并利用 B 样条（B-spline）基函数逼近未知的非参数函数，同时通过 SCAD 惩罚项确定因子是半参数形式还是线性形式。

三 非平稳时间序列数据建模理论和方法创新

（一）非平稳时间序列建模与检验

宏观时间序列往往呈现高持久性，即其一阶自回归系数接近于1，根据其接近1的速度和方向，可以分为单位根、近似单位根、轻度单整过程和爆炸过程等，然而根据观察数据无法将上述类型进行区分，给相关统计检验带来挑战。与此同时，非线性和非平稳特征往往在建模中同时出现，如何对二者联合建模成为金融计量领域重要研究问题。华人金融计量经济学者洪永淼、蔡宗武和高集体等在这个领域作出了贡献。例如，针对含有非平稳变量的半参数变系数模型，Sun 等（2016）提出了一个检验系数函数是否为常数的非参数检验方法；Hong 等（2017）提出了一个基于时变特征方程（characteristic function）的非参数方法，检验时间序列严平稳性（strict stationarity），该方法拓展后能进一步检验矩（moments）时变特征、弱平稳性以及 p-阶平稳性。Guo 等（2019）将双自回归模型中的严平稳性检验问题转化为针对最大李雅普诺夫指数（top Lyapunov exponent）的检验问题，并提出了相关估计和检验方法。Hu 等（2019）将变系数可加模型扩展到包含局部平稳时间序列，Hu 等（2021）则基于具有内生性和异方差的非线性协整幂函数回归模型建立了一种新的估计渐近理论。

部分研究考虑了在含有非平稳时间序列的情形下断点模型和门限模型的估计和检验。Chen（2015）研究了含有非平稳数据下门限模型的估计和检验。司登奎等（2017）提出傅立叶分位数单位根检验方法来捕捉时间序列中存在的结构突变点，进而刻画数据在不同分位下的动态变化特征。Pang 等（2018）考虑了不同突变情形下非平稳自回归模型中断点估计及推断问题，而 Pang 等（2021）进一步研究了非平稳自回归模型的多重断点估计并应用于金融泡沫模型的识别和检验。Horvath 等（2020）考虑了时间序列由平稳过程变为适度非平稳过程的在线监测（on-line detection）问题。Dette 和 Wu（2019）通过质量过剩法（mass excess approach）检验非平稳时间序列的均值是否存在相对变化。

关于非平稳时间序列的研究也被拓展到多维时间序列和面板数据模型。Cai 等（2017）提出了一个二元门限 VAR 协整模型用来研究时间序列在不同区域下呈现不同的非平稳性质，并推导了模型系数估计值在不同区域（regime）上的渐近分布有不同的收敛速度。Tu 和 Yi（2017）研究了当协整 VAR 模型中存在异质方差和方差断点情形下利用模型平均方法提升预测表现，Onatski 和 Wang（2019）研究了高维协整模型的假设检验问题，而 Huang 等（2020）将 Classifier-LASSO 方法扩展到非平稳协整面板中来识别潜在的组结构。

（二）含非平稳时间序列的预测模型

金融计量领域一个重要问题是检验金融市场有效假说。然而常用的预测变量如宏观经济变量等呈现非平稳特征，一些最新文献对于包含不同非平稳类型预测变量的预测模型的稳健估计和检验进行了研究。例如，Liu 等（2019b）将预测变量（predicting variable）的差分引入预测模型中并结合经验似然法（empirical likelihood method）提出了一个一致检验（unified test）方法，该方法对不同类型非平稳预测变量均有效。Dou 和 Müller（2021）提出了广义局部单位根（generalized local to unit, GLTU）模型以更好地描述常用的宏观预测变量的非平稳特征。Lin 和 Tu（2020）考虑了适度偏离单位根过程中的伪回归问题，提出了平衡回归（balance regression model）模型来去除检验统计中的冗余参数问题。Yang 等（2021）基于经验似然法提出了资产回报可预测性的一致检验。Cai 等（2022）针对含未知类型高持久特征协变量的分位数预测回归模型，提出了一种基于双重加权（double-weighted）思想的稳健统计推断方法。

四　金融风险测度和建模创新

（一）传统金融风险测度和建模

GARCH 模型被广泛应用于对金融资产回报率波动率动态特征进行建模，并进而对未来波动率进行预测，其作为传统金融风险测度之一在风险控制和衍生产品定价中有大量应用。近年来，结合金融市场复杂数据特征，不少研究对 GARCH 模型进行了拓展和创新。Hansen 和 Huang（2016）在传统 EGARCH 模型中引入已实现波动率（realized volatility），提出了 Realized EGARCH 模型，发现其可以显著提高波动率的预测效果。Lo 等（2016）提出了 Buffered Threshold GARCH 模型，在原有双区置门限模型下增加一段振荡摇摆状态用于刻画波动率在不同区间内的转换过程。Pan 等（2017）和 Fang 等（2020）基于混频数据研究了 GARCH-MIDAS 模型的估计和检验问题。Sun 和 Yu（2020）提出了函数型门槛 GARCH 模型，从而更好地刻画波动率的持续效应。Sheppard 和 Xu（2019）在 HEAVY 模型中引入了因子结构，提出了多维 HEAVY 模型。Zhou 等（2020）提出一个具有网络结构的 GARCH 模型，从而可以有效克服传统的多维 GARCH 模型存在的未知参数过多的问题。Linton 和 Wu（2020）与 Dhaene 和 Wu（2020）分别给出了在一维/多维 GARCH 模型中对日内和隔夜收益率进行联合建模的方法。

在波动率模型统计性质的探究方面，学界有大量成果发表。Liu 和 Yang（2016）研究了如何对半参 GARCH 模型进行 Spline 估计。Li 等（2018c）给出了 Realized EGARCH 模型的 QMLE 估计量的统计性质。Chen 和 Hong（2016）研究了如何对 GARCH 模型中的平滑结构性变化进行识别。Li 等（2018a）关注了一种无截距项的非平稳 GARCH 模型（ZD-GARCH），并给出了 QMLE 的估计量及其渐近性质。Guo 等（2019）针对与经典 GARCH 类模型具有同等功效的一类双自回归模型提出了严平稳检验方法。Jiang 等（2021）考虑一种半参的波动率模型（S-GARCH 模型），给出了基于 QMLE 的非平稳时间序列的检验方法和估计方法。Zheng 等（2018a）和 Wang 等（2022a）给出了各类平稳/非平稳的 GARCH 模型的分位数估计方法，以及对于极端重尾数据的 GARCH 模型的拟合优度检验法。Zhu 等（2020）讨论了使用 Bootstrap 的方法，并对 GARCH 模型进行 LAD 估计。Zhang 等（2022）给出了带有 GARCH 效应的自回归模型的 LAD 估计方法。Zheng 等（2018b）提出了一种稳健的拟合优度检验，可适用于含有厚尾分布的 GARCH 模型。Chen 等（2021）给出了基于 Copula 的多元 GARCH 模型的有效估计方法。

在高频数据应用于波动率估计和预测方面，国内学界成就颇丰。王江涛、周勇（2018）基于高频数据提出了波动率的非参估计方法，并讨论了窗宽选择问题。李俊儒等（2018）研究了一种基于波动率测量误差的波动率预测模型，并对其做了非线性扩展。吴奔等（2019）提出了一种将高频与低频数据相结合进行波动率建模的更一般的方法。刘威仪等（2020）系统地研究了三种类别的高频极值数据下波动率的建模与预测，发现充分地利用高频极值数据信息可以显著提高波动率的模型拟合效果和样本外动态预测能力。苑莹等（2020）考虑股市高频数据的日内效应和已实现波动率的测量误差，修正了现有多分形波动率指标的构建方法，以 HAR 模型为基础构建新的多分形波动率预测模型。刘轶等（2021）将价格极差与收益率符号结合起来，构建了基于符号价格极差的新金融资产波动率预测模型。

（二）极端风险测度和建模

基于 GARCH 模型的风险测度往往无法刻画投资者面临的极端风险，而在险价值（value at risk，VaR）和预期损失（expected shortfall, ES）基于分位数模型被广泛用来作为极端风险的测度指标。而关于 VaR 和 ES 的建模研究主要集中在非参数方法和极值理论领域。在不作任何分布假设的条件下，黄金波等（2016）利用非参数核估计法对 CVaR（conditional VaR）进行估计，得到了 CVaR 的两步核估计公式，并基于此构建了均值-CVaR 模型；Wang 和 Zhao（2016）提出了一种半参数方法用以估计 CVaR；Martins-Filho 等（2018）将非参数方法和极值理论结合起来，提出了一个两阶段法估计 VaR 和 ES。分位数回归被广泛用于 VaR 的估计，然而在对极端尾部建模时，分位数自回归估计量会因为数据稀疏问题变得不稳健。为了解决这个问题，Li 和 Wang（2019）建立了二阶条件下自回归系数和条件分位数函数之间的联系，并基于极值理论提出了一族关于极值分位数的估计量。Chen 等（2019）在 VaR 的基础上提出了盯市 VaR（mark to market VaR），从而可以对每日对标的资产进行风险评估并进行投资决策。基于动态阈值尖峰（peaks over threshold）方法，Shen 等（2022）提出了一种条件自回归帕累托模型用以测度金融市场的动态尾部指数。国内学者也对尾部风险测度及应用展开了深入研究。陈海强等（2019）基于 SJC Copula 函数估计个股和市场的尾部相关性，并利用双重差分法分析了融资融券交易制度推出的政策处置效应。顾云等（2022）结合极值理论和新的动态混合 Copula（Dynamic Mixture Copula）函数，提出了一种新的 CoES 估计方法，并提出了检验 CoES 模型设定正确性的后验分析方法。

金融风险管理中一个很重要的研究是对于模型的统计推断，从而确定哪一类模型更为合适。王锦阳等（2018）提出了一种"混合独立性"检验，该方法适用于不同类型常参数和时变参数 Copula 函数，以及不同分布假设下的动态系统性风险测度 CoVaR 模型的验证。在线性预测回归模型框架下，He 等（2020）研究了条件 VaR 的推断问题，在误差项满足独立分布或者存在 GARCH 误差项的条件下，提出使用基于光滑经验似然方法用以构建条件 VaR 的置信区间。王霞等（2020）借助特征函数的优良性质，基于非参数回归构造了金融传染的检验统计量。Du 和 Escanciano（2017）基于累积超标（cumulative violations）提出了 ES 的回测方法，并建立了统计量的渐近性质。Du 和 Pei（2020）分析了多元框架下组合 VaR 的回测（back testing）问题。Chen 等（2022）提出了一类分布式 Hill 估计量，建立了它的渐近性质，并讨论了先知性质成立的充分条件。

（三）系统性风险测度和风险传染建模

在金融危机中，金融风险可能会通过机构之间因为共同业务及资产负债等形成的网络关系进一步蔓延，从而威胁到整个金融系统。近年来，学术界对金融风险"传染"及其带来的系统性风险的研究越来越多。在高维框架下，Fan 等（2018）提出了一种基于投影的单一指数模型，可以在估计 CoVaR（Conditional VaR）的同时生成一个系统风险的预测指标。Jiang 等（2018）提出了一种基于熵的方法来测度单个金融资产和市场收益率之间非对称的联动效应。Demirer 等（2018）在 Diebold 和 Yilmaz（2014）的框架基础上，通过 LASSO 方法降维进而估计银行之间存在的网络结构。He 等（2019）从监管者视角出发提出了一种相关风险测度（relative risk measure）用于模拟系统性风险。Liu 等（2019a）在混合 copula 的框架下提出使用模型平均方法来度量金融市场之间的相依结构。徐少君等（2020）提出了 GVAR-DY 网络分析框架用来识别和测度跨国金融压力的传染渠道。Li 等（2022）提出了一种半参数尾部指标回归模型用以刻画极端事件的发生与其他预测变量之间的非线性相依关系。赵静、郭晔（2021）将金融机构间的关联网络和金融机构市值纳入系统性金融风险的测度中，探讨了我国存款保险制度对银行系统性风险的影响及其作用渠道。

高频数据或另类数据也被用来构建系统性风险测度。Mao 和 Zhang（2018）使用高频数据建立了一种随机尾部指数（Stochastic Tail Index）模型，用于分析金融资产的时变尾部指数。Gao 等（2018）使用多种全球资产的虚值期权构建了一种事前全球尾部风险指标（GRIX, global ex ante tail risk）。Hong 等（2021）在传染病模型中引入加总传播冲击（aggregate transmission shocks）并通过疫苗的资产定价框架将企业估值与病毒感染进行关联。

五　连续时间序列建模

随着高频数据可获得性的提高，连续时间序列的金融计量建模也得到了长足发展，包括范剑青、荆炳义和余俊等在内的中国学者在连续时间序列波动率建模、连续时间期权定价、连续时间市场微观结构噪声建模、连续时间的投资组合与市场风险建模领域做出了大量工作。

（一）连续时间序列波动率建模

金融市场交易往往是连续发生的，因此不少文献在连续时间框架下利用高频数据对波动率建模，并将其分解为连续波动成分、跳跃成分和微观噪音。在连续波动率模型创新方面，Song 等（2021a）提出了已实现的 GARCH-Itô 模型，为离散时间的 Realized GARCH 模型和连续时间的波动率模型提供了统一的波动率建模框架。在基于高频数据的已实现波动率和协方差估计方面，Li 等（2018b）给出了考虑交易信息和市场微观结构的已实现波动率的估计方法。Liu 等（2018）研究在同一时间点具有多个价格观测值时如何对已实现波动率进行有效估计。Jacod 等（2019）给出了基于逐笔成交数据的已实现波动率的估计方法。Kim 等（2021）给出了基于高频数据对波动率函数进行估计的方法。Wang 等（2022b）采用分数 OU 过程对已实现波动率进行建模和预测，在基于高频数据的协方差矩阵估计方面，Kim 等（2018）给出了基于自适应阈值法的高维协方差矩阵的估计方法。Wang 等（2021）研究了考虑因子结构的高维协方差矩阵的非参估计方法。Fan 和 Kim（2019）研究的是如何利用非同时的高频数据对结构性的协方差矩阵进行估计。Lan 等（2018）在高维协方差矩阵的估计中引入了网络结构。Fan 等（2016）给出了基于高频数据估计具有因子和行业结构的高维协方差矩阵的方法。

国内外不少文献针对金融市场波动跳跃成分的估计展开了深入研究。Li 和 Chen（2016）提出了泊松驱动的跳跃扩散模型转移密度的新闭式展开，并通过极大似然方法来对该模型进行估计。刘凤琴、陈睿骁（2016）针对跳跃扩散 LIBOR 市场模型与随机波动率 LIBOR 市场模型各自的应用局限，提出了 SVJD-LIBOR 随机动态模型的市场校准估计方法。马锋等（2017）基于符号收益率的视角，对现有的 HAR-RV 类及其跳跃扩展模型进行相应分解，构建新型的 HAR-RV 类波动率模型。龚谊洲、黄苒（2019）将外部信息冲击引入 HAR-RV 跳跃模型中，构建基于外部信息冲击的符号跳跃变差高频波动率模型。Song 等（2019）基于局部线性的非参数估计方法来修正带有无限小跳跃的资产价格模型。Liu 和 Wang（2019）提出一种对跳跃稳健的估计方法，用来估计已实现信息变差 RIV 和已实现信息幂次变差 RIPV。Kim 等（2021）提出了非参数方法来估计跳跃扩散模型中的局部时间，漂移项和扩散项，并给出了相应的渐近性质。Song 等（2021b）提出了一个双平滑非参数方法来处理基于高频数据且有着无穷小波动率系数的跳跃扩散模型。Aït-Sahalia 等（2021）则给出了如何从带跳跃的随机波动率模型出发导出隐含波动率曲面的表达式方法。Liu（2022）提出一种新的基于长短期成分的分解方法研究股票异质性波动率与收益率之间的关系。

研究表明，金融市场高频数据中由于买卖价差、离散价格和非频繁交易等交易成本和交易摩擦，往往受到微观噪声的污染，准确捕捉微观噪声的影响对改善波动率的估计和预测具有重要作用。Li 等（2016）将市场微观结构噪声作为交易信息的函数，提出了考虑交易信息的积分波动率的有效估计。Jacob 等（2017，2019）基于高频数据研究了微观结构噪声下的矩估计方法，该方法在存在跳跃、不规则时间间隔等情况下具有优异的性质。Liu 等（2018）研究了当存在微观结构噪声时，如何使用高频数据估计积分波动率。吴奔、张波（2017）将市场微观结构噪声部分地表示成交易信息的参数函数，并结合资产收益序列的跳跃特征，提出资产收益的高斯混合模型。Chang 等（2018）对噪声高频数据的误差分布进行了频域分析，提出运用具有适当局部性的反卷积技术来估计测量误差的密度函数。张传海（2019）在市场微观结构噪声和跳跃下提出一类新的可积波动估计。

（二）高维连续时间序列的建模

针对高维连续时间序列，Fan 等（2016）将全球行业分类标准纳入资产配置中，并提出了基于因子的高频数据大维协方差矩阵估计方法。Kong（2017）研究了如何运用局部主成分分析法来确定有着时变因子载荷的连续时间因子模型中的公共因子数量。Kim 等（2018）研究了对大维度积分波动率矩阵的自适应阈值估计过程并证明当资产数量与样本量都允许趋向无穷大时，自适应阈值估计可以在稀疏积分波动率矩阵类上达到最优的收敛速度。Fan 和 Kim（2018）研究了在不使用非流动资产的共同波动率条件下，如何准确估计较大维度的积分波动率矩阵。Kong（2018）在大面板高频数据框架下研究了系统性波动率和异质性波动率。Zhang 等（2019）通过对比样本内似然值与样本外似然值，构建了一个新的多元跳跃扩散模型的拟合优度检验。Kong 和 Liu（2018）提出了以一种非参数检验方法来检测高维连续时间因子模型的因子载荷矩阵是否为常数。Kong 等（2019）在大面板高频数据框架下提出了因子数量的秩检验方法。刘成等（2022）基于高频数据来准确估计和预测高维积分波动率矩阵，并将矩阵的预测值应用于资产投资组合的构造中。

六 总结与展望

近五年来，金融计量在新数据和新问题的不断涌现下得到了快速发展，中国学者在许多重要领域均做出了突破性成果，同时也在金融计量人才团队建设方面取得了长足发展。中国金融计量领域目前不但拥有若干具有国际一流研究实力的著名学者，也有快速成长中的学术新星，而许多高校也通过引进、吸收和发展，建立了完整的相关课程体系和人才培养体系。展望未来，中国经济的平稳发展和金融市场的进一步开放将为金融计量理论和方法创新提供更多丰富的应用场景，有理由相信，中国学者未来将在金融计量领域做出更多原创性学术成果，而中国也将逐渐发展成为全球金融计量研究的中心。

参考文献

蔡光辉、廖亚琴,2021,《基于结构突变的动态高阶矩 Realized EGARCH 模型及应用》,《数量经济技术经济研究》第 1 期。

陈海强、方颖、王方舟,2019,《融资融券制度对尾部系统风险的非对称影响——基于 A 股市场极值相关性的研究》,《管理科学学报》第 5 期。

龚谊洲、黄苒,2019,《基于外部信息冲击的符号跳跃变差高频波动率模型》,《系统工程理论与实践》第 9 期。

顾云、张栋浩、杜在超、黄在鑫,2022,《系统性风险度量 CoES 的建模和检验》,《统计研究》第 1 期。

韩猛、白仲林、缪言,2018,《因子模型的一种结构突变检验及其统计性质研究》,《统计研究》第 6 期。

韩猛、唐亚男、白仲林,2020,《因子模型门槛效应的 LM 和 Wald 检验及其统计性质研究》,《统计研究》第 11 期。

韩晓祎、蔡争争、朱艳丽,2021,《门槛空间动态面板模型的贝叶斯估计及其应用研究》,《数量经济技术经济研究》第 10 期。

黄金波、李仲飞、姚海祥,2016,《基于 CVaR 两步核估计量的投资组合管理》,《管理科学学报》第 5 期。

贾婧、鲁万波、柯睿,2018,《基于回归的时变偏度和时变峰度识别检验》,《统计研究》第 11 期。

金春雨、兰中停,2016,《一个时变系数协整回归模型及应用研究》,《数量经济技术经济研究》第 6 期。

李俊儒、汪寿阳、魏云捷,2018,《基于波动率测量误差的波动率预测模型》,《系统工程理论与实践》第 8 期。

刘成、罗金斗、罗知,2022,《高频数据下积分波动率矩阵的伪似然估计、预测及应用》,《数量经济技术经济研究》第 3 期。

刘凤琴、陈睿骁,2016,《SVJD-LIBOR 随机动态模型的市场校准估计与实证模拟》,《统计研究》第 1 期。

刘威仪、江含宇、张天玮、陈炜,2020,《基于高频极值数据的波动率建模与预测》,《系统工程理论与实践》第 12 期。

刘轶、屈建文、董续高、张磊,2021,《基于符号价格极差的金融资产波动率预测研究》,《系统工程理论与实践》第 9 期。

刘玉、唐礼智，2018，《时空动态半参数变系数随机效应面板模型的估计》，《数量经济技术经济研究》第 2 期。

龙振环、张飞鹏、周小英，2017，《带多个变点的逐段连续线性分位数回归模型及应用》，《数量经济技术经济研究》第 8 期。

马锋、魏宇、黄登仕，2017，《基于符号收益和跳跃变差的高频波动率模型》，《管理科学学报》第 10 期。

司登奎、李小林、张仓耀，2017，《分位数单位根检验的拓展及其应用研究》，《统计研究》第 5 期。

苏治、刘程程、宋志刚，2017，《贝叶斯视角下符号约束与时变随机波动 SVAR 模型的实现与应用》，《统计研究》第 11 期。

陶长琪、徐茉，2020，《时变系数广义空间滞后模型的贝叶斯估计》，《统计研究》第 11 期。

王江涛、周勇，2018，《高频数据波动率非参数估计及窗宽选择》，《系统工程理论与实践》第 10 期。

王锦阳、刘锡良、杜在超，2018，《相依结构、动态系统性风险测度与后验分析》，《统计研究》第 3 期。

王霞、付中昊、洪永森、张冬悦，2020，《基于非参数回归的金融传染检验》，《系统工程理论与实践》第 6 期。

吴奔、张波、赵丽丽，2019，《不规则时间序列波动率建模：高频与低频的统一》，《系统工程理论与实践》第 1 期。

吴奔、张波，2017，《交易信息、跳跃发现与波动率估计》，《统计研究》第 8 期。

徐少君、张少华、王炜婷，2020，《跨国金融压力的溢出效应及渠道识别研究》，《数量经济技术经济研究》第 4 期。

苑莹、张同辉、庄新田，2020，《中国股市多分形波动率建模及预测研究》，《系统工程理论与实践》第 9 期。

张传海，2019，《基于门限预平均已调整多次幂变差的可积波动估计及其应用》，《系统工程理论与实践》第 4 期。

赵静、郭晔，2021，《存款保险制度、影子银行与银行系统性风险》，《管理科学学报》第 6 期。

Aït-Sahalia, Y., C. Li, and C. X. Li, 2021, "Closed-form Implied Volatility Surfaces for Stochastic Volatility Models with Jumps," *Journal of Econometrics*, Vol.222, No.1, 364-392.

Bai, J., 1997, "Estimating Multiple Breaks One at A Time," *Econometric theory*, Vol.13, No.3, 315-352.

Bai, J. and P. Perron, 1998, "Estimating and Testing Linear Models with Multiple Structural Changes," *Econometrica*, Vol.66, No.1, 47-78.

Bai, J., Han, X., and Shi, Y., 2020, "Estimation and Inference of Change Points in High-Dimensional Factor Models," *Journal of Econometrics*, Vol.219, No.1, 66-100.

Cai, B., Gao, J., and Tjøstheim, D., 2017, "A New Class of Bivariate Threshold Cointegration Models," *Journal of Business and Economic Statistics*, Vol.35, No.2, 288-305.

Cai, Z., Chen, H., and Liao, X., 2022, "A New Robust Inference for Predictive Quantile Regression," *Journal of Econometrics*, Vol.230, No.1.

Cai, Z., Fang, Y., and Xu, Q., 2020, "Testing Capital Asset Pricing Models Using Functional-Coefficient Panel Data Models with Cross-Sectional Dependence," *Journal of Econometrics*, Vol.227, No.1, 114-133.

Chan, N. H., Ing, C. K., Li, Y., and Yau, C. Y., 2017, "Threshold Estimation via Group Orthogonal Greedy Algorithm," *Journal of Business and Economic Statistics*, Vol.35, No.2, 334-345.

Chan, N. H., Ng, W. L., Yau, C. Y., and Yu, H., 2021, "Optimal Change-point Estimation in Time Series," *The Annals of Statistics*, Vol.49, No.4, 2336-2355.

Chang, J., D. Aurore, H. Peter and T. Yong, 2018, "A Frequency Domain Analysis of the Error Distribution from Noisy High-Frequency Data," *Biometrika*, Vol.105, No.2, 353-369.

Chen, B., 2015, "Modeling and Testing Smooth Structural Changes with Endogenous Regressors," *Journal of Econometrics*, Vol.185, No.1, 196-215.

Chen Y., Wang Z., and Zhang Z., 2019, "Mark to Market Value at Risk," *Journal of Econometrics*, Vol.208, No.1, 299-321.

Chen, B. and Y. Hong, 2016, "Detecting for Smooth Structural Changes in GARCH Models," *Econometric Theory*, Vol.32, No.3, 740-791.

Chen, L., Li D., and Zhou C., 2022, "Distributed Inference for the Extreme Value Index," *Biometrika*, Vol.109, No.1, 257-264.

Chen, X., Z. Huang, and Y. Yi, 2021, "Efficient Estimation of Multivariate Semi-Nonparametric GARCH Filtered Copula Models," *Journal of Econometrics*, Vol.222, No.1, 484-501.

Cheng, T., Gao, J., and Zhang, X., 2019, "Bayesian Bandwidth Estimation in Nonparametric Time-Varying Coefficient Models," *Journal of Business and Economic Statistics*, Vol.37, No.1, 1-12.

Demirer, M., Diebold F., Liu L., and Yilmaz K., 2018, "Estimating Global Bank Network

Connectedness," *Journal of Applied Econometrics*, Vol.33, No.1, 1–15.

Dette, H., and Wu, W., 2019, "Detecting Relevant Changes in the Mean of Nonstationary Processes—A Mass Excess Approach," *The Annals of Statistics*, Vol.47, No.6, 3578–3608.

Dhaene, G. and J. Wu, 2020, "Incorporating Overnight and Intraday Returns into Multivariate GARCH Volatility Models," *Journal of Econometrics*, Vol.217, No.2, 471–495.

Diebold, F. and K. Yilmaz, 2014, "On the Network Topology of Variance Decompositions: Measuring the Connectedness of Financial Firms," *Journal of Econometrics*, Vol.182, No.1, 119–134.

Dong, C., Gao, J., and Peng, B., 2021, "Varying-Coefficient Panel Data Models with Nonstationarity and Partially Observed Factor Structure," *Journal of Business and Economic Statistics*, Vol.39, No.3, 700–711.

Dou, L. and Müller, U. K., 2021, "Generalized Local-to-Unity Models," *Econometrica*, Vol.89, No.4, 1825–1854.

Du, Z., and Escanciano, J., 2017, "Backtesting Expected Shortfall: Accounting for Tail Risk," *Management Science*, Vol.63, No.4, 940–958.

Du, Z., and Pei, P., 2020, "Backtesting Portfolio Value-at-Risk with Estimated Portfolio Weights," *Journal of Time Series Analysis*, Vol.41, No.5, 605–619.

Fan, J. and D. Kim, 2018, "Structured Volatility Matrix Estimation for Non-Synchronized High-Frequency Financial Data," *Journal of Econometrics*, Vol.209, No.1, 61–78.

Fan, J. and D. Kim, 2019, "Structured Volatility Matrix Estimation for Non-Synchronized High-Frequency Financial Data," *Journal of Econometrics*, Vol.209, No.1, 61–78.

Fan, J., A. Furger, and D. Xiu, 2016, "Incorporating Global Industrial Classification Standard into Portfolio Allocation: A Simple Factor-Based Large Covariance Matrix Estimator with High-Frequency Data," *Journal of Business Economic Statistics*, Vol.34, No.4, 489–503.

Fan, Y., Härdle W., Wang W., and Zhu L., 2018, "Single-Index-Based CoVaR with Very High-Dimensional Covariates," *Journal of Business and Economic Statistics*, Vol.36, No.2, 212–226.

Fang, T., T.-H. Lee, and Z. Su, 2020, "Predicting the Long-Term Stock Market Volatility: A GARCH-MIDAS Model with Variable Selection," *Journal of Empirical Finance*, Vol.58, 36–49.

Gao, P., Lu, X., and Song, Z., 2018, "Tail Risk Concerns Everywhere," *Management Science*, Vol.65, No.7, 3111–3130.

Guo, C., and Li, J., 2022, "Homogeneity and Structure Identification in Semiparametric Factor Models," *Journal of Business and Economic Statistics*, Vol.40, No.1, 408–422.

Guo, H., Wu, C., and Yu, Y., 2017, "Time-varying Beta and the Value Premium," *Journal of

Financial and Quantitative Analysis, Vol.52, No.4, 1551-1576.

Guo, S., Li, D., and Li, M., 2019, "Strict Stationarity Testing and GLAD Estimation of Double Autoregressive Models," *Journal of econometrics*, Vol.211, No.2, 319-337.

Han, A., Hong, Y., Wang, S. and Yun, X., 2016, "A Vector Autoregressive Moving Average Model for Interval-Valued Time Series Data," Essays in Honor of Aman Ullah (Advances in Econometrics, Vol. 36, Emerald Group Publishing Limited, Bingley, pp. 417-460.

Hansen, P. R. and Z. Huang, 2016, "Exponential GARCH Modeling with Realized Measures Of Volatility," *Journal of Business Economic Statistics,* Vol.34, No.2, 269-287.

He, Y., Han, A., Hong, Y. and Sun, Y., 2021, "Forecasting Crude Oil Price Intervals and Return Volatility Via Autoregressive Conditional Interval Models," *Econometric Reviews*, Vol.40, No.6, 584-606.

He, Y., Hou, Y., Peng, L., and Shen, H., 2020, "Inference for Conditional Value-at-Risk of A Predictive Regression," *Annals of Statistics*, Vol.48, No.6, 3442-3464.

He, Y., Hou, Y., Peng, L., and Sheng, J., 2019, "Statistical Inference for a Relative Risk Measure," *Journal of Business and Economic Statistics*, Vol.37, No.2, 301-311.

Hong, H., Wang N., and Yang J., 2021, "Implications of Stochastic Transmission Rates for Managing Pandemic Risks," *Review of Financial Studies*, Vol.34, No.11, 5224-5265.

Hong, Y., Wang, X., and Wang, S., 2017, "Testing Strict Stationarity with Applications to Macroeconomic Time Series," *International Economic Review*, Vol.58, No.4, 1227-1277.

Horvath, J., Z. Liu, G. Rice and S. Wang, 2020, "Sequential Monitoring for Changes from Stationarity to Mild Non-Stationarity," *Journal of Econometrics,* Vol.215, No.1, 209-238.

Hsu, Y. C., and Shiu, J. L., 2021, "Nonlinear Panel Data Models with Distribution-Free Correlated Random Effects," *Econometric Theory*, Vol.37, No.6, 1075-1099.

Hu, L., Huang, T., and You, J., 2019, "Estimation and Identification of a Varying-Coefficient Additive Model For Locally Stationary Processes," *Journal of the American Statistical Association*, Vol.114, No.527, 1191-1204.

Hu, Z., Phillips, P. C., and Wang, Q., 2021, "Nonlinear Cointegrating Power Function Regression with Endogeneity," *Econometric Theory*, Vol.37, No.6, 1173-1213.

Huang, W., Jin, S., and Su, L., 2020, "Identifying Latent Grouped Patterns in Cointegrated Panels," *Econometric Theory*, Vol.36, No.3, 410-456.

Jacod, J., Y. Li, and X. Zheng, 2017, "Statistical Properties of Microstructure Noise," *Econometrica*, Vol.85, No.4, 1133-1174

Jacod, J., Y. Li, and X. Zheng, 2019, "Estimating the Integrated Volatility with Tick Observations," *Journal of Econometrics,* Vol.208, No.1, 80-100.

Jiang, F., D. Li, and K. Zhu, 2021, "Adaptive Inference for A Semiparametric Generalized Autoregressive Conditional Heteroskedasticity Model," *Journal of Econometrics*, Vol.224, No.2, 306-329.

Jiang, L., Wu K., and Zhou G., 2018, "Asymmetry in Stock Comovements: An Entropy Approach," *Journal of Financial and Quantitative Analysis,* Vol.53, No.4, 1479-1507.

Kim, D., X.B. Kong, C.X. Li, and Y. Wang, 2018, "Adaptive Thresholding for Large Volatility Matrix Estimation Based On High-Frequency Financial Data," *Journal of Econometrics,* Vol.203, No.1, 69-79.

Kim, J., J. Y. Park, and B. Wang, 2021, "Estimation of Volatility Functions in Jump Diffusions Using Truncated Bipower Increments," *Econometric Theory,* Vol.37, No.5, 926-958.

Kong, X. and C. Liu, 2018, "Testing Against Constant Factor Loading Matrix with Large Panel High-Frequency Data," *Journal of Econometrics*, Vol.204, No.2, 301-319.

Kong, X., 2017, "On the Number of Common Factors with High-Frequency Data", *Biometrika*, Vol.104, No.2, 397-410.

Kong, X., 2018, "On the Systematic and Idiosyncratic Volatility with Large Panel High-Frequency Data," *The Annals of Statistics*, Vol.46, No.3, 1077-1108.

Kong, X., Zhi Liu and Z. Wang, 2019, "A Rank Test for the Number of Factors with High-Frequency Data," *Journal of Econometrics*, Vol.211, No.2, 439-460.

Lan, W., Z. Fang, H. Wang, and C.-L. Tsai, 2018, "Covariance Matrix Estimation Via Network Structure," *Journal of Business Economic Statistics,* Vol.36, No.2, 359-369.

Lei, H., Xia, Y., and Qin, X., 2016, "Estimation of Semi-Varying Coefficient Time Series Models with ARMA Errors," *The Annals of Statistics*, Vol.44, No. 4, 1618-1660.

Li, C. and D. Chen, 2016, "Estimating Jump-Diffusions Using Closed-Form Likelihood Expansions," *Journal of Econometrics,* Vol.195, No.1, 51-70.

Li, D., and Wang H., 2019, "Extreme Quantile Estimation for Autoregressive Models," *Journal of Business and Economic Statistics*, Vol.37, No.4, 661-670.

Li, D., X. Zhang, K. Zhu, and S. Ling, 2018a, "The ZD-GARCH Model: A New Way to Study Heteroscedasticity," *Journal of Econometrics,* Vol.202, No.1, 1-17.

Li, R., Leng, C., and You, J., 2022, "Semiparametric Tail Index Regression," *Journal of Business and Economic Statistics*, Vol.40, No.1, 82-95.

Li, Y., S. Xie and X. Zheng, 2016b, "Efficient Estimation of Integrated Volatility Incorporating Trading Information," *Journal of Econometrics*, Vol.195, No.1, 33-50.

Li, Y., Z. Zhang and Y. Li, 2018b, "A Unified Approach to Volatility Estimation in the Presence of Both Rounding and Random Market Microstructure Noise," *Journal of Econometrics*, Vol.203, No.2, 187-222.

Li, Y.N., Y. Zhang, and C. Zhang, 2018c, "Statistical Inference for Measurement Equation Selection in the Log-Real GARCH Model," *Econometric Theory*, Vol.35, No.5, 943-977.

Lin, Y., and Tu, Y., 2020, "Robust Inference for Spurious Regressions and Cointegrations Involving Processes Moderately Deviated from a Unit Root," *Journal of Econometrics*, Vol.219, No.1, 52-65.

Ling, S., 2016, "Estimation of Change-Points in Linear and Nonlinear Time Series Models," *Econometric Theory*, Vol.32, No.2, 402-430.

Linton, O. and J. Wu, 2020, "A Coupled Component DCS-EGARCH Model for Intraday and Overnight Volatility," *Journal of Econometrics*, Vol.217, No.1, 176-201.

Liu, B., Zhou, C., Zhang, X., and Liu, Y., 2020, "A Unified Data-Adaptive Framework for High Dimensional Change Point Detection," *Journal of the Royal Statistical Society: Series B (Statistical Methodology)*, Vol.82, No.4, 933-963.

Liu, G., W. Long, X. Zhang and Q. Li, 2019a, "Detecting Financial Data Dependence Structure by Averaging Mixture Copulas," *Econometric Theory*, Vol.35, No.4, 777-815.

Liu, R. and L. Yang, 2016, "Spline Estimation of a Semiparametric GARCH Model," *Econometric Theory*, Vol.32, No.4, 1023-1054.

Liu, W. and M. Wang, 2019, "Volatility Estimation and Jump Testing via Realized Information Variatio," *Journal of Time Series Analysis*, Vol.40, No.5, 753-787.

Liu, X., Yang, B., Cai, Z., and Peng, L., 2019b, "A Unified Test for Predictability of Asset Returns Regardless of Properties of Predicting Variables," *Journal of Econometrics*, Vol.208, No.1, 141-159.

Liu, Y. 2022, "The Short-Run and Long-Run Components of Idiosyncratic Volatility and Stock Returns," *Management Science*, Vol.68, No.2, 1573-1589.

Liu, Z., X.-B. Kong, and B.-Y. Jing, 2018, "Estimating the Integrated Volatility Using High-Frequency Data with Zero Durations," *Journal of Econometrics*, Vol. 204, No.1, 18-32.

Lo, P. H., W. K. Li, P. L. H. Yu, and G. Li, 2016, "On Buffered Threshold GARCH Models," *Statistica Sinica*, Vol.26, 1555-1567.

Ma, S., Lan, W., Su, L., and Tsai, C. L., 2020, "Testing Alphas in Conditional Time-Varying Factor Models with High-Dimensional Assets," *Journal of Business and Economic Statistics*, Vol.38, No.1, 214-227.

Ma, T. F., and Yau, C. Y., 2016, "A Pairwise Likelihood-Based Approach for Changepoint Detection in Multivariate Time Series Models," *Biometrika*, Vol.103, No.2, 409-421.

Mao, G. and Z. Zhang, 2018, "Stochastic Tail Index Model for High Frequency Financial Data with Bayesian Analysis," *Journal of Econometrics*, Vol.205, No.2, 470-487.

Martins-Filho, C., Yao, F., and Torero, M, 2018, "Nonparametric Estimation of Conditional Value-at-Risk and Expected Shortfall Based On Extreme Value Theory," *Econometric Theory*, Vol.34, No.1, 23-67.

Onatski, A., and Wang, C., 2019, "Extreme Canonical Correlations and High-Dimensional Cointegration Analysis," *Journal of Econometrics*, Vol.212, No.1, 307-322.

Pan, Z., Y. Wang, C. Wu, and L. Yin, 2017, "Oil Price Volatility and Macroeconomic Fundamentals: A Regime Switching GARCH-MIDAS Model," *Journal of Empirical Finance*, Vol.43, 130-142.

Pang, T., Chong, T. T. L., Zhang, D., and Liang, Y., 2018, "Structural Change in Nonstationary AR (1) Models," *Econometric Theory*, Vol.34, No.5, 985-1017.

Pang, T., Du, L., and Chong, T. T. L., 2021, "Estimating Multiple Breaks in Nonstationary Autoregressive Models," *Journal of Econometrics*, Vol.221, No.1, 277-311.

Qian, J., and Su, L., 2016a, "Shrinkage Estimation of Regression Models with Multiple Structural Changes," *Econometric Theory*, Vol.32, No.6, 1376-1433.

Qian, J., and Su, L., 2016b, "Shrinkage Estimation of Common Breaks in Panel Data Models Via Adaptive Group Fused Lasso," *Journal of Econometrics*, Vol.191, No.1, 86-109.

Qiao, K., Sun, Y., Wang, S., 2019, "Market Inefficiencies Associated with Pricing Oil Stocks during Shocks," *Energy Economics*, Vol.81, 661-671.

Shen Z., Chen Y., and Shi R., 2022, "Modeling Tail Index with Autoregressive Conditional Pareto Model," *Journal of Business and Economic Statistics*, Vol.40, No.1, 458-466.

Sheppard, K. and W. Xu, 2019, "Factor High-Frequency-Based Volatility (HEAVY) Models," *Journal of Financial Econometrics*, Vol.17, No.1, 33-65.

Song, X., and Taamouti, A., 2018, "Measuring Nonlinear Granger Causality in Mean," *Journal of Business and Economic Statistics*, Vol.36, No.2, 321-333.

Song, X., Kim, D., Yuan H., Cui, X., Lu Z., Zhou, Y., Y. Wang, 2021a, "Volatility Analysis with Realized GARCH-Itô Models," *Journal of Econometrics*, Vol.222, No.1, 393-410.

Song, Y., Hou, W. and Lin, Z., 2021b, "Double Smoothed Volatility Estimation of Potentially Non-stationary Jump-diffusion Model of Shibor," *Journal of Time Series Analysis*, Vol.43, No.1, 53-82.

Song, Y., Y. Chen and Z. Wang, 2019, "Bias Correction Estimation for a Continuous-Time Asset Return Model with Jumps," *Journal of Time Series Analysis*, Vol.40, No.1, 66-101.

Su, L., and Wang, X., 2020, "Testing for Structural Changes in Factor Models via a Nonparametric Regression," *Econometric Theory*, Vol.36, No.6, 1127-1158.

Su, L., Wang, X., and Jin, S., 2019, "Sieve Estimation of Time-Varying Panel Data Models with Latent Structures," *Journal of Business and Economic Statistics*, Vol.37, No.2, 334-349.

Sun, H. and B. Yu, 2020, "Volatility Asymmetry in Functional Threshold GARCH Model," *Journal of Time Series Analysis*, Vol.41, No.1, 95-109.

Sun, S., Sun, Y., Wang, S. and Wei, Y., 2018a, "Interval Decomposition Ensemble Approach for Crude Oil Price Forecasting," *Energy Economics*, Vol.76, 274-287.

Sun, Y., Bao, Q., Zheng, J. and Wang, S., 2020, "Assessing the Price Dynamics of Onshore and Offshore RMB Markets: An ITS Model Approach," *China Economic Review*, Vol.62, 101476.

Sun, Y., Cai, Z., and Li, Q., 2016, "A Consistent Nonparametric Test on Semiparametric Smooth Coefficient Models with Integrated Time Series," *Econometric Theory*, Vol.32, No.4, 988-1022.

Sun, Y., Han, A., Hong, Y., and Wang, S., 2018b, "Threshold Autoregressive Models for Interval-Valued Time Series Data," *Journal of Econometrics,* Vol.206, No.2, 414-446.

Sun, Y., Qiao, K. and Wang, S., 2021, "Uncertainty Shocks of Trump Election in an Interval Model of Stock Market," *Quantitative Finance*, Vol.21, No.5, 865-879.

Sun, Y., Zhang, X., Hong, Y. and Wang S., 2019, "Asymmetric Pass-Through of Oil Prices to Gasoline Prices with Interval Time Series Modelling," *Energy Economics*, Vol.78, 165-173.

Sun, Y., Zhang, X., Wan, A. T., and Wang, S., 2022, "Model Averaging for Interval-Valued Data," *European Journal of Operational Research*, Vol.301, No.2, 772-784.

Tan, L., and Zhang, Y., 2019, "M-estimators of U-processes with a Change-Point Due to a Covariate Threshold," *Journal of Business and Economic Statistics,* Vol.37, No.2, 248-259.

Tu, Y., and Yi, Y., 2017, "Forecasting Cointegrated Nonstationary Time Series with Time-Varying Variance," *Journal of Econometrics*, Vol.196, No.1, 83-98.

Wang, C., and Zhao Z., 2016, "Conditional Value-at-Risk: Semiparametric Estimation and

Inference," *Journal of Econometrics*, Vol.195, No.1, 86-103.

Wang, G., K. Zhu, G. Li, and W. K. Li, 2022a, "Hybrid Quantile Estimation for Asymmetric Power GARCH Models," *Journal of Econometrics*, Vol.227, No.1, 264-284.

Wang, H., B. Peng, D. Li, and C. Leng, 2021, "Nonparametric Estimation of Large Covariance Matrices with Conditional Sparsity," *Journal of Econometrics*, Vol.223, No.1, 53-72.

Wang, X.H., Xiao, W.L. and Yu, J., 2022b, "Modelling and Forecasting Realized Volatility with the Fractional Ornstein-Uhlenbeck Process," *Journal of Econometrics*, forthcoming.

Xiao, Weilin and Jun Yu, 2018, "Asymptotic Theory for Estimating Drift Parameters in The Fractional Vasicek Model," *Econometric Theory*, Vol.35, No.1, 198-231.

Yang, B., Liu, X., Peng, L., and Cai, Z., 2021, "Unified Tests for A Dynamic Predictive Regression," *Journal of Business and Economic Statistics*, Vol.39, No.3, 684-699.

Yang, Y., and Ling, S., 2017, "Inference for Heavy-Tailed and Multiple-Threshold Double Autoregressive Models," *Journal of Business and Economic Statistics*, Vol.35, No.2, 318-333.

Yau, C. Y., and Zhao, Z., 2016, "Inference for Multiple Change Points in Time Series Via Likelihood Ratio Scan Statistics," *Journal of the Royal Statistical Society: Series B (Statistical Methodology)*, Vol.78, No.4, 895-916.

Yu, P., 2015, "Adaptive Estimation of the Threshold Point in Threshold Regression," *Journal of Econometrics*, Vol.189, No.1, 83-100.

Zhang, X., R. Zhang, Y. Li, and S. Ling, 2022, "LADE-based Inferences for Autoregressive Models with Heavy-Tailed G-GARCH(1, 1) Noise," *Journal of Econometrics*, Vol.227, No.1, 228-240.

Zheng, Y., Q. Zhu, G. Li, and Z. Xiao, 2018a, "Hybrid Quantile Regression Estimation for Time Series Models with Conditional Heteroscedasticity," *Journal of the Royal Statistical Society (Series B)*, Vol.80, No.5, 975-993.

Zheng, Y., W. K. Li, and G. Li, 2018b, "A Robust Goodness-Of-Fit Test for Generalized Autoregressive Conditional Heteroscedastic Models," *Biometrika*, Vol.105, No.1, 73-89.

Zhou, J., D. Li, R. Pan, and H. Wang, 2020, "Network GARCH Model", *Statistica Sinica*, Vol.30, 1-18.

Zhu, Q., R. Zeng, and G. Li, 2020, "Bootstrap Inference for GARCH Models by the Least Absolute Deviation Estimation," *Journal of Time Series Analysis*, Vol.41, No.1, 21-40.

Zou, C., Wang, G., and Li, R., 2020, "Consistent Selection of the Number of Change-Points via Sample-Splitting," *Annals of statistics*, Vol.48, No.1, 413-439.

论文精粹摘编

外文论文[*]

1. Devereux, M. and C. Yu (2020): "International Financial Integration and Crisis Contagion"（《国际金融一体化与危机传染》），*Review of Economic Studies*, 87, 1174-1212.

国际金融一体化有助于分散风险，但也可能加速危机在各国之间的传播。该文通过一个具有抵押品约束借款的两国一般均衡模型进行定量分析，其中借贷约束具体取决于经济状况和继承债务水平。该文研究了不同程度的国际金融一体化，从金融自给自足，到债券和股票市场一体化。研究发现，金融一体化导致全球杠杆率显著增加，大幅增加任何一国发生危机的可能性，并大幅增加各国之间的"传染"程度。在危机之外，金融一体化对宏观经济总量的影响相对较小。但国际金融市场一体化危机的影响远没有金融市场自给自足的影响那么严重。因此，需要在发生危机的概率和危机的严重性之间作出权衡。该文使用一个涵盖发展中经济体和发达经济体40年来金融危机的大型跨国数据库，找到了支持该模型的证据。

2. Dong, X., Y. Li, D. Rapach and G. Zhou (2022): "Anomalies and the Expected Market Return"（《异象和预期市场收益率》），*Journal of Finance*, 77, 639-681.

文章首次系统性地研究了证券市场横截面套利组合投资回报率和市场投资回报率之间的关系。文章收集了文献中具有代表性的100项资本估值套利组合，采用多种机器学习模型解决高维预测模型中的过度拟合问题，并从样本组合中提取有用信息，进行了更为严格的样本外预测检验。研究结果显示，套利组合的回报率可在样本外实现对市场走势的预测，该预测力基于非对称有限套利的非对称股价修正过程。

3. Jiang, F., J. Lee, X. Martin and G. Zhou (2019): "Manager Sentiment and Stock Returns"（《经理人情绪和股票回报》），*Journal of Financial Economics*, 132, 126-149.

文章基于企业财务披露的文本数据构建了经理情绪指数。该文发现，经理人情绪是未来股票市场总回报的强负预测因子，月样本内和样本外 R^2 分别为 9.75% 和 8.38%，远大于其他先前研究中宏观经济变量的预测

---

[*] 注：本部分外文论文、中文论文均按照第一作者姓氏音序排名。中英文论文由中国社会科学院内外学者广泛推荐，最终的筛选由评选小组完成，其成员包括：张晓晶、胡滨、张明、彭兴韵、杨涛、胡志浩、吴卫星、张成思、谭小芬。

能力。它的预测能力在经济上具有可比性，并且在信息上与现有的投资者情绪指标相辅相成。较高的经理人情绪领先于较低的总收益意外和较大的总投资增长。此外，经理人情绪对横截面股票收益有负面预测，特别是对于难以估值和套利成本高的公司。

4. Liu, Z., M. Spiegel and J. Zhang（2021）:"Optimal Capital Account Liberalization in China"（《中国最优资本账户开放行为》），*Journal of Monetary Economics*, 117, 1041–1061.

中国对其资本账户保持着严格的控制。其当前的政策体制还具有金融抑制的特点，在这种情况下，银行必须以优惠的条件向国有企业（SOE）提供资金，尽管它们的平均生产率低于私营企业。该文将这些特征纳入一般均衡模型。该文的模型说明了金融抑制下资本账户自由化带来的总生产率和跨期配置效率之间的权衡。结果发现，沿着国有企业份额下降的转型路径，福利最大化政策要求迅速消除金融抑制，并逐步放开资本账户。

5. Boehmer, E., C. Jones, X. Zhang and X. Zhang（2021）:"Tracking Retail Investor Activity"（《追踪散户投资者》），*Journal of Finance*, 76, 2249–2305.

该文使用最近公开的美国股票交易数据提供了一种简单的方法来识别市场上的散户交易行为。散户投资者净买入的个股比净卖出的股票在接下来一周的收益率高出约10个基点。散户交易行为的预测中，不到一半归因于订单流的持续性，而其余的则无法用逆势交易（流动性提供的代理）或公共新闻情绪来解释。有一些暗示性的且只是暗示性的证据表明，适销对路的零售订单可能包含尚未纳入价格的公司层面的信息。

（供稿：《金融评论》编辑部）

中文论文

1. 卞志村、张运、毛泽盛（2021）:《金融稳定视角下财政货币政策与宏观审慎政策三支柱调控框架研究》,《金融评论》第5期。

针对如何构建维护金融稳定的宏观调控框架这一问题,现有研究对财政政策的关注明显不足。该文从金融稳定视角出发,在同一DSGE模型框架下细致刻画了财政政策、货币政策、宏观审慎政策,以脉冲响应图和社会福利损失函数为分析工具,深入分析各宏观政策工具的效果以及政策当局之间的协同效果,在此基础上研究中国宏观金融安全体系构建中的一些关键问题,并进一步讨论了构建三支柱调控框架的必要性。研究表明:第一,扩张性财政政策的效果显著,但也会通过土地财政与政府债务两个渠道对金融稳定产生负面影响;第二,仅依靠双支柱调控框架应对金融风险还不够审慎,应构建包含房产税政策、财政整顿政策的宏观调控框架,以强化财政政策在金融稳定中的作用;第三,盯住房价与社会总杠杆率的货币政策并不能提升金融系统的稳定性,将宏观审慎政策作为防控金融风险的第一道防线是更为合理的选择;第四,与双支柱调控框架相比,纳入财政政策的三支柱调控框架在维护经济稳定、物价稳定、金融稳定方面的表现更为出色,因此应当加强财政、货币、宏观审慎政策的配合。

2. 边文龙、王向楠、李冉（2017）:《保险费率市场化效果的解释和评估》,《经济学（季刊）》第4期。

该文通过理论模型证明了,保险公司以利润最大化为目标以及基于投保人风险进行差别定价,费率市场化能增加保费收入,并降低赔付率。文章将2011年启动的深圳车险费率市场化改革试点作为一次拟自然实验,运用HCW（2012）的政策评估模型分析发现,此次改革使得深圳车险保费收入增加了4.85%,赔付率降低了5.86%,符合理想金融改革的"效率"和"安全"的标准。该文还通过多阶段博弈模型解释了,为什么前一次（2003—2005）车险费率市场化改革的效果不佳。

3. 蔡伟贤、吕函枰、沈小源（2021）:《长期护理保险、居民照护选择与代际支持——基于长护险首批试点城市的政策评估》,《经济学动态》第10期。

在老龄化日趋严峻且失能老人数量快速增长的背景下,评估长期护理保险制度能否改变失能家庭的照护模式并减轻家庭经济负担是政策制定者所要考虑的现实问题。该文利用中国健康与养老追踪调查数据,运用双重差分法对2016年实施长期护理保险的第一批试点城市的政策效果进行评估。研究发现，政策实施使得子女对父母的代际转移支付行为发生的可能性下降了13.12%，这种家庭代际转移支付降低并没有以削弱子女与父母的情感联系为代价。社会照护的提供减少了参保家庭对传统家庭照护模式的依赖，使得失能老人家庭选择社会照护模式的比例上升了23.30个百分点，选择家庭照护模式的比例下降了20.50个百分点，两者之间并没有形成完全替代关系。总之，长期护理保险减轻了家庭经济负担，为失能老人的照护模式提供了更多选择。文章为进一步推进政策试点并最终在全国范围内实现长期护理保险制度的全覆盖提供了重要理论依据。

4. 陈海强、方颖、王方舟（2019）：《融资融券制度对尾部系统风险的非对称影响——基于A股市场极值相关性的研究》，《管理科学学报》第5期。

融资融券交易制度的推出能否有效降低个股随市场暴涨暴跌的概率是受到社会广泛关注的问题。文章利用Patton提出的SJC Copula函数，估计了个股与大市尾部相关性，并使用双重差分法分析了融资融券交易制度推出的政策处置效应，发现融资融券制度降低了标的个股左尾（下跌）极值相关性，但加剧了右尾（上涨）极值相关性，进一步分析表明，上述结果来源于融资融券交易对极值相关性的非对称影响。具体而言，融资交易对左尾极值相关性影响不显著，但加剧了右尾极值相关性，融券交易则同时显著降低了左尾和右尾极值相关性。由于融券交易规模远小于融资交易，融资融券交易对左尾极值相关性的总体影响为负，对右尾总体影响为正。研究认为，融资交易追涨模式导致个股跟随大盘暴涨，而融券交易将悲观交易者信息纳入股价，有利于抑制股价过度上涨，而逆向平仓也适当降低了个股暴跌概率。因此，监管者应灵活控制融资交易杠杆，完善融券交易机制以发挥其股价稳定器功能。

5. 陈卫东、边卫红、郝毅、赵廷辰（2020）：《石油美元环流演变、新能源金融发展与人民币国际化研究》，《国际金融研究》第12期。

石油是全球重要的战略能源，石油美元发展策略是助力美元国际化快速发展的重要力量之一。随着全球能源格局的变迁，当今石油美元呈现出新特点。第一，石油供求变化对石油美元产生重要影响。第二，石油美元环流出现"东"流、投资渠道多元化以及规模减小的新变化。第三，美元指数与石油价格呈脱钩趋势。同时，新能源和低碳经济开始进入人们的视线，低碳发展已经迫在眉睫。在传统能源作为主导、新能源快速发展的形势下，我国要合理利用自身巨大的能源需求，探索出一条针对不同能源类型的"二元路径"。一方面，争取传统能源结算领域更大话语权；另一方面，布局推广新能源金融，设计、推广并使用"新能源—人民币"。这既是保障我国能源安全的要求，也是推动人民币国际化的重要契机。

6. 陈享光、黄泽清（2020）：《金融化、虚拟经济与实体经济的发展——兼论"脱实向虚"问题》，《中国人民大学学报》第5期。

建立在货币化、货币资本化和资本虚拟化基础上的金融化催生了脱离实体经济的虚拟经济的发展,从而使"脱实向虚"问题凸显。伴随金融化发展,金融化资本不断积累,并逐渐突破产业资本循环的约束,在金融领域、投机性非生产领域以及全球资源配置领域中循环和扩张,使得纯粹虚拟经济得以形成和发展,这必然会抑制产业资本积累和实体经济发展,弱化资源流动和配置中金融杠杆的作用,同时,金融化资本的高流动性、投机性和虚拟性将加剧金融的脆弱性和不稳定性。因此,只有抑制经济金融化,构建服务于实体经济的产业资本主导的金融机制,才能从根本上解决"脱实向虚"问题,强化金融对实体经济的支持,促进金融和经济的健康发展。

7. 陈彦斌、刘哲希、陈伟泽(2018):《经济增速放缓下的资产泡沫研究——基于含有高债务特征的动态一般均衡模型》,《经济研究》第10期。

资产泡沫通常出现在经济稳定或者繁荣时期,但近几年中国却出现了经济增速持续放缓与资产泡沫风险不断加剧的衰退式资产泡沫新现象,这给宏观政策带来了严峻挑战。通过构建含有资产泡沫与高债务特征的动态一般均衡模型,该文对衰退式资产泡沫的形成机制与应对政策进行了深入研究,主要得出以下三点结论。第一,衰退式资产泡沫与传统资产泡沫的形成机制存在显著差异。衰退式资产泡沫的形成不再依赖于乐观预期与信贷扩张两大要素,核心原因在于高债务下僵尸企业等负债主体过度依赖"借新还旧"的方式来滚动债务,所导致的实体经济低迷与金融体系活跃的分化格局。第二,虽然"双紧"的货币政策与宏观审慎政策组合能够有效抑制传统资产泡沫,但不适用于衰退式资产泡沫治理。"稳健偏宽松的货币政策+偏紧的宏观审慎政策"是更有效的政策组合。第三,治理衰退式资产泡沫时,不能只注重抑制金融体系的过度繁荣,推进实体经济去杠杆以降低负债主体对"借新还旧"的依赖是更为重要的一环。该文研究不仅完善了理论上对资产泡沫形成与应对的共识,也对于中国如何妥善应对衰退式资产泡沫的现实问题具有较好的借鉴意义。

8. 陈雨露(2019):《四十年来中央银行的研究进展及中国的实践》,《金融研究》第2期。

改革开放四十年来,中国金融体系从无到有,发生了翻天覆地的变化,目前已基本建成了与中国特色社会主义市场经济相适应、具有活力和国际竞争力的现代金融体系。这四十年,现代货币经济学和全球中央银行政策实践也发生了深刻变革。作为全球最大的新兴发展加转轨经济体的中央银行,中国人民银行面临的现实约束条件更加复杂,央行的研究为推动中国金融体系发展和央行科学决策提供了可靠支撑,既与世界同步,也具有自己的鲜明特征。该文以世界经济十年左右的周期波动及与之相伴随的货币经济学理论进展和中央银行政策变迁为主线,总结了四十年来中央银行的研究进展和中国经验,旨在进一步推动中央银行的理论研究,更好地促进金融高质量发展。

9. 邓路、孙春兴（2017）：《市场时机、海外上市与中概股回归——基于分众传媒的案例研究》，《会计研究》第12期。

公司融资择时行为是学术界广为关注的研究话题，然而已有研究大多关注公司在单一资本市场上的资本结构调整，较少结合多个资本市场对公司选择上市地点和上市方式实施融资的话题进行系统研究。该文以分众传媒为案例研究对象，从市场时机视角考察其海外上市、私有化退市以及在中国资本市场反向收购行为，构建了基于市场时机视角公司上市地点与上市方式选择的理论分析框架。该文的研究结论拓展了市场时机理论与公司融资行为领域的研究视野，同时也为上市公司在多个资本市场实施资本运营提供决策参考。

10. 邓向荣、张嘉明（2018）：《货币政策、银行风险承担与银行流动性创造》，《世界经济》第4期。

该文将银行流动性创造纳入DLM模型，刻画货币政策的传导机制，并采用中介效应方法对其进行检验。研究发现，银行在货币政策传导过程中的作用体现为流动性创造，一方面，货币政策直接影响银行流动性创造；另一方面，货币政策通过银行风险承担的中介作用影响银行流动性创造。银行风险承担渠道的作用途径分为表内途径和表外途径，货币政策通过风险承担渠道对银行表内与表外流动性创造的作用方向相反。进一步的研究发现，价格型货币政策工具和数量型货币政策工具对银行风险承担与流动性创造都具有交互影响。

11. 杜恂诚、李晋（2017）：《白银进出口与明清货币制度演变》，《中国经济史研究》第3期。

在金融中介得到发展、中央银行和货币发行等制度完全不具备的前提下，货币的外生性是非常明显的，即货币并不由经济总量所决定。明朝的白银进口，是市场对以往货币制度的反思和变革，以银铜复本位取代以往无有效制度制约的纸币和铜钱平行本位。这一阶段以银计的物价不仅没有上涨，反而下落了。清代白银持续大量进口增强了市场的活力，但因为货币是外生的，白银的大量进口与中国经济实力并无内在的必然关联。鸦片战争前后开始的国际贸易（包括鸦片）逆差和白银外流，使纸币的需求重新提上议事日程，至清末，受市场主导的由金融机构发行的纸币和各种信用票据渐渐发展，并有寻求有效制度支撑的迹象；但政府（包括地方政府）滥发纸币的前景仍然是可能的历史选择。该文还利用计量模型对以上观点进行了检验。

12. 杜勇、孙帆、邓旭（2021）：《共同机构所有权与企业盈余管理》，《中国工业经济》第6期。

随着资本市场中共同机构所有权现象越来越普遍，学术界对共同机构所有权影响微观企业行为的探讨逐渐深入。在近年来盈余操纵事件愈演愈烈的背景下，该文实证检验了共同机构所有权对企业盈余管理的协同治理效应和合谋舞弊效应。具体而言，该文基于2007—2019年中国上市公司数据，考察共同机构所有权对企业盈余管理的影响。研究发现：共同机构所有权发挥了协同治理效应，改善了上市公司盈余信息质量。采用 Heckman 二阶段回归、工具变量法、倾向得分匹配（PSM）等方法检验后结论依然成立。同行业势力和行业内竞争加强了机构协同效应，退出威胁和规模效应使得共同机构所有权的监督治理更加有效；具体途径探寻发现，共同机构所有权的协同和治理通过委派管理层实现。共同机构所有权的协同治理效应在经济增速较快、国有企业以及有长期共同机构投资者的样本中更为明显，同时发现共同机构所有权的协同治理得到了权威机构认可并降低了审计收费。该文的研究为共同机构所有权协同治理效应提供了新的证据，拓展了机构投资者信息网络的研究，也为监管部门制定符合中国现实情境的监管措施提供了参考。

13. 范丛来、高洁超（2018）：《银行资本监管与货币政策的最优配合：基于异质性金融冲击视角》，《管理世界》第 1 期。

该文构建包含银行部门的 DSGE 模型，研究金融冲击下资本监管与货币政策最优配合问题，并在异质性金融冲击下拓展分析结论。研究发现：（1）货币政策应关注金融因素，泰勒规则盯住信贷价格优于信贷规模，逆周期资本监管熨平经济波动的效果显著优于顺周期监管；（2）基于"保增长、稳物价、控风险"三重目标，外源性金融冲击下，货币政策力度与资本监管强度高低搭配可明显降低福利损失，双高搭配导致福利损失最大化；（3）内源性金融冲击下，福利损失最小化要求资本监管从紧而货币政策具有更大灵活性。该文认为，货币政策需更加关注金融价格波动，同时要加快完善资本监管逆周期调节机制；此外能否准确识别金融冲击来源会直接影响宏观调控整体有效性。

14. 范小云、袁梦怡、肖立晟（2017）：《理解中国的金融周期：理论、测算与分析》，《国际金融研究》第 1 期。

该文基于中国季度数据系统测算了 1996—2015 年中期低频范围内的中国金融周期，对中国金融周期与经济周期间的联系作用进行了比较与实证分析，解读了中国金融周期的现实含义。结果如下。第一，2004 年第一季度至 2008 年第四季度，我国处于"掩盖脆弱性繁荣"的金融周期上行期；在 2009 年第一季度至 2015 年第二季度处于刺激政策后"未完成衰退"的金融周期下行期。第二，中国金融周期比经济周期持续时间更长、波动幅度更大；中国金融系统对实体经济波动具有显著的领先放大作用。因此，在当前金融周期与经济周期叠加下行期内，我国当局不仅应关注实体经济增速，更须防范过度刺激政策所引发的金融失衡风险。

15. 高然、陈忱、曾辉、龚六堂（2018）：《信贷约束、影子银行与货币政策传导》，《经济研究》第 12 期。

与发达国家的影子银行体系不同，中国式的影子银行体系以商业银行为主导，这使其具备独特的经济波动特征。该文运用基于符号约束的 SVAR 模型对中国影子银行的周期性特征进行检验，结果表明，不同于商业银行融资规模的顺周期变动，影子银行融资规模的变动是逆周期的。该文随后构建DSGE模型刻画中国的银行体系,通过引入商业银行的信贷约束机制,有效解释了影子银行的逆周期特征。模型分析表明,货币政策冲击与存贷比监管冲击是导致中国影子银行信贷波动的主要驱动力,且这两类冲击分别通过商业银行面临的两类信贷约束——资本充足率约束和存贷比约束——导致影子银行融资规模的逆周期变动。反事实模拟验证了影子银行对货币政策传导的影响,结果显示,影子银行造成传统商业银行的信贷渠道被部分替代,从而降低了货币政策的有效性。

16. 顾海峰、杨立翔(2018):《互联网金融与银行风险承担:基于中国银行业的证据》,《世界经济》第10期。

该文选取2007—2016年107家中资银行年度面板数据,研究了互联网金融与银行风险承担的关系。结果表明:互联网金融对银行风险承担的影响表现为边际递增的单门限效应,银行资本充足率越高,其风险承担对互联网金融冲击的反应越敏感;互联网金融对银行风险承担的影响程度存在功能性差异,信息处理、资源配置与支付清算功能的影响程度依次递减,风险管理与资源配置功能的影响程度没有显著差异;不同类型货币政策对银行风险承担的调控差异显著,同为从紧的货币政策调控,数量型工具产生加剧效应,价格型工具发挥抑制作用,且数量型工具调控力度更强;银行风险承担的顺周期特征显著,在支付清算功能主导下更易受经济增长驱动,在资源配置功能主导下更易受货币政策影响。

17. 郭峰、王靖一、王芳、孔涛、张勋、程志云(2020):《测度中国数字普惠金融发展:指数编制与空间特征》,《经济学(季刊)》第4期。

当前,在传统金融机构加大普惠金融实践的同时,依托智能算法、大数据和云计算等创新技术的数字金融模式进一步拓展了普惠金融的触达能力和服务深度。为了科学准确地刻画中国数字普惠金融的发展现状,为相关领域的研究提供工具性的基础数据,作者利用中国一家代表性数字金融机构数以亿计的微观数据,编制了一套2011—2018年覆盖中国31个省份、337个地级以上城市和约2800个县域的"北京大学数字普惠金融指数"。该指数刻画了中国不同地区数字普惠金融的发展趋势:中国数字普惠金融总体上表现出了很强的地区收敛特征,同时也展现了很强的空间集聚性和空间异质性。

18. 郭晔、黄振、姚若琪(2020):《战略投资者选择与银行效率——来自城商行的经验证据》,《经济研究》第1期。

该文研究了商业银行战略投资者对银行效率的影响,探讨了不同类型战略投资者对银行效率影响的差异,并对战略投资者影响银行效率的渠道进行分析。基于城市商业银行的战略投资者更为多元化,该文选取2008—2016年102家城市商业银行为样本,运用双重差分模型与中介效应模型进行了检验。实证结果表明:第一,引入战略投资者能显著提高我国商业银行的效率;第二,境内金融机构战略投资者是商业银行战略引资时的最佳选择,其次是境内非金融机构战略投资者，最后是境外战略投资者；第三，战略投资者尤其是境内金融机构战略投资者可以通过"引制"与"引智"渠道促进银行效率的提高。

19. 郝大鹏、王博、李力（2020）：《美联储政策变化、国际资本流动与宏观经济波动》，《金融研究》第 7 期。

该文构建包含国际投资者、外资企业和银行流动性冲击的 DSGE 模型来探究美联储货币政策变动和政策不确定性对我国宏观经济的影响和作用机制。研究发现：（1）美联储加息会导致我国产出、投资和通货膨胀的下降、汇率贬值、国际资本外流和银行系统流动性紧张，且随着金融摩擦程度的增加和银行杠杆率的上升，美联储加息对我国产出、投资和资产价格的负面影响会进一步增强；（2）美联储货币政策不确定性的增加会直接导致外资企业的投资、劳动需求和产出的下降，并对我国总产出、总投资和资产价格产生明显的负向外溢效应，进一步加剧我国宏观经济的波动；（3）为应对美联储的利率变动，适当限制国际资本流动能有效稳定我国经济波动和改善社会福利，而实施固定汇率和央行盯住美国利率的政策会加大宏观经济的波动，并导致社会福利下降。

20. 何干强（2017）：《货币流回规律和社会再生产的实现——马克思社会总资本的再生产和流通理论再研究》，《中国社会科学》第 11 期。

马克思论述社会总资本的再生产和流通，无论是社会简单再生产，还是扩大再生产，都是结合货币流回规律进行的。社会再生产的实现，要求社会总产品的产品价值构成，必须形成两大部类之间的一定组合比例关系；全社会用于固定资本实物更新的货币量和体现折旧基金的商品量必须平衡，以及相应的固定资本与流动资本之间必须平衡；两大部类在扩大再生产中为追加不变资本和追加可变资本所进行的货币积累和实际积累，也必须平衡；而货币流回规律则是社会再生产的实现在流通领域的表现。这为我们深刻认识社会主义市场经济的宏观运行规律，提供了重要的方法论指导。

21. 胡海峰、窦斌、王爱萍（2020）：《企业金融化与生产效率》，《世界经济》第 1 期。

金融发展和经济增长关系之辩归根结底在于探索金融和经济均衡协调的发展路径。该文围绕非金融企业的金融投资行为与其生产效率的关系展开研究，客观地探讨了企业金融化的经济效应以及潜在影响机制和传导路径。结果显示，企业金融化与生产效率存在显著的倒 U 型关系，适度金融化能够助推企业生产效率改进，而过度金融化则阻碍企业生产效率提升。中国上市公司金融资产的最优投资比重为 13.1%，只有将企业金融化控制在适度的水平，规范金融投资行为，才能最大限度地发挥金融服务实体经济的职能，助力实体经济高质量发展。

22. 胡珺、彭远怀、宋献中、周林子（2020）：《控股股东股权质押与策略性慈善捐赠——控制权转移风险的视角》，《中国工业经济》第 2 期。

控股股东股权质押已成为中国资本市场

的金融常态，且这一趋势仍在上升。尽管股权质押能够较为便捷地获得金融贷款，但对控股股东而言还存在控制权转移的风险。该文以2003—2018年中国沪深A股公司为样本，研究在股权质押情境下，控股股东是否存在策略性的慈善捐赠行为，以降低控制权转移风险。结果表明，当控股股东进行股权质押后，企业的慈善捐赠水平会显著增加，且上述结论存在较强稳健性。对捐赠动机的检验发现，控股股东在股权质押情境下的慈善捐赠行为同时表现为拉抬股价和寻租动机：一方面，当股票市场的走势趋于熊市和公司股价更接近出质股权的平仓警戒线时，控股股东在股权质押情境下的慈善捐赠动机会更加强烈；另一方面，在非国有控股企业和无政治关联的企业中，控股股东股权质押对企业慈善捐赠的正向影响更为明显。进一步研究发现，当企业应计盈余管理和真实盈余管理程度更低时，控股股东在股权质押情境下慈善捐赠动机会相对增强，说明在股权质押的情境下，控股股东会权衡不同市值管理行为的成本收益关系，慈善捐赠更多是其他行为受限时的策略性行为。该文的研究结论进一步揭示了控股股东在股权质押情境下的策略性行为，对于监管机构和投资者理解企业慈善捐赠的行为动机也具有重要的启示意义。

23. 黄薇、王保玲（2018）：《基于个税递延政策的企业年金保障水平研究》，《金融研究》第1期。

国家明确以税收优惠的形式鼓励和引导企业和个人参加企业年金计划，并于2014年实施了个税递延政策。基于指标模型构建和数据模拟，该文对我国企业年金在个税递延政策实施前后的保障水平进行了比较，通过参数敏感性分析考察了投资收益、工资增长、退休年龄和缴费比例等因素的影响。研究发现，实施个税递延政策后企业职工的养老保障水平在较大程度上低于政策实施前，但不同性别、不同收入水平和不同缴费比例的企业职工保障水平降低的程度有所差异。收入水平和缴费比例越高的男性职工，个税递延政策实施后保障水平降低的幅度越高，但对女性职工而言，这种影响要弱一些。进一步来说，可以通过增加投资收益、延迟退休年龄和提升缴费比例等方法来提高企业职工的养老保障水平，这与目前正在进行的一系列改革方向也一致。

24. 黄益平、邱晗（2021）：《大科技信贷：一个新的信用风险管理框架》，《管理世界》第2期。

大科技信贷是指大科技公司利用大科技生态系统和大数据风控模型这两大工具提供信贷服务，创新信用风险管理框架。这项具有突破性的信贷业务首创于中国，并且已经在很多国家落地，为发展普惠金融服务提供了一个相对稳健的解决方案。该文的目的是分析大科技信贷在中小企业贷款领域的信用风险管理框架的工作机制及其宏观影响。大科技平台及其生态系统通过连接数以亿计的用户实现获客，积累大量的数字足迹，支持实时监测与信用风险评估，同时设计相应的激励机制改善还款管理。文章利用中国某家头部金融科技公司逐笔贷款数据的实证分析表明，与传统风控模型相比，大数据风控模型具有突出的信息优势和模型优势，能够更加准确地预测违约。大科技信贷能够有效降低信用历史较为缺乏借款人的融资门槛，提高金融普惠性，同时因为信贷决策不再依赖资产价格，显著减弱金融加速器机制。

25. 黄泽悦、罗进辉、李向昕（2022）：《中小股东"人多势众"的治理效应——基于年报股东大会出席人数的考察》，《管理世界》第4期。

尽管投资者保护制度不断完善，但是大股东损害中小股东权益而中小股东消极不作为的局面却未发生实质转变。在中国"散户型"投资者结构下，如何将中小股东人数众多的基本特征转化为其有效参与公司治理的优势，具有重要意义。该文利用2015—2018年深市上市公司中小股东出席年度股东大会的数据研究发现，中小股东参与人数越多，越有利于抑制大股东掏空，这一影响随着两权分离度的提高和外部制度环境的改善而增强。进一步分析表明，中小股东参与人数具有表决权之外的增量治理效应，具体通过增加议案否决概率和提高媒体关注度等路径实现。该文的研究结论补充了大股东掏空和中小股东积极主义的文献，并为完善中小投资者保护制度提供了理论支持和经验证据。

26. 纪敏、严宝玉、李宏瑾（2017）：《杠杆率结构、水平和金融稳定——理论分析框架和中国经验》，《金融研究》第2期。

在对宏微观杠杆率内涵及其关系进行分析的基础上，该文分别通过MM定理的微观视角和增长方式的宏观视角，对中国杠杆率的结构和水平的经济学机理及其与金融稳定的关系进行了分析。微观杠杆率与宏观杠杆率的差异，主要反映了资本收益率变化，与经济周期阶段密切相关。微观分析表明，信息和交易成本、税收负担和预算软约束激励机制等差异，与不同企业杠杆率的差异密切相关；宏观分析表明，高储蓄支撑的投资导向增长模式，决定了中国总体上较高水平的杠杆率。该文提出，一方面应合理把握去杠杆和经济结构转型的进程，避免过快压缩信贷和投资可能引发的流动性风险和"债务—通缩"风险，另一方面也要避免杠杆率上升过快而引发的资产泡沫。

27. 纪洋、王旭、谭语嫣、黄益平（2018）：《经济政策不确定性、政府隐性担保与企业杠杆率分化》，《经济学（季刊）》第2期。

利用Baker等（2013）的经济政策不确定性指标（EPU）与上市公司2003—2014年的季度数据，该文分析近年来国企与非国有企业杠杆率的走势分化。研究发现：第一，EPU指数每增加1个标准差，国有企业的杠杆率增加2.05个百分点，非国企则下降1.35个百分点；第二，在金融抑制更强的地区，上述差异更加明显；第三，考虑刺激政策、经济不确定性、规模歧视等因素后，结果依然稳健，且在较长期内依然存在。文章强调"去杠杆"的结构优化，并从政策沟通、金融改革等新角度提出了政策建议。

28. 贾根良、何增平（2020）：《现代货币理论大辩论的主要问题与深层次根源》，《中国人民大学学报》第5期。

现代货币理论不等于财政赤字货币化，

不等于放弃中央银行独立性，不等于无限制地增加政府支出。2019年美国兴起的围绕现代货币理论的大辩论涉及两个重要问题。一是挤出效应的问题。现代货币理论秉持内生货币观，认为由于利率受到中央银行的直接控制，政府支出不会推高利率从而挤出私人投资。二是通货膨胀的问题。以货币数量论为代表的反对观点没有认识到失业和产能过剩是市场经济的常态。现代货币理论强调政府支出的结构要考虑不同部门的具体情况，因而政府通过创造货币进行支出也就不等于通货膨胀。当前主流宏观经济理论和政策所面临的困境是引发现代货币理论大辩论的主要因素，现代货币理论有可能对西方经济理论和美欧国家经济政策的制定产生深远的影响，密切关注其争论的最新发展具有重要的现实意义。

29. 姜付秀、蔡文婧、蔡欣妮、李行天（2019）:《银行竞争的微观效应：来自融资约束的经验证据》,《经济研究》第6期。

银行竞争的加剧将促使银行更多地搜集和挖掘企业信息，降低银企之间的信息不对称，进而缓解企业融资约束。为此，该文在构建理论模型分析的基础上，进一步实证检验了这一假定。实证检验结果表明，银行竞争显著降低了企业投资—现金流敏感性，即缓解了企业融资约束；该结论在控制内生性问题，以及采用不同银行竞争指标和融资约束指标进行稳健性检验后仍旧成立。同时，该文还发现，银行竞争降低了企业债务融资成本，从而为银行竞争降低企业融资约束这一结论提供了补充性证据。进一步分析发现，在企业信息不对称程度更严重的情况下，银行竞争缓解企业融资约束的作用更大，且银行竞争能够降低企业贷款的交易成本，从而为银行竞争降低融资约束的作用机制提供了证据支持。该文不仅丰富了银行竞争的经济后果以及融资约束等相关领域文献，同时还具有较为重要的政策含义。

30. 姜富伟、孟令超、唐国豪（2021）:《媒体文本情绪与股票回报预测》,《经济学（季刊）》第4期。

该文在Loughran和MacDonald（2011）词典的基础上通过人工筛选和word2vec算法扩充，构建了一个更新更全面的中文金融情感词典。文章使用该情感词典计算我国财经媒体文本情绪指标，发现媒体文本情绪可以更准确地衡量我国股市投资者情绪的变化，对我国股票回报有显著的样本内和样本外预测能力。媒体文本情绪对一些重要的宏观经济指标也有显著的预测能力，具有重要的学术和实践应用价值。

31. 姜广省、卢建词、李维安（2021）:《绿色投资者发挥作用吗？——来自企业参与绿色治理的经验研究》,《金融研究》第5期。

该文以2006—2016年沪深A股上市公司为样本，实证检验绿色投资者对企业参与绿色治理的影响作用。研究发现：存在绿色投资者的企业更可能实施绿色行动、增加绿色支出和提高绿色治理绩效。进一步研究表明，绿色投资者对绿色行动的促进作用在弱环保意识地区的企业中更加明显、对企业绿色支出的促进作用在重污染企业和国有企业中更加明显，而绿色投资者对企业绿色治理绩效的提升作用在非重污染企业、弱环保意识地区和国有企业中更加明显。此外，该文还发现越可能实施绿色行动、较高绿色支出和绿色治理绩效的企业，越可能获得绿色投资者的认同；除绿色支出负向影响企业经营绩效之外，绿色行动和绿色治理绩效均有利于提高企业经营绩效。该文研究结论不仅丰富了有关机构投资者和企业绿色治理领域的文献，对完善绿色金融体系和实现绿色发展战略也具有一定的启示意义。

32. 江小涓、黄颖轩（2021）:《数字时代的市场秩序、市场监管与平台治理》,《经济研究》第 12 期。

数字时代，大型平台企业崛起，市场结构和市场秩序发生重要变化。平台既对原有市场秩序构成挑战，也依托其技术能力，成为其生产消费生态圈内相关秩序的设立者和维护者。由此，技术秩序成为继自发秩序、行政秩序、法律秩序之后，维护市场有效运转的又一重要力量。同时，大型数字平台依托数字技术优势带来的"大而管不了"问题，成为困扰各国监管者和全社会的突出问题。行政监管与法治监管需要与时俱进，适应数字时代特点，重点推进合规监管、分类监管、技术监管、均衡监管、价值导向监管和敏捷监管等，促进多种秩序力量共同发力，维护市场有序运转、多方主体利益均衡和社会效益最大化。

33. 金智、徐慧、马永强（2017）:《儒家文化与公司风险承担》,《世界经济》第 11 期。

该文以 2001—2013 年中国上市公司为研究对象，考察儒家传统对公司风险承担的影响，结果发现：公司所处地区的市场环境、外来文化及产权属性都会影响儒家文化对公司风险承担的作用。整体而言，公司受儒家文化影响越大，风险承担水平越低。这种相关关系在市场化程度高、对外开放程度高的地区以及民营公司中相对较弱。而且，使用 CEO 出生地区孔庙数量代理儒家文化进行回归，同样支持儒家文化与公司风险承担负相关的结论。此外，文章还发现儒家文化通过降低公司风险承担，进而降低了公司的市场回报。该文拓展了对非正式制度在公司财务中作用的认识，也丰富了"文化与金融"的相关理论。

34. 赖黎、唐芸茜、夏晓兰、马永强（2019）:《董事高管责任保险降低了企业风险吗？——基于短贷长投和信贷获取的视角》,《管理世界》第 10 期。

公司购买董事高管责任保险后，是否进行了更多的短贷长投？公司的信贷获取发生了怎样的变化？对企业风险产生了怎样影响？该文以 2008—2016 年我国上市公司为研究对象，实证考察了董事高管责任保险对企业的短贷长投、信贷获取和经营风险的影响。研究发现：第一，公司购买董事高管责任保险后，进行了更多的短贷长投，银行短期借款更少，公司经营风险更高；第二，购买董责险公司信用贷款更少，担保贷款没有显著变化；第三，通过 PSM-DID 模型、动态视角等方法缓解内生性问题后，发现基本结论不变。该文研究发现表明，我国的董责险没有起到风险治理的作用，反而诱发了管理者更多的风险行为，增加了企业经营风险。

35. 黎贵才、赵峰、卢荻（2021）：《金融化对经济增长的影响：作用机理与中国经验》，《中国人民大学学报》第4期。

该文运用马克思资本循环理论，借鉴后凯恩斯主义"存量—流量"货币框架，构建"生产性部门—金融部门"两部门结构模型，分析金融化对经济增长的作用机理，并考察了中国金融化与经济增长的关系。研究发现：金融化以金融资本实际回报率为中介对经济增长产生影响；适度的金融化可以促进资本循环周转，提高经济增长效率；过度的金融化最终将产生消费信贷挤压效应和金融虚拟化挤压效应，削弱资本的循环周转，降低经济增长效率。就中国经验而言，2008年以前，随着中国金融体制市场化改革的推进，金融化提升了经济增长效率；但自2008年以来，过度金融化趋向抑制了资本的循环周转，降低了经济增长效率。

36. 李嫦、把宇婷、薛畅（2021）：《革命历史与企业社会责任履行——来自中国上市公司的经验证据》，《金融评论》第2期。

非正式制度对企业社会责任履践的影响已被广泛认知，但鲜有研究从地区革命历史的角度进行分析。该文基于各地级市革命烈士纪念设施的数据对革命历史在企业社会责任履行中的作用进行了实证检验。研究发现：企业所处地区革命记忆越深刻，其社会责任履行越好；革命历史的作用与正式制度存在替代关系，并通过改善社会信任水平对企业社会责任履行产生推动作用；革命历史与高管受教育水平、海外背景和平均任职年限对企业社会责任履行的促进作用存在替代性；相较于国有企业，非国有企业对社会责任的承担更多的是基于经济动机的寻租行为。上述结论在进行关键指标替换和安慰剂检验后依然保持稳健。该文揭示了中国情境下特殊的非正式制度对企业社会责任承担行为的促进作用，并对我国企业社会责任承担的可能动机进行了新的探索。

37. 李春涛、闫续文、宋敏、杨威（2020）：《金融科技与企业创新——新三板上市公司的证据》，《中国工业经济》第1期。

金融科技催生出新的金融服务模式，这能否解决实体经济的融资难题从而促进企业创新呢？通过"金融科技"关键词百度新闻高级检索，该文创新性地构建了地区金融科技发展水平指标，并利用2011—2016年新三板上市公司数据，考察了金融科技发展对企业创新的影响及其机制。实证结果表明，金融科技发展显著促进了企业创新。就经济意义而言，城市的金融科技发展水平每提高1个百分点，当地企业专利申请数量平均会增加约0.17项。作为一个宏观变量，地区金融科技发展水平受单个企业创新行为的影响较小，但是依然会存在测量误差和遗漏变量等内生性问题。文章运用接壤城市金融科技发展水平的均值作为工具变量，得到了一致的估计结果。该文的结果在替换企业创新指标、使用不同回归模型等一系列稳健性检验后仍然成立。机制分析表明，金融科技通过两个渠道促进企业创新，一是缓解企业的融资约束，二是提高税收返还的创新效应。异质性分析表明，金融科技促进企业创新的作用在东部地区和高科技行业表现得更为明显。在中国经济高质量发展背景下，持续推进金融科技发展、重塑金融行业生态格局，才能为实体经济提供源源不断的创新活力，从而推动创新型国家建设。

38. 李海英、李双海、毕晓方（2017）：《双重股权结构下的中小投资者利益保护——基于 Facebook 收购 WhatsApp 的案例研究》，《中国工业经济》第 1 期。

企业股权安排的核心是寻求"控制权"和"现金流权"的有效匹配和均衡，基于股东同质性假定的"一股一票"投票权设计，因其与股东异质性现实的偏离，并不一定是唯一以及最优的匹配方式。以股东异质性客观事实为基础进行投票权制度创新，或许能提供新的洞见。该文以 Facebook 收购 WhatsApp 为研究案例，从股东异质性视角，采用案例研究方法探讨双重股权结构对创始人控制权保持和中小投资者利益保护的治理机理，及其产生中小投资者利益保护效应的作用路径。研究表明：创始人与外部股东在投资目的、资源基础，以及风险承担方面存在明显的差异，此时双重股权结构作为适应股东异质性现实的制度创新，能通过制度化控制权来源保持创始人控制权，并通过维持和保护独特的企业文化、贯彻企业长期战略、提升管理层抗压能力、提高管理层决策效率路径产生中小投资者利益保护效应。并且，这种中小投资者利益保护效应的产生依赖于基于心理所有权和资产专用性投入的创始人自我约束机制控制以及激烈的产品市场竞争约束。文章从股东异质性视角深化了对双重股权结构治理机理的理解，也为化解当前企业发展过程中的"融资与创始人控制权保持"矛盾提供了必要的实践启示。

39. 李建军、彭俞超、马思超（2020）：《普惠金融与中国经济发展：多维度内涵与实证分析》，《经济研究》第 4 期。

大力发展普惠金融，是中国全面建成小康社会的必然要求，有利于促进金融业可持续均衡发展，增进社会公平和社会和谐。基于对普惠金融发展与传统金融发展的概念辨析，该文提出了一个包含广泛的包容性、特定化配比程度与商业可持续性三个维度的普惠金融指标体系。采用 2009—2016 年省级面板数据，实证分析了普惠金融发展对经济增长和城乡收入差距的影响。研究表明，普惠金融发展水平每提高 1 个标准差，东部地区的人均实际 GDP 增长率平均将提高 5.1 个百分点，西部地区的城乡收入差距平均将下降 10%。进一步的分析表明，普惠金融发展对经济增长的促进作用在通信基础设施更差、民营经济更多的地区更显著，对城乡收入差距的缓解作用在通信基础设施更差或农业 GDP 占比更高的地区更强。文章的政策建议是，推进普惠金融发展要考虑地区的条件差异而因地施策，从而更好地兼顾公平与效率。

40. 李善民、黄志宏、郭菁晶（2020）：《资本市场定价对企业并购行为的影响研究——来自中国上市公司的证据》，《经济研究》第 7 期。

Shleifer 和 Vishny（2003）、Rhodes-Kropf 和 Viswanathan（2004）提出的股票过度估值理论认为股价高估的公司更可能发起并购。

但该理论成立的前提与中国资本市场的制度环境存在显著差异。该文基于信号理论提出了中国资本市场定价对企业并购行为影响新的解释机制。研究发现：（1）上市公司更愿意在股价低估时发起并购，且在股价低估时，主并公司的市场表现更好，但这种择时行为并没有产生协同效应；（2）当上市公司面临的信息不对称程度越高和融资约束越低时，股价低估对企业并购行为的影响越显著；（3）上市公司的董事和高管倾向于在股价低估时增加其持股比例，并在随后积极发起并购；（4）融资融券制度能够显著提高资本市场的定价效率，从而显著抑制了上市公司的并购活动。上述结果表明，上市公司更愿意在股价低估时通过并购活动提升股票估值水平，并且当公司或个人能够从中套利时，上市公司发起并购的动机就更加强烈。文章的研究为探讨资本市场对实体经济运行的影响提供了新的证据和视角，对于当下中国资本市场和并购重组市场的健康发展具有重要的政策含义。

41. 李文贵、余明桂、钟慧洁（2017）：《央企董事会试点、国有上市公司代理成本与企业绩效》，《管理世界》第8期。

为了建立健全央企的治理结构，使其规范行使对国有上市公司的股东权利，国资委自2004年6月开始逐步对央企实施董事会试点改革。基于这一准自然实验，该文分析控股股东董事会建设对国有上市公司代理成本的影响及其经济后果。采用2002—2015年沪深交易所央企控股上市公司的数据，检验发现，央企董事会试点显著降低了控股上市公司的两类代理成本，且这种影响主要存在于央企持股比例较低的上市公司。进一步的检验发现，相对未纳入试点范围的央企，那些试点央企的控股上市公司在试点后3年内拥有显著更高的经济增加值和股票回报率。上述结论不仅从控股股东的视角为董事会的治理效应提供了新的解释，也为央企董事会试点的积极效果提供了实证证据，从而对推进和深化国有企业的治理改革具有重要的政策含义。

42. 李文红、蒋则沈（2017）：《金融科技（FinTech）发展与监管：一个监管者的视角》，《金融监管研究》第3期。

近年来，"金融科技"（FinTech）概念在全球范围内迅速兴起，但尚无统一定义。实践中，"金融科技"的具体含义在不同背景下存在差异，与国内的"互联网金融"概念也既有联系，又有区别。总体来看，金融科技可分为支付结算、存贷款与资本筹集、投资管理、市场设施四类。其中，分布式账户（包括区块链）被认为是最具发展潜力的技术，也最有可能对现有金融业务模式产生重大影响。从金融业发展历史看，新技术的应用和普及虽然加速了新型服务模式的诞生，但并未从根本上改变银行业务模式、金融法律关系和监管体制，也未对金融体系稳定产生大的冲击。此次金融科技是否会从根本上改变现有业务模式和监管框架，还有待观察。金融科技具有积极作用，但也存在潜在风险和监管挑战。目前，国际监管组织普遍加强了对金融科技的关注和研究，各国监管机构也密切关注金融科技发展，但仍然按照金融业务属性，根据业务实质适用相应的监管规则，同时加强跟踪研究和风险评估，不断完善监管方式。金融科技是金融业发展进程中的正常现象，既不应"神化"，也不应"轻视"。监管者应坚持按照金融业务本质实施监管，维护市场公平竞争，同时加强对新兴技术的关注、监测和研究，做好监管准备。

43. 李文喆（2019）：《中国影子银行的经济学分析：定义、构成和规模测算》，《金融研究》第3期。

2008年国际金融危机以来，中国金融体系发生的重大变化之一是影子银行的较快发展，其规模迅速膨胀，交易结构日趋复杂，各类市场主体都牵涉其中。这些变化吸引了政策制定者和学术界的广泛关注。该文给出了中国影子银行的功能性定义，既依赖于银行信用、从事银行业务，但又没接受严格的银行业监管的金融业务，具体指传统的银行表内贷款和债券投资以外的，具备完整的信用转换、期限转换和流动性转换功能的金融业务。文章逐项分析影子银行业务，详细总结各类型业务的交易结构、业务主体、业务实质、资金来源、法律基础、资产负债表表示，准确测算了2002年至2018年影子银行总量和资产负债表结构月度数据。只从资产负债表的负债端着手加总，既完整地涵盖了影子银行的全部业务，得到其宏观总量，又剔除了重复计算。该文测算数据为后续研究打下了基础。

44. 李晓、李黎明（2021）：《中西金融大分流的国家信用逻辑》，《吉林大学社会科学学报》第2期。

国内外学术界所关注的18世纪中西经济大分流的重要根源之一，在于此前发生的中西金融大分流。13世纪，当面临相同的财政压力时，无论是南宋政府超发的"会子"，还是威尼斯政府发行的债券，理论上都是国家向社会发行的信用凭证，本质上均是国家信用的资本化。以国家信用的逻辑而言，南宋纸币体系极易崩溃的根源是国家信用不足，而威尼斯公债体制的稳定运行得益于国家信用之完善。两者之间国家信用的差异更是影响了后来的中西金融大分流，其主要的历史表现就是，英国在国家信用确立并强化的同时率先完成了金融革命，而明清时期的中国在国家信用依然严重不足的情况下注定无法内生出金融革命。由此可见，公债体制或纸币体系只是通往金融革命的不同路径，根本驱动国家实现金融革命与崛起的是保障公债体制或纸币体系稳定运行的国家信用。这一点，对于今天中国经济的发展启示重大。

45. 李扬（2017）：《"金融服务实体经济"辨》，《经济研究》第6期。

作者主张环绕金融的基本功能来重新审视"金融服务实体经济"命题。该文认为，所谓"金融要服务实体经济"的根本的要求，就是有效发挥其媒介资源配置的功能；所谓为实体经济提供更好的金融服务，则要求的是降低流通成本，提高金融的中介效率和分配效率。因此，进一步理顺利率、汇率和无风险收益率曲线等媒介资源配置的市场基准、建立稳定的筹集长期资金和权益类资本的机制、大力发展普惠金融、建立市场化风险处置机制以及完善金融监管框架，是提高金融服务实体经济效率的根本举措。

46. 连立帅、朱松、陈关亭（2019）：《资本市场开放、非财务信息定价与企业投资——基于沪深港通交易制度的经验证据》，《管理世界》第 8 期。

非财务信息可以反映企业内在价值，反馈至股价中则有利于引导企业的投资行为，但其要求市场上拥有大量具备信息搜集、解读与分析能力优势与践行价值投资的投资者，而开放资本市场有利于将发达资本市场的成熟投资者引入新兴市场国家，实现市场合理定价与资源的有效配置。利用沪深港通交易制度实施的外生事件，该文考察了中国资本市场开放对非财务信息定价与企业投资关系的影响，结果发现沪深港通交易制度实施会提高企业投资与非财务信息定价的敏感性，表明该交易制度能够增强非财务信息定价并影响企业投资。这种效应产生的主要原因在于股价是企业融资的重要决定因素，沪深港通交易制度会提高长期债务融资与非财务信息定价的敏感性，从而影响企业投资的融资支持。研究表明，通过资本市场开放引入发达资本市场投资者有利于优化投资者结构，增强股价对实体经济的引导作用，提高资本市场效率。

47. 梁琪、郝毅（2019）：《地方政府债务置换与宏观经济风险缓释研究》，《经济研究》第 4 期。

地方政府债务问题已经成为威胁中国金融稳定和经济增长的重要因素。通过构造一个包含影子银行、土地财政等因素的五部门一般均衡模型，该文探讨了地方政府存量债务置换对宏观经济风险的缓释效果。研究发现：经济增速放缓、地方政府资金使用成本过高、土地出让收入不确定性增加是导致我国地方政府债务不可持续的主要因素。通过债务置换延长债务期限结构虽然可以缓解债务累积，且对宏观经济风险具有一定缓释作用，但会降低财政政策的有效性，使得短期内波动增加，中长期内产出下降。实施债务置换期间，数量型货币政策有助于增加财政政策的有效性，但会带来经济通胀风险。

48. 廖理、李梦云、王正位（2020）：《借款人社会资本会降低其贷款违约概率吗——来自现金贷市场的证据》，《中国工业经济》第 10 期。

社会资本是指拥有社交网络所带来的资源总和，与社交网络的规模相关，影响着市场参与者的各项经济行为，包括借款人违约行为。该文通过模型推导证明，由于借款人违约行为传导到社交网络中会带来社会耻辱成本，因此，社会资本越强，则违约机会成本越高，从而违约率越低；然而在信息不对称情况下，可能存在社会资本的逆向选择现象，即社会资本越强的借款人反而可能是资质越差的借款人，其违约率不一定更低，甚至更高。该文主要利用一家现金贷公司的数据，利用借款人与联系人通话数量识别社会资本，通过系列检验发现社会资本会降低贷款违约。随后该文引入短信中"逾期"文本数量等信息对借款人资质进行区分从而进行机制检验，进一步说明社会资本通过机会成本机制降低贷款违约，并未发现存在逆向选择机制的证据。总体而言，文章结合机会成本理论及信息不对称下的逆向选择理论对社会资本与贷款违约的关系进行创新性机制推导，并用借款人与联系人通话数量这一信息创新性地衡量了社会资本，"逾期"文本数量等信息也为区分借款人资质差异提供了新角度。该文的研究结论为贷款机构健全贷款审核体系、完善风险控制机制提供参考，也为进一步推进征信体系建设提供了合理性及必要性支撑。

49．林木材、牛霖琳（2020）：《基于高频收益率曲线的中国货币政策传导分析》，《经济研究》第2期。

传统宏观金融研究中利用短期利率识别货币政策冲击的做法，不符合中国货币政策具有数量和价格双重中介指标的现实背景，因而其实证结果存在较大偏误。该文基于收益率曲线日度数据，引入不依赖于货币政策代理变量设定的异方差假设，在无套利利率期限结构模型中对中国货币政策冲击进行了识别。研究表明：在央行的各种主要货币政策工具操作中，存贷款基准利率和存款准备金率调整使收益率曲线产生了显著的高波动区制，为研究货币政策冲击的影响提供了充分的识别信息；由该文方法识别出的货币政策冲击对收益率曲线的影响是短期利率冲击的6—7倍，更具持久性，能够有效传导至收益率曲线中长端。文章强调了货币政策转型期间准确识别货币政策冲击的重要意义，为有效评估中国货币政策的收益率曲线传导效果提供了新的方法和思路。

50．刘磊、张晓晶（2020）：《中国宏观金融网络与风险：基于国家资产负债表数据的分析》，《世界经济》第12期。

宏观经济部门之间通过资产负债关系相互连接，形成宏观金融网络，金融风险在部门内部和部门之间通过资产负债关联进行传染，使得最终损失被放大。该文运用投入产出分析中的网络矩阵方法构建了违约风险和流动性风险的传导模型，并提出了基于部门比较的系统重要性指数以及基于全局的宏观金融风险指数等量化标准。通过最新的国家资产负债表数据分析发现，2009年以来系统性风险出现上升趋势，其中金融部门的系统重要性最高，而居民和政府部门相对独立。政策模拟表明，清理僵尸企业会产生3.8倍的乘数效应，但同时也会优化宏观金融网络结构，降低系统性风险。鉴于系统性风险自2008年起快速上升，文章建议：要坚持结构性去杠杆方向；去杠杆的重点在于调整宏观金融网络结构；在去杠杆过程中谨防处置风险的风险。

51．刘莉亚、余晶晶、杨金强、朱小能（2017）：《竞争之于银行信贷结构调整是双刃剑吗？——中国利率市场化进程的微观证据》，《经济研究》第5期。

在"十三五"规划大力强调金融机构改革的形势下，2015年名义上走完最后进程的利率市场化是否会推动银行业竞争环境改变，促使银行信贷结构调整以提高其经营效率，成为银行业深化改革的重要现实问题。为此，该文探讨了利率市场化进程中竞争影响商业银行信贷结构的作用机制，并通过对2007—2014年中国银行业微观数据的分析，得到如下结论：（1）竞争有利于调整银行信贷结构，但会促使银行追求信贷扩张的冒险行为；

（2）中小规模、低流动性水平、低资本充足率水平的银行的信贷结构调整更积极，并且更易寻求信贷扩张；（3）竞争加剧促使银行进一步增加对长期贷款的信贷资源配置。最后，文章从改善银行业市场环境和银行业监管措施方面提出了相应建议。

52. 刘锡良、文书洋（2019）：《中国的金融机构应当承担环境责任吗？——基本事实、理论模型与实证检验》，《经济研究》第3期。

中国发展迈入了新时代，绿色发展深入人心、绿色金融广受关注，党的十九大明确将防治环境污染列为"三大攻坚战"之一。如何处理好环境与发展的关系、提升经济增长质量，是未来中国经济发展的核心问题。该文从当今中国的环境污染问题出发，结合可持续增长理论、绿色金融和企业社会责任理论，提出金融机构是否应当承担环境责任的问题。该文创新性地以经济增长理论为框架探讨金融机构的环境责任问题，将企业社会责任与绿色增长理论联系起来，为绿色金融的理论基础探索提供了新的思路。该文证明了金融机构信贷决策能够显著影响经济增长质量，并给出了实证证据，进而指出：发展绿色金融、合理承担环境责任是支持经济增长质量提升的重要手段，也是中国金融机构未来发展的重要方向。除了把握金融资源的行业流向外，支持清洁技术改造、实施积极的贷后管理、根据污染物类型开发针对性的绿色金融产品等，都有助于提高金融机构承担环境责任的效率。

53. 刘晓光、苟琴、姜天予（2019）：《金融结构、经济波动与经济增长——基于最优产业配置框架的分析》，《管理世界》第5期。

已有文献关于金融结构对经济发展的影响存在截然不同的观点和政策主张。该文在最优产业配置框架下，重新考察了金融结构对经济增长与波动的影响及其作用机制。通过将经济增长与波动之间的权衡问题转化为资源在产业间的配置问题，该文模型框架能够更好地探究金融结构对宏观经济的综合影响，并能够有效地解决潜在的内生性问题。利用OECD国家1970—2010年面板数据构建最优配置模型，该文实证分析发现，相比银行主导型金融结构，市场主导型金融结构能够更加有效地促进资源配置向最优配置状态收敛。进一步分析发现，外部资金依赖度高和中小成长型公司占比大的部门，在市场主导程度更高的金融系统中，向最优配置状态的收敛速度更快。在对金融结构内部进行更细致的考察中发现，银行业和股市内部结构特征也会对上述作用产生影响，银行业集中度越低、股市发展越有效率和活力，市场主导型金融结构越能够加速推动经济向最优配置前沿收敛。该文的研究结论为党的十九大报告提出的深化金融体制改革提供了理论支撑，特别是丰富了有关提高直接融资比重和促进多层次资本市场发展的内涵的讨论。

54. 娄宇（2020）：《平台经济从业者社会保险法律制度的构建》，《法学研究》第2期。

为平台经济从业者构建社会保险制度，可以为其提供合理的基本生存保障，促进平台经济和谐健康发展。引入"类雇员"概念可以为网约工提供类似于劳动者的保障,但是需要结合我国的立法和司法实践,通过分项处理劳动福利制度克服劳动关系认定规则较低的可预见性。网约工对平台企业的经济从属性以及基本权利的辐射效力,可以作为这个群体强制参保社会保险以及"拆包"参保各险种的理论依据。工作时长取自我国现行立法,体现了经济从属性的程度,可以作为网约工强制参保职工社会保险的标准。社会保险各险种对应的基本权利类型有别。基本医疗保险保障了作为核心权利的生命权和健康权,网约工应当强制参保职工基本医疗保险,通过该制度的无过错支付设计和商业意外事故险部分地补偿工作伤害导致的损失。基本养老保险和失业保险不应当作为强制网约工参保的险种,但是应当通过重复保险的基本原理解决网约工以不同身份参保基本养老保险和基本医疗保险之后的待遇给付问题。

55. 卢盛峰、陈思霞(2017):《政府偏袒缓解了企业融资约束吗?——来自中国的准自然实验》,《管理世界》第5期。

在中国式分权模式下,"撤县设区"行政管理改革弱化了县域政府的经济事务激励,进而减少了辖区企业能够获得的政策扶持,因此这一改革能够有效地被用于识别政府偏袒政策的变动。基于这一外生的准自然实验,该文使用1999—2009年中国工业企业数据库中持续经营的县市企业平衡面板数据,检验了政府偏袒对企业融资约束的影响。研究结果表明:(1)政策偏袒减弱之后,辖区内企业的融资约束状况相对于其他县市企业显著变得更严重;(2)这一结论在一系列稳健性检验中均保持成立;(3)进一步的影响机制分析发现,撤县设区改革导致县域政府财政经济性支出激励显著弱化,进而降低了辖区企业获得的财政补贴、税收优惠等政策收益,最终加剧了企业的融资约束程度。

56. 路晓蒙、李阳、甘犁、王香(2017):《中国家庭金融投资组合的风险——过于保守还是过于冒进?》,《管理世界》第12期。

该文基于中国家庭金融调查2011年、2013年和2015年数据,重点分析了家庭金融投资组合的风险问题。研究发现,与欧美国家相比,中国家庭金融投资组合的风险分布呈U型,即保守型家庭和冒进型家庭都较多。进一步分析,股票投资的极端化是导致中国家庭金融资产投资组合风险两极化的直接原因,家庭总资产规模、户主年龄、教育水平、金融知识水平、风险态度、风险承受能力等家庭异质性特征尚不能有效解释这种现象,金融市场的产品供给结构和投资门槛的限制可能是其中的一个重要原因。

57. 马勇、张靖岚、陈雨露(2017):《金融周期与货币政策》,《金融研究》第3期。

2008年国际金融危机之后,尝试在"金融—实体经济"内生性框架下重建宏观经济学理论的努力渐成潮流和趋势。在此背景下,该文通过构建包含内生性金融周期变量的宏观经济模型,为分析金融周期、经济周期和货币政策之间的关系提供了新的思路和方法。实证分析得出了三个基本结论:一是金融周期对经济周期具有不可忽略的重要影响;二是金融周期波动成为影响宏观经济波动的重要来源;三是包含金融稳定因素的货币政策有助于在正常时期维护实体经济和金融的"双稳定",而且能在压力时期显著降低金融波动对实体经济的不利冲击。

58. 毛捷、曹婧(2021):《农村税费改革与地方政府筹资模式的转变》,《经济研究》第 3 期。

政府筹资模式转变与经济发展阶段和财税体制改革等密切相关。为实现财政可持续,为经济高质量发展提供财力保障,有必要研究地方政府筹资模式的调整机制与优化之策。该文利用 1999—2016 年中国地级市层级数据,借助取消农业税改革造成的地方财力紧缩构建强度双重差分模型,实证检验了财力紧缩对土地税收比率(土地出让收入与地方税收收入之比)的影响。研究结果发现,财力紧缩是造成地方政府筹资模式偏离税收、转向土地的重要原因,该结论不受变量设定和干扰性因素等影响,并通过了安慰剂检验。进一步的异质性分析表明,上述效应在土地出让收益较高和实施土地储备制度的地区更为突出,而在土地出让成本较高的地区有所减弱。研究表明,协同稳步推进央地财政关系改革、地方税体系建设和土地要素市场化配置有助于破解地方政府对土地融资的路径依赖,回归以税为主的筹资模式。

59. 欧阳志刚、薛龙(2017):《新常态下多种货币政策工具对特征企业的定向调节效应》,《管理世界》第 2 期。

新常态下央行多种货币政策工具的组合操作形成了不可观察的潜在驱动力,对不同特征企业的投资产生不同的组合效应和特质效应。基于此,该文扩展 Bernanke 等(2005)的 FAVAR,使用面板数据货币组合 FAVAR 模型揭示多种货币政策工具对特征企业的调节效应。研究发现:多种货币政策工具对不同特征企业的组合效应和特质效应具有显著差异,由此表明央行货币政策对特征企业具有定向调节效应。具体而言,1 年期商业银行存款基准利率、支农再贷款利率对农业企业的调节效应较好;结构性货币政策工具 SLF 对民营企业的调节效应更为显著;银行间债券质押式 7 天回购利率和结构性货币政策工具 SLF 对小型企业的调节效果明显;M0 和 1 年期商业银行存款基准利率对房地产企业具有更好的调节效应;1 年期商业银行存款利率和 M2 对信息技术企业的调节效应更为显著;1 年期商业银行存款利率则对制造业企业的调节效应相对更好。新常态下央行为实现定向调控目标,应基于货币政策工具对特征企业组合效应和特质效应的差异而对货币政策工具进行选择性操作。

60. 潘敏、刘姗(2018):《中央银行借贷便利货币政策工具操作与货币市场利率》,《经济学动态》第 3 期。

针对近年来我国中央银行频繁采用的借贷便利货币政策工具,该文运用 EGARCH 模型实证检验了各借贷便利工具操作对短期货币市场利率走势及其波动率的影响。结果表明,常备借贷便利工具较好地发挥了引导货币市场利率走势、平抑市场利率波动和利率走廊的功能;而短期流动性调节工具不仅未能有效引导市场利率走势和熨平货币市场利率的波动,反而加剧了货币市场利率的波动;中期借贷便利并未有效地引导市场利率下降，但有助于减小市场利率的波动，且不同期限的中期借贷便利对货币市场利率及其波动率的影响也存在明显的差异。为更好地提升借贷便利货币政策工具的有效性，中央银行应充分发挥常备借贷便利作为市场利率走廊上限的作用，加快构建利率走廊机制；进一步扩大短期流动性调节工具的作用范围，增强其资金的可得性和流动性，并提高其信息披露的及时性和透明度；更多采用中期借贷便利平抑市场利率波动，并适当增加相对短期的中期借贷便利操作。

61. 潘越、宁博、纪翔阁、戴亦一（2019）：《民营资本的宗族烙印：来自融资约束视角的证据》，《经济研究》第 7 期。

该文使用中国明朝至 1990 年各个城市的族谱数据测度宗族文化，并构建中国民营上市企业的融资约束 KZ 指标，研究后发现，地区内的宗族文化越浓厚，民营企业面临的融资约束越小，在考虑内生性问题后结论依然稳健。机制检验发现，信任、信息交互和道德规范是三条潜在的影响路径，并且在经历行业危机的冲击时，前述影响更明显。进一步的研究显示，在宗族文化浓厚的地区，更多宗族成员参与企业的股权融资，企业可以依托宗族从上下游获得更多商业信用，但并不能从正规的金融机构获取更多的信贷支持。同时，对于在当地拥有较大宗族势力以及在本地经营的企业家而言，宗族文化的影响更为明显，而人口流动带来的人口结构变迁会削弱宗族文化的影响。最后，在宗族文化浓厚的地区，企业的融资成本更低。

62. 彭浩然、岳经纶、李晨烽（2018）：《中国地方政府养老保险征缴是否存在逐底竞争？》，《管理世界》第 2 期。

党的十九大报告提出"尽快实现养老保险全国统筹"。要达成以上目标，首先需要了解清楚地方政府的养老保险征缴行为。该文基于 2005—2015 年省级面板数据，利用空间计量模型，检验了我国地方政府在养老保险征缴方面是否存在逐底竞争行为。实证研究结果表明：养老保险征缴强度会对外资流入产生明显的负面影响；不同地方政府的养老保险征缴强度和实际缴费率呈显著的正相关关系。因此，逐底竞争假说在我国地方政府养老保险征缴方面得到了验证。基于研究结论，该文认为：要顺利实现养老保险全国统筹，中央政府必须重视防范地方政府在养老保险征缴方面的道德风险，并合理划分中央与地方政府的财政责任。

63. 戚聿东、张任之（2018）：《金融资产配置对企业价值影响的实证研究》，《财贸经济》第 5 期。

随着中国经济金融化程度的不断加深，金融资产已经成为实体企业资产的重要组成部分，对企业价值的创造具有重要影响。该文以 2007—2016 年中国 A 股非金融上市公司为研究样本，通过构建不同持有动机下的计量模型，实证分析金融资产配置与企业价值之间的关系。研究结果表明，企业金融资产配置在整体上显著降低了企业价值，对于融资约束程度不同的公司，企业金融资产比重与企业价值之间并不存在显著相关关系；而对于市场套利动机越强的公司而言，企业金融资产比重与企业价值之间的负向相关关系越显著。进一步研究发现，企业配置金融资产对研发投入和资本投资产生"挤出效应"，而且显著抑制了企业经营业务全要素生产率的提升。最后，该文针对"脱实入虚""实体部门金融化"等现象从政府和企业两个层面提出了相关政策建议。

64. 盛斌、景光正（2019）：《金融结构、契约环境与全球价值链地位》，《世界经济》第 4 期。

该文系统考察了金融结构与一国全球价值链地位之间的关系。研究发现，市场主导型金融结构显著提高了一国全球价值链地位，克服了内生性和经济波动的影响后，结论依旧稳健。随着一国价值链分工地位的提升，金融市场对其促进作用呈依次递增趋势，然而金融危机会弱化这种积极作用的发挥。进一步研究发现，人力资本提升和研发创新激励是市场主导型金融结构促进全球价值链地位攀升的重要渠道。此外，引入国家契约环境指数发现，契约环境的改善不仅对提升全球价值链地位具有直接促进作用，而且能强化金融市场对全球价值链地位的提升作用。

65. 石阳、刘瑞明、王满仓（2019）：《上市公司随意停牌与投资者利益——来自中国资本市场的证据》，《经济研究》第 1 期。

停牌制度的设计初衷是为了保护投资者利益，但近年来在中国股市却频繁发生上市公司"随意停牌"的现象。这些上市公司的随意停牌不但为国内投资者所诟病，而且引发了国际投资者与国际资本市场的负面回应。该文根据沪深交易所 2016 年 5 月出台的规范性文件，首次对上市公司的多种随意停牌行为进行了详细界定，并利用 2014 年 6 月至 2016 年 5 月的国内重大事项停牌数据，实证检验了随意停牌对于投资者利益的影响。研究发现：（1）相较于正常停牌，随意停牌平均造成了约 4% 的累计异常损失；（2）发生随意停牌的上市公司，更容易在停牌过程中出现内部人的私利行为；（3）随意停牌通过增加内部人的私利行为，引发了累计异常损失。这意味着上市公司的部分停牌行为并没有实现保护投资者利益的初衷，反而通过有助于公司内部人的私利行为损害了投资者利益。该研究为完善停牌制度和资本市场提供了重要的政策启示。

66. 史永东、宋明勇、李凤羽、甄红线（2021）：《控股股东股权质押与企业债权人利益保护——来自中国债券市场的证据》，《经济研究》第 8 期。

近年来，中国债券市场违约事件中暴露出的大股东侵害债权人利益现象引发了社会舆论和监管部门的高度关注，如何识别与防范此类行为、保护债权人利益已成为中国债券市场高质量发展亟须解决的关键问题。该文聚焦股权质押这一中国上市公司控股股东普遍采用的独特融资方式，探讨股权质押是否会引发控股股东侵害企业债权人利益行为以及防范机制。研究发现，控股股东股权质押显著提高了发债企业二级市场信用利差，这种现象在控制权转移风险较高的企业中表现更加明显。经济机制分析显示，股权质押潜在的控制权转移风险容易引发控股股东侵害企业债权人利益的机会主义行为，增加了债券持有人要求得到的信用风险补偿。最后，文章还发现，高质量的内部控制、分析师关注以及外部审计有助于缓解股权质押引发的控股股东侵害企业债权人利益行为。该文研究结论对于"刚性兑付"打破后如何保护债权人利益、促进债券市场高质量发展具有重要的理论和现实意义。

67. 宋敏、周鹏、司海涛（2021）：《金融科技与企业全要素生产率——"赋能"和信贷配给的视角》，《中国工业经济》第4期。

如何有效提升企业的全要素生产率是决定中国经济能否实现高质量发展的关键。金融科技能否依靠科技"赋能"传统金融机构，优化信贷资源配置，从而更好地服务实体经济呢？该文创新性地使用金融科技公司数量构建地区金融科技发展指标，利用2011—2018年A股上市公司数据，考察了金融科技发展对企业全要素生产率的影响及其机制。研究发现，金融科技能显著促进企业全要素生产率提高。使用工具变量、系统GMM以及DID估计缓解内生性后，结果依然稳健。机制分析表明，金融科技"赋能"降低了金融机构与企业之间的信息不对称，能在"量"上缓解企业融资约束，在"质"上提高信贷资源配置效率，这些都会显著促进企业全要素生产率提高。异质性分析表明，金融科技对提高企业全要素生产率的促进作用在小型民营企业、缺乏竞争的行业以及市场化进程缓慢的地区表现得更加明显。因此，在中国经济转型的关键时期，应持续推进金融科技发展，运用现代技术为金融"赋能"，使金融更好地服务实体经济，从而促进中国经济的高质量发展。

68. 苏冬蔚、连莉莉（2018）：《绿色信贷是否影响重污染企业的投融资行为？》，《金融研究》第12期。

在"十三五"供给侧改革和建设美丽中国的新时期，如何更好地推进绿色金融创新、淘汰落后产能并加大对环境友好型企业的金融支持，从而引导和推动产业转型升级已成为一个亟待研究和解决的重要课题。该文以2012年《绿色信贷指引》正式实施为事件构造准自然实验，首次运用双重差分法考察绿色金融政策对重污染企业投融资行为的影响，发现重污染企业的有息债务融资和长期负债均显著下降且高排放地区国有大型企业的降幅最大，同时，国有、大型重污染企业的新增投资显著减少。另外，重污染企业的债务成本显著上升且经营绩效大幅下滑，表明绿色信贷具有显著的融资惩罚效应和投资抑制效应。文章的研究结果表明，大力推动绿色信贷、不断完善绿色融资、切实引导资金流向资源技术节约型和生态环境保护型产业，是加快转变经济发展方式和促进生态文明建设的重要任务。

69. 谭小芬、张文婧（2017）：《经济政策不确定性影响企业投资的渠道分析》，《世界经济》第12期。

该文分析了经济政策不确定性影响中国企业投资行为的传导机制。研究结果表明，经济政策不确定性通过实物期权和金融摩擦两种渠道抑制了中国企业投资，政策不确定性的传导作用可归结为其对资本流动性价值的冲击。尽管两种传导渠道同时发挥作用，但是从整个上市公司的样本看，实物期权渠道占据主导地位。对于个体企业，主导渠道的确定很大程度上取决于其自身的财务状况，外部融资约束程度越大的企业受金融摩擦渠道的影响越大。

70. 陶锋、胡军、李诗田、韦锦祥（2017）:《金融地理结构如何影响企业生产率？——兼论金融供给侧结构性改革》,《经济研究》第 9 期。

地理距离对金融交易的影响主要分为两类：一是地理距离抬升交易成本；二是信息不对称阻碍风险控制。在此基础上，该文讨论了金融机构与实体企业协同选址的微观机理及其对实体经济部门生产率增长的宏观影响。基于中国制造业企业微观数据和城市金融发展数据，该文将样本城市的金融活动划分为金融中心和地方金融，检验了金融地理结构对企业生产率增长的影响。研究发现，地方金融发展对当地企业的生产率增长具有促进作用，区域金融中心建设对所在城市及其周边邻近城市企业的生产率增长具有积极影响。不过，金融地理结构影响企业生产率的方向和程度取决于企业的个体特征，如企业的规模、年龄和所有制形式。研究还发现，降低融资成本和促进技术创新是金融地理结构影响企业生产率的传导渠道。文章结论有助于理解转型国家金融地理结构与实体经济发展的关系，为推动当前金融供给侧结构性改革提供了新见解。

71. 汪勇、尹振涛、邢剑炜（2022）:《数字化工具对内循环堵点的疏通效应——基于消费券纾困商户的实证研究》,《经济学（季刊）》第 1 期。

该文使用大型支付平台的高频交易数据，首次研究了数字消费券对餐饮、零售商户经营的影响。结果表明，数字消费券显著提高了餐饮（零售）商户营业额、交易量，且这种影响具有一定持续性；数字消费券对不同规模餐饮（零售）商户的营业额、交易量均有提升作用，但对大型商户的影响更为突出；数字消费券在提高消费者对食品、手机等商品消费的同时，并未挤占其对其他零售商品的消费。该文丰富和补充了数字消费券经济效应的相关研究。

72. 王国刚、罗煜（2022）:《中国共产党百年历程中的金融发展》,《学术研究》第 1 期。

金融发展是中国共产党领导经济发展的重要组成部分。从新民主主义革命时期的国家银行实践到社会主义革命和建设时期的单一银行体制探索，从改革开放和社会主义现代化建设新时期的多元化金融体系构建到中国特色社会主义新时代的现代金融体系建设，中国共产党在百年历程中推进中国经济快速发展，闯出了一条中国特色金融发展之道，积累了五个方面的历史经验，即坚持以服务党的中心工作为第一要务、坚持符合国情的金融发展模式、坚持对金融系统的严格管控、坚持有序推进金融创新和坚持依法严格监管。

73. 王如玉、王志高、梁琦、陈建隆（2019）:《金融集聚与城市层级》,《经济研究》第 11 期。

金融集聚引致金融空间层级结构特征是现代经济的显著特点。该文分析金融层级结构的形成因素及其与城市层级体系的关系。首先基于空间经济学建立一个理论模型，接着通过构造城市金融集聚指标，与中国的城市层级变量进行匹配，并利用固定效应、工具变量法等计量方法进行实证检验。该文初步构建了金融空间结构理论的基本框架，说明集聚形成金融中心，而金融中心是以城市为表征的；金融中心是有层次的，且与城市层级体系是正向匹配的；但金融集聚的态势更为突出，金融层级结构比城市层级体系更为简洁。要想打造金融中心，必先提升城市层级。全面开放并有科技创新中心支撑，有利于打造国际金融中心。

74. 王孝松、刘韬、胡永泰（2021）：《人民币国际使用的影响因素——基于全球视角的理论及经验研究》，《经济研究》第 4 期。

该文构建了包含两国的跨期国际货币需求模型，考察货币国际使用的影响因素，并使用 2011—2016 年 SWIFT 交易数据，对世界主要货币和人民币国际使用的影响因素进行实证分析。实证结果表明，对于世界主要货币而言，更高水平的一体化程度和稳定的宏观经济形势有助于推动其国际使用。具体而言，贸易和间接投资更有助于提高国际货币的直接使用，而直接投资则更加有助于国际货币的间接使用。对人民币而言，贸易和直接投资同时提高了其国际使用的范围和强度。同时，中国人民银行在此期间推出的一系列政策也显著提升了人民币国际化的程度。推进人民币国际化更深层次的问题是中国金融体系改革，中国货币当局只有不断加强金融体系的市场化，才能推动人民币成为新兴的重要国际货币，而"一带一路"倡议背景下中资企业的海外直接投资是未来人民币国际化的一条重要路径。

75. 王永钦、吴娴（2019）：《中国创新型货币政策如何发挥作用：抵押品渠道》，《经济研究》第 12 期。

2008 年全球性金融危机爆发以来，基于抵押品的创新型货币政策被各国央行广泛运用，但由于缺乏政策反事实分析，其作用机制和政策效果却一直亟待实证检验。该文利用 2018 年 6 月 1 日中国人民银行扩大中期借贷便利（MLF）担保品范围政策这一准自然实验和债券市场微观数据，采用三重差分法首次识别了基于抵押品的货币政策的作用机制和政策效果。研究发现，提高新增担保品债券的抵押率（杠杆率）显著降低了这些债券的平均利差，在二级市场达到 63—77 个基点，在一级市场达到 51 个基点，这一效应对于小微债的影响尤为显著；由于抵押品稀缺问题的缓解，银行间市场整体的公司信用类债券及金融债券利差也有所下降。这表明央行可以合理运用基于抵押品的货币政策来降低融资成本，调整金融结构和经济结构，优化配置资源，熨平经济周期，辅助实施政策目标，以促进经济高质量发展。

76. 王贞、封进（2021）：《长期护理保险对医疗费用的替代效应及不同补偿模式的比较》，《经济学（季刊）》第 2 期。

该文使用医保实际报销数据，利用倍差法考察长期护理保险对医疗费用的影响，并比较居家护理补贴和机构护理补贴的差异。

结论发现，居家护理补贴会替代医疗资源使用，改善被护理者健康，从而减少医疗支出；而机构护理补贴主要改变了医疗资源的配置，对医疗费用影响较小。具体地讲，居家护理补贴使得住院费用下降约10.5%、医保支付费用下降约10.3%。成本收益估算表明，居家护理每投入1元钱，将节约医保基金约8.6元，促进了医保基金的优化配置。

77. 魏江、王丁、刘洋（2020）：《来源国劣势与合法化战略——新兴经济企业跨国并购的案例研究》，《管理世界》第3期。

新兴经济体企业在跨国并购中如何根据不同类型来源国劣势来作出合法化战略选择？通过对吉利和万向六次跨国并购的多案例分析，该文打破现有文献关于"来自相同国家的企业面临相似来源国劣势"这一"同质化假定"，把来源国劣势构念化为制度维和产品维。通过归纳式案例研究，文章发现，对于产品维的来源国劣势，新兴经济体企业倾向于通过组织制度设计、资源协同和声誉重构等合法性修复战略进行应对；对于制度维的来源国劣势，新兴经济体企业倾向于采用制度遵从、组织制度设计、资源协同等合法性获取战略来应对；当面临产品维和制度维双重劣势时，新兴经济体企业综合运用制度遵从、组织制度设计、资源协同、声誉重构等合法性获取和合法性修复战略，重点强调沟通协调这一合法性维持战略来应对。这些发现丰富了学者们关于新兴经济体企业跨国并购和更一般国际化活动的研究，同时也对中资企业的跨国并购实践有一定的启示意义。

78. 温军、冯根福（2018）：《风险投资与企业创新："增值"与"攫取"的权衡视角》，《经济研究》第2期。

该文在纳入增值服务机制以及对攫取行为的创新失败概率进行内生化的基础上，对经典风险投资行为模型进行了拓展，借此从"增值服务"和"攫取行为"交互作用的视角分析了风险投资对企业创新的作用机理，并基于2004—2013年深圳中小板和创业板公司IPO前数据，运用"匹配法和倍差估计量"技术对该文提出的假说进行了实证检验。结果如下。（1）样本期间风险投资整体上降低了中小企业的创新水平，参与约束放松导致的企业家创新收益增加小于成功概率下降导致的创新收益减少，且增值服务对创新的增量作用不足以抵消攫取效应的消极影响。（2）风险投资对创新的影响呈现先递减而后递增的U型关系，曲线的低点出现在持股企业IPO当年或前一年，其原因是临近IPO时风险投资的攫取效应更为显著而增值服务却无明显的变化。（3）高声誉风投较低声誉风投对企业专利申请的不利影响更小，对创新效率的提升作用更大；是否联合投资与声誉资本异质性有相同的调节作用；高声誉资本牵头组建的联合风投对企业创新不存在消极影响，它的参与还显著提升了企业创新水平。

79. 温兴春、梅冬州（2020）：《金融业开放、金融脆弱性以及危机跨部门传递》，《世界经济》第10期。

该文在小国开放经济的多部门DSGE模型中引入金融中介的对外开放，分析了金融业开放在风险冲击跨部门、跨境传染中的作用,并讨论了系统性金融风险的防范。在金融开放程度和资本流动顺周期双重加强的情形下,国有部门风险冲击跨部门传递的负面影响被显著放大,从而引发整体经济的大幅衰退。同时,金融业开放还将放大外部冲击对国内经济的负面影响,带来新的风险。此外,跨境融资监管政策能抑制金融开放和资本流动顺周期之间的双重加强效应,降低金融业开放对风险传导的放大作用。因此,在金融业开放势在必行,国有部门风险未得到释放且未有效控制之前,为了守住不发生系统性风险的底线,我国必须尽快建立和完善针对跨境资本流动的宏观审慎监管框架。

80. 吴卫星、吴锟、王琎(2018):《金融素养与家庭负债——基于中国居民家庭微观调查数据的分析》,《经济研究》第1期。

该文运用清华大学中国金融研究中心2010年和2011年"中国消费金融现状及投资者教育调查"数据,考察了金融素养对家庭负债决策的影响。研究发现:绝大多数居民家庭对贷款产品不了解,金融素养普遍较低;教育程度与金融素养存在正相关关系;男性的金融素养高于女性的金融素养。实证研究还发现:金融素养高的居民家庭更可能持有负债和偏好通过正规渠道借贷,但金融素养的提高有助于减少过度负债。该文的政策含义在于:首先,应客观认识当前绝大多数中国居民家庭金融素养比较低的现实及其在微观层面对过度借贷的影响;其次,开展金融教育因人而异,因为金融素养在不同年龄、性别和教育程度的人群中存在明显的异

质性;最后,任何涉及居民家庭的金融政策,如养老保险的改革、普惠金融的推进等,都不应忽视金融素养的影响。

81. 吴晓求、何青、方明浩(2022):《中国资本市场:第三种模式》,《财贸经济》第5期。

中国资本市场经历了30多年的探索,发挥了政府的顶层设计优势,吸收了发达资本市场的规范理论与发展经验,融入了中国经济发展的实践基础与现实需要,正在形成一种有别于传统意义上的市场主导和银行主导的金融体系的第三种模式。该文从中国资本市场的发展逻辑、历史使命以及新模式探索三个方面,系统梳理了资本市场功能的变化及其与中国经济战略转型的深度耦合关系。在此基础上,深入分析当前中国经济发展的新目标、新路径,总结提炼出服务中国经济战略的市场与银行"双峰"主导型金融体系架构下的资本市场发展新模式。发展第三种模式,要将透明度建设作为资本市场改革和发展的重点,充分运用法律机制和市场机制的互补性优势,协同推进资本市场基础设施的完善。

82. 谢富胜、吴越(2021):《平台竞争、三重垄断与金融融合》,《经济学动态》第11期。

不同于传统产品生产型企业间竞争,平台竞争是基于用户、注意力、数据、算法等因素的赢家通吃式动态竞争和组织竞争。由此产生的平台企业垄断存在三个层次:特定相关市场上的横向垄断平台;纵向一体化和跨行业扩张的大型垄断性平台复合体;以特

定基础平台为核心的层级嵌套式平台生态系统。大型平台复合体借助数字技术实现平台业务与金融业务的融合，加强了平台实施垄断行为、巩固垄断地位的动机。稳定且丰厚的金融利润支持平台复合体跨行业经营与大规模并购，与平台业务的垄断相互促进、相互巩固，造成了金融风险的扩大化、集中化和隐蔽化。平台经济治理不应只针对横向平台市场垄断进行规制，还应构建科学高效的监管与治理体系，约束平台跨行业市场势力和防止资本无序扩张，限制大型平台复合体对小平台的大举收购，遏制平台垄断和金融融合对竞争与创新、消费者权益与金融稳定性的综合损害。

83. 熊启跃、王书朦（2020）：《负利率对银行净息差影响机制研究——基于欧洲主要上市银行的经验证据》，《金融研究》第 1 期。

净息差是反映银行经营效率的重要指标，负利率政策的实施对银行业净息差产生了显著的负面影响。基于 2004—2017 年欧洲负利率地区 102 家主要上市银行的年度非平衡面板数据，该文对负利率环境下银行净息差的调整机制进行了深入研究。研究结果表明：（1）政策利率降低（提高）会带动银行净息差下降（上升）；（2）负利率环境下，银行净息差对政策利率调整，尤其是利率下调的敏感性明显增强；（3）不同特质性银行净息差对政策利率调整的敏感性存在明显差异，规模较大、国际化程度较高银行的净息差对政策利率变动的敏感性较低，以利息收入、零售业务为主的银行的净息差对政策利率变动较为敏感。该文的研究丰富了负利率政策传导机制及影响领域的相关成果，探讨了负利率环境下不同特质性银行行为调整差异，为商业银行做好负利率环境下的息差管理提供了客观依据。

84. 徐忠、贾彦东（2019）：《自然利率与中国宏观政策选择》，《经济研究》第 6 期。

该文讨论的核心是如何准确认识和理解自然利率，并尝试建立以自然利率为基础的宏观经济分析和政策决策框架。为此，该文首先在一个简单理论架构下对影响自然利率变化的因素及其作用机制进行归纳分析，之后分别利用半结构化模型、宏观计量模型和 DSGE 模型估计中国的自然利率。在此基础上，针对当前中国宏观经济运行中面临的突出问题和主要矛盾，探讨分析基于自然利率的宏观政策选择，以期为政策决策提供参考。主要结论如下。（1）整体而言，中国自然利率水平近年呈现逐步下降特征，实际利率仍高于自然利率平均水平。（2）长期内，自然利率变化主要受潜在产出增速下降、TFP 增长放缓以及人口结构变化等因素影响。短期内，受政策和经济预期不确定性影响较大。此外，投资专有技术进步增速降低、资本形成效率下降、政府支出不足、去杠杆政策等多种因素都会对自然利率产生影响。（3）在平衡好短期需求与中长期改革目标基础上，应以结构性改革为导向，避免追求名义扩张，促进以提升自然利率和潜在产出为目标的实际扩张。文章认为，应加强宏观政策协调，促进全要素生产率提升；更加注重优化投资质量和投资结构，提高投资专有技术进步水平；更加重视稳定经济预期，降低宏观经济不确定性带来的负面影响。

85．许闲（2019）：《国际保险会计准则的最新发展及对我国的影响——基于 IFRS 17 和 IFRS 9》，《会计研究》第 1 期。

中国采用了会计准则与国际财务报告准则实际持续趋同的路径。国际会计准则理事会 IFRS 17 与 IFRS 9 的发布与生效，将对中国保险行业的会计实务、财务信息、经营管理与战略等多方面产生重大影响与冲击。该文讨论了国际保险会计准则的最新变化对我国的影响，分析了 IFRS 17 关于保险合同会计准则确认、计量与披露的重大调整，讨论了 IFRS 17 与 IFRS 9 与我国当前会计实务的差异及其影响，在此基础上讨论我国保险合同会计与保险公司所面临的改革与挑战。

86．杨典、欧阳璇宇（2018）：《金融资本主义的崛起及其影响——对资本主义新形态的社会学分析》，《中国社会科学》第 12 期。

相比波兰尼提出的第一次"大转型"，金融资本主义的出现堪称影响更为深远的第二次"大转型"。金融资本主义的全球化扩张使其力量超越了民族国家的范围，政府、企业、家庭和个人等行为主体都日益受到金融市场的指引和重塑，导致"社会生活金融化"趋势。其重要社会后果是：金融市场与社会脱嵌的趋势日益明显，逐渐侵蚀着国家、工会、市民社会等力量，加剧了发达资本主义国家的就业危机、贫富分化和结构性不平等。面对金融资本对社会的侵蚀，西方社会生出"社会自我保护"的举措，目前看来收效甚微。而如何在全球层面建立一种新的金融和市场治理架构，以有效应对金融资本主义带来的负面影响，仍任重道远。

87．杨小海、刘红忠、王弟海（2017）：《中国应加速推进资本账户开放吗？——基于 DSGE 的政策模拟研究》，《经济研究》第 8 期。

长期以来，对中国资本账户开放的政策模拟往往缺乏微观基础，其所得到的结果也颇有争议。该文在 DSGE 两国模型的框架下，对学术界最新的方法进行了改进；同时，根据经济基本面对当下中国对外股权投资逐渐开放的过程进行政策模拟，并评估其可能存在的潜在风险。模拟结果显示，无论在哪种政策安排下，放松资本管制均会导致中国面临资本外流的压力，而且流出的速度会随着管制程度的放松而加快。基于这一分析，该文认为经济的结构性改革应优先于资本账户开放，同时发现降低居民的风险厌恶程度以及加快金融体系改革对未来缓解资本账户开放后所面临的资本外流压力大有裨益。

88．杨子晖、周颖刚（2018）：《全球系统性金融风险溢出与外部冲击》，《中国社会科学》第 12 期。

国际金融危机的冲击引发了各国对系统性金融风险的广泛关注以及对监管机制的重新审视，"太大而不能倒"的传统原则正向"太关联而不能倒"的新理念转变。该文采用"有向无环图技术方法"以及网络拓扑分析方法，从网络关联视角考察全球系统性金融风险的动态演变，以及全球金融市场的风险走势中发现，中国内地金融市场为风险溢出的净输入者；64%的全球波动溢出规模使得系统性金融风险具有明显的跨市场传染效应。为保持中国金融市场的稳定与安全，宏观审慎风险防范机制应该考虑"太关联而不能倒"的监管理念。

89. 杨子荣、张鹏杨（2018）：《金融结构、产业结构与经济增长——基于新结构金融学视角的实证检验》，《经济学（季刊）》第2期。

该文利用中国2001—2008年省际面板数据，采用面板门限模型，分别检验了金融结构、产业结构与经济绩效之间的关系。研究表明，金融结构只有与产业结构相适应时，才会促进产业增长；而金融结构只有与特定发展阶段要素禀赋及其结构内生决定的产业结构相适应时，才能够促进经济增长，更好地服务于实体经济。这意味着，最优的金融结构安排，不仅要满足产业的融资需求，还必须与特定发展阶段的要素禀赋结构及其内生决定的产业结构相适应。

90. 姚前（2018）：《共识规则下的货币演化逻辑与法定数字货币的人工智能发行》，《金融研究》第9期。

作为新兴事物，数字货币的出现在一定程度上使传统货币理论出现了"失语"，需要新的解释逻辑。该文基于布坎南的公共选择理论范式，构建了基于交易费用与共识成本优化的逻辑框架，利用一致同意规则重新解释了物物交易、物"权"交易、商品货币、贵金属货币、信用货币到数字货币的货币演化。研究发现，货币是一致同意规则下的社会共识。让所有成员的铸币收益均等的货币方案，才能获得一致同意，成为公众广泛接受的真正货币。私人数字货币不符合货币一致同意规则，因此难以成为真正货币，更遑论取代满足一致同意规则的法定货币。展望未来，法定货币或将出现数字化和智能化趋势，从而更好地降低交易费用和共识成本。该文还探索性提出法定数字货币发行的AI模型和学习算法。

91. 易纲（2021）：《中国的利率体系与利率市场化改革》，《金融研究》第9期。

利率对宏观经济均衡和资源配置有重要导向意义。央行确定政策利率要符合经济规律、宏观调控和跨周期设计需要。目前，中国的真实利率略低于经济增速，处于较为合理水平。中国已形成较为完整的市场化利率体系，主要通过货币政策工具调节银行体系流动性，释放政策利率调控信号，在利率走廊的辅助下，引导市场基准利率以政策利率为中枢运行，并通过银行体系传导至贷款利率，调节和优化资源配置，实现货币政策目标。中国具备继续实施正常货币政策的条件，将尽可能地延长正常货币政策的时间，目前不需要实施资产购买操作。在市场化利率体系中，收益率曲线非常重要，它反映利率由短及长的期限结构，可为各类金融产品和市场主体提供定价参考。收益率曲线的短端为货币市场基准利率，直接受央行货币政策操作的影响；长端则为国债收益率，主要反映市场对未来宏观经济走势的预期。经过多年发展，我国的国债收益率曲线应用日益广泛，整体趋于成熟，而在市场基础方面还有进一步提升的空间。

92. 易行健、周利（2018）：《数字普惠金融发展是否显著影响了居民消费——来自中国家庭的微观证据》，《金融研究》第11期。

该文就数字普惠金融的发展对居民消费的影响进行了理论探讨和实证检验。研究结论表明：（1）数字普惠金融的发展显著促进了样本期的居民消费，且这一促进效应在农村地区、中西部地区以及中低收入阶层家庭更为明显，同时数字普惠金融发展中除覆盖广度外，使用深度以及使用深度指标中支付、保险与货币基金这三个子指标均显著促进居民消费；（2）数字普惠金融主要通过缓解流动性约束、便利居民支付两种机制促进了样本期的居民消费；（3）使用工具变量法以及将数据集替换为中国劳动力动态调查数据的估计结果表明结论比较稳健和可靠；（4）人力资本差异的分样本回归结果显示，当户主的受教育程度越高、认知能力越强时，数字普惠金融对样本期居民消费的促进效应更为明显；（5）数字普惠金融的发展显著促进衣着、居住、日用品、交通通信以及其他商品和服务的消费支出；（6）家庭债务收入比的分样本回归结果显示，数字普惠金融的发展仅仅促进了中低债务收入比家庭的消费支出，而对高债务收入比家庭的消费支出却存在不显著的抑制效应，同时数字普惠金融的发展确实增加了家庭的债务收入比，因此在积极推动数字普惠金融发展的同时，也需提防居民家庭债务的过度和过快增长。

93. 尹志超、张栋浩（2020）：《金融普惠、家庭贫困及脆弱性》，《经济学（季刊）》第5期。

该文利用中国家庭金融调查2015年数据，通过构建家庭金融普惠指数，研究了金融普惠对家庭贫困及脆弱性的影响。研究发现，金融普惠能够显著降低家庭发生贫困和脆弱性的概率，且对农村及城镇低收入者等弱势群体的影响更大。进一步讲，金融普惠对未得到政府扶贫支持的贫困家庭有更大的作用，且可作为共同保险机制的补充，帮助家庭更好地应对社区协同性冲击导致的脆弱性；不同地区及不同金融服务的影响有所差异。最后，促进创业和提高风险管理能力是金融普惠发挥作用的主要渠道。

94. 臧文斌、陈晨、赵绍阳（2020）：《社会医疗保险、疾病异质性和医疗费用》，《经济研究》第12期。

不同社会医疗保险覆盖的居民在医疗服务及费用方面存在较大差距是我国医疗资源配置不平衡的突出表现。该文利用详尽的住院患者与医疗机构匹配的微观数据，分析了城镇职工基本医疗保险（城职保）和城乡居民基本医疗保险（城乡保）患者花费的差别，及其受疾病种类异质性的影响。在控制疾病种类、患者个人特征和医疗机构等基本特征后，回归结果显示城职保患者的医疗总花费平均显著高于城乡保患者的医疗总花费。用于测量疾病种类异质性程度的疾病总花费变异系数（CV）每增加一个单位，花费差别会增加6.6%—12.8%。其中药品费和检查费在不同保险患者之间的差别受疾病种类异质性的影响较大，而相对固定的诊疗费用差异受到的影响较小。总体而言，疾病种类的异质性会导致医院对不同保险患者收取不同的医疗费用，异质性越大的疾病医疗费用差别就越大。因此，政府应加快推动社会医疗保险支付方式改革，加大监督药品使用和检查项目的力度，从而使医疗资源的配置更加有效。

95. 战明华、汤颜菲、李帅（2020）：《数字金融发展、渠道效应差异和货币政策传导效果》，《经济研究》第6期。

利用拓展的IS-LM-CC模型，该文构建了数字金融如何通过利率与信贷两个传导渠道机制影响货币政策整体效果的理论模型。在此基础上，该文先是利用条件脉冲响应IVAR模型对数字金融的总体效果进行了测算，接着对数字金融影响货币政策两个传导渠道功能的发挥进行了实证判断。主要研究结论如下。一是数字金融发展总的来说提高了货币政策的效果，其主要表现是放大了产出关于政策冲击的脉冲响应幅度、减少了滞后时段和弱化了"价格之谜"。这显示金融发展对中国货币政策效果的影响更符合发展中国家而非发达国家的特征。二是货币政策效果提高的深层机理，主要是数字金融对利率渠道的放大效应要强于对信贷渠道的弱化效应。数字金融发展对信贷渠道的弱化作用主要体现在完善了银行外部融资市场，但对企业外部融资市场的完善影响不大。

96. 张成思（2019）：《金融化的逻辑与反思》，《经济研究》第11期。

新古典经济学、政治经济学和现代金融学等各流派对金融化逻辑的意见分歧很大，并展开了激烈而又长久的论战，导致各界对金融化的概念、属性、驱动因素及其逻辑内涵等重要问题的理解不但没有更清晰，反而日益模糊，这给决策层的现实判断带来了极大困扰。该文基于宏观、微观、中观三个层次阐释金融化的逻辑，指出宏观金融发展说和微观金融市场说推动了泛金融业的金融化，并且影响了微观企业的经营理念，再加之实践中企业趋利避险，从而驱动了微观企业的金融化；而宏微观层次的金融化也微妙地催生了中观层次的商品金融化。三个层次的金融化本质上都反映了资本的逐利天性，并从深层次反映出经济体对多元化金融体系日益增长的需求。虽然过度金融化会带来负面冲击，增加经济的脆弱性，甚至可能引发危机，但负面冲击是随机冲击而不是系统性冲击，所以不能简单地将其等同于"矛盾的累积"甚至是"发展的陷阱"。正确认识和理解金融化的深层次逻辑并包容资本的逐利天性，合理运用金融化理念可以推进多元化和市场化金融体系发展，进而实现"好的金融"服务于实体经济和国计民生的目标。

97. 张华、胡海川、卢颖（2018）：《公司治理模式重构与控制权争夺——基于万科"控制权之争"的案例研究》，《管理评论》第8期。

该文以万科"控制权之争"案例为背景，研究了从"股东大会中心主义"向"董事会中心主义"公司治理模式重构过程中，控制权配置状态的变化对公司控制权争夺的影响。分析了公司治理模式重构前后控制权争夺动因、路径以及障碍的差异，提出了"董事会中心主义"公司治理模式下管理层控制权维护与股东利益保护的路径和方法。该研究认为，公司治理模式的重构源于股权结构的分散和所有权与经营权的分离，以及人力资本和物质资本在公司价值创造中角色的转变。公司控制权配置状态的变化造成了公司控制权的不稳定性，是引发公司控制权争夺的动因。"董事会中心主义"公司治理模式下公司管理层人力资本的专用性以及管理层与股东之间和谐共生的利益关系是控制权争夺的主要障碍；进行管理层专用性人力资本投资、构建"双重股权结构"以及实行"合伙人制度"是防范控制权风险的有效手段；对管理层进行股权激励并充分发挥独立董事、外部董事的监督制约作用是保持公司控制权稳定，保护股东利益的有效措施。

98. 张杰（2020）：《金融学在中国的发展：基于本土化批判吸收的西学东渐》，《经济研究》第 11 期。

尽管中国人很早就有记述和评价货币金融现象的传统，但金融学成为一门专门学问或者学科是近代以来"西学东渐"的结果。第一次西学东渐延续百余年，经历从引进、消化到初创的黄金时期，奠定了现代金融学在中国的最初基础。第二次西学东渐时间不长，短短二十余年间模仿苏联做法，折射出当时特殊体制选择对货币金融学科的深刻影响。第三次西学东渐伴随改革开放进程与中国经济金融的迅速崛起，经过从一开始引进欧美之学到随后与国内传统货币银行学产生冲突磨合的曲折过程，国内金融学体系渐趋成熟。在三次西学东渐过程中，国人的本土化努力贯穿始终。进入 21 世纪，中国金融故事逐渐引起全球瞩目，金融学的本土化或者中国特色金融学的创新发展迎来新机遇与新挑战。

99. 张晓晶（2021）：《金融发展与共同富裕：一个研究框架》，《经济学动态》第 12 期。

共同富裕是社会主义的本质要求，是中国式现代化的重要特征。这些赋予了新时代金融发展的使命担当。探讨金融发展对共同富裕的作用机制，是坚持以人民为中心的发展思想、在高质量发展中促进共同富裕的题中应有之义。该文通过微观视角与宏观视角的考察，深入剖析了金融发展对不平等的影响机制：适度、规范的金融发展有利于减轻不平等，但金融压抑和过度金融化都可能导致不平等加剧。而金融压抑与金融赶超（以及金融化）并存是中国金融发展的"特色"，二者也成为当前分配不均的驱动因素。中国金融发展促进共同富裕需要着力于以下五点：一是金融回归服务实体经济本源，避免过犹不及；二是促进房地产业健康发展，努力实现住有所居；三是落实农民土地财产权利，缩小城乡收入差距；四是发展普惠金融，使低收入群体也能分享增长红利；五是重视金融科技的双刃剑效应，推进金融科技向善。

100. 张璇、孙雪丽、薛原、李春涛（2022）：《卖空机制与食品安全——基于溢出效应的视角》，《金融研究》第 3 期。

卖空机制通过威慑效应约束厂商的自利动机，为食品安全治理提供了一种可行的资本市场途径。该文利用 2015—2018 年原国家食品药品监督管理总局披露的食品抽检数据，考察卖空强度对地区食品质量的影响。

采用食品类上市公司融券余额在流通市值中占比的加权平均值度量地区卖空强度，体现了食品企业受到的卖空威慑压力。结果发现，卖空强度越大，当地整体的食品抽检质量越好。机制分析发现，卖空威胁在提升上市食品企业产品质量的同时，通过供应链协同、同群效应以及减少信息不对称的途径传导至同地区的其他企业，产生了食品质量治理的溢出效应。异质性分析显示，卖空对食品安全治理的溢出效应在要素市场发育不足、法制相对不健全和欠发达地区更加明显，卖空作为外部监管的补充机制发挥了食品安全治理的功能。因此，完善融资融券制度，适时合理地将食品类上市公司纳入融券标的，为惩治劣质食品提供资本市场手段，对确保食品安全问题"零容忍"具有现实意义。

101. 张勋、万广华、吴海涛（2021）：《缩小数字鸿沟：中国特色数字金融发展》，《中国社会科学》第 8 期。

全球新一轮技术革命对生产关系的重大影响之一，是由此产生的数字鸿沟普遍拉大了社会贫富差距，但数字鸿沟问题在中国的影响及其填补和克服，具有社会主义制度下的特殊性。利用中国家庭追踪调查（CFPS）数据的实证分析发现，由于农村脱贫攻坚的全面胜利，数字金融的发展带来了中国居民收入和消费的显著增加，特别是对于那些无法接触到互联网的家庭。因为数字金融主要通过促进农业向非农业的就业结构转型，提升工资性收入和农业经营性收入，促进消费，进而抑制数字鸿沟扩大。数字金融发展必须同时防范化解系统性金融风险。

102. 张一林、林毅夫、朱永华（2021）：《金融体系扭曲、经济转型与渐进式金融改革》，《经济研究》第 11 期。

转型国家的金融抑制，本质上是政府在面对关系国防安全、社会稳定和国计民生的企业缺乏自生能力但又不能让其破产倒闭的约束条件下，以金融体系为中介来给这些"重要而不能倒但不补贴就要倒"的企业提供暗补所做出的"次优"的制度安排。发达国家之所以没有像转型国家那样扭曲干预金融体系，是因为在发达国家除国防安全等少数可用财政直接补贴的战略型产业外，绝大部分产业符合比较优势，企业具有自生能力，无需政府利用金融体系给予暗补。转型国家的金融改革，不应简单照搬发达国家的金融制度，也不应采用"休克疗法"的激进方式，而是应当根据资本积累、比较优势变化、赶超战略下优先发展部门遗留下来的企业的自生能力的提高，制定阶段性的改革目标并采用渐进式的改革方式。这种与转型国家自身要素禀赋结构、比较优势及其变化相适应的渐进式金融改革，能避免因金融改革引发经济崩溃并达到支持经济增长的目的，是比休克疗法更优的金融转型方式。

103. 郑联盛（2020）：《美国金融制裁：框架、清单、模式与影响》，《国际经济评论》第 3 期。

金融制裁日益成为美国对外经济交往的政策工具。通过依托美元霸权体系、强化清单系列制裁和次级制裁，以及提升制裁"聪明"程度，美国金融制裁取得了较为显著的效果。美国的金融制裁具有完善的法律体系、政策目标及组织框架,可分为针对特定国家的制裁、清单系列制裁、行业性制裁等类别,其中最主要的方式是清单系列制裁。美国财政部以司法管辖区为界将制裁分为一级制裁和次级制裁,针对非美国实体的次级制裁凸显了美国的域外管辖权。美国金融制裁可分为对个人或私人部门银行的单点式制裁、对国有大型金融机构的打压式制裁、对中央银行的破坏式制裁和对特定国家的紧急资产冻结等模式。不同的金融制裁清单和制裁模式对被制裁实体造成差异化的破坏性影响。针对美国金融制裁,中国应该多措并举、综合施策、重在规避,并寻求多边合作、深化金融体系改革,从而有效应对美国多样化制裁的潜在风险。

104. 郑伟、郑豪、贾若、陈广（2019）：《农业保险大灾风险分散体系的评估框架及其在国际比较中的应用》,《农业经济问题》第9期。

该文建立了一个针对农业保险大灾风险分散体系的评估框架。该框架从横向空间（风险分散）、纵向时间（持续经营）、内部视角（高效运行）、外部视角（合理激励）四个维度,用定性评分的方法,全面评估农险大灾分散体系。应用这一框架,该文评估了美国、西班牙、加拿大、日本、意大利、法国、巴西七个国家的农险大灾分散体系,并指出中国农险大灾分散体系存在的问题。研究发现,美国和西班牙的农险大灾分散体系总体表现较优,加拿大和日本次之,意大利、法国和巴西略逊,但七国表现均好于中国。在评估结果和运行效果讨论的基础上,针对如何建设中国的农险大灾分散体系,文章提出提高持续经营能力、提升运行效率、改善激励制度三个方面的建议。

105. 钟宁桦、解咪、钱一蕾、邓雅琳（2021）：《全球经济危机后中国的信贷配置与稳就业成效》,《经济研究》第9期。

追求更充分更高质量就业是高质量发展的重要内涵。该文探究在全球经济危机发生后,中国如何快速实现稳就业,具体分析各类企业在稳就业方面所作贡献与付出的代价。通过分析多套企业数据与逐笔贷款数据发现：在"四万亿"计划实施期间新增信贷的支持下,国有、大型与受计划支持行业内的企业在短期内做大规模逆周期投资并大幅扩张雇员,然而由于后期绩效变差及偿债压力加剧,难以持续大幅增加就业。而民营、小型与未受计划支持行业内的企业在短期内未增加投资或就业,所获信贷显著提高了其在危机中存活的概率,且由于后期绩效改善而创造就业的幅度更大。因此,着眼于以较小代价取得中长期内较大的稳就业成效,在应对危机时可将更多资源投入保中小市场主体中。

106. 周建波、曾江（2020）：《银行、票号兴替与清末民初金融变革》,《中国社会科学》第8期。

金融发展与创新过程通常包括新金融业态的产生、发展以及替代旧金融业态的完整周期。清末民初,上述周期在银行进入中国并逐渐与票号展开竞争、最终完全替代票号的过程中得到明确体现。近代银行首先以外资银行形式进入晚清金融市场,在甲午战争后对票号形成巨大的竞争压力。本国银行于

19世纪末20世纪初在外资银行的诱致下产生，至辛亥革命后迎来繁荣发展期，抢占了票号的大量市场，并最终完全替代了票号的金融功能，迫使票号彻底退出历史舞台。银行对票号的替代本质上是金融创新的结果，是近代新的社会生产条件下新金融业态相对于旧金融业态所具备的制度优势在竞争中发挥作用的结果，是金融近代化转型的重要表现。

107. 周开国、卢允之、杨海生（2017）：《融资约束、创新能力与企业协同创新》，《经济研究》第7期。

随着技术结构日益复杂，协同研发逐渐成为企业实现创新的重要方式。该文通过构建一个简单的理论模型，提出融资约束和创新能力会抑制企业协同研发的研究假说。据此，该文利用2012年世界银行调查问卷数据中关于中资企业的样本对以上模型进行检验。实证结果表明：在相同条件下，企业融资约束越宽松、创新能力越弱时，其协同研发的意愿及支出均相对越高，其中创新能力的负面作用来自于企业专有能力的不足。此外，文章还发现，企业在面临激烈的产品市场竞争时，融资约束对自身研发、协同研发的抑制效应会更明显。据此结论该文提出，政府可以通过完善金融服务体系、加强知识产权保护、鼓励企业纵向合作来促进企业参与协同创新，从而加快企业转型升级。

108. 周莉萍（2018）：《货币政策与宏观审慎政策研究：共识、分歧与展望》，《经济学动态》第10期。

该文重点分析了货币政策与宏观审慎双支柱政策三种实现模式的核心内容、政策利弊及若干共识。分析表明，中央银行是维护金融稳定的主导机构之一，但货币政策不是维护金融稳定的最佳选择。在长期，或可以通过改变货币政策规则、新增货币政策工具或者推动货币政策框架转型来兼顾金融稳定目标。货币政策和宏观审慎双支柱政策应该发挥各自的相对优势，首先侧重自身有调控优势的政策目标，其次要兼顾与另一政策的配合，尽量不对冲；信用创造是二者都应关注的金融活动，也是协调的重点；二者的协调配合模式是动态的，应该考虑不同的经济发展阶段、经济发展周期、本国金融结构等因素。针对国内双支柱政策，该文提出了几点建议：货币政策宽松时期应避免力度较大的强宏观审慎政策；宏观审慎政策的重点应放在系统重要性金融机构的日常监管和破产清算以及金融机构之间的内在关联性；落实宏观审慎评估工具，加大对房地产市场的覆盖；进一步完善货币政策自身机制。

109. 周颖刚、林珊珊、洪永淼（2020）：《中国股市和债市间避险对冲效应及其定价机制》，《经济研究》第9期。

经过三十多年的发展，中国股票和债券市场规模达至全球第二位，表现出全球"避风港"的潜力。研究这两个大类资产间避险对冲效应，探索中国特色社会主义市场体系中资本市场的运行规律，对中国经济学的构建具有重要的意义。该文运用条件协偏度和协峰度来刻画一种资产风险变大和出现极端风险的情况下另一个市场是否具有对冲功能，并检验这种避险对冲效应是否影响股票和国债的风险溢价。结果发现，当一种资产对另一资产的条件协偏度下降和条件协峰度上升时，其预期收益会随之上升，说明我国股票市场和国债市场之间可以互相对冲风险，其跨市场定价机制符合偏度偏好和峰度厌恶假设。比较分析国债期货重新上市交易前后样本，可以发现随着利率市场化的推进，股票和国债市场间避险对冲效应有所加强。该文还将研究拓展至期货市场，发现国债现货能够对冲股票期货市场的波动性和极端风险，但相互避险的作用在股指期货和国债期货市场之间、其他现货和期货交叉市场间并不显著。这些发现为监管部门继续发展和完善股票市场和国债市场，放开国债期货和股指期货交易的管制，进一步推动利率市场化改革，促进中国金融市场的良性互动发展提供了重要的科学依据。

110. 朱恒鹏、岳阳、林振翮（2020）：《统筹层次提高如何影响社保基金收支——委托—代理视角下的经验证据》，《经济研究》第 11 期。

提高社保统筹层次能增强社会保险的风险分担能力，但也会对社保收支造成一些负面影响。该文使用社保收支动态契约模型证明，尽管委托—代理问题降低了基层政府基金征缴积极性，但只要上级政府信息获取能力超过一定临界值，提高统筹层次可以通过地区间风险分担提升全社会福利，实现次优结果。在实证部分，该文分别基于省级和市级层面社保数据，分析提高统筹层次对于城镇职工养老保险和医疗保险收支的影响。实证结果支持理论模型预测，市级统筹转向省级统筹会降低养老保险和医疗保险基金收入，但对支出没有显著影响。此外，该文利用市级层面数据验证了统筹层级安排影响地方政府可支配财力的一种独特机制的存在及其普遍性，即地方统筹使得地方政府可以将专款专用的社保（滚存）基金存款通过银行转化为地方政府贷款，显著扩大了地方政府可支配财力，说明提高统筹层次对基金收支影响不仅仅来自委托—代理问题，也来自地方政府的这一独特融资机制。文章还进一步指出研究者和决策者应该关注中国提高社保统筹层次的总体影响。

111. 朱小能、周磊（2018）：《未预期货币政策与股票市场——基于媒体数据的实证研究》，《金融研究》第 1 期。

经济理论和各国经验表明，股票市场对货币政策操作的反应、对货币政策的有效性以及金融稳定具有重要意义。该文基于媒体数据对货币政策预期和未预期部分进行了分解，应用事件研究法，考察了未预期货币政策对股票市场的影响，并探索了该影响的经济机制。分析表明：（1）未预期货币政策对沪深股市有显著的负向影响，1% 的未预期降准会引起上证综指上涨 0.806%，深证成指上涨 0.831%。未预期基准利率调整的影响略大于准备金率调整。（2）货币政策对股票市场的影响存在非对称性，宽松货币政策对股市的影响大于紧缩货币政策。（3）货币政策对股票市场的影响主要通过影响预期未来超额收益实现。

（供稿：《金融评论》编辑部）

重要著作推介

《中国货币政策目标与转型》

范从来，南京大学出版社 2020 年版。

内容简介：该书结合对中国改革开放 40 年来货币政策实践的总结，以及中国经济高质量发展的新需求，探讨中国货币政策转型的新框架。中国货币政策的目标和转型是该书的研究主线。该书对中国货币政策最终目标、中介目标和操作目标等系列主题，从整体到局部，从一般到特殊，进行了较为全面的研究，力图做到从实践中发现新问题，提出新观点，构建新理论，并又回到实证中检验理论，体现了"理论为本、实际是根"的研究路径。

《世界金融史：从起源到现代体系的形成》

贺力平，中国金融出版社 2022 年版。

内容简介：该书是"金融发展的世界历史"，而非"世界各国的金融史"，旨在展示金融发展历程的世界全景图，讲述金融机构和金融市场在人类历史长河中如何从稚嫩小苗成长为参天大树并成茂密的森林。其中，"金融"是该书的主线索，"世界"则主要指在各重大历史时代金融发展上具有特殊和典型意义的国家和地区。全书分为三篇，第一篇探溯金融的起源及在古代世界的"早熟"，第二篇考察金融在中世纪的扭曲及其转变，第三篇详述现代金融体系的创立时代，深入剖析工业革命以来金融在主要工业化国家中的发展进程及其特点和作用。

《中国金融改革路线图：构建现代金融体系》

《径山报告》课题组，中信出版集团 2019 年版。

内容简介：该书围绕深化金融供给侧改革、经济增长方式转变、完善货币政策框架、资本市场改革等金融改革领域的焦点话题展开讨论，分析了金融改革政策近 40 年来的发展历程、现状、存在的问题及未来可能的改革方向，并围绕"构建中国现代金融体系"提出了政策建议，是一部深入、全面论述中国现代金融体系建设的著作。

《中国大型商业银行股改史（上下卷）》

姜建清主编，詹向阳副主编，中国金融出版社 2019 年版。

内容简介：国有银行股改史的成功对中国金融与经济市场化改革的推进，以及对中国经济稳定可持续增长的巨大意义。记录、总结这段历史，不仅对中国银行业具有特别重要的意义，而且对于中国改革大业乃至银行业的发展都意义非凡。该书还对股改后大型商业银行改革的进一步发展和深化，提出了一些方向性的问题和期望。

《债务杠杆、供求循环与货币的作用》

李斌、伍戈，中国金融出版社 2022 年版。

内容简介：为应对危机冲击，全球实施了力度空前的货币刺激措施，货币、经济增长与通货膨胀的组合出现了新的变化。在近些年的理论研究和政策实践中，学界常常会面对一些经典理论难以回答的新现象和新问题。比如，近年来被广泛关注的债务杠杆问题，在主流教科书中几乎不被提及，这也使学界在分析债务问题时缺乏有效的理论框架。该书在前期研究的基础上将视野转向了货币和经济增长的关系以及货币非中性等更具一般意义的问题，试图在系统思维的框架下对货币政策定位为需求管理的传统理念有所突破，以便可以更完整地阐释货币政策的总量和结构效应。

《货币理论与政策中的自然利率及其估算》

李宏瑾，经济科学出版社2018年版。

内容简介：该书以货币中性这一货币理论的核心命题为主线，对自然利率理论在货币理论与政策中的背景、内涵及思想演变过程进行全面系统的回顾；通过对货币体系和政策变迁的考察，深入说明自然利率思想在货币政策实践中的作用；在全面深入综述国外自然利率估算方法的基础上，指出目前国内估算自然利率相关研究存在的不足，并分别利用泰勒规则、基于新凯恩斯理论半结构化状态空间模型和结构化的动态随机一般均衡（DSGE）模型对中国自然利率水平进行了估算，分析了自然利率和利率缺口与宏观经济、货币政策的关系，进而说明自然利率在利率市场化和货币价格调控方式转型中的重要意义。

《新时代中国金融控股公司研究》

连平等，中国金融出版社2018年版。

内容简介：该书对我国金融控股公司的实践和理论进行了分析研究，探讨了金融控股公司未来的发展路径、监管设计、运行模式及其内部运营管理和风险控制等一系列问题，尤其是在金融控股公司的内涵定义、现状梳理、发展意义、监管建议和运行模式等方面进行了深入分析和探讨，为金融控股公司的监管设计提供了可资借鉴的理论基础和经验参考，也为金融控股公司本身的经营管理、稳健运行和风险管理提供了实践指导。

《防范系统性和区域性金融风险研究：基于金融适度分权的视角》

刘锡良、董青马等，中国金融出版社2018年版。

内容简介：该书结合我国的财政金融体系，从金融分权视角出发，研究我国系统性、区域性风险的生成、传染机制以及区域性风险与系统性风险相互转换，研究设计我国系统性、区域性风险防范以及相应危机救助体系，在此基础上提出我国金融监管改革的相关建议，为我国金融安全网的构建与优化提供理论支撑。

《货币论：货币与货币循环》

陆磊、刘学，中译出版社2021年版。

内容简介：基于现实的货币经济运行，该书提出：货币的本质是一种权利，即持有货币意味着获得"未来效用索取权"；货币交易是公众和中央银行作为货币供给方、金融中介机构作为货币需求方的"纯粹"货币交易。基于对货币与货币交易的重新界定，该书构建了银行（金融中介）货币需求理论的微观基础，分析了货币中性与非中性的叠加态；推导出超额货币需求两大定理，证明了银行信用的独立和抵质押融资机制的形成都会驱动银行对家庭部门的超额货币需求，由此形成过度投资和信贷收缩周期性经济—金融现象；最后对现实货币经济中存在的两种货币循环——"产出—货币循环"和"资产—货币循环"——进行深度剖析，论证了抵质押融资机制如何驱动资产泡沫化和资产价格膨胀，以及宽松的货币政策在这一过程中的"助推"作用。

《理解现代金融监管：理论、框架与政策实践》

马勇，中国人民大学出版社2020年版。

内容简介：该书通过理论和实证分析，对金融监管的若干核心问题进行了系统阐述。论述了金融监管的经典理论、模型框架、主体资格、作用边界和组织结构等基本问题，讨论了长期中的金融监管动态均衡与路径选择问题，分析了金融监管和宏观经济之间的内在关联和传导机制，研究了金融监管和货币政策之间的协调搭配问题。

《渐行渐近的金融周期》

彭文生，中信出版社2017年版。

内容简介：过去40年在金融自由化、政府对私人财富隐性担保、宏观政策过度依赖信贷的大环境下，全球范围内金融的顺周期性成为驱动经济中期波动的重要力量，甚至带来了金融危机。有别于实体与金融相割裂的传统视角，该书在金融周期的分析框架下，聚焦信用和房地产相互促进的机制，联系金融和实体、总量和结构，提供一个从金融看宏观经济的全景式分析。

《金融秩序与行为监管——构建金融业行为监管与消费者保护体系》

孙天琦等，中国金融出版社2019年版。

内容简介：该书从法律体系、金融监管者、金融机构、金融消费者、国际组织等视角进行研究，囊括了行为监管的主要领域，分析了我国行为监管的主要问题，并针对性地提出了构建我国行为监管体系的政策建议，是近年来行为监管研究领域的有益探索。

《中国金融开放：市场导向下的均衡选择》

吴晓求等，中国金融出版社2021年版。

内容简介：如何进一步推进中国金融的开放，加快中国金融的现代化和国际化，是中国改革开放面临的艰难的任务之一。中国金融在扩大开放乃至全面开放的理论设计和政策选择中，必须解决三个核心问题：一是模式定位，即在"不可能三角"中的选项组合，核心是在"汇率稳定与资本流动"之间作出选择；二是开放路径；三是战略目标。该书主要围绕这三个核心问题展开研究，并提出了相应的理论观点和政策主张。与此同时，作为中国金融开放的借鉴和参考，该书研究了大国经济（如日本）和一些有代表性的新兴经济体（如韩国等）金融开放的案例。在理论逻辑、案例总结和国情分析的基础上，对中国金融全面开放过程中及之后所可能出现的风险变化做了简要评估。

《中国资本市场变革》

肖钢，中信出版社 2020 年版。

内容简介：资本市场是一个资金场、信息场、名利场，但归根到底是一个法治市场，必须以规则为基础。打造规范、透明、开放、有活力、有韧性的资本市场，关键是加快推进资本市场基础制度建设。因此，该书选取了资本市场基础制度建设这个视角来探讨，回顾了若干制度建立的来龙去脉，分析了制度执行的利弊得失，呈现了各方面对某些制度的不同意见，提出了未来制度建设的方案设想。

《金融科技：前沿与趋势》

徐忠、邹传伟，中信出版社 2021 年版。

内容简介：该书从身份、账户、数据、货币、风险和竞争等基本概念出发，建构金融科技及其监管的新分析框架，深入揭示金融科技创新发展的内在逻辑。在此基础上，站在金融科技的前沿，对金融科技的未来发展进行探究，主要包括金融科技发展趋势、金融科技的基础设施与核心要素、辩证地理解金融科技与普惠金融、区块链这一金融科技的核心议题、数字货币变革以及监管科技的未来挑战六方面内容。两位作者长期深耕于金融科技领域，为理解金融科技提供了有价值的观点。

《数字货币经济分析》

姚前、陈华，中国金融出版社 2018 年版。

内容简介：该书采用现代经济学基本分析框架和研究方法，系统研究了数字货币的经济机理与内在逻辑。内容分为两大部分，一是关于私人数字货币的经济分析，二是关于法定数字货币的经济分析。该书对数字货币开展的理论分析、现实研究和政策讨论，为不同领域的读者提供了既广泛又深入的研究视角和分析框架，独具特色，富有创新。

《基于预期的前瞻性货币政策逻辑》

张成思，高等教育出版社 2021 年版。

内容简介：作为对前瞻性货币政策框架进行系统研究的学术专著，该书基于预期理论对前瞻性货币政策逻辑进行深入研究。该书以彼此联系的四大模块展开论证：第一大模块阐释了预期理论的演进逻辑、前瞻性理念的兴起、含有前瞻性要素的综合政策框架以及全书的总结性评论——最优货币政策体系的构建逻辑；第二大模块以中央银行和报纸媒体中的通货膨胀预期调研数据为研究对象，深入研究预期数据的转化、信息更新频率及预期对货币政策的影响等问题；第三大模块分别研究媒体中的货币政策、媒体对预期以及现实经济变量的直接影响；第四大模块研究前瞻性货币政策的传导机制、前沿性实践以及中国前瞻性货币政策体系转型的分歧与共识。最终，该书提出了最优货币政策体系的构建逻辑。

《金融分析的制度范式：制度金融学导论》

张杰，中国人民大学出版社 2017 年版。

内容简介：该书试图对已有涉及制度因

素的金融学理论加以梳理，并用一种全新的框架和逻辑在这些显得有些零乱的命题和观点之间建立某种内在联系。基于这种联系，初步形成金融分析的制度范式，让读者大致领略和辨识金融学发展的又一新的维度，从中体验金融学的丰富内涵和博大架构。该书的分析结构为："导论"阐述经济哲学观以及方法论；"上篇"提出经济金融分析制度范式的核心问题及其逻辑结构；"中篇"探寻制度金融分析的理论起源，并梳理最近几十年来制度金融理论的新进展；"下篇"考察中国金融制度变迁的过程与经验，以及这种经验对于扩展乃至重建金融分析制度范式的具体贡献与长远意义。

《穿越周期：人民币汇率改革与人民币国际化》

张明，东方出版社2020年版。

内容简介：人民币成为世界关键货币之一，既是中国实现伟大复兴的结果，更是推动复兴的动因。单就后者而言，中国汇率形成机制改革，势必要成为人民币国际化的前提条件之一。该书对于上述议题进行了全面深入的剖析，并为今后人民币国际化指明了可行路径。

《多重约束下的货币政策传导机制》

张晓慧等，中国金融出版社2020年版。

内容简介：该书从总量、结构和新机理三个层次，研究、剖析近年来涉及货币政策传导机制的重要问题。一是从总量视角讨论如何实现总量适度、传导顺畅的问题；二是剖析在运用结构性货币政策工具和宏观审慎政策、并考虑金融稳定目标的条件下，能否有效优化资金流向，推动资金精准滴灌；三是聚焦全球范围内有关货币政策传导机制出现的新情况和新问题，探讨非常规货币政策常态化、"零利率陷阱"以及货币政策的国际协调等问题。

《金融的谜题：德国金融体系比较研究》

张晓朴、朱鸿明等，中信出版社2021年版。

内容简介：该书是近20年来少有的对德国金融体系进行的全面而深入的比较研究。中国与德国在经济金融发展上存在诸多相似性特征。中德两国金融体系的银行特征都十分明显，国有或公共金融机构比重高，两国都重视实体经济发展，出口导向性特征明显，两国都实行大陆法系，等等。德国金融体系成败得失都耐人寻味，可以为探索中国的金融发展道路带来很多启发。该书基于对德国金融一手文献的掌握和验证，辅之以与美国、英国、日本及欧元区金融体系的比较分析，深入研究了德国金融与实体经济的关系、银企关系、去杠杆、货币政策、住房金融、中小企业融资、政策性银行、合作金融和股票市场等议题，力求在弄清德国金融体系基本事实和内在运行逻辑的基础上，为中国金融改革借鉴德国经验提供启示。

《数字金融：中国经济发展的新引擎》

张勋、万广华、郭峰，社会科学文献出版社2021年版。

内容简介：该书对中国数字金融发展

的起源、历程和效果进行了全面的阐述和评估。运用数字金融的相关模型和数据,讨论、分析、研究了中国数字金融发展的现状;衡量了数字金融发展的速度及地区差异,数字金融发展对居民收入、消费和经济活动的影响,以及在面临互联网(数字)鸿沟时,数字金融发展带来的涓滴效应;系统地回顾了近十年来数字金融发展给中国带来的变化。

《人民币加入 SDR 之路》

中国人民银行国际司编著,中国金融出版社 2017 年版。

内容简介:该书回顾了人民币加入 SDR 货币篮子的改革历程,总结并指出改革开放为人民币"入篮"提供了坚实的基础,这是中国融入全球金融体系的重要里程碑与新起点。该书获得第六届金融图书"金羊奖"。

(供稿:《金融评论》编辑部)

研究课题

2017—2021年国家社会科学基金项目汇总（金融学）

序号	课题名称	负责人	工作单位	项目编号	批准年份
1	经济发展新常态下中国金融开放、金融安全与全球金融风险研究	卞志村	南京财经大学	17ZDA037	2017
2	"一带一路"国家金融生态多样性对中国海外投资效率的影响研究	綦建红	山东大学	17ZDA040	2017
3	中国特色社会主义金融学的理论创新和实践探索	田利辉	南开大学	17ZDA071	2017
4	金融服务养老的理论框架、国际经验、中国路径研究	江世银	南京审计大学	17ZDA072	2017
5	基于结构性数据分析的我国系统性金融风险防范体系研究	杨子晖	中山大学	17ZDA074	2017
6		范小云	南开大学	17ZDA073	2017
7	新常态下人民币从外围货币向中心货币升级的路径研究	李　婧	首都经济贸易大学	17AJL016	2017
8	农村金融服务深化与县域农村产业融合发展研究	冉光和	重庆大学	17AJY020	2017
9	我国中等收入家庭金融脆弱性问题研究	张　冀	对外经济贸易大学	17AJY027	2017
10	基于"大数据+深度学习"的中国金融市场波动性及预警机制研究	邱冬阳	重庆理工大学	17AJY028	2017
11	基于金融分权视角的地方金融控股集团研究	洪　正	西南财经大学	17AJY029	2017
12	信贷周期视角下非常规货币政策（UMP）的国际比较研究	陆长平	江西财经大学	17AJY030	2017
13	网络舆情影响下的金融系统性风险度量与预警研究	欧阳资生	湖南商学院	17ATJ005	2017
14	新中国金融发展研究（1949—2019）	兰日旭	中央财经大学	17BJL001	2017
15	金融创新与经济增长耦合的机理、效率与模式研究	喻　平	武汉理工大学	17BJL031	2017
16	负利率理论研究	阮　加	北京交通大学	17BJL034	2017
17	基于不完全契约的金融市场化改革对经济增长的影响效应及机制研究	吕朝凤	西南财经大学	17BJL035	2017
18	基于经济不确定性指数的货币政策调控有效性研究	贾德奎	常州大学	17BJL036	2017
19	金融工具视角的土地财政对实体经济的影响和相应激励体系重构研究	周　彬	东北财经大学	17BJL037	2017
20	城乡居民基本养老保险"梯度融合"战略路径与制度安排研究	张　宁	湖南大学	17BJL048	2017

续表

序号	课题名称	负责人	工作单位	项目编号	批准年份
21	金融大数据分析视角下P2P网贷平台风险识别、评估及防控路径研究	赵冠华	山东财经大学	17BJL078	2017
22	保险在精准扶贫中的作用机制与模式选择研究	和 萍	中央民族大学	17BJL099	2017
23	资源错配背景下我国对外金融风险测度与调控机制研究	李 杰	南京航空航天大学	17BJL118	2017
24	资产短缺、资产泡沫及金融体系改革的研究	邢军峰	河南大学	17BJL122	2017
25	新结构经济学视角下开发性金融促进中长期融资的机制比较研究	徐佳君	北京大学	17BJL124	2017
26	人民币加入SDR后资本账户开放风险评估与防范对策研究	杨荣海	南京财经大学	17BJY015	2017
27	金融服务业开放促进供给侧结构性改革的重点和路径研究	付亦重	北京林业大学	17BJY018	2017
28	养老服务金融需求端诉求与供给侧创新研究	何伟静	济南大学	17BJY025	2017
29	金融市场时间序列非线性协整的非参数检验估计方法及实证研究	杜军岗	中国人民解放军海军工程大学	17BJY028	2017
30	供给侧结构性改革背景下西部地区实体经济质量提升的金融支持研究	王业斌	广西财经学院	17BJY079	2017
31	供给侧结构性改革背景下的农村金融服务创新与风险控制研究	姚凤阁	哈尔滨商业大学	17BJY119	2017
32	基于分享经济的农村普惠金融发展及扶持政策研究	张海燕	湖南科技大学	17BJY120	2017
33	西部农村地区普惠金融发展的减贫效应研究	丁竹君	西北师范大学	17BJY122	2017
34	中国农村普惠金融的现实基础、困境与政策体系研究	周天芸	中山大学	17BJY123	2017
35	分类限额管理下地方政府债务防风险与稳增长的平衡协调机制研究	刁伟涛	青岛理工大学	17BJY169	2017
36	我国隐性政府债务的经济影响、风险识别及其指标体系研究	郭 敏	对外经济贸易大学	17BJY170	2017
37	"试验区"金融国企改革与区域金融协同发展的制度优化研究	殷孟波	西南财经大学	17BJY181	2017
38	供给侧结构性改革下金融服务实体经济效率的评价体系、影响机制与提升路径研究	严 丹	广东财经大学	17BJY182	2017

续表

序号	课题名称	负责人	工作单位	项目编号	批准年份
39	推进供给侧结构性改革过程中的金融政策研究	丁志国	三峡大学	17BJY183	2017
40	新兴经济体金融脆弱性测度及协同治理研究	原雪梅	济南大学	17BJY184	2017
41	中国金融化的投入分配效应研究	鲁春义	上海立信会计金融学院	17BJY185	2017
42	房市、股市、汇市三大金融风险点关联性及防范对策研究	高惺惟	中共中央党校	17BJY186	2017
43	供给侧结构性改革下中国金融市场风险的大数据智能预警方法及应用研究	淳伟德	成都理工大学	17BJY188	2017
44	我国金融"脱实向虚"风险及审慎监管机制研究	张小波	西南政法大学	17BJY189	2017
45	中央与地方政府目标偏差视角下金融系统性风险研究	邹瑾	四川大学	17BJY190	2017
46	基于公司业绩预警视角的盈利预测对通胀预期的影响机制研究	孙坚强	华南理工大学	17BJY191	2017
47	我国新型货币政策的结构调整功能及其有效性研究	徐小君	华侨大学	17BJY192	2017
48	新形势下货币政策传导缓阻的成因、监测与对策研究	李成	西安交通大学	17BJY193	2017
49	基于大数据的资本市场操纵行为量化、监测与监管的交互式模型研究	姚远	河南大学	17BJY194	2017
50	新常态下人民币汇率波动对股票市场的动态溢出效应研究	朱淑珍	东华大学	17BJY195	2017
51	汇率弹性增强背景下我国货币政策的有效性及其提升策略研究	周阳	济南大学	17BJY196	2017
52	人民币国际化背景下中国跨境资本流动风险监测、预警和监管研究	梁涛	广东金融学院	17BJY197	2017
53	人民币汇率预期、汇率波动与跨境资本流动研究	李艳丽	武汉大学	17BJY198	2017
54	中国外汇储备流动性风险及最优分类管理模式研究	张原	中国劳动关系学院	17BJY199	2017
55	非金融企业影子银行化对货币政策传导的影响研究	毛泽盛	南京财经大学	17BJY200	2017
56	基于三方回购机制的我国银行间债券市场制度创新及适用性研究	王蕾	陕西师范大学	17BJY201	2017

续表

序号	课题名称	负责人	工作单位	项目编号	批准年份
57	基于真实性审计的商业银行不良贷款的变动趋势和对策研究	王志成	审计署	17BJY202	2017
58	资产价格波动与商业银行脆弱性研究	舒长江	南昌航空大学	17BJY203	2017
59	保险公司过度风险承担与系统性风险跨市场传染机制研究	刘璐	东北财经大学	17BJY204	2017
60	基于大数据的金融零售信用风险评估与智能决策研究	李淑锦	杭州电子科技大学	17BJY233	2017
61	新常态下基于修正的VAR商业银行市场风险测度与调控机制研究	闫海波	新疆财经大学	17BJY235	2017
62	金融支持军民科技协同创新研究	姜鲁鸣	国防大学	17BGL005	2017
63	基于超网络的互联网金融系统风险控制模式及监管策略研究	米传民	南京航空航天大学	17BGL055	2017
64	基于信息挖掘的互联网金融信用风险评估与防范研究	陈为民	湖南科技大学	17BGL057	2017
65	国家农村金融综合改革试验区的农地金融风险形成、测度及控制研究	范静	吉林农业大学	17BGL129	2017
66	基于社会融资规模视角的中国货币政策调控创新研究	王治政	中国人民银行杭州中心支行	17CJL009	2017
67	资本异质性与货币政策结构效应研究	谢超峰	河南师范大学	17CJL012	2017
68	生态脆弱区绿色金融效能评价及路径优化研究	麦志英	青海师范大学	17CJL013	2017
69	跨境资本双向流动下中国金融外部脆弱性的风险评估与监管策略研究	盛雯雯	国家发展和改革委员会	17CJL038	2017
70	人民币汇率波动与跨境资本流动研究	赵艳平	中国海洋大学	17CJL039	2017
71	我国资本流出的银行体系风险评估与防范对策研究	王茜	上海对外经贸大学	17CJL041	2017
72	技术创新战略下的商业信用研究	刘廷华	山东理工大学	17CJY006	2017
73	普惠金融发展中农村贫困人口金融能力提升研究	罗荷花	湖南农业大学	17CJY040	2017
74	"一带一路"背景下中国金融双向开放的约束与突破研究	陈瑶雯	广西大学	17CJY055	2017
75	基于大数据的P2P网贷产业链金融风险传导机理与防范机制研究	杨立	湖南商学院	17CJY056	2017

续表

序号	课题名称	负责人	工作单位	项目编号	批准年份
76	新常态下我国系统性金融风险度量监测与协作型调控机制研究	卜 林	天津财经大学	17CJY057	2017
77	宏观审慎政策与货币政策渠道共享研究	王璟怡	天津财经大学	17CJY058	2017
78	基于房地产泡沫管理的货币政策研究	邓 伟	中南财经政法大学	17CJY059	2017
79	回转、涨跌停板两种交易制度及其协同作用对我国股市质量影响与制度设计研究	李竹薇	大连理工大学	17CJY060	2017
80	我国债转股企业的资本成本、风险溢价因素和转股策略研究	孙会霞	中央财经大学	17CJY061	2017
81	异质预期视角下我国跨境资本流动的微观机制及政策启示研究	张 倩	上海大学	17CJY062	2017
82	"一带一路"背景下离岸人民币海外循环机制研究	冯永琦	吉林大学	17CJY063	2017
83	中美大国货币政策双向溢出效应、博弈与协调研究	杨子荣	北京大学	17CJY064	2017
84	动态资产配置框架下商业银行开展绿色信贷的驱动机制研究	张 琳	北京工商大学	17CJY065	2017
85	金融监管权"三维配置"体系的理论框架、国际经验与中国模式研究	钟 震	中国人民银行	17CJY073	2017
86	互联网金融背景下普惠金融制度体系研究	彭晓娟	信阳师范学院	17CFX031	2017
87	地缘经济学视角下的人民币国际化演进机理及其影响力提升研究	王 旭	山东工商学院	17CGJ009	2017
88	中国货币政策国际联动量化决策方法与模型研究	李 原	山西财经大学	17CGL010	2017
89	金融科技创新驱动下数字货币信用创造及风险监管研究	庄 雷	南京工业大学	17CGL011	2017
90	国有僵尸企业的银行借款及其对股东利益的影响研究	张 栋	郑州大学	17CGL060	2017
91	世界货币制度史的比较研究	李维森	复旦大学	18ZDA089	2018
92	新时代我国金融开放战略研究——形成全面开放新格局的目标与路径	周 宇	上海社会科学院	18ZDA090	2018
93	数字普惠金融的创新、风险与监管研究	黄益平	北京大学	18ZDA091	2018
94		曾 燕	中山大学	18ZDA092	2018

续表

序号	课题名称	负责人	工作单位	项目编号	批准年份
95	中国地区金融风险指数构建与应用研究	王国刚	温州商学院	18ZDA093	2018
96		张金清	复旦大学	18ZDA094	2018
97	"一带一路"国家资金融通机制设计及资金配置效率评价体系研究	李延喜	大连理工大学	18ZDA095	2018
98	新时代下地方政府债务风险的新特征与监管研究	毛 捷	对外经济贸易大学	18ZDA097	2018
99	贫困脆弱性视角下金融减贫的机理、效应与政策优化研究	王修华	湖南大学	18AJL009	2018
100	公司治理、竞争战略与商业银行风险控制研究	翟胜宝	安徽财经大学	18AJY002	2018
101	劳动力转移视角的农村家庭金融资产配置研究	葛永波	山东财经大学	18AJY021	2018
102	资产价格波动对我国金融稳定影响的理论模型重构与实证研究	王劲松	杭州师范大学	18AJY029	2018
103	我国军工上市公司信息披露、创新行为与投资效率的理论分析与统计研究	李慧云	北京理工大学	18ATJ003	2018
104	基于不同类型国际资本流动视角的金融危机统计测定研究	石峻驿	北京师范大学	18ATJ005	2018
105	习近平金融安全治理思想与当代金融监管实践研究	祁敬宇	首都经济贸易大学	18BKS140	2018
106	金融化视阈下资本主义经济不稳定性机制研究	马锦生	河北经贸大学	18BJL016	2018
107	马克思主义经济学视角的人民币国际化战略选择研究	刘 伟	东莞理工学院	18BJL018	2018
108	马克思主义经济学视角下金融资本异化研究	裴卫旗	郑州轻工业学院	18BJL019	2018
109	中国宏观经济不确定性测量、效应及其传导机制研究	王文甫	西南财经大学	18BJL027	2018
110	全球货币政策的新变化对中国货币政策和人民币汇率波动的影响研究	路 妍	东北财经大学	18BJL029	2018
111	金融配置对企业颠覆性技术创新的影响研究	戴 静	湖北经济学院	18BJL038	2018
112	供给侧结构性改革背景下利率市场化的区域效应与金融风险防控研究	祝 佳	广东金融学院	18BJL071	2018
113	基于CEV模型的中国居民金融资产投资—储蓄—增长策略研究	王爱银	新疆财经大学	18BJL072	2018

续表

序号	课题名称	负责人	工作单位	项目编号	批准年份
114	基于蝴蝶效应的非线性复杂金融系统模型及稳定性分析	蔡国梁	郑州升达经贸管理学院	18BJL073	2018
115	金融错配的演化生成机理与服务于实体经济的路径优化研究	吴勇民	吉林大学	18BJL074	2018
116	金融结构视角下系统性风险形成的微观机制与防范研究	吴良	四川大学	18BJL075	2018
117	金融虚拟化的资源配置效应与金融"脱虚入实"的政策优化研究	卓越	湘潭大学	18BJL076	2018
118	空间视角下包容性金融不平衡发展与再平衡发展研究	吕勇斌	中南财经政法大学	18BJL077	2018
119	全球价值链视角下我国金融业"脱实向虚"的测度、结构效应与治理研究	孙红燕	合肥工业大学	18BJL078	2018
120	社会网络变迁与普惠金融发展研究	杜朝运	厦门大学	18BJL079	2018
121	人民币国际化进程中汇率宽幅波动背景下金融风险防控的微观机制研究	王旭	云南大学	18BJL104	2018
122	人民币国际化视角下中国对"一带一路"国家跨境贸易内生计价货币选择研究	潘竟成	湖南科技大学	18BJL105	2018
123	人民币汇率波动、融资约束对中国企业出口的影响研究	李杰	中央财经大学	18BJL106	2018
124	新时代人民币国际化的动力机制与战略优化研究	程贵	兰州财经大学	18BJL107	2018
125	中国经济时代与全球货币体系新格局下人民币国际化战略研究	林楠	中国社会科学院	18BJL108	2018
126	大数据时代企业债务风险动态预警与安全保障机制研究	梅波	重庆交通大学	18BJY004	2018
127	住房约束下中国家庭消费与资产配置问题研究	段忠东	厦门理工学院	18BJY065	2018
128	绿色金融对我国区域平衡发展的作用机理研究	张伟伟	长春理工大学	18BJY080	2018
129	集体经营性资产股权差异化管理与农户财产权共享机制研究	李雪松	重庆大学	18BJY144	2018
130	社会资本变迁、成员异质与农村合作金融发展路径研究	付琼	吉林财经大学	18BJY154	2018
131	外部金融危机冲击和内部隐性壁垒对我国银行业对外开放进程的影响研究	孙希芳	华南理工大学	18BJY155	2018

续表

序号	课题名称	负责人	工作单位	项目编号	批准年份
132	金融扶贫长效机制研究	赵尚梅	北京航空航天大学	18BJY159	2018
133	可持续性金融扶贫模式构建研究	周孟亮	湖南农业大学	18BJY160	2018
134	基于连片贫困区农户借贷行为的金融扶贫长效机制研究	谢金静	郑州航空工业管理学院	18BJY162	2018
135	金融安全视角下房地产与政府债务风险叠加效应及其防控研究	唐云锋	浙江财经大学	18BJY209	2018
136	政府和社会资本合作视阈下我国地方政府隐性债务风险的空间分布与治理研究	张 平	天津财经大学	18BJY211	2018
137	金融支持与创新链深度融合的机制、效应与对策研究	刘家树	安徽工业大学	18BJY225	2018
138	京津冀金融反贫困的绩效评估与长效机制研究	康书生	河北大学	18BJY226	2018
139	大数据时代中国应对科技与金融深度融合的风险管控研究	张红伟	四川大学	18BJY227	2018
140	宏观经济冲击下健全系统性金融风险度量与预警研究	刘凤根	湖南商学院	18BJY228	2018
141	互联网金融风险预测与治理研究	张 杰	山东科技大学	18BJY229	2018
142	基于机构投资者、盈余管理视角的现代化金融监管体系研究	刘艳萍	大连理工大学	18BJY230	2018
143	健全系统性金融风险预警、防控与应急处置机制研究	沈沛龙	山西财经大学	18BJY231	2018
144	金融市场开放环境下的金融风险生成逻辑、风险测度和防范机制研究	刘 柏	吉林大学	18BJY232	2018
145	我国经济"去杠杆"背景下的家庭负债与金融风险研究	孙艳梅	对外经济贸易大学	18BJY233	2018
146	系统流动性风险、卖空交易和市场预期的形成研究	徐浩峰	中山大学	18BJY234	2018
147	新时代面向国家安全的系统性金融风险识别、测度、预警及防控研究	宁薛平	上海对外经贸大学	18BJY235	2018
148	货币政策和宏观审慎政策双支柱调控框架下的信贷泡沫治理机制研究	陈学胜	山东大学	18BJY236	2018
149	双支柱调控框架下货币政策与宏观审慎政策协调机制研究	李建强	中国人民银行金融研究所	18BJY237	2018
150	大数据背景下考虑投资者行为因素的市场波动率建模、预测及应用研究	苑 莹	东北大学	18BJY238	2018

续表

序号	课题名称	负责人	工作单位	项目编号	批准年份
151	地方国投公司参与隐性市场资本配置的效率与对策研究	刘剑民	湖南科技大学	18BJY239	2018
152	沪港股市波动的关联性研究	林文生	上海大学	18BJY240	2018
153	智能信息化时代下股票新交易方式、异常换手率与流动性风险研究	俞彬	浙江大学	18BJY241	2018
154	资本市场支持创新与金融供给侧结构性改革研究	刘少波	暨南大学	18BJY242	2018
155	非金融企业影子银行化对我国金融稳定的影响研究	肖崎	华南理工大学	18BJY243	2018
156	宏观审慎监管下银行风险承担与货币政策有效性研究	熊劼	湖北经济学院	18BJY244	2018
157	宏观审慎政策对银行风险的效力及传导机制研究	陈明花	西南财经大学	18BJY245	2018
158	基于MS-DSGE和商业银行压力测试模型的我国系统性风险防范研究	吕江林	江西财经大学	18BJY246	2018
159	金融—实体双向反馈网络下的银行系统性风险评估与防控研究	翟永会	河南师范大学	18BJY247	2018
160	资产价格联动下商业银行系统性风险多渠道形成机制及防范研究	郭晨	山东工商学院	18BJY248	2018
161	"双支柱调控框架"下金融稳定政策设计研究	何国华	武汉大学	18BJY249	2018
162	大数据时代科技与金融融合及风险管控研究	李广子	中国社会科学院	18BJY250	2018
163	低收入群体网络借贷风险识别、评估与防范研究	马郑玮	中国石油大学（北京）	18BJY251	2018
164	互联网时代民间金融异化及风险管控研究	安强身	济南大学	18BJY252	2018
165	"一带一路"对外投资项目保险模式及实施路径研究	王雅婷	首都经济贸易大学	18BJY253	2018
166	我国农业保险制度优化与发展研究	冯文丽	河北经贸大学	18BJY254	2018
167	中国保险服务价格指数编制方法研究	周桦	中央财经大学	18BJY255	2018
168	基于复杂网络的系统性金融风险传播与预警研究	赵军产	湖南商学院	18BTJ025	2018
169	贝叶斯面板数据协整模型及其在我国金融领域的应用研究	肖妮	暨南大学	18BTJ033	2018

续表

序号	课题名称	负责人	工作单位	项目编号	批准年份
170	我国养老保险基金应对人口老龄化和长寿风险的平衡机制研究	王志刚	内蒙古财经大学	18BTJ046	2018
171	基于地方政府债务有效治理的金融监管体系研究	张文君	中共江西省委党校	18BZZ081	2018
172	遏制上市公司控股股东"掏空行为"的理论逻辑与制度完善研究	张舫	重庆大学	18BFX125	2018
173	后危机时期欧元区金融体系改革及其启示研究	胡琨	中国社会科学院	18BGJ006	2018
174	基于国际金融主导权的大国货币博弈研究	张应华	九江学院	18BGL011	2018
175	大数据背景下金融与科技融合机理及风险管控研究	田秀娟	对外经济贸易大学	18BGL059	2018
176	基于核心企业主导的供应链金融与实体经济深度融合研究	李善良	苏州大学	18BGL060	2018
177	基于生命周期的中国科技金融支持体系创新研究	王黎明	山东理工大学	18BGL061	2018
178	基于政府公信力视角的公共养老保险基金投资绩效评价及相关信息披露研究	常丽	东北财经大学	18BGL062	2018
179	金融创新背景下多目标公司治理投资支持实体经济研究	齐岳	南开大学	18BGL063	2018
180	实体企业业绩承诺与金融风险的机制、后果与防控研究	张继德	北京工商大学	18BGL064	2018
181	上市公司并购重组"高溢价高业绩承诺"的动因及经济后果研究	索玲玲	北京联合大学	18BGL066	2018
182	上市公司会计舞弊风险指数构建、预警及影响因素研究	李清	吉林大学	18BGL067	2018
183	"一带一路"倡议下国际供应链金融风险传播与防范研究	傅培华	浙江工商大学	18BGL101	2018
184	基于OLG模型的社会养老保险制度优化与经济增长良性互动路径研究	张琴	天津大学	18BGL194	2018
185	降低养老保险企业政策缴费率的可行空间与实施路径研究	金刚	辽宁大学	18BGL195	2018
186	我国长期护理保险体系建设研究	张盈华	中国社会科学院	18BGL197	2018
187	职工基本医疗保险个人账户改革研究	朱铭来	南开大学	18BGL199	2018

续表

序号	课题名称	负责人	工作单位	项目编号	批准年份
188	中国医疗保险中的逆向选择问题：理论分析及实证研究	刘喜华	青岛大学	18BGL200	2018
189	城乡居民大病保险精准治理健康贫困的效果研究	李 华	上海财经大学	18BGL240	2018
190	互联网金融风险的协同监管研究	魏明侠	河南工业大学	18BGL264	2018
191	平台经济视阈下的在线供应链金融风险化解机制研究	林 强	天津大学	18BGL269	2018
192	经济增长动能转换引致系统性金融风险机制研究	崔惠颖	黑龙江大学	18CJL010	2018
193	我国经济持续稳定发展的投资—储蓄—增长机制研究	杨 光	南开大学	18CJL013	2018
194	基于金融开放的中国宏观经济内外均衡研究	罗 融	中南财经政法大学	18CJL015	2018
195	金融周期框架下信用扩张的宏观结构效应与风险防范机制研究	袁梦怡	首都经济贸易大学	18CJL029	2018
196	金融市场发展、跨境资本流动与国家金融安全研究	辛大楞	山东师范大学	18CJL037	2018
197	人民币国际化视角下我国汇率对就业和工资影响的机理、量化与预测研究	徐伟呈	中国海洋大学	18CJY008	2018
198	基于行为金融视角的房地产平稳健康发展研究	刘金娥	厦门理工学院	18CJY016	2018
199	基于西部贫困农户收入质量视角的金融扶贫政策改进及评价研究	邓 错	西安财经学院	18CJY038	2018
200	全要素生产率视角下我国金融异化对实体经济的影响研究	冉 芳	西南科技大学	18CJY055	2018
201	金融稳定目标下货币政策与宏观审慎政策协调机制研究	司登奎	青岛大学	18CJY056	2018
202	大数据背景下基于深度学习理论的非线性资产定价模型研究	潘水洋	北京大学	18CJY057	2018
203	系统性风险防控视角下中国股票市场反操纵机制研究	李梦雨	北京工商大学	18CJY058	2018
204	"一带一路"金融合作与开放视角下中国金融系统结构性稳定的影响因素与风险产生机制研究	常雅丽	广西大学	18CJY059	2018
205	创新创业背景下区块链金融对实体经济的支持及风险防控机制研究	杨龙光	首都经济贸易大学	18CJY060	2018

续表

序号	课题名称	负责人	工作单位	项目编号	批准年份
206	健全系统性金融风险预警、防控与应急处置机制研究	王道平	南开大学	18CJY061	2018
207	中国金融杠杆周期与金融风险的形成机制及对策研究	张方波	中国社会科学院	18CJY062	2018
208	保险系统性风险的形成演变、外溢效应及审慎监管研究	王向楠	中国社会科学院	18CJY063	2018
209	社会保险费征管体制改革的最优路径与效果评估	刘柏惠	中国社会科学院	18CJY064	2018
210	资产驱动型保险经营模式冲击下金融风险共振、预警及防控研究	尚颖	河北大学	18CJY065	2018
211	"乡村振兴战略"背景下结构化金融支持西部地区特色小镇建设的机制研究	李嵩然	四川师范大学	18CGL008	2018
212	机构投资异质性对创业股东治理行为影响的管理策略研究	王垒	山东科技大学	18CGL009	2018
213	投资者过度自信对股价崩盘风险作用机制与"买入式"干预研究	范允奇	江南大学	18CGL010	2018
214	推动军民融合深度发展的财税金融问题研究	苑敏	陆军勤务学院	18CGL052	2018
215	新形势下资本市场重大风险防范与化解研究	周颖刚	厦门大学	19ZDA060	2019
216		李志生	中南财经政法大学	19ZDA061	2019
217	新形势下地方债务风险管控的目标、难点与实现路径研究	钟宁桦	同济大学	19ZDA073	2019
218		彭龙	西南财经大学	19ZDA074	2019
219	地方金融运行动态监测及系统性风险预警研究	曹廷求	山东大学	19ZDA091	2019
220		寇纲	西南财经大学	19ZDA092	2019
221	粤港澳大湾区跨境资本流动与金融风险防范研究	孙坚强	华南理工大学	19ZDA093	2019
222	宏观经济稳增长与金融系统防风险动态平衡机制研究	史永东	东北财经大学	19ZDA094	2019
223		张晓晶	中国社会科学院经济研究所	19ZDA095	2019
224	马克思主义金融资本理论视域下的当代资本主义金融化研究	周玲玲	吉林大学	19BKS023	2019
225	防范和化解地方政府隐性债务风险治理体系优化研究	史锦华	中央民族大学	19AJL005	2019
226	宏观金融网络视角下的合意杠杆率研究	张晓晶	中国社会科学院	19AJL006	2019
227	我国金融"脱实向虚"的形成机理、资源错配效应及其治理研究	徐璋勇	西北大学	19AJL010	2019

续表

序号	课题名称	负责人	工作单位	项目编号	批准年份
228	新中国城乡金融关系发展研究（1949—2019）	陈 俭	信阳师范学院	19BJL012	2019
229	金融集聚促进实体经济发展的微观机理与实现路径研究	黄解宇	运城学院	19BJL016	2019
230	金融周期对中国经济波动的影响机制与应对策略研究	刘尧成	苏州大学	19BJL020	2019
231	不确定性对宏观经济的冲击及减缓对策研究	李 标	中南财经政法大学	19BJL023	2019
232	基于多维大数据融合的中国宏观经济运行预警体系构建研究	浦正宁	东南大学	19BJL024	2019
233	基于微观主体行为视阈下的宏观审慎监管与货币政策协调研究	余丽霞	四川师范大学	19BJL025	2019
234	政府与市场关系视角下中国地方政府隐性债务风险形成机制及对策研究	王 飞	贵州民族大学	19BJL028	2019
235	供给侧结构性改革背景下我国宏观金融杠杆波动对技术创新的影响研究	张 璟	西南财经大学	19BJL029	2019
236	我国区域性房地产金融风险空间溢出机制、效应及预警研究	葛红玲	北京工商大学	19BJL058	2019
237	增强民营经济韧性的精准金融支持机理与路径研究	杨 宜	北京联合大学	19BJL059	2019
238	上市民企大股东股权质押动机的经济学分析及风险预警研究	刘德溯	南京大学	19BJL060	2019
239	基于高频数据的金融市场系统性风险预警研究	简志宏	华中科技大学	19BJL062	2019
240	家庭债务对消费的挤出效应研究	黎东升	浙江科技学院	19BJL063	2019
241	提升服务实体经济能力的高质量普惠金融支持体系研究	李细满	中国计量大学	19BJL064	2019
242	基于公司治理视角的民营企业融资难问题研究	张雪芳	浙江大学	19BJL069	2019
243	数字金融支持中小民营企业融资生态链研究	马德功	四川大学	19BJL075	2019
244	货币与信贷分离的生成机制与政策内涵研究	王义中	浙江大学	19BJL093	2019
245	我国农地金融创新的城乡收入分配效应研究	李 停	铜陵学院	19BJL104	2019

续表

序号	课题名称	负责人	工作单位	项目编号	批准年份
246	中国同"一带一路"沿线国家开展区域货币合作推进人民币国际化的方案研究	朱小梅	湖北大学	19BJL105	2019
247	市场交易视角下的人民币汇率微观决定机制研究	李小平	上海师范大学	19BJL122	2019
248	国际货币体系改革视角下中非命运共同体金融合作研究	叶　芳	华侨大学	19BJL125	2019
249	城乡融合发展视角下农村金融服务乡村振兴战略研究	李　敬	重庆工商大学	19AJY016	2019
250	借贷合约不完备视域下新兴互联网金融对传统农村金融机构的替代性研究	许月丽	浙江理工大学	19AJY017	2019
251	数字供应链金融支持新型农业经营主体融资模式及运行机制研究	傅昌銮	杭州师范大学	19AJY018	2019
252	乡村产业振兴的金融溢出效应及其实现机制研究	刘赛红	湖南商学院	19AJY019	2019
253	新形势下我国稳外资的思路及对策研究	聂平香	商务部国际贸易经济合作研究院	19AJY021	2019
254	地方财政策略互动对资源配置效率的影响机制与政策优化研究	杨得前	江西财经大学	19AJY022	2019
255	地方政府举债行为对货币金融稳定性的影响研究	时红秀	中共中央党校（国家行政学院）	19AJY023	2019
256	金融科技驱动金融市场结构演进、效率变迁及金融稳定性演化研究	王仁曾	华南理工大学	19AJY025	2019
257	金融与实体经济的结构匹配及其经济增长效应研究	叶德珠	暨南大学	19AJY026	2019
258	大数据驱动下中国地方金融风险监测与防控研究	蔡卫星	广东财经大学	19AJY027	2019
259	中国资本市场汇率风险研究	何　青	中国人民大学	19AJY028	2019
260	新形势下金融开放的"质量效应"与中国经济高质量发展研究	杜建华	河南大学	19BJY006	2019
261	货币国际化对中国估值效应的影响评估与治理策略研究	刘　威	武汉大学	19BJY008	2019
262	低利率环境下货币政策效应检验及新时期货币政策调控模式选择研究	张小宇	吉林大学	19BJY016	2019
263	我国政策性融资担保体系层级协同机制与实现路径研究	潘煜双	嘉兴学院	19BJY020	2019

续表

序号	课题名称	负责人	工作单位	项目编号	批准年份
264	供应链关系影响商业信用与银行信贷结构转换机制研究	章铁生	安徽工业大学	19BJY021	2019
265	化解金融风险视角下的中国上市公司控股股东股权质押研究	王永妍	南京审计大学	19BJY022	2019
266	中国家庭资产负债表新格局与家庭金融投资选择研究	蔡明超	上海交通大学	19BJY026	2019
267	绿色金融创新推动乡村产业兴旺的机制与实现路径研究	周春喜	浙江工商大学	19BJY114	2019
268	倾斜性保险扶贫政策的减贫效应与路径优化研究	刘汉成	黄冈师范学院	19BJY116	2019
269	粮食安全风险管理视角下政策性农业再保险的经济效应研究	詹琳	福建农林大学	19BJY154	2019
270	农村金融服务乡村产业振兴的机制与路径研究	杨亦民	湖南农业大学	19BJY157	2019
271	农村金融服务乡村振兴的水平测评、时空分异与改进路径研究	张峰	北京联合大学	19BJY158	2019
272	农村土地经营权抵押贷款风险防控研究	杨彩林	湖南商学院	19BJY159	2019
273	乡村振兴背景下金融素养对新疆农村居民普惠金融参与的效率研究	玉素甫·阿布来提	新疆财经大学	19BJY160	2019
274	异质性视角下多层次农业保险的实现机制及优化路径研究	王韧	湖南商学院	19BJY161	2019
275	经济下行压力加大条件下农村家庭债务风险生成机理、影响因素及防范机制研究	林丽琼	福建农林大学	19BJY162	2019
276	中国农村普惠保险缓解贫困脆弱性的机制、效应及政策研究	孙蓉	西南财经大学	19BJY165	2019
277	"后脱贫时代"返贫风险评估与保险反贫困的长效机制研究	刘妍	南京审计大学	19BJY171	2019
278	推进新旧动能转换的财政金融协同机制研究	张文	山东社会科学院	19BJY223	2019
279	地方政府隐性债务风险的演化机理及化解对策研究	尹启华	嘉兴学院	19BJY224	2019
280	现代化经济体系建设背景下绿色金融创新路径及政策优化研究	曾喜梅	阳光学院	19BJY236	2019
281	"脱实向虚"背景下的实体企业金融化评价及其风险防范研究	邓超	中南大学	19BJY237	2019

续表

序号	课题名称	负责人	工作单位	项目编号	批准年份
282	创新引领经济高质量发展的金融资源有效配置机制研究	范香梅	广东金融学院	19BJY238	2019
283	金融发展与双重市场机构的互动机制及贸易平衡效用研究	史恩义	山西财经大学	19BJY239	2019
284	金融开放影响实体经济和虚拟经济非平衡发展研究	袁申国	广州大学	19BJY240	2019
285	利率放开后金融市场间利率传导阻滞的测度、成因与对策研究	张前程	安徽大学	19BJY241	2019
286	新时代金融服务实体经济的功能和机理研究	刘德红	北京交通大学	19BJY242	2019
287	产业结构调整中银行系统性风险传导机制与防范策略研究	陈欣烨	中共天津市委党校	19BJY243	2019
288	房价泡沫空间溢出对区域金融风险的影响机制和防范研究	郭文伟	广东财经大学	19BJY244	2019
289	股权质押上市公司非效率投资风险及防控对策研究	叶蓓	武汉科技大学	19BJY245	2019
290	基于大数据深度集成挖掘的互联网金融风险评估与监管研究	沐光雨	吉林财经大学	19BJY246	2019
291	基于适应性学习视角的企业盈余信息对通胀预期的影响研究	蔡玉梅	广东金融学院	19BJY247	2019
292	高质量发展背景下货币政策工具组合对民营企业融资结构优化的调节效应研究	汤子隆	广东金融学院	19BJY248	2019
293	机构投资者持股网络与企业资本配置效率改善研究	刘广	广州大学	19BJY249	2019
294	金融科技背景下普惠金融机制与路径研究	张金林	中南财经政法大学	19BJY250	2019
295	金融监管部门处罚违法违规机构的方式选择与罚款定价研究	张桥云	西南财经大学	19BJY251	2019
296	金融科技背景下类金融机构风险防控与监管创新研究	华秀萍	宁波诺丁汉大学	19BJY252	2019
297	金融科技监管的国际经验与中国实践研究	张扬	深圳大学	19BJY253	2019
298	经济下行压力加大条件下防范债务风险研究	钟永红	华南理工大学	19BJY254	2019

续表

序号	课题名称	负责人	工作单位	项目编号	批准年份
299	跨"银行和企业"金融关联网络的银行系统性风险传染机理、测度模型及防范策略研究	卞曰瑭	南京师范大学	19BJY255	2019
300	我国城市居民加杠杆的群体性特征及其债务风险研究	柴时军	信阳师范学院	19BJY256	2019
301	我国国企公职人员跨境洗钱规模测度及影响因素研究	金 梅	兰州交通大学	19BJY257	2019
302	基于分层管理视角的系统性风险顺周期性波动效应与异质性冲击效应研究	唐齐鸣	华中科技大学	19BJY258	2019
303	中国地区金融风险指数构建、预警及防控研究	王小霞	西安财经大学	19BJY259	2019
304	人民币国际化与汇率异常波动研究	王阳照	闽江学院	19BJY260	2019
305	金融普惠视角下家庭金融资产配置效率的提升机制研究	周 弘	安徽财经大学	19BJY261	2019
306	债务违约与资产价格下跌叠加冲击下系统性金融风险的跨部门传染机理与溢出效应研究	温博慧	天津财经大学	19BJY262	2019
307	新时代经济背景下股票与公司债券的分位信息溢出效应研究	曾志坚	湖南大学	19BTJ018	2019
308	弹性延迟退休城镇职工基本养老保险账户的长期精算平衡研究	孙 荣	重庆工商大学	19BTJ020	2019
309	供给侧改革背景下中国通货膨胀的动态行为及其宏观经济效应研究	聂 飒	云南民族大学	19BTJ021	2019
310	我国多层资本市场体系资源配置效率评价及其优化路径研究	耿晓媛	黑龙江八一农垦大学	19BTJ057	2019
311	保险资金股权投资监管研究	李 华	南京大学	19BFX153	2019
312	公司债券违约市场化处置机制研究	齐 萌	上海政法学院	19BFX154	2019
313	非对称货币权力下国际经济金融制裁与反制裁效果研究	陶士贵	南京师范大学	19AGJ011	2019
314	森林保险精准扶贫效果评估与财政补贴机制优化研究	田治威	北京林业大学	19BGL052	2019
315	农业供应链金融可持续减贫机理及信贷协作模式创新研究	杨申燕	湖北经济学院	19BGL055	2019
316	非金融上市公司过度金融化的测度、驱动机制与经济后果研究	夏 宁	华北电力大学	19BGL068	2019

续表

序号	课题名称	负责人	工作单位	项目编号	批准年份
317	经济金融化趋势下股权激励对制造业创新驱动升级的影响路径研究	杨慧辉	上海对外经贸大学	19BGL069	2019
318	控股股东股权质押对上市公司财务行为的影响研究	杨克智	北京工商大学	19BGL070	2019
319	我国上市公司股东异质性研究	王荔红	厦门大学	19BGL075	2019
320	基于长尾农户线下社会资本线上化的银行网贷制度信任机制研究	任乐	河南大学	19BGL155	2019
321	普惠金融、金融素养与边缘贫困户生计能力提升研究	何学松	信阳师范学院	19BGL156	2019
322	农村集体资产股份合作制改革的实践逻辑与推进策略研究	黄静晗	福建农林大学	19BGL172	2019
323	长期照护保险制度试点模式效果评估与路径优化研究	李强	山东农业大学	19BGL199	2019
324	协同治理视角下社会医疗保险欺诈行为监测与反欺诈机制研究	詹长春	江苏大学	19BGL200	2019
325	中国社会保险管理体制研究	鲁全	中国人民大学	19BGL202	2019
326	基于信用评级的电商供应链融资策略研究	陈兆波	太原科技大学	19BGL259	2019
327	金融参与军民融合方式、融合水平与融合效果关系研究	张健光	中国人民武装警察部队后勤学院	19BGL293	2019
328	习近平关于防范系统性金融风险的重要论述研究	张敏	首都师范大学	19CKS019	2019
329	国有企业党委参与公司治理的理论与实证研究	余汉	重庆大学	19CDJ007	2019
330	马克思主义经济学视域下金融危机后中国国际贸易摩擦的原因和对策研究	赵敏	南开大学	19CJL002	2019
331	金融周期、资源错配形势下我国财政与货币政策的关系研究	郑重阳	清华大学	19CJL012	2019
332	综合利用大数据构建宏观经济运行监测平台研究	张国雄	上海交通大学	19CJL015	2019
333	基于人工智能的系统性金融风险预警体系研究	唐攀	东南大学	19CJL028	2019
334	互联网金融发展下金融部门与企业R&D投资的技术选择协同机制研究	王昱	大连理工大学	19CJL032	2019

续表

序号	课题名称	负责人	工作单位	项目编号	批准年份
335	基于区块链技术的小额保险深度精准扶贫机制构建与成效评估研究	王丽珍	中央财经大学	19CJL033	2019
336	关联图谱视角下资本市场系统性风险传导及预警研究	王雯	济南大学	19CJL041	2019
337	后危机时期我国的跨境资本流动、汇率波动及管制政策研究	许欣欣	成都大学	19CJL047	2019
338	基于计价职能视角的人民币国际化推进路径规划研究	赵慧	广西大学	19CJL048	2019
339	流动性周期视角下我国跨境资本流动的风险与防范研究	张广婷	上海社会科学院	19CJL049	2019
340	非正规经济视角下非洲债务可持续与中国对策研究	刘爱兰	浙江师范大学	19CJL051	2019
341	金融发展与技术创新的非线性传导机制及其政策研究	王陆雅	首都经济贸易大学	19CJY005	2019
342	股市异常波动下国资介入民企股权质押危机处置的效应研究	赵立彬	武汉纺织大学	19CJY006	2019
343	资本市场开放对上市公司投资效率影响研究	齐荻	上饶师范学院	19CJY008	2019
344	基于社会责任视角的农村金融服务乡村振兴战略研究	王小华	西南大学	19CJY031	2019
345	农村金融服务乡村振兴提质增效的对接机制与改革路径研究	苏小松	宁波大学	19CJY032	2019
346	乡村振兴中农村金融机构双重目标失衡与再平衡研究	宋博	河南工业大学	19CJY044	2019
347	财政空间、债务耐受度与政府债务危机风险评估、防范和化解研究	李丹	浙江大学	19CJY053	2019
348	去杠杆进程中地方政府债务管控研究	夏诗园	中国社会科学院	19CJY054	2019
349	地方财政支出影响民营企业创新的效应检验与政策优化设计研究	贺晓宇	安徽财经大学	19CJY055	2019
350	金融服务增值课税的理论探讨与政策选择研究	杜爽	中国社会科学院	19CJY056	2019
351	结构性宏观债务杠杆的微观形成机制与对策研究	贾君怡	北京工商大学	19CJY058	2019
352	地方政府治理与我国金融风险形成机理研究	钱先航	山东大学	19CJY059	2019

续表

序号	课题名称	负责人	工作单位	项目编号	批准年份
353	上市公司原始股东减持的主观动机、时机选择及市场影响研究	赵 晶	东北师范大学	19CJY060	2019
354	基于全要素生产率增长的银行业高质量发展研究	于之倩	广州大学	19CJY061	2019
355	金融分权视角下地方债务对地方性商业银行的风险外溢效应研究	方盈赢	北京工商大学	19CJY062	2019
356	中国实体企业金融化对金融稳定的影响研究	罗明津	上海对外经贸大学	19CJY063	2019
357	金融"双峰"监管体系的理论构建、国际实践与中国抉择研究	钟 震	中国人民银行金融研究所	19CJY064	2019
358	商业银行金融科技发展对经营风险的影响及对策研究	程茂勇	西安交通大学	19CJY065	2019
359	我国系统性金融风险统计测度与智能预警研究	李晓新	吉林财经大学	19CTJ009	2019
360	系统性金融风险法律治理中的监管职能配置研究	郭金良	辽宁大学	19CFX024	2019
361	公司法与证券法协同背景下信义义务的内在体系研究	吴至诚	中国人民大学	19CFX048	2019
362	金融科技背景下数字货币法律问题研究	张东昌	湖南大学	19CFX068	2019
363	地方金融监管体系的法治化构建研究	刘志伟	西南政法大学	19CFX076	2019
364	城镇企业职工基本养老保险制度微观主体契约责任履行机制研究	吴香雪	重庆工商大学	19CSH060	2019
365	健康中国战略下全民基本医疗保险制度实施路径研究	柏 雪	常熟理工学院	19CSH065	2019
366	代际均衡视角下我国长期护理保险筹资的政策模拟与动态优化研究	黄秀女	华东理工大学	19CRK001	2019
367	中国发展融资创新与"一带一路"相关国家债务可持续性关系研究	王 钊	上海对外经贸大学	19CGJ003	2019
368	国际金融公共产品视角下的全球人民币供求体系研究	陆长荣	中山大学	19CGJ045	2019
369	基本养老保险全国统筹的财政保障机制及其实现路径研究	任超然	华东理工大学	19CGL044	2019
370	国家治理视角下传统中国货币与财政关系研究（1368—1911）	何 平	中国人民大学	20&ZD064	2020
371	中国地方政府债务与金融稳定性研究	刘锡良	西南财经大学	20&ZD081	2020
372		贾 康	聊城大学	20&ZD082	2020

续表

序号	课题名称	负责人	工作单位	项目编号	批准年份
373	负利率时代金融系统性风险的识别和防范研究	谭小芬	中央财经大学	20&ZD101	2020
374		朱小能	上海财经大学	20&ZD102	2020
375	外部突发事件引发金融风险跨市场传染的干预对策研究	周开国	中山大学	20&ZD103	2020
376	经济双循环系统下的货币政策与财政政策协调配合研究	张成思	中国人民大学	20&ZD104	2020
377	货币政策分配效应与缩小收入和财富差距的有效路径研究	侯成琪	武汉大学	20&ZD105	2020
378	重大突发公共卫生事件冲击与系统性金融风险防控研究	郭晔	厦门大学	20&ZD106	2020
379	财政金融协同支持农村集体经济发展研究	彭克强	西南财经大学	20AJY009	2020
380	"三权分置"改革背景下农村土地与金融融合发展机制与路径研究	蒋远胜	四川农业大学	20AJY011	2020
381	全球价值链动态优化与金融稳定研究	周先平	中南财经政法大学	20AJY025	2020
382	数字金融、传导效应变异与新时期价格型货币政策调控体系健全研究	战明华	广东外语外贸大学	20AJY026	2020
383	革命战争时期红色金融制度史研究	王红曼	华东政法大学	20BDJ051	2020
384	信用视角下的近代民间金融研究（1905—1952）	付红	山东财经大学	20BJL013	2020
385	基于风险配置理论和粘性预期理论的中国宏观金融风险研究	赵林海	华侨大学	20BJL015	2020
386	基于生产网络和商业信用网络耦合的宏观经济波动问题研究	张文龙	山西财经大学	20BJL016	2020
387	利率并轨背景下货币政策传导机制与央行政策取向研究	王少林	广东财经大学	20BJL017	2020
388	货币政策通过影响信心实现稳增长的机理与对策研究	姜伟	青岛大学	20BJL020	2020
389	基于时空异质性视角的我国金融分权经济增长效应研究	吴梅	华南理工大学	20BJL022	2020
390	绿色金融对实体经济高质量发展影响的微观机理与实现路径研究	张云辉	哈尔滨理工大学	20BJL028	2020
391	政策性金融助推环保技术扩散的动力机制及效应研究	宋英杰	山东工商学院	20BJL041	2020
392	基于生产网络和商业信用网络耦合的宏观经济波动问题研究	刘程	南开大学	20BJL049	2020

续表

序号	课题名称	负责人	工作单位	项目编号	批准年份
393	汇率不确定性、短期资本流动与金融危机研究	赵留彦	北京大学	20BJL120	2020
394	货币政策与宏观审慎政策双支柱调控框架下粘性杠杆的金融风险治理研究	郭 宁	商丘师范学院	20BJL121	2020
395	基于贝叶斯深度学习的数字信贷风险智能控制与防范机制研究	刘书霞	河北科技师范学院	20BJL122	2020
396	基于公司治理视角的保险业系统性风险演化机理、预警及审慎治理监管研究	徐 华	西南财经大学	20BJL123	2020
397	基于相对贫困视角的金融包容与包容性增长研究	徐淑芳	华南理工大学	20BJL124	2020
398	金融发展的适度性与金融体系结构优化研究	陶春生	中央民族大学	20BJL126	2020
399	我国科技金融资源配置效率的时空演化机制与提升路径研究	郭景先	山东理工大学	20BJL128	2020
400	金融素养对农民工返乡创业的影响研究	王鸾凤	湖北大学	20BJL142	2020
401	中国信贷周期形成机理的动态转换与宏观调控研究	于 震	吉林大学	20BJY022	2020
402	银行监管和会计监管协调下商业银行风险管理决策与信贷资源配置研究	郭 飞	中南财经政法大学	20BJY029	2020
403	区域性金融风险的螺旋效应与审计监督机制研究	张 筱	云南民族大学	20BJY032	2020
404	经济高质量发展中的绿色金融创新路径与保障机制研究	刘德华	江西工程学院	20BJY044	2020
405	二元均衡视角下房地产过度金融化及其治理研究	向为民	重庆工商大学	20BJY072	2020
406	经济高质量发展中的绿色金融创新路径与保障机制研究	张超林	湖南工商大学	20BJY108	2020
407	数字普惠金融促进乡村产业振兴的模式创新与政策研究	葛和平	南京信息工程大学	20BJY114	2020
408	虚拟集聚背景下服务乡村振兴的金融包容体系重构研究	田 霖	郑州大学	20BJY117	2020
409	"三权分置"下农地与金融融合发展机制与路径研究	公茂刚	山东理工大学	20BJY118	2020

续表

序号	课题名称	负责人	工作单位	项目编号	批准年份
410	"新基建"背景下中国农村普惠金融发展对策研究	郑海荣	福建农林大学	20BJY153	2020
411	不确定性视角下农村普惠金融创新发展减缓相对贫困的长效机制研究	张 琦	湖南工商大学	20BJY154	2020
412	城乡融合背景下支持农民转型发展的普惠金融对策研究	傅巧灵	北京联合大学	20BJY155	2020
413	村镇银行"支农支小"的治理制度适应性、经营效率与风险关系研究	杨海芬	河北农业大学	20BJY156	2020
414	农村普惠金融市场竞争风险的生成机制与防范对策研究	陆智强	宁波大学	20BJY158	2020
415	数字普惠金融背景下贫困农户金融能力提升路径研究	刘 勇	武汉科技大学	20BJY168	2020
416	信息沟壑约束下数字普惠金融缓解农村相对贫困的长尾效应研究	谢升峰	湖北大学	20BJY174	2020
417	经济不确定性下地方隐性债务风险和金融风险交叉传染效应及传导机制研究	李 升	中央财经大学	20BJY216	2020
418	多层复杂网络视角下系统性重要金融机构的识别与监管研究	齐 明	中国石油大学（北京）	20BJY233	2020
419	金融扩大开放格局下货币政策与宏观审慎政策有效协调研究	严佳佳	福州大学	20BJY234	2020
420	经济持续下行引致系统性金融风险的机制与宏观审慎政策研究	宋凌峰	武汉大学	20BJY235	2020
421	全球金融周期与中国经济波动研究	安 辉	大连理工大学	20BJY236	2020
422	城镇家庭债务的形成及其对经济增长与金融稳定的影响机制研究	谢绵陛	集美大学	20BJY238	2020
423	复杂网络视角下新疆区域系统性金融风险传染机制及其监管研究	朱义鑫	新疆财经大学	20BJY239	2020
424	混业经营下中国交叉性金融风险的识别、度量及预防研究	吴永钢	天津商业大学	20BJY240	2020
425	金融市场开放环境下的国家金融安全研究	张春生	喀什大学	20BJY241	2020
426	基于金融开放视角的货币政策与宏观审慎政策的逆周期协调机制研究	曹春玉	上海立信会计金融学院	20BJY242	2020
427	人口老龄化与货币政策有效性研究	方显仓	华东师范大学	20BJY243	2020

续表

序号	课题名称	负责人	工作单位	项目编号	批准年份
428	人民币在东盟地区金融交易功能的影响因素及提升路径研究	李小好	广西财经学院	20BJY244	2020
429	稳增长背景下我国利率传导机制改革和效果研究	郭红玉	对外经济贸易大学	20BJY245	2020
430	银行流动性囤积对货币政策传导的影响与疏通对策研究	柯孔林	浙江工商大学	20BJY247	2020
431	金融业扩大开放影响我国居民金融资产配置的机制和效应研究	贾宪军	河南牧业经济学院	20BJY248	2020
432	科技赋能背景下普惠金融的实体经济效应及优化发展研究	丁杰	广东财经大学	20BJY249	2020
433	基于商业银行授信和流动性错配的契约设计与流动性风险管理研究	吴伟劭	电子科技大学	20BJY252	2020
434	基于自然利率的地方政府专项债定价机制研究	邹国伟	广东金融学院	20BJY253	2020
435	数字金融对中小企业技术创新的影响研究	谢雪燕	北京工商大学	20BJY254	2020
436	数字网络效应下小微企业信贷微观机理及效率研究	董青马	西南财经大学	20BJY255	2020
437	推动中国实体经济高质量发展的普惠金融发展对策研究	钱明辉	东北财经大学	20BJY256	2020
438	数字经济时代下基于区块链技术的新金融业态风险及监管研究	韩俊华	安徽财经大学	20BJY257	2020
439	稳金融战略下预期引导平抑金融市场波动的机理分析、效应评估与策略优化研究	王琳	山西财经大学	20BJY258	2020
440	中国省域金融风险测度、预警与防控路径研究	张安军	浙江财经大学	20BJY259	2020
441	风险测度、农户增信与农村普惠金融优化研究	叶明华	华东师范大学	20BJY261	2020
442	省域异质性视角下基本养老保险全国统筹的形成机制和建设路径研究	万春	江西财经大学	20BJY263	2020
443	宏观审慎视角下银行系统流动性风险的测度与防范研究	邓秉德	吉林财经大学	20BTJ036	2020
444	基于多源数据融合的商业银行系统性风险计量研究	蔡超	山东工商学院	20BTJ052	2020

续表

序号	课题名称	负责人	工作单位	项目编号	批准年份
445	农村合作金融的法律监管问题研究	李媛媛	浙江农林大学	20BFX155	2020
446	加快建立基本养老保险全国统筹制度的改革路径研究	房连泉	中国社会科学院	20AGL027	2020
447	地方政府债务风险与金融部门风险的双向传染机制及协同治理研究	沈丽	山东财经大学	20BGL063	2020
448	农民合作社供应链金融的多维减贫机理、效应及提升机制研究	刘迅	湖北经济学院	20BGL068	2020
449	财政政策治理实体企业过度金融化的效果及优化研究	徐朝辉	湖北科技学院	20BGL070	2020
450	应对突发公共卫生事件的逆周期信贷支持机制及其效用评估研究	肖虹	厦门大学	20BGL088	2020
451	基于"两山"转化路径的生态银行模式创新研究	崔莉	北京第二外国语学院	20BGL152	2020
452	新冠肺炎疫情冲击背景下失业保险逆周期调节机制研究	孙守纪	对外经济贸易大学	20BGL213	2020
453	"三医联动"导向下社会医疗保险控费效果评价与政策优化研究	张莹	山东财经大学	20BGL263	2020
454	货币政策前瞻性指引的作用机制与政策效果研究	聂丽	吉林大学	20CJL006	2020
455	零利率边界情形下货币政策与宏观审慎政策有效性检验及其协调机制研究	尹雷	南京财经大学	20CJL007	2020
456	金融中介视角下"双支柱"政策有效性检验与协调机制研究	李书	长春理工大学	20CJY003	2020
457	中国异质性通货膨胀预期测度与货币政策稳预期效应研究	张都	广州大学	20CJY004	2020
458	基本养老保险全国统筹缴费与给付协调均衡研究	柳如眉	辽宁大学	20CJY016	2020
459	农民需求导向下数字普惠金融可持续发展的机理与路径研究	向玉冰	湖南农业大学	20CJY042	2020
460	"一带一路"倡议下的金融科技对外投资发展评价及策略优化研究	陈靖	中国农业大学	20CJY045	2020
461	法治治理下金融资源优化配置的经济增长效应研究	冯锐	广州大学	20CJY062	2020
462	防范金融风险与稳定经济增长关系研究	王学凯	中国社会科学院	20CJY063	2020

续表

序号	课题名称	负责人	工作单位	项目编号	批准年份
463	基于大数据的地方金融风险监测预警及协同治理机制研究	石涛	河南社会科学院	20CJY064	2020
464	金融扩大开放部署下我国金融风险传导及防控研究	余博	南京财经大学	20CJY065	2020
465	银行网络视角下的多重审慎监管规则评估与政策协调研究	熊婉婷	中国社会科学院	20CGL007	2020
466	中国自贸区金融科技发展路径及风险防范研究	孙鸽平	河南财经政法大学	20CGL008	2020
467	新发展格局视阈下中国宏观调控跨周期设计与调节的理论与实验研究	靳玉英	上海财经大学	21&ZD082	2021
468	现代财政—金融结合框架下的地方政府债务管理研究	朱军	南京财经大学	21&ZD094	2021
469		马光荣	中国人民大学	21&ZD095	2021
470	新发展格局下金融结构优化与高质量技术创新研究	胡海峰	北京师范大学	21&ZD111	2021
471		李俊青	南开大学	21&ZD112	2021
472	数字金融有效支持实体经济高质量发展研究	战明华	广东外语外贸大学	21&ZD113	2021
473	"双循环"新格局下我国金融风险演化及防控措施研究	杨子晖	中山大学	21&ZD114	2021
474	接续推进脱贫地区乡村振兴的金融支持研究	王修华	湖南大学	21&ZD115	2021
475	后疫情时代"一带一路"沿线国家企业债务问题研究	李广众	中山大学	21&ZD143	2021
476		王竹泉	中国海洋大学	21&ZD144	2021
477	普惠金融发展促进巩固拓展脱贫攻坚成果同乡村振兴有效衔接的机制与路径研究	陈银娥	长沙理工大学	21AJL007	2021
478	经济数字化对通货膨胀的影响机制及货币政策优化研究	苏梽芳	华侨大学	21AJY001	2021
479	基于最优金融分权框架的我国地方中小银行危机研究	洪正	西南财经大学	21AJY002	2021
480	财政金融配合深化与农村产业内需动力释放研究	冉光和	重庆大学	21AJY006	2021
481	金融周期异步性与新兴经济体跨境资本流动失衡风险及中国对策研究	原雪梅	济南大学	21AJY007	2021
482	新发展格局构建中的金融资源有效配置机制研究	邵传林	华侨大学	21AJY011	2021

续表

序号	课题名称	负责人	工作单位	项目编号	批准年份
483	金融发展对我国绿色经济发展的影响机理研究	张伟伟	长春理工大学	21AJY014	2021
484	重大突发事件下金融与实体经济间风险双向溢出效应研究	马亚明	天津财经大学	21AJY015	2021
485	数字金融对区域绿色创新及其收敛性的影响研究	冯素玲	济南大学	21AJY026	2021
486	双循环新发展格局下人民币汇率的资源配置效应研究	邹宗森	曲阜师范大学	21BJL015	2021
487	全球经济不确定性下促进国内国际双循环有效联动的机制及路径研究	汪建新	上海对外经贸大学	21BJL016	2021
488	近代上海房地产财富变动对居民投资行为影响研究	贾秀玲	太原理工大学	21BJL021	2021
489	大数据时代基于宏观经济实时预测的中国利率规则研究	郭红兵	广东财经大学	21BJL024	2021
490	中国家庭资产负债表演变对财政支出效应的影响研究	郭新华	湘潭大学	21BJL026	2021
491	数字货币的宏观经济效应及货币政策调控机理研究	孙宁华	南京大学	21BJL027	2021
492	央行数字货币对货币政策实施和传导的影响机制研究	宋鹭	中国人民大学	21BJL031	2021
493	老龄化背景下兼顾经济增长与代际公平目标的养老金制度研究	张苏	中央财经大学	21BJL037	2021
494	大国博弈背景下我国外部输入性金融风险治理机制研究	孙俊	南京财经大学	21BJL081	2021
495	数字金融推进我国相对贫困治理的机制、路径与对策研究	李婵娟	南京邮电大学	21BJL082	2021
496	数字金融赋能环保技术创新的动力机制与效应评估研究	解其昌	山东工商学院	21BJL083	2021
497	区块链技术下小微企业供应链融资的模式与路径创新研究	周筱蕊	成都大学	21BJL084	2021
498	投资者情绪视角下住房财富变动对居民消费的影响研究	余新平	宁波大学	21BJL085	2021
499	金融科技增强金融普惠性的理论逻辑与路径优化研究	王定祥	西南大学	21BJL086	2021
500	数字赋能下金融普惠性的比较测评与增强机理多维度研究	宋晓玲	北京语言大学	21BJL087	2021

续表

序号	课题名称	负责人	工作单位	项目编号	批准年份
501	住房财富变动与居民经济行为关系研究	朱天星	沈阳工业大学	21BJL095	2021
502	数字货币背景下的中国跨境支付清算体系转型研究	王忠诚	安徽财经大学	21BJL104	2021
503	生命周期视角下经济政策不确定性影响企业投资的机制、效应与对策研究	邹文理	广州大学	21BJL105	2021
504	我国实现碳中和目标的财政金融协同机制及政策优化研究	徐 枫	华南理工大学	21BJL121	2021
505	金融扩大开放下股价崩盘风险的系统性传染机理与防范研究	许 林	华南理工大学	21BJL132	2021
506	非线性与异质性视角下金融发展的收入分配效应研究	姜明明	山东大学	21BJL133	2021
507	金融市场开放对跨境资本流动的冲击效应及可能风险研究	苏应蓉	中南财经政法大学	21BJL140	2021
508	美国非常规货币政策持续性、转向条件及我国应对策略研究	马 宇	山东工商学院	21BJY001	2021
509	我国财政风险和金融风险"反馈循环"及其协同治理研究	马恩涛	山东财经大学	21BJY003	2021
510	双向开放视角下我国资本市场韧性的形成机制与提升路径研究	张 普	常州大学	21BJY007	2021
511	数字经济视域下地方政府债务风险与金融风险的交互传染机制研究	苏 英	燕山大学	21BJY014	2021
512	基于机器学习的债务风险传染及其政府纾困路径研究	张小茜	浙江大学	21BJY015	2021
513	互联网金融市场跨界风险的协同监管长效机制与政策研究	赵成国	南京工业大学	21BJY022	2021
514	我国农村普惠金融协同供给、异质需求与长效机制研究	齐红倩	吉林大学	21BJY041	2021
515	数字普惠金融背景下我国农村金融消费者保护测度、影响及其提升研究	李庆海	南京财经大学	21BJY042	2021
516	城乡融合背景下普惠金融缓解相对贫困的机制与路径研究	顾 宁	吉林大学	21BJY043	2021
517	普惠金融支持农业创新链和产业链对接的机制与路径研究	孙继国	青岛大学	21BJY044	2021

续表

序号	课题名称	负责人	工作单位	项目编号	批准年份
518	西部民族地区普惠金融影响经济高质量发展的空间效应研究	李季刚	新疆财经大学	21BJY045	2021
519	机会平等视角下普惠金融发展的目标偏离与矫正机制研究	金雯雯	温州大学	21BJY046	2021
520	数字普惠金融支持中小企业发展效率提升的机理分析与优化路径研究	任缙	重庆师范大学	21BJY047	2021
521	政府投资、外生杠杆与货币政策框架适应性调整研究	李天栋	复旦大学	21BJY048	2021
522	新发展格局下国家审计促进完善中小银行治理体系研究	秦博勇	中华人民共和国审计署	21BJY049	2021
523	商业银行会计方法虚增资本引发的风险隐患与防控对策研究	于永生	浙江财经大学	21BJY050	2021
524	风险事件频发背景下中小银行监管效果评估与问责联动机制研究	王伟	重庆工商大学	21BJY051	2021
525	中国西南地区与东盟国家跨境供应链金融协同发展机制与路径研究	李娟	广西财经学院	21BJY057	2021
526	多层次资本市场的跨层次资源配置功能研究	陈辉	广东金融学院	21BJY078	2021
527	基于大数据的金融科技信息对资本市场效率影响、机制研究及市场建设的启示	左月华	华中科技大学	21BJY079	2021
528	东道国经济政策波动对"一带一路"国际资本流动网络及金融风险的影响研究	刘彦文	大连理工大学	21BJY080	2021
529	中美重大技术竞争下中国资本市场对外开放的影响研究	张翔	西南财经大学	21BJY081	2021
530	网络结构视角下机构投资者抱团的金融风险传染机理及防范策略研究	侯剑平	西安工业大学	21BJY091	2021
531	疫情冲击下企业社保减费政策对缓解劳动者收入损失的影响及助推机制研究	徐凤辉	首都经济贸易大学	21BJY093	2021
532	保障适度与可持续的多层次养老保险体系改革研究	苏春红	山东大学	21BJY100	2021
533	金融资源错配对我国制造业转型升级的影响及改革路径研究	孙灵燕	山东社会科学院	21BJY105	2021

续表

序号	课题名称	负责人	工作单位	项目编号	批准年份
534	长江经济带生态环境与绿色金融的动态耦合机制及引导策略研究	邓淇中	湖南科技大学	21BJY122	2021
535	"结构性"去杠杆背景下企业杠杆水平及其动态调整对金融资产配置的影响研究	窦 炜	华中农业大学	21BJY124	2021
536	后新冠肺炎疫情背景下主权信用评级的决定因素、市场影响及风险防范研究	苏 民	太原理工大学	21BJY125	2021
537	地方政府隐性债务风险网状扩散机理及防控对策研究	黎精明	武汉科技大学	21BJY127	2021
538	地方政府隐性债务的系统性金融风险预警及防控对策研究	赵颖岚	四川大学	21BJY128	2021
539	"双循环"新格局下金融支持技术创新的机制和路径优化研究	凌士显	山东大学	21BJY146	2021
540	基于区块链的金融科技多维信任评价机制研究	孙宝林	湖北经济学院	21BJY147	2021
541	金融科技创新与监管的激励相容机制及政策研究	卜 亚	江苏科技大学	21BJY148	2021
542	大数据环境下政府审计防范系统性金融风险的机理及策略研究	喻采平	长沙理工大学	21BJY155	2021
543	央地金融监管协调推进区域金融高质量发展的效果、机制与对策研究	邱新国	西南政法大学	21BJY161	2021
544	目标融合、空间溢出与农业政策性金融支持研究	曾小艳	武汉轻工大学	21BJY164	2021
545	数字金融释放居民消费潜力的机制、路径与风险防范研究	宋 健	湖南科技大学	21BJY171	2021
546	气候相关因素影响金融风险的机制及审慎监管应对措施研究	刘志洋	东北师范大学	21BJY172	2021
547	数字经济背景下金融支持实体经济的作用机制与实现路径研究	赵 建	济南大学	21BJY173	2021
548	数字金融支持经济高质量发展的机制、路径与对策研究	史小坤	浙江工商大学	21BJY174	2021
549	风险分层、产品创新与精准服务乡村振兴的农业保险机制优化研究	汪桂霞	河南工业大学	21BJY185	2021
550	互联网消费贷ABS风险防范机制有效性及监管政策研究	邬瑜骏	哈尔滨工业大学	21BJY205	2021

续表

序号	课题名称	负责人	工作单位	项目编号	批准年份
551	企业金融化对货币政策传导的影响与对策研究	高蓓	西安交通大学	21BJY231	2021
552	双重股权结构对公司违规行为的影响、传导与治理研究	杨菁菁	广东外语外贸大学	21BJY234	2021
553	数字经济驱动下公司治理变革的机理与效应研究	徐子尧	四川大学	21BJY235	2021
554	金融开放背景下异质投资者对资本市场定价效率的影响机制研究	陈镇喜	华南理工大学	21BJY237	2021
555	纳入MSCI指数推进资本市场高水平对外开放的流动性效应研究	张少军	浙江工商大学	21BJY238	2021
556	地方政府债务对企业资源配置效率的影响研究	步晓宁	山东财经大学	21BJY245	2021
557	经济高质量发展背景下金融与科技耦合脆弱性及有效性研究	王仁祥	武汉理工大学	21BJY253	2021
558	复杂网络视角下系统性金融风险计量研究	蒋翠侠	合肥工业大学	21BJY255	2021
559	新发展格局下健全农村数字金融服务体系的关键要素、效应评估与路径优化研究	张晋华	浙江工业大学	21BJY256	2021
560	新退市制度驱动企业高质量发展的作用机理和效应研究	董小红	安徽财经大学	21BJY260	2021
561	注册制推行对A股主要定价因子的影响研究	万谍	浙江工商大学	21BJY265	2021
562	重大突发公共事件冲击下系统性金融风险的测度、传导与预警研究	欧阳资生	湖南师范大学	21ATJ009	2021
563	基于金融关联图谱的小微企业供应链融资信用风险预测与防范研究	张永礼	河北地质大学	21BTJ049	2021
564	影子银行系统性风险：溢出效应、动态预警与监管规制	张兴旺	西安财经大学	21BTJ051	2021
565	"一带一路"国家金融风险传导及防范对策研究	孙立梅	哈尔滨工程大学	21BGJ036	2021
566	国际金融权力博弈与全球金融治理变革的中国方案研究	张发林	南开大学	21BGJ044	2021
567	美国重启量化宽松对中国跨境资本流动的溢出效应和风险防范研究	刘晓兰	湖南大学	21BGJ045	2021

续表

序号	课题名称	负责人	工作单位	项目编号	批准年份
568	数字普惠金融对企业孵化器的创新驱动效应及优化路径研究	冯金余	山东财经大学	21BGL075	2021
569	地方政府或有债务风险的生成、传染及防控研究	杨 沁	西安理工大学	21BGL082	2021
570	银行竞争、卖空机制与企业融资约束研究	徐 枫	中国社会科学院金融研究所	21BGL084	2021
571	数字普惠金融对中小企业信贷可得性的作用机制及影响效应研究	戴 伟	湖北理工学院	21BGL085	2021
572	基于数据联邦的供应链金融结构治理研究	唐辉军	宁波财经学院	21BGL088	2021
573	银行驱动下的我国企业信贷留存行为及其治理研究	武 龙	河南大学	21BGL099	2021
574	新发展格局下我国农村中小银行风险防范机制及政策研究	王文莉	西安理工大学	21BGL170	2021
575	数字货币的跨境反洗钱监管研究	殷炼乾	暨南大学	21BGL264	2021
576	以剩余价值为中心的马克思主义宏观经济账户体系研究	马梦挺	复旦大学	21CJL003	2021
577	货币政策对异质性家庭收入差距的影响及对策研究	薛 龙	郑州轻工业大学	21CJL006	2021
578	数字化背景下农地金融的发展特征、运行机制、风险测度与政策改进研究	王 珏	西安交通大学	21CJY001	2021
579	场景嵌入导向的农村数字普惠金融创新研究	罗 兴	郑州大学	21CJY003	2021
580	数字普惠金融缓解城乡资本错配的机理、效应与路径研究	李晓龙	贵州财经大学	21CJY004	2021
581	货币创造视角下中国影子银行的宏观效应及政策调控影响研究	李伯尧	中国政法大学	21CJY005	2021
582	中国影子银行系统性金融风险的多维传染与防范研究	黄 敏	广州大学	21CJY006	2021
583	绿色金融助推我国绿色全要素生产率的机制与实现路径研究	秦琳贵	沈阳农业大学	21CJY026	2021
584	西部地区绿色金融与生态资源的非协调性耦合识别及协调发展路径研究	马大来	重庆理工大学	21CJY033	2021

续表

序号	课题名称	负责人	工作单位	项目编号	批准年份
585	金融系统流动性分层对企业融资的影响机制及其治理研究	吴华强	广州大学	21CJY034	2021
586	中国地方债务可持续性的测度、影响因素与实现路径研究	陈宝东	西安工程大学	21CJY035	2021
587	金融科技背景下分析师信息披露行为的机制及监管研究	姚晶晶	江苏大学	21CJY040	2021
588	金融集聚对城市绿色经济发展的空间溢出及影响机制研究	高翠云	辽宁大学	21CJY042	2021
589	数字金融对居民消费不平等的影响评估与机理研究	刘 倩	广东外语外贸大学	21CJY045	2021
590	基于经济金融关联网络的中国系统性风险监控预警研究	李 政	天津财经大学	21CJY046	2021
591	银行数字化转型与货币政策传导有效性研究	汪 勇	中国社会科学院金融研究所	21CJY066	2021
592	贷款市场利率报价机制、利率政策有效性与金融稳定性研究	潘长春	吉林大学	21CJY069	2021
593	数字金融发展背景下家庭负债结构性不平衡的测度与优化研究	张旭阳	北京工商大学	21CJY070	2021
594	绿色金融推动黄河流域产业绿色发展的作用机制与路径优化研究	王 韧	山东社会科学院	21CJY072	2021
595	中国金融业扩大开放与宏观审慎政策的国际协调研究	陈若愚	安徽财经大学	21CJY074	2021
596	高维矩阵型数据下我国系统性金融风险传导及防控研究	刘程程	首都经济贸易大学	21CTJ003	2021
597	证券监管介入上市公司治理的体系性构造研究	吕成龙	深圳大学	21CFX077	2021
598	系统性风险防范下金融科技反垄断规制研究	刘乃梁	重庆大学	21CFX082	2021
599	金融监管透明度法治保障研究	刘 盛	华南理工大学	21CFX083	2021
600	金融化视角下我国收入分配差距变迁与共同富裕研究	朱 斌	中国人民大学	21CSH013	2021
601	双循环格局下中国企业境外上市对资本配置效率的影响研究	乔敏健	河北大学	21CGJ045	2021
602	公司债券违约解决机制选择与投资者利益保护关系研究	王 欣	北京工商大学	21CGL012	2021

续表

序号	课题名称	负责人	工作单位	项目编号	批准年份
603	"链主"视角下上市公司股权再融资对地方产业链的外溢效应研究	李元祯	浙江工商大学	21CGL015	2021
604	社会信用与绿色金融协同推进绿色经济发展的影响机制研究	孟怡珺	上海对外经贸大学	21CGL035	2021
605	目标治理视域下我国绿色金融政策评估与创新路径研究	陈超凡	北京师范大学	21CGL036	2021
606	行为经济视角下新业态灵活从业者社会保险供需匹配机制研究	严妮	湖北经济学院	21CGL037	2021

2017—2021年国家自然科学基金项目汇总（金融学）

序号	课题名称	负责人	工作单位	项目批准号	批准年份
1	正规金融与非正规金融的家庭福利效应研究	高明	北京大学	71703004	2017
2	金融行为中介作用下农民金融素养对收入质量的影响机制及提升策略研究	孔荣	西北农林科技大学	71773094	2017
3	基于行为金融模型的随机比较	杨建萍	浙江理工大学	11701518	2017
4	两类带有潜变量的金融时间序列模型研究及其在行为金融中的应用	宋泽芳	广州大学	11701116	2017
5	基于金融机构尾部风险网络的金融系统性风险形成演化机制及预警控制研究	黄玮强	东北大学	71771042	2017
6	债务杠杆、金融风险与产出波动——基于金融摩擦与不确定性理论的研究	陶坤玉	中央财经大学	71703186	2017
7	金融创新、资源配置与风险管理	李仲飞	中山大学	71721001	2017
8	金融机构系统性风险敞口与贡献的度量及监管研究——基于金融网络视角的分析	李政	天津财经大学	71703111	2017
9	多维金融风险度量及其应用研究	胡亦钧	武汉大学	11771343	2017
10	金融市场恐慌与监管政策的实验研究	金烨	上海纽约大学	71703101	2017
11	情绪影响金融决策处置效应的神经机制研究	孙露晞	重庆大学	31700989	2017

续表

序号	课题名称	负责人	工作单位	项目批准号	批准年份
12	融资约束下的动态公司金融理论研究	杨金强	上海财经大学	71772112	2017
13	金融保险中的定价与随机控制问题	张 鑫	东南大学	11771079	2017
14	基于多重分形理论的金融危机传染研究	李嵩松	哈尔滨工业大学	71773024	2017
15	中国金融体系的演化规律和变革管理	徐 忠	中国人民银行金融研究所	71733004	2017
16	宗教文化因素影响下藏区普惠金融发展研究	巩艳红	西藏大学	71763025	2017
17	多市场联动规律与金融系统体系性风险测度	何 枫	天津财经大学	71701106	2017
18	混频仿射宏观—金融期限结构模型构建及应用	尚玉皇	西南财经大学	71701165	2017
19	基于凸分析理论的投资受限环境下的金融问题	孙钏峰	济南大学	11701214	2017
20	非线性区间模型及其在经济和金融中的应用	孙玉莹	中国科学院数学与系统科学研究院	71703156	2017
21	中国绿色金融体系构建、发展困境与政策选择研究	唐绍祥	宁波大学	71773058	2017
22	基于社会网络中信息传导过程的金融异象研究	杨海军	北京航空航天大学	71771006	2017
23	金融错配与漏损对经济增长的微观作用路径研究	白 俊	石河子大学	71762026	2017
24	基于网络视角的金融系统系统性风险的研究	程 贤	西南交通大学	71701172	2017
25	基于文本表示学习的金融市场行情预测方法研究	丁 效	哈尔滨工业大学	61702137	2017
26	能源商品金融化、价格冲击与中国—中亚经济合作研究	高 丽	新疆财经大学	71764028	2017
27	面向金融大数据的信用风险度量与决策分析	邬文帅	华东交通大学	71761014	2017
28	互联网背景下金融产品/服务创新、风险及其定价理论	吴冲锋	上海交通大学	71790592	2017
29	希尔伯特变换方法定价金融衍生品	曾萍萍	南方科技大学	11701266	2017
30	金融时序数据的动态分位数回归建模及其应用	张飞鹏	西安交通大学	11771133	2017

续表

序号	课题名称	负责人	工作单位	项目批准号	批准年份
31	农村金融市场发育对种粮大户形成的影响机理研究	蔡 键	华南农业大学	71703042	2017
32	互联网环境中金融市场效率与监管理论	陈 收	湖南大学	71790593	2017
33	网络相依结构下金融风险度量及回溯检验研究与应用	陈 昱	中国科学技术大学	71771203	2017
34	保险监管的全球化和金融系统性风险应对	贾 若	北京大学	71703003	2017
35	宏观金融研究中的潜在变量模型的统计推断方法及其应用	李 勇	中国人民大学	71773130	2017
36	带金融部门的宏观经济模型的评估、重建与应用	钱宗鑫	中国人民大学	71773126	2017
37	不确定环境下引入金融对冲的库存决策模型及其优化研究	秦中峰	北京航空航天大学	71771011	2017
38	互联网背景下金融机构创新规律与业绩表现研究	田 轩	清华大学	71790591	2017
39	金融分权背景下城市商业银行效率评价及提升路径研究	朱 宁	华南理工大学	71703040	2017
40	大数据驱动的互联网金融监测与服务平台及示范应用	程学旗	中国科学院计算技术研究所	91746301	2017
41	面向金融市场的多源异构数据知识表示与应用研究	龙 文	中国科学院大学	71771204	2017
42	基于动态混合和分层收缩方法的金融波动率预测及传导研究	汪训孝	上海财经大学	71701118	2017
43	金融市场异象的随机游走模型及其排序流动性研究	王有贵	北京师范大学	61773069	2017
44	农村金融市场"精英俘获"困境破解与包容性成长研究	温 涛	西南大学	71773099	2017
45	民间金融及其风险研究：基于儒家文化与地方政府的视角	张 博	山东大学	71703080	2017
46	金融化视角下实体经济技术创新与生产率提升研究	范晓男	大连工业大学	71703012	2017
47	供应链与金融交叉问题中信息的获取与披露策略研究	方燕儿	中国社会科学院金融研究所	71701211	2017
48	非正规金融与异质性农村家庭创业：驱动机理及适宜边界	李祎雯	南京农业大学	71703070	2017

续表

序号	课题名称	负责人	工作单位	项目批准号	批准年份
49	多目标条件下中国金融监管系统优化与风险管理研究	刘超	北京工业大学	61773029	2017
50	基于线性及非线性模型的高维金融时间序列建模：理论及应用	王辉	中央财经大学	71771224	2017
51	金融化背景下国际粮价波动对我国粮价的传导及其风险评价研究	肖小勇	华中农业大学	71703049	2017
52	基于动态博弈与契约理论的影子银行与微观金融研究——理论与应用	许梦涵	厦门大学	71703137	2017
53	基于动态公司金融模型的非债务因素对债务代理问题的影响研究	张传千	长江师范学院	71702013	2017
54	互联网背景下金融创新与风险管理若干基础理论与方法	张维	天津大学	71790590	2017
55	基于房地产与金融风险复杂交互行为的风险预警研究	周文文	北京工业大学	61703014	2017
56	复杂金融系统的危机传播动力学、可控性及其控制策略研究	马源源	东北大学	71701036	2017
57	大数据环境下模型平均法对金融市场波动率预测的影响研究	谢天	厦门大学	71701175	2017
58	一类复杂金融产品投资组合的估值与监管资本计算的研究	许威	同济大学	71771175	2017
59	相关系数暧昧环境下金融市场有限参与与不对称信息	张顺明	中国人民大学	71773123	2017
60	高分辨能力鲁棒一致性金融风险测度及其应用研究	戴志锋	长沙理工大学	71771030	2017
61	基于我国制造企业技术选择与创新激励的金融错配效应及纠正机制研究	刘政	昆明理工大学	71763015	2017
62	函数型数据的自适应分类预测方法及其在金融高频预测中的应用	王德青	中国矿业大学	71701201	2017
63	农地经营权抵押试点下金融机构决策行为及信贷合约设计优化研究	王磊玲	郑州大学	71703155	2017
64	互联网背景下金融市场微观参与者行为规律及其风险效应研究	张维	天津大学	71790594	2017
65	数据驱动下国际金融资产的风险度量及动态配置管理研究	张卫国	华南理工大学	71720107002	2017

续表

序号	课题名称	负责人	工作单位	项目批准号	批准年份
66	大数据环境下面向互联网金融的个人信用深度挖掘与评价研究	张在美	长沙理工大学	61702053	2017
67	金融知识对中国家庭财富不平等的影响研究：基于资产选择的视角	周洋	武汉大学	71703114	2017
68	基于金融风险周期监测的时变参数货币政策模型系统构建和识别研究	陈创练	暨南大学	71771093	2017
69	基于金融网络与异质性的银行系统性风险度量及管理策略研究	邓洋	华中科技大学	71701218	2017
70	后金融危机时期下基于网络分析的实体经济联动性恢复研究	丁浩员	上海财经大学	71703086	2017
71	创新驱动发展的财政金融激励机制研究——基于产业风险与信息特性的视角	龚强	中南财经政法大学	71773143	2017
72	基于Merton改进模型以及一类创新非合作博弈下的金融保险决策研究	刘敬真	中央财经大学	11771466	2017
73	基于离散傅里叶变换和周期图分析的中国金融高频数据波动性研究	孙菁蔚	中央财经大学	71703177	2017
74	新货币政策框架下的货币政策传导与宏观稳定、金融稳定功能的研究	吴周恒	广东外语外贸大学	71703029	2017
75	几类典型双斜过程的性质及其在金融衍生品定价中的应用研究	徐光利	对外经济贸易大学	11701085	2017
76	金融科技创新驱动的证券市场微观结构优化研究：以弱势投资者居多为背景	方立兵	南京大学	71771117	2017
77	基于互联网金融的投资者风险感知、信息不对称与尾部市场效率研究	郭海凤	哈尔滨工业大学	71773025	2017
78	消费者移动社交行为与金融信用：基于P2P信贷平台的实证研究	刘勇	上海财经大学	71728007	2017
79	金融大数据背景下多重信息源对证券市场微观行为及资产价格的影响	沈德华	天津大学	71701150	2017
80	生成元是非Lipschitz条件下的随机递归最优控制理论及其相关的金融应用	浦江燕	上海立信会计金融学院	11701371	2017
81	中国资产证券化研究：基于微观信用风险定价和宏观金融结构调整的视角	唐涯	北京大学	71772004	2017

续表

序号	课题名称	负责人	工作单位	项目批准号	批准年份
82	结构突变下金融风险传染的隐Markov-高维动态藤Copula方法构建及应用研究	林宇	成都理工大学	71771032	2017
83	高频数据视角下的金融市场波动率建模及预测：基于机制转换和动态模型平均组合预测法的研究	马锋	西南交通大学	71701170	2017
84	基于非参数贝叶斯和因子降维方法的多元金融资产收益率和已实现协方差矩阵联合建模的研究	金鑫	上海财经大学	71773069	2017
85	金融工具准则变迁、公允价值会计与金融投资行为	曾雪云	北京邮电大学	71872020	2018
86	金融科技背景下非正规金融机制设计、风险防范与治理	陈海强	厦门大学	71850011	2018
87	金融科技背景下非正规金融活动的风险防范与治理研究	马超群	湖南大学	71850012	2018
88	基于金融新科技的供应链金融机制设计与风险管理	何娟	西南交通大学	71873111	2018
89	金融教育视角下老年人金融诈骗风险的形成机理与防范对策研究	朱锐	长沙理工大学	71801022	2018
90	房地产市场与金融风险防范	董纪昌	中国科学院大学	71850014	2018
91	数据驱动的动态金融风险度量研究	姜广鑫	上海大学	71801148	2018
92	金融高频大数据下的风险推断及其与多元标的衍生品定价和金融风险管理的交叉融合研究	张志远	上海财经大学	71871132	2018
93	住房公积金政策性金融功能提升路径研究	李伟军	安徽工业大学	71874001	2018
94	基于模糊测度的金融压力交互作用研究	姚晓阳	中国计量大学	71801201	2018
95	国内经济政策环境与金融风险防范	陈彦斌	中国人民大学	71850003	2018
96	汇率市场变化、跨境资本流动与金融风险防范	韩立岩	北京航空航天大学	71850007	2018
97	汇率市场变化、跨境资本流动与金融风险防范	谭小芬	中央财经大学	71850005	2018
98	可持续供应链金融的模型与应用研究	陈祥锋	复旦大学	71872051	2018
99	金融网络结构下的中国系统风险模型构建	贾彦东	中国人民银行金融研究所	71873140	2018

续表

序号	课题名称	负责人	工作单位	项目批准号	批准年份
100	国际金融危机传染的时空机制及对策研究	武占云	中国社会科学院城市发展与环境研究所	41801115	2018
101	暗池交易与中国金融市场效率与监管	叶琳琳	香港中文大学（深圳）	71803168	2018
102	基于新兴金融科技的风险分析与监管科技创新研究	叶 强	哈尔滨工业大学	71850013	2018
103	银行微观视角下跨国金融压力溢出效应及其控制策略研究	陈 旺	暨南大学	71803063	2018
104	企业海外融资和区域发展：基于全球金融网络的研究	潘峰华	北京师范大学	41871157	2018
105	金融科技与银行小微企业信贷供给：效果、机制与对策	盛天翔	南京农业大学	71803081	2018
106	社会关系网络与金融机构经济行为研究	余峰燕	天津大学	71872127	2018
107	具有记忆性的 ε-分数 Wishart 过程及其在金融中应用	岳 佳	西南财经大学	11801462	2018
108	防范化解中美贸易战可能引发的金融风险研究	赵昌文	国务院发展研究中心	71850004	2018
109	信用评级膨胀、策略性评级操纵与有效金融监管	赵仲匡	武汉大学	71802152	2018
110	防范化解重大金融风险：宏观视角与政策应对	周小川	中国人民银行金融研究所	71850001	2018
111	面向普惠金融的信用信息融合与信用风险评价研究	晁祥瑞	电子科技大学	71874023	2018
112	金融系统风险问题诱导的稀疏随机优化理论与算法研究	董志龙	西安交通大学	11801433	2018
113	绿色金融驱动产业结构优化的机制与政策研究	钱水土	浙江工商大学	71873124	2018
114	算法交易对金融市场的影响：基于网络博弈理论的研究	张军欢	北京航空航天大学	71801008	2018
115	监管视角下的金融系统性风险度量与优化建模	周 科	湖南大学	71801088	2018
116	区域经济活力差异的形成机制：基于区域金融视角的研究	周正怡	上海财经大学	71803110	2018
117	中国农村普惠金融发展的市场竞争机制、生成条件与政策创新——基于金融市场竞争溢出效应和门槛效应及其影响因素的实证	熊德平	云南财经大学	71873118	2018

续表

序号	课题名称	负责人	工作单位	项目批准号	批准年份
118	金融数据隐私风险度量及隐私保护下的数据共享与挖掘研究	兰秋军	湖南大学	71871090	2018
119	基于大数据的金融和信息推荐系统特征演化动力学研究	邱 天	南昌航空大学	11865009	2018
120	供应链金融3.0背景下零售商库存策略研究	宋 文	中国科学技术大学	71801203	2018
121	基于大数据的地方金融安全智能预警与防控系统	王 帆	中山大学	U1811462	2018
122	社会化媒体上的金融虚假消息识别、传播与影响研究	王茂斌	对外经济贸易大学	71873032	2018
123	基于多模态深度学习的金融跨市场耦合关系建模及应用研究	操 玮	合肥工业大学	71801072	2018
124	互联网背景下股票市场风险传导研究——基于计算实验金融方法	任 飞	华东理工大学	71871094	2018
125	基于多源多任务深度学习实现个性化金融推荐的算法研究	涂文婷	上海财经大学	61803249	2018
126	基于金融高频数据的共跳、特质性跳跃和测量误差研究	赵 华	厦门大学	71871194	2018
127	企业经营风险管理方式选择：多元化与金融对冲比较	冯 芸	上海交通大学	71871141	2018
128	基于大数据的中国金融系统性风险测度及其演化规律研究	刘澜飚	南开大学	71873070	2018
129	基于认知偏差的居民金融素养对股票市场参与效率的影响机制研究	彭 耿	吉首大学	71863009	2018
130	利率市场化视角下金融发展、货币政策对网络借贷的影响研究	张晓玫	西南财经大学	71873104	2018
131	关于几个带数据分析成本的金融数学问题以及深度学习数值方法	周 超	苏州工业园区新国大研究院	11871364	2018
132	信贷约束与社会资本视角下互联网金融对农户创业的影响研究	刘 丹	南京农业大学	71803082	2018
133	基于异质性经济主体框架的资本流动金融风险测度与调控机制研究	聂光宇	上海财经大学	71803124	2018
134	基于互联网的产业生态对供应链金融模式与效率的影响研究	宋 华	中国人民大学	71872177	2018
135	空间外溢下金融资源配置对区域绿色技术创新的作用机制研究	宋晓薇	河南牧业经济学院	71803038	2018

续表

序号	课题名称	负责人	工作单位	项目批准号	批准年份
136	利率市场化结构效应的分层传导与区域金融异质性风险防范研究	唐 松	广东金融学院	71874038	2018
137	关系型融资视角下供应链金融集成服务商的运营策略研究	王 建	江苏科技大学	71802100	2018
138	数据驱动的在线供应链金融系统融合机制研究：基于行为运营的视角	晏妮娜	中央财经大学	71872200	2018
139	银行业竞争的微观资源配置效应评估与金融结构优化政策的研究	张 璇	中南财经政法大学	71873145	2018
140	乡村振兴战略背景下我国农村数字普惠金融的发展机制及其风险治理研究	张正平	北京工商大学	71873011	2018
141	银行区域内竞争的实体经济效应与金融稳定效应：基于微观数据的机制分析	宫 迪	对外经济贸易大学	71803022	2018
142	全局博弈理论及在中央银行流动性救助和金融监管上的应用	李 昭	对外经济贸易大学	71803024	2018
143	互联网金融平台的用户还款行为及其干预机制研究：基于亲社会理论视角	卢向华	复旦大学	71872050	2018
144	货币政策、审慎监管对银行流动性及系统性金融风险的影响	陆 军	中山大学	71873152	2018
145	保险风险和金融风险交互作用下极端风险的建模及定量分析	彭江艳	电子科技大学	71871046	2018
146	基于多层信息溢出网络的金融机构关联性与系统性风险贡献研究	王纲金	湖南大学	71871088	2018
147	金融市场风险防范和化解研究——完善货币政策传导机制 防范流动性风险	王国刚	中国人民大学	71850009	2018
148	金融化背景下国际原油市场多维信息含量研究——基于涟漪扩散双重网络结构	尹力博	中央财经大学	71871234	2018
149	中国金融周期的波动特征、形成机理及其与经济周期的动态关联机制研究	邓 创	吉林大学	71873056	2018
150	人口老龄化、住房空置与房地产金融风险控制——基于异质空间DSGE模型分析	鞠 方	湘潭大学	71873117	2018

续表

序号	课题名称	负责人	工作单位	项目批准号	批准年份
151	同群效应对贫困人群金融行为的影响机制研究：基于随机干预实验的实证分析	李林阳	西北大学	71803150	2018
152	普惠金融视角下基于违约损失显著判别的农村个体工商户信用评价研究	石宝峰	西北农林科技大学	71873103	2018
153	系统性金融风险的形成机制与监测预警研究：基于内生性和过程观的视角	李红权	湖南师范大学	71871092	2018
154	考虑非同步交易和时变特征的金融市场高频多元波动率预测与应用研究	罗嘉雯	华南理工大学	71803049	2018
155	"强监管"与"去杠杆"双重约束下我国系统性金融风险的演化机制及其监控研究	姚登宝	安徽大学	71803002	2018
156	人口学视角下风险态度、全要素生产率与金融资产收益率研究	朱 超	首都经济贸易大学	71873092	2018
157	融合非结构化大数据分析的风险感知评估预警方法与金融监管科技研究	部 慧	北京航空航天大学	91846108	2018
158	新时代中国股票市场的风险和风险联动性研究——基于高频、高维金融数据的分析	董英杰	对外经济贸易大学	71803021	2018
159	利率市场化背景下的存款保险制度与金融风险研究：跨国实证分析与中国实践	纪 洋	厦门大学	71803163	2018
160	金融摩擦视角下的银行存贷期限错配、内生风险与宏观效应——基于非线性DSGE模型的分析	杨 柳	华中师范大学	71873055	2018
161	基于GAS模型的系统性金融风险测度及其在宏观经济预测中的应用研究	赵 阳	江西财经大学	71801117	2018
162	基于交替凸搜索和凸松弛技术的非凸二次规划新全局算法及其在金融中的应用	罗和治	浙江理工大学	11871433	2018
163	带双时间尺度马尔科夫链的随机最优控制问题及其在金融数学中的应用	吕思宇	东南大学	11801072	2018

续表

序号	课题名称	负责人	工作单位	项目批准号	批准年份
164	金融素质视角下贫困地区农户家庭资产选择研究——基于甘肃省集中连片特殊困难地区实地调查	郭学军	兰州理工大学	71863023	2018
165	担保物权制度改革对企业负债融资的影响及经济后果：基于《物权法》自然实验的"法与金融"研究	钱雪松	华中科技大学	71872067	2018
166	面向结构突变、区制转换和混频数据复杂波动特征的金融市场风险分位数测量模型与实证研究	王新宇	中国矿业大学	71871215	2018
167	跨国资本流动影响国际金融周期的新机制——基于"二元悖论"和风险加速器的DSGE分析	张勇	南京师范大学	71873069	2018
168	金融业开放下的汇率制度选择和宏观审慎监管——基于开放经济的动态随机一般均衡模型的研究	雷文妮	北京科技大学	71803008	2018
169	商业银行会计信息质量与风险监管有效性——基于金融工具会计准则国际趋同背景的研究	张姗姗	北京交通大学	71802018	2018
170	宏观经济政策组合与系统性金融风险的防范与化解——基于大型准结构一般均衡模型的模拟分析	田国强	上海财经大学	71850002	2018
171	快速城市化时期中国城市居民家庭资产配置研究：基于住房与金融资产替代性与互补性的视角	宗庆庆	上海财经大学	71804104	2018
172	全球能源市场系统性风险测度与传染机制研究	姬强	中国科学院科技战略咨询研究院	71974181	2019
173	数字金融发展在农村金融空间配给缓解和实体经济金融普惠中的作用研究	马九杰	中国人民大学	71973146	2019
174	金融周期与系统性金融风险：影响机制及监控预警研究	石广平	河南财经政法大学	71903048	2019
175	系统重要性金融机构识别和金融市场级联脆弱性研究	许海川	华东理工大学	71971081	2019
176	08年金融危机后我国金融效率下降与国有企业改革	钟宁桦	同济大学	71973101	2019
177	金融地理全球研究网络北京会议	潘峰华	北京师范大学	41942005	2019
178	金融监管地方化对农村金融资源配置效率的影响机理及其监管研究	何婧	中国农业大学	71973135	2019
179	金融决策模型的泛化问题研究	高建军	上海财经大学	71971132	2019

续表

序号	课题名称	负责人	工作单位	项目批准号	批准年份
180	跨境资本流动视角的粤港澳大湾区金融合作与金融风险预警机制研究	余鹏翼	广东外语外贸大学	71972057	2019
181	控制受约束的正倒向平均场随机系统及其应用	聂天洋	山东大学	11971267	2019
182	全息信用金融学风险分析研究	袁先智	成都大学	71971031	2019
183	金融时序数据的遗忘理论研究	赵 澄	浙江工业大学	61902349	2019
184	金融虚拟集聚、融资效率与地区生产率	王如玉	中国人民银行金融研究所	71973147	2019
185	数字金融发展对家庭信贷排斥的影响研究	吴 雨	西南财经大学	71903160	2019
186	现代网络生态环境下金融大数据建模研究	龚 朴	华中科技大学	71991473	2019
187	中国金融周期的区域非对称性研究	曹廷求	山东大学	71973085	2019
188	基于网络生态的智慧供应链金融模式研究	李 健	北京工业大学	71932002	2019
189	网络借贷普惠金融实践及行业监管应对研究	戚树森	厦门大学	71903164	2019
190	数据驱动下稀疏随机金融优化理论与算法研究	徐凤敏	西安交通大学	11971372	2019
191	行为金融学中若干问题的量化研究	许左权	香港理工大学深圳研究院	11971409	2019
192	公司品牌架构战略与金融市场绩效关系的研究	蒋廉雄	中山大学	71972190	2019
193	模糊情况下的金融市场和长期风险模型	林 乾	武汉大学	11971364	2019
194	非平稳高频金融数据的大样本性质及应用	宋玉平	上海师范大学	11901397	2019
195	金融数学中与风险控制有关的自由边界问题	管崇虎	嘉应学院	11901244	2019
196	金融市场异常波动的共振效应及其智能监控研究	张 旭	南京信息工程大学	71903097	2019
197	基于深度图卷积网络的金融风险分析理论研究	白 璐	中央财经大学	61976235	2019
198	复杂金融系统外部信息驱动的非稳态时空动力学	陈婷婷	浙江财经大学	11905183	2019
199	金融资产收益波动率的统计推断及其应用研究	林金官	南京审计大学	11971235	2019

续表

序号	课题名称	负责人	工作单位	项目批准号	批准年份
200	区块链技术驱动下的供应链金融运作管理创新研究	刘 露	山东科技大学	71902105	2019
201	金融保险中的多维风险度量与最优控制问题研究	刘 伟	新疆大学	11961064	2019
202	中国金融市场流动性危机的度量、预警和管理	薛 熠	对外经济贸易大学	71971063	2019
203	能源市场金融化及其对我国能源风险管理的影响机制研究	张大永	西南财经大学	71974159	2019
204	人口老龄化、住房租购决策与家庭金融资产配置	李秀婷	中国科学院大学	71974180	2019
205	基于银行竞争的金融发展与市场化手段处置僵尸企业研究	李旭超	武汉大学	71903146	2019
206	面向复杂数据的互联网金融征信建模技术研究	徐 力	中国科学院计算技术研究所	61902380	2019
207	中国农村数字金融的发展机制和效应：基于实验经济的研究	张龙耀	南京农业大学	71973064	2019
208	跨房地产与金融部门的系统性风险建模与应用	李 雪	西南财经大学	71903153	2019
209	超限学习机鲁棒模型及在金融时间序列预测中的应用	王快妮	西安石油大学	61907033	2019
210	模型不确定性条件下的动态公司金融理论研究	王 能	上海财经大学	71972122	2019
211	结构变化中银行系统性金融风险的多重多维传染效应研究	王周伟	上海师范大学	71973098	2019
212	基于人口年龄结构的资产定价模型与长期金融风险防控	杨昊晰	南开大学	71903103	2019
213	高频金融数据下即时波动率的非参数估计及其应用研究	叶绪国	凯里学院	11961038	2019
214	企业金融化与投资行为研究：基于产业公司设立私募基金的分析	钟 凯	对外经济贸易大学	71902028	2019
215	金融部门与中国宏观经济关联的量化研究：基于结构模型方法	高华声	复旦大学	71973029	2019
216	基于投资者异质信念的金融市场异象及资产定价问题研究	韩佳彤	天津财经大学	71901160	2019
217	考虑平台异质性的互联网金融系统性风险深度挖掘	胡大宁	南方科技大学	71971106	2019
218	快速贝叶斯随机波动建模及其在金融市场中的应用研究	蒋远营	桂林理工大学	71963008	2019

续表

序号	课题名称	负责人	工作单位	项目批准号	批准年份
219	基于网络舆情大数据的金融系统性风险传染效应与预警研究	苏 飞	合肥工业大学	71901087	2019
220	考虑企业信用等级的供应链金融融资及运营决策研究	吴晓黎	华南理工大学	71971088	2019
221	公司股价崩盘风险与金融机构系统性风险：基于股权质押的视角	许晓芳	北京大学	71902001	2019
222	模型不确定下的随机控制理论及其在金融风险管理中的应用	吴 臻	山东大学	61961160732	2019
223	粤港澳大湾区跨境融资金融风险度量及协同管理创新研究	张卫国	华南理工大学	U1901223	2019
224	全球金融周期背景下的跨境风险传染——基于汇率和跨境资本流动的渠道分析	陈 雷	中山大学	71903202	2019
225	金融市场多尺度有向波动溢出与相依结构建模及应用研究	陈 王	长江师范学院	71901041	2019
226	碳金融下工程机械再制造企业生产与碳减排决策集成优化研究	陈伟达	东南大学	71971058	2019
227	境外机构投资者、流动性属性与经济后果：来自国际公司金融的证据	邓柏峻	广东工业大学	71903036	2019
228	金融周期视角下的中国银行业系统性风险防范与化解研究	方 意	中央财经大学	71973162	2019
229	普惠金融约束下考虑多源信息融合的小微企业信贷决策方法研究	李 刚	东北大学	71971051	2019
230	中小企业融资如何"自力更生"？供应链金融中的信号传递研究	卢 强	北京工商大学	71902007	2019
231	数字平台动态对社会福利与金融稳定的影响：理论分析与经验证据	谢丹夏	清华大学	71973076	2019
232	考虑尾部风险关联性和逆周期因子的宏观审慎金融监管机制研究	蒋 海	暨南大学	71973053	2019
233	气候变化对金融风险的影响研究：理论机制、经验证据与防控对策	刘忠璐	山东工商学院	71903114	2019
234	带有动态结构的高维协方差矩阵的研究及其在金融学中的应用	杨 进	南开大学	11901315	2019
235	基于多源异构混频数据深度学习的碳金融资产定价理论与方法	张 晨	合肥工业大学	71971071	2019
236	概率统计方法在金融风险管理国际前沿攻坚中的适用性分析与改进研究	宫晓琳	山东大学	11971268	2019

续表

序号	课题名称	负责人	工作单位	项目批准号	批准年份
237	金融科技背景下商业银行零售信贷的产品创新、市场竞争与模式选择	李 强	电子科技大学	71972027	2019
238	金融资产"减价出售"导致间接风险传染的识别、传染规律与风险防范研究	隋 聪	大连海事大学	71971034	2019
239	基于高阶马尔可夫过程的金融市场收益率修复理论模型构建及应用研究	叶 露	浙江理工大学	71901195	2019
240	金融机构信贷业务中的小微企业信贷营销与风险控制的大数据方法研究	周支立	西安交通大学	71971168	2019
241	投资者泡沫骑乘和银行风险承担：系统性金融风险形成、传染和政策分析	陈国进	厦门大学	71971180	2019
242	风险投资的空间演变及其与区域发展的互动机制研究：基于金融地理学的视角	姚 丽	西南大学	41901145	2019
243	双向开放提速背景下金融风险传染效应的识别及应用研究——基于相关性的结构分解模型	郑延婷	北京工商大学	71971004	2019
244	具有时变横截面相关性的面板数据模型的统计推断：理论研究及其在经济金融中的应用	章永辉	中国人民大学	71973141	2019
245	金融消费者有限理性、金融机构不当行为与次优金融消费决策	肖斌卿	南京大学	72071102	2020
246	金融科技环境下在线搜索与金融评论对金融市场的影响机制研究	施 文	东北农业大学	72071038	2020
247	金融科技助力普惠金融发展的机制研究	江 萍	对外经济贸易大学	72073024	2020
248	金融科技促进农村普惠金融发展的机理及实现路径研究	李明贤	湖南农业大学	72073043	2020
249	全球金融网络视角下跨境资本流动管理与金融风险防范研究	苟 琴	中央财经大学	72073150	2020
250	金融发展、经济增长与金融危机的权衡关系研究：基于多门槛变量模型的视角	李昌帅	湖南大学	72003063	2020
251	我国央行数字货币发行对批发金融端和零售金融端的影响研究	肖筱林	北京大学	72073006	2020

续表

序号	课题名称	负责人	工作单位	项目批准号	批准年份
252	金融科技背景下农村金融机构数字化发展机制与普惠效应研究	董晓林	南京农业大学	72073067	2020
253	金融监管与企业投资行为	孟庆斌	中国人民大学	72072178	2020
254	金融科技创新与监管的机制设计研究	龚 强	中南财经政法大学	72073146	2020
255	基于类别分布感知的金融异常发现与推断	敖 翔	中国科学院计算技术研究所	92046003	2020
256	基于信号处理技术的金融统计套利策略研究	赵子平	上海科技大学	62001295	2020
257	家庭异质性风险感知与金融决策研究	高 明	北京大学	72073004	2020
258	理性疏忽下的动态公司金融理论研究	杨金强	上海财经大学	72072108	2020
259	行为金融中最优资产组合的随机控制与分析	梁齐珠	广东金融学院	12001116	2020
260	Rough 随机波动率模型的金融应用及算法研究	马敬堂	西南财经大学	12071373	2020
261	金融市场的良性波动与恶性波动：度量与应用	罗 穗	首都经济贸易大学	72003137	2020
262	农村普惠金融的减贫效应：内在机制与福利评价	朱 喜	上海交通大学	72073098	2020
263	绿色金融服务实体经济：建筑行业资本资产定价研究	周 敏	南华大学	72073058	2020
264	房价调控、地方政府债务与系统性金融风险	梅冬州	中央财经大学	72073149	2020
265	高维多目标条件下金融结构系统动态优化与控制	刘 超	北京工业大学	62073007	2020
266	高维相关数据分层估计与迭代筛选方法研究及金融实证	杨玥含	中央财经大学	12001557	2020
267	金融衍生品定价问题的参数反演建模与数值方法研究	许作良	中国人民大学	12071479	2020
268	内生抵押品质量视角下的金融危机与经济复苏	刘泽豪	中国人民大学	72003189	2020
269	数字金融发展对居民消费的影响：作用机理与结构差异研究	何宗樾	北京工业大学	72003011	2020
270	基于金融与运营角度的不定期船运输市场风险管理研究	白茜文	清华大学	72001123	2020

续表

序号	课题名称	负责人	工作单位	项目批准号	批准年份
271	金融开放、银行信贷结构与经济波动——动态理论与实证分析	金昊	北京航空航天大学	72003160	2020
272	基于可解释机器学习的中国金融市场波动率预测研究	冯凌秉	江西财经大学	72001098	2020
273	金融摩擦、杠杆率与经济增长：基于微观数据和 HANK 模型的研究	喻崇武	北京第二外国语学院	72003007	2020
274	理性异质债权人与金融机构多层网络交互的风险传染研究	肖迪	北京交通大学	72001022	2020
275	面向互联网金融大数据的借贷风险智能识别、传导与治理研究	崔婷	广东财经大学	62002068	2020
276	贸易摩擦对金融风险的因果影响、内在机理和防范政策研究	林发勤	中国农业大学	72073128	2020
277	"安全资产短缺"与金融脆弱性形成：基于行为资产组合理论	黄晓薇	对外经济贸易大学	72073026	2020
278	财务基本面信息与金融风险预测：机器学习与经济理论	姜富伟	中央财经大学	72072193	2020
279	人力资本偏向金融部门的形成逻辑及实体经济增长效应研究	刘贯春	中山大学	72003116	2020
280	宏微观视角下金融科技对商业银行风险承担行为的影响研究	余晶晶	首都经济贸易大学	72003134	2020
281	脱贫攻坚背景下农村金融产品供给体系优化的扶贫可持续效应研究	刘心怡	广东金融学院	72003047	2020
282	财务报表与金融文本相结合的银行风险集成方法研究	魏璐	中央财经大学	72001223	2020
283	六盘山片区金融扶贫模式、减贫效应与瞄准机制研究	陈军梅	宁夏大学	72063026	2020
284	金融发展、环境规制协同推进中国工业绿色增长转型的影响机制与效应研究	熊灵	武汉大学	72073106	2020
285	面向金融预测的财务领域结构化数据与文本联合的深度挖掘	刘喜平	江西财经大学	62076112	2020
286	风险经历与中国家庭金融行为研究——基于群体性和个体性的视角	路晓蒙	西南财经大学	72003149	2020
287	基于区块链的绿色供应链金融的定价策略与协调机制的博弈分析	南江霞	桂林电子科技大学	72061007	2020
288	现代保险金融风险模型中 Drawdown 约束下的随机最优决策与鲁棒控制	梁志彬	南京师范大学	12071224	2020

续表

序号	课题名称	负责人	工作单位	项目批准号	批准年份
289	不同类型的金融发展对实体部门的影响：基于企业投资效率和创新的视角	邓家品	中山大学	72002224	2020
290	收入分配视角下的系统性金融风险形成研究：多重机制检验与政策模拟	王升泉	中山大学	72003205	2020
291	重大突发公共卫生事件冲击下的全球金融风险溢出及其管理研究	朱孟楠	厦门大学	72073113	2020
292	经济主体风险再评估视角下系统性金融风险与宏观经济关系研究	张 希	北京工商大学	72003009	2020
293	基于高维Copula熵的异质性金融风险的多点溢出、结构分解与政策截断	赵 宁	东北财经大学	72001035	2020
294	西北地区乡村数字普惠金融的空间扩散机制、运行机理与实现路径研究	刘自强	北方民族大学	42061024	2020
295	普惠金融背景下农村银行服务空间演变机理与方向研究——以河南省为例	彭宝玉	河南大学	42071160	2020
296	政府引导型和市场驱动型绿色金融影响企业绿色创新的作用机制与协同效应研究	徐 佳	华中师范大学	72003076	2020
297	地方政府土地配置行为的宏观经济影响机制研究：基于土地财政和土地金融的视角	赵扶扬	中央财经大学	72003211	2020
298	金融结构性改革背景下中国商业银行绩效评价及提升路径研究	朱 宁	华南理工大学	72073046	2020
299	外部冲击对中国金融稳定的影响机理：不确定性与公共事件冲击视角	王 博	南开大学	72073076	2020
300	博弈论前沿模型在产业经济学和金融学中的应用：理论和实证研究	朱冬妮	上海财经大学	72003119	2020
301	股票市场投资者金融素养对资产价格影响研究：基于文本分析和计算实验方法	安雅慧	天津商业大学	72001157	2020
302	新冠肺炎疫情对线下微型商户的短期冲击与中长期影响研究：来自金融科技公司大数据的证据	王靖一	中央财经大学	72003214	2020
303	云南与周边国家金融合作的异质性约束及人民币区域化的实现机制与路径研究	丁文丽	云南师范大学	U2002201	2020

续表

序号	课题名称	负责人	工作单位	项目批准号	批准年份
304	非常规货币政策的传导及有效性——基于异质性消费者与异质性金融机构的视角	张 际	清华大学	72003102	2020
305	不确定性对投资者决策和资产定价的影响的量化研究——基于中美金融市场数据的实证分析	李 楠	上海交通大学	72073097	2020
306	外部冲击、金融内生性与系统性金融风险研究	郑尊信	深圳大学	72173089	2021
307	金融科技发展对系统性金融风险的影响研究：基于金融科技"业务—技术"二元发展趋势的视角	于明哲	北京工商大学	72103011	2021
308	西藏金融稳定与金融发展协调统一研究：混频指标体系与动态数量关系	鲁万波	西藏大学	72163029	2021
309	金融科技下跨境供应链金融促GMS产业链升级演进机理与路径研究	柴正猛	昆明理工大学	72163018	2021
310	复杂金融数据的统计建模与推断	宋馨雨	上海财经大学	72103118	2021
311	金融大数据背景下个人投资者意见分歧形成机制与金融市场稳定性研究	马俊俊	北京工业大学	72101009	2021
312	企业"类信贷"与金融稳定性研究	白 俊	石河子大学	72162030	2021
313	基于高频金融数据的若干统计推断问题	陈大川	南开大学	12101335	2021
314	金融市场风险测度变点的统计推断	陈占寿	青海师范大学	12161072	2021
315	数字金融创新背景下微观主体跨期资产配置	邹自然	湖南大学	72171078	2021
316	金融风险度量的后验分析与建模	杜在超	复旦大学	72173029	2021
317	暧昧环境下金融机构"寡头化"与有限参与	王彦一	南京大学	72103091	2021
318	基于高维监督网络的金融风险预警研究	邱 路	上海师范大学	12105178	2021
319	绿色金融体系下的供应链融资决策研究	陈克红	中国科学技术大学	72101245	2021
320	复杂金融担保网络的风险防控模型与算法研究	程大伟	同济大学	62102287	2021
321	供应链关系、非正式制度与实体企业金融化	苏 坤	西北工业大学	72172127	2021
322	双支柱框架下稳定金融的政策协同效应研究	何 剑	新疆财经大学	72163031	2021

续表

序号	课题名称	负责人	工作单位	项目批准号	批准年份
323	"碳—能源—金融"复杂系统的时空多尺度网络演化机制研究	吴亚奇	北方民族大学	72101006	2021
324	面向数据特性的金融文本情感分析关键技术研究	李旸	山西财经大学	62106130	2021
325	复杂信息环境下的家庭金融参与决策及其资产配置问题研究	张婷婷	海南大学	72163004	2021
326	动态Copula模型的计量检验及其在金融市场中的应用	卢晓晖	上海财经大学	72103117	2021
327	对中国金融资产波动的稳健性估计及其应用	孙宇澄	首都经济贸易大学	72103150	2021
328	不确定性下金融风险度量的研究及其应用	林一伟	山东大学	12101367	2021
329	央行数字货币、银行流动性与金融系统稳定研究	李欣明	南开大学	72103106	2021
330	后疫情时期金融市场联动机理与极端风险预警研究	杜江泽	江西财经大学	72103083	2021
331	对赌协议视角下并购活动金融风险及影响机制研究	吴锴	中央财经大学	72103217	2021
332	基于区块链和计算实验的数字供应链金融创新研究	韦立坚	中山大学	72171239	2021
333	外部冲击下金融风险跨市场传染：政策、行为与市场表现	宗计川	东北财经大学	72173017	2021
334	Hawkes跳—扩散模型随机控制问题研究及其在金融中的应用	张鑫	东南大学	12171086	2021
335	金融复杂系统的动力学演化及系统性风险研究	文凤华	中南大学	72131011	2021
336	基于金融杠杆视角的资产价格泡沫形成机理和监控系统研究	冯文芳	兰州理工大学	72161026	2021
337	金融摩擦与企业资源错配对家庭消费的跨部门溢出效应	王玉琴	上海财经大学	72103122	2021
338	金融资产波动率的估计与预测：基于时限的研究方法	崔文昊	北京航空航天大学	72103014	2021
339	多方利益主体参与和治理下的绿色供应链金融实证研究	王伟姣	中南大学	72102234	2021
340	金融新业态监管对银行流动性创造的影响及其经济后果	王博	西南财经大学	72103168	2021
341	基于监管科技视角的互联网消费金融监管体系优化研究	夏雨霏	江苏师范大学	72103082	2021

续表

序号	课题名称	负责人	工作单位	项目批准号	批准年份
342	企业年报信息变化、金融市场反应与个体行为表现	陈赟	对外经济贸易大学	72103041	2021
343	政府隐性担保、地方政府债务与系统性金融风险防范	温兴春	对外经济贸易大学	72103037	2021
344	金融不确定性冲击和宏观经济下行风险管理	赵向琴	厦门大学	72171201	2021
345	金融部门控制权网络与重大风险防范化解研究	刘岩	武汉大学	72173091	2021
346	流动性循环与金融系统安全：影响机制及其监控研究	刘晓星	东南大学	72173018	2021
347	基于网络零售平台的创新金融服务与信息利用策略研究	弋泽龙	深圳大学	72171154	2021
348	交通基础设施与金融发展——对"中国经济增长之谜"的新解释	刘志强	云南财经大学	72162034	2021
349	流动人口家庭金融脆弱性的形成机理及经济后果研究	李波	北京工商大学	72103012	2021
350	数字金融视角下家庭债务风险研究：测量方法、生成机理与防范对策	岳鹏鹏	北京工商大学	72103010	2021
351	金融约束下国际直接投资（FDI）对我国经济的影响以及政策分析	王健	香港中文大学（深圳）	72173111	2021
352	利用金融工具优化个体消费行为：行为机理与助推政策研究	杨晓兰	上海外国语大学	72173088	2021
353	突发公共事件冲击下的金融风险传导：DSGE建模与实证检验	刘志峰	海南大学	72171063	2021
354	数字化农业产业链金融运行机制与风险治理研究	周月书	南京农业大学	72173064	2021
355	供应链金融区块链系统的安全与监管关键技术研究	蒋海	广州大学	62172117	2021
356	金融一体化背景下保险市场风险预警机制构建研究	冯玉林	上海财经大学	72101140	2021
357	农村数字金融的普惠逻辑和福利效应研究：基于信息和风险的视角	许玉韫	南京林业大学	72103094	2021
358	基于复杂网络理论的系统重要性金融机构识别及其风险预警研究	杨鑫	长沙理工大学	72101035	2021
359	空间网络互联视角下系统性金融风险传染机制与防控对策研究	郭亚伟	福州大学	72103045	2021
360	考虑主体避险行为的多层金融网络下系统性风险传染与控制研究	高倩倩	上海立信会计金融学院	72101151	2021

续表

序号	课题名称	负责人	工作单位	项目批准号	批准年份
361	重大突发事件下供应链金融风险传导机理及防控策略研究	王文利	太原科技大学	72171162	2021
362	银行可以影响环境保护吗？债务融资、绿色金融和企业污染的交互影响研究	陕晨煜	上海财经大学	72172082	2021
363	基于信用违约信息和媒体报道信息的中国系统性金融风险度量	王新杰	南方科技大学	72171107	2021
364	金融文本大数据与银行业系统性风险：指标构建、应用与评估整合	方意	中央财经大学	72173144	2021
365	外国证券投资的营商环境变迁研究：全球离岸金融中心的制度性嵌入视角	王勇	海南大学	72164009	2021
366	金融外部性与技术外部性双视角下的创意产业空间集聚行为与效应研究	褚杉尔	浙江工业大学	72104218	2021
367	金融业外资准入与企业国际相对效率——基于资本、人力和数字要素的研究	黄蓉	复旦大学	72172038	2021
368	高维混频数据及波动时频溢出下系统性金融风险的研究	汪训孝	上海财经大学	72171139	2021
369	双循环格局下实体企业金融化对高质量发展的影响机制与政策研究	阳旸	湖南师范大学	72103064	2021
370	国际负利率政策影响下中国金融系统性风险的测度及机制研究	莫斌	广州大学	72101063	2021
371	基于独立成分分析的高频高维金融资产组合风险估计与动态预测	王晓辉	天津职业技术师范大学	72101183	2021
372	气候风险对金融稳定性的影响研究：基于气候压力测试及宏观审慎监管的视角	张兴敏	西南财经大学	72101209	2021
373	金融资产组合风险度量中复杂相关性的影响因素与识别方法研究	姚银红	首都经济贸易大学	72101166	2021
374	召回风险下激励资金约束供应商质量竞争的金融支持与采购联动策略研究	陈静	山东工商学院	72102130	2021
375	多尺度视角下长三角城市群金融网络演化格局、机理及优化研究	赵金丽	山东师范大学	42101163	2021
376	基于多智能体的供应链金融中小企业信用评分鲁棒群决策研究	付业林	暨南大学	72101098	2021
377	货币政策冲击的利率传导：基于金融网络视角的结构性与全局性分析	林木材	华侨大学	72103068	2021

续表

序号	课题名称	负责人	工作单位	项目批准号	批准年份
378	跨国联动视角下国际原油冲击对我国宏观经济及金融市场的影响研究	沈一帆	同济大学	72104184	2021
379	双循环格局下区域经济高质量发展的动力机制：金融发展和FDI的视角	韦开蕾	海南大学	72173036	2021
380	外部冲击下动态金融风险传染网络的建模与应用：基于非参数和尾部相依结构度量方法	田丁石	中南财经政法大学	72103207	2021
381	基于大国优势的产品内分工视角下金融依赖对全球价值链攀升的影响机制研究	许 璐	西安理工大学	72103162	2021
382	混频数据视角和时变环境下金融市场波动关联性的预测与应用研究	罗嘉雯	华南理工大学	72171088	2021
383	互联网金融冲击下系统流动性风险的传染机制及其监管对策研究：基于匹配博弈模型	杨海生	中山大学	72173141	2021
384	不确定性冲击下的货币政策信号效应与传导机制：基于金融市场高频识别视角	李 力	中山大学	72103209	2021
385	数字金融算法统计歧视和轴辐算法合谋治理对消费者权益保护效果的计算实验研究	岳 崴	湖南大学	72103060	2021
386	城市群数字普惠金融的时空演化及其对经济高质量发展的影响机制研究——以珠三角城市群为例	张国俊	广东财经大学	42171188	2021

（供稿人：霍冉冉，中国社会科学院金融研究所，助理研究员；
范可鑫，中国社会科学院金融研究所，助理研究员）

学界动态

著名金融学家介绍

财金泰斗王传纶

李 扬 瞿 强[*]

2022年4月22日，是我国著名财政金融学家王传纶教授100周年诞辰。当日，中国人民大学财政金融学院、中国社会科学院国家金融与发展实验室以线上线下相结合的方式在京联合举办了纪念会，商务印书馆协办了会议。

王传纶教授的夫人路奇女士以"生活中的老伴"为题提供了文字稿，追忆了王传纶教授走过的路、取得的成就以及受过的挫折，深情回忆她与王传纶教授共同生活的42年中所感受到的王传纶教授的人品、性格和生活习惯，娓娓道来，感人至深。王传纶教授的好友、中国国际金融学会副会长吴念鲁教授也作了文字发言，回忆了他与王传纶教授共事的难忘往事，回顾了王传纶教授对我国国际金融研究以及国际金融研究所的贡献。

中国人民大学校长刘伟，中国社科院原副院长、国家金融与发展实验室理事长李扬，中国社科院副院长高培勇，商务印书馆总编辑陈小文，中国人民大学财政金融学院教授安体富，中央财经大学原校长王广谦，中国人民大学财政金融学院教授郭庆旺，中国社科院国家金融与发展实验室主任、金融研究所所长张晓晶，财政部财政科学研究院副院长邢丽，中国社科院财经战略研究院副院长杨志勇等莅会并作了精彩发言。

本文为国家金融与发展实验室李扬理事长和中国人民大学中国财政金融政策研究中心主任瞿强教授撰写的纪念文章——《财金泰斗王传纶》，首发于"国家金融与发展实验室"公众号，2022年4月27日。

---

[*] 李扬，中国社会科学院学部委员、原副院长，国家金融与发展实验室理事长；瞿强，中国人民大学金融与证券研究所副所长，中国财政金融政策研究中心主任。收录本年鉴时有修正。

王传纶（1922—2012），江苏苏州人。中国当代著名经济学家、教育家、新中国金融与财政学科奠基人之一。中国人民大学荣誉一级教授。中共党员。中国民主同盟中央经济委员会副主任，全国政协第六、第七、第八届委员和经济委员会委员。中国财政学会、中国金融学会、中国国际金融学会常务理事，中国税务学会、外国经济学说研究会理事，中国国际税收研究会顾问。"中国金融学科终身成就奖"获得者。美国普林斯顿大学威尔逊学院客座研究员。

一　成长经历

少年时代

王传纶先生1922年4月出生在江苏省苏州市曹家巷一个殷实的商人家庭。父亲为家族经营老式钱庄与银行。少年时代，王传纶家庭条件优裕。他幼承庭训，垂髫便入家塾，同兄弟姊妹接受中国传统式启蒙教育。他在家行六，排行不高，学业却很突出。到了正式入学年龄，他进入新式的苏州树德小学，而后中学，继而考入省立苏州中学高中部。

高中二年级时，淞沪战起。受战事影响，学业时续时断。1937年，日军占领苏州，宁静安逸的生活一夕荡然无存。王传纶全家被迫从苏州逃往上海以避战祸。少年时代的这段经历，塑造了王传纶浓烈的爱国情怀。

1938年王传纶在租界的中学继续高三的课程。当时正值北方的清华大学、北京大学和南开大学南迁合并为西南联合大学。这几所大学一直是青年学子向往的目标，恰好，当年新成立的联大委托在上海租界的暨南大学代为招生，王传纶当时高中尚未正式毕业，只能以同等学力投考，因诸科成绩优秀，被破格录取。该年秋，自上海出发，他乘英国太古公司轮船，经香港，借道越南海防，再经滇越铁路，由云南蒙自，最终到达昆明，颠簸数千里，方才成为联大第一届学生，时年16岁。

学界动态

西南联大

战争期间的西南联大宛如严寒中的梅花，是中外学术史上的一朵奇葩。偏居边陲，存亡未定，物质生活是艰苦的。据王传纶回忆，很多教师甚至要靠卖旧家当维系生计，很多学生则是靠课余打零工来完成学业，困难时期，连校长梅贻琦的夫人都需要时常靠卖小点心补贴家用。但是，西南联大的精神生活是丰富而充实的。在为国家和民族"保留文脉"的使命的感召下，学校的系科设计，既承续了三校注重通识教育的传统，又体现了为现实服务的宗旨，至于授课教师，则有冯友兰、陈岱孙、朱自清等国内外一流专家。因此，在西南联大，王传纶受到了当世最好的人文社会科学教育。

王传纶初入西南联大时，读的是文学院的哲学心理学系，学号"A-717"。一年级结束时，他的兴趣下移尘世，遂申请转入经济系。哲学系主任冯友兰教授是忠厚长者，绝不肯压制学生心愿；经济系主任陈岱孙教授最爱延揽青年才俊，自然欣然接受。拜西南联大自由学风所赐，转系这种在任何学校都会大费周章的麻烦事，竟轻易办成。经济系归属法商学院，教师以陈岱孙为首，大部分留学美英。课程有经济学概论、公共财政、货币银行、国际贸易、经济史和统计学等。经济系的培养理念虽然也强调学生"于我国实际状况，有相当之了解"，但课程设置却几乎全部复制英美，很多课程更直接使用英文教材，教师授课也是中英文杂糅。这种格局，使得战火中的中国学子能够在学术上与世界顶尖学府学子保持同步。

在西南联大的四年中，尽管物质条件菲薄，日寇的敌机还时常骚扰，王传纶的生活却是充实的。他不太关心政治，只是徜徉于书海，潜心于学问。他成绩优异，被誉为西南联大"五才子"之一。时人称："湖北朱（光亚）、安徽杨（振宁），外加许（渊冲）、二王（王传纶、王希季），理文法工五堵墙。""五堵墙"者，难以逾越之谓也。

2004年，昔日西南联大"五才子"再次相聚清华

1939年，王传纶选修陈岱孙先生的"经济学概论"，这在西南联大是招牌课。陈先生讲授的是当时先进的"现代西方"经济理论，如商品市场上市场供求关系决定的均衡价格和交易量的"局部均衡原理"，再从市场均衡原理推导出神奇的"无形之手"，进而引申出"自由放任"的经济政策。这些理论源自英美的经济历史与现实，本身逻辑严谨自不待言，教授的讲解也清晰易懂。然而，置身于当时的经济环境，王传纶朦胧地觉得这只是一种纯粹的学问，与中国的实际情况有很大的隔膜。一方面是书本上美妙的"均衡"，另一方面则是政府贪污腐化、挥霍浪费，市场上投机倒把、囤积居奇、物价飞涨的"不均衡"。王传纶与当时多数青年学子一样，对自由市场经济感到困惑。其实，有这种困惑的岂止青年学子，20世纪40年代昆明和北京的报刊上，经济学教授的文章中，普遍表达了对当时国内经济状况的不满，要求国民党政府实行经济改革，加强对市场、商业的管制。这种主流的社会经济思潮，与主流的经济理论完全背道而驰。

20世纪30年代中后期，受大萧条影响，由亚当·斯密发端，中间经过穆勒发展，到马歇尔集大成的"市场自动均衡"的古典经济理论面临巨大挑战，其自身也开始不断修正。那时的西南联大，竟能在学术上紧跟经济学"革命"的步伐！这还是得益于西南联大教授的兼收并蓄：当时，学校除了有号称"中国的马歇尔"的赵迺抟教授，还有堪称国际一流的凯恩斯主义经济学家徐毓枬教授。新、旧思想同堂辩诘，受益最大的当然是青年学子。值得一提的是徐毓枬教授。他是陈岱孙在清华的高足，后被举荐赴英国剑桥大学深造。在剑桥的那些年里，徐毓枬亲历"凯恩斯革命"，甚至参与了这一新理论框架的某些细节的完善工作。由他主讲"宏观经济学"，当然是一时之选。三年级结束时，陈岱孙教授就亲自指点王传纶向当时的年轻教师徐毓枬学习现代经济理论，使得王传纶学业大进。课堂之外，年轻的徐毓枬教授更与王传纶结下深厚的师生情，乃至将自己珍藏的凯恩斯《通论》第一版原著慷慨赠予。惜乎该书在"文化大革命"中佚失。每念及此，王传纶都唏嘘不已。

也就是在这个时期，国际经济学界掀起了著名的"社会主义经济理论论战"，西南联大自然得风气之先。根据兰格（O.Langer）与勒纳（A.Lerner）的观点，在社会主义制度下，只要有关当局遵照市场原理来定价，资源配置是可以优化的；计划经济、统制经济不仅是可行的，而且可能是更有效率的。

对于处在迷茫中的中国经济学人，所有这些新思想都有极大的吸引力。多年后，回顾这段往事，王传纶曾多次热心地向他的学生们指出：20世纪30年代，中国老一代经济学家固然普遍服膺凯恩斯的新经济学，却也曾普遍被计划经济的想法打动过——自由放任主义，其实并非那一代人的主导思想。因此，新中国成立后，对于苏联的计划经济模式，广大知识分子在思想上是不反感的。

1941年，王传纶从西南联大毕业，年方20岁。他很快就与当时的"校花"、数学系的高才生张景昭女士喜结连理。才子佳人，一时为西南联大美谈。然而，当时抗日战争正处在最艰苦的持久战阶段，找工作十分困难。王传纶不满当时的政治黑暗，无心入仕；同时，也无意继承家族传统从事商业活动。恰好张景昭女士出身于贵州的国民党军事技术官员家庭，有家庭背景可援，于是夫妇二人寻得贵阳的清华中学教职。这所中学的创办人周诒春先生曾任清华学堂校长，对于王传纶夫妇这对西南联大的高才生自然欢迎。在那里，王传纶夫妇度过了一生中难得的几年安定时光。

负笈英伦

1945年8月，艰苦卓绝的抗日战争终于结束。正如杜甫所谓"漫卷诗书喜欲狂"，王传纶由贵州经重庆，回到阔别多年的上海，同家人团聚。两年后，他于1947年秋考入清华大学经济系攻读研究生。在清华求学期间，王传纶各项成绩依然名列前茅。一年后，面对由陈岱孙主持，清华北大的知名教授如赵迺抟、蒋硕杰、戴世光、徐毓枬等组成的考官委员会，王传纶应对裕如，以高分通过学位答辩测试。优异的成绩，加上陈岱孙教授与徐毓枬教授力荐，王传纶于1948年年底就取得了英国文化委员会的奖学金，准备赴英国留学。

1949年，清华大学研究生毕业照

这个时候，国共内战已逾三年，共产党将最终取得政权的大局已定。知识阶层大多对国民党政府深感失望，对未来的中国怀有美好的憧憬。据徐毓枬教授分析，中国未来的政治经济模式，会步苏联的后尘，因之，学校的选择以及研究方向之侧重，应该根据这一形势变化调整。英国传统经济学的重镇在剑桥，自然以保守为特色；伦敦经济学院则是欧陆思想登陆英伦的桥头堡，激进与保守杂陈；而格拉斯哥作为苏格兰的主要工业城市，工党势大，社会主义思想有颇大影响，而且，格拉斯哥大学在苏联经济研究领域独有特长，并拥有当时研究苏联经济的独一无二的学刊，堪称社会主义研究之重镇。几位前辈的看法，对于本就无意淹留国外、有心学成服务国家的青年王传纶的影响是显然的。他欣然选择了格拉斯哥大学的社会经济研究系继续深造。

1948年年底，王传纶从北京出发，经天津、香港，负笈英伦，进入格拉斯哥大学攻读博士学位。格拉斯哥大学因经济学鼻祖亚当·斯密曾经任教而享有盛名，但在二战刚结束的困难时期，该校政治经济学系教师数量有限，主要应付本科教学，在政府和社会的支持下，新建了一个以现实经济研究为重点的"社会经济研究系"。鉴于当时苏联的国际影响，该系创办了一本学术性刊物《苏联研究》，并逐渐获得国际声誉。在格拉斯哥大学这个相对自由的学术环境中，王传纶不仅系统研究了计划经济模式和苏联社会主义建设的经验，也接触到当时苏联的一些负面信息，如政治高压、肃反、个人崇拜和浮夸风等等。王传纶对这些事情的体悟，对于其几年后回国，并在国内度过历次政治运动有很大帮助。

回到祖国

大约1951年年初，有一个新中国文化知识界的高级代表团访问英国。王传纶当时担任留英中国学生联谊会会长，直接参与了接待工作。代表团中有些人，例如副团长物理学家周培源教授，以前就是王传纶在西南联大时的老师，与陈岱孙先生也是多年挚友，异国相见，自然格外亲切。王传纶向他们表达了早日回国工作的意愿，并委托周培源教授带了一本斯威齐的新书转交陈岱孙先生，同时也向陈先生表达了归国工作的意愿。不久，陈先生来信，邀请王传纶直接回清华大学任教，并嘱咐不要经过教育部分配。陈岱孙教授如此安排，在当时承担了不小的政治风险。

1951年秋，王传纶回到清华大学。长途劳顿未消，几周之后他便被派往武汉、广西等地，与先期前往的清华大学教师汇合，参加土地改革工作。第一期土改历时约五个月，接着再去桂县参加第二期土改。等1952年回到北京时，清华大学的经济系已经不复存在。此时正值中央政府进行第一次院系大调整。根据安排，清华大学经济系被撤销合并到新成立的中央财政经济学院，陈岱孙任院长。一年后，学院再次调整，部分教师并入北京大学，部分打散并入其他院校，王传纶则进入了中国人民大学财政系。

这时期世事纷繁，如过眼烟云，但有一件事值得记载：陈岱孙先生主事北大经济系后不久，曾写信给王传纶，说自己以后不拟讲授财政学了，希望王传纶做好接班准备。就这样，从1953年开始，王传纶在中国人民大学开始了其长达60年的财政与金融的教学研究工作。

1993年3月全国政协会议期间,王传纶(左3)与恩师陈岱孙(左4)等合影

坎坷廿年

从20世纪50年代初回国,到1978年改革开放,20多年的时间中,中国的政治与社会充满了动荡。王传纶与绝大多数知识分子一样,守住一份赤子之心,尽力做好自己分内的教学与研究工作。他在系统讲授财政学课程的同时,与人大财金系的同仁一道,探索符合中国国情的财政、金融学科体系的建设问题。在教学科研同时,王传纶不断调适自己与社会的关系,不断调适自己的知识体系,以与新的社会经济和意识形态相符;同时,尽己所能,译介了大量的国外研究成果,为我国的财政学和金融学建设贡献力量。由于天性淡泊名利,与世无争,王传纶有惊无险地经历了历次政治运动,经历了下放江西"五七干校",经历了中国人民大学停办与复校,其本人却基本上未受重大冲击。

但是,就在那段年代里,王传纶的家庭生活经历了一次重大变故。1968年11月,他的夫人,在北京大学数学系任教的张景昭教授,因不堪"造反派"的人格侮辱,于系办公楼自杀身亡。1970年,王传纶与路奇女士组建了新的家庭。路奇女士出身书香门第,其父是我国著名的矿冶工程师。她就读于辅仁大学西语系,1947年赴解放区参加革命文艺工作,解放后长期在文艺部门担任领导工作。路奇女士不仅是著名的大提琴演奏家,而且文章操行俱佳。从那之后,她伴王传纶左右,凡四十年,为王传纶教授安心从事教学科研,提供了不可多得的温馨环境。

王传纶与路奇参观清华大学校史馆

改革开放以来

自进入1976年秋季以后，劫后余生的学者们陆续返回校园。当时中国人民大学正准备复校，百废待兴。中共十一届三中全会之前，政治上虽然乍暖还寒，但经济上倒是已逐步放开，一些急迫的经济和金融问题，已经可以开始讨论。在最初的几年，王传纶应邀到中国银行从事研究工作。其在当时，是中国对外经济与金融交往的最前沿。当时中国银行设有调查研究处，又称"四处"，是现在的国际金融研究所的前身。那时，"四处"的年轻人大多都不熟悉国外情况，金融业务也比较生疏。王传纶在那里协助工作了数年，尽显其经济与金融理论扎实、专业基础雄厚、外语熟练的优势。那几年里，他整理了大量有关国际经济金融的最新研究成果与业务资料，不仅为自己开辟了一个新的研究领域，更为中国银行培养了一支年轻的研究队伍，为此后著名的国际金融研究所成立和发展起到了奠基性作用。

大约在同一时期，在中共中央党校，一些党政领导人在为全面的改革开放做系统的理论、知识与政策准备，王传纶参加了其中的"外国外资问题"专题研究小组。他译介了大量外文资料，并进行系统梳理、分析，为该项研究提供了坚实的专业支撑。

1978年，中国改革开放正式启动，引进外资是重中之重。一方面，中国需要外部的资金与技术，另一方面，外国投资者对中国的制度变革与投资环境心存疑虑。一些具体的技术性问题，例如如何避免重复征税，更是亟待解决。针对这种状况，负责双方联络的福特基金会提议，办一次有关国际税收的研讨会，并慨允提供资金与技术支持。中方由财政部财政研究所牵头，时任财政部部长王丙乾也很支持。于是，1979年冬，在大连的辽宁财金学院（现在的东北财经大学），举办了中国首届涉外税收培训班。来自哈佛、哥伦比亚等大学以及一些国外著名律师事务所的税务律师，共十几位美籍专家，面向从全国选拔的中青年学者和各地涉外税务部门官员，系统介绍了国际税收体系、欧美的税制特别是所得税制度、出口退税、如何避免双重征税等领域的知识。然而，开课不久，就遇到棘手的问题：面对一整套陌生的专业概念和理论，不仅经验丰富的英文翻译束手，听众更是茫然，一时间，整个课程陷入困境。

时任财政部财科所所长的许毅马上想到了王传纶。王传纶应邀到会，局面立刻有了改观。王传纶积极参与了教材翻译、课堂讲解、课下讨论、观点总结等各个环节。他简要概括了外国专家的授课内容，并阐发了自己对涉外税收的理解，同时，也向外国专家和投资者解释了中国税制的基本特点和内容，以及投资中国的风险与收益，为中外参会者解决了诸多困惑。王传纶以其准确的翻译和深入浅出的讲解，勾勒了涉外税收体系的基本框架，协助完成了中国国际税收界的一次启蒙教育。此次培训活动之后，全国涉外税收体系逐渐形成，增值税开始推行，外资企业所得税法开始酝酿，全国高校纷纷设立国际税收专业，北京、上海等地税务局陆续建立了涉外处，地处改革开放前沿的深圳则成立了国际税收研究会，并创办了国内第一本国际税收期刊《涉外税务》。对于中国涉外税收体系的建设，王传纶功不可没。

王传纶在涉外税收培训班上

1980年年初，中国人民大学复校工作基本完毕，中国银行虽极力挽留，但王传纶仍决意回到他所钟爱的三尺讲台。他如恩师陈岱孙一样，视大学为自己安身立命的一方净土，决意在大学校园里潜心研究、教书育人。

二 学术成就

基于特殊的历史原因，20 世纪 80 年代之前的中国，在经济学、财政学、金融学等社会科学领域，很难开展规范的学术研究。进入 80 年代之后，由于经济体制始终处于变革过程之中，为"开放"和"改革"建言，成为这一时期中国知识分子的主要任务。所以，四十余年来，中国的人文社会科学领域的学术研究，基本上都是围绕着如何在物质上极度匮乏，制度上既受到苏联的强烈影响、又处处存留传统社会遗迹的中国，建设一个现代社会主义市场经济制度而展开的。由此决定，系统介绍和分析当代发达经济体的经济制度，仔细同中国的制度进行比较分析，进而得出符合中国国情的改革方案和建议，是这个时期中国学者的历史使命。王传纶用他在金融、财政和宏观经济领域的卓越贡献，践行了中国学者的历史使命，成为一代宗师。

清华大学百年校庆时，王传纶回到母校

中国金融学的开创者之一

80 年代初期，王传纶的研究方向之一，是外汇、汇率和外资等紧迫的国际金融课题，兼及商业银行、资本市场以及宏观调控等有关金融体系的建设和发展课题。

1982 年，他撰写了著名的《汇价理论的探讨》一文，首次系统整理了马克思、恩格斯著作中的汇率理论，全面评述了西方主流汇率理论。在此基础上，他深入分析了美联储当时采用的理论模型的缺陷，指出该模型以既有的外贸格局为依据，并假定进出口贸易是平衡的，不符合发展中国家的现实。据此，他主张人民币汇率的确定，应当着眼于中国经济的长远发展。"在宏观上，调整人民币汇率时应当优先考虑的，并不是外贸的盈亏，甚至也不是贸易收支是否平衡，而是国际收支加总是否平衡"，"在微观上，目前最迫切的是如何在汇率政策上创造条件,使进出口企业能够合理经营和独立核算"。此后,王传纶又相继发表了《人民币汇率制度系统工程探索》《关于我国"七五"期间的汇率方针》《有关人民币汇率制度改革的几个问题》等一系列文章,对上述观点进行了更深入的阐述,并进一步把汇率调整问题同国内价格政策、国民经济的总体运行密切结合在一起考察。王传纶研究外汇、汇率问题的理论方法、改革思路和政策建议,首次在中国学术界勾画了比较系统的关于人民币汇率的理论体系,他的成果不仅被国内外学术界高度认可,而且受到国内外汇管理部门和决策当局的重视。

关于引进外资,王传纶一贯主张大力引进,同时也强调必须与国内经济改革、发展相协调,必须以追求国际收支长期动态平衡为原则。这些在改革开放初期即已提出的观点与分析,如今依然具有较强的现实意义。

长期以来,王传纶跟踪研究中国金融体系的全面改革问题,针对银行业改革、资本市场发展、金融宏观调控制度建立等涉及面极广的领域发表了一系列论文,形成了一个关于金融体系整体改革的分析框架。这些论著,不仅具有重要的理论意义,而且还有很强的实践价值,在学术界和决策层均产生了重要影响。

20世纪80年代后期,王传纶敏锐地注意到资金流量分析在美英等发达国家的兴起,及其对于宏观金融理论发展和金融宏观调控的重大意义。他在国内率先倡议开展资金流量分析。1990年,他集多年研究之大成,撰写了长篇报告《"资金流量分析"的方法及其在我国宏观经济调控中的应用》,详尽分析了这种方法产生的背景、理论体系和在央行调控实践中的应用。这项研究不仅在中国开创该领域理论研究之先河,阐发了英美文献忽略的一些制度背景和技术细节,更重要的是,王传纶通过在中国人民银行培训授课等方式,直接推动了1992年我国资金流量表的编制工作。这对于我国金融改革和发展,是一项具有重大意义的贡献。

王传纶一生致力于译介国外学术名著,以为国内研究界提供系统、丰富的学术资料。他先后主持译校论著十余种,代表性的包括《金融理论中的货币》(1994)、《货币金融学》(1998)、《货币经济学手册》(2003)等。1999年,已是耄耋之年的王传纶还指导青年学者翻译美国《金融服务现代化法案》。他不仅精心校阅,还撰写长篇导论,精辟阐释了该法案的背景、内容、意义以及对中国的指导意义。该导论作为独立的成果,在中央高层决策部门广为流传,为确定中国跨世纪的金融改革思路产生了方向性的影响。

中国现代财政学创始人之一

在财税研究领域,无论是理论研究还是政策研究,王传纶均建树颇多。

20世纪50年代初期,他便翻译出版了《资本主义总危机时期的英美财政》一书,并开始系统收集资料,总结各国财政金融理论、制度与政策,希望为新中国经济建设提供借鉴。

1981年，他出版了《资本主义财政》（中国人民大学出版社1981年版）一书。这是中华人民共和国第一部全面介绍发达资本主义国家财政制度、理论、政策的专著，其中对社会主义经济改革和财政体制改革，也颇多精辟论述。此后，王传纶又相继发表了《外国财政问题》、《财政支出系统的控制和核算问题》、《政府预算制度中的制衡机制和效益核算问题》、《中国的税收政策》（英文）等大量论文，继续借鉴国外经验，探讨中国财政改革问题。1995年出版的《当代西方财政经济理论》（商务印书馆1995年版，合著）一书，更是将关于不同经济形态国家财政问题的分析和研究向前推进了一大步。

作为我国财金领域的大师，王传纶非常重视对财政金融思想史的研究。由他编著的《西方财政金融思想发展》（西南财经大学出版社1991年版）一书，资料翔实，条理清晰，论述精辟，将财政与金融同炉熔炼，并相互印证，填补了我国经济思想史的一项空白。另外，他于20世纪90年代末期用轻松的笔调撰写长文《漫谈市场与政府的关系》（《财贸经济》1998年第10期，第一作者），首次从经济思想史的角度，系统论述了西方国家以及社会主义思想体系中市场与政府的关系，同样具有较高的理论价值和实践意义。

三　学为人师　行为世范

从1953年任教中国人民大学直到仙逝，王传纶不离"三尺讲台"，始终坚守在我国财政金融教育事业的第一线。由他主编的教材多次获得全国优秀教材省部级奖、国家级教学成果二等奖，北京市教学成果一等奖等奖项，个人也先后获得"吴玉章基金教学奖""宝钢教育基金奖""中国金融学科终身成就奖"等重要奖励。

在中国人民大学，王传纶是公认最负责、最认真、最严谨、最博学的教授之一。他学贯中西，知识渊博，毕生从事财政金融研究，对其理论体系、政策过程、发展脉络了然于胸。

即便如此，在每一堂课之前，他都一丝不苟地准备教案，在教学过程中，以严谨务实、自由平等的学风，实践"传道、授业、解惑"的古训。对于学生，他像"慈父"，弟子们的学位论文草稿上，无不留下他动辄千言、密密麻麻的铅笔批注。这些墨宝所记载的，不仅是学术的指导、学风的熏陶，更是人生态度的传承。

弟子们祝贺王传纶教授80寿辰，后排左9、10为王传纶、路奇夫妇

王传纶桃李满天下，他的弟子们都走上了我国财政金融管理、实务、研究和教学的岗位，成为中坚和骨干。他的弟子中，有两人先后出任中国社会科学院副院长，这在中国学界和教育界，恐怕算是绝无仅有了。

"长于精思又重于实践"是王传纶时常挂在嘴边的一句话，也是他长期致力于将经济理论应用于金融改革与发展实践，不遗余力为新中国金融规划与决策提供智力支持的真实写照。他用自己的一生，践行了自己的座右铭。

在"中国金融学科终身成就奖"颁奖仪式上，年届90的王传纶思路清晰地回顾了自己70年来研究经济学的心得，条分缕析近百年世界经济潮起潮落的风云变幻，着重强调了政府与市场良性互动的重要性。他寄语青年学子以国家民族复兴和人类文明进步为宗旨，以现实问题为导向，踏实研究。言辞恳切，听者动容。颁奖仪式上，与王传纶教授共事近60年的黄达，将"真有学问，有真学问"八个字赠予王传纶。这八个字凝聚了跨世纪老友间的深情，更准确表达了无数朋友、同仁和弟子的共同感受。

黄达传略*

宋 科**

一 坎坷少年（1925—1950）

生于"20后"

1925年2月22日，黄达出生在天津一个知识分子的家庭。他排行老三，有两个姐姐。那时他的祖母健在，管理家务。母亲是家庭妇女，家庭生计全靠常年在外地做工程师的父亲的薪水维持，日子过得虽不算宽裕却也衣食无虞。

长辈偏爱，姐姐的呵护，童年的黄达沉浸在家庭的温馨当中。

然而，上初中二年级时的一场变故改变了黄达的生活轨迹。这一年，父亲的不幸病逝打断了黄达温馨而短暂的儿时记忆。失去顶梁柱的黄家日渐贫寒。而且，当时天津正处于日本侵略军的占领时期，城市满目疮痍，百姓苦不堪言。国与家的双重不幸让黄达过早地感悟到生活的艰难与坎坷。

迫于生活，黄达不得不辗转于富人区与贫民区之间，跟富贵人家打交道，与穷苦人民攀谈往来，与上中下阶层的各式人等频繁接触。残酷的生活情状、"病态"社会的众生相深深地镌刻在这位十几岁少年的脑海当中。

强烈的生活与地位的反差，也让黄达亲身感知了人情冷暖与世态炎凉，但是由此掌握的第一手社会资料却让他终身受益。此间，他似懂非懂地了解了一些金融概念，朦胧地意识到何为银行、股票、黄金、经纪人、当铺以及印子钱等等。这些零散的知识拼凑出少年黄达脑海中模糊的"金融"图景，成为他从事科学研究工作后理论联系实际的有用"素材"。

"温馨的童年，贫苦的少年，中学毕业后坎坷的谋生。"黄达曾在日后的《自述》中如是描述此时的生活。

年少志高

自小以来，家庭、熟悉的亲戚朋友，在黄达的心灵中深深地种下这样的观念：只有知识才

---

* 本文首发于《黄达传略》（宋科著），中国人民大学出版社2018年版。收入年鉴时有修正。

** 宋科，中国人民大学财政金融学院，副教授。

是一辈子谁也夺不走的真依靠。同时，在大家的帮助和督促下，他也养成了勤于学习的好习惯。

日后来看，正是这段时光刻苦努力的学习，为他在若干年后误打误撞、闯进金融学的宏伟殿堂打下了坚实的基础。确切地说，这是从孩童到步入社会的漫长时光。但其间最为关键的是他的高中时代。在天津市立第一中学，黄达度过了三年高中生活。这所学校师资阵容强、教学质量高、校风校纪严，是当时天津最为著名的男生学校，也是天津第一所官办中学，有着可以追溯至光绪年间的悠久历史。

在这里，黄达受教于杨学涵、裴学海以及王荫浓等名师，使他获益终身。杨学涵是数学老师，学问扎实，风骨清介，治学严谨，令学生肃然起敬。在他的严格教育下，黄达学到了最基础的高中数学，培养了从数量方面思考问题的基本素养。裴学海和王荫浓都是语文老师，对黄达的影响同样很大。裴学海是著名的语言文学学家，长于古汉语虚词研究及音韵、训诂等。他拆音析句，辨字正源，把黄达带入了汉语语言的圣殿；王荫浓是毕业于北大的高才生，文学造诣深厚。在他的引领下，黄达游历于中国古往今来的文学园地，徜徉在博大精深的中国文化之间，为自己理解这个伟大的民族打开了一扇窗户。

在老师们的教导下，黄达打下了历史、文学与思辨的功底，训练了基本的人文素养。日后，他的著述逻辑严谨、文采飞扬、妙语连珠，读来如水银泻地、一气呵成，文字之间透露着自有韵味儿的"黄氏风格"，大都源自于此。

除在课堂内努力汲取营养之外，这所中学的一个图书馆成为他另一个"老师"。由于家离学校比较远，黄达每天中午都待在学校，先用不到半小时的时间把早上带的午饭迅速吃完，剩下的一个半小时便去泡图书馆。那时，他阅读的主要是中外文学作品，也杂七杂八地看一些科技知识性读物。

事实上，年纪不大的黄达在阅读方面却是"老资历"。上小学时，他就大量阅读家中藏书，如《红楼梦》《水浒传》《二度梅》《孟丽君》等中国古典文学。本家亲戚中的几个大学生知道黄达的爱好后，也向他介绍推荐一些中国30年代的新文学作品和西方文艺复兴后的文学名著。

更难能可贵的是，在学校图书馆之外，他还读到了艾思奇的《大众哲学》、苏联波格达诺夫的《经济学大纲》《社会学大纲》的中译本等马克思主义书籍。虽然并不甚了了，却能唤起他对于真理的无尽向往。日本投降不久，他又读到毛泽东主席的《新民主主义论》《中国革命和中国共产党》等革命书籍。由于身处日本占领区，从"进步"学生那里借到这些"禁书"是要冒很大风险的。

大量的课外阅读，不仅对黄达在不久后从事社会科学研究大有裨益，而且受"进步"书籍的熏陶，黄达还看到了指引自己思想进步的理想之光。1946年年底，21岁的黄达加入中国共产党。

"邂逅"金融

高中的时光转瞬即逝，升学摆在黄达的面前。他一直以来追寻着的梦想就是——子承父业，当一名工程师！在升学的志愿中首选工科，将来当工程师，其次是文学、历史，没有教师，没有经济学，更甭提金融。然而，高中毕业报考之际，一场严重的伤寒，让踌躇满志的黄达告别了梦想中的工程师。病愈后，他在政府当小职员、照相馆搭伙计、亲戚家打"秋风"。漂泊离自己越来越近，而梦想离自己却越来越远。直到1946年春，黄达经过国民党统治区的北平，徒步穿越太行山，进入中国共产党的解放区张家口，并考入华北联合大学。

不久，内战全面爆发，华北联合大学从张家口撤出，辗转于晋西北和冀中平原。在解放战争意想不到地即将迎来胜利大转折的1948年秋，华北联合大学与北方大学合并为华北大学。1950年，新中国成立之初，又以华北大学为班底组建中国人民大学。

在华北联大，黄达开始是法政学院财经系的学生，在此期间他参加了土地改革。后转为政治学院的研究生，研究"边政建设"，即抗日根据地（那时叫"边区"）的政权建设。不久后的1947年3月，他又被调到校部工作，并于当年年底第二次参加土地改革。两次土地改革，使一个城市走出来的青年真正接触了农民、了解了农村。

1950年秋季学期，黄达被指定在一年制的专修科讲授货币银行学，从此以后，他的工作再没有变过。"在那个波澜壮阔、翻天覆地的年代里，个人的荣辱得失和事业理想仿佛都非常渺小。"被动地接受货币银行学的教学任务成为他找到自己一生不离不弃事业的开始。尽管这项事业离当初的梦想确实有点遥远。"虽然想着'革命成功之后'还是学工，但当中国人民大学成立之际，分配我从事经济理论教学，也就欣然接受了这一关乎终身职业的人生安排。"以后的岁月，黄达与金融相伴一生。

黄达如是说，亦如是做。

二 初识金融（20世纪50年代）

"土法上马"

建校之初，没有教材、没有提纲、没有受过教育学和经济学的正规训练，仅仅是听了苏联专家的讲课，凭借有限的文化底子，就直接走上经济学的讲坛。经过一段时间的摸爬滚打，黄达找到了"土法上马"的好法子。所谓"土法上马"，也就是不经过几年专业理论和高等教育的培养，不经过给教授当助教的实际历练，一下子就蹦到讲台上，硬要在讲授实践里自我造就一个大学教师。第一是"学"，从不懂到懂；第二是"教"，从"自己懂"到"使人懂"。在此过程当中，唯有坚持教学相长、师生共勉、持之以恒才能获得成功。

但是，"学"本身就很难！需要下很大功夫。特别是对于金融学这个"舶来品"而言，单靠有限的中译本文献显然无法解决问题。除了细啃郭大力、王亚楠译的《资本论》、列宁的

《帝国主义论》译本以及李达的《货币学概论》等书籍之外，处于"借助字典阅读外文文献"层次的黄达还需要过翻译关。

"学然后知不足，教然后知困。"为人师者看似简单，实践起来却非常困难，其学问之大唯有真正登上讲台方能体会。"有时候往往是感觉到懂了却无法用学生听懂的语言表述出来。这就要求授课人，首先自己必须真懂，其次还要注重教学技巧。"

功夫不负有心人。不到一个学期，由于讲课效果好，黄达成了主要的授课者。一年后，他还被任命为货币流通与信用教研室主任。

从翻译教材到编写教材

在教材和专著间，黄达更看重的是教材。写出一部能够流传后世、影响几代人的好教材是每一个教育者的崇高理想。

当时，中国人民大学货币流通与信用教研室翻译了三本苏联教材——《苏联货币流通与信用》（生活·读书·新知三联书店1954年版）、布列格里的《资本主义国家的货币流通与信用》（财政经济出版社1955年版）以及乌索斯金的《苏联信贷组织与计划》（财政经济出版社1956年版）。三本书的翻译出版虽能解教材短缺的燃眉之急，但是由于国情不同、语言表述有异等问题，直接"趸"过来的教材很难被学生完全理解。

要编写有"中国味道"的教材是那个时期金融学人共同的心声！在"文化大革命"之前，黄达以及他所在的教研室编写教材的尝试实际走了两步。

第一步，"改编"布列格里的《资本主义国家的货币流通与信用》。1951年提出设想，1954年开始动手，直到3年后的1957年，经过周作仁、杨承祚、黄达以及林与权四人对文字表述的大换血、充实和增补，改编后的《资本主义国家的货币流通与信用》由中国人民大学出版社正式出版发行。这本书是黄达主持编写并公开发行的教材之中的"处女作"，也是新中国成立后由中国人自己编写的第一本金融学教材。西南财经大学的曾康霖教授在若干年后提起这本"蓝皮书"时，依然记忆犹新，把它称为自己学习金融的"启蒙书"。

第二步，"合并"《资本主义国家的货币流通与信用》和《苏联社会主义国家的货币流通与信用》两部教材。1959年，合并后的教材《货币信用学（上册）》出版，为了显示与西方课程有所区别，并未采用《货币银行学》的名称。封面署名"黄达等集体编写"。下册由于"反右倾"运动的突然来袭，虽已编写完成，但未能出版。

"反右倾"运动之后，黄达决定重启《货币信用学（上册）》的修订和下册的修改出版，但是，就在即将成稿之际，黄达被下放至北京市北新桥人民公社挂职担任副主任，修订工作戛然而止。这本教材虽然命途多舛，但其影响却一直延续到改革开放的初期。

困于时代的困惑

20世纪50年代，除了编写教材之外，黄达还逐渐找到了创作的灵感。他沿着理解马克思主义经典著作、了解苏联的实践经验，并最终与中国实际相互照应的基本路径摸索着前进。其所写文章大都以向中国学界介绍货币银行学理论为主。然而，时代与知识的局限，难免使一个土生土长的金融学"初学者"有时候"搞反了方向"，得出日后看来"不成立的论断"。

对此，黄达从不避讳。发表在1953年《教学与研究》第5期上的《关于苏联货币制度的几个问题》，是黄达公开发表的第一篇文章。在1999年，黄达将此文收入《黄达文集》（上、下卷）时所作的"解题"里举了这样一个例子：苏联人把诸如"借款人到期归还"的基本常识提到"信贷原则"的高度，曾经让他百思不得其解。很长一段时间以后，他才发现，这是因为在苏联，国有企业认为不归还从国家银行借的钱天经地义——都是国家的，何必还呢？黄达写道："应该说，当时只是弄懂了一个近乎'废话'的原则在它们30年代初的'信用改革'中所以产生的原因，而还不能像今天这样体会到苏联模式的国有经济所先天带来的难以治疗的内伤。"

再来看1958年。这一年，黄达也相信了货币不久就会消亡的论断，并写了一篇"全然是呓语"的文章《农村金融工作的大跃进丰富了马克思列宁主义的信用理论》（《金融研究》1958年第4期）。这篇文章同样被黄达收录进1999年版《黄达文集》（上、下卷），"把这篇文章选入，可以自警，也可以使没有这类经历的人对于那种岁月的思想紊乱多少获得点形象的概念"，"如果要肯定点什么，恐怕在于真心真意想为确确实实存在的现实经济问题寻求理论答案的努力"。

事实上，学者坦荡、严谨、求实的学术风骨与人格魅力已远远掩盖了时代的尴尬。

三 思想"萌芽"（20世纪50年代末至改革开放前后）

走进宏观分析的新天地

由于编写的《货币信用学（上册）》"混淆社会主义与资本主义两种社会制度本质区别"。在1960年秋，黄达遭到持续长达一个学期、接受百余次会议的严厉批判。幸运的是，第二年初夏，黄达便被告知：自己对两种制度的区分是明确的，不存在混淆的错误。

而后的三年，尽管经济困难，但是政治氛围却相对比较宽松。金融学界在经历了十年政治生活与教学研究的锤炼，得到了难得的反思机会。黄达也由最初对于金融朦朦胧胧的"臆断"，经过消化吸收再创造，开始逐步形成自己的学术观点。《银行信贷原则与货币流通》（《经济研究》1962年第9期）一文，是这一时期黄达的代表作品之一。他提出了两个全新的见解：一是关于货币流通范围问题，在当时只把现金视为货币的背景下，他认为，现金量与存款量之和构成整个国民经济中的货币量，现金与存款的运动构成与商品流通相对应的统一的货币流通；二是银行信贷与货币流通的关系问题，他认为，货币流通是以银行信用为基础的，银行贷款的扩大与收缩直接调节着流通中的货币量。这本来是一个并不难于理解的真命题，但在当时，由于与主流观点不一致而引起广泛争议。一直到 1981 年，在广州召开的首次全国货币理论研讨会上，金融理论界才对这一问题取得了基本共识。

此外，从 1956 年开始，计划经济当中的术语"三平"，即财政收支平衡、物资供求平衡和信贷收支平衡，进入理论研究的视野。专业的直觉让黄达意识到："三平"应该纳入货币银行学的框架。从那时起，由于对"三平"等总量问题的关注，他已经开始跳出货币银行学的专业局限，从宏观的角度去考虑问题，走进了更为宽广的宏观经济学天地。

"土八路"的"洋问题"

1957 年，《经济研究》第 2 期刊登一篇以石武为笔名的文章《试论人民币在马克思主义货币理论上的根据》，认为"人民币已根本和金或银隔断关系"，然而他的论证依据却是马克思主义货币理论。黄达随即写就辩驳之作《人民币是具有内在价值的货币商品的符号》，并发表在同年《经济研究》的第 4 期上。他据理力争的论点有两个：其一，如果真正尊重马克思价值论的原意，就只能论证出人民币是具有内在价值的货币商品的符号，反之亦反；其二，在社会主义经济的现实生活中，人们在调节货币流通时完全可以无须考虑贵金属而只需考虑市场供求平衡的要求。

他的反驳，一来批判了当时学术界流行的，以石武为代表的"非黄金"思想；二来他用隐晦的说法表述了"在纸币流通的条件下，当把马克思的流通货币量模型和纸币流通模型连在一起时，就可以转化成有名的'交易方程式'"这一论断，但又没有在行文中明确把马克思和费雪联系在一起。因为后者在当时意味着政治问题。

这次论战没有为黄达赢得"全胜"，却使他尴尬地赢得一个不大不小的名号——"黄金派"。20 世纪 60 年代初，他找到了一本苏联学者弗·伊·米哈列夫斯基的著作《第二次世界大战后资本主义体系中的黄金》，并与在日后成为中国金融改革领军人物的刘鸿儒共同翻译，继续研究黄金问题。

在翻译过程中，黄达这个"土八路"却遇到了新的"洋问题"——"没想到翻译这门学问是如此的甘苦与深邃"，"幸亏人大贸经系的陈今森、经济系的项冲以及本系的王传纶，在翻译过程中给予了无私的帮助"。正是得益于同事们的帮助，黄达才能顺利解决这个"洋问题"。在他看来，也许应该特别提出的是 1922 年出生的王传纶，他长黄达三岁。在中国人民大学近六十年"跌跌撞撞在前行"的途中，他与黄达相互帮扶，共事一生。

"藕断丝连"

"文化大革命"期间，中国人民大学停办。按照当时的安排，哲学系被安排到北京大学，政治经济学系到北京师范大学，财经各专业人员被安排到北京经济学院。在经济学院，以原中国人民大学财政金融两个专业的教员为骨干成立了一个经济研究所，担任该所所长兼党支部书记的是陈共。陈共精于财政，是新中国财政学科的主要奠基人之一。黄达、陈共加上王传纶、周升业，日后被大家亲切地称为"财金四老"。

十年间，黄达虽然吃了不少苦头，但是始终保持着与货币银行学"藕断丝连"的联系。

"文化大革命"初年，黄达把成稿于1964年的《如何看待价格》一文带在身上，终日推敲打磨。这段时间成为黄达思考价格问题的起点，为他日后研究通货膨胀，并将价格研究纳入货币银行学的框架埋下伏笔。1972年年初，黄达结束三年"干校"工作回到北京，开始研究工农产品价格剪刀差问题。《旧中国工农产品价格剪刀差》一文，被收录进《农产品成本与价格论文集》（中国社会科学出版社1983年版）。随后，根据原稿补充修订而成的《工农产品比价剪刀差》一书，于1990年由中国社会科学出版社出版发行。至此，黄达在"文化大革命"期间少有的学术成果终于面世。

1974年，"批林批孔、评法批儒"席卷全国。运动伊始，黄达便一头扎进纷繁浩瀚的古文典籍当中，反复欣赏、鉴读，充分汲取先辈们留下来的精神养分，直到"文化大革命"结束。《商君书》《管子》《盐铁论》《史记》等等，思维严密、文字华美、结构清晰、内涵丰富，特别是有关财经问题的经典论述，让他乐在其中，如痴如醉。

古文典籍，加上马克思主义的经典原著，加上虽然困难但也总能接触到的西方经济思想，再加上中国实际，成为日后黄达从事经济金融基础理论研究所秉承的思维框架和研究方法。三十一年后，《黄达书集》出版之际，黄达对此进行了一个更为精准的概括——"古今中外、含英咀华"。

四 攀登巅峰（改革开放前后至20世纪80年代末）

"财政"＋"金融"＝？

1977年，中国人民大学复校。财政金融学科的原班人马大数回到学校，原来的财政与金融两个教研室合并组建财政金融教研室，开始共同编写囊括财政学与金融学的教材。

经过两年多的时间，这部定名为《社会主义财政金融问题》的教材，由中国人民大学出版社于1981年出版发行。这部教材已经完全摆脱了新中国建立后苏联教科书对中国金融教材的影响，首次建立了一个把货币、价格、资金、财政、金融连接为一体的学科体系，并从经济生活中货币层面的宏观均衡论证了对这些范畴进行综合研究和教学的必要性。20世纪80年代的财经类学生，对于金融学、财政学的了解大都从这部教材开始。

这一阶段，与教材的成功编写同步，黄达的个人成就也获得了肯定。1978年担任财政金融系主任；1979年被评为教授；1981年成为国务院批准获聘的第一批博士生导师。

对黄达而言，这本书还有一个更为特殊的意义。由于得到谷书堂、曾启贤、徐禾等政治经济学知名教授的首肯，这本书遂成为将黄达送进政治经济学圈子的"第二块敲门砖"。在当时，经济学分为政治经济学与部门经济学两大块，在政治经济学是龙头，高居部门经济学之上的情况下，这意味着，黄达的研究获得了国内经济学主流的认可。

而"第一块敲门砖"，则要从三年前谈起。

学术生涯的路标

1979年，"通货膨胀"成为中国理论界热议的话题。当年，黄达的一篇"应景"之作《谈谈我们的物价方针兼及通货膨胀问题》，由于在理论界首次正面明确提出"通货膨胀"这个与官方口径不一致的说法，可谓一石激起千层浪。经济学界，或赞扬之，或批判之，而且好像踩了政治上的"红线"。

有关通货膨胀的争论为黄达赢得又一个颇具形象性的绰号——"徐徐上涨"，以致每逢开会，总难免有人指指点点："看，'徐徐上涨'来了……"即便如此，由于对真理的坚持，这篇文章成了黄达日后走进政治经济学圈子的"第一块敲门砖"。

随后的几年，黄达依旧在不同的场合坚持着同样的观点——社会主义与通货膨胀不能相容的论断不能成立，通货膨胀事实上长期存在。同时，沿着这样的思路，黄达一直在科研和教学中继续进行拓展、摸索，希望找到一个能够彻底阐明这个问题的理论框架。1981年，他与周升业共同署名的《什么是信用膨胀，它是怎样引起的？》一文在《经济研究》第11期上发表，成为黄达攀登学术高峰的里程碑。而三年后出版的《财政信贷综合平衡导论》（以下简称《导论》）才真正标志着黄达到了个人学术生涯的巅峰。"这本书是自己倾注心血的成果，敝帚自珍，特别钟爱。记得看到过徐悲鸿的一幅画马，他的自题词是：'一得从千虑，狂愚辄自夸，以为真不恶，千古没之加。'好像这最能点透自己对这本书的情感。"

当时，武汉大学知名经济学家曾启贤如是撰写书评："《导论》虽然没有包含宏观经济理论的全部内容，但为建立宏观经济控制理论进行了有益的探索。"也有人说："《导论》是对计划经济中财政信贷综合平衡问题的最后总结。"《导论》虽然是以计划经济作为推导的背景，是立足于中国现实国情的一个颇为中国式的财政金融理论著作，对任何分析和推导所作出的论断，均以在中国曾经发生或者现存事实为支撑，但是它却得出了放之计划经济与市场经济而皆准的一般真理，在中国货币金融思想史上占据了重要的地位，也由此为奠定中国宏观经济均衡理论基础作出一份贡献。以至于一名香港学者看到此书后，竟断定作者曾留学欧美。

《导论》因其突出的理论贡献，先后于1986年、1995年和2013年，分别获得"孙冶方经济科学著作奖"、全国高等学校人文社会科学研究优秀成果一等奖以及"中国经济理论创新奖"三项代表中国经济学科最高荣誉的奖项。

"得天下英才而教育之"

迄今为止，我们无法统计有多少人读着黄达的书走进金融学的神圣殿堂，喜欢上金融学。但是，有一个数字是可以统计的，那就是黄达门下的亲传弟子——16位博士。

一直以来，黄达都是中国金融界最为耀眼的"明星"之一，想成为黄达门下弟子的人并不在少数，其中不乏已经事业有成的官员和商界名人。黄达曾说："我知道这些人是没有时间认真做研究的，能不能写出论文来还要打个问号，他们需要的是一个头衔，但这与我的想法并不一致。"当然，他知道自己可能也把一些确实想提高专业水平的官员和成功商人拒之门外，但黄达并不想违背原则。

黄达成为博士生导师是在 1981 年，而直到 1985 年他才招收了第一批博士研究生。"成为博导的最初几年更多的时间用于对这一教育制度的观望从而没有急于招生，后来由于事务性工作繁忙，招人而不育人与一个老师的责任不符。"

周慕冰（中国农业银行原董事长）、王松奇（中国社会科学院金融所原党委书记、副所长）、邓乐平（西南财经大学中国金融研究中心原副主任）有幸成为黄达的第一批博士研究生，组成了他的第一个博士研究生团队。本着为人师者的高度责任心，为了集中精力带好这三人，黄达在随后的三年内再没有招收博士研究生，直至他们顺利毕业。1988—1992 年，黄达每年招收一名博士研究生，组成了他的第二个博士研究生团队，这四人中便包括中央财经大学原校长王广谦教授、中国人民银行副行长陈雨露教授以及中国人民大学李焰教授、刘振亚教授。以后的若干年，黄达基本保持着平均 1～2 年招一名博士研究生的节奏，李鹰、刘成、郭浩、林琳、左毓秀、李向科、孔燕以及向东等先后成为他的学生。2006 年，他收下的最后一名弟子韩文秀，如今是中央财经委员会办公室分管日常工作的副主任。

五　漫展风华（20 世纪 90 年代）

教研行政两不误

走进 20 世纪 90 年代，黄达的人生翻开了更为宏伟的篇章。

1991—1994 年，黄达担任中国人民大学的校长。事实上，黄达担任校级领导的历程从 1983 年便已开始。1983—1985 年，担任副校长，1985 年起，担任主持日常工作的副校长，直到 1991 年被任命为校长。

"再忙的时候，我坚持两条。一是晚上不开会，白天开会提高效率。管理要有方法，不要不相信别人。能干到副校长、系主任的，都是能人。依靠大家干，自己就可以挤出点时间。二是坚持每学年给学生开一次课。那时候，讲课是最优先的。只要有课，什么会都可以不去，哪怕是国家教委的。只要你讲课，就要备课，就要关注学术动向，就不会丢掉专业。"

勤奋＋效率——黄达逐渐找到了兼顾两者的好办法。学术上，辉煌再续。担任校领导期间，他有数十篇文章发表在核心期刊上，以及《财政信贷综合平衡导论》（中国金融出版社 1984 年版）等著作相继出版。

工作上，成效卓著。依靠大家、相信大家——这是黄达的制胜法宝。在被任命为校长的讲话中，他说"有全校师生员工可以依靠：我们学校有老教师、老职工，还有关心我们工作的一千多离退休的老同志;青年教工,他们需要提高,无论是政治上、业务上,特别是政治上。我们应该有信心团结广大青年教工把学校建设好";在卸任校长的讲话中,他又讲道:"团结。我们这些年做了一些工作,特别是在政治风云激荡的形势下也仍然保持着正常的运作,其中,团结是一个重要的保证。团结包括两方面,一是教学教辅人员、党政工作人员和后勤工作人员三大系统的团结,二是校领导班子的团结。"

多年以后,在《黄达文集(三续)》(中国人民大学出版社2014年版)一书中,黄达用专题的形式对他在担任中国人民大学副校长和校长期间的几件重要事件,特别是在20世纪80年代围绕中国人民大学办学方向的问题,进行了系统梳理。书中提及的当年那些令人不胜唏嘘的经历,不免让人感叹那个年代办学的不易。

《货币银行学》

1987年8月,由世界银行支持的国际研讨会——"中国财经教学计划国际研讨会"在复旦大学召开。这次会议上中外双方的观点针锋相对,在经过双方最终的"妥协"后,达成共识——拟定10门核心课(包括政治经济学、西方经济学、会计学、统计学、经济数学、货币银行学、财政学、发展经济学、国际贸易和国际金融);确定各门课程的学时和比例——其中政治经济学定6学时、西方经济学定4学时,大概能量化地反映最终"妥协"的程度。

会后,根据这次会议推荐的教学方案,教育部开始组织核心教材的编写。1989年,在南开大学召开的"核心课程教学大纲编写研讨会"上,通过竞标的方式,《货币银行学》最终确定由中国人民大学编写。以后的三年中,在克服政治事件的冲击、"集体编写"带来的拖延等困难,并经过反复与同行的沟通与交流,直到1992年2月下旬,黄达突患肺炎,高烧几天后在家闭门静养,也就是利用这段时间他才突击完成了全书的统编定稿工作。而后在春夏之交,黄达与周升业、沈伟基到北京郊区闭门通读全书才得以定稿。同年,《货币银行学》由四川人民出版社最终出版。

《货币银行学》回应了当时有关"国外已经有成熟的教科书,我们何必再编?自己能编出什么新东西来"等具有一定影响力的思潮,证明了坚持"马克思主义与中国实际相结合"的原则,而非单纯对西方经济学的内容囫囵吞咽、照说照做的科学性与可行性。"作为货币银行学的教学工作者,应该致力于编出:中国人,在中国大学的讲台上,为了使中国的学生掌握建设中国特色社会主义的本领,而传授《货币银行学》所需的教材。"

投身于广阔的金融实践

与其他为人师者的先生一样,黄达始终不忘用平生所学去推动理论指导实践。正是因为在诸多领域的突出建树,20世纪80年代后期以来,他一度集全国人大、国家机关、教育管理、社会兼职等等不同身份于一身:第八届全国人大代表、财政经济委员会委员;国务院学位委员会委员、经济学及应用经济学学科评议组召集人;中国金融学会会长(1995年,黄达

"打破常规",出任中国金融学会会长,成为迄今为止唯一一位由非中国人民银行行长担任的会长);中国人民银行货币政策委员会首届专家委员;中国财政学会副会长;中国企业管理协会副会长;中国价格学会等学会副会长……这些职务为他参与国家金融决策咨询以及金融政策实践提供了便利。

20世纪80年代初期,黄达就提出在中国改革过程中"通货膨胀"将长期存在的判断。1983年,时任国务院经济研究中心常务干事的徐雪寒,委托黄达约请有关单位,主要是财政部和中国人民银行的有关同志,协作研究当时的财政信贷综合平衡问题,最终形成成果"1984年2月国务院经济研究中心材料《关于加强财政信贷综合平衡的意见》"。随后,研究中心给出的按语是——"《意见》中的基本观点,值得注意"。

1993年,黄达向中共中央办公厅秘书局提出用"货币供给"概念代替"货币发行"概念的政策建议。作为国际货币基金成员,中国已经在内部进行了多年的货币供给统计。但正式按季公布则是从1994年第四季度开始。20世纪90年代中叶,黄达以全国人大财经委员会委员的身份参与了《中华人民共和国中国人民银行法》《中华人民共和国商业银行法》《中华人民共和国保险法》等几项重要的金融立法的过程。

进入21世纪以来,针对经济全面开放背景之下中国应当采取的应对政策,黄达提出了许多自己独到的看法。2000年,对当时在国外流行并从而也在国内流行的银行传统业务急剧衰落乃至金融市场终将代替金融中介的看法,他提出质疑:"我国的银行业同样拥有开阔的发展空间和绚丽的前景。"2004年,他提出,人民币发展之路一定是"非常宽阔却绝非平坦,需要在摩擦中妥协,在摩擦中协调,在摩擦中寻求合作",同时提醒决策者"当决策之际,必须明确并保留最后的'自我防卫手段'"的见解。

在具体的金融实践与金融决策过程中,黄达坚持认为,能否最大地发挥金融的积极作用而抑制其消极面,取决于是否具备正确的金融决策理念。而正确的决策理念,则导源于对金融基本性质的如实把握。当然,要正确把握金融的基本性质,则必须注重金融理论的实践检验。

"境外出访——走入更广阔的课堂"

从20世纪80年代中后期起,黄达开始进入世界经济学界的大舞台。1987年9月,黄达访问美国。为期两周的美国之行,除了实地考察金融部门、参访高等学府和研究机构以外,他主要肩负着一个重要的使命——参加中美经济学教育交流委员会(简称"中方委员会")与美中经济学教育与研究委员会(简称"美方委员会")第二次联席会议。那时他拥有一个重要的头衔——"中方委员会"主席。美方委员会主席则由普林斯顿大学的邹至庄教授和哈佛大学的帕金斯教授共同担任,而邹至庄教授作为美国华人经济学者当中的佼佼者,是最早参与推动中美经济学教育的交流学者之一,也是该项目的首倡者。

中美两个委员会是"中美经济学教育交流项目"分设在中美两国的执行机构,联席会议是要为双方提供一个协商重大事宜的平台。该项目始于1985年,得到了教育部和美国福特基金会的鼎力支持,习惯被称作"福特项目"。中美双方的委员会每两年召开一次年会,从1985年至1994年共召开了5次,第一、第三、第五次在北京,这次黄达赴美参加的正是在纽约召开的第二次会议,而后的第四次会议在华盛顿举行。

"福特项目"包含学制一年的西方经济学培训班,暑期经济学研讨班,派出研究生、青年教师赴北美攻读博士学位,美方资助中方访问学者赴北美访学,派遣经济学家小组赴美考察,资助留学生回国讲学项目以及经济学科文献交流7个子项目。其中最为有名的是"福特班"——学制一年的西方经济学培训班。这在当时的中国经济学界,可谓无人不知、无人不晓。

项目执行的十年间,多位来自欧美的著名经济学教授前来授课。前后总计培养的618位学员,其中的一小部分在国外发展,成就显著之外,大部分则成长为中国经济学界和业界的中坚力量。

事实上,美国之行并不是黄达第一次走出国门。1986年5月,作为中国"行政干部培训政策"代表团团长率团赴法国访问——这是他首次境外出访,也是他"走入更广阔课堂"的起点。从那以后,古巴、苏里南、日本、匈牙利、波兰、俄罗斯、意大利、法国、英国、加拿大、澳大利亚、瑞典、意大利、阿根廷和墨西哥等国家,都留下了黄达的足迹。

在与港澳台地区的交流中,与台湾金融业界和学界六年的直接交往尤其值得怀念。"虽然参与两岸金融学术交流不过短短六年,也无大惊大险,但跌宕起伏,内容颇为丰富,无论如何是值得纪念的。"

六 老骥伏枥（21世纪以来）

"大金融"之争与《金融学》

20世纪90年代中期以来,一方面,大量从国外商学院学成归来的金融学"海归","惊奇"地发现他们眼中的金融学与本土学者讲授了近半个世纪的金融学竟然如此之不同;另一方面,西方金融学所关注的资本市场发展迅速,而在中国传统定义中的金融学所重点关注的银行却遭遇了前所未有的危机。诸如"抛弃银行""传统银行即将没落"等观点甚为流行。

从2000年下半年开始,黄达相继走访了西南财经大学、武汉大学、中南财经政法大学、湖南大学、暨南大学以及西安交通大学等几所兄弟大学的金融院系,与学界同仁进行座谈、讲演并先后发表了《金融学学科建设若干问题》、《由讨论金融与金融学引出的"方法论"思考》以及《从银行不被看好谈起》等文章,并编写出版了《金融——词义、学科、形势、方法及其他》（中国金融出版社2001年版）一书。21世纪元年,黄达还带着近距离了解美联储对"Finance"用法的任务亲赴美国,与美联储的专家们进行专门沟通。

正是黄达"刨根问底"的这种精神，让他对于"究竟什么是金融？什么又是Finance？"——这个问题又有了更为清晰的认识。因此也就解决了长期困扰着黄达的金融学科建设问题，也就让黄达阶段性地为所谓金融学找到了一个未来方向——要建设一门以宽口径金融为研究对象，"包罗万象"的《金融学》，形成所谓"大金融"学科体系。

具体而言，该体系至少包括三个层次的问题：第一个层次——宽口径的金融学；第二个层次——宏观金融分析与微观金融分析；第三个层次——技术层面与经营管理层面的金融问题。

2000年4月初，在中国人民大学财政金融学院组织的"跨入21世纪的金融学科建设研讨会"上，与会学者已经就"21世纪金融学科必须跨上一个新台阶"达成了共识。更重要的是，此次会议后，黄达受学院委托，决定将《货币银行学》（第三版）升级换代，修订成为"杂货铺"式的"金融学"。英文名定为 The Economics of Money and Finance。这为那个时期黄达思考金融与金融学学科发展方向的历程画上了一个句号，而且真正迈出了构建"大金融"学科体系具有里程碑意义的关键一步。

作为《货币银行学》编写的亲历者与见证者，在写完《金融学》第一版，也就是《货币银行学》（第三版）之后，黄达本打算"退出江湖"。然而，他的身影似乎并没有消失于"江湖"之中。之后的四五年，他考察了货币银行学在西方走上大学讲坛的开端和演进，并写出《回顾1950年之前"货币银行学"学科的发展》（初稿）一文。又经过一年多，以两张幻灯片概括了《金融学科的演进及前瞻》。面对始于美国的金融海啸，还向他所在的团队提出"金融海啸和G20格局下的货币银行学"等问题。他与张杰教授共同主编的《金融学（第五版）》（《货币银行学》第七版）已于2020年出版。

直到现在，尽管对于"大金融"体系的争论已不再如新世纪初期那样引人关注，但是黄达对于金融学学科发展未来之路的探索并未因此而停止……

"培养在东西方两个文化平台上自由漫步的人才"

"1995年，在中国人民大学做访问学者的期间，能够认识黄达教授并结下了深厚的友谊，我深感荣幸。"2011年，蒙代尔在听到黄达获得首届"中国金融学科终身成就奖"后，写下了这段文字。从相识于"福特项目"，到携手设立"黄达—蒙代尔经济学讲座"与"黄达—蒙代尔经济学奖"。黄达与蒙代尔携手推动中国金融教育事业发展的故事，被传为佳话。

2001年10月17日，在中国人民大学中国财政金融政策研究中心主办的"黄达—蒙代尔经济学讲座"的启动仪式上，黄达提出："我们最需要的就是在东西方两个文化平台上，可以无障碍地自由往返、自由漫步的人才。"此后，已经有包括十余位诺贝尔经济学奖获得者在内的逾百位专家学者做客"黄达—蒙代尔经济学讲座"，为推动中国金融人才培养以及国际学术交流作出了不可估量的贡献。两年之后的2003年3月19日，首届"黄达—蒙代尔经济学奖"（原称"黄达—蒙代尔优秀博士论文奖"）颁奖典礼在中国人民大学举行。该奖项主要奖励国内科研院所的优秀博士学位论文。

2021年4月4日，蒙代尔教授逝世后，黄达在《中国金融》上撰文追忆："正是全心全意追求学术上的真知，才会突破政治的、社会的世俗藩篱，而有一个更宽广、更高远、更通透、更清纯、更执着、更深沉的境界，来观察、来认知外部世界，来指导、来规范自己的行为，从而会为一个更崇高的目标——比如中国古圣先贤理想的大同，比如现代日益受到关注的人类命运共同体，人与自然的和谐发展——而愿意奉献自己的力量……""他对中国经济学教育的关心是否可以循着这样的思路去理解？但无论如何，他对中国经济学科建设的执着情分，应当感谢，应当尊敬！"

"永远奋进在时代的前沿"

从抗日烽火中建校的陕北公学，到挺进敌后开展国防教育的华北联合大学，再到迎接新中国的华北大学，最后到为新中国经济建设而创办并经历风风雨雨迎来改革开放的中国人民大学。不管时代如何变迁，这所学校始终都在为中华民族的振兴贡献着自己的所有力量。

"这个漫长的历史进程当中，一定有一种精神在始终鼓舞着中国人民大学不断前进，或者说一定有一种无形的力量自始至终都在推动着中国人民大学的发展。"这样一种模糊的意识始终萦绕在黄达的脑海当中。

直到1992年，在中国人民大学迎来55个春秋之际，这样的意识才逐渐地清晰起来。当年的11月1日，时任中国人民大学校长的黄达在庆祝中国人民大学建校五十五周年大会的讲话中，将这种意识作了一个精准的概括——"永远奋进在时代的前沿"。

事实上，作为一名"纯粹"的中国人大人，黄达自己的奋斗历程或许就是践行"永远奋进在时代的前沿"最为生动的范例。从坎坷的少年时代走出，投身于革命洪流，到偶然间"邂逅"金融，并与金融打交道一辈子。黄达始终用一种乐观上进的心态，迎接着人生当中的每一个挑战，直至达到事业和学术的巅峰。

如今，已是耄耋之年的黄达，仍然进行着永不停止的追问与思考，仍然延续着"永远奋进在时代的前沿"的历程。与此同时，对于他本人及其对于金融学科贡献的褒奖也纷至沓来。2011年6月1日，黄达获得首届"中国金融学科终身成就奖"。2013年11月28日，黄达凭借"财政信贷综合平衡理论"，高票荣获第六届"中国经济理论创新奖"。2014年12月18日，黄达获得第三届"吴玉章人文社会科学终身成就奖"。四年三获大奖！三个大奖三个"一百万元"，黄达采用了相同的方式，将全部三百万元奖金捐献给了钟爱一生的中国金融学科。

事实上，这样的做法也完成了黄达长久的心愿——"就我现在的自然状况，已经难于披坚持锐，拔寨摧城。因而，利用这笔奖金支持处于学科建设第一线的同行，或许更可体现我自己致力于推进中国金融学科建设的一贯志向"。

金融类学术会议综述

一 全国金融工作会议

全国金融工作会议是中国金融界最高规格的会议，自1997年开始每5年举行一次，是关于未来五年全国金融领域实施重大改革方向和政策"定调"的纲领性会议。2017年7月14日至15日第五次全国金融工作会议在北京召开。中共中央总书记、国家主席、中央军委主席习近平出席会议并发表重要讲话。中共中央政治局常委、国务院总理李克强在会上讲话。中共中央政治局常委俞正声、王岐山、张高丽出席会议。会议提出的关于金融任务、原则和要求等指示是习近平新时代中国特色社会主义思想有关金融领域的重要内容，是中国金融改革行动的指导文件，也是中国学者在金融学科领域加快构建中国特色哲学社会科学"三大体系"的思想基石。

习近平强调，金融是国家重要的核心竞争力，金融安全是国家安全的重要组成部分，金融制度是经济社会发展中重要的基础性制度。必须加强党对金融工作的领导，坚持稳中求进工作总基调，遵循金融发展规律，紧紧围绕服务实体经济、防控金融风险、深化金融改革三项任务，创新和完善金融调控，健全现代金融企业制度，完善金融市场体系，推进构建现代金融监管框架，加快转变金融发展方式，健全金融法治，保障国家金融安全，促进经济和金融良性循环、健康发展。习近平指出，做好金融工作要把握好以下重要原则：第一，回归本源，服从服务于经济社会发展；第二，优化结构，完善金融市场、金融机构、金融产品体系；第三，强化监管，提高防范化解金融风险能力；第四，市场导向，发挥市场在金融资源配置中的决定性作用。习近平强调，金融是实体经济的血脉，为实体经济服务是金融的天职，是金融的宗旨，也是防范金融风险的根本举措，防止发生系统性金融风险是金融工作的永恒主题。习近平还强调，要坚定深化金融改革，要扩大金融对外开放；做好新形势下金融工作，要坚持党中央对金融工作集中统一领导，确保金融改革发展正确方向，确保国家金融安全。

李克强在讲话中指出，要认真学习领会和贯彻落实习近平总书记在这次会上的重要讲话精神。要把服务实体经济作为根本目的，要创新金融调控思路和方式，要积极发展普惠金融，要加强对创新驱动发展的金融支持，要增强资本市场服务实体经济功能，要拓展保险市场的风险保障功能，要优化金融资源空间配置和金融机构布局，要筑牢市场准入、早期干预和处置退出三道防线，要坚持从我国国情出发推进金融监管体制改革，要坚持自主、有序、平等、安全的方针，要加强对金融改革发展稳定的法治、信用、人才保障。

二 《中国金融报告2020：新发展格局下的金融变革》的新书发布暨高层研讨会

2021年4月25日，由中国社会科学院金融研究所与中国社会科学出版社联合主办的《中国金融报告2020：新发展格局下的金融变革》（以下简称《报告》）新书发布暨高层研讨会在京举行。中国社科院金融所所长张晓晶发布了报告成果。国家金融与发展实验室理事长李扬，清华大学国家金融研究院院长朱民，国务院发展研究中心金融研究所所长吴振宇，中金公司首席经济学家彭文生，中央财经大学国际金融研究中心主任张礼卿，中国人民银行金融研究所所长周诚君，中国社科院金融所党委书记胡滨、副所长张明以及出版社领导出席并发言。作为中国社科院金融研究所重要的集体成果，《报告》回顾总结了2020年中国金融发展历程及面临的风险挑战，从金融安全和风险防控、资本市场支持实体经济、金融开放与审慎监管、绿色金融助力低碳转型等多个层面，深入探讨了"双循环"背景下金融发展的新定位，对于理解双循环新发展格局下我国金融的新发展、新挑战、新机遇以及新的风险有重要的参考价值。

《报告》阐述了"十四五"时期中国的经济金融运行面临挑战并提出政策建议，认为"十四五"时期我国经济金融运行面临三大重要挑战：一是宏观杠杆率攀升引发多重风险；二是中国金融科技和平台治理面临新挑战；三是全球流动性充裕构成新的外部冲击。对此，《报告》强调，构建新发展格局对金融改革发展提出了新要求。金融要以服务实体经济为本，在畅通经济循环、维护经济安全、推动经济转型方面发挥引领和支撑作用；金融要以服务实体经济为本，推动金融、房地产与实体经济均衡发展，在扩大金融开放进程中统筹发展和安全，并围绕碳达峰、碳中和目标构建绿色金融体系。《报告》认为，一要保持政策定力，避免宏观杠杆率的过快攀升和金融风险的快速积累；二要把握好风险定价市场化与防范系统性风险的关系，取消政府隐性担保，稳步推进风险定价的市场化；三要继续深化改革扩大金融开放，既要推广注册制以及退市制度，加快人民币汇率形成机制的市场化改革，也要加快国内金融市场对境外机构投资者的开放，放松中国投资者投资境外资本市场的限制；四要建立可持续债务积累模式，稳步推进破产重组和债务重整，硬化国企与地方政府的预算约束，纠正金融体系的体制性偏好。《报告》还对2021年的宏观经济金融形势作出基本的预测与展望。专家们就全球经济形势以及我国如何在经济增长和金融安全方面实现有效应对展开了交流。

三　中国发展高层论坛

中国发展高层论坛是由国务院发展研究中心主办，中国发展研究基金会承办的年度论坛。总体而言，在中美关系摩擦加剧，疫情导致全球经济复苏受阻的复杂国际形势背景之下，中国发展高层论坛紧扣中国新时代下经济金融改革所面临的重大问题与解决方案，近年来对"一带一路"金融合作机制和全球经济治理问题、疫后中国经济的可持续发展以及共同富裕等宏观问题的探讨，有助于充分理解把握新发展阶段，贯彻新发展理念以及构建新发展格局的丰富内涵，推动政策制定者和研究者将马克思主义与中国社会主义实践相结合，解决新形势下的新问题和实现理论创新。近年来，会议曾邀请到中共中央政治局常委、国务院副总理韩正出席开幕式并致辞，来自中央部委、重点院校、知名智库、金融机构以及国际代表通过线上或者线下方式参加会议。有关会议具体内容综述如下。

2018年3月24—26日，论坛年会以"新时代的中国"为主题，围绕中国特色社会主义进入了新时代、面临的新情况和新变化展开讨论，涉及的主要金融问题有三方面。第一，防范化解重大风险。中国人民银行行长易纲强调了风险与发展并重的改革思路，指出开放要和金融监管能力相匹配；中国工商银行董事长易会满认为应防止居民储蓄率过快下降引发的经济金融风险及连锁效应；中国光大集团股份公司董事长李晓鹏表示金控集团应该借助多种金融牌照，在集团层面更有效地防范风险。第二，"一带一路"的金融支持问题。中国银行保险监督管理委员会副主席王兆星、英国保诚集团首席执行官麦克·威尔斯、友邦保险控股有限公司集团首席执行官兼总裁黄经辉、丝路基金董事长金琦和法国兴业银行董事长司马吉分别从银行业、保险和资本市场角度探讨了如何完善"一带一路"金融机制，认为应深化本土债券市场，利用发行"一带一路"主题的金融债券、开展投贷联动等方式参与"一带一路"项目，更多地考察"一带一路"的社会效益和外部效益。第三，金融创新与区块链革命。来自大型金融机构的专业人士代表从金融市场的角度阐述了发展区块链的利弊并探讨了其未来发展方向，但未涉及区块链发展的风险与监管问题。

2019年3月23—25日，论坛年会围绕"坚持扩大开放　促进合作共赢"的主题，重点探讨了全方位推动更高水平开放的问题。针对大国竞争加剧、民粹主义和贸易保护主义思潮泛起，会议对中国如何与世界各国加强合作以及深度参与全球治理提出了有益的建议，有关金融议题主要包括两方面。第一，全球金融架构的未来。与会代表从全球多极化发展以及全球治理角度畅谈未来全球金融合作前景。新加坡副总理兼经济及社会政策统筹部部长尚达曼从加强新兴市场经济体合作的视角对全球治理的改革提出建议，认为现有多边机构需形成合力，以共同降低发展中国家金融和投资风险。以色列银行前行长雅各布·弗兰克尔强调健康发展的全球金融市场需要以开放的态度解决问题而非封锁市场。伦敦政治经济学院教授尼古拉斯·斯特恩指出，多边机构应增加合作、实现可持续投资。清华大学国家金融研究院院长朱民认为多极化世界的发展需要各国应用系统性思维提出政策建议。第二，"一带一路"的普惠多赢。与会专家对如何提升"一带一路"倡议的金融合作机制提出建议，认为应加强与东道国的金融合作，充分考虑投资的社会价值，实现项目的普惠多赢。国家金融与发展实验室理事长李扬强调"一带一路"倡议的主要任务是机制化，促进与现有国际经济合作机制对接，利用"一带一路"参与全球治理。

2020年11月11—13日召开的年度论坛围绕"后疫情时代经济复苏与国际合作"这一主题展开讨论，涉及的主要金融议题有两方面。第一，打造韧性金融体系。与会专家就如何化解新冠肺炎疫情对金融体系形成的巨大冲击提出了建设性意见。中国银行保险监督管理委员会首席风险官肖远企总结了疫情冲击下全球面临的金融调整，并提出要深入分析疫情对金融长期影响。中国人民银行金融稳定局局长孙天琦强调，政策当局应加大宏观政策调节力度，精准处置重点领域风险。美国桥水投资公司董事长瑞·达利欧认为目前整个金融体系存在由美元为中心的系统带来的风险，应通过另类财富持有手段、推进人民币作为储备货币等方式规避风险。国际货币基金组织第一副总裁杰弗里·冈本认为货币政策空间变得有限，需要在财政政策方面努力，宏观审慎政策将在金融稳定性方面发挥关键作用。加拿大养老基金投资公司总裁马勤表示加强金融体系的韧性需要政府和金融市场主体的共同努力。友邦保险集团首席执行官李源祥表示面对经济不确定性，需要有强有力的财政支持和情绪管理来做好经济发展工作。匈牙利国家银行行长米哈伊·鲍陶伊指出，中央银行和政府需要使用高效、创新和有针对性的政策，采取正确的政策组合应对挑战。第二，经济复苏问题。在立足国内经济复苏的同时，专家们一致强调全球合作的重要性。国家金融与发展实验室理事长李扬认为需要通过供给侧结构性改革促进实体经济逐渐恢复活力，并对全球债务无节制膨胀采取有效的约束措施。哈佛大学教授、美国总统经济顾问委员会前主席杰森·福尔曼也强调了加强全球协调，尤其是货币和财政政策方面。

2021年3月20—22日召开的论坛年会围绕"迈上现代化新征程的中国"这一主题展开讨论。其中涉及的金融议题是共同富裕问题。共同富裕是社会主义的本质要求。与会专家从中国国情、中美合作以及国际借鉴等多重视角，对正确认识和把握实现共同富裕的战略目标和实践途径进行了深层次探讨。中国社会科学院院长、党组书记谢伏瞻指出，"十四五"期间中国推进共同富裕的政策措施主要包括：把坚持高质量发展作为推动共同富裕的关键；把巩固拓展脱贫攻坚成果作为推动共同富裕的重中之重；把解决地区差距、城乡差距收入差距作为推动共同富裕的坚中之坚；把完善制度体系作为推动共同富裕的根本举措。美国桥水投资公司董事长瑞·达利欧认为在实现共同富裕的过程中，财富分配的不公平现象不可避免，指出发展慈善事业是推进共同富裕的有效手段，应关注政府、公共部门和私人部门的参与与合作。哥伦比亚大学教授、诺贝尔经济学奖获得者埃德蒙·费尔普斯认为中美应相互借鉴发展经验，实现共赢；推动共同富裕需要合理税收分配，这需要政府、企业和各界共同讨论和寻找解决方案的问题。基于疫情关于不同家庭的收入、资产和财富的调查数据结果，美国德州农工大学经济系讲席教授、西南财经大学中国家庭金融调查与研究中心主任甘犁指出，收入差距是长期制约我国消费增长的一个主要问题，政府补贴低收入家庭以及负所得税政策有助于推动共同富裕。

四 博鳌亚洲论坛

博鳌亚洲论坛是总部设在中国，旨在促进亚洲与世界交流的重要论坛组织，会议议题广泛涉及经济、科技、法律、人口、产业等多个领域。在金融领域方面，博鳌亚洲论坛紧扣国际合作的主题，除了定期发布关于亚洲发展与合作的报告之外，开展有效国际合作，无论是在金融科技发展、碳中和还是在全球金融风险与监管领域皆是各国参会者均强调的重要方面。因此，有关金融科技的数据隐私管理与国际合作、央行数字货币的跨境支付合作是当前各国关注的焦点问题，而关于央行数字货币对货币政策、经济与社会的影响等议题相对讨论较少。除此之外，各国与会代表对于美国的非常规政策对新兴市场经济体的负面影响达成共识，这将有助于推进亚洲国家在货币政策、金融监管以及绿色金融等方面的进一步合作。加强亚洲区域合作机制的交流不仅有助于中国对外开放政策制定以及相关理论研究，在当前抵御美国建立"印太"经济框架，试图制造分裂对抗的形势下更具极强的现实意义。论坛现有29个成员国。参会代表包括各国政府的领导、工商界和学术界领袖，就亚洲及全球重要话题展开高层次的对话。2018—2021年会议具体情况综述如下。

2018年4月8—11日召开的博鳌亚洲论坛年会的主题是"开放创新的亚洲·繁荣发展的世界"。4月10日，国家主席习近平出席开幕式并发表《开放共创繁荣 创新引领未来》的主旨演讲，强调构建人类命运共同体，中国将坚持改革开放不动摇，继续推动扩大开放。会议涉及的金融议题主要包括三个方面。第一，区块链的应用。来自机构和学界的与会代表对区块链技术的应用价值、商业前景以及面临的监管和立法滞后问题进行了交流，认为区块链技术在金融领域规模化应用缺乏基础设施的支持，例如可靠性、安全性和外部的认证，标准化制度和监管制度的建设，需加强底层技术和核心技术的突破、人才培养等等。第二，新兴市场经济体面临的资本外流和债务风险。针对西方量化宽松政策的收紧趋势，中国人民银行行长易纲强调关注这一变化对中国的溢出效应，表示开放与汇率形成机制改革、资本项目可兑换改革相一致，与监管能力相匹配。国家金融与发展实验室理事长李扬认为，目前中国债务问题还不突出，应注意居民储蓄率持续下降问题。香港交易所董事总经理巴曙松认为，目前中国可能面临的风险主要是影子银行的风险和高杠杆的风险，包括地方政府债务和国有企业债务的问题。第三，金融行业的发展前景问题。与会嘉宾讨论了科技变革给金融业带来的影响、金融开放引起的竞争与发展问题、金融机构营利性与实体经济关系的平衡等问题。

2019年3月26—29日召开的博鳌亚洲论坛年会以"共同命运、共同行动、共同发展"为主题，国务院总理李克强在开幕式上发表《携手应对挑战 实现共同发展》的主旨演讲，表示中国将进一步放宽外资市场准入、持续扩大金融业对外开放。会议讨论的金融议题主要包括四个方面。第一，《亚洲金融发展报告》。作为论坛发表的四大报告之一，《亚洲金融发展报告》从基础设施的角度回顾了区域一体化的进展，深入剖析了亚洲地区基础设施融资不足的发展困境，并提供相关的政策建议。第二，全球与中国债务问题。在中国债务方面，与会专家对权衡中国的"去杠杆"、"稳经济"和"促增长"政策组合给出了不同意见。清华大学国家金融研究院院长朱民认为去杠杆、稳经济和促增长都是当下中国经济的优先事项；中国进出口银行董事长胡晓炼和中国国家外汇管理局副局长宣昌能着重强调了去杠杆对于经济的重要性；日本银行前副行长中曾宏总结日本的教训时强调，去杠杆速度过快将引起经济动能不足并引发连锁反应。美国商品期货交易委员会前主席詹姆斯·斯通则强调金融杠杆才是引发危机的主要来源。对于美国债务问题，专家均表示以超前举债为基础的发展模式从根本上就是错的，需要及时采取行动。第三，金融科技的机遇与挑战。与会代表回顾了货币交易发展的历史演进，阐述了科技发展对货币功能创新的影响，继而对银行业带来的挑战与机遇；科技创新引发的数据隐私问题受到关注，就隐私保护的必要性、边界的界定以及隐私标准的国际合作等内容展开交流；探讨区块链与数字货币的运用及其影响，并描述了区块链技术在私人机构和央行应用的不同场景。第四，金融形势与金融改革。与会代表强调全球债务风险高企、地缘政治及其贸易摩擦隐患对全球稳定形成威胁，提高金融行业透明度是加强金融监管的重要手段，并对改善小微金融之困的各国模式进行比较，对金融支持实体经济问题提出建议。

2021年4月18—21日，博鳌亚洲论坛年会"世界大变局：共襄全球治理盛举 合奏'一带一路'强音"成功举办。国家主席习近平在开幕式以视频方式发表《同舟共济克时艰，命运与共创未来》的主旨演讲，强调要加强全球治理，朝着构建人类命运共同体方向不断迈进；指出中国将同各方继续高质量共建"一带一路"，努力实现高标准、惠民生、可持续目标。会议在金融方面主要探讨的议题有两个方面。第一，数字支付与数字货币问题。参会代表围绕各国央行如何推进数字货币及跨境协作、私营加密货币和央行数字货币可否共存等议题展开了激烈讨论。中国人民银行前行长周小川指出，由于数字主权和制度惯性，数字货币不会是某个货币一统天下的局面。中国人民银行副行长李波指出，加密资产是另类投资品，是资产而不是货币的属性。泰国银行助理行长瓦奇拉·阿罗姆迪也认同这一观点，并强调不能看作是由央行发行的有储值功能的货币。国际清算银行总经理奥古斯汀·卡斯滕斯认为，各国应共同打造一套彼此兼容的央行数字货币网络,促进跨境支付最高效运行。环球银行金融电信协会首席执行官哈维尔·佩雷斯·塔索称,实现数字货币互操作性,需要建立好基础框架,并解决不同系统的兼容问题。第二,金融支持碳中和。中国人民银行行长易纲表示要动员各方资金,支持经济可持续转型,将及时评估气候变化对金融稳定和货币政策的影响,鼓励金融机构积极应对气候挑战并加强国际协调。意大利银行行长伊尼亚齐奥·维斯科代表G20集团强调了国际合作在向碳中和过渡中的重要性,并强调政府是唯一能够为绿色投资提供激励的机构。他表示G20国际合作的重点领域是制定可持续性报告、投资可持续性的分类和验证指标以及加强国际金融机构对《巴黎协定》目标的贡献。卡内基气候治理倡议执行主任亚诺什·帕兹托表示复苏必须与低碳发展联系起来。德勤亚太区首席执行官辛迪·胡克表示各国的财政政策需进行相应的调整,引导资金流向去碳、减碳领域。

五 清华五道口全球金融论坛

清华五道口全球金融论坛由清华大学主办,清华大学五道口金融学院承办。论坛的举办宗旨是关注世界与中国金融改革发展的新思想、新趋势、新实践、新动力。紧扣这一宗旨,论坛不仅定期发布关于中国金融政策和金融风险的年度报告,而且聚焦当下最受关注的政策、学术和实践议题展开讨论,在微观金融领域的讨论更是独树一帜。近年来,论坛持续对银行业、金融市场、财富管理、保险、基金等各个行业的动态、变化进行追踪,尤其是对政策冲击下的资产管理发展趋势进行了持续关注,涉及了"资管新规"发布对银行业务乃至资本市场的影响、数字科技对资产管理业务的变革影响等多个方面。除此之外,论坛着重关注金融对文化、体育等产业的支持以及首都金融创新发展的趋势等。对金融发展新业态新趋势的关注有助于强调我国在金融改革发展道路上坚持开拓创新的基本原则,也为金融政策与学术研究对"五位一体"总体布局的深入探讨提供观察视角与素材。在宏观金融政策方面,尽管论坛全面覆盖金融风险与监管、金融科技、数字货币等近年来我国经济发展与转型面临的重大问题,并及时推出关于新发展格局研讨,但是由于涉及话题过于宽泛,未能体现会议对该主题的独家见解和针对性建议。这一问题在2021年关于"双循环"新发展格局的探讨上较为突出。自2014年首次举办以来,论坛持续邀请金融监管领导、国内外行业高管以及知名研究专家共同探讨中国与世界的重要金融议题。2018—2021年会议的主要内容综述如下。

2018年5月19—20日召开的论坛年会以"新时代金融改革开放与稳定发展"为主题。与会专家主要探讨的金融议题包括四个方面。第一,新一轮金融改革问题。中国人民银行前行长周小川提出未来应该更多地考虑运用连续函数作为政策制定和政策响应的方法。国家金融与发展实验室理事长李扬表示利率市场化要建立合理的利率结构和市场化调控机制。清华大学国家金融研究院院长朱民表示金融业开放的核心理念是打造国际化金融市场。国家外汇管理局副局长陆磊认为金融要素新业态对金融和经济带来"技术提升效率"和"冲击造成不稳定"两个方面，这决定了包括中国在内的全球经济体系变革的基本方向。第二，金融监管与金融风险防范。与会专家从互联网金融业态、全球风险管理趋势变化以及系统性风险解决方案等多重维度发表见地。全国社保基金理事会原副理事长王忠民强调应运用破产保护、股权债权方法、SPV 转型等市场性方法解决风险问题。瑞穗证券亚洲公司董事总经理沈建光强调防范实体经济的滑坡、建造平稳的贸易环境是避免金融风险事件的两个重要层面。第三，资本市场与实体经济。与会专家回顾了中国资本市场发展的三十年历程，分析了资管新规对于我国资本市场流动性的重要影响，并强调新兴经济发展模式需要全新的投融资体系，提出关注资本市场长期健康发展。第四，金融科技发展。与会专家表达了对金融与科技关系的看法，提出金融与科技要分开监管以及数据智能科技是实现普惠金融的唯一选择的观点。

2019 年 5 月 25—26 日召开的论坛年会的主题是"金融供给侧改革与开放"，主要议题包括四个方面。第一，资本市场与科技创新。与会专家认为区块链技术会颠覆金融业的传统业务，资本市场可以通过理性投资人为科技发展提供资本，监管法治化是安全与效率良性互动的基础，应建立全球系统的区块链监管体系。第二，全球变局中的改革与开放。面对中美贸易争端加剧，与会专家认为实现高质量发展与开放首要任务是深入关注自身发展，中国应在贸易冲突中抓紧实现产业结构和制造业的升级。第三，金融风险的防范与化解。在面对稳定宏观杠杆率的要求，以及出现的金融科技监管真空带来的风险，与会专家对中国现阶段潜在金融风险的根源和化解手段展开讨论，提出了关于宏观政策、外部冲击、内部机制以及监管缺失四大风险来源，认为应转变经济增长模式，整合地方政府平台，经济政策应"动中求稳"，改革宏观经济的管理模式，发展直接融资市场等，从而提供金融风险管理能力。第四，财富管理的机遇挑战。与会专家从养老保险和社保基金的市场化资产管理改革、商业银行表内理财业务、私人财富管理以及基金管理等多种金融产品的风险收益管理提出观点。论坛还探讨了金融助力文体产业发展等有关金融支持新兴产业的问题。

2020 年 5 月 16 日，清华五道口全球金融论坛特别策划"金融战疫，共克时艰"在线上开幕。会议探讨的金融议题主要包括四个方面。第一，疫情之下的资本市场。上海新金融研究院理事长屠光绍、美国纳斯达克证券交易所亚太区主席鲍勃·麦库伊、北京大学国家发展研究院教授刘国恩及清华大学五道口金融学院副院长张晓燕发表演讲。专家对疫情下资本市场的基本判断包括：资本市场稳健运行，科技进步使得人们在疫情下有更多的应对方法，资本市场的韧性后续还将受到疫情更加严峻的考验，疫情下更需保持理性投资思维。第二，中国金融开放与金融治理。在应对开放的挑战，国家外汇管理局局长陆磊认为金融开放不能忽视金融服务实体经济的本源，要关注开放中各环节的连接，注重冲击管理。上海金融法院副院长肖凯从投资者保护角度阐述如何推进证券市场注册制改革。他强调科创板注册制的信息披露义务以及证券纠纷的诉讼机制创新。第三，首都金融创新与发展。会议讨论了如何实现数字经济下的数字银行创新，提出首都金融行业的发展符合近年来全球金融行业的创新趋势，要发挥金融科技引领作用，促进首都金融创新发展。第四，财富管理发展挑战与前景。会议认为在疫情的冲击下，现金流的接续、管理和成长成为特殊时期资产管理中的关键环节，要坚持推进数字化资产在资产中的比重；银行理财需要从产品转型、客群拓展及手段提升这三个方面持续发力；全球政治经济不确定性导致未来的财富管理由单纯的资产配置转变为策略配置。

2021年5月22—23日召开的年度论坛的主题是"新格局 新发展 新金融"，讨论的主要金融议题包括五个方面。第一，"双循环"新发展格局与金融改革开放。清华大学五道口金融学院院长张晓慧表示，应妥善管理预期，警惕结构性通胀上升导致部分领域投资过热。中国金融学会会长周小川表示，DC/EP的发展主要立足于国内支付系统的现代化，着重服务零售支付系统，而非以取代美元地位为目的。中国人民银行副行长李波表示未来的政策方向要强化"双支柱"调控框架的协调配合，继续推动货币政策调控框架从数量型调控为主向价格型调控为主转变。中国银行保险监督管理委员会副主席肖远企认为绿色信贷将迎来巨大发展契机，应对气候变化或将大幅外移金融生产可能性曲线点，扩大金融长期增长的最大可能性边界。中国银行董事长刘连舸认为，银行应支持创新、产能优化重组，支持国际合作，实现"以内促外"。诺贝尔经济学奖得主迈克尔·斯宾塞在如何促进消费问题上表示，提高消费对经济贡献率需要建立良好环境，用针对性的政策推动内需。第二，构建金融监管新秩序。主旨演讲嘉宾就金融风险及其监管应对发表观点，主要包括：稳住或渐进地降低实体经济杠杆率，强调加快多层次资本市场建设，是防范和化解系统性金融风险重要手段；应对气候变化风险会产生高度投机性的信用风险，对金融体系的风险管理形成新挑战；需要关注非金融机构的债务以及部分地方政府的债务风险；美国经济增速的提高将导致新兴市场经济体的汇率市场承压。第三，科技助力金融创新高质量发展。主旨演讲专家的主要观点包括：探讨了数字化时代的全新金融发展逻辑；金融科技使得传统金融风险传导的时空限制被打破，给金融监管带来新挑战；金融机构应关注数据、网络、算法和服务输出所带来的风险；资产管理行业正面临以更低的成本开发更高质量的产品的挑战；资本市场监管的法治化是效率与安全平衡的良性互动机制；大力发展资本市场，以及围绕着资本市场出现的各种金融新业态，对于推动科技创新至关重要；强调创新是全面的，是面上和体系的创新。第四，全球科技驱动下的保险与养老。主旨演讲嘉宾分别从各自的专业角度阐述保险、养老与科技的融合关系，认为我国的互联网保险的实践与监管的实践都处于国际领先的水平，提出激活医疗数据价值，打造新保险逻辑、发展数字新中介、强调公益保险以及发展互助制保险等观点以促进保险高质量发展。第五，基础设施REITs的发展前景。主旨演讲专家提出加快构建政府引导、企业为主、市场运作的新基建投融资模式，未来要进一步评估REITs的风险和收益特征、中国基础设施公募 REITs 的影响等。会议还讨论了"数字经济助力全球经济复苏"、变局下的全球经济治理、金融助力文化和旅游产业高质量发展等问题，全面覆盖经济金融的重大问题和热点关注。

六 中国金融学会学术年会

作为我国研究国内外金融科学规模最大的群众性学术团体，中国金融学会在中国人民银行的指导管辖下，以举办学术年会的形式，联合经济、金融的理论界和实务界以及教育界的人士，坚持及时反映我国经济金融界对中国社会主义市场经济建设和金融体制改革提出的重要问题。从近年来举办情况来看，中国金融学会学术年会聚焦中国金融问题，邀请各大金融监管部门高层领导与知名学者会聚一堂，通过管理者与研究者不同观察视角探讨"国之大者"，关注百年变局下的中国金融改革方向、路径、顶层设计，关注普惠金融、养老金改革、信息技术对金融行为、结构的影响以及相应的货币监管政策调整等重要问题，是推动中国金融理论与政策研究的重要交流平台。参会代表多为来自金融管理部门、高等院校、科研院所、金融机构的专家学者以及中国金融学会成员。2018—2021年会议具体情况综述如下。

2018年12月28日，2018中国金融学会学术年会暨中国金融论坛年会在北京召开。此次年会的主题是"新时代、新机遇、新格局：世界变局中的中国高质量发展与金融改革开放"。中国人民银行副行长陈雨露、银保监会副主席王兆星、证监会副主席李超发表主旨演讲。此次年会设置了三个分论坛，分别为"改革开放与金融变革：历史回顾""高质量发展与金融供给侧改革：逻辑与制度设计""货币政策、宏观审慎与金融监管：新框架下的金融稳定"。周小川以"信息系统架构和金融模式"为题，围绕新信息系统架构与金融服务模式选择，公共信息、局部私有信息与金融服务模式之间的关系，以及金融机构与客户关系的演变等问题进行了系统论述，为如何优化金融结构、处理好银企关系、支持小微企业、促进高质量发展提供了重要思路和指引。陈雨露回顾了全球中央银行研究的进展和中国的突破，强调中国将通过深化金融结构性改革以应对长久存在的融资体系结构性矛盾。与会代表结合当前国内外形势，围绕高质量发展和金融改革开放问题展开深入研讨，在实施金融供给侧改革、服务经济高质量发展、完善金融监管和调控体系、维护金融稳定等方面达成了重要共识。

2019年12月21日召开的2019中国金融学会学术年会暨中国金融论坛年会的主题是"金融开放、供给侧结构性改革与金融治理现代化"。此次年会的议题分别为"深化金融供给侧结构性改革：顶层设计与区域突破"、"金融治理现代化与系统性风险防范"、"金融科技创新与规范发展"和"金融开放与参与全球金融治理"。中国金融学会会长周小川，中国人民银行副行长陈雨露，银保监会副主席梁涛，证监会副主席赵争平，北京市委常委、副市长殷勇发表主旨演讲。周小川以"养老金改革"为题，结合国内养老金现状与养老金改革国际经验，围绕养老金可持续性、养老金改革目标和可能工具、养老金经营和支付模式等问题，运用系统多维的复杂分析框架，为我国养老金改革提供了重要思路和方法。梁涛认为，深化金融供给侧结构性改革，优化改善金融供给，需要把握好"五个结合"的关系。中国工商银行行长谷澍认为，金融供给侧改革要"补短板"，重点是要更好地发展普惠金融。中国进出口银行董事长胡晓炼认为，当前政策性金融机构可在推进金融供给侧结构性改革上发挥独特作用。与会代表在健全具有高度适应性、竞争力、普惠性的现代金融体系，深化金融供给侧结构性改革，大数据在经济金融中的作用，金融市场的开放发展，中国参与全球金融治理等方面达成了共识。

2020年11月28日，2020中国金融学会学术年会暨中国金融论坛年会以"金融支持双循环新发展格局"为主题展开讨论。与会专家主要探讨的议题包括以下五个方面。第一，基于世界百年未有之大变局视角的金融改革问题。其中，中国金融学会会长周小川以"拓展通货膨胀的概念与度量"为题，探讨了通胀指标的适用性问题。他认为由于预期寿命、财政平衡、科技发展、土地价格变化、公共服务价格等重要宏观经济参数发生改变，将对货币政策与通货膨胀及预期的关系产生影响，从而需要深入研究居民基于预期的支出行为变化。第二，金融业对外开放与人民币国际化问题。中国人民大学学术委员会副主席吴晓求认为，资本市场开放和国际金融中心建设是提高人民币国际化的中心任务。中国人民银行宏观审慎局局长霍颖励表示，证券投资成为近期推动人民币跨境使用增长的重要力量，人民币国际化逐渐从支付货币向金融市场交易货币转变。国家外汇管理局外汇研究中心主任丁志杰认为，在强调人民币国际化"使用"的同时，应重视人民币对外负债的"持有"形式。中国国际金融公司首席经济学家彭文生认为，应关注货币作为支付手段的效率与安全问题，尤其是跨境支付清算方面，相关的跨境监管和政策协调，移动支付手段与批发市场金融服务之间的关系等问题值得深入探讨。中国社会科学院金融研究所副所长张明认为，应把人民币国际化进程与区域、全球产业链重组有机结合起来。第三，中国养老金发展与养老财富储备问题。中国社会科学院世界社保研究中心主任郑秉文认为中国三支柱养老保险体系的长期改革取向是建立以基金积累为基础的"资产型"养老金制度模式，并提出完善三支柱养老保险的改革建议。中国人民银行研究局副局长张雪春认为面对老龄化，养老金制度从待遇确定型（DB）逐步向缴费确定型（DC）转变是我国的必然选择。第四，金融科技加速双循环格局建设。在如何发展金融科技方面，与会专家的主要主张包括：建立新型金融风控基础设施，积极发展数字供应链金融、加强中小银行与数字金融平台融合、提升商业银行的数字化表达和数据融合共享；数据隐私保护、技术发展的独立可控等领域也得到会议关注。第五，绿色金融与30·60目标。与会专家认为碳中和目标将对中国能源转型和经济产生巨大影响，应充分借鉴欧洲经验，金融机构应积极加强有效管理气候风险，转变资产配置；监管部门应逐步建立上市公司强制性披露制度，切实落实中欧绿色伙伴关系；等等。

2021年12月11日,由中国金融学会主办的2021中国金融学会学术年会"金融助力共同富裕和高质量发展"以线上形式召开,中国金融学会会长周小川、中国人民银行副行长刘桂平、银保监会副主席周亮、国家外汇管理局副局长陆磊、全国政协经济委员会副主任刘世锦、中国建设银行董事长田国立、国家金融与发展实验室理事长李扬、中国证券监督管理委员会中证金融研究院院长张望军等出席并发表主旨演讲。来自金融管理部门、国际组织、高等院校、科研院所、金融机构的专家学者和中国金融学会代表参加了此次线上年会。围绕年会主题,主旨演讲专家的发言主要包括四个方面。第一,宏观理念与战略视角的阐述。刘桂平以"金融系统要坚定不移践行新发展理念"为题,提出深入践行新发展理念,强调科技和开放促进绿色金融、普惠金融融合发展,推动区域协调发展,扎实推进金融事业协同发展;刘世锦以"新倍增战略:共同富裕面临的挑战与选择"为题,划分"共同富裕"的阶段和选择,强调提升低收入群体的人力资本、扩大中等收入群体对于实现共同富裕的意义及其具体路径。第二,数字金融促进普惠金融方面。周小川对立足社区、村镇为主的基层小银行如何面对大银行和新型机构的金融科技竞争提出建议。他认为基层银行更应当扎根基层,发挥掌握基层客户信息的比较优势,不应仿照大银行进行客户和业务的全面互联网模式。李扬认为支持并创造各类平台、网络和通道健康发展,可持续地向零工经济和小微企业提供政策性、普惠性的金融服务是金融助力共同富裕的着力点。第三,货币政策收入与财富效应的国际视角。陆磊以"发达经济体现代货币理论的实践及其分配效应"为题,基于现代货币理论的"双扩张"主张,诠释货币金融如何通过价格传导机制对共同富裕产生影响,最终加剧全球财富和收入分配的不平等。第四,资本市场的政策视角。张望军提出资本市场应提高直接融资比重,聚焦创新驱动、绿色低碳、共享发展等领域,以更好地为高质量发展和共同富裕服务。与会代表还围绕数字金融助力共同富裕和高质量发展、防范化解金融风险、金融支持绿色低碳转型等议题展开研讨。

七 中国社会科学院国家高端智库论坛

作为马克思主义理论阵地和党的意识形态阵地,中国社会科学院坚持马克思主义指导地位,充分发挥党中央、国务院的思想库和智囊团作用,以习近平总书记在哲学社会科学工作座谈会上的讲话为指导,努力构建具有中国特色、中国风格、中国气派的学科体系、学术体系、话语体系。遵照这一学术指导思想,近年中国社会科学院国家高端智库论坛在探讨年度经济形势的基础上,聚焦党和国家发展的重大理论和实践问题,牢牢把握习近平总书记提出的思想方法,加强提炼中国特色社会主义政治经济学理论与研究方法,立足中国实际、研究中国问题、构建中国学问,强调在中国改革实践的基础上,推动重大理论、观点和学术思想创新,逐渐形成有别于高校和其他高层次研究机构的、具有中国社会科学院风格的理论学派。

论坛参会代表包括中国社科院院领导、经济片所的所领导与研究骨干，代表着中国社科院的最高学术交流水平。2018—2021年具体会议内容综述如下。

2018年9月7—8日，中国社会科学院国家高端智库论坛暨"发展经济学在中国：庆祝改革开放四十周年国际研讨会"在上海召开。会议代表对改革40年取得的成就以及中国社会主义理论的发展进行探讨。中国社会科学院院长、党组书记谢伏瞻指出中国的发展奇迹推动理论探索，改革开放的40年是不断探索和形成中国特色社会主义发展道路和发展模式的40年，借鉴并印证了发展经济学的一般原理，紧密联系着中国实际，推动理论创新和制度创新，从而探索形成了中国特色社会主义道路。与会专家还就改革开放以来经济高速增长的驱动与可持续性、中国改革实践对世界经济理论发展的贡献等问题进行探讨。

2019年2月13—14日，中国社会科学院国家高端智库论坛暨2019年经济形势座谈会在京举行。中国社会科学院院长、党组书记、学部主席团主席谢伏瞻，中国社会科学院副院长、党组成员、学部委员蔡昉、高培勇，中央纪委国家监委驻中国社会科学院纪检监察组组长、党组成员杨笑山，中国社会科学院秘书长、党组成员赵奇，中国社会科学院经济学部主任、国家金融与发展实验室理事长李扬出席会议。谢伏瞻对中国社科院经济研究工作如何开展提出要求，强调了中国特色社会主义进入新时代的特征与判断，要求经济研究工作要在上述这些重大判断的基础上展开。蔡昉给出了未来我国经济增长速度放缓的主要原因以及应对方案；高培勇提出强调质量和效益的财政政策内涵。李扬认为中国经济需要在宏观、结构和体制层面加强财政政策与货币政策的协调配合。

2020年9月26—27日，由中国社会科学院经济学部、科研局、智库建设协调办公室主办，财经战略研究院承办的中国社会科学院国家高端智库论坛"学习习近平总书记在经济社会领域专家座谈会上的讲话暨疫情冲击下的宏观经济形势分析与预测研讨会"在京举行。中国社会科学院院长、党组书记、学部主席团主席谢伏瞻，中国社会科学院副院长、党组成员、学部委员蔡昉、高培勇，中国社会科学院经济学部主任、国家金融与发展实验室理事长李扬出席会议。谢伏瞻表示，深入学习领会习近平总书记的重要讲话精神，要切实提高政治站位，深刻领会贯穿其中的马克思主义立场观点方法，深刻领会其对党和国家工作、对哲学社会科学事业提出的新要求、新部署，把思想统一到习近平总书记的重要讲话精神上来。繁荣发展哲学社会科学必须解决好学风问题。蔡昉指出，中国对外开放的进程伴随着世界贸易类型向比较优势理论的回归，建议打造比较优势"拓展版"，具体包括从产品贸易转向价值链贸易、推动"雁阵模式"从国际转向国内、从关注供给侧转向关注需求侧，以此推动内需和外需、国内循环和国际循环、供给侧改革和需求侧政策调整彼此统一、相互促进。高培勇表示，新发展格局是应对和化解当前我国经济发展所面临风险挑战的必然选择，是底线思维和安全理念在经济领域的应用及凸显。经济安全包含产业链安全、供应链安全、能源安全、服务业安全、金融安全、财政安全等多方面内涵,其中财政安全尤为重要。李扬认为,加快金融业市场化改革、提升金融资源配置效率对于全面深化市场化改革意义重大。需要为市场化资源配置机制运行创造条件,完善利率、汇率和国债收益率曲线,进一步优化金融机构体系,发展资本市场,按市场化要求调整债务市场结构,推动金融科技健康发展。来自中国社会科学院经济学部的专家学者共同围绕"疫情冲击下的中国与世界经济""经济体制改革与创新发展""构建现代产业体系""城乡融合、收入分配与绿色发展""疫情冲击与财政货币政策优化"等议题发表观点,展开深入讨论,成果丰硕。

2021年4月20—22日,由中国社会科学院经济学部、科研局、智库建设协调办公室主办,中国社会科学院金融研究所、国家金融与发展实验室承办的中国社会科学院国家高端智库论坛暨2021年经济形势座谈会在京举行。中国社会科学院院长、党组书记、学部主席团主席谢伏瞻,中国社会科学院副院长、党组成员高培勇,中央纪委国家监委驻中国社会科学院纪检监察组组长、党组成员杨笑山,中国社会科学院副院长、党组成员王灵桂,中国社会科学院秘书长、党组成员赵奇,中国社会科学院国家高端智库首席专家、学部主席团秘书长蔡昉,中国社会科学院经济学部主任、国家金融与发展实验室理事长李扬出席会议。谢伏瞻指出,立足我国改革发展实践,树立全球视野,研究、揭示中国经济发展和运行规律,是发展中国特色社会主义政治经济学的着力点,也是中国经济学界肩负的历史使命和重要任务。要坚持问题导向,不断深化对重大经济理论和现实问题的研究,通过研究中国共产党百年实践,研究阐释习近平新时代中国特色社会主义经济思想的源流、发展和原创性理论贡献,提炼总结出中国特色社会主义政治经济学理论。要深入研究后疫情时期世界经济长期停滞与新一轮工业革命的前景、中国经济长期发展的影响因素、房地产调控等现实问题,不断深化对城镇化率、国企改革、中小企业融资成本、新增市场主体数量等具体问题的研究,深入实际开展调研,把问题和症结搞清楚,提出符合现阶段发展情况的对策建议。既要重视基础研究也要重视应用研究。王灵桂指出,做好中国社会科学院智库下一步建设,要倡导理论联系实际的学风,把调查研究作为基本功;要强化联合研究、集成作战,创新研究方式;要有效对接决策部门,全面融入决策、全面服务决策。高培勇强调,当前的宏观经济分析范式必须加入安全维度,在发展中更多考虑安全因素,以实现发展质量、效益、规模、速度、安全相统一。蔡昉以日本为"反事实情景法"分析案例,通过丰富翔实的数据,深入剖析了人口老龄化对经济增长造成的影响。李扬对超低利率和负利率的应对给出了全面对策建议。他强调在国内国际双循环中应更关注内部均衡,有效监测跨境资本流动、维护国内金融安全,深化供给侧结构性改革,加速国内金融改革,发展多层次资本市场等。来自中国社会科学院经济学部的专家学者围绕"'十四五'与中国变局""迈向'碳中和'""财政与金融""经济发展新动能"等议题发表观点,展开深入讨论。

八　中国居民收入与财富分配论坛

以习近平同志为核心的党中央坚持"以人民为中心的发展思想"，坚持共同富裕的价值取向。在国际环境日趋复杂、国内发展不平衡不充分问题仍然突出的背景下，收入与财富差距加大已成为影响中国经济发展与社会稳定的重要因素。如何实现收入分配公平、实现共同富裕，成为当前我国经济社会发展过程中需要着力解决的重大理论与现实问题。中国居民收入与财富分配论坛持续关注收入与分配问题，发布年度中国居民收入与财富分配调查报告，在推进居民收入与财富分配的相关理论、指标测算、体制机制、改革模式、政策建议与保障机制等方面的研究取得了新进展，提升了政策界与学界对中国收入与财富分配问题的关注与研究。此外，持续探讨金融货币与收入分配之间的关系，不仅有助于从收入分配视角深入研究财政与货币政策之间的协调与配合问题，也有助于在金融学科领域强调"坚持为人民做学问""为党和人民述学立论"的研究导向，丰富社会主义特色的金融学学科建设内容。近年来，会议邀请北京大学、清华大学、浙江大学、复旦大学、中国人民大学、中南财经政法大学等高校与科研机构中致力于本领域研究的专家学者出席论坛。2018—2021年会议的具体内容综述如下。

2018年12月15—16日，第二届中国居民收入与财富分配学术研讨会召开。会议的主要议题包括：劳动收入份额、人力资本与收入分配；财政货币政策与收入分配、收入不平等的治理；社会保障与收入分配、不平等测度与经济影响；反腐败与收入分配、人力资本与收入分配。其中，诺丁汉大学中国问题研究中心主任宋丽娜教授发表了题为"资本的流动性与社会福利"的报告，指出经济增长依靠资本的积累，需要关注资金流动带来的分配不公的问题。西南财经大学叶菁菁利用中国家庭金融调查数据，综合考察税收减免带来的静态和动态双重效应。中南财经政法大学鲁元平基于CGSS数据，研究了基本养老保险对居民再分配偏好的影响，发现中国不完善的基本养老保险制度事实上提高了居民的再分配偏好水平，从主观方面验证了中国基本养老保险制度对收入分配的逆向调节作用。

2019年11月30日，第三届中国居民收入与财富分配学术研讨会在武汉召开。会议主题是"收入分配与现代财政制度"。与会代表着重从财政视角研究收入分配问题，主要讨论了"收入分配是如何成为财政问题的""新时代地方财政治理现代化的问题与对策、理解收入分配变化的长期趋势""市场经济的冲击与财政制度的力量、个人所得税、高收入不平等与代内收入流动性的问题"等议题。在涉及金融领域方面，对外经济贸易大学国际经贸学院财税学系主任毛捷教授在题为"新时代地方财政治理现代化的问题与对策"的报告中分析了非正式制度约束下的"挤偏门"效应、支出责任和间接金融分权与举债冲动黏性，指出通过"开正门"规范间接金融分权，并以土地管理规范化推动财政治理现代化提出治理策略。

2021年4月25日，由《经济研究》杂志社，教育部、科技部"收入分配与现代财政学科创新引智基地"等单位联合主办的第四届中国居民收入与财富分配论坛在武汉召开。在"金融与收入分配"议题中，与会专家探讨了金融业如何影响收入差距问题。吕勇斌、李志生和谭唱发现，数字金融具有普惠性和包容性，能够显著降低家庭过度负债的概率，尤其是对西部和农村地区的家庭；认为加强数字基础设施建设、弥补数字鸿沟，有助于家庭进行合理的财务规划。王玉洁、施新政和葛润研究发现，接受高等教育对于家庭金融资产配置呈显著的正向影响，这表明人才强国战略在促进金融市场发展、提高居民财产性收入等方面也发挥了积极作用。孙希芳和王晨晨分析发现，农信社改制对县域农村居民和城镇居民均有显著的增收效应，而并未显著恶化城乡收入差距状况，虽然会加剧农村区域间的收入差距，但缓解了城镇区域间的收入差距。余丹和孙群力利用2010—2018年中国家庭追踪调查（CFPS）数据测算发现，在2010—2018年中国的多维经济不平衡程度有所扩大，且农村经济不平衡的加剧程度大于城镇地区。寇恩惠通过对总体的财富份额变化和财富分化程度的研究发现，高净值样本遗漏低估了城乡财富分配差距，弱化了"穷的越穷，富的越富"的实际效应。除此之外，此次会议还从税收政策、社会保障、宏观层面、劳动力市场、教育等多方视角阐述了如何影响收入分配的问题。

九　国际货币论坛

国际货币论坛是由中国人民大学财政金融学院与中国财政金融政策研究中心联合主办，中国人民大学国际货币研究所（IMI）承办的国际性年度论坛。论坛不仅关注国内金融热点，更对国际金融领域的重要理论和现象进行深入探讨。论坛发布的《人民币国际化报告》已成为推动人民币国际化实践进程的重要决策依据。历届国际货币论坛都有来自欧、美、亚多个国家和地区的政府部门、金融监管部门、科研院所以及金融机构的著名专家学者出席会议并发表演讲。2018—2021年论坛的具体内容综述如下。

2018年7月14—15日，2018国际货币论坛暨《人民币国际化报告》发布会在北京召开。论坛以"改革开放新征程：历史与未来"为主题，强调在当前错综复杂的国内外经济形势面前，既要保持定力又要全面转换理念和思维，按照新时代的中国宏观调控体系去面对新问题和新形势。在此背景下，论坛围绕"'一带一路'倡议下的自由贸易与金融开放新格局""金融去杠杆与系统性风险防范""结构变迁中的宏观政策国际协调""金融科技助力实体经济转型与升级""中美学生领袖金融对话"等议题进行了为期两天的广泛研讨。第一，人民币国际化进程。中国要构建一个现代化金融体系，其中核心便是要建设新的国际金融中心和实现人民币国际化。论坛发布了主题为"结构变迁中的宏观经济政策国际协调"的《人民币国际化报告2018》，得益于中国经济稳健增长、市场预期回归理性、"一带一路"建设全面推进、金融市场稳步开放，截至2017年第四季度的人民币国际化指数（RII）触底强力反弹。丝路基金董事长金琦在主旨演讲中指出，开展人民币直接对外投资将推动人民币国际化进入更快的发展阶段，是下一步人民币国际化的一个攻坚。为此，中国人民大学副校长吴晓球强调，中国未来的金融监管改革一定要适应国际金融中心和人民币国际化两个基本目标的发展。第二，金融去杠杆与系统性风险防范。与会专家分别从指标体系、宏观框架和机制设计等方面进行了讨论。中国社会科学院学部委员王国刚认为目前衡量杠杆率所使用的"债务总规模/GDP"这一指标有违经济学原理，无法揭示出金融风险的内在关联。他指出应该使用资产负债率来研究杠杆率，我国去杠杆关键是要调整"负债结构"。中国社科院研究员张明认为当前中国经济面临一个新的三难选择，分别是外部环境的不确定性、防控金融系统性风险和保持国民经济的平稳增长，这些都增加了风险防控的难度。中国社科院研究员张斌则认为，地方政府的隐性债务问题最为突出，中国需要一个正规的基建融资机制设计。第三，金融科技助力实体经济转型与升级。IMI在该分论坛上发布了金融科技白皮书《中小企业金融服务与金融科技前沿研究》，探讨通过金融科技破解中小企业融资中的信用评估难、抵押担保难、服务提供难的三难问题。国家金融与发展实验室副主任杨涛主持该讨论。

2019年7月6—7日，2019国际货币论坛在北京召开。论坛以"高质量发展与高水平金融开放"为主题，围绕"金融供给侧改革与金融风险防范""财税改革与'双支柱'宏观调控体系""求是夜话：金融科技之夜""资产管理与银行理财子公司：机遇与挑战""人民币国际化与高水平金融开放""金融科技分论坛"" '人民币国际化'学术论文研讨会"七大议题进行了为期两天的研讨。第一，人民币国际化与高水平金融开放。IMI副所长王芳对《人民币国际化报告2019》进行了解读，指出人民币国际化指数RII强势反弹，2018年底达到2.95%，已跻身主要国际货币行列，而高质量发展决定着人民币国际化的未来。中国进出口银行董事长胡晓炼也指出在全球化进程中我国正从商品输出大国转向商品输入、资本输出大国，需要全面提升金融业竞争力以有效推动人民币国际化。第二，中国股市开放的机遇与挑战。中国证监会原主席肖钢指出，监管部门针对中国股市开放推出的一系列新举措需要与利率汇率的市场化改革同步推进、加强跨境资金的监测、解决股票市场配套风险管理工具不足、国内法律规则延伸、加强对外资金融机构的监管和完善跨境联合监管等。第三，高水平金融开放与金融风险防范。中国人民银行宏观审慎管理局局长霍颖励指出，高质量金融开放，特别是跨境资金流动的过程中，应兼顾效率和稳健，要主动适应高质量发展的需要，继续推动更高水平的金融市场开放，持续完善人民币跨境使用的政策框架和相关基础设施安排，不断地改进跨境资本流动的宏观审慎管理。巴基斯坦央行原行长亚辛·安瓦尔（Yaseen Anwar）从实践的视角切入，探讨了在全球不确定性风险增加的背景下，中国的"一带一路"倡议给更多的新兴经济体创造了互联互通的机制和机会，未来需要继续探索多边合作。

2020年7月25日，中国国际文化交流中心"一带一路"金融合作研究院参与主办的2020国际货币论坛以"新发展格局下的全球金融中心建设"为主题，在新华财经演播室线上举行。中国人民银行研究局局长王信、华夏新供给经济学研究院院长贾康、中国人民大学财政金融学院教授王国刚、国务院发展研究中心产业经济研究部部长赵昌文、中国社会科学院财经战略研究院院长何德旭、中国证券业协会专职理事刘青松、国家外汇管理局原副局长魏本华、中国金融学会副秘书长杨再平等发表了主旨演讲。论坛主要讨论了对外开放与人民币国际化，财政、货币政策与我国市场主体发展，多措并举助力上海全球金融中心建设和新冠肺炎疫情下的金融科技发展等内容。第一，对外开放与人民币国际化。专家们对人民币国际化现状、主要驱动力以及如何深化改革推动人民币国际化问题进行了探讨，认为应遵循"一带一路"倡议，通过进一步丰富金融结构，深化金融机构内部改革、强化基于全球资产配置的金融基础设施建设、完善金融市场的法制建设和法律体系等改革举措，全面提升金融竞争力以助力人民币国际化。第二，财政、货币政策与我国市场主体发展。会议提出财政政策、货币政策应齐头并进、发挥政策合力稳市场作用，财政政策、货币政策需继续深化改革，精准支持中小微企业发展，同时应留有余地，防范隐性风险等观点。第三，多措并举助力上海全球金融中心建设。专家在分析上海全球金融中心建设面临机遇挑战的基础上，提出要落实制度型开放、促进金融体系转型，发挥人民币国际化助力全球金融中心建设，以金融科技作为上海全球金融中心建设的引擎等政策意见。第四，新冠肺炎疫情下的金融科技发展。在诠释金融科技价值与作用的基础上，专家们表示金融科技在推动抗疫实践，促进了小微企业融资等方面有着突出的贡献。主张改善小微企业金融服务和发展普惠金融的关键不是靠政策补贴，而是靠机制创新。通过金融科技、场景数据与金融服务的融合发展，提升信息的利用能力，改变小微企业信息不对称问题。

2021年7月24日，2021国际货币论坛采取线上线下相结合的形式，以"双循环格局下的中国金融发展"为主题，围绕"'双循环'新发展格局与人民币国际化""后疫情时代的国际金融格局演变""防范化解金融风险与保障金融安全""深化ESG以助力绿色金融发展新格局""数字金融人才培养与金融科技行业高质量发展"五大议题进行了研讨。第一，"双循环"新发展格局与人民币国际化。会议对人民币国际化现状，新发展格局、高质量发展与人民币国际化的相互关系以及多举措推动人民币国际化进行了探讨，认为更好地推动新发展格局及人民币国际化，应依托"双循环"，打造六条链，即国内国际产业链供应链，资金流基础上的银行同业结算链，依附于产业链上下游交易的信息链，信息链基础上产生的诚信链和必不可少的监管链。第二，后疫情时代的国际金融格局演变。会议归纳了后疫情时代国际金融格局的新特征并对中国应对提出了建议。认为应建立统一的离岸金融外循环制度体系，利用港币离岸金融体系来统一各类离岸市场，并抓住数字人民币推出的机遇，推动国际金融格局演变。第三，防范化解金融风险与保障金融安全。会议给出了新发展格局面临的金融风险内容及成因，并提出需要加强对金融安全理念的研究。第四，深化 ESG 以助力绿色金融发展新格局。专家强调深化绿色金融发展的重大意义，并强调加快关于碳达峰碳中和目标的 ESG 投资、加快产业创新和绿色转型、完善中国碳市场的发展等。第五，数字金融人才培养与金融科技行业高质量发展。会议提出金融科技人才培养的内在逻辑和架构体系、数字金融人才培育与高质量发展、金融科技人才与城市竞争力等内容。

十　陆家嘴论坛

陆家嘴论坛是上海市人民政府、中国人民银行、中国银保监会、中国证监会共同主办的年度论坛。历届论坛邀请来自全球政府和金融监管机构的高层领导、财经界领袖以及著名专家学者，聚焦全球经济金融形势、资本市场改革、全球资产管理中心建设、人民币国际化、金融科技赋能、金融法治环境等热点话题，为世界经济的可持续增长和金融稳定发展提出具有启迪意义的思路和建议。2018—2021 年论坛的具体内容综述如下。

2018 年 6 月 14—15 日，在国际金融危机十周年之际，论坛以"迈入新时代的上海国际金融中心建设"为主题，主要探讨了以下四个方面的议题。第一，支持普惠金融发展。中国人民银行行长易纲就支持小微企业发展提出，金融结构要考虑覆盖小微企业生命周期的各个阶段；正规金融要为小微企业提供更多融资的同时，民间融资要形成重要补充；另外，金融机构在服务小微企业的时候要增强内在能力，坚持财务可持续性。第二，防范化解金融风险。中国银保监会主席郭树清指出，防范化解金融风险的重点是加强薄弱环节，特别是在妥善处理企业债务违约问题方面要遵循市场规律，实行差异化金融政策。第三，推动金融改革开放。中国证监会副主席方星海强调，必须以促进实体经济增长为目标，加紧体制机制改革，努力增强发行上市制度的包容性和适应性，加大对新技术新产业的支持力度。第四，提高金融服务水平。国家金融与发展实验室理事长李扬指出，金融对长三角城市群建设的支持主要体现在提高服务水平上，包括四个要点：一是要切实服务地区发展；二是要靠金融科技，寻找新的手段、新的数据、建立新的信用体系；三是在长三角探讨绿色金融可持续发展的机制建设；四是通过金融科技的创新探讨基于城市群的普惠金融的发展。

2019 年 6 月 13—14 日，陆家嘴论坛以"加快国际金融中心建设 推动经济高质量发展"为主题，主要探讨了如下几个方面的议题。第一，进一步推动中国金融业的改革开放。中国金融学会会长周小川表示，只有开放才能深入推进中国金融业改革，在进一步开放的同时也应加强各方面监管。中国人民银行副行长潘功胜表示，要继续加快金融市场互联互通和双向开放，继续稳步推进人民币国际化进程，逐步提升人民币的支付、投资、交易和储备功能，积极支持上海建设全球人民币资产配置中心和风险管理中心。同时，建立健全跨境资本流动"宏观审慎+微观监管"两位一体管理框架。第二,推动资本市场改革。中国证监会主席易会满宣布上海证券交易所科创板正式开板,证监会将牢牢把握科创定位,真正落实以信息披露为核心的证券发行制度,着力支持符合国家发展战略、市场认可度高的科创型企业。第三,推动上海金融市场国际化发展。中国证监会副主席方星海和中国银保监会首席风险官肖远企探讨了上海国际金融中心建设的推进情况。伦敦证券交易所集团首席执行官 David Schwimmer 透露,沪伦通的监管框架已经做好,跨境规则也已经确认,很快就要启动。沪伦通作为中英金融合作的重要成果,也是上海金融市场国际化发展的重大举措。通过沪伦通,以 CDR(中国存托凭证)的方式,中国国内的投资者可以交易国外的股票;同时,中国在上海上市的股票通过发行 GDR(全球存托凭证),也可以在伦敦证交所上市,这将有力推动中国资本市场持续开放,让国际投资者从中国市场的增长中获益,也让英国的上市公司更好地获得中国投资者的融资。

2020 年 6 月 18—19 日,陆家嘴论坛以"上海国际金融中心 2020:新起点、新使命、新愿景"为主题,探寻上海金融改革发展稳定的发力点,为不断开创国际金融中心建设打开新局面。中共中央政治局委员、国务院副总理刘鹤书面致辞,希望上海立足自身优势,大胆开拓,不断创新,在金融、科技和产业良性循环与三角互动方面进行新探索,在引领未来方面发挥更大作用。此次论坛主要探讨了如下四个方面的议题。第一,创新上海国际金融中心建设。中国人民银行行长易纲提出,重点建设五个中心,即开放的人民币资产配置中心、人民币金融资产的风险管理中心、金融开放的中心、优质营商环境的示范中心、金融科技中心。央行科技司司长李伟指出,央行正在研究编制金融科技发展规划的实施案例和指引,构建发展监测指标体系,为优化(金融科技)战略布局、把脉行业趋势、破解发展难题提供进一步支撑。为此,央行支持在上海等地探索金融科技创新监管试点,上海要在试点的过程中借助于大数据区块链等技术,加强或者推进金融市场交易报告库数据交换管理平台的建设,通过对数据的管控,提升风险防控的能力和水平。第二,赤字货币化和负利率问题。疫情前后,各国已经出台了史无前例的大规模财政金融刺激措施,尽管初期作用甚大,但边际效用逐步递减。中国银保监会主席郭树清强调,中国会坚持常规状态的货币财政政策,不会搞赤字货币化和负利率。第三,人民币国际化展望。清华大学国家金融研究院院长朱民表示,过去几年里,人民币国际化取得了长足的进展,人民币已经成为世界上最大的货币互换圈。他指出,人民币国际化的步伐将继续加快,将在投资、"一带一路"和数字货币三个新领域作出重大的突破。安联集团亚太区首席执行官 Solmaz Altin 从实践方面提出了加快人民币国际化进程的五点建议:一是积极推动人民币在海外的直接投资,进一步开放 QDII、QDLP 相关资格和外汇额度的申请;二是持续扩展类似沪港通这样的投资渠道,允许本地资金投资更多股票;三是加强国际金融合作;四是加快外资设立保险资管基金公司等资产管理机构的审批流程;五是与有关监管部门建立常态沟通机制，促进海外机构与相关部门加强沟通交流。第四，开展多方面金融合作。星展集团控股有限公司首席执行官 Piyush Gupta 建议，加强多方面沪新金融合作，包括进一步参入中国资本市场；深化在人民币国际化领域的合作，允许新加坡的银行能够直接在岸交易人民币；进一步加强数字伙伴关系，双方通过建立区块链平台以更好地支持金融交易；支持可持续发展，推动绿色融资；加深在数字货币领域的合作，考虑将新加坡作为中国数字货币的一个枢纽地；等等。

2021年6月10—11日，陆家嘴论坛以"全球大变局下的中国金融改革与开放"为主题，通过线上线下相结合的形式举办。中共上海市委书记李强出席开幕式暨全体大会。中国人民银行行长、论坛共同轮值主席易纲，上海市市长、论坛共同轮值主席龚正出席会议并致辞。法国经济、财政与复兴部部长布鲁诺·勒梅尔以视频方式在开幕式上致辞。中国人民银行党委书记、中国银行保险监督管理委员会主席郭树清，中国证券监督管理委员会主席易会满，中国人民银行副行长、国家外汇管理局局长潘功胜出席会议并发表主题演讲。此次论坛设有七场全体大会和一场浦江夜话，围绕当前经济、金融领域的热点问题展开讨论，包括"全球大变局下的中国金融改革与开放""金融助力碳达峰、碳中和""全球抗疫背景下的经济合作与发展""注册制改革下的中国资本市场新生态""'双循环'格局下人民币的新角色与全球资源配置""金融服务实体经济与科技创新发展""经济金融的数字化转型""金融助力'美好生活'：消费、医疗、养老与教育"八大议题。在开幕式演讲中，各大金融监管当局高层领导对宏观金融政策发表意见。其中，易纲强调货币政策要关注结构变化对物价稳定的影响；龚正表示要全面落实中央支持浦东新区高水平改革开放部署；郭树清强调加快构建新发展格局，要努力防止金融风险再次蔓延；易会满认为 IPO 发行既没有收紧，也没有放松；潘功胜表示外汇储备将把可持续投资作为长期目标。中国人民银行副行长刘桂平认为上海在引领绿色金融发展上具有巨大潜力和优势。

十一　中国国际金融学会年会

中国国际金融学会挂靠在中国银行股份有限公司，在积极探索国际金融理论、跟踪国际热点问题、借鉴国际银行业先进经验等方面发挥着积极作用。中国国际金融学会年会是由学会与第一财经主办，中国银行国际金融研究所与第一财经研究院承办，于中国银行总行大厦召开的例行年会，旨在探讨"世界经济与中国"的新格局，并对未来经济金融形势进行展望。年会期间还举行学会会刊《国际金融研究》优秀论文颁奖典礼，鼓励对国际金融相关重大问题进行深入的理论分析和比较研究。近年的年会都有来自中央部委、高等院校、智库、金融机构、新闻媒体等单位的众多嘉宾和专家学者出席，共同为世界经济金融发展建言献策。2018—2021年年会的具体内容如下。

学界动态

2018年11月13日,中国国际金融学会年会以"世界经济与中国2019:全球经济金融体系的未来"为主题,探讨全球化遭遇前所未有的挑战、全球大变革下的金融新作为。第一,中国银行董事长、中国国际金融学会会长陈四清在主题演讲中强调,在当前全球政治经济格局发生巨大转变的情况下,银行业要坚守本源,改革创新,促进经济增长;要加强合作,促进开放,推动经济全球化发展;要完善政策,强化监管,防范周期性风险。中国银监会原主席刘明康、加州大学伯克利分校教授巴里·艾森格林、东京大学教授河合正弘、清华大学中国经济思想与实践研究院院长李稻葵、国务院发展研究中心副主任隆国强、清华大学国家金融研究院院长朱民、国家金融与发展实验室理事长李扬、中国发展研究基金会副理事长刘世锦等分别从反思金融危机、经济全球化趋势、世界经济发展的机遇与挑战、世界经济百年变局、危机十年来面临的未知市场等方面发表主旨演讲。另外,在年会的"首席经济学家论坛"环节,来自国家信息中心、商业银行、证券公司的近十位首席经济学家,就"2019年宏观经济展望"这一话题展开了精彩的对话。年会还举办了以"'一带一路'发展中金融业的使命""贸易规则调整与价值链重塑""全球货币政策调整与未来"为主题的三个分论坛。

2019年11月8日,中国国际金融学会年会以"世界经济与中国2020:全球经济金融体系的新变局"为主题,探讨世界经济金融发展的新格局,同时对未来经济金融形势进行展望。中国银行董事长刘连舸以"金融科技引领全球金融业新格局"为题的演讲中指出,当今世界正面临百年未有之大变局,新一轮科技革命和产业革命加快重塑世界。在此背景下,金融科技是各国共同高度关注的新因素、新变量。金融科技有助于推动金融机构转型升级、促进普惠金融发展、防范化解金融风险,将引领全球金融业的新变局。加快推进金融科技发展,使金融科技这一"最大变量"成为金融业发展的"最大增量",对于中国把握全球金融变局中的机遇、提升中国金融业在全球的地位至关重要。清华大学国家金融研究院院长朱民、美国哥伦比亚大学教授杰弗里·萨克斯、中佛罗里达大学全球经济与环境机遇中心主任詹姆斯·巴克斯、中国社会科学院学部委员张宇燕、国际货币基金组织驻华首席代表席睿德、德国波恩大学教授莫里茨·舒拉里克等分别从世界发展多极化、多币种体系进程,拯救世贸组织仲裁机构的必要性,中国资本账户及金融市场开放改革,后经济危机时代的低增长、低利率和低通胀特征等层面发表演讲。朱民认为,在投融资疲软以及劳动生产率下降等因素影响下,2020年全球经济增长将继续维持在低位。在"首席经济学家论坛"环节,来自商业银行、证券公司的近十位首席经济学家,就"2020年宏观经济展望"展开了精彩对话。另外,年会还举办了以"变革中的全球化""宽松货币政策是否卷土重来""数字金融新发展"为主题的三个分论坛。

2020年12月3日,中国国际金融学会年会以"世界经济与中国2021:后疫情时代的全球经济金融新格局"为主题，通过线下线上相结合的形式举办。年会的讨论内容包括以下三个方面。第一，经济双循环战略的内涵与外延。"双循环"是中国经济发展到一定阶段的必然要求，是应对外部复杂形势的战略举措，是中国经济高质量发展的内在要求。中国金融业要继续围绕"创新、协调、绿色、开放、共享"新发展理念，助力供给侧结构性改革与调整，更好地助力构建"双循环"新发展格局和高水平对外开放。以创新为引领，打造科技金融服务新模式；疏通内循环的堵点，实现经济协调发展；加快绿色金融发展，构建人类命运共同体，坚持开放发展，健全跨境金融服务体系；加大对普惠金融支持力度，实现包容性增长。渣打银行前首席经济学家杰拉德·里昂斯肯定了中国选择在现阶段实行"双循环"战略的正确性，并从确保市场机制发挥重要作用、基础设施建设、关注兼容性等六个方面提出相应的政策建议。第二，疫情对世界经济金融发展产生的深远影响。新的冲突蕴含在疫情经济复苏不确定性及企业破产的结构性变化中，2021年金融波动将持续存在。纽约大学教授、诺贝尔经济学奖获得者迈克尔·斯宾塞认为，后疫情时代，新冠疫苗和美国大选尘埃落定都将对世界经济复苏产生积极作用。而国家金融与发展实验室理事长李扬认为，面对不确定性的经济环境，中国的问题是最少的、解决问题的手段是最多的、政策空间也是最大的。第三，2021年宏观经济展望。年会还举办了以"疫情危机与金融数字化场景变革""危机救助与货币政策创新""去全球化与产业链重塑"为主题的三个分论坛。

2021年12月7日，中国国际金融学会年会以"世界经济与中国2022：聚焦全球经济金融体系的未来"为主题，通过线下线上相结合的形式举办。此次年会也是庆祝中国银行成立110周年系列活动的首场活动，各界嘉宾和学会代表通过现场或视频参加会议，主要探讨的议题包括以下两个方面。第一，疫情背景下的全球经济金融发展新趋势。中国银行董事长、中国国际金融学会会长刘连舸阐述了全球产业链合作模式的历史演变和未来发展，指出后疫情时代的产业链分布将呈现本土化、周边化和区域化特点，亚太产业链合作基础进一步强化，关键领域竞争更加激烈。中国银监会原主席刘明康认为，疫情之下的重点研究课题包括全球带来的冲击和机遇、全球供应链的重塑、高新科技带来的深刻变化，以及全球资产重估、重组及重新配置等。清华大学国家金融研究院院长朱民指出全球经济将进入"高利率、高通胀、高债务和低增长"的"三高一低"新格局，通货膨胀是目前重要、敏感的变量，应格外关注美联储的加息对全球经济的冲击。哥伦比亚大学教授杰弗里·萨克斯从长周期的视角刻画了世界经济格局从欧美主导逐渐转变为欧美衰弱和亚洲崛起的未来新局面，强调摒弃"权力转移假说"的霸权思维和"新冷战"思维，认为应通过加强多边主义建立全球性合作。第二，中国新发展格局。国家金融与发展实验室理事长李扬表示，稳住宏观经济大盘应从小企业着手，将小企业与信息社会、数字经济、最新技术联结起来，规范发展以平台经济为代表的新型经济形态。诺贝尔经济学奖得主、哥伦比亚大学教授约瑟夫·斯蒂格利茨表示，中国可以通过发展股权融资,鼓励中小企业贷款、增加教育和健康的共同投资等方式转变经济发展模式,实现共同富裕。哈佛大学教授艾瑞克·马斯金肯定了中国的碳排放交易制度的建立,认为碳税机制是社会绿色经济转型的重要路径。

十二 《保险研究》论坛

2018年10月19日,"2018年《保险研究》论坛"暨"中国保险历史(文献)图片展"在武汉大学举办,主题是"纪念改革开放40周年:保险改革的历程与前瞻"。此次论坛由武汉大学、中国保险学会主办,武汉大学经济与管理学院、董辅礽经济社会发展研究院、《保险研究》编辑部承办,国任财产保险股份有限公司协办。来自监管部门、知名高校、科研机构、保险机构、省市学会、新闻媒体的100余位专家学者和代表参加了论坛。论坛在演讲讨论的同时举办了中国保险历史(文献)图片展,以保险历史上的重大事件、重要机构、关键人物为主线,以保险历史文献为载体,通过图片展的形式,勾勒出了一幅宏大的从古代到现代、从世界到中国的保险发展历史画卷。论坛具有极强的理论性和实践性,有助于推动保险学、经济学等学科领域的新发展。

论坛的主旨演讲环节,与会代表围绕论坛主题展开了讨论。武汉大学中国风险研究中心主任魏华林提出应该处理好三个关系:市场与政策的关系、保险经营与保险管理的关系、风险保障与风险管理的关系。清华大学中国保险与风险管理研究中心主任陈秉正分析了全球保险市场发展的基本情况、保险需求及供给出现的新变化以及对我国保险业的启示等。中国保险资产管理业协会会长段国圣提出宏观方面需要正本清源,回归真实的供给侧;固定收益方面,中长期利率债或具备长期配置价值,宏观信用环境恶化,信用品投资高度谨慎;权益投资方面,关注大消费、低估值标的。此外,国任财产保险股份有限公司总裁王新利主持了高端对话,从学术研究和理论实践两方面,就改革开放以来保险发展历史上的问题、难点、痛点以及未来发展方向等进行了深入讨论。生命保险资产管理有限公司拟任董事长韩向荣、南开大学风险管理与精算研究中心主任李秀芳、中南财经政法大学金融学院副院长胡宏兵、上海财经大学保险系主任钟明、北京大学风险管理与保险学系副主任朱南军、中国人寿金融保险中心副主任卫新江参与对话。

(供稿:汤柳,中国社会科学院金融研究所,副研究员;
宣晓影,中国社会科学院金融研究所,助理研究员)

海外视角下的中国金融

改革开放以来，中国的经济发展取得了举世瞩目的成就。自 2020 年新冠肺炎疫情全球暴发以来，相较于全球其他重要的经济实体而言，中国作为世界第二大经济体成为为数不多的保持了经济正增长的经济体之一，中国模式在经济建设中所取得的独特成就愈发受到海外学者的关注。诚然，中国的市场基础设施、制度监管设计、财务管理实践等方面受到近代西方金融市场实践的深远影响，但其所表现出的独有的中国特色继续在深化改革中变得愈发成熟。在此大背景下，中国特色社会主义市场经济体系下的政策、市场、制度与公司在全世界范围内变得愈发重要，尤其是中国经济从传统的计划经济时代向中国特色社会主义市场经济体系转变过程中所展现的具有中国特色的金融市场实践受到各界的广泛关注。因此探讨与理解中国金融市场发展对于全球范围内的政策制定者、市场参与者与学术研究人员而言具有重要意义。本章着重回顾了近年来海外金融学者基于中国视角的探究成果并从如下四个方面进行分类讨论，即股票市场异象与风险定价、制度环境、国有企业与政府干预，以及环境保护、企业社会责任与公司治理。

一 股票市场异象与风险定价

股票市场资产定价与投资策略一直是学术界与业界共同关注的重要命题，其核心问题在于探究何种因素能够推动股票带来长期回报以及需要承担何种风险才能够带来超额收益。传统的因子模型通过构建不同的定价因子解释投资组合中所承担的风险与获得的超额收益，例如，Fama 和 French（1993）构建的三因子模型、Carhart（1997）的四因子模型、拓展后的五因子模型（Fama & French，2015），以及 Hou 等（2015）基于上市公司投资与盈利能力构建的 Q 资产定价理论等。

而对于中国股票市场定价策略而言，部分定价因子模型的表现不佳，简单地套用美国定价经验可能忽略了中国市场的独特性从而产生偏差结论。例如，Liu 等（2019）提出上述因子模型中的市值因子本意是捕捉因基础业务规模差异而引起的与规模相关的股票风险与回报偏差，然而受限于中国 IPO 监管流程部分公司可能选择反向并购小公司来替代 IPO 流程，此时市值因素便无法捕捉上市公司基础业务中的规模风险溢价，即"壳价值污染"现象（shellvalue contamination）。其研究认为，应当去掉按市值排序后，底部 30% 的小市值公司构建市值因子并同时以中国投资者更关注的市盈率作为价值因子对股票收益进行定价并获得良好效果。Jiang 等（2018a）也对中国上市公司的盈利能力溢价进行分析，基于 Q 因子模型的盈利—回报关系表明不同的盈利能力衡量指标下其均会一致性地提供更多的未来回报，这意味着中国股票市场的理性属性以及公司基本面信息与未来股票回报之间的紧密联系。Leippold 等（2021）进一步地通过机器学习方法对 1160 种来自不同层次的定价因素指标进行检验，结果表明流动性是其未来收益率的重要预测指标。此外，众多研究也在此类定价因子模型的基础上进一步分析了中国股票市场的多种超额回报异象，例如逆转效应（Chui et al., 2022）、动量效应（Lin, 2022）、概念动量（Du et al., 2022）、羊群效应（Chong et al., 2020）、投机性 β 效应（"speculative beta" effect）（Liu et al., 2021a）与盘中跳跃（Liao and Anderson, 2019）等。

行为金融学的视角认为，股票市场定价异象的重要来源之一便是个体投资者心理认知偏差，例如信仰、偏好与认知限制等（Barber and Odean, 2013；Barberis, 2018；Hirshleifer, 2015），尤其是对于散户参与占比较高的中国市场来说个体投资者差异带来的定价异象是其关注的重要议题，例如 Liu 等（2022a）通过对个体投资者的心理状态调研分析发现，散户认知偏差中的赌博心态与信息优势下的过度自信导致了中国股票市场的高换手率。微观层面上而言，个体投资者的认知偏差会导致投资偏见与投资组合分散化的偏差最终引发整体上的市场价格异象，而 Shao 和 Wang（2021）的证据表明本地社会信用能够缓解对冲此状态下引发的偏离。Li 等（2021a）的结果表明，投资者也容易受外在影响形成心理偏差进而导致处置效应，在整体上导致市场偏离均衡。Du 等（2022）进一步系统性地构建了中文市场情绪词库指标捕捉此心理偏差，并对超额收益提供了有力的解释。另外，投资者个人特征与关注也存在着在整体上无法对冲的可能，进而引发市场均衡偏离（Dong et al., 2022）。Jiang 等（2021）的结果证明了投资者关注与多种金融市场异象的联系，这意味着市场无法消弭由于个体交易差异带来的非均衡状态。Chan 等（2019）通过对 B 股开放交易的情境进行探究发现，尽管 B 股折价交易且提供了较高预期收益，然而仍仅有一小部分投资者进入 B 股市场。其结果表明投资者的过往经验可能会限制其注意力导致投资组合惯性限制了市场均衡的抵达过程并导致最终偏离。与之对应的，Kong 等（2019）的证据表明个体投资者能够通过主动信息获取来缓解认知偏见，从而降低整个市场意义下的定价异常。

与此同时，近期文献重点讨论了定价模型中的个股风险分布命题，即股票价格崩盘风险。该风险衡量的是个股特有收益率出现极端负值的情况，也就是股票价格在公司个体因素下突然大幅下跌的现象（Chen et al., 2001）。Jin 和 Myers（2006）将其解释为在信息不对称情境下的负面信息隐匿后对市场的集中表达，即"负面信息隐匿"理论。Feng 和 Johansson

（2019）关注了上市公司高管使用社交媒体平台提供额外的信息传播渠道降低企业的股票崩盘风险。Carpenter 等（2021）探究了中国股票市场信息环境发现，尽管早期环境较差符合"赌博"理论，但近年来信息环境获得较大改善，在市场环境方面已经获得长足进步。同时中国股票市场近年来的多项改革与独特制度环境为该理论验证提供了良好的准自然实验环境。Li 等（2021b）借助近年来中国股票市场股利改革中增加的个人所得税设定对此进行检验发现，当改革挤出非信息交易者时，能够显著提高信息质量降低股票价格崩盘风险。同时，中国股票市场套利限制的设定也阻碍了信息的有效表达增加了崩盘风险，对投资者造成了一定程度的损害（Deng et al.，2020b；Deng et al.，2021；Gu et al.，2018）。从公司治理的角度而言，代理理论认为上市公司信息质量首先取决于公司内部人的主动信息公布与风险偏好。Chen 等（2018a）的证据表明，由于国有企业管理人独特的职业路径与风险考量，其在管理公司时会表现得相对谨慎与风险规避，相对降低了股价的崩盘风险。而良好的公司治理能够较好地约束内部人行为，提高企业信息环境。Jiang et al.（2020）的实证证据表明家族企业出于声誉考量能够显著增强公司治理并减轻自利行为与消息隐匿。Liang 等（2020）也从实际控制人角度出发比较了不同属性背景的公司对于信息环境的影响。此外，部分文献从利益相关者理论出发探讨公司外部信息环境促进机制对于公司股价崩盘风险的影响。Xu 等（2021）提出多重信息源头能够限制企业信息隐匿的可能性降低崩盘风险。Chen 等（2018e）从中共十八大以来的反腐工作角度出发，认为改革降低了企业政治风险与坏消息隐匿动机，改善了上市公司外部信息环境，降低了风险。类似证据例如企业公关（Hu et al.，2020a）、本地信用（Li et al.，2017）、投机心态（Ji et al.，2021）、政府背书（Hou and Yang，2021）等也为利益相关者理论视角下的股价崩盘风险研究提供了有力证据。

此外，中国股票市场的首次公开发行（IPO）独特的审批制度与近年的监管开放也受到海外学者的广泛关注。良好的 IPO 流程是金融市场发展的重要衡量指标，其效率的提高对于公司治理、投资者权益保护具有重要意义（He et al.，2019）。受限于中国 IPO 审核制度，部分公司转而采取了反向并购策略，此类由审批制度引发的扭曲可能阻碍了优质公司金融公开市场（Lee et al.，2019）。鉴于 IPO 审核机制的高度裁量权与 IPO 的巨大利好（Huang et al.，2021b），已有文献从媒体监督（Li et al.，2021c）、社会关系网络（Jiang et al.，2022）以及政府背书（Chen et al.，2017）等方面探究了外在机制对于 IPO 绩效表现的影响。IPO 的成功实施一方面对本土企业带来巨大注目和利好，但另一方面在整个市场范围内而言增加的股票供给将锁住众多流动性，对市场可能带来潜在的负面影响[①]。Shi 等（2018）对 IPO 带来的

[①] 例如，中石油于 2007 年 11 月 5 日在上海证券交易所上市发行，其总市值上市首日达到 80456.02 亿元，占上海证券交易所当日交易额度的 45%。

供给冲击进行了检验，发现大规模 IPO 不仅在上市日压低了整体市场价格，而且在发行（认购）日也具有负面作用。Li 等（2018）的证据进一步表明当 IPO 批准信息公布时，尽管供给冲击还未实施，但其塑造的供需平衡变化的预期也具有对股票市场整体价格的负面影响。而与整体市场的负面影响相对的，Li 和 Zhang（2021）发现行业竞争对手在 IPO 后股票价格获得了显著的上升，这意味着同行业的其他股票吸收了投资者的超额需求获得了更多的关注与持有。总的来说上述价格波动仅为短期行为，市场长期均衡价格并未发生漂移，而行为金融视角下则着重观察了基于前景理论下的投资者于 IPO 当中所产生的系统性偏差（Wang et al., 2018）。Gao 等（2021b）检验了 IPO 配股中个体投资者由运气带来的额外收益后指出此类投资者随后变得过度自信，同时与其他投资者相较而言交易更频繁，此后的亏损也更多。同时，机构投资者也在 IPO 投标中受限于其认知与资源存在非理性，其投标价格存在任意取整的情况从而降低了潜在投资收益（Gao et al., 2019）。

二　制度环境

新制度经济学强调了制度环境对于经济发展、社会进步的重要性，这既包括正式制度，如产权厘定、法律保护、合同执行与政府政策等（Djankov et al., 2008；La Porta et al., 1997；La Porta et al., 1998；Williamson, 2000），也包含非正式制度，如文化、信仰、信用、传统以及社会规范等（Bisin and Verdier, 2000；Dohmen et al., 2012）。正式与非正式的制度环境共同构建了人类在社会生活中互动和活动的公开也或隐含的规则，地区间制度环境的差异对基础市场行为主体、交易媒介等具有显著的影响。

中国自改革开放以来所形成的中国特色社会主义经济体系为新制度经济学发展提供了独特视角。Brunnermeier 等（2017）认为中国独特的渐进式的改革模式能够使政府最大限度地了解政策对经济运行的影响并在全面实施之前进行评估并作出适当调整及改革。然而相较国际其他成熟的经济体而言，中国市场的法制建设、产权保护等方面的制度建设整体而言相对薄弱，这对企业发展策略（Fan et al., 2017）、企业并购（Li et al., 2020b）与 IPO 定价（Chen et al., 2018c）等方面具有深远影响。在法律制度和市场力量执行合同不充分的情况下，市场交易成本将会上升，企业纵向一体化整合可以通过组织内部成本代替市场交易成本规避交易困难。Fan 等（2017）的证据表明在区域交易成本较高如产权保护较弱、市场改革滞后的省份中，企业的纵向一体化程度更高。Chen 等（2018c）认为在市场制度建设不完善、投资者保护薄弱的情况下，公司内部人员和投资者之间的信息不对称带来的后果更为严峻，公司内部人员有更强的动机来操纵 IPO 招股说明书中所报告的信息而面临更小的惩罚，因此市场监管机构对于 IPO 审核的严格监管作为对市场力量的补充具有重要作用。随着近年来多项立法与改革的实施，中国多项制度改革实践为检验制度环境变化的影响、构建因果关系提供了相关证据。Liu 等（2022b）检验了《产权法》颁布对公司资本结构决策的影响发现，当法律加强了债权人权利后贷方愿意向受约束的公司提供更多信贷。Ge 等（2022）检验了中小股东保护机制——中国证券投资者服务中心成立的影响发现，当提高中小股东保护时，大股东侵占的隧道效应得到有效限制。

从非正式制度角度而言，社会信用衡量的是委托人自愿将资源交由受托人支配并期望获得公平回报的意愿，是金融市场发展与经济增长的重要基石。社会信任有时也能够替代前文所述正式制度，在法制、产权保护等制度建设不完善的情况下对市场行为规范进行梳理（Kong et al., 2021）。对于公司而言，Hasan 等（2020）的证据表明在社会资本、信用较高的地区，更容易获得外部融资，同时其规模更大且违约率更低。Li 等（2019）发现在社会信用的高地区公司 IPO 的折价较低，反之亦然。此外，Fonseka 等（2021）证明社会信用能够缓解企业的潜在代理人冲突以及信息不对称等问题并显著提高企业投资效率。同时，中国的文化、社会规范、关系网络等也是近年来学术界关注的重点命题。这首先是中国文化所特有的儒家社会规范，Chen 等（2019）认为儒家文化中的孝道抵消了未来子女拒绝履行为父母还款义务的可能性，进而对家庭消费储蓄率产生影响。子女尤其是兄弟姐妹在家庭内部是重要的资产与支持，更多的兄弟数量能够增加家庭承担风险的能力以对抗未来的不确定性（Niu et al., 2020）。与之相应，当父母受儒家思想的影响较大时更偏好于培养家庭成员，这不仅仅表现在普通家庭为子女的储蓄动机方面（Fang et al., 2022），在家族企业中也表现为优先选择家族成员或有关系的非家族成员作为继任者的偏好（Chen et al., 2021c）。类似的情况，家庭纽带、家乡纽带也为市场参与者提供价值，Kong 等（2020）的证据表明，CEO 与供应商的家乡纽带能够为企业提供额外的信息与社会信用，进而获得更多的贸易信贷。Ren 等（2021）提出本地 CEO 可能更具有长远规划并更愿意承担风险以支持企业的创新改革。然而，儒家文化影响下的另一个侧面便是父权社会以及对女性的歧视，Chen 等（2020b）探讨了融资平台中的性别歧视情况，发现女性借款人必须通过提供更高的盈利能力来补偿贷方，以实现类似的融资概率。Gu（2020）发现市场对于女性分析师发布的预测反馈较男性更慢也更弱，尽管女性分析师的预测相对更加准确且及时，其结果也说明投资者的性别歧视来自对女性分析师的能力与道德质疑，且对女性分析师的自信行为缺乏信任。

此外，媒体监督作为制度环境中的重要一环也被学界广泛探讨：其一方面能够塑造地区范围内个体观念如经济信念、政治态度等助推形成不同的非正式制度环境（Chen & Yang, 2019），另一方面其作为信息传播媒介对于缓解金融市场中信息不对称问题、执行外在监督机制具有重要作用。Kim 等（2019）以财报公告后漂移作为信息传递效率指标，发现非本地媒体由于其独立性能够更好更快地报道公司，提高股票市场的信息效率。Borochin 和 Cu（2018）提出媒体报道具有公司治理的功能对公司高管等进行纪律规范，从而影响企业并购等决策。Ang 等（2021）考察了新兴的社交媒体的作用发现，中小股东在留言板的信息交流能够作为传统媒体、分析师报告与机构投资者特有信息等的额外补充，通过大众智慧分享价值相关信息促进信息流通。Feng 和 Johansson（2019）的证据也说明了新兴社交媒体在信息传播中的作用，其结果表明新兴社交媒体构建了高管作为内部人与外部投资者交流的平台，降低了上市公司与外部投资者间的信息不对称情况。与之相应，媒体报道的偏见也可能会扭曲市场均衡（Qin et al.，2018）。Ding 等（2018）的证据表明，由于国内外媒体的报道偏差显著地影响了个体的投资决策，导致了中国的外资股折价现象。

三　国有企业与政府干预

探讨中国经济增长的模式及机理，政府与国有企业的作用是其中的重要命题。地方政府竞争模型提出财政分权改革授予地方政府当地财政收入的分配权，激发了当地政府促进本地经济增长动力（Blanchard & Shleifer，2001；Qian & Weingast，1997）。同时，区域内的经济增长成果也成为地方政府官员晋升考核的关键指标（Li & Zhou，2005；Maskin et al.，2000）。在此二者共同激励下，地方政府通过各种手段如扩大对交通和城市基础设施的支出、扶植企业发展等手段刺激投资、扶助企业，促进地方经济发展。

从政府的职能出发，晋升激励机制下的地方官员具有强烈动力刺激区域经济增长、扶助企业发展。Chen 等（2021a）的证据表明，为了展示经济成就，新上任的地方领导人倾向于增加税收以扩大基础设施项目的财政支出。Zheng 等（2018）以 2008 年四万亿元刺激政策作为外生冲击检验发现，政府货币刺激政策能够软化公司预算约束，进而增加研发支出促进企业创新。此外，Cull 等（2017）的证据也表明，在市场制度发展不完全的条件下，政府调控也能为企业提供有关产品、市场和创新的信息以及贷款等方面的额外援助，显著提升企业效率。然而部分研究结果也显示出了晋升激励机制所带来的潜在风险，例如 Chen 等（2021b）的检验结果发现，地方政府官员可能会指定超前的 GDP 增长目标，放大经济增长目标信号，进而推高了产能过剩问题，降低了经济增长的质量，长期而言不利于区域经济和地方企业的未来发展。这与 Deng 等（2020a）的结论是一致的，其结果表明货币刺激政策潜在降低了企业投资效率，导致过度投资引发负面效应。此外，部分地方政府过度投资催生了庞大的地方政府债务，也潜在地推高了当地债务违约风险（Gao et al.，2021a）。Wang 等（2019）发现政治阶梯效应刺激地方政府通过银行贷款债务融资刺激增长，当地方政府增长目标压力增大时变相地增加了当地银行风险敞口。高额的地方政府债务一方面会挤占民营经济，限制公司投资（Huang et al.，2020），另一方面也会推高当地公司经营成本、资金成本从而限制创新活动（Fan et al.，2022）。

政府联系对于企业行为的塑造也是政府影响中重要的一环，传统理论认为，政府联系对于企业行为具有两面性,这首先是"帮助之手",即与政府的政治联系可以帮助企业获得许多好处,例如更容易获得债务融资、更轻的税收和宽松的监管监督(Faccio,2006;Fan et al.,2007;Fisman,2001)。同时政治联系也是一把双刃剑,因为政府官员可能施加政治压力进行寻租行为进而危及公司价值(Boubakri et al.,2008;Krueger,1974)。不同于国际其他发达经济体中私有企业积极影响公共政策以促进私利的模式,中国经济运行中公共部门而非私有部门对经济运行表现出较强的影响。Liu等(2021b)认为中国增长模式下经济增长受到政策调整和实施的重要影响,因此商业行为存在严重的不确定性,而私营企业的政治联系,能够缓解其与政策制定者之间的信息不对称,降低政策风险。Jia等(2019)的证据表明,政治联系能够为公司提供法律优势保护上市公司经理与董事原理诉讼风险,对董事和高级职员责任保险的需求较低。Fan等(2020)的结论表明,政治联系能增强企业的融资能力从而推动企业经营战略的业务多元化。Hung等(2017)通过对银行的政治关联对其业绩和风险的检验,发现政治关联带来了更高资产回报率、更低违约风险以及更低的信用风险。如何确认政治关联与企业行为变动的关键在于确认其中的因果关系,Li和Cheng(2020)利用具有政治联系的独立董事突然死亡来作为外生冲击,发现丧失了政治联系的公司使得其获得的经济利益减少,如银行贷款、税收优惠和政府补贴等,增加其生产成本,私营企业将其有形资本支出提高以实物资本投资来替代政治资本。部分研究以2013年去政治化条例作为外生冲击检验发现,当官员外生性地辞去上市公司职务后,私有企业丧失了政治纽带,在获得银行贷款和政府补贴方面经历了显著下降(Chang et al.,2021)。这意味着政治联系为私营企业带来了外部资源,这些资源软化了公司的预算约束。这与Hu等(2020b)的结果一致,外生性的政治纽带丧失导致企业长期债务融资减少与政府补贴的减少,尽管企业通过提高投资效率等(Pan & Tian,2020)对冲此类影响,但市场反馈仍显负面。Xu(2018)发现在反复运动切断企业政府纽带后,受影响的公司减少了投资,雇用了更多的员工,且业绩下滑。Wei等(2020)的实证也表明,在丧失了政治纽带后私有企业的劳动力成本和员工流动率显著上升。

对于IPO市场而言,中国股票市场IPO过程具有自由裁量权且受到严格监管。部分文献对政府关联的风险投资绩效进行检验,发现具有政治关联的风险投资的公司更可能获得证监会的IPO批准,同时其更能以大幅折扣收购公司股权,并在IPO申请前不久进行投资(Wang & Wu,2020)。Suchard等(2021)的证据也表明,政府联系提高了风险投资,增加了成功退出的可能性;但对于创业公司而言,政府对风险投资的完全控制可能会导致效率低下。Chen等(2017b)通过对具有政治关联的承销商进行检验发现,政治联系带来了溢价承销费,少数股东的利益可能会受到损害,如IPO后表现不佳等。

国有企业在中国经济发展中具有重要地位,其不仅为中国经济稳定发展提供了必要的支撑,同时也是维护中国经济独立和国家安全的重要保障。传统观点认为国有企业相较而言具有公司治理、信息不对称、预算约束软化等问题，因此表现出不同程度的生产效率较低、经济效益表现较差的问题（Allen et al., 2005；Lin et al., 1998），然而其所承担的社会职能，例如税收、公共物资提供、政府干预入口等多项无形资产对于社会发展与经济增长具有重要意义（Bai & Xu, 2005）。例如，Jiang 等（2019）的证据表明，国有企业银行资金会优先服务于战略性和社会期望的长期项目，以促进增长。Lin 等（2021）提出中央所有制有助于推动企业创新，并更加注重可持续发展与环境保护等。此外从税收角度而言，在国有企业中的税收是对控股股东国家的股东红利的另一种表现形式，整体来说国有企业的避税行为明显低于非国有企业（Bradshaw et al., 2019）。Tang 等（2017）则认为，地方政府与中央政府所属企业由于归属不同，在税务上缴时态度有所差异，由分税制改革引发的中央政府和地方政府之间的冲突导致地方政府控制的企业更多地避税，但整体而言较民营企业均表现为不同程度的较低避税水平。

从国企监管角度而言，尽管众多文献提出了针对国有企业效率较低、挤占市场竞争等批评，近年来多项改革措施收获了不同程度的积极反响。Xie 等（2022）的实证检验表明，尽管与西方传统治理模式完全不同，加强党委领导改革以加强公司治理的模式在市场范围内收到广泛的积极反馈。Cao 等（2018）探讨了近年来广受关注的反腐败运动，发现中纪委反腐能够显著提高国企纪律，进而优化了市场范围内的信息环境。Huang 等（2017）则着重探讨了国企去中心化，即管理权限下放至地方的改革措施，发现由于管理距离的增加伴随着沟通成本的上升以及不同业绩异质性的判断标准等问题，因此下放至地方政府管理能够提升效率。Opie 等（2019）进一步将公司管理控制距离纳入分析，结果与 Huang 等（2017）一致，即下放改革提高了信息效率，促进了公司投资效率。

就国有企业本身来说，基于政府股权所赋予的天然信用保障，其在银行授信（Boubakri and Saffar, 2019）、债务评级（Dong et al., 2021b）、低风险（Xie et al., 2019）、低政治不确定性（Zhou, 2017）等方面相较其他所有制企业具有优势。Yuan 等（2022）以银行股份制改革为设定检验发现，其对国有企业和生产力低下的企业降低了信贷分配，提高了资源重新配置的效率。此外，由于国有企业具有政府的隐形担保，其更容易从银行获得贷款融资（Liu et al., 2021c），给予了国有企业相较于其他所有制企业巨大的竞争优势，存在挤出民营经济的情况。Cong 等（2019）的证据表明，在 2008 年中国四万亿元经济刺激计划期间，信贷扩展的银行对于国有企业具有不同程度的偏好，扭转了此前资本重点向私营经济配置的趋势。这与 Liu 等（2018）的结论是一致的，其结果表明经济刺激计划中的金融资源分配并不平衡，更多资源被分配给国有企业与重点行业等。Ru（2018）的实证研究表明，对国有企业的工业贷款虽然增加了下游供应商的现金流量，但同时也挤占了同行业的私营企业资源，妨碍了市场竞争。

四 环境保护、企业社会责任与公司治理

随着科技水平的提高与经济的增长，社会各界对于发展提出了更高的要求，环境保护、可持续发展等人文关怀的发展观念受到社会各界的广泛关注。2004年联合国研究报告首次提出环境保护（Environmental）、社会责任（Social）与公司治理（Governance）的 ESG 投资理念引发到学术界广泛讨论[①]。

中国市场近年来的环境保护领域监管实践为此提供新的视角。首先是关于额外环境保护支出对于企业价值影响的探究，Huang 等（2021a）采用中国政府于2013年发起的"清洁空气行动"作为准自然实验检验发现，收紧环境监管会在短期内损害企业的资产负债表，迫使企业将污染成本内部化，从而增加了高污染企业的违约风险。Sam 和 Zhang（2020）检验了2015年中央政府采取"新常态"等政策以及接管环境监管执法等措施实施发现，新规实施导致污染公司股东价值大幅下降超过290亿美元，这表明资本市场预计监管成本的增加导致企业价值的降低。Huang 等（2022）对环境政策监管进行了系统性检验，发现收紧环境政策会损害企业偿还贷款的能力，从而对金融稳定构成风险。Chen 等（2018d）讨论了强制披露企业社会责任政策的影响，发现尽管该指令不要求公司在 ESG 投资上产生额外花费，仅就强制披露而言上市公司多转而牺牲盈利能力与股东利益为社会作出贡献，如降低废水排放与二氧化硫排放等。额外的环境保护实践作为公司经营成本降低了公司整体价值，而 Wang 和 Li（2022）的证据表明，公司可通过增加绿色技术创新以对冲环境合规方面存在的桎梏，通过绿色信贷政策促进影响力投资能够提高公司生产力，最终对公司价值和声誉产生积极影响。此外过往文献也从股票市场互通改革（Yang et al., 2022）以及个人投资者交易限制（Kong et al., 2022）方面探究了其对于企业社会责任投资的影响。从微观层面角度而言，环境保护与社会责任方面的革新最为直接的效果即是个体层面上的行为改变，进而对宏观层面的金融市场均衡产生影响。环境污染带来的负面效应对心理健康和认知产生巨大影响，Li 等（2021a）发现空气污染会加剧金融市场中投资者观察到的认知偏差，增加了投资者处置效应。Dong 等（2021a）从分析师的角度出发，发现当空气污染加剧时分析师在实地考察期间会形成负面效应，对上市公司未来业绩预测产生负面偏差。这与 Li 等（2020a）的结论一致，其也发现暴露于空气污染的分析师变得更为谨慎，预测准确性与时效性均有所下降。Wang 等（2021）检验了暴露于环境污染情况下的员工情况，结果认为空气污染作为一种健康成本使得企业通过多种途径提高员工待遇以对冲企业人才流失与公众关注，例如金钱补偿、安全

[①] 参见联合国报告 "Who Cares Wins — Connecting Financial Markets to a Changing World," https://www.ifc.org/wps/wcm/connect/topics_ext_content/ifc_external_corporate_site/sustainability-at-ifc/publications/publications_report_whocareswins__wci__1319579355342。

保障和职业培训等。

中国市场公司治理方面的实践受到国内外学者的广泛关注，尽管中国资本市场较为年轻，然而近年的制度与监管环境已与此前发生了翻天覆地的变化。同时，中国资本市场的公司治理命题与传统西方发达经济体中所面对的经典纵向代理问题不同，中国上市公司主要代理问题在于由于股权集中导致的控股股东与中小股东间的横向代理冲突，因此中国经验为公司治理理论发展提供了重要证据。具体而言，中国上市公司相较而言股权高度集中，控股股东有激励和权力来有效监督管理者，由此纵向代理问题因控股股东对经理层的有效约束而得到缓解（Shleifer & Vishny，1986，1997）。尽管来自企业高管的征用并不严重，大股东很可能会利用他们的权力从小股东手中掠夺财富（Jiang & Kim，2015）。在控股股东与中小股东之间的利益冲突下，管理者虽然可能仍有追逐私人利益的可能性，但更可能会为了控股股东的利益而剥夺小股东的利益从而加剧横向代理冲突（Jiang & Kim，2020）。同时，Hu 等（2021）证据表明控股股东也可能与分析师勾结为其提供更为乐观的预测以获取超额回报。部分文献检验了不同途径对于控股股东代理问题的限制情况。这首先是外在监管的变化，2014 年中国证券监督管理委员会推动的新的中小股东保护机制——中国证券投资者服务中心成立，Ge 等（2022）的结果显示此措施在限制控股股东隧道效应保护中小股东权益方面取得显著成效。对于非控股股东而言，Cheng 等（2020）发现其一方面出于自身利益考量作为有效监督者最大限度地减少控股股东对公司的侵占，另一方面也可利用其信息优势在交易公司股票时获得正的异常收益。然而受限于公司信息的不透明与本身代理成本的严重程度，其监管的质量容易受到制约。Jiang 等（2018b）发现当多个非控股股东形成合力时能够发挥更大声量，对于公司的治理作出贡献缓解公司的代理成本和信息不对称，最终降低潜在的过度投资并提高未来的投资业绩。然而在多个非控股股东拥有相对平等投票权的公司中容易产生摩擦时，股东间的协调摩擦反而降低了大股东的监督效率，加剧了股东与高管之间的代理问题（Fang et al.，2018）。Jiang 等（2017）检验了不同的所有权下的代理问题发现，首先单一的控股大股东尽管可能存在掏空行为但表现出最小的代理成本，其次是拥有多个大股东且不存在控股权，而代理成本最高的是拥有一个大的非控股股东。此外不同性质的股份对于代理命题也具有影响，Wang 等（2020）的经验研究表明，银行持股能够改善公司治理，减少公司现金持有和限制控股股东的侵占行为，并且通过减轻过度投资和投资不足以及提高对投资机会的投资敏感性来提高公司的投资效率。同时，部分研究指出当实控人具有海外居留权时其因罪被抓获和处罚的预期概率较低，公司表现为恶化的治理情况并持有更多现金（Hou & Liu，2020），以及公司欺诈（Chen et al.，2018b）。

从董事会角度而言，其一方面代表股东利益行使监督权，同时另一方面作为公司智库为上市公司带来外部资源以及建议，因此董事会成员的过往经验对其职能履行具有重要意义。Chen等（2020a）的证据表明由于中美两国在语言、法律和政治环境以及客户偏好方面存在根本差异，美国公司进入中国市场面临巨大挑战，为了克服对中国社会规范和监管环境的了解不足并在中国建立网络，其表现出强烈的任命具有中国经验的董事并获得了更好的业绩表现的动机。Wen等（2020）的证据表明具有海外经验的董事会董事相较而言更关注企业声誉问题和企业社会责任，进而限制了公司过激的避税行为。就董事会成员行使监督权而言，Chen & Keefe（2020）发现近年来新任命的新人独立董事在履职情况表现更好，他们参加了更多的董事会会议并提供有效监管，降低了大股东隧道问题。Quan & Zhang（2021）检验独立董事履职情况发现，当独立董事与公司地点距离较远时，他们会降低其参加会议的次数且更容易附和他人意见，从而降低董事监管效能，公司也表现出了更多的隧道活动和盈余管理倾向，以及更低的高管薪酬—业绩敏感度。董事间的关系纽带也是董事监督职权履行情况的另一制约因素，Tan等（2021）提出董事间的纽带关系会减少董事在董事会投票中出现分歧的倾向、给予超额高管薪酬以及增加隧道关联方交易，最终损害公司价值。He和Luo（2018）分析董事会架构时观察到，由于董事会人数为奇数时更不容易出现意见平局，偶数董事会表现出更大的可能性成为薄弱的监督者，具体表现为决会议次数较少、会议缺席情况较多、决策效率低下且更容易被控股股东控制。

参考文献

Allen, Franklin, Jun Qian, and Meijun Qian, 2005, "Law, Finance, and Economic Growth in China," *Journal of Financial Economics*, Vol.77, No.1, 57-116.

Ang, James S., Charles Hsu, Di Tang, and Chaopeng Wu, 2021, "The Role of Social Media in Corporate Governance," *The Accounting Review*, Vol.96, No.2, 1-32.

Bai, Chong-En, and Lixin Colin Xu, 2005, "Incentives for CEOs with Multitasks: Evidence from Chinese State-Owned Enterprises," *Journal of Comparative Economics*, Vol.33, No.3, 517-539.

Barber, Brad M., and Terrance Odean, 2013, "The Behavior of Individual Investors," *Handbook of the Economics of Finance*, Vol.2, Elsevier, 1533-1570.

Barberis, Nicholas, 2018, "Psychology-Based Models of Asset Prices and Trading Volume," *Handbook of Behavioral Economics: Applications and Foundations 1*, Vol.1, Elsevier, 79-175.

Bisin, Alberto, and Thierry Verdier, 2000, "Beyond the Melting Pot: Cultural Transmission, Marriage, and the Evolution of Ethnic and Religious Traits," *The Quarterly Journal of Economics*, Vol.115, No.3, 955-88.

Blanchard, Olivier, and Andrei Shleifer, 2001, "Federalism with and without Political Centralization: China Versus Russia," *IMF Staff Papers*, Vol.48, No.1, 171-179.

Borochin, Paul, and Wei Hua Cu, 2018, "Alternative Corporate Governance: Domestic Media Coverage of Mergers and Acquisitions in China," *Journal of Banking & Finance*, Vol.87, 1-25.

Boubakri, Narjess, and Walid Saffar, 2019, "State Ownership and Debt Choice: Evidence from Privatization," *Journal of Financial and Quantitative Analysis*, Vol.54, No.3, 1313-1346.

Boubakri, Narjess, Jean-Claude Cosset, and Walid Saffar, 2008, "Political Connections of Newly Privatized Firms," *Journal of Corporate Finance*, Vol.14, No.5, 654-673.

Bradshaw, Mark, Guanmin Liao, and Mark Ma, 2019, "Agency Costs and Tax Planning When the Government Is a Major Shareholder," *Journal of Accounting & Economics*, Vol.67, No.2-3, 255-277.

Brunnermeier, Markus K., Michael Sockin, and Wei Xiong, 2017, "China's Gradualistic Economic Approach and Financial Markets," *American Economic Review*, Vol.107, No.5, 608-613.

Cao, Xiaping, Yuchen Wang, and Sili Zhou, 2018, "Anti-Corruption Campaigns and Corporate Information Release in China," *Journal of Corporate Finance*, Vol.49, 186-203.

Carhart, Mark M., 1997, "On Persistence in Mutual Fund Performance," *The Journal of finance*, Vol.52, No.1, 57-82.

Carpenter, Jennifer N., Fangzhou Lu, and Robert F.Whitelaw, 2021, "The Real Value of China's Stock Market," *Journal of Financial Economics*, Vol.139, No.3, 679-696.

Chan, Kalok, Baolian Wang, and Zhishu Yang, 2019, "Why Investors Do Not Buy Cheaper Securities: Evidence from a Natural Experiment," *Journal of Banking & Finance*, Vol.101, 59-76.

Chang, Yuyuan, Xiaofei Pan, Jianling Wang, and Qing Zhou, 2021, "Depoliticization and Corporate Cash Holdings: Evidence from the Mandated Resignation of Directors in China," *Journal of Corporate Finance*, Vol.69, 102004.

Chen, Donghua, Jeong-Bon Kim, Oliver Zhen Li, and Shangkun Liang, 2018a, "China's Closed Pyramidal Managerial Labor Market and the Stock Price Crash Risk," *The Accounting Review*, Vol.93, No.3, 105-131.

Chen, Donghua, Yinying Chen, Oliver Zhen Li, and Chenkai Ni, 2018b, "Foreign Residency Rights and Corporate Fraud," *Journal of Corporate Finance*, Vol.51, 142-163.

Chen, Donghua, Yuyan Guan, Tianyu Zhang, and Gang Zhao, 2017, "Political Connection of Financial Intermediaries: Evidence from China's IPO Market," *Journal of Banking & Finance*, Vol.76, 15-31.

Chen, Hanwen, Song Tang, Donghui Wu, and Daoguang Yang, 2021a, "The Political Dynamics of Corporate Tax Avoidance: The Chinese Experience," *The Accounting Review*, Vol.96, No.5, 157-180.

Chen, Jiachun, Xia Chen, Qingsong Hou, and May Hu, 2021b, "Haste Doesn't Bring Success: Top-Down Amplification of Economic Growth Targets and Enterprise Overcapacity," *Journal of Corporate Finance*, Vol.70, 102059.

Chen, Joseph, Harrison Hong, and Jeremy C. Stein, 2001, "Forecasting Crashes: Trading Volume, Past Returns, and Conditional Skewness in Stock Prices," *Journal of Financial Economics*, Vol.61, No.3, 345-381.

Chen, Jun, Bin Ke, Donghui Wu, and Zhifeng Yang, 2018c, "The Consequences of Shifting the IPO Offer Pricing Power from Securities Regulators to Market Participants in Weak Institutional Environments: Evidence from China," *Journal of Corporate Finance*, Vol.50, 349-370.

Chen, Mengyuan, Jason Zezhong Xiao, and Yang Zhao, 2021c, "Confucianism, Successor Choice, and Firm Performance in Family Firms: Evidence from China," *Journal of Corporate Finance*, Vol.69, 102023.

Chen, Sheng-Syan, Yan-Shing Chen, Jun-Koo Kang, and Shu-Cing Peng, 2020a, "Board Structure, Director Expertise, and Advisory Role of Outside Directors," *Journal of Financial Economics*, Vol.138, No.2, 483-503.

Chen, Xiao, Bihong Huang, and Dezhu Ye, 2020b, "Gender Gap in Peer-to-Peer Lending: Evidence from China," *Journal of Banking & Finance*, Vol.112, 105633.

Chen, Yi-Chun, Mingyi Hung, and Yongxiang Wang, 2018d, "The Effect of Mandatory CSR Disclosure on Firm Profitability and Social Externalities: Evidence from China," *Journal of Accounting & Economics*, Vol.65, No.1, 169-190.

Chen, Yunsen, Yuan Xie, Hong You, and Yanan Zhang, 2018e, "Does Crackdown on Corruption Reduce Stock Price Crash Risk? Evidence from China," *Journal of Corporate Finance*, Vol.51, 125-141.

Chen, Yuyu, and David Y. Yang, 2019, "The Impact of Media Censorship: 1984 or Brave New World?" *American Economic Review*, Vol.109, No.6, 2294-2332.

Chen, Yvonne Jie, Zhiwu Chen, and Shijun He, 2019, "Social Norms and Household Savings Rates in China," *Review of Finance*, Vol.23, No.5, 961-991.

Chen, Zonghao, and Michael O'Connor Keefe, 2020c, "Rookie Directors and Firm Performance: Evidence from China," *Journal of Corporate Finance*, Vol.60, 101511.

Cheng, Minying, Bingxuan Lin, Rui Lu, and Minghai Wei, 2020, "Non-Controlling Large Shareholders in Emerging Markets: Evidence from China," *Journal of Corporate Finance*, Vol.63, 101259.

Chong, Oiping, A.N. Bany-Ariffin, Bolaji Tunde Matemilola, and C.B. McGowan, 2020, "Can China's Cross-Sectional Dispersion of Stock Returns Influence the Herding Behaviour of Traders in Other Local Markets and China's Trading Partners?" *Journal of International Financial Markets, Institutions & Money*, Vol.65, 101168.

Chui, Andy C.W., Avanidhar Subrahmanyam, and Sheridan Titman, 2022, "Momentum, Reversals, and Investor Clientele," *Review of Finance*, Vol.26, No.2, 217-255.

Cong, Lin William, Haoyu Gao, Jacopo Ponticelli, and Xiaoguang Yang, 2019, "Credit Allocation under Economic Stimulus: Evidence from China," *The Review of Financial Studies*, Vol.32, No.9, 3412-3460.

Cull, Robert, Lixin Colin Xu, Xi Yang, Li-An Zhou, and Tian Zhu, 2017, "Market Facilitation by Local Government and Firm Efficiency: Evidence from China," *Journal of Corporate Finance*, Vol.42, 460-480.

Deng, Lu, Ping Jiang, Sifei Li, and Mingqing Liao, 2020a, "Government Intervention and Firm Investment," *Journal of Corporate Finance*, Vol.63, 101231.

Deng, Xiaohu, Christine Jiang, and Danqing Young, 2021, "Short Selling Constraints and Politically Motivated Negative Information Suppression," *Journal of Corporate Finance*, Vol.68, 101943.

Deng, Xiaohu, Lei Gao, and Jeong-Bon Kim, 2020b, "Short-Sale Constraints and Stock Price Crash Risk: Causal Evidence from a Natural Experiment," *Journal of Corporate Finance*, Vol.60, 101498.

Ding, Rong, Wenxuan Hou, Yue Liu, and John Ziyang Zhang, 2018, "Media Censorship and Stock Price: Evidence from the Foreign Share Discount in China," *Journal of International Financial Markets, Institutions & Money*, Vol.55, 112-133.

Djankov, Simeon, Rafael La Porta, Florencio Lopez-de-Silanes, and Andrei Shleifer, 2008, "The Law and Economics of Self-Dealing," *Journal of Financial Economics*, Vol.88, No.3,

430-465.

Dohmen, Thomas., A. Falk, D. Huffman, and U. Sunde, 2012, "The Intergenerational Transmission of Risk and Trust Attitudes," *The Review of Economic Studies*, Vol.79, No.2, 645-677.

Dong, Dayong, Keke Wu, Jianchun Fang, Giray Gozgor, and Cheng Yan, 2022, "Investor Attention Factors and Stock Returns: Evidence from China," *Journal of International Financial Markets, Institutions & Money*, Vol.77, 101499.

Dong, Rui, Raymond Fisman, Yongxiang Wang, and Nianhang Xu, 2021a, "Air Pollution, Affect, and Forecasting Bias: Evidence from Chinese Financial Analysts," *Journal of Financial Economics*, Vol.139, No.3, 971-984.

Dong, Yi, Qiannan Hou, and Chenkai Ni, 2021b, "Implicit Government Guarantees and Credit Ratings," *Journal of Corporate Finance*, Vol.69, 102046.

Du, Zijia, Alan Guoming Huang, Russ Wermers, and Wenfeng Wu, 2022, "Language and Domain Specificity: A Chinese Financial Sentiment Dictionary," *Review of Finance*, Vol.26, No.3, 673-719.

Faccio, Mara, 2006, "Politically Connected Firms," *American Economic Review*, Vol.96, No.1, 369-386.

Fama, Eugene F., and Kenneth R. French, 1993, "Common Risk Factors in the Returns on Stocks and Bonds," *Journal of Financial Economics*, Vol.33, No.1, 3-56.

Fama, Eugene F., and Kenneth R. French, 2015, "A Five-Factor Asset Pricing Model," *Journal of Financial Economics*, Vol.116, No.1, 1-22.

Fan, Jianyong, Yu Liu, Qi Zhang, and Peng Zhao, 2022, "Does Government Debt Impede Firm Innovation? Evidence from the Rise of Lgfvs in China," *Journal of Banking & Finance*, Vol.138, 106475.

Fan, Joseph P.H., Jun Huang, Felix Oberholzer-Gee, and Mengxin Zhao, 2020, "Bureaucrats as Managers and Their Roles in Corporate Diversification," *Journal of Corporate Finance*, Vol.63, 101171.

Fan, Joseph P.H., Jun Huang, Randall Morck, and Bernard Yeung, 2017, "Institutional Determinants of Vertical Integration in China," *Journal of Corporate Finance*, Vol.44, 524-539.

Fan, Joseph P.H., Tak Jun Wong, and Tianyu Zhang, 2007, "Politically Connected CEOs, Corporate Governance, and Post-IPO Performance of China's Newly Partially Privatized

Firms," *Journal of Financial Economics*, Vol.84, No.2, 330–357.

Fang, Jiali, Na Liu, Anne de Bruin, and Udomsak Wongchoti, 2022, "The Salience of Children to Household Financial Decisions," *Journal of Banking & Finance*, Vol.139, 106479.

Fang, Yuanli, Maggie Hu, and Qingsen Yang, 2018, "Do Executives Benefit from Shareholder Disputes? Evidence from Multiple Large Shareholders in Chinese Listed Firms," *Journal of Corporate Finance*, Vol.51, 275–315.

Feng, Xunan, and Anders C.Johansson, 2019, "Top Executives on Social Media and Information in the Capital Market: Evidence from China," *Journal of Corporate Finance*, Vol.58, 824–857.

Fisman, Raymond, 2001, "Estimating the Value of Political Connections," *American Economic Review*, Vol.91, No.4, 1095–1102.

Fonseka, Mohan, Lalith P. Samarakoon, Gao-Liang Tian, and Ratney Seng, 2021, "The Impact of Social Trust and State Ownership on Investment Efficiency of Chinese Firms," *Journal of International Financial Markets, Institutions & Money*, Vol.74, 101394.

Gao, Haoyu, Hong Ru, and Dragon Yongjun Tang, 2021a, "Subnational Debt of China: The Politics-Finance Nexus," *Journal of Financial Economics*, Vol.141, No.3, 881–895.

Gao, Huasheng, Donghui Shi, and Bin Zhao, 2021b, "Does Good Luck Make People Overconfident? Evidence from a Natural Experiment in the Stock Market," *Journal of Corporate Finance*, Vol.68, 101933.

Gao, Shenghao, Ruichang Lu, and Chenkai Ni, 2019, "Institutional Investors' Cognitive Constraints During Initial Public Offerings," *Journal of Banking & Finance*, Vol.108, 105627.

Ge, Wenxia, Caiyue Ouyang, Zhenyang Shi, and Zhanliao Chen, 2022, "Can a Not-for-Profit Minority Institutional Shareholder Make a Big Difference in Corporate Governance? A Quasi-Natural Experiment," *Journal of Corporate Finance*, Vol.72, 102125.

Gu, Ming, Wenjin Kang, and Bu Xu, 2018, "Limits of Arbitrage and Idiosyncratic Volatility: Evidence from China Stock Market," *Journal of Banking & Finance*, Vol.86, 240–258.

Gu, Pu, 2020, "The Effects of Social Bias against Female Analysts on Markets," *Journal of Corporate Finance*, Vol.64, 101681.

Hasan, Iftekhar, Qing He, and Haitian Lu, 2020, "Social Capital, Trusting, and Trustworthiness: Evidence from Peer-to-Peer Lending," *Journal of Financial and Quantitative Analysis*, Vol.57, No.4, 1409–1453.

He, Ping, Lin Ma, Kun Wang, and Xing Xiao, 2019, "IPO Pricing Deregulation and Corporate Governance: Theory and Evidence from Chinese Public Firms," *Journal of Banking & Finance*, Vol.107, 105606.

He, Wen, and Jin-hui Luo, 2018, "Agency Problems in Firms with an Even Number of Directors: Evidence from China," *Journal of Banking & Finance*, Vol.93, 139-150.

Hirshleifer, David, 2015, "Behavioral Finance," *Annual Review of Financial Economics*, Vol.7, 133-159.

Hou, Canran, and Huan Liu, 2020, "Foreign Residency Rights and Corporate Cash Holdings," *Journal of Corporate Finance*, Vol.64, 101702.

Hou, Kewei, Chen Xue, and Lu. Zhang, 2015, "Digesting Anomalies: An Investment Approach," *The Review of Financial Studies*, Vol.28, No.3, 650-705.

Hou, Xiaohui, and Rui Yang, 2021, "Policy Signaling and Stock Price Synchronicity: Evidence from China," *Journal of International Financial Markets, Institutions & Money*, Vol.75, 101355.

Hu, Jun, Wenbin Long, Le Luo, and Yuanhuai Peng, 2021, "Share Pledging and Optimism in Analyst Earnings Forecasts: Evidence from China," *Journal of Banking & Finance*, Vol.132, 106245.

Hu, Juncheng, Xiaorong Li, Keith Duncan, and Jia Xu, 2020a, "Corporate Relationship Spending and Stock Price Crash Risk: Evidence from China's Anti-Corruption Campaign," *Journal of Banking & Finance*, Vol.113, 105758.

Hu, Rui, Khondkar Karim, Karen Jingrong Lin, and Jinsong Tan, 2020b, "Do Investors Want Politically Connected Independent Directors? Evidence from Their Forced Resignations in China," *Journal of Corporate Finance*, Vol.61, 101421.

Huang, Bihong, Maria Teresa Punzi, and Yu Wu, 2022, "Environmental Regulation and Financial Stability: Evidence from Chinese Manufacturing Firms," *Journal of Banking & Finance*, Vol.136, 106396.

Huang, Bihong, Maria Teresa Punzi, and Yu.Wu, 2021a, "Do Banks Price Environmental Transition Risks? Evidence from a Quasi-Natural Experiment in China," *Journal of Corporate Finance*, Vol.69, 101983.

Huang, Y.I., Marco Pagano, and U.G.O. Panizza, 2020, "Local Crowding-out in China," *The Journal of finance*, Vol.75, No.6, 2855-2898.

Huang, Yong, Chao Yan, and Kam C.Chan, 2021b, "Does Aggressiveness Help? Evidence from

IPO Corruption and Pricing in China," *Journal of Corporate Finance*, Vol.67, 101901.

Huang, Zhangkai, Lixing Li, Guangrong Ma, and Lixin Colin Xu, 2017, "Hayek, Local Information, and Commanding Heights: Decentralizing State-Owned Enterprises in China," *American Economic Review*, Vol.107, No.8, 2455–2478.

Hung, Chi-Hsiou D., Yuxiang Jiang, Frank Hong Liu, Hong Tu, and Senyu Wang, 2017, "Bank Political Connections and Performance in China," *Journal of Financial Stability*, Vol.32, 57–69.

Ji, Qiong, Xiaofeng Quan, Hongying Yin, and Qingbo Yuan, 2021, "Gambling Preferences and Stock Price Crash Risk: Evidence from China," *Journal of Banking & Finance*, Vol.128, 106158.

Jia, Ning, Xinshu Mao, and Rongli Yuan, 2019, "Political Connections and Directors' and Officers' Liability Insurance-Evidence from China," *Journal of Corporate Finance*, Vol.58, 353–372.

Jiang, Chunxia, Hong Liu, and Philip Molyneux, 2019, "Do Different Forms of Government Ownership Matter for Bank Capital Behavior? Evidence from China," *Journal of Financial Stability*, Vol.40, 38–49.

Jiang, Fuwei, Xinlin Qi, and Guohao Tang, 2018a, "Q-Theory, Mispricing, and Profitability Premium: Evidence from China," *Journal of Banking & Finance*, Vol.87, 135–149.

Jiang, Fuxiu, and Kenneth A. Kim, 2015, "Corporate Governance in China: A Modern Perspective," *Journal of Corporate Finance*, Vol.32, 190–216.

Jiang, Fuxiu, and Kenneth A. Kim, 2020, "Corporate Governance in China: A Survey," *Review of Finance*, Vol.24, No.4, 733–772.

Jiang, Fuxiu, Kenneth A. Kim, John R. Nofsinger, and Bing Zhu, 2017, "A Pecking Order of Shareholder Structure," *Journal of Corporate Finance*, Vol.44, 1–14.

Jiang, Fuxiu, Wenjing Cai, Xue Wang, and Bing Zhu, 2018b, "Multiple Large Shareholders and Corporate Investment: Evidence from China," *Journal of Corporate Finance*, Vol.50, 66–83.

Jiang, Fuxiu, Xinni Cai, John R. Nofsinger, and Xiaojia Zheng, 2020, "Can Reputation Concern Restrain Bad News Hoarding in Family Firms?" *Journal of Banking & Finance*, Vol.114, 105808.

Jiang, Lei, Jinyu Liu, Lin Peng, and Baolian Wang, 2021, "Investor Attention and Asset Pricing Anomalies," *Review of Finance*, Vol.26, No.3, 563–593.

Jiang, Ping, Xinjian Shao, and Yi. Xue, 2022, "The Role of a Long-Term Investor-Underwriter

Relationship in Auctioned IPOs," *Journal of Banking & Finance*, Vol.135, 106397.

Jin, Li, and Stewart C. Myers, 2006, "R2 around the World: New Theory and New Tests," *Journal of Financial Economics*, Vol.79, No.2, 257-292.

Kim, Jeong-Bon, Liuchuang Li, Zhongbo Yu, and Hao Zhang, 2019, "Local Versus Non-Local Effects of Chinese Media and Post-Earnings Announcement Drift," *Journal of Banking & Finance*, Vol.106, 82-92.

Kong, Dongmin, Chen Lin, and Shasha Liu, 2019, "Does Information Acquisition Alleviate Market Anomalies? Categorization Bias in Stock Splits," *Review of Finance*, Vol.23, No.1, 245-77.

Kong, Dongmin, Mianmian Ji, and Fan Zhang, 2022, "Individual Investors' Dividend Tax Reform and Corporate Social Responsibility," *Journal of International Financial Markets, Institutions & Money*, Vol.78, 101542.

Kong, Dongmin, Ying Zhao, and Shasha Liu, 2021, "Trust and Innovation: Evidence from Ceos' Early-Life Experience," *Journal of Corporate Finance*, Vol.69, 101984.

Kong, Dongmin, Yue Pan, Gary Gang Tian, and Pengdong Zhang, 2020, "CEOs' Hometown Connections and Access to Trade Credit: Evidence from China," *Journal of Corporate Finance*, Vol.62, 101574.

Krueger, Anne O., 1974, "The Political Economy of the Rent-Seeking Society," *American Economic Review*, Vol.64, No.3, 291-303.

La Porta, Rafael, Florencio Lopez-De-Silanes, Andrei Shleifer, and Robert W. Vishny, 1997, "Legal Determinants of External Finance," *The Journal of Finance*, Vol.52, No.3, 1131-1150.

La Porta, Rafael, Lope2-de-Silanes Florencio, shleifer Andrei, and Vishny Robert, 1998, "Law and Finance", Journal of Political Economy, Vol. 106, No. 6, 1113-1155.

Lee, Charles M.C., Yuanyu Qu, and Tao Shen, 2019, "Going Public in China: Reverse Mergers Versus IPOs," *Journal of Corporate Finance*, Vol.58, 92-111.

Leippold, Markus, Qian Wang, and Wenyu Zhou, 2021, "Machine Learning in the Chinese Stock Market," *Journal of Financial Economics*, Vol.145, No.2, 64-82.

Li, Chao Kevin, Jin-hui Luo, and Naomi S. Soderstrom, 2020a, "Air Pollution and Analyst Information Production," *Journal of Corporate Finance*, Vol.60, 101536.

Li, Hongbin, and Li-An Zhou, 2005, "Political Turnover and Economic Performance: The Incentive Role of Personnel Control in China," *Journal of Public Economics*, Vol.89,

Nos.9-10, 1743-1762.

Li, Jennifer, Massimo Massa, Hong Zhang, and Jian Zhang, 2021a, "Air Pollution, Behavioral Bias, and the Disposition Effect in China," *Journal of Financial Economics*, Vol.142, No.2, 641-673.

Li, Oliver Zhen, Hang Liu, and Chenkai Ni, 2021b, "Dividend Taxes, Investor Horizon, and Idiosyncratic Volatility," *The Accounting Review*, Vol.96, No.3, 403-430.

Li, Wanli, Chaohui Wang, Qizhe Ren, and Ding Zhao, 2020b, "Institutional Distance and Cross-Border M&A Performance: A Dynamic Perspective," *Journal of International Financial Markets, Institutions & Money*, Vol.66, 101207.

Li, Xiaorong, Steven Shuye Wang, and Xue Wang, 2017, "Trust and Stock Price Crash Risk: Evidence from China," *Journal of Banking & Finance*, Vol.76, 74-91.

Li, Xiaorong, Steven Shuye Wang, and Xue Wang, 2019, "Trust and IPO Underpricing," *Journal of Corporate Finance*, Vol.56, 224-248.

Li, Yi, and Wei Zhang, 2021, "Another Game in Town: Spillover Effects of IPOs in China," *Journal of Corporate Finance*, Vol.67, 101910.

Li, Yuanpeng, Haina Shi, and Yi. Zhou, 2021c, "The Influence of the Media on Government Decisions: Evidence from IPOs in China," *Journal of Corporate Finance*, Vol.70, 102056.

Li, Yuanpeng, Qian Sun, and Shu Tian, 2018, "The Impact of IPO Approval on the Price of Existing Stocks: Evidence from China," *Journal of Corporate Finance*, Vol.50, 109-127.

Li, Zhimin, and Lei Cheng, 2020, "What Do Private Firms Do after Losing Political Capital? Evidence from China," *Journal of Corporate Finance*, Vol.60, 101551.

Liang, Quanxi, Donghui Li, and Wenlian Gao, 2020, "Ultimate Ownership, Crash Risk, and Split Share Structure Reform in China," *Journal of Banking & Finance*, Vol.113, 105751.

Liao, Yin, and Heather M. Anderson, 2019, "Testing for Co-jumps in High-Frequency Financial Data: An Approach Based on First-High-Low-Last Prices," *Journal of Banking & Finance*, Vol.99, 252-274.

Lin, Justin Yifu, Fang Cai, and Zhou Li, 1998, "Competition, Policy Burdens, and State-Owned Enterprise Reform," *American Economic Review*, Vol.88, No.2, 422-427.

Lin, Qi., 2022, "Understanding Idiosyncratic Momentum in the Chinese Stock Market," *Journal of International Financial Markets, Institutions & Money*, Vol.76, 101469.

Lin, Yongjia, Xiaoqing Fu, and Xiaolan Fu, 2021, "Varieties in State Capitalism and Corporate Innovation: Evidence from an Emerging Economy," *Journal of Corporate Finance*, Vol.67,

101919.

Liu, Clark, Shujing Wang, and K.C. John Wei, 2021a, "Demand Shock, Speculative Beta, and Asset Prices: Evidence from the Shanghai-Hong Kong Stock Connect Program," *Journal of Banking & Finance*, Vol.126, 106102.

Liu, Guanchun, May Hu, and Chen Cheng, 2021b, "The Information Transfer Effects of Political Connections on Mitigating Policy Uncertainty: Evidence from China," *Journal of Corporate Finance*, Vol.67, 101916.

Liu, Hongqi, Cameron Peng, Wei A. Xiong, and Wei Xiong, 2022a, "Taming the Bias Zoo," *Journal of Financial Economics*, Vol.143, No.2, 716-741.

Liu, Jianan, Robert F. Stambaugh, and Yu. Yuan, 2019, "Size and Value in China," *Journal of Financial Economics*, Vol.134, No.1, 48-69.

Liu, Jinyu, Zhengwei Wang, and Wuxiang Zhu, 2021c, "Does Privatization Reform Alleviate Ownership Discrimination? Evidence from the Split-Share Structure Reform in China," *Journal of Corporate Finance*, 66, 101848.

Liu, Qigui, Xiaofei Pan, and Gary Gang Tian, 2018, "To What Extent Did the Economic Stimulus Package Influence Bank Lending and Corporate Investment Decisions? Evidence from China," *Journal of Banking & Finance*, Vol.86, 177-193.

Liu, Yixin, Yu Liu, and Zuobao Wei, 2022b, "Property Rights Protection, Financial Constraint, and Capital Structure Choices: Evidence from a Chinese Natural Experiment," *Journal of Corporate Finance*, Vol.73, 102167.

Maskin, Eric, Yingyi Qian, and Chenggang Xu, 2000, "Incentives, Information, and Organizational Form," *The Review of Economic Studies*, Vol.67, No.2, 359-378.

Niu, Geng, Qi Wang, Han Li, and Yang Zhou, 2020, "Number of Brothers, Risk Sharing, and Stock Market Participation," *Journal of Banking & Finance*, Vol.113, 105757.

Opie, Wei, Gary Gang Tian, and Hong Feng Zhang, 2019, "Corporate Pyramids, Geographical Distance, and Investment Efficiency of Chinese State-Owned Enterprises," *Journal of Banking & Finance*, Vol.99, 95-120.

Pan, Xiaofei, and Gary Gang Tian, 2020, "Political Connections and Corporate Investments: Evidence from the Recent Anti-Corruption Campaign in China," *Journal of Banking & Finance*, Vol.119, 105108.

Qian, Yingyi, and Barry R. Weingast, 1997, "Federalism as a Commitment to Reserving Market Incentives," *Journal of Economic Perspectives*, Vol.11, No.4, 83-92.

Qin, Bei, David Strömberg, and Yanhui Wu, 2018, "Media Bias in China," *American Economic Review*, Vol.108, No.9, 2442-2476.

Quan, Yi, and Wenlan Zhang, 2021, "Geographic Distance and Board Monitoring: Evidence from the Relocation of Independent Directors," *Journal of Corporate Finance*, Vol.66, 101802.

Ren, Shenggang, Yingmei Cheng, Yucai Hu, and Chao Yin, 2021, "Feeling Right at Home: Hometown CEOs and Firm Innovation," *Journal of Corporate Finance*, Vol.66, 101815.

Ru, Hong, 2018, "Government Credit, a Double-Edged Sword: Evidence from the China Development Bank," *The Journal of Finance*, Vol.73, No.1, 275-316.

Sam, Abdoul G., and Xiaodong Zhang, 2020, "Value Relevance of the New Environmental Enforcement Regime in China," *Journal of Corporate Finance*, Vol.62, 101573.

Shao, Ran, and Na Wang, 2021, "Trust and Local Bias of Individual Investors," *Journal of Banking & Finance*, Vol.133, 106273.

Shi, Song, Qian Sun, and Xin Zhang, 2018, "Do IPOs Affect Market Price? Evidence from China," *Journal of Financial and Quantitative Analysis*, Vol.53, No.3, 1391-1416.

Shleifer, Andrei, and Robert W. Vishny, 1986, "Large Shareholders and Corporate Control," *Journal of Political Economy*, Vol.94, No.3, 461-488.

Shleifer, Andrei, and Robert W. Vishny, 1997, "A Survey of Corporate Governance," *The Journal of Finance*, Vol.52, No.2, 737-783.

Suchard, Jo-Ann, Mark Humphery-Jenner, and Xiaping Cao, 2021, "Government Ownership and Venture Capital in China," *Journal of Banking & Finance*, Vol.129, 106164.

Tan, Youchao, Jason Xiao, Cheng Zeng, and Hong Zou, 2021, "What's in a Name? The Valuation Effect of Directors' Sharing of Surnames," *Journal of Banking & Finance*, Vol.122, 105991.

Tang, Tanya, Phyllis Lai Lan Mo, and K. Hung Chan, 2017, "Tax Collector or Tax Avoider? An Investigation of Intergovernmental Agency Conflicts," *The Accounting Review*, Vol.92, No.2, 247-270.

Wang, Hongjian, Tianpei Luo, Gary Gang Tian, and Huanmin Yan, 2020, "How Does Bank Ownership Affect Firm Investment? Evidence from China," *Journal of Banking & Finance*, Vol.113, 105741.

Wang, Li, Lukas Menkhoff, Michael Schröder, and Xian Xu, 2019, "Politicians' Promotion Incentives and Bank Risk Exposure in China," *Journal of Banking & Finance*, Vol.99,

63-94.

Wang, Li, Yunhao Dai, and Dongmin Kong, 2021, "Air Pollution and Employee Treatment," *Journal of Corporate Finance*, Vol.70, 102067.

Wang, Rouzhi, and Chaopeng Wu, 2020, "Politician as Venture Capitalist: Politically-Connected VCs and IPO Activity in China," *Journal of Corporate Finance*, Vol.64, No.101632.

Wang, Ying, and Mingsheng Li, 2022, "Credit Policy and Its Heterogeneous Effects on Green Innovations," *Journal of Financial Stability*, Vol.58, 100961.

Wang, Zhiqiang, Bingbai Su, Jerry Coakley, and Zhe Shen, 2018, "Prospect Theory and IPO Returns in China," *Journal of Corporate Finance*, Vol.48, 726-751.

Wei, Chunyan, Shiyang Hu, and Feng Chen, 2020, "Do Political Connection Disruptions Increase Labor Costs in a Government-Dominated Market? Evidence from Publicly Listed Companies in China," *Journal of Corporate Finance*, Vol.62, 101554.

Wen, Wen, Huijie Cui, and Yun Ke, 2020, "Directors with Foreign Experience and Corporate Tax Avoidance," *Journal of Corporate Finance*, Vol.62, 101624.

Williamson, Oliver E., 2000, "The New Institutional Economics: Taking Stock, Looking Ahead," *Journal of Economic Literature*, Vol.38, No.3, 595-613.

Xie, Feng, Hamish D. Anderson, Jing Chi, and Jing Liao, 2019, "Does Residual State Ownership Increase Stock Return Volatility? Evidence from China's Secondary Privatization," *Journal of Banking & Finance*, Vol.100, 234-51.

Xie, Sujuan, Bingxuan Lin, and Jingjing Li, 2022, "Political Control, Corporate Governance and Firm Value: The Case of China," *Journal of Corporate Finance*, Vol.72, 102161.

Xu, Yongxin, 2018, "Anticorruption Regulation and Firm Value: Evidence from a Shock of Mandated Resignation of Directors in China," *Journal of Banking & Finance*, Vol.92, 67-80.

Xu, Yongxin, Yuhao Xuan, and Gaoping Zheng, 2021, "Internet Searching and Stock Price Crash Risk: Evidence from a Quasi-Natural Experiment," *Journal of Financial Economics*, Vol.141, No.1, 255-275.

Yang, Liuyong, Beibei Wang, and Deming Luo, 2022, "Corporate Social Responsibility in Market Liberalization: Evidence from Shanghai-Hong Kong Stock Connect," *Journal of International Financial Markets, Institutions & Money*, Vol.77, 101519.

Yuan, Weidi, Difei Ouyang, and Zhicheng Zhang, 2022, "Did China's Bank Ownership Reform Improve Credit Allocation?" *European Economic Review*, Vol.141, 103782.

Zheng, Gaoping, Shuxun Wang, and Yongxin Xu, 2018, "Monetary Stimulation, Bank Relationship and Innovation: Evidence from China," *Journal of Banking & Finance*, Vol.89, 237-248.

Zhou, Zhengyi, 2017, "Government Ownership and Exposure to Political Uncertainty: Evidence from China," *Journal of Banking & Finance*, Vol.84, 152-165.

（执笔人：刘贤达，中国社会科学院金融研究所，博士后研究人员）

获奖动态：省部级以上金融学奖项

一 孙冶方经济科学奖

孙冶方经济科学奖被公认为是我国经济学界的最高荣誉，因其权威而备受瞩目。孙冶方经济科学奖由孙冶方经济科学基金会主办、中国社会科学院主管。1984年首次开始评奖活动，每两年举办一届，奖励对经济科学做出杰出理论贡献的经济学家。在到2020年为止的15届评奖活动中，累计共有49部著作和168篇论文获奖。表1列示了自2004年第十一届孙冶方经济科学奖颁布以来，在金融学领域的获奖著作和论文。

表1 2004年以来孙冶方经济科学奖获奖作品（金融学）

序号	获奖作品	获奖者	获奖作品出版者	获奖年份
1	经济增长、结构调整的累积效应与资本形成——当前经济增长态势分析	张平、张晓晶	《经济研究》2003年第8期	2004
2	中国金融腐败研究：从定性到定量	谢平、路磊	《比较》（第8辑），中信出版社2003年版	2004
3	中国金融安全论	王元龙	中国金融出版社2003年版	2006
4	劳动力转移过程中的高储蓄、高投资和中国经济增长	李扬、殷剑锋	《经济研究》2005年第2期	2006
5	实现经济周期波动在适度高位的平滑化	刘树成、张晓晶、张平	《经济研究》2005年第11期	2006
6	中国的资本回报率	白重恩、谢长泰、钱颖一	《比较》（第28辑），中信出版社2007年版	2008
7	Ambiguity, Risk and Asset Returns in Continuous Time（中文译名：《连续时间条件下的模糊性、风险性和资产收益》）	陈增敬、Larry、Epstein	*Econometrica*, Vol.70, No.4, 2002（《经济计量学》2002年第70卷）	2010
8	外资进入对中国银行业的影响：后评价分析和政策建议	张晓朴	《比较》（第38辑），中信出版社2008年版	2010
9	高投资、宏观成本与经济增长的持续性	张平、汪红驹	《经济研究》2005年第10期	2014

续表

序号	获奖作品	获奖者	获奖作品出版者	获奖年份
10	货币数量、利率调控与政策转型	伍戈、李斌	中国金融出版社 2016 年版	2016
11	国家的资本结构	Patrick Bolton、黄海洲	NBER Working Paper, No. 23612, 2017	2020

二 孙冶方金融创新奖

孙冶方金融创新奖由孙冶方经济科学基金会于 2014 年创立，旨在促进中国金融学科建设，提高金融研究水平，促进金融学术进步。孙冶方金融创新奖注重发现具有创新思想的优秀作品，强调准确把握时代脉动及在学术成果上的引领功能，致力于推动和发展中国的金融学科建设。该奖项采取集中评审方式，原则上每两年颁发一次，分著作奖和论文奖两类，至 2018 年已举办过三届评奖活动，表 2 至表 5 列出了其创立以来的获奖作品。

表 2　第一届孙冶方金融创新奖著作奖获奖名单（2014）

序号	获奖作品	获奖者	获奖作品出版者
1	中国金融制度的结构与变迁	张杰	中国人民大学出版社 2011 年版
2	大行蝶变——中国大型银行复兴之路	潘功胜	中国金融出版社 2012 年版
3	国际金融危机：观察、分析与应对	周小川	中国金融出版社 2012 年版
4	渐行渐远的红利——寻找中国新平衡	彭文生	社会科学文献出版社 2013 年版
5	市场预期、利率期限结构与间接货币政策转型	李宏瑾、伍戈	经济管理出版社 2013 年版
6	解放土地：新一轮土地信托化改革	蒲坚	中信出版社 2014 年版

表 3　第一届孙冶方金融创新奖论文奖获奖名单（2014）

序号	获奖作品	获奖者	获奖作品出版者
1	民营化和风险分担：来自中国股权分置改革的证据 /Privatization and Risk Sharing: Evidence from the Split Share Structure Reform in China	李凯、王坦、张仁良、江萍	《金融研究评论》2011 年第 7 期（The Review of Financial Studies，Vol.24 (7), 2011）
2	中国权证市场泡沫（The Chinese Warrants Bubble）	熊伟、余家林	《美国经济学评论》2011 年第 6 期（American Economic Review，Vol.101(6), 2011）
3	晋升压力、官员任期与城市商业银行的贷款行为	钱先航、曹廷求、李维安	《经济研究》2011 年第 12 期

续表

序号	获奖作品	获奖者	获奖作品出版者
4	中国特色的银行贷款：国家控制银行体系中内部债务的一些证据（Bank Loans with Chinese Characteristics: Some Evidence on Inside Debt in a State Controlled Banking System）	Bailey Warren、黄巍、杨之曙	《财务分析与定量分析杂志》2011年第6期（Journal of Financial and Quantitative Analysis，Vol.46 (6), 2011）
5	中国主权资产负债表及其风险评估	李扬、张晓晶、常欣、汤铎铎、李成	《经济研究》2012年第6、7期
6	互联网金融模式研究	谢平、邹传伟	《金融研究》2012年第12期
7	民间借贷利率与民间资本的出路：温州案例	张雪春、徐忠、秦朵	《金融研究》2013年第3期
8	分析师覆盖率、信息和泡沫（Analyst Coverage, Information, and Bubbles）	Sandro C. Andrade、边江泽、Timothy R. Burch	《财务分析与定量分析杂志》2013年第5期（Journal of Financial and Quantitative Analysis，Vol.48 (5), 2013）
9	中国的二次民营化：股权分置改革的视角（China's Secondary Privatization: Perspectives from the Split-Share Structure Reform）	廖理、刘碧波、王浩	《金融经济学杂志》2014年第3期（Journal of Financial Economics，Vol. 113 (3), 2014）
10	投机的溢出效应（Speculation Spillovers）	刘玉珍、张峥、赵龙凯	《管理科学》2015年第3期（Management Science，Vol.61(3), 2015.）

表4　第二届孙冶方金融创新奖获奖作品名单（2016）

序号	获奖作品	获奖者	获奖作品出版者	获奖形式
1	百年中国金融思想学说史（一、二、三卷）	曾康霖、刘锡良、缪明杨	中国金融出版社2015年版	著作奖
2	The Sensitivity of Corporate Cash Holdings to Corporate Governance	Qi Chen、Xiao Chen、Katherine Schipper、Yongxin Xu、Jian Xue	Review of Financial Studies，2012年9月	论文奖
3	中国商品金融化分层与通货膨胀驱动机制	张成思、刘泽豪、罗煜	《经济研究》2014年第1期	论文奖
4	金融可得性、金融市场参与和家庭资产选择	尹志超、吴雨、甘犁	《经济研究》2015年第3期	论文奖
5	Capital Controls and Optimal Chinese Monetary Policy	Chun Chang、Zheng Liu、Mark M. Spiegel	Journal of Monetary Economics，2015年4月	论文奖
6	The Brain Gain of Corporate Boards: Evidence from China	Mariassunta Giannetti、Guanmin Liao、Xiaoyun Yu	Journal of Finance，2015年8月	论文奖

表5　第三届孙冶方金融创新奖获奖作品名单（2018）

序号	获奖作品	获奖者	获奖作品出版者	获奖形式
1	刚性泡沫	朱宁	中信出版社2016年版	著作奖
2	中国影子银行界定及其规模测算——基于信用货币创造的视角	孙国峰、贾君怡	《中国社会科学》2015年第11期	论文奖
3	利率传导机制的动态研究	马骏、施康、王红林、王立升	《金融研究》2016年第1期	论文奖
4	家庭财富不平等会自我放大吗？——基于家庭财务杠杆的分析	吴卫星、邵旭方、陶利斌	《管理世界》2016年第9期	论文奖
5	Banking Structure and Industrial Growth: Evidence from China	Justin Y. Lin、Xifang Sun、Harry X. Wu	Journal of Banking & Finance, Vol 58, No. 9, 2015	论文奖
6	The Great Housing Boom of China	Kaiji Chen、Yi Wen	American Economic Journal: Macroeconomics, Vol 31, No. 1, 2017	论文奖
7	Foreign Direct Investment, Trade Credit, and Transmission of Global Liquidity Shocks: Evidence from Chinese Manufacturing Firms	Shu Lin、Haichun Ye	Review of Financial Studies, Vol 31, No. 1, 2017（网络版）	论文奖

三　浦山世界经济学优秀论文奖

浦山世界经济学优秀论文奖（简称"浦山奖"）于2004年由中国世界经济学会发起设立，旨在纪念中国世界经济学界的杰出前辈浦山教授，以推动中国世界经济的研究，促进中外世界经济学术交流。浦山奖对中国经济学界在世界经济研究领域具有原创性的优秀研究论文进行奖励。通过采用与国际同类奖项（诺贝尔经济学奖、克拉克奖）通行的评选机制，明确研究方向，确立学术规范，增进中国世界经济研究水平。

表6　2017年以来获得浦山世界经济学优秀论文奖的金融学论文

序号	获奖作品	获奖者	获奖作品出版者	获奖年份
1	人民币跨境流动与离岸市场货币创造：兼议对我国货币政策的影响	伍戈、杨凝	《比较》（第79辑），中信出版社2015年版	2017
2	Benefits of foreign ownership: Evidence from foreign direct investment in China	王健、王潇	Journal of International Economics, 97	2017
3	Two-Way Capital Flows and Global Imbalances	王鹏飞、文一、许志伟	Economic Journal, 127	2017
4	Firm-specific exchange rate shocks and employment adjustment: Evidence from China	戴觅、徐建炜	Journal of International Economics, 108	2019
5	金融双轨制与利率市场化	纪洋、谭语嫣、黄益平	《经济研究》2016第6期	2019

续表

序号	获奖作品	获奖者	获奖作品出版者	获奖年份
6	社会融资规模与货币政策传导——基于信用渠道的中介目标选择	盛松成、谢洁玉	《中国社会科学》2016年第12期	2021
7	Financial Stability, Growth and Macroprudential Policy	马畅	Journal of International Economics, 122	2021

四 黄达—蒙代尔经济学奖

黄达—蒙代尔经济学奖的前身为"黄达—蒙代尔优秀博士论文奖",2002年12月由中国人民大学中国财政金融政策研究中心创设,以1999年诺贝尔经济学奖得主罗伯特·蒙代尔(Robert.A Mundell)教授和我国著名经济学家、中国人民大学原校长黄达教授共同冠名。2005年该奖项正式更名为"黄达—蒙代尔经济学奖"。评奖活动每两年举办一次,表7为2017年以来获奖金融学成果。

表7 2017年以来获得黄达—蒙代尔经济学奖的金融学著作和论文

序号	获奖作品	获奖者	获奖作品出版者	获奖年份
1	我国中央银行沟通对公众预期的影响研究	胡荣尚	湖南大学博士学位论文	2017
2	论经济从货币化向金融化的转型	罗煜	中国人民大学博士学位论文	2017
3	银行资本监管与货币政策的协调研究	高洁超	中国金融出版社2018年版	2019
4	异质性投资的Tobin's Q理论	齐谦	北京大学博士学位论文	2021

五 刘诗白经济学奖

刘诗白经济学奖是西南财经大学和刘诗白奖励基金面向全社会设立的经济学奖项,旨在弘扬刘诗白教授等老一辈学者在经济学研究中的创新精神,推动中国特色经济学理论创新,发掘具有较高理论水平和学术价值以及对研究和解决重大现实问题有较强指导意义和应用价值的理论经济学和应用经济学研究成果。刘诗白经济学奖于2012年开展首届申报评审,每两年评审一次。

表8　2017年以来获得刘诗白经济学奖的金融学著作和论文

序号	获奖作品	获奖者	获奖作品出版者	获奖年份
1	Quantitative Easing and Volatility Spillovers across Countries and Asset Classes	杨子晖	Management Science，63	2018
2	人民币国际化研究：程度测算与影响因素分析	彭红枫、谭小玉	《经济研究》2017年第2期	2018
3	政策工具的挤出效应与挤入效应研究	杨子晖	商务印书馆2019年版	2021
4	地方公共债务增长的制度基础——兼顾财政和金融的视角	毛捷、刘潘、吕冰洋	《中国社会科学》2019年第9期	2021

六　中国高校人文社会科学研究优秀成果奖

中国高校人文社会科学研究优秀成果奖是教育部为表彰在高校人文社会科学研究中作出突出贡献的研究人员而设立的奖项，旨在鼓励高校研究人员积极探索，勇于创新，推动人文社会科学事业的发展。根据2002年教育部印发的《中国高校人文社会科学研究优秀成果奖励暂行办法》（教社政〔2002〕6号），中国高校人文社会科学研究优秀成果奖分著作、论文和研究咨询报告类奖项，每三年评选一次，按一级学科设立一等奖、二等奖、三等奖，并根据需要设立特等奖或荣誉奖。教育部设立"中国高校人文社会科学优秀成果奖励委员会"作为评奖机构。

表9　2017年以来获得中国高校人文社会科学研究优秀成果奖的金融学著作和论文

序号	获奖作品	获奖者	获奖作品出版者	获奖年份
1	百年中国金融思想学说史	曾康霖、刘锡良、缪明杨	中国金融出版社2018年版	2020
2	Quantitative Easing and Volatility Spillovers across Countries and Asset Classes	杨子晖	Management Science，63	2020

七　中国社会科学院青年经济学优秀论文奖

中国社会科学院青年经济学优秀论文奖是由中国社会科学院经济学部发起设立，旨在激发和促进青年经济学者勇于创新和探索，投身理论经济和应用经济研究而设立的社科院系统内评奖活动。该奖项每年评选一次，设立一等奖、二等奖和三等奖。

表10　2017年以来中国社会科学院青年经济学优秀论文奖获奖论文（金融学类）

序号	获奖作品	获奖者	获奖作品出版者	获奖年份
1	全球价值链人民币实际有效汇率：理论、测度及结构解析	倪红福	《管理世界》2018年第7期	2018
2	金融开放条件下国债市场的波动溢出和风险定价研究	费兆奇、刘康	《经济研究》2020年第9期	2020
3	行业关联与实际有效汇率：理论与中国经验	苏庆义、马盈盈	《世界经济》2021年第4期	2021

八　中国软科学奖

中国软科学奖由深圳市综研软科学发展基金会组织设立。从2010年起，每年面向社会征集评奖年度前三年的软科学研究成果，包括经济、社会、法律、管理、环保等领域公开出版、发表的研究成果（含著作、论文、研究报告和调查报告），以及具有重要实践意义、应用价值和政府决策参考价值的内部研究、对策研究成果。中国软科学奖每次评选三个以内优秀成果奖，另设五个以内专项奖，还有推荐人奖，对获得中国软科学奖和专项奖成果的推荐人给予奖励。

表11　2015年以来获得中国软科学奖的金融学著作

序号	获奖作品	获奖者	获奖作品出版者	获奖年份
1	中国国家资产负债表2013：理论、方法与风险评估	李扬、张晓晶、常欣等	中国社会科学出版社2013年版	2015年第五届
2	中国A股市场异常波动报告	吴晓灵等	上海远东出版社2016年版	2017年第六届
3	构建中国绿色金融体系	马骏	中国金融出版社2017年版	2019年第七届

九　薛暮桥价格研究奖

薛暮桥价格研究奖是由中国价格协会设立的我国价格研究的最高奖项，定期奖励对我国价格理论、价格政策以及价格管理工作的研究有重要贡献的论著成果。薛暮桥价格研究奖于1995年设立，包含著作奖和论文奖两个奖项。

表12　2017年以来获得薛暮桥价格研究奖的金融学著作和论文

序号	获奖作品	获奖者	获奖作品出版者	获奖年份
1	中国通货膨胀动态形成机制的多重逻辑	张成思	中国人民大学出版社2016年版	2018
2	新常态下通缩判定标准研究	刘刚	《宏观经济管理》2015年第12期	2018
3	中国结构性通缩形成机制及调控体系研究	龙少波	中国社会科学出版社2020年版	2022

（供稿：刘菲，中国社会科学院金融研究所，副研究员）

机构介绍

一 中国社会科学院金融研究所

中国社会科学院金融研究所（以下简称"金融所"）成立于2002年，是中国社会科学院直属的研究机构，其前身为创建于1994年的中国社会科学院金融研究中心。金融所着力探索中国金融发展道路、讲好中国金融故事、创新中国金融理论。金融所以宏观金融、微观金融、国际金融为学科基本，以金融风险与监管、金融科技、绿色金融为学术增长点，坚持以人民为中心的金融发展观，围绕金融服务实体经济主线，重点关注金融的效率、公平与风险，科学回答中国之问、世界之问、人民之问、时代之问，努力建构中国自主的金融学"三大体系"，形成了具有社科院特色的金融学科研究重镇。

金融所根据学科布局和"三大体系"建设的需要，设置了货币理论与货币政策研究室、银行研究室、资本市场研究室、保险与社会保障研究室、国际金融与国际经济研究室、金融风险与金融监管研究室、金融科技研究室，以及综合研究部（《金融评论》编辑部）和综合办公室。金融所主办的《金融评论》（双月刊）为南京大学中国社会科学研究评价中心核心期刊（CSSCI）和北京大学核心期刊，被中国人民大学、武汉大学、中央财经大学等诸多一流高校列为权威期刊。

金融系成立于2002年，已培养全日制学术学位的博士研究生200余人、硕士研究生近百人。金融所于2003年设立博士后科研流动站，培养博士后逾300人。此外，金融所还设有6个研究中心和4个研究基地。研究中心为：中国社会科学院投融资研究中心、中国社会科学院保险与经济发展研究中心、中国社会科学院金融政策研究中心、中国社会科学院房地产金融研究中心、中国社会科学院财富管理研究中心、中国社会科学院支付清算研究中心。研究基地为：中国社会科学院金融法律与金融监管研究基地、中国社会科学院产业金融研究基地、中国社会科学院中小银行研究基地、中国社会科学院融资租赁研究基地。

二 国务院发展研究中心金融研究所

国务院发展研究中心金融研究所下设在国务院发展研究中心的市场经济研究所。其主要职责是研究金融改革和发展中重要的理论和政策问题。突出研究金融领域具宏观性、战略性、政策性和预见性的问题，直接为党中央、国务院决策服务。金融研究所重点对中国的货币政策，银行、保险、证券、汇率等监管政策及有关问题进行全方位的研究。该所与政府及社会各界金融机构有较强的合作关系，充分运用社会、民间各方面研究资源，组织中国各金融监管部门的政策研究人员、著名院校的专家教授、国际金融组织及研究中国金融问题的海外研究机构与专家学者，对中国金融未来发展中面临的重大问题开展共同研究。金融研究所的研究工作以鲜明的观点、务实的研究风格、注重研究质量著称。

三　中国人民银行金融研究所

中国人民银行金融研究所成立于1956年，是中国人民银行总行直属正司局级事业单位，2017年获批为国家高端智库试点培育单位。研究所主要职责是：从事经济金融基础理论、金融改革、农村金融、能源与碳金融、比较金融等方面的中长期研究，为中央银行决策提供政策建议、理论依据、研究资料，是中央银行对外进行学术交流和政策宣传的窗口，发挥理论探索、决策咨询、信息交流和人才储备功能。研究所拥有金融学博士学位点，与清华大学五道口金融学院开展联合培养博士生项目；拥有应用经济学一级学科博士后科研流动站，与金融系统十余家博士后工作站建立联合培养博士后工作关系；拥有《金融研究》、《金融会计》、《中国金融年鉴》、人民银行图书信息中心等学术刊物和信息资料资源；拥有中国金融学会、中国金融会计学会、国际经济关系学会等学术社团平台。

四　中国银行研究院

中国银行研究院历史悠久，其前身可追溯到1920年成立的中国银行调查室，是我国金融界第一家设立研究部门的机构。1979年中国银行国际金融研究所成立后，中国银行不仅在内地、香港、澳门等相关分行设立调研室（调研信息处）、国际金融研究室（所）等机构，而且在伦敦、纽约等主要国际金融中心先后分设了专门的调研机构。2019年中国银行在原国际金融研究所的基础上，有效整合全辖研究资源，组建中国银行研究院。目前，中国银行研究力量已覆盖伦敦、纽约、香港、新加坡、东京、悉尼和法兰克福等国际金融中心。全球化调研网络的搭建，为中国银行更好地开展国际经济金融研究工作打下了坚实的基础。同时，为更好服务国家区域重大战略，中国银行在长三角、大湾区、海南等地区设立了研究机构，着力为长三角区域一体化发展、粤港澳大湾区、深圳先行示范区、海南自贸港建设等提供融智服务。此外，研究院还设有全球金融市场、行业规划、金融科技、理财、基金和证券等专业性研究中心，开展应用型研究。中国银行研究院以服务国家宏观决策和集团战略发展为宗旨，研究领域覆盖国际金融、金融市场、全球银行业、宏观经济、产业发展和金融科技等。研究院本部目前设有8个团队，同时在全球主要国际金融中心和国内重点城市设有5个研究分院、12个研究中心和5个研究节点。目前，中国银行研究院系统拥有研究人员超过200人。中国银行研究院还承担中国国际金融学会秘书处的工作，负责《国际金融研究》《国际金融》两本学术期刊相关工作。在整合全辖研究资源的基础上，中国银行研究院已经形成了包括《全球经济金融问题研究》、《国别/地区观察》、《国际金融评论》、《宏观观察》、《金融要闻评述》、《银行业观察》、《中银调研》以及每季度对外发布的《经济金融展望季报》等一系列"中银研究"产品。

五　中国工商银行现代金融研究院

中国工商银行现代金融研究院成立于2019年12月24日，其前身为1993年成立的中国工商银行城市金融研究所。中国工商银行现代金融研究院与全面深化改革领导小组办公室（深改办）合署办公。作为中国工商银行内设职能部门，现代金融研究院（深改办）以研究与智库建设、学会与研究交流、期刊与品牌建设为主要职能，跟踪经济金融形势，研究经营发展面临的重点、热点问题，开展行内外交流合作，积极发挥决策咨询、学术交流、智库传播、深化改革作用。具体职责包括：研究分析宏观经济形势与政策、行业与区域发展、金融发展与创新；编制集团中长期战略规划并开展跟踪评价，牵头组织参与重大改革项目，牵头协调跨部门、跨条线重大改革事项，跟踪、监测、报告重大改革项目推进情况；工银研究学术交流平台建设，以及工银研究成果发布与品牌建设；编辑发行《现代金融导刊》和《金融论坛》；负责中国现代金融学会管理；负责中国工商银行博士后科研工作站管理；负责中国工商银行行史的编修工作。

六　中国建设银行研究院

中国建设银行研究院是2018年设立的智库研究机构，专门开展战略性、基础性和前瞻性经济金融研究，管理建行博士后科研工作站，编辑发行《投资研究》《工程经济》学术期刊，并作为世界经济论坛和博鳌亚洲论坛会员单位承接机构。秉承中国建设银行悠久的研究传统，研究院坚持"服务建行，建言国家"，努力打造全球化、专业化、平台化智库型研究平台，致力于为建设银行系统性、连续性战略转型提供智力支撑，为公共政策制定提供科学咨询，为经济金融发展难题探索解决方案。研究院主要研究方向包括宏观经济、金融治理、数字化转型、金融科技、普惠金融、住房租赁、金融风险、公共政策等。成立四年以来，研究院虚心学习国内外高端智库成功经验，积极探索建设国有大型商业银行新型智库研究机构，围绕国家经济金融和建行战略发展，为国家有关部门和建行科学决策提供依据。研究院内设置宏观研究、金融研究、国际金融研究与交流、新金融与集团战略研究、数字化转型与风控研究、重大课题研究、综合管理、科研管理、博士后工作站、《投资研究》杂志10个工作板块。坚持内外研究力量动态结合、优势互补原则，积极承接国务院金融委、国家发展改革委、科技部、住建部等部门委托课题，深入剖析问题，研判发展趋势并提出针对性政策建议，为相关部门提供专业性、前瞻性政策信息。研究院现有各类人员47人，博士学位研究人员29人，在站博士后8人，市场化研究人员5人。

七 清华大学五道口金融学院

清华大学五道口金融学院成立于2012年3月29日，由清华大学与中国人民银行合作，在中国人民银行研究生部的基础上建设而成。学院开设金融学博士、金融专业硕士、清华—康奈尔双学位金融MBA、金融EMBA、全球金融GFD以及高管教育等项目。学院延揽国际一流全职教师，巩固业界兼职师资优势。一批享有国际声望的知名教授陆续加盟或来院讲学，鼎力构筑学院雄厚的教学基础和科研实力。学院继承和发扬导师外聘、紧贴金融实务的传统，聘请更多政府和业界资深人士担任兼职导师和授课教师。截至2021年9月，学院共有全职教师23人、院聘研究员1人、兼职教授15人、兼职硕士生导师139人、特聘教授18人、访问学者2人。

学院以"培养金融领袖，引领金融实践，贡献民族复兴，促进世界和谐"为使命，按照国际最先进的金融学科和商学院高等教育模式办学，借助清华百年来丰厚的教育教学资源和金融业界的紧密联系，建设国内领先、国际一流的金融高等教育平台和金融学术、政策研究平台。学院搭建学术平台，引领金融研究的中国实践。学院成立了清华大学国家金融研究院、清华大学金融科技研究院，旨在为金融改革、发展提供基础研究，为金融决策与监管部门提供政策分析与咨询，打造一流金融智库。

八 北京大学经济与管理学部

北京大学经济与管理学部（简称经管学部）成立于2016年，目前由经济学院、光华管理学院、国家发展研究院、人口研究所四个单位组成，涵盖理论经济学、应用经济学、工商管理、管理科学与工程四个一级学科。经管学部四个院所共有事业编制人员277人，教学科研人员242人。在教学科研人员中，分布在经济学院74人，光华管理学院110人，国家发展研究院42人，人口所16人。经管学部每年平均有1000名本科及研究生入校、毕业。经管学部2016年各院系在校本科生1355人，在校研究生2274人，这是每年经管学部承担的在校学生教育总量。每年经管学部本科毕业生约350人，研究生毕业生在700人左右。这是经管学部每年的毕业生产出规模。另外，经管学部一些院系还承担了经济学双学位、第二学位、辅修等经济学专业学生教育工作，全校本科生四年一届中约有三分之一在经管学部攻读经济学学士学位。2016年经济与商学学科（Economics & Business）进入ESI全球前百分之一；在US NEWS学科排名中，列世界第74位，中国大陆高校第一；北大商学学科在THE学科排名中，列世界第18位，中国大陆高校第一；北大经济学、会计和金融、工商管理在QS学科排名中列33—34位。在以往的国际排名中，都是进入世界前列，保持国内领先态势。

九　中国人民大学财政金融学院

中国人民大学财政金融学院是新中国第一个培养财政金融领域高级人才的基地，为新中国财政金融学科的建立和发展作出了开拓性贡献。学院前身财政信用借贷系始建于1950年，是中国人民大学最早设立的八大院系之一，其间几经重组更名。1997年财政金融系与投资系合并，组建成立财政金融学院。

经过70余年的积淀与建设，学院成为国内外知名的财政金融教学科研重镇，传统学科领先优势进一步巩固，新型交叉学科发展不断突破，被誉为"中国财政金融高等教育的领头雁"。财政学、金融学在历次教育部组织的学科评审中蝉联国家重点学科。自2004年教育部开展一级学科评估以来，中国人民大学以财政学、金融学为骨干的应用经济学连续4次蝉联全国第一（A+）。2017年和2022年，应用经济学连续入选国家一流学科建设名录。

学院致力于培养扎根中国大地、既有扎实的专业知识又有宽阔的国际视野、能够在东西方两个文化平台上自由漫步的卓越财政金融人才。学院现有本科专业6个（财政学、税收学、金融学、保险学、金融工程、信用管理），其中财政学、金融学、金融工程、税收学4个专业获批国家级一流本科专业建设点。专业硕士学位点3个（金融、税务、保险），博士点4个（财政学、金融学、金融工程、保险学）。现有在校全日制学生2189人，其中本科生1087人、硕士生850人、博士生252人。伴随共和国的建立与成长，大批杰出财金学子成为推动中国财政金融事业发展的中流砥柱。

十　中央财经大学金融学院

中央财经大学金融学院与新中国同龄，历经中央财经学院银行科、中央财政金融学院金融系，2003年改制成立中央财经大学金融学院。1997年金融专业被评为财政部部属院校首批重点学科；2001年金融学（含保险学）二级学科被教育部认定为国家级重点学科；2007年本学科再次通过国家重点学科评定并成为学校应用经济学国家级重点学科的重要支撑学科。在2012年教育部学科评估中，中央财经大学应用经济学科列全国第2名，2017年学校以应用经济学科为主入选"国家世界一流学科建设高校"，并在第四轮学科评估中获得A+等级，并列第一。

改革开放以来，中央财经大学金融系获得了快速发展，本科教育方面，先后举办金融、国际金融、国际保险等专业。1986年保险学科独立建系；1999年在国际金融专业基础上成立国际经济与贸易专业；2001年设立金融工程本科专业（国内首批试点单位）；2004年举办国际经济与贸易专业（国际贸易/金融风险管理）国际学历教育项目；2010年，国际经济与贸易专业从金融学院分离，组建国际经济与贸易学院；2011年在金融学专业下开设了国际货币与国际金融方向；2015年开办了互联网金融方向，成为国内首家培养互联网金融本科专业人才的学院；2017年成立国内高校第一个金融科技系；2019年金融科技本科专业招生，金融安全工程学科被评定为北京市高精尖学科，同年，作为主要建设单位与信息学院、统计与数学学院和管理科学与工程学院共建国家金融安全教育部工程研究中心。

学院现设有金融学系、应用金融系、金融工程系、国际金融系、金融科技系五个教学单位和金融专硕教学研究与案例中心、金融课程现代化教学创新中心两个教学研究中心，以及证券期货研究所、国际金融研究中心、中国银行业研究中心、民泰金融研究所、教育部国别区域研究中心—亚投行丝路金融研究中心、中国资产管理研究中心、中国货币政策研究中心、中国金融科技研究中心等研究机构，拥有应用经济学一级学科下金融学专业博士后科研流动站。

十一　厦门大学经济学院金融系

厦门大学金融学科有着悠久的历史，其前身为1921年商学部下设的银行科，1928年银行系正式设立。迄今，厦门大学金融学科已经走过了百年辉煌的历程。其间，于1983年和1986年，金融学专业先后获得硕士学位和博士学位授予权。1987年与财政学专业联合申请国家级重点学科，被评为全国首批唯一的财政学（含金融学）重点学科。2001年、2007年两次获评国家重点金融学科，2013年在教育部金融学科评比中排名全国第3。2019年、2020年金融学和金融工程专业分别入选国家级一流本科专业建设点。

至今，厦门大学金融学科已拥有一支结构合理、梯队健全、高层次的学科方向完备、体现现代金融学科发展方向的师资队伍。在百年的发展历程中，不仅涌现了张亦春等在国内金融和经济学界享有盛誉的著名学者，而且近年来在引进领军人才和国内外优秀博士、培养中青年师资等方面成效卓越。

十二　对外经济贸易大学金融学院

2000年6月，原对外经济贸易大学和中国金融学院合并组成新的对外经济贸易大学。2001年3月，在原中国金融学院金融系、工商管理系、国际经济系基础上组建成立金融学院。学院秉承两校特色，具备专业化程度强，国际化程度高的特点，并与金融业界保持广泛而紧密的联系。学院的建设目标是打造国内一流、国际知名的中国金融教育和研究平台。

学院以学科建设为龙头。校应用经济学具有一级学科博士学位授予权，并设立博士后科研流动站。拥有金融学、金融工程学和投资学三个本科专业，金融学硕士、金融工程硕士、金融专硕三个硕士专业；金融学、金融工程两个博士专业。在本科层次设立特许金融分析师（CFA）实验班、金融风险管理师（FRM）实验班、量化金融实验班、鸿儒金融实验班、金融科技实验班等特色培养方式，硕士层次设立量化金融专硕项目，形成了相互支撑、优势互补的金融学科群，并已形成学士—硕士—博士—博士后等完备的各层次人才培养体系。

十三 复旦大学经济学院

复旦大学经济学院现设有经济学系、世界经济系、国际金融系、公共经济学系、风险管理与保险系、世界经济研究所、中国社会主义市场经济研究中心和金融研究院8个建制单位，1个"985工程"创新基地，28个研究机构。全院教职工173人，其中教授50人，副教授49人。经济学院拥有强大的老中青结合的教学和科研力量，既有在国内外享有盛誉的老一辈经济学家，又有近年来在国内理论界崭露头角的中青年经济学者，学术梯队完整，教研经验丰富，其整体实力在国内经济学界处于领先地位。

学院现有理论经济学和应用经济学博士后流动站2个；理论经济学一级学科及金融学、产业经济学2个应用经济学二级学科被评为全国重点学科；博士学位授予专业9个，硕士学位授予专业12个，学士学位授予专业5个。其中理论经济学一级学科及金融学、产业经济学二级学科被列入"211工程"国家重点学科建设项目。

经济学院具有优良的教学和科研条件，设有文献与数据中心、"985工程"、"211工程"、教学创新实验室等现代化教学和科研设施。学院与世界银行、美国、日本等国际组织和国家的学术机构建立了固定的资料交流关系，并设有欧洲共同体中心，是欧盟在我国建立的第一个资料中心。《世界经济文汇》是国家级甲类核心刊物，在国内外享有较高的声誉。此外，经济学院定期举办高端论坛，广邀海内外名家，以促进学术交流。

十四 上海财经大学金融学院

上海财经大学金融学院的前身为建立于1921年的国立东南大学银行系。该系是我国高等院校中最早创设的金融学科之一，学科创始人杨荫溥、朱斯煌教授等为近代中国金融学的奠基人。新中国成立后，彭信威、刘絜敖、朱元、吴国隽、王宏儒、龚浩成、谢树森、王学青、俞文青资深教授等均对新中国金融高等教育的发展有重要贡献。1998年，为了适应我国金融事业发展的需要，进一步促进金融学科发展，上海财经大学成立了金融学院，这也是我国大陆高校中设立的第一个金融学院。

金融学院设有银行系、保险系、国际金融系、证券期货系以及公司金融系共五个系，现有本科四个专业、四个学术型硕士点、两个专业学位硕士点和四个博士点。凭借学院优良的基础设施、资深的师资团队以及现代化的管理方式和国际化视野，成就了一批批活跃于金融界的学术和实践人才。

学院拥有一流的师资队伍，现有专职教师74人，其中教授26人、副教授25人。获得博士学位的教师人数占全体教师的比例超过89%，其中30位教师拥有海外博士学位。近年来学院注重从国外引进高层次科研与教学人才，现有常任轨教师24人，均具有海外博士学位。聘请海内外大型金融企业负责人担任兼职教授。近年来，学院共有十多名教师参加国家留学基金委项目、学校双语师资培训项目以及美国富布莱特基金资助项目，显著提高了教师的研究和教学能力。

十五　浙江大学经济学院

浙江大学经济学院源于1897年的求是书院和育英书院，有着深厚的历史底蕴和学术文脉。1929年，之江大学设立经济学系。该系是中国大学最早创办的经济学系之一，此即浙江大学经济学科的发端。1999年，在原浙江大学对外经济贸易学院、原杭州大学金融与经贸学院基础上，组建了新的浙江大学经济学院。学院秉持"求是创新"校训和"执善向上、经世济民"办学理念，努力建设成为国内领先、世界知名的一流学院。

在国际著名大学和学科排行榜中，浙大经济学科在英国泰晤士高等教育2020年大学排行榜上居全球第50位，列中国大陆地区第3位；在英国QS世界大学2019年学科排名中，浙大经济学与计量经济学、会计与金融学科两大学科，双双进入世界前100名，是中国大陆地区五所进入前百的高校之一；在2019年ESI排名中，浙大经济与商业学科首次进入全球前1%。在教育部第四轮学科评估中理论经济学为A类学科，在国内并列第5位。

学院现有经济学系、金融学系、财政学系、国际经济学系、劳动经济学系5个系，拥有8个研究所、16个研究机构。现有在编教职工124人，其中，教授34人，副教授46人，百人计划研究员11人，讲师16人。现有1个国家重点学科（培育），2个一级学科博士点，13个二级学科博士点，2个一级学科硕士点，15个二级学科硕士点，5个本科专业。

十六　武汉大学经济与管理学院金融系

武汉大学经济与管理学院金融系具有悠久的历史，其前身可追溯至1945年国立武汉大学开办的银行学专业，20世纪40年代，以杨端六教授（毕业于英国伦敦大学）、李崇淮教授（毕业于美国耶鲁大学）和周新民教授（毕业于美国威斯康星大学）为代表的一批著名学者先后云集武大金融学科，奠定了本学科在国内教育界的学术地位。改革开放后，武汉大学是全国最早恢复金融学科的综合性重点大学之一。1983年，经国家教育部批准，武汉大学原管理学院设立国际金融专业，并成立国际金融系。1985年，武汉大学原经济学院设立货币银行学专业。现武汉大学金融系是于1999年在教育部学科调整的基础上，由原管理学院国际金融系、投资系和原经济学院货币银行学专业合并而成的。2002年，武汉大学设立金融工程专业，是全国最早开设金融工程专业的五所院校之一。2007年，武汉大学金融学被评为国家重点学科。2009年，武汉大学金融学被评为湖北省优势学科，金融工程被评为湖北省创新学科。

武汉大学金融系设有金融学、金融工程两个博士点，金融学、金融工程、金融学硕士专业学位三个硕士点，金融学、金融工程两个本科专业，在金融学专业中设有国际金融试验班和中法金融班两个特色班。下设武汉大学金融研究中心、武汉大学金融工程与风险管理研究中心、武汉大学金融发展与政策研究中心等研究机构，其中，武汉大学金融研究中心为武汉大学人文社科重点研究基地、武汉大学金融工程与风险管理研究中心为湖北省高校人文社科重点研究基地。

十七　中山大学岭南学院

中山大学岭南学院秉承孙中山先生"博学、审问、慎思、明辨、笃行"的校训，以行动实践"作育英才，服务社会"的岭南传统，致力于经济学、金融学、管理学的教学与研究。学院共有经济学、金融学、国际商务、管理科学4个本科专业，以及经济学和管理学学术硕士、金融学专业硕士、国际商务专业硕士、保险硕士，博士，MBA、EMBA、中美EMBA等项目。学院获得AMBA、EQUIS和AACSB三大国际认证，成为全球同时获得三大认证的为数不多的商学院之一，跻身全球优秀商学院行列。

在全院师生的共同努力下，学院在教学、科研和经济管理学科建设方面均取得显著进步，学术声誉和社会影响不断提高。2020年泰晤士高等教育学科评级：应用经济学获评A级，管理科学与工程获评A+，工商管理获评A+。2020年QS国际排名：经济与计量经济学居全球第167位，中国大陆第9位。2020年QS国际排名：会计与金融学居全球174位，中国大陆第9位。2020年U.S.News国际排名：经济与商学居全球第195位，中国大陆第10位。2019年THE国际排名：商学与经济居全球第100位，中国大陆第6位。2019年ARWU国际排名：管理学居全球第87位，中国大陆第5位。

十八　西南财经大学金融学院

西南财经大学金融学院办学历史悠久，办学实力雄厚，学科优势明显，办学层次完整，在中国金融行业和金融教育界享有崇高的威望和影响。学科办学历史可追溯到1925年光华大学商科银行学系。1997年在西南财经大学原金融系、国际经济系国际金融教研室以及农经系农村金融教研室的基础上组建金融学院；1998年金融学被评为中国人民银行行属重点学科，金融学专业开始招收博士后；2000年设立教育部人文社会科学重点研究基地——中国金融研究中心；2002年金融学科在教育部组织的评审中综合实力排名全国第一，被评为首批国家重点学科；2007年再次通过教育部全国重点学科评审，蝉联国家重点学科，"金融学国际化人才培养"

项目获批国家级特色专业建设点，并承担"经济管理复合型拔尖创新人才培养模式创新实验区"国家级质量工程项目；2009 年承担"第二类特色专业金融国际化人才培养"国家级质量工程项目，"投资学"课程被评为国家级双语示范课程；2010 年"货币金融学"教学团队被评为国家级优秀教学团队；2011 年，985 工程"金融学科群与中国金融创新发展"优势学科创新平台正式立项建设；2012 年获批国家级实验教学示范中心——教育部现代金融创新实验教学中心；2013 年成为中国首家通过 CFA（注册金融分析师）协会创立课程认证计划（CFA University Recognition Program）认证学院；2014 年获批国家级实验室——金融虚拟仿真实验室；2015 年再获 CFA（注册金融分析师）协会合作伙伴（CFA Program Partners）认证，成为中国唯一一个同时获得 CFA 两项殊荣的机构；2016 年与美国道富银行签署了合作备忘录，共建校外实习基地；2017 年与加州大学伯克利分校国际风险数据分析联盟 CDAR 签署合作协议。

金融学院下设金融系、金融工程系、信用管理系、金融双语教学中心、CFA 教学与培训中心。金融学专业创建于 1978 年，为西南财经大学历史悠久的品牌专业、国家级重点学科；金融工程专业开设于 2001 年，在全国首批开设该专业的五所高校中独具特色；金融学双语实验班创立于 2002 年，是西南财经大学首个双语实验教学项目，国际化特色鲜明；信用管理专业于 2016 年首次招收本科生，为国家培养大数据信用分析和金融科技高级专业人才，是国内极少的交叉、新兴和特色专业；金融学 CFA 国际化实验班 2016 年首次招收本科生，致力于培养国际特许金融分析师。2020 年，金融科技专业开始招生；学校与电子科技大学联合学士学位项目金融学（智能金融与区块链金融）开始招生。

（供稿：姚云，中国社会科学院金融研究所，助理研究员）

附　录

金融学学科词汇（中英对照）索引

（按中文词汇音序排列）

B

半参数因子模型（semiparametric factor model）302

包容性增长（inclusive growth）44, 267, 275, 280

保险（insurance）19, 25, 27, 29, 37, 41, 42, 110, 112, 113, 114, 115, 118, 147, 148, 149, 150, 151, 152, 153, 154, 155, 156, 157, 158, 159, 160, 161, 162, 163, 164, 165, 166, 167, 168, 169, 171, 172, 173, 174, 175, 176, 177, 178, 179, 180, 181, 182, 183, 184, 185, 186, 187, 188, 189, 190, 219, 221, 261, 262, 264, 274, 277, 306, 310, 323, 324, 333, 340, 341, 343, 347, 349, 351, 353, 354, 357, 359

比特币（bitcoin）31, 226

表外业务（off-balance-sheet business）20, 57, 63, 101, 108, 109, 118

并购（mergers and acquisitions，M&A）25, 35, 122, 123, 126, 130, 133, 134, 138, 141, 142, 143, 144, 145, 204, 205, 212, 335, 336, 348, 350

布雷顿森林体系（the Bretton Woods System）192, 193

不良贷款（non-performing loans，NPL）102

C

财产保险（property insurance）148, 149, 153, 157, 161, 163, 168

财务困境（financial distress）128

财政（public finance）3, 5, 16, 17, 19, 20, 24, 27, 34, 38, 46, 48, 59, 60, 63, 64, 65, 66, 68, 71, 72, 75, 77, 85, 86, 90, 95, 104, 136, 148, 149, 167, 171, 173, 176, 178, 179, 182, 184, 185, 186, 187, 188, 189, 190, 195, 212, 220, 227, 228, 229, 232, 236, 246, 272, 275, 279, 283, 323, 331, 337, 338, 341, 342, 343, 356, 357, 364

财政政策（fiscal policy）16, 20, 38, 46, 59, 60, 71, 72, 86, 229, 272, 275, 323, 338

操作风险（operational risk）30, 224

产出缺口（output gap）47, 48, 49, 58, 103

常备借贷便利（standing lending facility，SLF）17, 18, 55, 342, 343

偿付能力（solvency）161, 164, 169, 184, 190

超额收益（abnormal return）103, 137, 164, 236, 237, 239, 242, 243, 244, 251, 359

超主权货币（super-sovereign currency）226

赤字（deficit）45, 60, 173, 176, 179, 180, 183, 184, 193, 194, 196, 331

储备货币（reserve currency）206, 209, 289

存款保险制度（deposit insurance system）41, 110, 112, 113, 114, 115, 118, 148, 306, 310

D

大分流（the Great Divergence）4, 5, 6, 337

大股东（block shareholder）114, 121, 122, 124, 125, 126, 131, 133, 134, 135, 136, 139, 140, 141, 142, 143,

145, 149, 161, 331, 344

代理成本（agency costs）57, 86, 140, 153, 160, 336

担保品（collateral）28, 36, 51, 68, 69, 70, 137, 139, 347

道德风险（moral hazard）112, 113, 148, 152, 157, 158, 166, 168, 177, 181, 185, 190, 273, 343

第三方支付（third-party payment）29, 39, 285, 290, 291, 292, 296, 297, 298

定价核（pricing kernel）236, 245

定向降准（targeted reduction of the bank required reserve ratio）17, 51, 74, 103, 107, 115, 116

董事会（board of directors）39, 121, 131, 132, 133, 139, 142, 144, 145, 336, 354, 355

董事网络（director network）132, 139

董事责任保险（Directors and Officers Liability Insurance）165

独立董事（independent director）35, 132, 133, 139, 142, 144, 145, 355

对外直接投资（outward foreign direct investment）204, 210

多个大股东（multiple large shareholders）136, 140

F

法定数字货币（sovereign digital currency）31, 41, 42, 75, 226, 233, 270, 271, 275, 276, 278, 279, 280, 289, 290, 291, 295, 296, 297, 298, 352, 366

非常规货币政策（unconventional monetary policy）68, 367

非控股股东（non-controlling shareholder）132, 145

非平稳时间序列（nonstationary time series）303, 304

风险承担（risk taking）22, 29, 38, 41, 44, 52, 57, 58, 61, 62, 63, 69, 70, 72, 74, 75, 76, 80, 81, 94, 100, 101, 102, 108, 109, 110, 111, 112, 114, 115, 116, 117, 118, 132, 161, 162, 165, 167, 202, 207, 209, 211, 232, 265, 272, 276, 296, 326, 328, 333, 335

风险管理（risk management）28, 29, 37, 91, 108, 112, 113, 114, 118, 147, 150, 151, 158, 159, 160, 161, 164, 165, 199, 205, 229, 259, 263, 272, 273, 277, 284, 285, 292, 295, 306, 328, 330, 353, 364

风险控制（risk management）115, 167, 298, 304, 339, 346, 364

风险溢价（risk premium）37, 58, 79, 81, 196, 239, 245, 246, 252, 253, 256, 264, 358

G

改革开放（the reform and opening-up policy）4, 6, 15, 21, 159, 206, 214, 229, 231, 233, 283, 325, 346, 355, 363, 365

公开市场操作（open market operation）55, 57, 272, 284, 296

公司金融（corporate finance）134, 154, 329

公司治理（corporate governance）23, 24, 25, 26, 33, 36, 104, 121, 123, 124, 125, 126, 127, 130, 131, 132, 133, 134, 140, 149, 159, 160, 161, 162, 223, 231, 331, 354, 355

供给侧结构性改革（supply-side structural reform）7, 9, 11, 21, 22, 24, 44, 45, 50, 66, 93, 96, 97, 99, 100, 121, 187, 205, 229, 232, 234, 258, 285, 295, 346

股价崩盘风险（stock price crash risk）123, 127, 135, 136, 139, 145, 149, 168

股价信息含量（stock price informativeness）44, 123, 124, 145, 255

股利政策（payout policy）141

股权质押（stock pledge）24, 40, 44, 133, 134, 135, 136,

139, 140, 141, 142, 143, 144, 329, 330, 344, 345

股指期货（stock index future）236, 247, 248, 249, 252, 254, 359

关系贷款（relationship lending）109

国际货币基金组织（International Monetary Fund, IMF）91, 196, 260

国际货币体系（international monetary system）68, 72, 81, 202, 209, 219

国际清算银行（Bank for International Settlements, BIS）281

国际收支（balance of payments）192, 195, 196, 200, 209, 210, 288

国际投资组合（international portfolio investment）194, 195

国际政策协调（international policy coordination）195, 196

国际资本流动（international capital flow）18, 65, 68, 69, 194, 210, 211, 329

国家资产负债表（national balance sheet）7, 92, 95, 97, 232, 339

国库现金（treasury cash）60

国库现金管理（treasury cash management）60

国有商业银行（state-owned commercial bank）22, 28, 100

国债期货（treasury bond future）55, 247, 248, 255, 359

H

海外上市（cross listing）326

海外资产（overseas asset）199, 210, 212, 227

行为金融（behavioral finance）241, 243, 244

合格境内机构投资者（Qualified Domestic Institutional Investors, QDII）123

合格境外机构投资者（Qualified Foreign Institutional Investors, QFII）123

合谋（collusion）131, 133, 326

宏观杠杆率（macro leverage ratio）21, 50, 78, 83, 84, 87, 96, 220, 232, 331

宏观审慎评估体系（macro prudential assessment, MPA）61, 229

宏观审慎政策（macroprudential policy）16, 17, 20, 37, 38, 39, 44, 46, 49, 60, 61, 62, 63, 64, 67, 70, 71, 72, 74, 76, 89, 103, 116, 161, 199, 209, 220, 221, 230, 232, 233, 234, 235, 272, 275, 323, 325, 358, 367

互换（swaps）76, 248, 255

沪港通（Shanghai-Hong Kong Stock Connect）44, 121, 123, 124, 125, 139, 141, 142, 143, 145, 236, 249, 253, 255

护理保险（Pflegeversicherung）150, 151, 152, 165, 168, 169, 171, 172, 174, 178, 179, 180, 185, 186, 187, 188, 189, 190, 323, 324, 347

汇率（exchange rate）7, 31, 32, 34, 35, 36, 41, 43, 49, 52, 53, 54, 59, 63, 65, 66, 67, 68, 69, 70, 72, 73, 76, 81, 82, 192, 194, 196, 198, 200, 201, 202, 203, 204, 205, 206, 207, 208, 209, 210, 211, 212, 213, 214, 215, 288, 300, 329, 337, 365, 367

汇率稳定（exchange rate stability）196, 207, 365

汇率制度（exchange rate regime）81, 82, 196, 198, 200, 202, 203, 204, 205, 207, 208, 212

货币（currency；money）3, 4, 9, 15, 16, 17, 18, 20, 27, 29, 30, 31, 32, 34, 35, 36, 37, 38, 39, 40, 41, 42, 43, 44, 45, 46, 47, 48, 49, 50, 51, 52, 53, 54, 55, 56, 57, 58, 59, 60, 61, 62, 63, 64, 65, 66, 67, 68, 69, 70, 71, 72, 73, 74, 75, 76, 77, 79, 81, 82, 89, 91, 94, 95, 97, 99, 100, 102, 103, 107, 108, 109, 110, 112, 113, 114, 116, 118, 119, 193, 195, 196, 197, 198, 199, 200, 201, 202, 203, 204,

205, 206, 207, 209, 210, 211, 212, 213, 214, 215, 219, 220, 221, 222, 223, 226, 229, 232, 233, 234, 235, 238, 239, 243, 252, 253, 255, 260, 270, 271, 272, 275, 276, 278, 279, 280, 281, 282, 284, 285, 286, 287, 288, 289, 290, 291, 292, 293, 294, 295, 296, 297, 298, 323, 325, 326, 327, 328, 329, 331, 332, 334, 338, 339, 341, 342, 343, 347, 352, 353, 354, 355, 358, 359, 363, 364, 365, 366, 367

货币乘数（money multiplier）20, 53, 62, 226, 289, 291

货币供给（money supply）16, 31, 43, 50, 52, 53, 62, 77, 284, 285, 364

货币锚（anchor currency）207, 215, 288

货币市场（money market）16, 18, 40, 55, 56, 199, 212, 222, 270, 294, 342, 343, 352

货币需求（money demand）52, 70, 285, 287, 290, 296, 297, 347, 364, 365

货币政策（monetary policy）15, 16, 17, 18, 20, 27, 31, 32, 34, 35, 36, 37, 38, 39, 40, 41, 42, 44, 45, 46, 47, 48, 49, 50, 51, 52, 53, 54, 55, 56, 57, 58, 59, 60, 61, 62, 63, 64, 65, 66, 67, 68, 69, 70, 71, 72, 73, 74, 75, 76, 77, 81, 82, 89, 94, 95, 97, 100, 102, 103, 107, 108, 109, 110, 112, 113, 114, 116, 118, 119, 196, 197, 198, 200, 201, 204, 205, 206, 207, 210, 211, 213, 214, 215, 219, 221, 222, 226, 229, 232, 233, 234, 235, 238, 239, 243, 252, 253, 255, 270, 271, 272, 275, 278, 279, 284, 285, 289, 290, 291, 295, 296, 297, 298, 323, 325, 326, 327, 328, 329, 338, 339, 341, 342, 343, 347, 352, 354, 358, 359, 363, 364, 365, 366, 367

货币政策传导机制（monetary policy transmission mechanism）45, 52, 57, 367

货币政策独立性（monetary policy independence）198, 201, 207

货币制度（monetary system）4, 326

J

基础货币（base money）18, 47, 52, 73, 284

计价货币（invoicing currency）209

家族企业（family enterprise）26, 44, 132, 140

监督（monitoring）25, 44, 57, 61, 63, 87, 100, 109, 121, 122, 123, 124, 125, 126, 128, 130, 131, 132, 133, 135, 136, 138, 145, 153, 155, 157, 171, 230, 268, 285, 327, 354, 355

监管科技（regulation technology）224, 232, 234, 273, 275, 279, 366

监管沙盒（regulatory sandbox）29, 31, 37, 40, 224, 233, 274

间接融资（indirect finance）21, 23, 78, 86, 87, 91, 95, 122, 265

僵尸企业（zombie enterprises）22, 34, 89, 106, 184, 189, 229, 325, 339

缴费基数（contribution base）183, 187

结构型货币政策（structural monetary policy）45, 50, 51, 52, 75

结构性改革（structural reform）7, 9, 11, 21, 22, 24, 43, 44, 45, 50, 66, 93, 96, 97, 99, 100, 121, 187, 205, 229, 232, 234, 258, 285, 295, 346, 350, 351

结构性去杠杆（structural deleveraging）75, 83, 95, 339

借壳上市（back door listing）129

金融安全（financial security）9, 11, 24, 92, 97, 113, 202, 209, 220, 228, 229, 234, 323, 364

金融产品（financial products）180, 186, 229, 259, 271, 272, 274, 285, 340, 352

金融创新（financial innovation）7, 18, 36, 52, 71, 88,

102, 109, 115, 166, 218, 219, 221, 222, 223, 224, 228, 258, 259, 271, 274, 275, 288, 345, 346, 358

金融发展（financial development）4, 5, 6, 7, 9, 10, 11, 15, 18, 20, 26, 27, 29, 33, 35, 36, 37, 40, 41, 44, 52, 54, 56, 75, 81, 88, 95, 99, 100, 102, 103, 104, 107, 118, 119, 122, 159, 167, 193, 195, 206, 215, 222, 223, 228, 229, 231, 233, 258, 259, 260, 261, 262, 263, 264, 265, 266, 267, 268, 272, 276, 277, 278, 279, 280, 285, 286, 295, 296, 297, 324, 328, 329, 335, 346, 353, 354, 355, 356, 357, 363, 367

金融风险（financial risk）6, 7, 9, 18, 19, 20, 21, 31, 36, 38, 41, 42, 43, 45, 62, 63, 64, 82, 84, 88, 91, 92, 93, 94, 95, 97, 99, 110, 111, 113, 114, 118, 161, 196, 197, 198, 199, 200, 201, 208, 211, 212, 215, 218, 219, 220, 221, 222, 224, 225, 228, 229, 230, 231, 232, 233, 234, 260, 262, 263, 273, 274, 275, 277, 299, 304, 306, 323, 339, 349, 350, 351, 352, 356, 364

金融工具（financial instruments）5, 80, 262, 271

金融基础设施（financial infrastructure）9, 15, 68, 91, 209, 211, 223, 227, 229, 234, 235, 262, 263, 271, 281, 283, 285, 286, 289, 293

金融计量（financial econometrics）299, 303, 307, 308

金融加速器（financial accelerator）48, 51, 57, 60, 66, 71, 78, 79, 80, 84, 90, 91, 219, 273, 331

金融监管（financial regulation）9, 15, 16, 17, 18, 20, 31, 38, 44, 51, 71, 95, 96, 113, 160, 205, 210, 218, 220, 221, 222, 223, 224, 225, 226, 228, 229, 230, 231, 232, 233, 234, 235, 258, 259, 260, 272, 274, 275, 278, 285, 336, 337, 364, 365

金融结构（financing structure）5, 21, 34, 40, 42, 43, 44, 55, 78, 82, 86, 87, 88, 94, 95, 96, 122, 143, 222, 230, 231, 340, 344, 347, 352, 358

金融科技（financial technology）7, 10, 15, 21, 26, 29, 30, 31, 33, 34, 35, 37, 38, 40, 41, 42, 99, 101, 107, 108, 114, 116, 117, 218, 222, 223, 224, 225, 226, 230, 232, 233, 234, 258, 259, 260, 262, 263, 264, 265, 266, 267, 268, 269, 270, 271, 272, 273, 274, 275, 276, 277, 278, 279, 280, 285, 286, 287, 288, 291, 294, 297, 330, 334, 335, 336, 337, 345, 355, 366

金融控股公司（financial holding company）218, 222, 231, 233, 234, 364

金融全球化（financial globalization）231

金融市场（financial market）5, 7, 15, 16, 18, 19, 21, 26, 30, 31, 32, 38, 45, 46, 54, 56, 59, 61, 65, 66, 75, 76, 79, 80, 81, 82, 84, 86, 89, 90, 91, 107, 137, 152, 168, 184, 194, 196, 198, 199, 201, 204, 206, 207, 208, 209, 213, 219, 220, 221, 223, 227, 228, 244, 258, 259, 264, 271, 272, 273, 274, 275, 283, 291, 293, 299, 302, 303, 304, 305, 306, 307, 308, 321, 341, 344, 351, 352, 354, 357, 359, 363

金融危机（financial crisis）6, 16, 17, 19, 21, 45, 46, 52, 58, 64, 67, 78, 79, 80, 81, 82, 85, 89, 91, 93, 101, 106, 111, 117, 148, 166, 192, 194, 195, 196, 197, 198, 199, 200, 201, 206, 208, 210, 212, 215, 218, 236, 238, 260, 306, 321, 337, 341, 344, 347, 351, 365

金融稳定（financial stability）6, 7, 16, 17, 31, 38, 49, 50, 54, 60, 61, 62, 63, 78, 83, 84, 86, 88, 91, 92, 93, 94, 95, 96, 97, 148, 161, 197, 200, 207, 218, 220, 221, 227, 228, 229, 232, 233, 258, 259, 271, 275, 290, 323, 331, 338, 341, 350, 358, 359, 367

金融业开放（financial sector openness）37, 199, 214, 348, 349

金融一体化（financial integration）81, 198, 199, 321

金融制裁 9, 210, 218, 226, 227, 228, 232, 234, 356,

357

金融中介机构（financial intermediation；financial institution）364

金融周期（financial cycle）17, 35, 39, 40, 46, 48, 49, 50, 61, 64, 66, 67, 68, 72, 73, 76, 78, 79, 80, 81, 82, 92, 93, 94, 95, 96, 97, 192, 196, 197, 198, 199, 200, 201, 207, 210, 212, 213, 214, 215, 220, 248, 255, 327, 341, 365

金融状况（financial condition）31, 46, 61, 81, 196, 197, 207

金融资产（financial assets）17, 21, 41, 43, 50, 63, 88, 89, 104, 107, 135, 268, 280, 287, 295, 304, 305, 306, 309, 329, 341, 343, 344

经常账户（current account）66, 192, 193, 194, 195, 196, 200, 208, 214, 215

经济政策不确定性（economic policy uncertainty）19, 42, 57, 73, 110, 115, 131, 201, 213, 215, 238, 251, 331, 345

经济周期（business cycle）32, 49, 61, 64, 78, 79, 80, 81, 82, 93, 94, 113, 197, 219, 220, 300, 327, 331, 341, 347

巨灾保险（catastrophe insurance）158, 167

K

科创板（sci-tech innovation board market，STAR Market）23, 24, 35, 42, 128, 129, 130, 145, 236, 251

控制权（control rights）24, 44, 132, 134, 135, 136, 140, 142, 329, 330, 335, 344, 354, 355

跨国并购（cross-border mergers and acquisitions）348

跨境支付（cross-border payment）68, 72, 227, 287, 288, 289, 290, 292, 295, 296, 297

L

利差（interest rate spread）25, 41, 51, 52, 53, 56, 57, 66, 70, 79, 103, 107, 109, 135, 137, 197, 198, 201, 202, 205, 210, 212, 245, 246, 254, 295, 344, 347

利率（interest rate）7, 16, 17, 18, 20, 21, 29, 35, 39, 40, 41, 42, 43, 44, 45, 46, 47, 48, 49, 50, 51, 52, 53, 54, 55, 56, 57, 58, 60, 61, 62, 63, 64, 65, 66, 67, 68, 69, 70, 71, 72, 73, 74, 75, 76, 77, 81, 82, 85, 99, 100, 103, 107, 109, 110, 112, 113, 114, 115, 117, 118, 173, 194, 198, 200, 202, 204, 206, 207, 208, 210, 211, 213, 214, 245, 246, 248, 255, 265, 270, 272, 278, 280, 283, 284, 290, 294, 295, 329, 332, 337, 339, 342, 343, 350, 352, 354, 359, 364, 367

利率平价（interest rate parity）44

利率期限结构（term structure of interest rates）16, 70, 339

利率市场化（interest rate liberalization）16, 21, 29, 35, 39, 40, 41, 43, 45, 52, 53, 54, 55, 56, 68, 70, 71, 72, 73, 74, 75, 76, 99, 100, 107, 109, 110, 113, 115, 117, 118, 202, 206, 207, 210, 211, 265, 278, 339, 352, 359, 364

利率走廊（interest rate corridor）18, 55, 72, 342, 343, 352

利益冲突（conflicts of interest）24

连续时间序列（continuous time series）299, 306, 307, 308

量化宽松（quantitative easing）45, 64, 65, 66, 76, 200

零利率下限（zero lower bound）64

流动性（liquidity）17, 18, 20, 21, 22, 30, 36, 37, 38, 50, 55, 56, 57, 58, 62, 63, 65, 66, 69, 70, 72, 73, 75, 77, 82, 83, 84, 88, 89, 91, 92, 93, 97, 101, 103, 104, 106, 107, 108, 109, 110, 111, 112, 114, 116, 117, 118, 144, 160, 163, 164, 167, 182, 187, 195, 202, 204, 209, 210, 211, 212, 213, 222, 224, 226, 238, 243, 245, 246, 252, 265, 267, 268, 272, 276, 278, 284, 285, 286, 290, 293,

297, 300, 322, 325, 326, 329, 331, 337, 339, 340, 342, 343, 345, 352, 353

流动性风险（liquidity risk）30, 57, 83, 91, 106, 109, 110, 112, 117, 118, 160, 167, 224, 284, 331, 339

绿地投资（greenfield investment）32, 39

绿色金融（green finance）10, 26, 27, 28, 51, 52, 68, 122, 136, 137, 139, 333, 340, 345

绿色债券（green bond）52, 137, 145

M

买卖价差（bid-ask spread）308

贸易保护主义（trade protectionism）99, 153, 195, 196

美元霸权（dollar hegemony）193, 356

门限自回归区间模型（threshold autoregressive interval model）300

迷失的货币（missing currency）293

N

内部人控制（insider control）23

内部资本市场（internal capital market，ICM）163

内幕交易（insider trading）127, 143, 249, 254

逆向选择（adverse selection）56, 158, 163, 167, 273, 338

农业保险（agricultural insurance）156, 158, 166, 167, 168, 357

P

泡沫（bubble）6, 49, 64, 68, 75, 78, 83, 89, 90, 91, 94, 96, 102, 103, 126, 127, 130, 142, 143, 219, 229, 250, 255, 284, 303, 325, 331, 365

平台监管（platform regulation）225, 226, 274

平台治理（platform governance）333

普惠金融（financial inclusion）10, 15, 26, 27, 28, 29, 33, 35, 36, 37, 38, 43, 44, 99, 102, 103, 104, 105, 116, 118, 119, 223, 232, 258, 260, 261, 262, 263, 264, 266, 267, 268, 269, 275, 276, 277, 278, 279, 280, 286, 292, 328, 330, 335, 337, 349, 353, 355, 366

Q

期货（futures）26, 41, 55, 58, 73, 76, 77, 82, 209, 236, 247, 248, 249, 252, 253, 254, 255, 284, 342, 359

期货市场（futures market）26, 55, 247, 248, 359

期权（options）244, 247, 248, 306, 307, 345, 346

企业创新（enterprise innovation）21, 22, 23, 29, 37, 42, 43, 44, 87, 88, 94, 103, 104, 115, 126, 139, 140, 141, 144, 154, 155, 162, 184, 189, 268, 269, 270, 277, 334, 348

企业社会责任（corporate social responsibility）37, 127, 145, 334, 340

前景理论（prospect theory）241

区间数据（interval-valued data）299, 300

全球价值链（global value chain）21, 32, 40, 43, 193, 195, 203, 204, 213, 214, 344

全球金融周期（global financial cycle）40, 66, 67, 73, 76, 81, 94, 96, 97, 192, 196, 197, 198, 199, 200, 207, 213, 215

全球失衡（global imbalance）192, 193, 194, 195, 196, 212, 214, 215

权益（equity）10, 87, 93, 94, 105, 126, 131, 140, 160, 165, 172, 184, 224, 225, 226, 331, 337, 350

R

人工智能（artificial intelligence，AI）30, 223, 224, 259, 266, 274, 275, 279, 280, 285, 352

人力资本（human capital）148, 171, 173, 174, 175, 184, 294, 344, 353, 355

人民币国际化（RMB internationalization）9, 31, 192, 205, 206, 207, 208, 209, 210, 211, 212, 215, 287, 288, 296, 324, 347, 367

人身保险（life and health insurance）148

融资融券（securities margin trading）24, 36, 38, 121, 125, 126, 127, 128, 139, 140, 141, 142, 143, 145, 236, 244, 249, 251, 252, 253, 254, 305, 309, 324, 336, 356

融资租赁（financial lease）262

S

商业保险（commercial insurance）150, 151, 159, 163, 165, 166, 167, 175, 178, 180, 186, 264, 277

商业信用（commercial credit）35, 53, 68, 107, 116, 148, 268, 280, 343

商业银行（commercial bank）8, 18, 20, 22, 23, 28, 29, 31, 34, 35, 38, 40, 41, 42, 43, 44, 53, 54, 55, 56, 57, 58, 61, 62, 63, 65, 70, 72, 74, 84, 87, 100, 101, 110, 112, 113, 114, 115, 116, 117, 118, 119, 159, 162, 199, 218, 226, 265, 266, 270, 271, 275, 278, 279, 280, 283, 289, 290, 292, 295, 297, 327, 328, 339, 342, 350, 363

社会保险（social insurance）151, 153, 154, 155, 167, 171, 172, 174, 178, 181, 182, 183, 184, 186, 187, 188, 189, 340, 341, 359

社会保障（social security）147, 150, 154, 171, 172, 173, 174, 179, 180, 185, 187, 188, 189, 190, 264, 278

社会融资规模（aggregate financing to the real economy, AFRE）36, 62, 69, 79

深港通（Shenzhen-Hong Kong Stock Connect）121, 123, 124, 125, 141, 142, 236, 250, 338

实际汇率（real exchange rate）35, 52, 63, 205, 210, 211

实际利率（real interest rate）49, 60, 64, 350

市场风险（market risk）19, 85, 112, 113, 118, 127, 164, 199, 205, 307

市场异象（market anomalies）254

世界银行（The World Bank）102, 260, 283, 358

市值（market value）133, 134, 135, 136, 142, 144, 237, 239, 242, 244, 306, 330, 356

市值管理（market value management）133, 134, 135, 136, 142, 144, 244, 330

收购（takeover）4, 24, 38, 104, 134, 156, 165, 326, 335, 350

收入分配（income distribution）23, 27, 33, 38, 104, 116, 149, 173

收益率曲线（yield curve）53, 59, 337, 339, 352

数据治理（data governance）224, 225, 226

数字鸿沟（digital divide）258, 262, 263, 267, 276, 280, 356

数字化转型（digital transformation）101, 122, 144, 223, 258, 265, 266, 267, 275, 280, 288, 291

数字货币（digital currency；digital money）9, 30, 31, 34, 36, 39, 41, 42, 46, 67, 68, 69, 71, 72, 75, 223, 226, 233, 234, 270, 271, 275, 276, 278, 279, 280, 288, 289, 290, 291, 292, 295, 296, 297, 298, 352, 366, 378

数字普惠金融（digital financial inclusion）10, 26, 27, 29, 35, 36, 37, 118, 223, 232, 261, 262, 263, 264, 267, 269, 276, 277, 278, 279, 280, 286, 328, 353

双重股权结构（two-pillar regulation）23, 24, 37, 44, 335, 355

双支柱调控（dual share class）37, 44, 50, 60, 61, 63, 71, 197, 232, 234, 323

随机贴现因子（stochastic discount factor）236, 238, 245

T

泰勒规则（Taylor rule）17, 46, 47, 49, 50, 70, 73, 327, 364

特质波动率（idiosyncratic volatility）238

通货膨胀（inflation）3, 4, 46, 47, 48, 49, 59, 68, 69, 70, 71, 75, 76, 92, 203, 329, 332, 363, 366

同业拆借（inter-bank offered credit）108, 265

统筹发展与安全（balance development and security）9

投资（investment）6, 8, 10, 17, 21, 22, 23, 24, 25, 26, 30, 32, 33, 37, 39, 41, 47, 48, 50, 51, 53, 57, 59, 60, 65, 69, 71, 74, 75, 76, 79, 83, 84, 85, 87, 88, 89, 90, 91, 100, 101, 103, 104, 106, 115, 116, 121, 122, 123, 124, 125, 126, 127, 128, 130, 131, 132, 133, 135, 136, 137, 138, 139, 140, 141, 142, 144, 145, 149, 150, 152, 153, 154, 155, 159, 160, 161, 162, 164, 165, 166, 167, 171, 173, 174, 184, 185, 188, 190, 193, 194, 195, 198, 199, 200, 201, 202, 204, 207, 208, 209, 210, 211, 215, 223, 226, 228, 236, 237, 238, 239, 240, 241, 242, 243, 244, 245, 246, 247, 248, 249, 250, 251, 252, 253, 254, 255, 258, 262, 263, 264, 268, 270, 273, 275, 287, 294, 295, 305, 307, 308, 309, 321, 322, 324, 327, 328, 329, 330, 331, 332, 333, 335, 336, 337, 338, 341, 342, 344, 345, 347, 348, 349, 350, 351, 355, 357, 365

投资者行为（investor behavior）121, 237, 241, 243

W

外汇储备（foreign exchange reserve）7, 53, 65, 71, 204, 212

外汇市场（foreign exchange market）202, 205, 206, 207, 209

外汇市场干预（foreign exchange intervention）207

外商直接投资（foreign direct investment）200, 208

危机传染（contagion of crisis）76, 321

微观审慎监管（micro prudential supervision）230

违约风险（default risk）19, 36, 42, 63, 84, 85, 91, 103, 201, 215, 245, 246, 247, 273, 339

稳定币（stablecoin；USDT）31, 226, 270, 271, 289

X

系统性金融风险（systematic financial risk）7, 18, 19, 20, 36, 41, 42, 45, 84, 95, 114, 198, 199, 201, 208, 211, 215, 218, 219, 220, 221, 222, 228, 229, 232, 233, 306, 349, 351, 352, 356

现代货币理论（modern monetary theory）4, 60, 76, 331, 332

现代金融体系（modern financial system）11, 79, 147, 218, 230, 231, 258, 325, 346, 363

现货市场（spot market）247, 248, 255

现金流权（cash flow rights）335

相关风险测度（relative risk measure）306

新发展阶段（the New Development Stage）229, 230

信贷结构（credit structure）39, 51, 106, 117, 264, 265, 279, 339, 340

信贷配给（credit rationing）40, 84, 105, 106, 107, 117, 278, 345

信任（trust）5, 23, 35, 54, 150, 151, 166, 190, 246, 255, 263, 269, 270, 334, 343

信息不对称（asymmetric information）57, 58, 67, 87, 122, 126, 127, 128, 133, 135, 157, 163, 177, 225, 245, 246, 247, 259, 262, 265, 268, 269, 270, 273, 291, 332, 336, 338, 345, 346, 356

信息披露（information disclosure）10, 23, 30, 59, 75, 122, 123, 124, 125, 126, 127, 129, 137, 138, 139, 140,

141, 143, 144, 153, 222, 249, 250, 343

信用（credit）4, 5, 8, 20, 24, 25, 30, 35, 37, 41, 51, 52, 53, 56, 62, 68, 70, 71, 88, 89, 101, 102, 107, 112, 116, 119, 126, 135, 137, 147, 148, 154, 220, 222, 224, 226, 228, 245, 246, 249, 251, 252, 254, 255, 264, 268, 270, 271, 273, 277, 280, 283, 284, 285, 290, 326, 330, 331, 333, 337, 343, 344, 347, 352, 358, 365, 386

信用风险（credit risk）20, 30, 37, 41, 112, 116, 126, 135, 224, 252, 254, 273, 277, 284, 330, 344

Y

央行数字货币（central bank digital currency）31, 34, 67, 68, 226, 270, 271, 289, 292

羊群效应（herd behavior）55, 122, 221, 242

养老保险（pension insurance）148, 149, 150, 151, 155, 166, 167, 168, 169, 171, 172, 173, 174, 175, 178, 182, 183, 184, 185, 186, 187, 188, 189, 190, 262, 264, 341, 343, 349, 359

医疗保险（medical insurance）149, 151, 152, 155, 165, 166, 168, 172, 175, 176, 177, 182, 183, 185, 186, 187, 188, 189, 262, 264, 341, 353, 354, 359

移动支付（mobile payment）29, 223, 272, 275, 284, 285, 286, 287, 289, 291, 292, 294, 295, 296, 297

银行竞争（bank competition）22, 37, 38, 87, 88, 94, 103, 114, 115, 116, 141, 295, 332

银行危机（banking crisis）76, 197

隐性债务（implicit debt）8, 19, 20, 39, 92, 220, 229, 253

盈余管理（earing management）122, 126, 130, 134, 135, 140, 143, 144, 326, 330

影子银行（shadow banking）7, 18, 19, 20, 22, 35, 36, 38, 40, 44, 53, 55, 62, 63, 69, 70, 74, 84, 85, 91, 99, 101, 102, 103, 104, 108, 111, 114, 115, 116, 117, 118, 119, 219, 220, 229, 235, 310, 327, 328, 337, 338

有效市场假说（efficient market hypothesis）237

预期损失（expected shortfall，ES）19, 305

预算软约束（soft budget constraint）16, 83, 84, 87, 96, 97, 331

员工持股计划（employee stock ownership plan，ESOP）135, 143

远期（forwards）59, 204

Z

在险价值（value at risk，VaR）305

责任保险（liability insurance）37, 153, 154, 157, 158, 163, 164, 165, 166, 167, 181, 333

债券（bond）5, 18, 23, 24, 25, 32, 40, 41, 44, 51, 52, 55, 70, 71, 84, 85, 91, 101, 102, 135, 136, 137, 143, 145, 197, 201, 202, 236, 237, 245, 246, 247, 248, 249, 251, 252, 253, 254, 255, 321, 337, 342, 344, 345, 347, 358, 385

证券登记（security registration）286

证券化（securitization）112, 116, 245

证券交易所（stock exchange）251

政策性银行（policy lender；non-commercial bank）367

支付清算系统（payment and clearing system）227, 228, 282, 288, 289, 298

直接融资（direct finance）21, 86, 87, 121, 122, 340

中国人民银行（The People's Bank of China，PBoC）45, 46, 47, 49, 50, 51, 52, 55, 58, 61, 62, 67, 75, 84, 97, 123, 136, 161, 206, 222, 243, 258, 274, 283, 284, 288, 296, 298, 325, 347

中期借贷便利（medium-term lending facility，MLF）17, 37, 342, 343, 347

中央银行（central bank）16, 17, 31, 40, 46, 47, 49, 51, 52, 56, 57, 58, 59, 72, 75, 82, 91, 198, 200, 220, 221, 226, 230, 231, 234, 235, 271, 281, 282, 283, 284, 285, 295, 325, 326, 332, 342, 343, 357, 358, 364, 366

中央银行制度（central banking system）230

注册制（registration system）23, 35, 121, 128, 129, 130, 141, 143, 236, 251, 252

准货币（quasi money）226

资本成本（cost of capital）32, 124, 125, 137, 139, 142

资本充足（capital adequacy）20, 21, 22, 61, 62, 103, 107, 109, 110, 111, 113, 209, 328, 340

资本管制（capital controls）7, 32, 54, 66, 198, 202, 204, 206, 207, 208, 351

资本结构（capital structure）54, 76, 126, 128, 140, 154, 326

资本市场（capital market）23, 24, 26, 37, 40, 44, 83, 86, 87, 90, 113, 121, 122, 123, 124, 125, 127, 128, 129, 130, 131, 133, 134, 135, 136, 137, 139, 140, 141, 142, 143, 144, 145, 149, 154, 162, 163, 182, 199, 208, 219, 229, 230, 231, 236, 237, 239, 242, 247, 248, 249, 250, 251, 253, 254, 255, 326, 329, 335, 336, 338, 340, 344, 349, 355, 356, 358, 363, 366, 385

资本账户（capital account）32, 39, 54, 65, 66, 68, 74, 81, 192, 198, 200, 201, 205, 206, 207, 208, 209, 210, 211, 213, 215, 322, 351

资本账户开放（capital account liberalization）32, 39, 54, 65, 68, 81, 192, 198, 200, 201, 205, 206, 207, 208, 209, 211, 213, 215, 322, 351

资本资产定价模型（capital asset pricing model，CAPM）237

资产定价（asset pricing）236, 237, 238, 239, 240, 241, 242, 243, 244, 245, 251, 253, 302, 306

资产负债表渠道（balance sheet channel）56, 84

资产负债表衰退（balance sheet recession）50

资产管理公司（assets management company，AMC）81

资产价格泡沫（asset price bubbles）49, 78, 127

自然利率（natural interest rate）45, 47, 48, 50, 73, 75, 350, 364

自由现金流（free cash flow）154

最后贷款人（lender of last resort）49

最终控制人（ultimate controller）240, 253

（供稿：张策，中国社会科学院金融研究所，助理研究员）